Buchspende
kein Verkauf

Daniel Niedermayer und Marcel Wagner

Exchange Traded Funds und Anlagestrategien

Das ETF-Praxisbuch

Die Aussagen und Bewertungen in diesem Buch sind sorgfältig recherchiert. Weder die Autoren noch der Verlag übernehmen aber in irgendeiner Form eine Haftung für die Vollständigkeit und Richtigkeit der darin enthaltenen Informationen. Dasselbe gilt für allfällige Schäden bei der Wertpapieranlage, die aus der Interpretation oder Umsetzung der in diesem Buch getroffenen Aussagen entstehen könnten. Bei den Aussagen in diesem Buch handelt es sich um Meinungsäusserungen, die die Autoren nach bestem Wissen und Gewissen getroffen haben und sich von denjenigen ihres Arbeitgebers unterscheiden können. Sie sind in keinem Fall als Anlage- oder Produktempfehlungen oder als Angebote zum Kauf oder Verkauf von Finanzinstrumenten zu verstehen.

Alle Rechte, auch die des Nachdrucks von Auszügen, vorbehalten. Jede Verwertung ist ohne Zustimmung der Autoren und des Verlags unzulässig. Dies gilt insbesondere für Vervielfältigungen, Übersetzungen und die Einspeicherung und Verarbeitung in elektronischen Systemen.

Daniel Niedermayer
Marcel Wagner
Exchange Traded Funds und Anlagestrategien
Das ETF-Praxisbuch

Verlag: financialmedia AG, Zürich, info@financialmedia.ch
Lektorat: Anstreicher Korrekturen, Michael Mäder, Bern
Layout/Gestaltung: pyrx mediadesign, Urs Gygax, Zürich
Umschlagabbildung: Getty Images Inc.
Druck: PMC, Oetwil am See

© 2012 financialmedia AG, Zürich

ISBN 978-3-033-03302-3

Vorwort

Exchange Traded Funds (ETFs) werden in fast jedem Wirtschaftsteil einer Zeitung erwähnt und stehen häufig in der Gunst der Anleger und Journalisten. Trotz der Popularität dieser Produkte sind bisher in deutscher Sprache keine Bücher erhältlich, die das Thema ETFs und deren Einsatz umfassend darstellen. Es existiert zwar eine Vielzahl an Webseiten und spezifischen Artikeln zum Thema, eine Übersicht mit ähnlichem Detaillierungsgrad über die relevanten Fragen sucht man jedoch vergebens. Ursprünglich dachten wir, dass wir kaum auf 200 Seiten kommen würden. Dass rund um ETFs so viele Themen zusammenkommen, haben wir zwar gewusst, deren Umfang aber deutlich unterschätzt. Dies ist durchaus symptomatisch für ETFs: Ein scheinbar einfaches Instrument erfordert bei genauerer Betrachtungsweise die Kenntnis verschiedener Themenbereiche.
Alle Angaben wurden nach bestem Wissen recherchiert und wiedergegeben, wobei auf eine Vielzahl von Quellen zurückgegriffen wurde. Um die Lesbarkeit zu erhöhen, wurde bewusst auf einen zu akademischen Stil verzichtet und auch mal ein wenig pointiert argumentiert.
Die Finanzsprache ist von internationalen und regionalen Ausdrücken geprägt. Insbesondere auf Deutsch erscheinen viele übersetzte Begriffe als störend oder nicht geläufig. Falls eine Übersetzung ungewohnt wäre, verwenden wir die englischen Begriffe. Auch innerhalb des deutschen Sprachraums ist die Begriffssetzung nicht immer kongruent. Während zum Beispiel deutsche Anleger tendenziell den Begriff „Anleihe" verwenden, bevorzugen Schweizer eher „Obligation"; in englischem Kontext ist „Bonds" geläufig – jedenfalls sprechen sie von ein und demselben. Im Glossar in Kapitel 8 dieses Buches haben wir uns bemüht, eine Übersicht über die Begrifflichkeiten zu gewähren.
Ohne die wertvollen Diskussionen und Anregungen von vielen Experten aus der Industrie wäre das Buch in dieser Form nicht entstanden. Für die Interviews, das sorgfältige Durchlesen einiger Schlüsselstellen und all die langen Gespräche danken wir (in alphabetischer Reihenfolge): Rochus Appert, Roger Bootz, Andrea Bornaghi, Dr. Anina Bürgi, Jacques-Etienne Doerr, Andreas Fehrenbach, Benoît Garcia, Damian Gliott, Marc Hall-Spörndli, Simon Klein, Levente Kulcsar, Samuel Manser, Dr. Viola Markert, Luc Mathys, Thomas Merz, Thomas Meyer zu Drewer, Zoran Micev, Martino Perkmann, Alain Picard, Thomas Pohlmann, Clemens Reuter, Heinz Tschabold, Sacha Widin, Prof. Dr. Heinz Zimmermann und Dr. Andreas Zingg. Es hat uns eine grosse Freude bereitet, mit den verschiedenen Personen zusammenzuarbeiten.
Für die Umsetzung des Buches danken wir insbesondere Rino Borini und Patrick Widmer (Verlag: financialmedia AG, Zürich), Michael Mäder und Nathan Solothurnmann (Lektorat: Anstreicher Korrekturen, Bern) und Urs Gygax (Layout/Gestaltung: pyrx mediadesign, Zürich).

Dr. Daniel Niedermayer und Marcel Wagner, CIIA, CAIA
Zürich, Dezember 2011

Inhalt

1. Einleitung ... 1

2. Grundlagen ... 5

    Der Begriff ETF ... 5
    ETFs: Kombination zweier Welten – geschlossene und offene Investmentfonds ... 6
    Vor- und Nachteile von ETFs ... 7
    Unterschiede von ETFs zu anderen Wertschriften ... 9

Kurze Geschichte der ETFs ... 11

Funktionsweise von ETFs ... 15

    Echtzeithandel ... 15
    Handelsparteien ... 16
    Sekundärmarkt ... 16
    Primärmarkt ... 17
    Der Primär- und Sekundärmarkt im Zusammenspiel ... 19
    Liquidität ... 21
    NAV (Nettoinventarwert) ... 21
    iNAV (indikativer Nettoinventarwert) ... 21
    Fondsgesellschaft (ETF-Anbieter) ... 22
    Die Rolle des Market Makers ... 24
    Arbitrage und Hedging ... 24

Replikationsmethoden ... 25

    Volle Replikation (Full Replication) ... 26
    Repräsentative Stichprobe (Representative Sampling) ... 26
    Optimierte Stichprobe (Optimized Sampling) ... 27
    Synthetische Replikation ... 27
    Exkurs – Funktionsweise synthetischer ETFs ... 29
    Vor- und Nachteile physischer und synthetischer ETFs ... 32
    Zusammenfassung der Replikationsmethoden ... 34

Kosten ... 37

    Total Expense Ratio (TER) ... 38
    Handelskosten ... 39
    Optimierung der Kosten ... 45

Risiken von ETFs **46**
    Marktrisiko 46
    Gegenparteirisiko 46
    Verwechslung des Produktes oder der Währung 49
    Risiko einer Fondsauflösung 50
    Handelsrisiko 50
    Operationelle Risiken 51

Tracking Error von ETFs **51**
    Einflussfaktoren auf die Renditeabweichungen zum Index 55
    Interpretation des Tracking Errors 56
    Probleme aus der Praxis 58
    Ex-post vs. ex-ante Tracking Error 61
    Abgrenzung zum absoluten Risiko 61

Wie liest man ein Factsheet? **62**

ETFs richtig auswählen **73**

Anbieter von ETFs **75**
    BlackRock: iShares 76
    State Street Global Advisors (SSgA): SPDR 77
    Vanguard: Vanguard ETFs 78
    PowerShares / Invesco PowerShares 78
    Lyxor Asset Management: Lyxor ETF 79
    Deutsche Bank: db x-trackers 79
    Credit Suisse: CS ETF 80
    Zürcher Kantonalbank 80
    UBS ETF 81
    Amundi 81
    Commerzbank: ComStage 82
    Source 82
    BNP Paribas: EasyETF 83
    ETFlab 83
    ETFS 84
    HSBC 85
    ETF-Familien im Überblick 85
    Weitere ETF-Anbieter 86

ETFs in Europa **88**

ETFs in den USA **91**

Inverse und gehebelte ETFs **93**
    Berechnung von gehebelten und inversen Indizes 95
    Tägliches Rebalancing 96
    Exkurs - Der Rebalancing-Effekt von gehebelten und inversen ETFs 98

Aktive ETFs **101**

Abgrenzung von ETFs gegenüber anderen Strukturen **103**
    ETF (Exchange Traded Fund) 104
    ETC (Exchange Traded Commodity) 105
    ETN (Exchange Traded Note) 105
    Zusammenfassung der ETP-Strukturen 106

3. Indizes 107

Was ist ein Index? **107**
    Berücksichtigung von Ausschüttungen 112
    Einfache Zweiteilung der Indexwelt 113
    Einteilung in Entwickelte und Aufstrebende Länder 114
    Länder, Regionen und Sektoren 115

Der Aktienmarkt **118**
    MSCI Barra 124
    STOXX 132
    FTSE 136
    Standard & Poor's 136
    Dow Jones 138
    NASDAQ 139
    Russell 139
    DAX 140
    SMI und SPI 142
    CAC 144
    Weitere europäische Länderindizes 144
    Nikkei und TOPIX 146
    Wie in China investieren? Das chinesische ABC der Aktien 147
    Weitere internationale Aktienindizes 149
    Vergleich europäischer Regionen-Aktienindizes 151
    Vergleich europäischer Länder-Aktienindizes 153
    Vergleich US-amerikanischer Aktienindizes 155

Der Markt für Obligationen **158**
    Das 1x1 der Obligationen 159

Obligationenhandel und die Rolle von Obligationenindizes ... 166
Kategorien von Obligationenindizes ... 166
Barclays ... 169
Citigroup ... 170
JP Morgan ... 172
Merrill Lynch ... 173
Deutsche Börse Group ... 173
Markit / iBoxx ... 175
EuroMTS ... 177
Schweiz – SBI ... 177

Geldmarkt – Money Market ... 179
London Interbank Offered Rate (Libor) ... 181
Euro Interbank Offered Rate (Euribor) ... 181
Euro Overnight Index Average (EONIA) ... 182
Swiss Reference Rates ... 182
Federal Funds Rate ... 183
eb.rexx Money Market Index ... 183
SONIA – Sterling Overnight Index Average ... 183

Rohstoffe ... 184
Das 1x1 der Rohstoffe ... 186
Investieren in Rohstoffe ... 188
Mythen rund um Gold und Silber ... 189
Rohstoffindizes ... 190
S&P Goldman Sachs Commodity Index (S&P GSCI) ... 192
Dow Jones UBS Commodity Index ... 193
Thomson Reuters/Jefferies CRB Index ... 193
Rogers International Commodity Index (RICI) ... 194
UBS Bloomberg Constant Maturity Commodity Index (CMCI) ... 195
CYD Research Commodity Indices ... 196
Deutsche Bank Liquid Commodity Index Optimum Yield (DBLCI–OY) ... 197
Zusammenfassung: Vergleich verschiedener Rohstoffindizes ... 197

Hedge Funds ... 199
HF-Strategien ... 202
HF-Indizes ... 203
HFR ... 204
Dow Jones Credit Suisse Hedge Fund Indexes (ex Credit Suisse Tremont) ... 205
DB HF Index ... 205
Lyxor HF Index ... 206
ML Hedge Fund Factor Model ... 206
Exkurs – Geschichte der Hedge Funds ... 207

Private Equity **208**
- S&P Listed Private Equity 209
- LPX Indizes 209

Immobilien **210**
- Immobilienindizes 214
- FTSE EPRA/NAREIT Indizes 215
- Indizes der Schweizer Börse (SXI/SWX) 215
- Indizes der Deutschen Börse AG 217
- STOXX Real Estate Indizes 218
- Real Estate Indizes von weiteren Lead-Index-Providern 218

4. Anlagestrategien mit ETFs **219**

Die Bedeutung der Anlagestrategie für den Anlageerfolg **220**

Die Ermittlung der individuellen Risikotoleranz **222**

Die Bedeutung des Anlagehorizontes **224**

Theoretische Konzepte **228**
- Moderne Portfoliotheorie 228
- Diversifikation 229
- Efficient Frontier und Portfoliooptimierung 233
- Kritik an der Modernen Portfoliotheorie 237
- Kritik während und nach der Finanzkrise von 2008 238

Anlagestrategien **239**
- Passiv 242
- Aktiv 245
- Semi-passives Management 249
- Quantitative Strategie mittels Robuster Portfoliooptimierung 251
- Qualitative Anlagestrategie 253
- Core-Satellite-Strategie 255
- Berücksichtigung zukünftiger Verpflichtungen 258
- Kontrolliertes „Entsparen" 260
- Absolute-Return-Strategie 262
- Vergleich verschiedener Anlagestrategien 265

5. Umsetzung von ETF-Strategien in der Praxis 268

Bestimmung der Höhe des zu investierenden Betrages 270

Auswahl des Universums 272

Bestimmung der Anlagestrategie 274
    Umsetzung der quantitativen Anlagestrategie mittels robuster Optimierung 274
    Umsetzung einer qualitativen Anlagestrategie 282

Anregungen für semi-passive Umsetzung 289
    Views bei Aktien 295
    Views bei Anleihen 306
    Anleihen: Views zu Zinsen und Inflation 308
    Views bei alternativen Anlagen 312

Ein paar Worte zur Psychologie 316

Delegation 318

Anhang: Effiziente Strategien für deutsche und Schweizer Anleger 321
    Quantitative Anlagestrategien für Schweizer Anleger 321
    Quantitative Anlagestrategien für deutsche Anleger 327

6. Tipps 335

Auswahl von ETFs 335

ETF-Ratings bei der Auswahl von ETFs 338

Handel von ETFs 342
    Uhrzeit 342
    Spread (Handelsspanne) 344
    Limiten 346
    Preis und iNAV 346
    Courtagen, Stempel und weitere Gebühren 347
    Fehlende Zulassung oder kein Steuerreporting 348

Performancekontrolle 348

Risikoüberwachung 350

Hilfsmittel 360

7. Interviews ... **365**

Rochus Appert – State Street Global Advisors ... 365
Jacques-Etienne Doerr – Vanguard ... 368
Andreas Fehrenbach – ETFlab ... 369
Benoît Garcia – Amundi ... 371
Damian Gliott – VermögensPartner AG ... 373
Simon Klein – Lyxor ETFs Europe ... 375
Thomas Merz – Credit Suisse ETF ... 377
Thomas Meyer zu Drewer – ComStage ETF ... 379
Alain Picard – SIX Swiss Exchange ... 381
Clemens Reuter – UBS ETF ... 383
Sacha Widin – Credit Suisse ... 385
Prof. Dr. Heinz Zimmermann – Universität Basel ... 387
Dr. Andreas Zingg – iShares ... 388

8. Glossar ... **391**

9. Literatur / Ressourcen ... **402**

Bücher ... **402**

Artikel und Präsentationen ... **403**

Internet – Index-Provider ... **405**

Internet – Grösste ETF-Provider ... **406**

Internet – Informationen rund um ETFs ... **407**

10. Stichwortverzeichnis ... **408**

1. Einleitung

Erfolgreiches Anlegen ist zu tiefen Kosten und mit vergleichsweise geringem Aufwand möglich. Eine äusserst nützliche Hilfe bieten dabei Exchange Traded Funds (ETFs). ETFs sind börsengehandelte Anlagefonds, deren Ziel es ist, einen Index möglichst exakt nachzubilden. ETFs ermöglichen eine breite Streuung von Risiken, die Ausnützung von Ertragspotential – und sind dabei äusserst günstig und einfach zu erwerben. In den USA seit Anfang der 1990er angeboten, haben sie in Europa erst ab der Jahrtausendwende richtig Fuss gefasst. Der ETF-Markt in Europa hat in den letzten Jahren ein rasantes Wachstum verzeichnet; die Anzahl der ETFs ist inzwischen höher als in den USA. Das Anlageuniversum ist schon lange nicht mehr auf „gewöhnliche" Aktienmärkte begrenzt. Inzwischen – und zunehmend – sind Obligationen-, Rohstoff- und sogar Hedge-Fund-ETFs erhältlich und es können fast beliebige Allokationen umgesetzt werden.

Für eine langfristige, kosteneffiziente Vermögensvermehrung sind passive Instrumente wie ETFs sehr gut geeignet. Bleibt die Risikotoleranz eines Anlegers unverändert, lohnt es sich, eine Anlagestrategie einmal zu definieren und dann konsequent umzusetzen. Die Hauptkriterien für langfristiges und erfolgreiches Anlegen mit ETFs sind aus unserer Sicht:

- Instrumente verstehen – was sind ETFs, welche Risiken haben sie, welchen Index bilden sie ab?
- Kosten im Griff haben – wie hoch sind Transaktionskosten und Gebühren?
- Fundamentale Zusammenhänge beachten – z.B.: Tiefe Risiken bei hohen Renditen deuten auf versteckte Risiken hin.
- Konsequent Entscheidungen basierend auf einer schriftlichen Anlagestrategie umsetzen – Strategie einmal definieren, keine kurzfristigen Panik-Entscheidungen treffen.
- In gewissen Abständen die Situation kritisch beurteilen – z.B.: Hat sich mein Risikoprofil oder Liquiditätsbedarf in der Praxis bewahrheitet? Hat sich in Bezug auf die eingesetzten Instrumente etwas fundamental an den Märkten verändert? Hat sich das Umfeld verändert?

Dieses Buch beschreibt diese Kriterien und zeigt anhand von Beispielen auf, wie diese in der Praxis umgesetzt werden können.

Zielsetzung

Ziel dieses Buches ist, einen soliden Überblick über die Welt der ETFs zu vermitteln und aufzuzeigen, wie diese Finanzinstrumente für sinnvolle Anlageentscheidungen eingesetzt werden können. Die Leserschaft soll mit der nötigen Kompetenz dem stetig wachsenden Angebot begegnen können.
Das vorliegende Buch hat den Anspruch, verschiedene produktspezifische, theoretische und praktische Fragen im Kontext von Exchange Traded Funds zu beantworten. Denn mit einem Grundverständnis für diese Produkte und den hier vermittelten Prinzipien der Risikodiversifikation können auf einfache Art und Weise Anlagestrategien mit dem Ziel einer langfristigen Vermögensvermehrung definiert werden. Das zentrale Thema des Buches sind zwar ETFs und deren praktischer Einsatz, dennoch wird nicht bis ins letzte technische Detail auf die Strukturen eines jeden Anbieters eingegangen. Diese unterliegen einem gewissen Wandel und stehen oft im Spannungsfeld von Regulation, öffentlicher Diskussion und den Möglichkeiten des Financial Engineerings. ETFs werden in erster Line als Werkzeuge verstanden und behandelt, die es zu verstehen und richtig anzuwenden gilt. Der Grundsatz bei den technischen Details lautet: „So viel wie nötig, aber nicht zu viel." Gerade was die Beschreibung von Swaps, Wertschriftenleihe und Collateral Management betrifft, könnten viele Seiten gefüllt werden, ohne dem eigentlichen Zweck dieser Instrumente gerecht zu werden: Allokationen umzusetzen. Um ETFs sinnvoll einzusetzen, müssen nicht nur die Instrumente selbst, sondern ebenfalls die zugrunde liegenden Indizes sowie die Chancen und Risiken, die sich aus einer Anlageallokation ergeben, gleichermassen verstanden werden. Das Ziel dieses Buches ist es, auf allen drei Ebenen die wichtigsten Grundlagen zu liefern und an besonderen Stellen, deren Relevanz es erfordert, mehr in die Tiefe zu gehen.
Bis Ende 2010 waren ETFs ohne Zweifel die Lieblinge der Medien. Es gab kaum kritische Stimmen oder Berichte ausserhalb von spezialisierten Publikationen. So stand es kaum im öffentlichen Interesse, ob ETFs Wertschriftenleihe betreiben, einen fully-funded oder einen Total Return (un-funded) Swap einsetzen. Diese Diskussion war lange den Profis vorbehalten. Anfang 2011 wurden mehrere kritische Berichte zu ETFs publiziert und von einem breiteren Anlegerkreis diskutiert. Auf einmal waren viele erstaunt über die Funktionsweise von synthetischen ETFs oder die Wertschriftenleihe bei physischen ETFs. Interessanterweise wurde kaum erwähnt, dass diese Techniken ebenfalls bei aktiven Anlagefonds anzutreffen sind. Zentral in dieser Diskussion erscheint uns, die grundlegenden Risiken und Strukturen zu verstehen, um die entsprechenden Instrumente richtig auszusuchen und das Portfoliorisiko besser einzuschätzen.
Ein zentrales Ziel dieses Buches ist die praktische Umsetzung von Anlagestrategien mittels ETFs. Dies zwingt uns, den Bogen zwischen den Produkten und ihrer Anwendung zu spannen. Dabei werden mittels neuer wissenschaftlicher Methoden intuitive und klar verständliche Anlagevorschläge generiert und mögliche Renditeszenarien ermittelt. Letztere können Anlegern helfen, das geeignete Portfoliorisiko mit dem entsprechenden Ertragspotential zu wählen. Dabei verwenden wir moderne Methoden zur Portfoliooptimierung. Diese sind im Gegensatz zu den herkömmlichen Methoden

viel weniger sensitiv auf veränderte Parameter und somit besser für die praktische Anwendung geeignet (sogenannte robuste Portfolio-Optimierung).

Zielpublikum und erforderte Vorkenntnisse

Das Buch dient folgendem Leserkreis als Nachschlagewerk und Praxishandbuch:

- Privatanlegern
- Kundenberatern
- Portfoliomanagern
- Studenten
- Journalisten

Ein Grundverständnis für Wertschriften und wirtschaftliche Zusammenhänge wird bis zu einem gewissen Grad vorausgesetzt. Detaillierte Finanzkenntnisse sind hingegen nicht erforderlich. Wo zum Verständnis der einzelnen Themen die Grundlagen nicht fehlen dürfen, wird darauf eingegangen. Die Ausführungen werden für die richtige Intuition für ETFs bzw. Anlagestrategien mit ETFs ausreichen. Für Leser, die bereits über Kenntnisse des ETF-Marktes verfügen, hoffen wir, mit ausführlichen Informationen zu Indizes, Risiken, Produkten sowie ihrem Einsatz einen Mehrwert zu schaffen. Wir berücksichtigen in gesonderten Kapiteln die Bedürfnisse von Anlegern aus Deutschland wie auch aus der Schweiz.

Das Buch folgt einem logischen Aufbau, kann aber auch kapitelweise gelesen werden. Leser, die bereits mit ETFs und Indizes vertraut sind, können direkt mit den Anlagestrategien respektive deren Umsetzung beginnen. Das Buch eignet sich nicht zuletzt als Nachschlagewerk, wobei naturgemäss die Informationen zu Anlagestrategien und der Umsetzung weniger starken Veränderungen unterliegen als beispielsweise der Beschrieb der ETF-Provider oder die Aufteilung der beschriebenen Indizes.

Aufbau

Das Buch ist in aufeinander aufbauende Kapitel unterteilt, gefolgt von mehreren Interviews und einem Glossar.

Grundlagen. Dieser Teil befasst sich mit den Grundlagen zu ETFs. Dabei wird eine Balance zwischen technischen und allgemeinen Aspekten angestrebt. Neben einer kurzen Geschichte und Vorstellung der wichtigsten Anbieter wird auf die Funktionsweise, die Replikationsmethoden und die Risiken von ETFs eingegangen. Da bei der Auswahl die Factsheets eine wichtige Rolle spielen, werden die darauf oft anzutreffenden Begriffe erläutert.

Indizes. Bei ETFs dreht sich letztlich alles um den Index und die Frage, wie gut dieser abgebildet wird. Neben der Asset Allocation ist die Wahl des richtigen Index von fundamentaler Bedeutung. In diesem Teil wird beschrieben, was einen Index ausmacht und welche Arten von Indizes es gibt. Danach wird pro Anlageklasse eine kurze Zusammenfassung dieses Marktes gegeben. Die wichtigsten Indizes mit Bezug zu ETFs und Anlagestrategien werden beschrieben.

Anlagestrategien mit ETFs. Hier werden verschiedene Konzepte und ihre praktische Umsetzung beschrieben und zusammengefasst.

Umsetzung von ETF-Strategien in der Praxis. In diesem Abschnitt wird die konkrete Umsetzung der verschiedenen Strategien beschrieben. Neben quantitativen und qualitativen Anlagestrategien wird auf die Umsetzung von Investmentviews eingegangen.

Tipps. Hier werden verschiedene Punkte aus der Praxis, beispielsweise der Handel oder die Risikokontrolle, beschrieben.

Interviews und Glossar. Am Ende des Buches sind diverse Interviews mit ETF-Anbietern und Experten aus der Branche abgedruckt. Im Glossar befinden sich die wichtigsten Begriffe des Buches; deutsche und englische Begriffe werden, wo sinnvoll, einander gegenübergestellt.

2. Grundlagen

Bei der Lektüre der Finanzpresse kommt man um den Begriff ETF nicht mehr herum. Was sich dahinter verbirgt und wie diese Finanzprodukte im Detail funktionieren, ist Gegenstand dieses Kapitels. Das Verstehen der wichtigsten Konzepte ist wichtig, um die Einsatzmöglichkeiten, aber auch die Grenzen dieser Produkte besser abschätzen zu können. Welche Anlagemöglichkeiten bieten ETFs? Welche Risiken bergen sie? Wer sind die Anbieter und auf welche Aspekte muss bei der Auswahl von ETFs geachtet werden? Diese und weitere Fragen werden in diesem Kapitel beantwortet.

Der Begriff ETF

„Ein Exchange Traded Fund ist ein Indexfund, der an der Börse gehandelt wird." Dadurch werden gleichzeitig drei Begriffe in den Raum gestellt: Fund, Index und „an der Börse gehandelt". Alle drei Begriffe haben eine zentrale Bedeutung für ETFs.

Abbildung 2-1: Der Begriff ETF.

Ein ETF ist ein *Fund*, also ein Investmentfonds, der das Kapital vieler Anleger zusammenfasst. Jeder Anleger hat dabei einen Anteil am Gesamttopf. Investmentfonds – wie ETFs – bieten per Gesetz einen ausgezeichneten Anlegerschutz und werden von einer Investmentgesellschaft (Kapitalanlagegesellschaft) verwaltet. Die Funktion dieser Gesellschaft ist primär das Anlegen des Gesamtkapitals in Finanzwerte wie Aktien, Obligationen oder Rohstoffe. Steigen die Kurse der gekauften Finanzwerte, profitieren dadurch alle Fondsanleger gleichermassen. Investmentfonds stellen dadurch eine praktische Form der Geldanlage dar. Sie ermöglichen, dass auch Anleger mit kleinen Beträgen an der Wertentwicklung eines breit diversifizierten und professionell verwalteten Fondsvermögens teilhaben können. Informationen zum Inhalt, der Rendite und den Kosten müssen zudem regelmässig publiziert werden und sind beispielsweise über das Internet einfach zugänglich. Eine wichtige Fonds-Eigenschaft von ETFs ist ihre Stellung als Sondervermögen. Dies bedeutet, dass das Fondsvermögen vom Vermögen der Investmentgesellschaft getrennt ist. Die Verwahrung des Fondsvermögens muss dabei von einer externen Depotbank vorgenommen werden. Dies ermöglicht einen hohen Gläubigerschutz im Falle einer Insolvenz der Investmentgesellschaft.

Jedem Exchange Traded Fund liegt ein *Index* zugrunde. Bei ETFs dreht sich quasi alles um diesen Index (siehe Kapitel 3). Bekannte Indizes sind der DAX, SMI, Dow Jones oder der NASDAQ. Alle haben gemeinsam, dass sie die Entwicklung der Kurse eines Marktes in einer Kennzahl zusammenfassen. Der DAX beispielsweise umfasst die 30 grössten deutschen Aktienunternehmen. Steigen die Kurse dieser Aktien, so steigt auch der Indexstand des DAX. Indizes müssen aber nicht zwingend Aktien abbilden. Eine Vielzahl von Indizes bilden Obligationen (Anleihen), Rohstoffe sowie andere sogenannte Anlageklassen ab. Bei jedem Index werden somit Anlageklasse sowie Auswahl und Gewichtung der zugrunde liegenden Titel definiert. Der grosse Vorteil ist die Transparenz der Indexberechnung, denn alle Spielregeln sind im Voraus bekannt. So kann ein DAX nicht plötzlich US-Staatsanleihen oder Aktien von aufstrebenden Ländern aufnehmen.

Wie die deutsche Übersetzung von Exchange Traded Fund verdeutlicht, handelt es sich bei ETFs um *börsengehandelte* Produkte (gewöhnliche, offene Investmentfonds werden nicht an der Börse gehandelt). ETFs können wie Aktien zu Börsenöffnungszeiten ge- und verkauft werden. Steigt beispielsweise der SMI während des Tages stark, so muss der Anleger den Börsenschluss nicht abwarten und kann das Produkt sofort handeln. Der Preis des ETFs ist somit ohne Verzögerung während des ganzen Handelstages bekannt und das Produkt ist zu diesen Preisen handelbar. Dabei fallen natürlich Transaktionskosten und die Handelsspanne (Bid/Ask-Spread) an.

ETFs: Kombination zweier Welten – geschlossene und offene Investmentfonds

Anders als bei offenen Investmentfonds können bei geschlossenen Fonds in der Regel nur am Anfang – während des Platzierungszeitraums – Anteile von der Fondsgesellschaft erworben werden. Danach wird der Fonds geschlossen und weitere Zeichnungen sind nicht mehr möglich. Es ist naheliegend, dass gerade bei Immobilieninvestitionen, einem Markt, in dem das Angebot stark begrenzt ist, diese Investitionsform besonders stark vertreten ist. Im Gegensatz dazu können traditionelle offene Investmentfonds in der Regel einmal täglich gezeichnet und zurückgegeben werden. Beide – Zeichnung und Rückgabe – erfolgen zum sogenannten Nettoinventarwert, dem Marktwert der zugrunde liegenden Anlagen, abzüglich etwaige Gebühren.

Bei geschlossenen Fonds existiert häufig ein Sekundärmarkt, das heisst ein Handel über die Börse. Dort können Fondsanteile an Dritte verkauft werden. Hier haben Angebot und Nachfrage eine entscheidende Rolle. Diese können die Börsenpreise von

geschlossenen Fonds von ihrem aktuellen Nettoinventarwert wegbewegen. Liegt der Börsenpreis über dem Nettoinventarwert, wird von Aufpreis, Agio oder englisch Premium gesprochen. Liegt der Börsenpreis unter dem Nettoinventarwert, so wird von Abschlag, Disagio oder Discount gesprochen.
ETFs sind typischerweise offene Investmentfonds und können auf täglicher Basis bei der Fondsgesellschaft zum Nettoinventarwert (NAV) gezeichnet oder zurückgegeben werden. Dies geschieht mittels sogenannter Authorized Participants bzw. Market Maker. Diese stellen gleichzeitig den Börsenhandel sicher, indem sie verbindliche Preise (Bid und Ask) an der Börse stellen und den Handel bis zum Börsenschluss (Closing-Preis) garantieren. Die Preise richten sich am indikativen Nettoinventarwert (iNAV), der in Echtzeit berechnet wird. Anleger können somit während den Börsenöffnungszeiten ETF-Anteile kaufen und verkaufen. Im Gegensatz zu geschlossenen Fonds sind Abweichungen zum Nettoinventarwert, also Agio und Disagio, bei ETFs viel weniger präsent. Dies hat primär damit zu tun, dass die Fondsgesellschaft ETF-Anteile am Ende jedes Handelstages von den Authorized Participants zum Nettoinventarwert abnehmen oder an sie abgeben muss. Dies wird als Creation/Redemption-Prozess bezeichnet. Dieser „hybride Charakter" von ETFs ist zentral, wenn es darum geht, deren verschiedene Bewertungsmöglichkeiten zu verstehen. Aus der Aktienwelt und somit der Handelbarkeit während des Tages stammen die Begriffe Bid/Ask-Preise und Closing-Preis. Aus der Investmentfondswelt NAV und Prämie. Diese Aspekte werden im Abschnitt „Funktionsweise von ETFs" im Detail diskutiert.

Vor- und Nachteile von ETFs

ETFs ermöglichen den Kauf oder Verkauf eines breiten Korbes an Wertschriften mittels einer einzigen Transaktion. Dadurch ist auf einfache Art und Weise eine breite Diversifikation – entsprechend des zugrundeliegenden Index – möglich. Mit dem Kauf eines ETFs auf den MSCI World Index kann ein Engagement in mehr als 1'500 Titel und über 24 Länder erreicht werden. Zudem sind ETFs äusserst transparent, da ein Index nachgebildet wird und dessen Zusammensetzung jederzeit bekannt ist. Dies macht ETFs zu einfach nachvollziehbaren und verständlichen Instrumenten, wobei jedoch ein Grundwissen im Bereich von Indizes wichtig ist. Für die Nachbildung des Index ist seitens des Anbieters kein aufwändiges Research notwendig, was entsprechend tiefe Kosten im Vergleich zu aktiven Anlagefonds zur Folge hat. Weil ETFs grundsätzlich als Anlagefonds aufgesetzt sind, stellen sie rechtlich ein Sondervermögen dar und bieten den Investoren ein Höchstmass an Sicherheit. Aufgrund der Kotierung können ETFs so einfach wie Aktien an der Börse gehandelt werden, wobei die bekannten Auftragsarten (beispielsweise bestens, Limite, Stop Loss etc.) möglich sind. Dies ermöglicht eine ganz andere Form der Indexanlage im Vergleich zu Anlagefonds. So kann innerhalb eines Börsentages der „passende" Moment für eine Transaktion gewählt werden. Kurzfristig bzw. eher taktisch orientierte Anleger können sofort auf Ereignisse oder Signale reagieren. ETFs sind auch äusserst liquide Instrumente, da Market

Maker sich zu fortlaufender Preisstellung verpflichten. Voraussetzung dafür ist ein liquider Index. Aufgrund des immer grösser werdenden Angebots können mittels ETFs auf einfache Art und Weise eine Vielzahl von Anlagestrategien und Meinungen umgesetzt werden. Mittlerweile kann in mehrere Anlageklassen – wie Anleihen, Aktien und Rohstoffe – investiert werden, da auf die meisten Standardindizes ETFs vorhanden sind. Daneben stellen ETFs ein wertvolles Werkzeug zur gezielten Steuerung des Risikos dar und können im Rahmen von sogenannten Core-Satellite-Strategien vielfältig eingesetzt werden. Professionelle Vermögensverwalter schätzen die Möglichkeit, dass sie mit einer Transaktion selbst geringe Geldzuflüsse beispielsweise in Aktienengagement umwandeln können (sogenannte Cash Equitisation).
Betrachtet man die Nachteile von ETFs, werden oft der Index und dessen Performance erwähnt. So kann mit einem ETF grundsätzlich nur die Indexrendite abzüglich der Kosten erreicht werden, falls keine weitere Optimierung im ETF angewendet wird. Aufgrund der Indexnachbildung können einzelne Titel nicht opportunistisch ausgeschlossen oder anders gewichtet werden. Dies hätten wohl viele Investoren im Jahr 2010 – beispielsweise mit Griechenland (Eurokrise) oder BP (Ölkatastrophe im Golf von Mexiko) – gewollt. Trotz des Status als Sondervermögen können ETFs gewisse Gegenparteirisiken aufweisen. Ein Gegenparteirisiko tritt auf, wenn beim Ausfall einer Vertragspartei Vermögenswerte nicht oder nur erschwert zurückbezahlt werden können. Dies ist beispielsweise bei synthetischen ETFs der Fall, wo die Rendite des ETFs über ein Tauschgeschäft (Swap) zwischen dem ETF und einer Drittpartei erzielt wird. Unter der europäischen Fondsrichtlinie kann bis zu 10% netto in Swaps investiert werden. Zudem kann – wie bei allen Anlagefonds – Wertschriftenleihe betrieben werden, was bei einem Konkursfall auch mit Gegenparteirisiko behaftet sein kann. Daneben existieren operative Risiken, beispielsweise die fehlerhafte Anwendung des Modelles zur Indexnachbildung oder Probleme bei der Bewirtschaftung von Sicherheiten (Collaterals), welche einem allfälligen Swap oder bei der Wertschriftenleihe hinterlegt sind. Dies sind jedoch Risiken, die genausosehr auf aktive Anlagefonds zutreffen können. Beim Handel des ETFs können ebenfalls Risiken auftreten. Ein solches besteht beispielsweise in einer plötzlichen Ausweitung der Geld/Brief-Spanne. Werden ETFs erworben, die ihr Domizil im Ausland haben oder die synthetisch den Index nachbilden, lohnt es sich, die steuerliche Behandlung des ETFs anzuschauen. Diese kann vorteilhafter, gleich oder nachteilig im Vergleich zu den Titeln des Index erfolgen. Aufgrund des immer grösser werdenden Angebots an ETPs (Exchange Traded Products) kann es auch leicht zu Verwechslungen kommen. Oft ist auf den ersten Blick nicht eindeutig, welcher Index verfolgt wird und ob es sich um einen ETF oder ein ETC, eine ETN oder um ein anderes Indexinstrument handelt. Dies ist wichtig, da andere Instrumente unter Umständen 100% Gegenparteirisiko aufweisen können. Gerade bei ETFs auf „exotische" Indizes oder beim x-ten ETF auf denselben Index kann die Gefahr einer Schliessung bestehen, weil der ETF das kritische Volumen nicht erreicht und somit für den Anbieter nicht mehr profitabel ist. Das investierte Kapital ist in einem solchen Fall keineswegs verloren, es können jedoch unvorteilhafte steuerliche Konsequenzen entstehen.

Vorteile	Nachteile

■ Diversifikation
    ■ … sofort mittels einer Transaktion
    ■ Reduktion titelspezifischer Risiken
■ Hohe Transparenz
■ Sehr hohe Produktvielfalt
■ Tiefe Kosten
■ Sondervermögen
■ Einfache Handelbarkeit
    ■ Kann fortlaufend über die Börse gehandelt werden.
    ■ Market-, Limit-, Stop-Loss-Orders möglich
■ Hohe Liquidität
■ Umsetzung der Asset Allocation
    ■ Strategisch
    ■ Taktisch
    ■ Core-Satellite
	■ Indexperformance
	    ■ Marktrisiko, Index 1:1 nachgebildet
	    ■ Markt kann nicht geschlagen werden.
	    ■ Marktrendite kann nicht immer erreicht werden (Kosten).
	■ Gegenparteirisiko teilweise möglich
	    ■ Swap
	    ■ Wertschriftenleihe
	■ Operationelle Risiken
	    ■ Modellrisiko (Indexnachbildung)
	    ■ Bewirtschaftung von Sicherheiten
	■ Handelsrisiko
	■ Steuerrisiken (bei ausländischen ETFs ohne Zulassung / Steuerreporting) und regulatorische Risiken.
	■ Verwechslung mit anderen ETPs oder Indizes
	■ Schliessung des ETFs

Tabelle 2-1: Vor- und Nachteile von ETFs.

Unterschiede von ETFs zu anderen Wertschriften

Tabelle 2-2 fasst die wesentlichen Merkmale von ETFs, Indexfonds und Indexzertifikaten zusammen. Mit diesen Instrumenten kann ein Anleger auf einfache Art und Weise an der Wertentwicklung eines Index partizipieren. Für eine bessere Einordnung der einzelnen Merkmale sind ebenfalls Aktien und Obligationen aufgeführt. So wird beispielsweise oft das Gegenparteirisiko von ETFs erwähnt und übersehen, dass ein solches bei fast allen Anlagen in einem höheren Ausmass besteht. Denn die legale Struktur geht einher mit dem Gegenparteirisiko. Im Rahmen von Sondervermögen oder mit „erstklassigen" Gegenparteien (wie gewisse Staatsanleihen) wird dieses drastisch reduziert. Wertschriften können im Gegensatz zu klassischen Fonds über die Börse gehandelt werden, wobei Anleihen einen gewissen Sonderfall darstellen. Damit der Handel einfacher wird, treten sogenannte Market Maker auf, welche verpflichtet sind, laufend verbindliche Geld- und Briefkurse zu stellen. Bei ETFs und Indexfonds ist die Liquidität primär vom Inhalt und nicht von der „Hülle" abhängig. Wie Aktien weisen auch ETFs eine nicht begrenzte Laufzeit auf und die Erträge der im ETF enthaltenen Wertschriften werden reinvestiert oder ausgeschüttet. Der Anleger kommt in Genuss der Erträge, was bei Indexzertifikaten oft nicht der Fall ist. Für die Nachbildung des Index und die Bewirtschaftung der Wertschriften wird durch ETFs und Indexfonds eine Verwaltungsgebühr belastet. Indexzertifikate wie auch gewisse ETPs können auf die Verwaltungsgebühr verzichten, wenn sie andere Ertragsquellen ausschöpfen können (wie Quellensteueroptimierung auf Dividenden etc.). Dies ist in der ETF-Welt noch nicht sehr verbreitet. Bei ETFs fallen wie bei anderen Wertschriftentransaktionen Kosten an, welche primär von der jeweiligen Bankbeziehung abhängig sind. Im Normalfall erfolgt der Handel über die Börse, wobei Spreads und Courtagen anfallen. Grössere Transaktionen können auch zum NAV getätigt werden, wobei eine NAV-Gebühr verrechnet wird. Als sogenannte Kollektivinstrumente sind ETFs und Indexfonds im Vergleich zu einer einzelnen Aktie oder Obligation diversifiziert. So müssen die Anforderungen der jeweiligen Fondsgesetze eingehalten werden, was in einer minimalen Anzahl an Titeln und maximalen Höhe je Instrument resultiert. Bei Indexzertifikaten kommen keine so strengen Anforderungen zur Anwendung, was höhere Flexibilität und konzentriertere Portfolios ermöglicht. Bei Aktien und Obligationen sind keine speziellen Reportings oder Zulassungen je Land notwendig. Sobald Instrumente jedoch in eine „Fondshülle" verpackt werden, müssen normalerweise ein Steuerreporting und eine länderspezifische Zulassung vorliegen. An Zertifikate werden diesbezüglich oft tiefere Anforderungen gestellt. Aufgrund ihrer rechtlichen Ausgestaltung ist das Aufsetzen von Anlagefonds recht aufwändig und zeitintensiv, was in höheren (Fix-) Kosten im Vergleich zu Zertifikaten resultiert.

	ETF	Indexfonds	Indexzertifikat	Aktie	Obligation / Anleihe
Legale Struktur	Sondervermögen	Sondervermögen	Schuldverschreibung	Aktie	Obligation / Anleihe
Gegenparteirisiko	Nein (aufgrund Wertschriftenleihe oder Swap möglich)	Nein (aufgrund Wertschriftenleihe oder Swap möglich)	Ja	Ja	Ja
Gelistet an Börse	Ja	Nein	Ja	Ja	i.d.R. OTC
Handelbarkeit	zu Börsenzeiten und zu NAV	1x täglich zu NAV	zu Börsenzeiten	zu Börsenzeiten	zu Börsenzeiten
Market Maker	Ja	Nein	i.d.R nein	Ja	i.d.R. OTC
Liquidität	sehr hoch	kein Handel; zu NAV sehr hoch	hoch	titelspezifisch	titelspezifisch

	ETF	Indexfonds	Index-zertifikat	Aktie	Obligation / Anleihe
Laufzeit	Offen	Offen	i.d.R. begrenzt	Offen	Begrenzt
Anspruch auf Erträge	Ja	Ja	i.d.R nein	Ja	Ja
Verwaltungs-gebühr	Ja	Ja	Teilweise	Nein	Nein
Transaktions-kosten	Börse: Courtagen, Spread NAV: Gebühr	Ausgabe-aufschlag (Transakti-onskosten im Fonds)	Courtagen, Spread	Courtagen, Spread	Courtagen, Spread
Diversifikation	Hoch	Hoch	Tief bis hoch	Tief	Tief
Spezielles Steuerreporting	i.d.R notwendig	i.d.R notwendig	Teilweise notwendig	Nicht notwendig	Nicht notwendig
Kosten der „Hülle"	Mittel bis hoch	Mittel bis hoch	Tief	-	-
Time to Market	Eher lang	Eher lang	Schnell	-	-

Tabelle 2-2: ETF im Vergleich zu anderen Anlageformen und Wertschriften.

Kurze Geschichte der ETFs

Indexfonds waren die Vorreiter der ETFs. Einer der ersten Indexfonds wurde 1971 in den USA für institutionelle Investoren durch die Bank Wells Fargo aufgesetzt. Es sollten alle kotierten Werte an der New Yorker Börse nachgebildet werden. Nach der Gründung von Vanguard im Jahre 1975, wurde 1976 der erste Indexfonds für Privatanleger lanciert. Anfangs hatte das Konzept keinen einfachen Stand in der Fachpresse. Der Erfolg gab Vanguard schliesslich Recht, als die Grösse des indexierten Fonds gewaltige Ausmasse annahm.

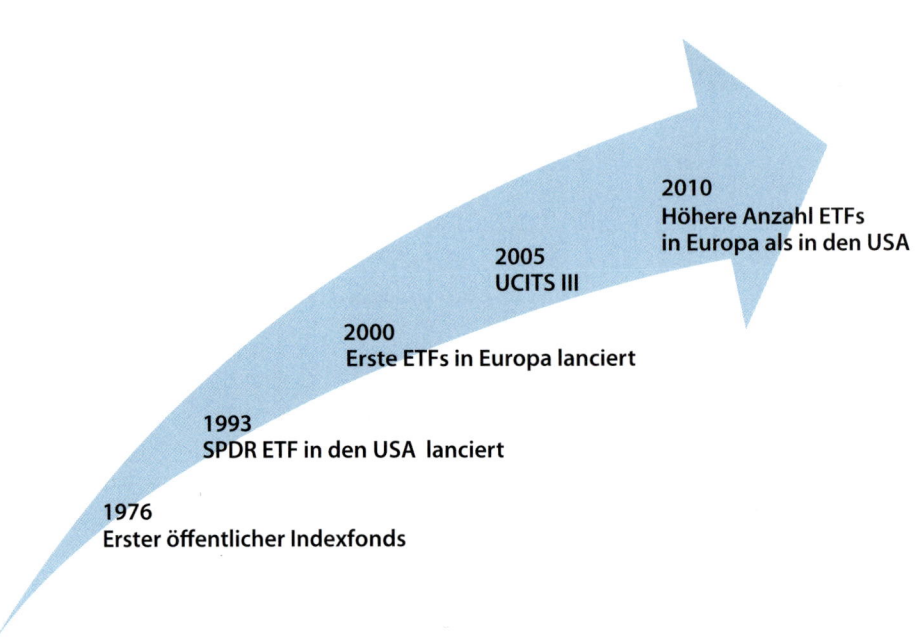

Abbildung 2-2: Wichtige Meilensteine in der Geschichte der ETFs.

Lange Zeit konnte man nur über Indexfonds indexiert anlegen. Bedingt durch das Konzept von Fonds, in dem nur einmal pro Tag zum NAV gekauft oder verkauft (technisch: „gezeichnet") werden kann, hatte die Idee des Indexierens bei aktiveren Anlegern wenig Sympathien. Diese Anleger wollten innerhalb eines Tages agieren können und nicht den Börsenschluss abwarten.

Im Vordergrund stand somit die Absicht, Indexfonds „handelbar" zu machen. Dazu mussten mehrere technische und regulatorische Probleme gelöst werden. So mussten die Fonds innerhalb eines Börsentages zuverlässig bewertbar sein und bei grösseren Zu- und Abflüssen musste ein Mechanismus gefunden werden, der das Verwalten des Fonds ermöglichte.

Der eigentliche Geburtsort der ETFs ist Kanada, wo 1989 die erste ETF-ähnliche Struktur aufgesetzt wurde. So konnten auf den Aktienindex von Toronto sogenannte TIPS (Toronto Index Participation Shares) gehandelt werden. Kanada hat bei den ETFs oft eine Vorreiterrolle gespielt. So wurde auch der erste Obligationen-ETF in Kanada im Jahre 2000 lanciert. In den USA startete 1993 mit den SPDRs (Standard & Poor's Depository Receipts) das Zeitalter der ETFs. Der Standard & Poor's 500 SPDR (Ticker: SPY, umgangssprachlich Spider genannt) wurde durch die American Stock Exchange lanciert und von State Street Global Advisors verwaltet. Der SPDR wurde rechtlich als sogenannter Unit Investment Trust (UIT) aufgesetzt und ist heute einer der grössten und liquidesten ETFs weltweit. 1996 lancierte Barclays Global Investors zusammen mit Morgan Stanley die sogenannten WEBS (World Equity Benchmark Shares), die verschiede lokale Aktienmärkte abbildeten und als Mutual Funds aufgesetzt waren. Die WEBS wurden 2000 in iShares umbenannt. Im Unterschied zum SDPR verfügten die WEBS über eine flexiblere Struktur, was die Abbildung von Indizes betrifft. 1998 führte State Street die ersten Sektoren-ETFs ein. 1998 wurden ebenfalls die HOLDRs (Holding Company Depositary Receipts) durch Merrill Lynch an der AMEX lanciert. HOLDRs sind rechtlich sogenannte Grantor Trusts und stellen eigentlich keine echten ETFs dar. Sie sind Sektorportfolios, bei welchen keine Anpassung der Startgewichte im Verlaufe der Zeit erfolgt. Aufgrund der speziellen Struktur werden HOLDRs normalerweise als Baskets bezeichnet. Bedingt durch ihre Struktur sind HOLDRs unter dem amerikanischen Steuersystem sehr effizient und damit in den USA beliebt.

1999 kam der erste ETF auf den NASDAQ-100 auf den Markt, der QQQ. Der QQQ wurde durch die Bank of New York Mellon verwaltet und ist als UIT (Unit Investment Trust) organisiert. Das Timing war perfekt, denn die ganze Welt wollte Exposure in Technologieaktien. Nach einem Jahr hatte der QQQ bereits eine Grösse von knapp 10 Mrd. USD. Für dieses Volumen hatte der SPDR fast sechs Jahre benötigt. Der QQQ wurde später durch PowerShares übernommen.

In Europa tauchten im Jahre 2000 die ersten ETFs auf den Euro STOXX 50 und den STOXX 50 auf. Dies waren die sogenannten „LDRS" von Merrill Lynch, welche dann 2003 durch iShares übernommen wurden. Ebenfalls im Jahr 2000 kam iShares mit dem FTSE 100 auf den europäischen Markt und Ende 2000 betrat die deutsche Index-Change (Hypovereinsbank) den europäischen ETF-Markt.

2001 kamen die Mastershares (Société Générale), die XMTCH (Credit Suisse), EasyETF (AXA, BNP) und Fresco (UBS) auf den Markt. Viele dieser ETF-Namen sind im Verlaufe der Zeit verschwunden: Mastershares wurden in Lyxor ETF, Fresco in UBS ETF und XMTCH in CS ETF umbenannt. Zudem brachte 2001 Vanguard ihre ersten ETFs in den USA unter dem Namen VIPERs (Vanguard Index Participation Equity Receipts) auf den Markt, die seit 2006 nur noch ETFs heissen.

2005 wurde in Europa die Richtlinie „UCITS III" eingeführt, was zu einer grösseren Flexibilität beim Verwalten von Fonds führte. So wurde beispielsweise der Einsatz von Derivaten erweitert. Dies war der Startschuss für die europaweite Ausbreitung von Swap-basierten ETFs.

2007 betrat die Deutsche Bank, welche lange Zeit nicht im ETF-Bereich aktiv war, mit den db x-trackers den europäischen Markt.

2008 kamen zwei weitere Anbieter aus Deutschland hinzu: ETFlab (Deka Bank) und ComStage (Commerzbank).

2009 war der Markteintritt von Source, die mehrere Swap-Anbieter auf ihrer Plattform zulässt.

2010 kam die neue ETF-Marke Amundi auf den Markt, welche durch eine Partnerschaft von Société Générale Asset Management und Crédit Agricole Asset Management getragen wird. Ebenfalls 2010 brachte die Grossbank HSBC ihre ersten ETFs in Europa auf den Markt.

2011 hat State Street Global Advisors ihr ETF-Angebot in Europa stark erweitert. Zu den neuen Listings von SSgA gehören Pionierprodukte wie der MSCI World All Countries World Investable Market (World ACWI IMI). Ein weiteres bemerkenswertes Ereignis im April 2011 war die fast gleichzeitige Veröffentlichung von drei Studien zu Risiken von ETFs. Die drei Studien von der Financial Stability Board (FSB), der Bank for International Settlements (BIS) und des Internationalen Währungsfonds (IMF) haben das öffentliche Interesse in Bezug auf Risiken von Swap-basierten ETFs, der Wertschriftenleihe innerhalb von ETFs und der Qualität der hinterlegten Sicherheiten geweckt. Das Jahr 2011 ist im europäischen Kontext ebenfalls ein wichtiges Jahr, weil UCITS III durch UCITS IV abgelöst wurde. Dadurch können weitere administrative Hürden reduziert und der länderübergreifende Vertrieb von Fonds zusätzlich vereinfacht werden. Ebenfalls im Jahr 2011 hat der 2009 gegründete französische ETF-Anbieter Ossiam seine ersten ETFs lanciert. Ossiam, die ETF-Tochtergesellschaft von Natixis, will vor allem ETFs auf quantitative und fundamentale Indizes anbieten.

Ein nicht unwesentlicher Erfolgstreiber in den USA sind die steuerlichen Vorteile von ETFs im Vergleich zu anderen Anlagefonds. Denn in den USA ist die Haltedauer von Wertschriften von entscheidender Bedeutung. Neben Kapitalerträgen werden kurz- und langfristige Kapitalgewinne unterschieden, welche zu anderen Steuersätzen besteuert werden. Aus amerikanischer Sicht sind langfristige Kapitalgewinne attraktiv, weil diese mit einem tieferen Steuersatz besteuert werden. Vor diesem Hintergrund sind ETFs auf zwei Arten interessant. Einerseits weisen Anlagen, welche einen Standardindex (gewichtet nach Marktkapitalisierung) abbilden, tendenziell weniger Transaktionen auf, d.h. es werden aufgrund der wenigen Transaktionen im ETF wenig steuerrelevante Gewinne realisiert. Andererseits können bei ETFs im Rahmen der so genannten Creation/Redemption die benötigten Wertschriften direkt übertragen werden, was aus steuerlicher Sicht vorteilhafter ist.

In Europa begann das ETF-Zeitalter zwar im Jahre 2000, doch war es lange von nationalen Anbietern geprägt. Obwohl die UCITS-Direktive schon seit Mitte der 1980er Jahre bestand, verhalf erst UCITS III den ETFs in Europa zu einem vereinfachten Einsatz. UCITS III erschien 2002, war aber erst 2005 vollständig eingeführt. Unter UCITS III konnten Derivate bis zu einem bestimmten Limit für das Verwalten von Anlagefonds eingesetzt werden. Dies war der Startschuss für die Ausbreitung der Swap-basierten ETFs. Auf einmal konnten Indizes repliziert werden, welche mit der physischen Replikation nicht abzubilden gewesen wären.

In Bezug auf die Steuern kann ein weniger deutlicher Erfolgstreiber in Europa als in den USA ausgemacht werden, weil hier länderspezifische Gegebenheiten vorherrschen.

In der Schweiz sind Kapitalgewinne bei Privatanlegern (sofern die Person nicht als Wertschriftenhändler taxiert wird) steuerfrei, unabhängig von der Haltedauer der Anlage. Somit ist bei Schweizer Anlegern sicherlich der Kapitalgewinn bevorzugt, weil Kapitalerträge wie Dividenden und Coupons als Einkommen zu versteuern sind.

In Deutschland wurden langfristige Kapitalgewinne bis zur Einführung der Abgeltungssteuer bevorzugt. Mit Einführung der Abgeltungssteuer muss jeglicher Wertzuwachs unabhängig seiner Art versteuert werden. Dies erfolgt, sobald der Ertrag (Dividenden, Coupons) anfällt oder wenn der ETF verkauft wird (Wertzuwachs). Aus Zinseszins-Überlegungen macht es für deutsche Anleger sicher Sinn, wenn nicht zu viele Dividenden oder Coupons im ETF anfallen, weil diese als ausschüttungsgleiche Erträge besteuert werden. Dieser Aspekt kann die Beliebtheit von Swap-basierten ETFs in Deutschland erklären, wo das entsprechende Trägerportfolio vor dem steuerlichen Hintergrund optimiert werden kann.

Ähnlich sieht es in Frankreich aus. Anlagefonds mit dem sogenannten PEA-Status werden steuerlich bevorzugt behandelt. Um diesen Status zu erhalten, muss ein bestimmter Prozentsatz in europäischen Aktien investiert sein. Bei physischen ETFs ist dies natürlich nur möglich, wenn sie europäische Aktienindizes abbilden. Vor diesem Hintergrund haben wohl die Swap-basierten ETF-Anbieter aus Frankreich normalerweise ein Trägerportfolio überwiegend bestehend aus europäischen Aktien.

Funktionsweise von ETFs

Um Anlagefonds auf Indizes über den Tag handelbar zu machen, mussten einige grundlegende Schwierigkeiten überwunden werden. Einerseits sollte der Wert (Nettoinventarwert) des Fonds möglichst gleich zum Index verlaufen, andererseits sollte der Handel über die Börse gleich wie bei einer Aktie möglich sein. Um die Funktionsweise von ETFs zu verstehen, sind Aspekte aus der Fonds- sowie aus der Aktienwelt wichtig. Diese werden im Folgenden beschrieben.

Echtzeithandel

Der Hauptunterschied zwischen ETFs und traditionellen Investmentfonds besteht im Handel. Investmentfonds werden direkt über die Fondsgesellschaft oder einen Broker gekauft und verkauft. Ausgaben und Rücknahmen von Fondsanteilen erfolgen einmal pro Tag zum Nettoinventarwert, wobei beim Erwerb häufig ein Ausgabeaufschlag erfolgt. Der NAV wird bei den meisten Investmentfonds einmal pro Tag berechnet. Da Anleger deshalb lediglich den NAV des Vortages kennen, ist zum Zeitpunkt des Kaufs/Verkaufs der Abrechnungskurs des Fonds noch nicht bekannt. Bei Exchange Traded Funds ist dies anders. Um einen funktionierenden Handel von ETFs zu gewährleisten, berechnen Börsen (bzw. von Börsen beauftragte Unternehmen) fortlaufend den indikativen Nettoinventarwert (iNAV). Dieser Wert entspricht dem fairen Wert des ETFs in Echtzeit, der anhand der Marktpreise der dem ETF zugrunde liegenden Positionen berechnet wird. Das Berechnungsintervall des iNAVs beträgt in der Regel 15 Sekunden, kann aber je nach Börse und ETF von einer Sekunde bis 60 Sekunden variieren. Zum Handelszeitpunkt des ETFs ist der iNAV somit bekannt und es können faire Preise gestellt werden. Der Handel von ETFs kann deshalb genauso wie der Aktienhandel zu den gewöhnlichen Handelszeiten, (in der Schweiz und in Deutschland von 9.00 bis 17.30 Uhr) erfolgen.

Handelsparteien

Ein weiterer Unterschied zu Investmentfonds besteht in den Handelsprozessen. Anleger handeln nicht direkt mit der Fondsgesellschaft, sondern mittels sogenannter Market Maker, welche Handelspreise an der Börse stellen. Market Maker, die ein festes Mandat zur Quotierung von ETFs an der Börse haben, werden Designated Sponsors genannt. Diese müssen die Vorschriften der jeweiligen Börse befolgen. Dazu gehören die Stellung von maximalen Handelsspannen und minimalen Volumen sowie die fortlaufende Quotierung.
Die meisten Market Maker von ETFs sind bekannte Banken, darunter die Credit Suisse, UBS, Deutsche Bank und die Commerzbank. Daneben gibt es auch auf Market Making spezialisierte Häuser, wie Susquehanna, Timber Hill oder Flow Traders. Durch ihre Verpflichtung, verbindliche Kurse zu stellen, ermöglichen sie Anlegern den Handel über die Börse. Market Maker richten sich an den iNAV und stellen dabei Geld- und Briefkurse. Wird aus Sicht des Anlegers ein ETF verkauft, erhält er vom Market Maker den Geldkurs. Bei einem Kauf wird der Briefkurs bezahlt. Indem Market Maker den Briefkurs höher stellen als den Geldkurs, verdienen sie durch jede Transaktion einen gewissen Prozentsatz der Transaktion. Diese sogenannte Handelsspanne ist bei liquiden Indizes und funktionierendem Wettbewerb zwischen den verschiedenen Market Makern vergleichsweise gering.
Um Kurse stellen zu können, halten Market Maker in der Regel ETF-Anteile auf ihren Büchern. Für kleinere Investitionsvolumina reichen diese aus, um die Marktliquidität sicherzustellen. Kaufen oder verkaufen Anleger ETFs, erfolgt dies nie direkt mit der Fondsgesellschaft sondern über Market Maker, d.h. über die Börse oder over-the-counter. Gegenpartei können natürlich auch andere Anleger sein, die über die Börse handeln. Dieser Markt wird Sekundärmarkt genannt.
Bei grösseren Handelsbeträgen kommt der sogenannte Creation/Redemption-Prozess zum Zug. Dabei können Market Maker auch eine hohe Anzahl von ETF-Anteilen über die Fondsgesellschaft kreieren oder der Fondsgesellschaft zurückgeben.

Sekundärmarkt

Auf dem Sekundärmarkt erfolgt der Handel von ETFs im herkömmlichen Sinn. Anleger können ETF-Anteile über die Börse oder ausserbörslich (over-the-counter, OTC) kaufen und verkaufen. Market Maker (genauer: die sogenannten Designated Sponsors) verpflichten sich, die Liquidität auf dem Sekundärmarkt aufrecht zu erhalten. Neben den Transaktionsgebühren müssen Anleger den Spread bezahlen. Dieser Markt wird deshalb als Sekundärmarkt bezeichnet, weil hier bereits kreierte ETF-Anteile gehandelt werden und keine neuen (primären) Anteile geschaffen werden. Dadurch bleibt die Anzahl ausstehender ETF-Anteile durch Sekundärmarkttransaktionen unverändert. Nachfolgende Grafik stellt den Sekundärmarkt schematisch mit einem Marktet Maker dar.

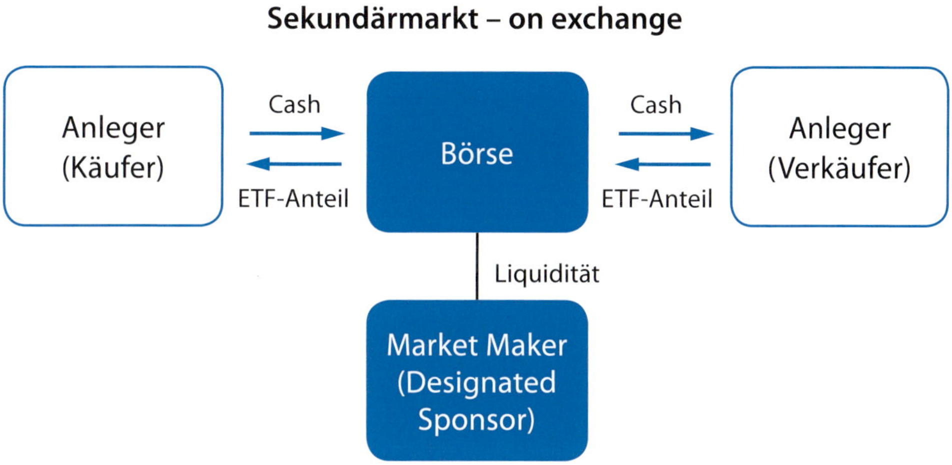

Sekundärmarkt – on exchange

Anleger (Käufer) ⇄ Cash / ETF-Anteil ⇄ Börse ⇄ Cash / ETF-Anteil ⇄ Anleger (Verkäufer)

Börse ← Liquidität ← Market Maker (Designated Sponsor)

Abbildung 2-3: Der ETF-Handel auf dem Sekundärmarkt.

Primärmarkt

Auf dem Primärmarkt erfolgt der Creation/Redemption-Prozess zwischen Market Maker und der ETF-Gesellschaft. Market Maker erhalten gegen Einlieferung von Cash oder eines Wertpapierkorbes ETF-Anteile von der ETF Gesellschaft (Creation). Umgekehrt erhalten Market Maker Wertpapiere oder Cash gegen Einlieferung von ETF-Anteilen (Redemption). Am Primärmarkt werden folglich neue Anteile kreiert oder alte Anteile an den Emittenten zurückgegeben. Die Anzahl der im Umlauf befindlichen ETF-Anteile verändert sich somit im Zuge des Creation/Redemption-Prozesses.

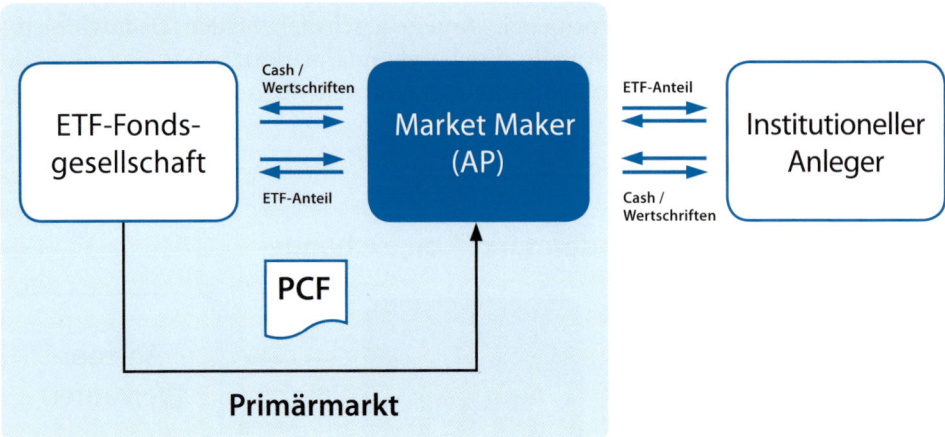

Abbildung 2-4: Der Primärmarkt.

Es gibt zwei Arten der Creation: die in-kind Creation und die Cash Creation. Bei der sogenannten in-kind Creation wird ein Wertpapierkorb vom Market Maker an die Fondsgesellschaft eingeliefert, was der Standardfall bei physischen ETFs ist. Dieser Wertpapierkorb ist über das Portfolio Composition File (PCF) definiert, welches jeden Morgen an die Market Maker versendet wird. Im Gegenzug erhält der Market Maker eine Creation Unit des ETFs. Die Creation Unit liegt oft in der Grössenordnung von 50'000 ETF-Anteilen. Diese kann der Market Maker stückweise oder ganz auf dem Sekundärmarkt verkaufen. Bei der Cash Creation erfolgt anstelle der Einlieferung des Wertpapierkorbs eine Cash-Einzahlung an die Fondsgesellschaft. Diese stellt danach sicher, dass das einbezahlte Cash anteilsmässig in die zugrunde liegenden Instrumente investiert und gegebenenfalls (bei synthetischen ETFs) der Swap angepasst wird. Die Cash Creation ist primär bei synthetischen ETFs anzutreffen, kann aber auch bei physischen ETFs erfolgen und ist vergleichbar mit der Zeichnung von Anteilen bei traditionellen Investmentfonds. Die Kosten im Rahmen der Creation/Redemption werden grundsätzlich dem Market Maker belastet, was zu einem Schutz der bestehenden Investoren führt. Bei der Redemption (Rücknahme) erfolgt der umgekehrte Prozess: Market Maker erhalten einen Wertpapierkorb bzw. den entsprechenden Cash-Betrag gegen Einlieferung einer Redemption Unit.

Anleger – meist institutionelle oder grosse Vermögensverwalter – haben die Möglichkeit, im Rahmen des Creation/Redemption-Prozesses grosse Transaktionsvolumen umzusetzen, indem sie ETF-Anteile über einen Market Maker kreieren bzw. zurückgeben lassen. Dem Market Maker können bei einer Creation Cash oder die Wertschriften des Index geliefert werden. Normalerweise ist die Wertschriftenlieferung günstiger, aber nicht bei allen ETFs möglich. Dabei können Market Maker einen gewissen, verhandelbaren Aufschlag zum NAV verlangen und müssen nicht auf konventionelle Art auf dem Sekundärmarkt ETF-Anteile kaufen und verkaufen.

Der Primär- und Sekundärmarkt im Zusammenspiel

Die folgende Abbildung zeigt die in den ETF-Handel involvierten Akteure sowie die verschiedenen Transaktionen, die während und nach einem Kauf- respektive Verkaufsauftrag ausgelöst werden. Bei der folgenden Veranschaulichung wurden die einzelnen Schritte in A bis F aufgeteilt und angenommen, dass der Market Maker die ETF-Anteile bei der Fondsgesellschaft kreiert bzw. an sie zurückgibt. Durch diese Annahme lassen sich die einzelnen Schritte einfacher erklären. (Häufig erfolgt der Handel jedoch ausschliesslich über den Sekundärmarkt wie in Abbildung 2-3 beschrieben).

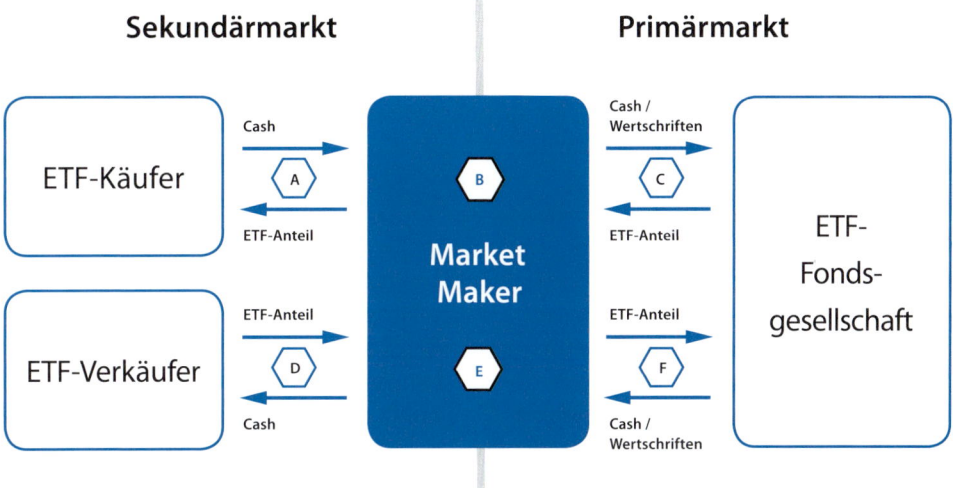

Abbildung 2-5: Der ETF-Handel im Überblick.

A: ein Anleger kauft ETF-Anteile über die Börse. Die Gegenpartei (Verkäufer) ist hier der Market Maker, der durch das Stellen von Geld- und Briefkursen die Liquidität des ETFs gewährleistet. Der Market Maker hält in der Regel ETF-Anteile, die er gegen Kursschwankungen mit einem geeigneten Gegengeschäft (z.B. Futures) absichert. Gegen Erhalt von Cash liefert der Market Maker dem Anleger ETF-Anteile zum Briefkurs. Diese Transaktion erfolgt auf dem Sekundärmarkt, da hier noch keine neuen, sondern beim Market Maker liegenden ETF-Anteile an den Anleger verkauft werden.

B: Dadurch, dass der Market Maker ETF-Anteile an den Anleger gegen Erhalt des Briefkurses verkauft hat, reduziert sich sein ETF-Bestand um diese Anteile. Um sich einzudecken und sich gegen Kursschwankungen abzusichern, kann der Market Maker die zugrunde liegenden Wertschriften des ETFs kaufen oder sich anderweitig absichern.

C: Der Market Maker hat die Möglichkeit Wertschriften bzw. Cash an die ETF Fondsgesellschaft (ETF-Anbieter) gegen Erhalt von ETF-Anteilen einzuliefern. Dies wird Creation bezeichnet, da an dieser Stelle neue ETF-Anteile kreiert werden.

D: Verkauft ein Anleger einen ETF-Anteil über die Börse (Sekundärmarkt), erhält er vom Market Maker den Geldkurs.

E: Um das Risiko aus den gekauften ETF-Anteilen zu hedgen, kann der Market Maker beispielsweise Leerverkäufe der zugrunde liegenden Wertschriften des ETFs tätigen (oder sich über Index-Futures absichern).

F: Der Market Maker löst die erhaltenen ETF-Anteile gegen Cash oder Wertschriften bei der ETF-Fondsgesellschaft ein. Durch den Erhalt der Wertschriften bzw. Cash, kann nun der Market Maker seine Short-Position aus Schritt E decken. Bei Schritt F werden ETF-Anteile an die Fondsgesellschaft zurückgegeben und man spricht von Redemption. Das ETF-Fondsvermögen reduziert sich um diesen Betrag.

Bei den verschiedenen Replikationsarten und je nach Anbieter erfolgt der Creation/Redemption-Prozess in einer etwas abgeänderten Form. Allen gemeinsam ist, dass der Endanleger nie direkt mit dem ETF-Anbieter, sondern über einen Market Maker handelt. Bei synthetischen ETFs kann der Market Maker teilweise Wertschriften an den ETF-Anbieter liefern, normalerweise aber Cash im Wert der erhaltenen ETF-Anteile. Zwischen dem Zeitpunkt der Transaktion auf dem Sekundärmarkt und dem Zeitpunkt der Creation/Redemption muss sich der Market Maker, wie im obigen Beispiel, gegen Marktschwankungen des Index absichern. Der ETF-Anbieter verwendet das erhaltene Cash bzw. die Wertschriften für das Trägerportfolio oder für die Finanzierung des fully-funded Swaps. Im gleichen Zug passt der ETF-Anbieter den Swap mit der Gegenpartei – häufig die hauseigene Investmentbank – der neuen Höhe des Fondsvermögens an. Bei der Variante fully-funded Swap tauscht der ETF-Anbieter Cash gegen Erhalt von Sicherheiten von der Investmentbank (Swap-Gegenpartei).
Beim Creation/Redemption-Prozess ist zu erwähnen, dass bei allen Replikationsarten und Swap-Varianten ETF-Anteile und Cash bzw. Wertschriften im gleichen Wert zwischen ETF-Anbieter und Market Maker getauscht werden. Zu diesem Zeitpunkt besteht deshalb kein Risiko auf der Seite des Market Makers. Das Risiko von Kursschwankungen ist lediglich zwischen dem Zeitpunkt der Sekundärmarkttransaktion mit dem Endanleger und der Creation/Redemption mit dem ETF-Anbieter vorhanden. Je besser dieses Risiko vom Market Maker gehedged werden kann, desto tiefer liegen in der Regel die Handelsspannen. Der Hedging-Mechanismus wird im Abschnitt „Arbitrage und Hedging" beschrieben.

Liquidität

Die Kenngrösse Handelsliquidität ist bei ETFs grundlegend anders als bei Aktien. Hält ein Anleger eine Aktie in der Höhe des durchschnittlichen Tagesvolumens, besteht bei einem schnellen Verkauf die Gefahr Marktpreise negativ zu beeinflussen. Bei ETFs ist dies ganz anders. Sind zugrunde liegende Titel des Index liquide, kann ein Market Maker diese ohne höhere Kosten beschaffen bzw. sich hedgen und eine Creation oder eine Redemption veranlassen. Handelsvolumen auf dem Sekundärmarkt sind somit keine alleinige Indikation für die Liquidität des ETFs. Vielmehr ist die Liquidität des Index ausschlaggebend.

NAV (Nettoinventarwert)

Gleich wie bei Investmentfonds stellt ein Exchange Traded Fund einen Anteil am Gesamtvermögen eines Fonds dar. Der Wert eines Fonds- respektive ETF-Anteils – auch Nettoinventarwert oder NAV (Net Asset Value) genannt – entspricht der Summe aller Vermögenswerte minus der Summe aller Verbindlichkeiten geteilt durch die Anzahl der herausgegebenen Vermögensanteile. Ist der Gesamtwert des Fonds 1'000'000 EUR und wurden 10'000 Anteile herausgegeben, ist der NAV-Wert eines Anteils 100 EUR. Von der depotführenden Bank der Fondsgesellschaft wird der NAV einmal täglich gemäss folgender Formel berechnet:

$$\frac{\text{Summe aller Vermögenswerte} - \text{Summe aller Verbindlichkeiten}}{\text{Anzahl emittierte ETF-Anteile}}$$

Verwaltungsgebühren sowie andere Kosten werden anteilsmässig von den Vermögenswerten abgezogen, sodass der NAV dem Inventarwert pro Anteil nach Abzug von Kosten entspricht.

iNAV (indikativer Nettoinventarwert)

Der indikative Nettoinventarwert wird in der Regel alle 15 Sekunden von der Börse oder einem von der Börse beauftragten Unternehmen berechnet. Um die Echtzeit-Berechnung des iNAVs zu ermöglichen, senden ETF-Anbieter in einem Portfolio Composition File (PCF) die Zusammensetzung ihres Wertpapierkorbs an die Börse sowie an Market Maker. Die Berechnung des iNAVs erfolgt durch das Aufsummieren der Echtzeit-Marktpreise der einzelnen Komponenten. Durch die kontinuierliche Berechnung des Nettoinventarwertes kann der fortlaufende Handel gewährleistet werden und Market Maker können dadurch Preise in Echtzeit stellen. Bei ausländischen Titeln im ETF werden Kurse der Heimatbörsen herangezogen. Wenn diese Titel nicht gehandelt werden respektive die entsprechende Börse geschlossen ist, muss die Preisfindung beispielsweise über Futures oder Korrelationsmodelle erfolgen.

Fondsgesellschaft (ETF-Anbieter)

Die Fondgesellschaft ist für die Bewirtschaftung des ETFs zuständig. Bei Indexanpassungen, Dividenden, Aktiensplits, Couponzahlungen etc. muss sie die Zusammensetzung des Wertpapierkorbes anpassen und an externe Parteien wie Börsen, Market Maker und Depotbank weiterleiten. Dabei wird stets versucht, den Tracking Error des Baskets zum Index zu minimieren.

Aus regulatorischen Gründen muss die Fondsgesellschaft die Titel bei einer externen Depotbank halten. Letztere erhält periodisch von der Fondsgesellschaft Anweisungen über Ein- und Auszahlungen sowie mögliche Umschichtungen. Im Gegenzug meldet die Depotbank die genauen Bestände des Fonds und den daraus resultierenden NAV.

Funktionsweise von ETFs

Designated Sponsors, Authorized Participants und Market Makers

Die Begriffe Designated Sponsor, Market Maker und Authorized Participant werden häufig im gleichen Zusammenhang verwendet. Im oberen Abschnitt wurde meistens von Market Maker gesprochen, um die ohnehin nicht allzu einfache Beschaffenheit des ETF-Marktes nicht weiter zu komplizieren. Häufig handelt es sich um ein und denselben Akteur. Market Maker sind manchmal auch Designated Sponsors und agieren häufig in der Funktion des Authorized Participants. Eine Abgrenzung der Begriffe mag pedantisch erscheinen, unterstützt jedoch das Verständnis des Marktes.

Authorized Participants (AP) werden alle Marktteilnehmer genannt, die die Möglichkeit eines Creations und Redemptions mit der Fondsgesellschaft haben. APs erhalten ETF-Anteile gegen Eintausch des Wertpapierkorbs bzw. Cash. Sie sind somit auf dem Primärmarkt tätig.

Market Maker stellen die Liquidität auf dem Sekundärmarkt her. Sie stellen Geld- und Briefkurse an der Börse (on exchange) oder ausserbörslich (over-the-counter).

Designated Sponsors werden jene Market Maker genannt, die sich einerseits bei der Börse verpflichten, für einen ETF Liquidität bereitzustellen, andererseits die von der Börse vorgeschriebenen maximalen Handelsspannen sowie minimalen Volumen einhalten. Folglich sind alle Designated Sponsors auch Market Maker, nicht aber umgekehrt.

Ein möglicher Grund dafür, warum diese Begriffe nicht immer unterschieden werden, mag darin liegen, dass Akteure häufig gleichzeitig als APs und Market Maker bzw. Designated Sponsors auftreten.

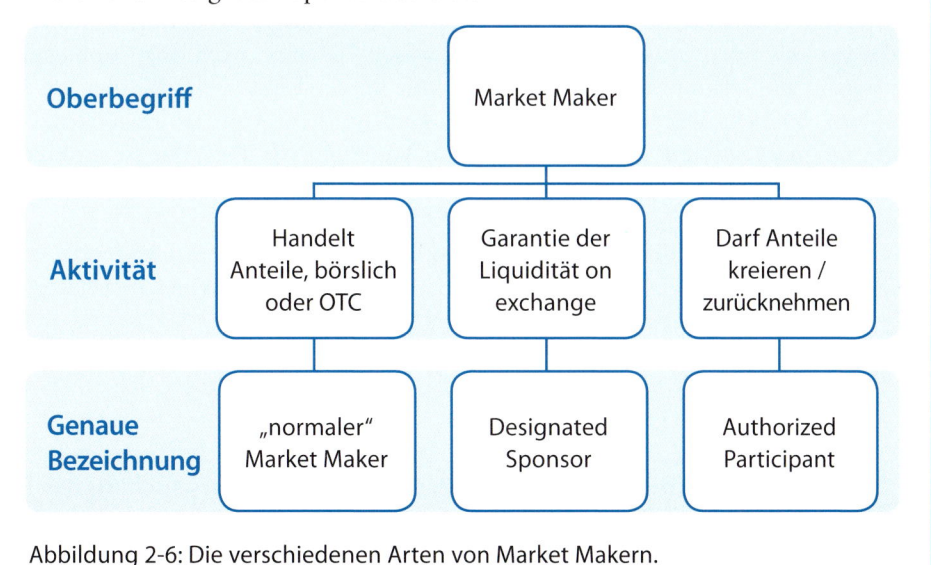

Oberbegriff		Market Maker	
Aktivität	Handelt Anteile, börslich oder OTC	Garantie der Liquidität on exchange	Darf Anteile kreieren / zurücknehmen
Genaue Bezeichnung	„normaler" Market Maker	Designated Sponsor	Authorized Participant

Abbildung 2-6: Die verschiedenen Arten von Market Makern.

Die Rolle des Market Makers

Market Maker sind die einzigen Marktteilnehmer, die gleichzeitig auf dem Primärmarkt wie auf dem Sekundärmarkt agieren. Auf dem Primärmarkt können Market Maker durch Creation/Redemption beim ETF-Anbieter neue ETF-Anteile schaffen oder bestehende Anteile zurückgeben. Auf dem Sekundärmarkt stellen sie verbindliche Geld- und Briefkurse. Anleger können Verkäufe bzw. Käufe von ETFs zu diesen Kursen tätigen.
Die Haupteinnahmequelle der Market Maker sind Gewinne aus der Handelsspanne. Anleger kaufen zum höheren Briefkurs und verkaufen zum tieferen Geldkurs. Die Differenz behält der Market Maker. Daraus wird deutlich, dass die Einnahmen des Market Makers einerseits von der Höhe dieser Handelsspanne (Differenz Geld- und Briefkurs) und andererseits durch das Handelsvolumen bestimmt wird. Ist die Handelsspanne systematisch zu hoch, kann das Handelsvolumen langfristig negativ beeinflusst werden und Anlegern Anreize schaffen, in ein Konkurrenzprodukt eines anderen Anbieters zu wechseln. Dies ist eine Erklärung, warum Market Maker die mit der Börse vereinbarten maximalen Spreads häufig nicht voll ausschöpfen. Der zweite und wohl wichtigste Grund sind Arbitragemechanismen, die ETF Preise in der Nähe seines fairen Wertes (iNAV) behalten.

Arbitrage und Hedging

Auf den Finanzmärkten ist Arbitrage die stärkste Kraft, um Preise von Instrumenten zu beeinflussen. Liegt eine Arbitragemöglichkeit vor, kann ohne Risiko ein Gewinn erwirtschaftet werden. Es ist klar, dass eine Arbitragemöglichkeit durch Arbitrage-Trades verschwinden muss, denn ansonsten wären Gewinne nach oben unbegrenzt. Arbitragemöglichkeiten können höchstens von kurzer Dauer sein. Werden sie von Händlern entdeckt, werden unterbewertete Titel im Zuge von Arbitrage-Trades gekauft und überbewertete Titel verkauft. Dieser Vorgang passt die Preise so an, dass die Arbitragemöglichkeiten verschwinden. Ein Free-Lunch an der Börse kann dauerhaft nicht bestehen.
Dieser Mechanismus spielt bei der Preisfindung von ETFs eine entscheidende Rolle, denn er führt dazu, dass ETFs nahe an ihrem fairen Wert, dem iNAV, gehandelt werden. Liegt der Preis eines ETFs unterhalb seines iNAVs, können Market Maker und andere Teilnehmer den ETF kaufen und die zugrunde liegenden Titel leerverkaufen. Der Preis des ETFs wird dadurch nach oben gedrückt und an den iNAV angeglichen. Dies ist ein Arbitrage-Trade, erstens weil der Cashflow aus den Leerverkäufen höher ist als der investierte Betrag in die ETF-Long-Position, und zweitens weil kein Risiko aufgebaut wird. Es wird kein Risiko aufgebaut, da der Market Maker nach Börsenschluss den ETF zu NAV an die Fondsgesellschaft zurückgeben (Redemption) und seine Short-Position auflösen kann. Umgekehrt gilt auch, dass, wenn der ETF signifikant über dem iNAV gehandelt wird, der Market Maker ETF-Anteile leerverkaufen kann, sich gleichzeitig

durch den Kauf der Underlyings eindeckt und nach Börsenschluss die Short-ETF-Positionen mit einer Creation beim ETF-Provider glattstellen kann.
Diese Arbitrage-Trades führen dazu, dass Market Maker im gegenseitigen Wettbewerb ETF-Preise an den iNAV, also den fairen ETF-Preis, angleichen. Eine wichtige Voraussetzung für einen gut funktionierenden Arbitragemechanismus ist die Liquidität der Indexmitglieder sowie die Möglichkeit einer effizienten Absicherung (Hedging). Hedges können über den Aktien-, ETF-, Options- sowie über den Futuresmarkt erfolgen, wobei letzterer häufig die kostengünstigste Variante darstellt.
Die gestellten Geld/Brief-Preise weichen in der Regel etwas vom (theoretischen) iNAV ab. Es gibt mindestens vier Gründe dafür. Erstens, muss eine effiziente Absicherungsstrategie möglich sein, um Arbitrage-Trades, die ETF-Preise an den iNAV angleichen, zu tätigen. Sind geeignete Hedging-Instrumente wie z.B. Futures nicht vorhanden, werden Absicherungen kostspielig und häufig nicht vollständig respektive müssen über ein geeignetes Korrelationsmodell umgesetzt werden. Ein Restrisiko, Verluste zu machen, bleibt dem Market Maker und resultiert je nach Absicherungsmöglichkeit in breiteren Spreads. Auch die Liquidität sowie die Handelsspanne der Indexmitglieder spielt für die Absicherung eine wichtige Rolle. Zweitens muss ein hinreichender Wettbewerb zwischen Market Maker existieren (sogenanntes Multi-Market-Maker-Modell). Stellt ein Market Maker zu hohe Spreads, werden diese in einem effizienten Markt arbitragiert und dadurch reduziert. Drittens kann davon ausgegangen werden, dass bei einer Vielzahl von ETFs auf den gleichen Index langfristig Substitutionseffekte zwischen Produkten auftreten können. Werden auf einen ETF durch einen Anbieter zu hohe Spreads gestellt, investieren Anleger in ein Konkurrenzprodukt mit tieferen Handelsspannen. Viertens können Geld/Brief-Preise parallel zum iNAV nach oben oder nach unten verschoben sein. Im ersten Fall wird von Premium, im zweiten von Discount gesprochen. Gründe für ein Premium können beispielsweise steuerliche Friktionen (zum Beispiel die UK Stamp Duty auf Aktien) oder ein Nachfrageüberschuss bei gleichzeitigem Liquiditätsengpass des Underlyings sein.

Replikationsmethoden

Die Rendite eines Index genau abzubilden, ist schwieriger als man vermuten würde. Transaktionskosten, Dividendenausschüttungen, Indexanpassungen, die Liquidität der zugrunde liegenden Titel und weitere Faktoren können die Renditereplikation eines Index durch einen ETF erschweren.
Es gibt vier Möglichkeiten, wie ETFs die Rendite eines Index abbilden können: Volle Replikation, repräsentative Sampling-Methode, Optimierte Sampling-Methode und Synthetische Replikation. Je nach Index erweisen sich die verschiedenen Replikationsmethoden als mehr oder weniger geeignet. Die ersten drei Methoden werden häufig als cash-based oder physisch replizierend bezeichnet. Dadurch wird zum Ausdruck

gebracht, dass die Gesamtheit oder eine Teilmenge der im Index enthaltenen Werte im ETF enthalten sind. Bei Swap-basierten ETFs existieren ebenfalls verschiedene Konstruktionsarten und es können auch Titel, die im Index nicht enthalten sind, gehalten werden.

Volle Replikation (Full Replication)

Bei der vollen Replikation werden alle in einem Index enthaltenen Basiswerte mit den gleichen Gewichtungen wie im Index gehalten. Diese Methode ermöglicht eine sehr genaue Nachbildung des Index. Dabei entsteht auch ein hoher Grad an Transparenz bezüglich der im ETF physisch gehaltenen Werte.
Es gibt Gründe, warum nicht alle ETFs von der vollen Replikation des zugrunde liegenden Index Gebrauch machen. Indizes sind mathematische Konstrukte, die eine grosse Anzahl von Titeln mit teilweise sehr kleinen Gewichten enthalten können. Transaktionskosten können unter Umständen so hoch sein, dass sich eine volle Replikation nicht lohnt. Ist die Liquidität, d.h. das tägliche Handelsvolumen, eines Titels gering, kann dies den Creation/Redemption-Prozess erschweren. Market Maker hätten demzufolge Schwierigkeiten, alle für die Creation (Redemption) erforderlichen Titel innert nützlicher Frist zu erwerben (veräussern).
Weitere Schwierigkeiten stellen sich durch Dividendenzahlungen. Bei ausschüttenden Aktien-ETFs werden Dividendenausschüttungen der Indexmitglieder als Cash gesammelt und periodisch an die ETF-Halter ausgeschüttet. Dadurch wird die volle Indexreplikation nicht zu jeder Zeit erreicht und es entsteht ein sogenannter Cashdrag. Bei steigenden Aktienmärkten führt ein Cash-Anteil im ETF zu einer Underperformance gegenüber dem Index. Umgekehrtes gilt bei fallenden Aktienmärkten.
Indizes sind ausserdem ständigen Veränderungen ausgesetzt. Titel können hinzugefügt und entfernt werden. Auch Unternehmenszusammenschlüsse und -übernahmen können Indexgewichtungen verändern. Dies führt bei voll replizierenden ETFs zu erhöhten Transaktionskosten.
Aus diesen Gründen ist eine volle Replikation eines Index, der aus sehr vielen zum Teil gering gewichteten Titeln besteht, ökonomisch nicht sinnvoll. Um die oben genannten Schwierigkeiten zu reduzieren, werden deshalb häufig Sampling-Methoden verwendet.

Repräsentative Stichprobe (Representative Sampling)

Repräsentatives Sampling (Repräsentative Stichprobe) macht sich zu Nutze, dass Indexmitglieder mit sehr kleinen Gewichten einen geringen Einfluss auf die Indexperformance haben. Werden diese Titel im ETF weggelassen, ist der Einfluss auf die ETF-Rendite manchmal vernachlässigbar. Diese Methode eignet sich besonders für Indizes, die kleine und illiquide Underlyings (Basiswerte) enthalten. Durch das Weglassen einiger dieser Titel bleibt die Abweichung der ETF-Rendite zum Index innerhalb der gewünschten Grenzen. Es ist bei einem MSCI World mit knapp zweitausend Aktien nicht nötig, klein-kapitalisierte, illiquide und somit schwer handelbare Titel zu halten. Stattdessen werden die grössten Unternehmen wie Exxon Mobil, General Electric, Microsoft und andere gekauft, um die Indexrendite abzubilden.

Beim repräsentativen Sampling wird darauf geachtet, dass Branchen, Länder und andere Titel spezifische Charakteristika ähnlich wie im Index verteilt sind. Dadurch wird versucht, unerwünschte Verzerrungen zu vermeiden mit dem Ziel, die Indexrendite möglichst gut abzubilden.

Da beim repräsentativen Sampling einige im Index enthaltenen Titel weggelassen werden, müssen einigen Titeln höhere Gewichte als im Index beigemessen werden. Dadurch kann der Tracking Error, also die statistische Performanceabweichung des ETFs zum Index, höher werden als bei der vollen Replikationsmethode.

Optimierte Stichprobe (Optimized Sampling)

Beim Optimized Sampling werden ähnlich wie beim repräsentativen Sampling eine Teilmenge der im Index enthaltenen Werte im ETF gehalten. Dabei werden auch kleine und illiquide Titel tendenziell weggelassen und grössere Titel aufgenommen. Die Gewichtungen werden mit statistischen Optimierungsmethoden wie beispielsweise anhand von Faktormodellen von MSCI Barra bestimmt. Eine weitere Methode ist die Minimum-Varianz-Methode, bei der die Gewichtungen der im ETF enthaltenen Titel auf eine Art berechnet werden, dass künftige Renditeabweichungen des ETFs zum Index minimiert sind. Um ein solches Verfahren anzuwenden, muss ein geeignetes Risikomodell vorhanden sein und die Inputvariabeln des Modells müssen hinreichend genau geschätzt werden können (im Besonderen sind das Volatilitäten und Korrelationen der Indexmitglieder). Sind keine brauchbaren Risikomodelle und Daten für die Replikation eines Index vorhanden, so kann auf die Methode des repräsentativen Samplings zurückgegriffen werden. Eine weitere Möglichkeit, kompliziertere und illiquide Indizes abzubilden, besteht in der synthetischen Replikation.

Synthetische Replikation

Es existieren aktuell zwei Hauptvarianten bei der synthetischen Replikation. Bei der ersten Variante wird ein Total Return Swap (auch un-funded Swap genannt) zusammen mit einem Trägerportfolio eingesetzt. Dabei befindet sich das Trägerportfolio (zusammen mit dem Swap) im ETF und entspricht in der Regel nicht der Zusammensetzung des Index. Die Gegenpartei des Swaps verpflichtet sich, beim Erhalt der Rendite des Trägerportfolios die Rendite des Index an den ETF abzuliefern. Bei der zweiten Variante kommt ein sogenannter fully-funded Swap (auch funded Swap genannt) zum Einsatz. Hier besteht der ETF zu hundert Prozent aus einem Swap und wird (ausserhalb des ETFs) mit Sicherheiten (Collaterals) hinterlegt. Diese Hinterlegung wird mit dem Swap verrechnet, wodurch ein Gegenparteirisiko von unter 10% eingehalten wird. Durch eine Übersicherung kann das netto Gegenparteirisiko auf null gesenkt werden. Mittels der synthetischen Replikation wird die Indexrendite durch die Gegenpartei garantiert und eine sehr hohe Kongruenz zwischen ETF und Indexrendite erreicht. Um diese weiter zu erhöhen, kann auch bei synthetischen ETFs Wertschriftenleihe betrieben werden.

Gemäss UCITS, der europäischen Finanzrichtlinie für kollektive Anlagen, muss aktuell der Nettowert des Swapkontraktes unter 10% des Fondsvermögens liegen. In der Praxis schränken die Anbieter die maximal erlaubte Höhe des netto Swap Exposures normalerweise selber weiter ein, indem sie einen tieferen Grenzwert festlegen. Zudem variiert die Häufigkeit der Rücksetzung. Zunehmend kann auf den Internetseiten der Anbieter für jeden ETF das Swap Exposure und der Inhalt des Trägerportfolios respektive das Collateral für den Swap angeschaut werden, was die Transparenz erhöht. Dies steht aktuell noch im Gegensatz zu physischen ETFs, wo im Falle von Wertschriftenleihe das Ausmass und die Sicherheiten weniger transparent und zeitnah aufgezeigt werden. Insbesondere nach den kritischen Studien von anfangs 2011 dürfte die vermehrte Offenlegung bei physischen wie synthetischen ETFs zum Standard werden.

Die Gegenpartei der ETF-Provider ist oft die hauseigene Investmentbank. So ist bei Lyxor die Société Générale und bei den db x-trackers die Deutsche Bank die Gegenpartei. Als Ausnahmen zu dieser Regel sind beispielsweise Source und iShares zu erwähnen. Diese haben bei einigen ETFs mehr als eine direkte Gegenpartei. Auch bei ETFs mit nur einer direkten Swap-Gegenpartei kann diese den Swap im Hintergrund mit anderen Parteien abschliessen. In diesem Fall spricht man von einer back-to-back Basis, wie dies beispielsweise Société Générale bei Lyxor macht.

Ein Vorteil der synthetischen Replikation ist der vergleichsweise tiefe Tracking Error der Instrumente. Synthetisch replizierende ETFs haben den weiteren Vorteil, dass sie Indizes, die auf nicht physisch gehandelte Basiswerte laufen, replizieren können. Ein prominentes Beispiel ist der Euro Overnight Zins Index, EONIA. Dieser basiert auf unbesicherten Overnight-Interbankenkrediten. Auf diesen Index sind nur Swap-basierte ETFs möglich.

Zu den Nachteilen zählt das potentielle Gegenparteirisiko. Fällt die Gegenpartei aus, geht der Swap-Anteil im Fonds verloren. Obwohl dieser grundsätzlich auf maximal 10% beschränkt ist, können Intra-Day-Bewertungen und somit Verluste unter Umständen auch höher ausfallen. Hier fehlen glücklicherweise Präzedenzfälle. Um dem Gegenparteirisiko entgegenzuwirken, werden die maximale Höhe des Swaps, die Rücksetzungsfrequenz sowie gegebenenfalls die Höhe der hinterlegten Sicherheiten angepasst. Die Handhabung variiert je nach Swapkonstrukt und Provider.

Das folgende Beispiel in Tabelle 2-3 zeigt die detaillierte Vermögensentwicklung eines synthetisch replizierenden ETFs mit Trägerportfolio und Total Return Swap. Angenommen, der Indexstand und der Wert des vom ETF-Anbieter gehaltenen Baskets betragen 100 EUR und der Wert des Swapkontraktes 0. Am Tag 2 steigt der Index um 5% auf 105 und der Wert des Baskets auf 104 (dieser enthält andere Titel als der Index). Die

Folge dieser unterschiedlichen Preisentwicklung ist, dass der Wert des Swapkontraktes 1 EUR beträgt. Der Wert des ETFs (Summe Basket und Swap) entspricht somit 105, also gleich dem Indexstand. Fällt am Tag 3 der Index auf 97 und der Basket auf 99, ist der Wert des Swaps –2 EUR.

Bei diesem Beispiel ist zu beachten, dass am Tag 2 der Wert des Swapkontraktes 1 EUR beträgt. Fällt die Swapgegenpartei aus, beträgt der Verlust 0.96% (= 1/104) des Fondsvermögens. Am Tag 3 beträgt der Wert des Swapkontraktes –2 EUR. Hier schuldet der ETF der Gegenpartei rund 2% (= –2/99). Am Tag drei besteht somit für den Anleger kein Gegenparteirisiko.

Tag	Indexstand	Wert des Baskets	Wert des Swapkontraktes	Gegenparteirisiko
1	100	100	0	0%
2	105	104	1	0.96%
3	97	99	–2	0%

Tabelle 2-3: Entwicklung des Gegenparteirisikos bei einem ETF mit Total Return Swap.

Exkurs – Funktionsweise synthetischer ETFs

Bei einem Swap (Tausch, Tauschhandel) werden zwei künftige Zahlungsströme getauscht. Jeder dieser beiden Zahlungsströme wird als „Leg" des Swaps bezeichnet. Dabei wird normalerweise nicht jeder Leg separat bezahlt, sondern nur der Nettobetrag der jeweiligen Partei gutgeschrieben.

Bei ETFs mit einem Total Return (un-funded) Swap wird die Rendite des Trägerportfolios gegen die Rendite des nachzubildenden Index getauscht. Dabei kann in einem ersten Swap das Trägerportfolio gegen Libor und in einem zweiten die Indexperformance gegen Libor getauscht oder in einem Swap zusammengefasst werden. Bei ETFs mit einem fully-funded Swap wird – vereinfacht gesagt – Cash gegen die Indexrendite getauscht. Die Indexrendite ist voll finanziert (fully-funded) und im ETF befindet sich nur der Swap. Das notwendige Collateral liegt ausserhalb des ETFs. Streng genommen ist ein fully-funded Swap kein echter Swap, da der ETF keinen Zahlungsstrom in Form einer Rendite (also nicht beispielsweise die Rendite von Geldmarkt-Instrumenten oder den Libor) gegen Erhalt der Indexrendite zahlt. Bei beiden Swap-Arten kann eine weitere Gebühr für die Gegenpartei eingebaut werden, damit die notwendigen Zahlungsströme finanziert werden können.

Die Swap-Gegenpartei schuldet dem ETF die Indexrendite. Dies ist in der Regel der Net Total Return Index, also der Gesamtertrag abzüglich einer Quellensteuer auf den Ausschüttungen von normalerweise 30%. Diese Indexrendite muss die Swap-Gegenpartei folglich absichern, damit keine Kursrisiken zum Index eingegangen werden.

Aufgrund der Beschaffenheit der Handelsbücher und des Marktzugangs des Swap-Anbieters, können oft mehr als der Net return erwirtschaftet werden, was eine zusätzliche Finanzierungs- oder Gewinnquelle für die Gegenpartei darstellt.

Synthetische ETFs können deutliche Unterschiede in der Konstruktionsart aufweisen. Allen gemeinsam ist die Tatsache, dass die ETF-Fondsgesellschaft sowie die Swap-Gegenpartei versuchen, möglichst keine Kursrisiken einzugehen bzw. sich gegen solche abzusichern. Dies kann am Beispiel eines synthetischen ETFs der ersten Generation, der aus einem Trägerportfolio und aus einem Total Return Swap besteht, gezeigt werden. Die Fondsgesellschaft sichert sich mittels eines Total Return Swaps mit einer Gegenpartei (in vielen Fällen ist diese die hauseigene Investmentbank) ab. Die Gegenpartei übernimmt dadurch das Risiko, dass das Trägerportfolio eine tiefere Rendite als der abzubildende Index erzielt. In einem solchen Fall hat der Swap einen positiven Wert, d.h. die Gegenpartei schuldet dem Fonds die Renditedifferenz. Im Finanzjargon ausgedrückt, ist die Fondsgesellschaft long im Index (diese Rendite wird erhalten) und short im Trägerportfolio (diese muss bezahlt werden). Bei der Swap-Gegenpartei verhält es sich genau umgekehrt. Um Kursrisiken abzusichern, müssen beide Parteien ihre Legs absichern. Da der jeweilige ETF das Trägerportfolio hält, ist dies gegeben.

Das Risiko, das nun bei der Gegenpartei liegt, kann wie folgt schematisch dargestellt werden:

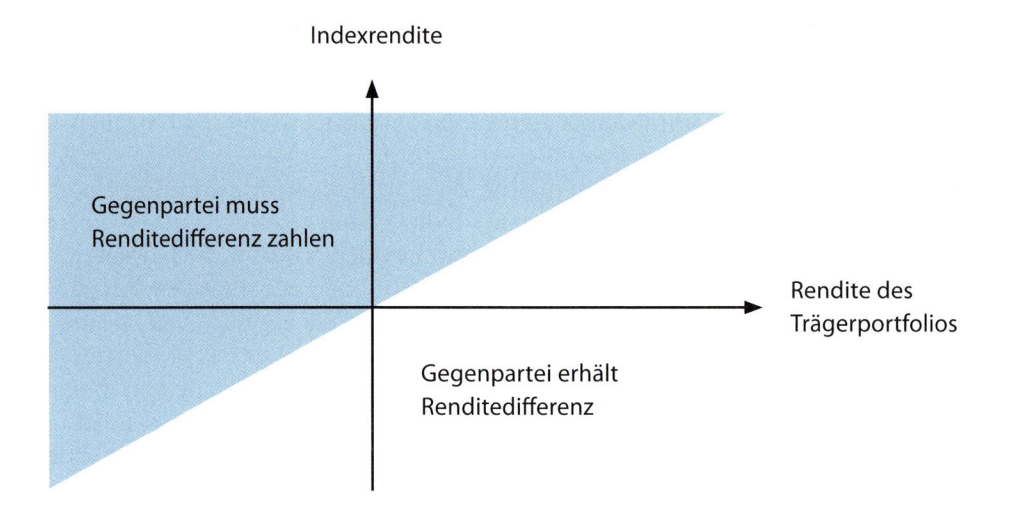

Abbildung 2-7: Risiko der Gegenpartei ohne Absicherung.

Abbildung 2-7 zeigt jedes mögliche Szenario, das aus Sicht der Swap-Gegenpartei auftreten kann, falls sie sich nicht absichern würde. Je weiter sich ein Szenario links von der Mittellinie befindet, desto höher sind die Schulden der Gegenpartei gegenüber dem Fonds. Um kein Risiko aus dem Swap Geschäft einzugehen, muss die Gegenpartei gegen jedes mögliche Szenario in Abbildung 2-7 abgesichert sein. Dies wird in Abbildung 2-8 gezeigt.

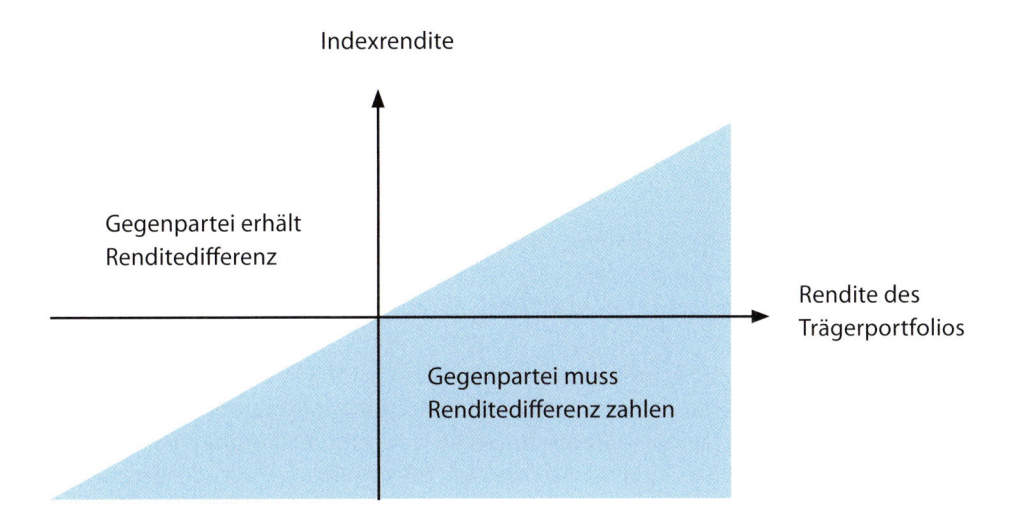

Abbildung 2-8: Payoff der Absicherungsstrategie der Gegenpartei.

Die Payoff-Szenarien in Abbildung 2-8 können durch ein Leerverkauf des Trägerportfolios und einer long Position des Index erreicht werden. Dazu kann die Swap-Gegenpartei die Titel des Trägerportfolios bei einer Drittpartei ausleihen und verkaufen (Short Selling bzw. Leerverkauf). Mit dem Erlös aus dem Verkauf dieser Titel kann sie sich mit den Titeln des Index oder mit dem entsprechenden Futures eindecken. Ist die Rendite des Trägerportfolios höher als die des Index, verliert die Swap-Gegenpartei durch die short Position mehr als dass sie mit der long Position auf dem Index gewinnt. Dadurch kann der umgekehrte Payoff zu Abbildung 2-7 erreicht werden. Zusammen mit den Szenarien aus Abbildung 2-7 und Abbildung 2-8 ist ersichtlich, dass die Swap-Gegenpartei unabhängig vom eintretenden Renditeszenario, alles in allem, kein Kursrisiko eingeht und vollkommen abgesichert ist.

Diese Absicherung ist natürlich nicht ohne Kosten möglich. Diese fallen beispielsweise beim Ausleihen der Titel, die für das Leerverkaufen notwendig sind, an. Die Swap-Gegenpartei kann diese Kosten jedoch in das Swap-Geschäft hineinrechnen. Eine weitere Möglichkeit zur Kostenoptimierung kann darin bestehen, die Titel direkt aus dem Trägerportfolios auszuleihen und die Leihkosten mit den Swapgebühren entgegenzurechnen.

Bei der zweiten Grundvariante von synthetischen ETFs wird die Indexrendite mittels eines fully-funded Swaps repliziert. Wie bei der ersten Konstruktionsvariante gibt die Fondsgesellschaft auch hier das Risiko, den Index ungenügend tracken zu können, an die Swap-Gegenpartei weiter. Das Risiko der Gegenpartei ist noch einfacher als bei der ersten Variante. Sie muss die Indexrendite an die Fondsgesellschaft abliefern und muss sich deshalb gegen eine positive Indexentwicklung absichern. Dies kann sie beispielsweise durch den Kauf der zugrunde liegenden Titel oder des entsprechenden Futures erreichen.

Oft besteht die Meinung, dass mit synthetischen ETFs jedes beliebige Exposure nachgebildet werden kann. Dies trifft nur teilweise zu. Wie aus den obigen Beispielen ersichtlich ist, geht dies nur, wenn sich die Swap-Gegenpartei entsprechend absichern kann. Mit synthetischen ETFs kann ein Zugang zu Märkten geschaffen werden, welche schwierig in physischer Form im ETF zu halten sind (beispielsweise ETF auf EONIA Index).

Vor- und Nachteile physischer und synthetischer ETFs

Viele Privatanleger kennen das Konzept von synthetischen ETFs zu wenig und somit auch die Vor- und Nachteile der unterschiedlichen Replikationsmethoden in der Praxis ungenügend. Einige reagieren überrascht, wenn sie erfahren, dass im ETF nicht das drin ist, was drauf steht. Denkbar ist beides: Das Trägerportfolio, also der Inhalt des ETFs ohne Swapkontrakt, ist ähnlich oder ganz unterschiedlich zum Index. Der Extremfall stellt dabei ein ETF mit einem fully-funded Swap dar, wo sich die Wertschriften (als Collateral) ausserhalb des ETFs befinden. Je nach Replikationstyp bestehen unterschiedliche Risiken, die es gegeneinander abzuwägen und zu verstehen gilt.

Zu den Vorteilen der physischen Umsetzung gehört, dass sie eine höhere Transparenz bietet. Gerade bei der vollständigen Nachbildung hält der ETF eins zu eins die Wertschriften des Index – mit Ausnahme von Cash für etwaige Ausschüttungen. Dies bedeutet weniger Erklärungsbedarf bei den Anlegern und seitens der Steuern klare Verhältnisse. Die vollständige Nachbildung kann aber operativ sehr anspruchsvoll sein und der ETF muss oft über ein gewisses Volumen verfügen. Bei Indizes mit sehr vielen Titeln oder teilweise zu wenig liquiden Titeln muss bei der physischen Replikation oft von der vollständigen Variante abgewichen werden und ein Samplingverfahren angewendet werden. Dies führt tendenziell zu einem höheren Tracking Error. Zudem besteht bei Samplingverfahren das Risiko, dass aufgrund eines falschen Modelles die Indexrendite nicht erreicht wird. Physisch replizierende ETFs können einen sogenannten Cashdrag aufweisen, sofern sie Ausschüttungen vornehmen. Dies ist in steigenden Märkten ein Nachteil und in fallenden ein Vorteil. Wird im Rahmen der Dividendenoptimierung oder zwecks weiterer Einnahmen eine Wertschrift ausgeliehen kann es zu Gegenparteirisiken kommen. Die Leihe erfolgt normalerweise aber besichert, was eine neue Art von Risiko mit sich bringt – das Collateral Risk. Da sich Sicherheiten grundsätzlich von den ausgeliehenen Wertschriften unterscheiden, würde der Inhalt des ETFs im Falle einer notwendigen Verwertung zunächst kaum dem Index entsprechen. Man könnte argumentieren, dass dann ein physischer ETF mit umfangreicher Wertschriftenleihe nahe am Konzept des Trägerportfolios bei Swap-basierten

ETFs ist. Es ist ausserdem zu beachten, dass mit der physischen Umsetzung nicht alle Indizes umgesetzt werden können, wie beispielsweise bei EONIA oder Short-ETFs. Synthetische ETFs ermöglichen – rein theoretisch – ein perfektes Tracking des Index. Zudem können mit dieser Methode praktisch alle Indizes repliziert werden, sofern der Index sich für das jeweilige Fondsrecht qualifiziert und die Market Maker sich hedgen können. Obwohl bei der Variante mit Total Return Swap das Trägerportfolio keinen Bezug zum Index aufweisen muss, sind natürlich alle Anforderungen des jeweiligen Fondsgesetzes zu erfüllen. Dieser Unterschied zum Index wird von manchen Investoren auch als Vorteil betrachtet, falls das Trägerportfolio beispielsweise aus europäischen Aktien besteht und ein Index Aufstrebender Länder nachgebildet wird. Analoges gilt für die Variante fully-funded Swap. Im Gegensatz zu physischen ETFs, wo das Tracking-Risiko vom ETF und schlussendlich vom Anleger getragen wird, trägt dies bei synthetischen ETFs der Swap-Anbieter. Er muss den Renditeunterschied aufgrund des Swapkontraktes ausgleichen. Bei Indexanpassungen kommt ein weiterer Vorteil von Swaps zur Geltung, es sind nämlich keine Transaktionen im ETF notwendig. Steuerlich können synthetische ETFs sowohl Vor- als auch Nachteile haben. Grundsätzlich werden Anlagefonds bei privaten Anlegern gemäss dem Transparenzprinzip besteuert. Dies bedeutet, dass die Werte im Fonds dem Anleger zugerechnet und besteuert werden. Da der Inhalt des ETFs nicht mit dem Index übereinstimmen muss, kann es zu Unterschieden in der Besteuerung kommen. Zudem hat der Einsatz von Swaps zur Folge, dass ein Gegenparteirisiko besteht. Dies ist unter UCITS auf maximal 10% begrenzt und liegt in der Praxis oft deutlich unter 5%. Wie der Swap aufgesetzt ist, wie viel er kostet und was in einem allfälligen Trägerportfolio respektive Collateral enthalten ist, war in der Vergangenheit nicht einfach zugänglich. Seit Ende 2010 werden immer mehr Informationen zu Swaps, zur Wertschriftenleihe und zu weiteren Kosten von den Anbietern publiziert.

	physisch	synthetisch
Vorteile	■ Höhere Transparenz ■ „Es ist drin, was drauf steht" (you know what you hold) ■ Grundsätzlich kein Gegenparteirisiko ■ ETF wird grundsätzlich wie Inhalt besteuert ■ Geringerer Erklärungsbedarf beim Anleger	■ Teilweise besseres Indextracking ■ Replizierbarkeit fast aller Indizes ■ Tracking-Risiko wird von Swap-Provider übernommen ■ Ggf. steuerlicher Vorteil ■ Einfache Umsetzung von Indexanpassungen

	physisch	synthetisch
Nachteile	■ Eventuell höherer Tracking Error, da operativ anspruchsvoll ■ Gegenparteirisiko aus Securities Lending (Wertschriftenleihe) ■ Modellrisiko bei Samplingverfahren ■ Grenzen der Abbildbarkeit gewisser Indizes.	■ Im ETF muss nicht drin sein, was drauf steht. ■ Beschränktes Gegenparteirisiko aus Swap (max. 10%) ■ Ggf. steuerlicher Nachteil ■ Mögliches Gegenparteirisiko aus Securities Lending (Wertschriftenleihe). ■ Hidden Costs / Hidden Risks

Tabelle 2-4: Vor- und Nachteile von physischen versus synthetischen ETFs.

Zusammenfassung der Replikationsmethoden

Nachdem die Funktionsweise von ETFs und die verschiedenen Replikationsmethoden beschrieben wurden, stellt die Tabelle 2-5 zentrale Merkmale einander gegenüber. Bei der physischen Replikation wird die volle Replikation (full) und das Stichprobenverfahren (Sampling) betrachtet, wobei das Sampling nicht weiter unterteilt wird. Bei synthetischen ETFs werden die beiden dominierenden Methoden abgebildet: ETFs mit un-funded (Total Return Swap) und mit fully-funded Swap. In der Spalte „Aktive Fonds" wird als weiterer Vergleich auf dieselben Merkmale bei aktiven Anlagefonds eingegangen, wobei naturgemäss gewisse Punkte nicht oder weniger relevant sind. Bei der Gegenüberstellung wird vom jeweiligen Standardfall ausgegangen. Beispielsweise enthält ein vollreplizierender (full) ETF überwiegend Wertschriften und Cash. Natürlich können für das Cash-Management beispielsweise auch Futures eingesetzt werden.

	Physisch full	Physisch sampling	Swap un-funded	Swap fully-funded	Aktive Fonds
Inhalt des Fonds	Wertschriften und Cash	Wertschriften und Cash	Min. 90% Wertschriften (Trägerportfolio), max. 10% Swap	100% Swap	Wertschriften und Cash; Derivate (z.B. Swaps) möglich
Fonds hält Indexmitglieder	Ja	Überwiegend	Nein (oder teilweise).	Nein	n.r.; überwiegend Wertschriften des Benchmarks
Transaktionskosten im Fonds	Können hoch sein	Mittel bis tief	Tief	Tief	Können sehr hoch sein

Replikationsmethoden

	Physisch full	Physisch sampling	Swap un-funded	Swap fully-funded	Aktive Fonds
Abbildbare Indizes	Was der Fonds halten darf	Was der Fonds halten darf	Was Swap-Gegenpartei hedgen kann	Was Swap-Gegenpartei hedgen kann	Benchmark ist nur Vergleichsgrösse
Index mit vielen Mitgliedern	Schwierig, falls ETF zu klein oder Titel schwer handelbar	Schwierig, falls keine gute Optimierung möglich	Schwierig, falls Gegenpartei sich nicht gut hedgen kann	Schwierig, falls Gegenpartei sich nicht gut hedgen kann	n.r.
Gegenparteirisiko	Aufgrund Wertschriftenleihe möglich	Aufgrund Wertschriftenleihe möglich	Max. 10%, in Praxis deutlich tiefer.	Swap wird durch Collateral kompensiert	Aufgrund Wertschriftenleihe oder Swaps möglich
Besicherung (Collateral)	Möglich, falls Wertschriftenleihe	Möglich, falls Wertschriftenleihe	Möglich, falls Wertschriftenleihe oder für Swap	Notwendig zwecks Reduktion des Gegenparteirisikos auf unter 10%	Möglich, falls Wertschriftenleihe oder für Swap
Wertschriftenleihe im Fonds	Möglich und gängige Praxis	Möglich und gängige Praxis	Möglich, aber selten	Nicht möglich	Möglich und gängige Praxis
Tracking Risiko liegt bei	ETF	ETF	Swap-Provider	Swap-Provider	n.r.
Swap Gegenpartei	n.r.	n.r.	Oft eine; mehrere möglich	Oft eine; mehrere möglich	Falls verwendet: eine oder mehrere
Transaktionen bei Zuflüssen	Notwendig	Notwendig	Anpassung Swap und ggf. Trägerportfolio	Anpassung Swap und ggf. Collateral	Notwendig
Steuerliche Vorteile zum Index	Nein (Inhalt ähnlich zum Index).	Nein (Inhalt ähnlich zum Index).	Möglich	Möglich	n.r.
Authorized Participants	Oft mehrere	Oft mehrere	Hauseigene Investmentbank; mehrere möglich	Hauseigene Investmentbank; mehrere möglich	n.r.

Legende: n.r. = nicht relevant

Tabelle 2-5: Unterschiedliche Replikationsmethoden bei ETFs.

Abschliessend werden am Beispiel eines ETFs auf einen Aktien-Index die verschiedenen physischen und synthetischen Replikationsmethoden grafisch einander gegenübergestellt. Abbildung 2-9 zeigt den Inhalt des Index und des jeweiligen ETFs. Auch hier wird vom Standardfall ausgegangen und entsprechend vereinfacht. Bei physischen ETFs wird beispielsweise der Einfluss der Wertschriftenleihe nicht abgebildet. Beim ETF mit einem fully-funded Swap wird zusätzlich das ausserhalb liegende Collateral abgebildet, weil dieses gemäss UCITS notwendig ist.

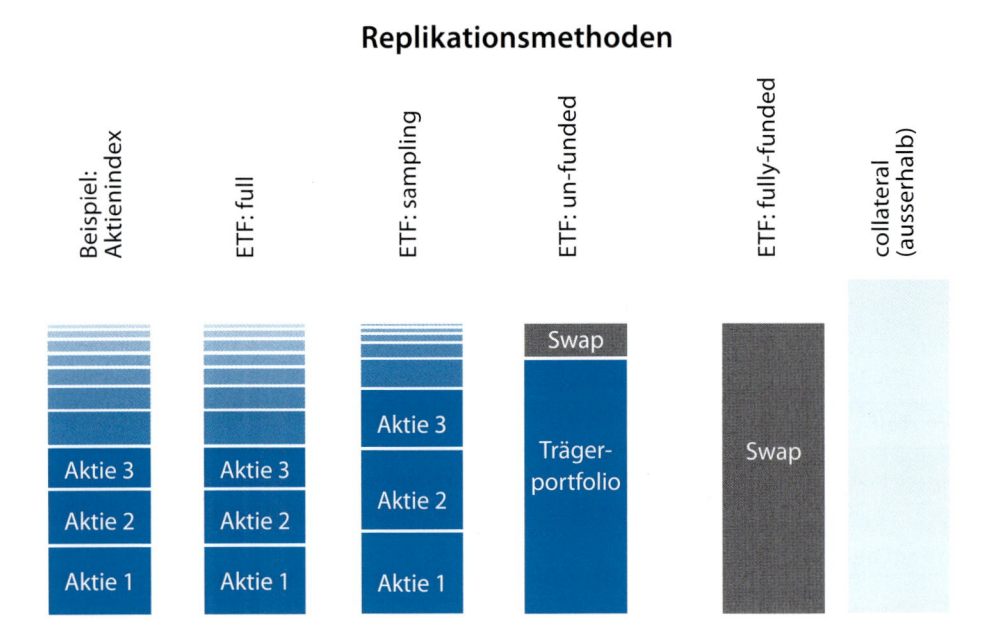

Abbildung 2-9: Replikationsmethoden im Vergleich zum Index.

Kosten

Ein wesentlicher Vorteil von Exchange Traded Funds ist ihre attraktive Kostenstruktur. Durch passives Management können Kosten für Marktanalyse und aktives Portfoliomanagement eingespart werden. Gemäss BlackRock betrugen die durchschnittlichen Kosten (Total Expense Ratio) für Aktien-ETFs in Europa 0.40% und in den USA 0.34%. Diese Grösse liegt um mehr als ein Prozent tiefer als Kosten für aktive Aktienfonds. Bei den Obligationen beträgt der Unterschied zu den aktiven Fonds ca. 80 Basispunkte. Interessanterweise besteht auch zu Indexfonds ein relativ grosser Unterschied. Tabelle 2-6 zeigt eine Kostenzusammenstellung.

Average Total Expense Ratio Anlageklasse	ETF Europa	ETF USA	Indexfonds Europa	Indexfonds USA	Aktive Fonds Europa	Aktive Fonds USA
Aktien	40	34	85	85	180	150
Obligationen	17	25	50	40	100	100

Tabelle 2-6: Durchschnittliche TER in Basispunkten bei ETFs im Vergleich zu Indexfonds und aktiven Fonds. In Anlehnung an Morningstar/BlackRock 2010.

Mit jährlich 0.17% sind Kosten für Obligationen-ETFs in Europa auffallend tief. Aktien-ETFs, die grösste Anlageklasse innerhalb des ETF-Marktes, sind mit durchschnittlich 40 Basispunkten deutlich tiefer als Indexfonds auf Aktien (85 Basispunkte) und um fast eineinhalb Prozent tiefer als aktive, europäische Mutual Funds (180 Basispunkte). Es soll nochmals explizit darauf hingewiesen werden, dass diese Kosten jährliche Kosten darstellen. Ein Manager eines aktiven Aktien Funds muss demnach pro Jahr mindestens rund eineinhalb Prozent besser performen als ein ETF. In zwei Jahren sind dies bereits rund 3% usw. Zu beachten ist hier der Zinseszinseffekt, der besonders nach mehreren Jahren Haltedauer sichtbar wird. Wird einem aktiven Portfoliomanager die Fähigkeit zugetraut, bei gleichem Risiko diese Überrendite zu erreichen, kann sich ein Investment im jeweiligen aktiven Fonds lohnen. Ansonsten nicht.

Kosten von ETFs können grundsätzlich in zwei Typen aufgeteilt werden: die Total Expense Ratio (TER) und die Handelskosten (im weiteren Sinn):

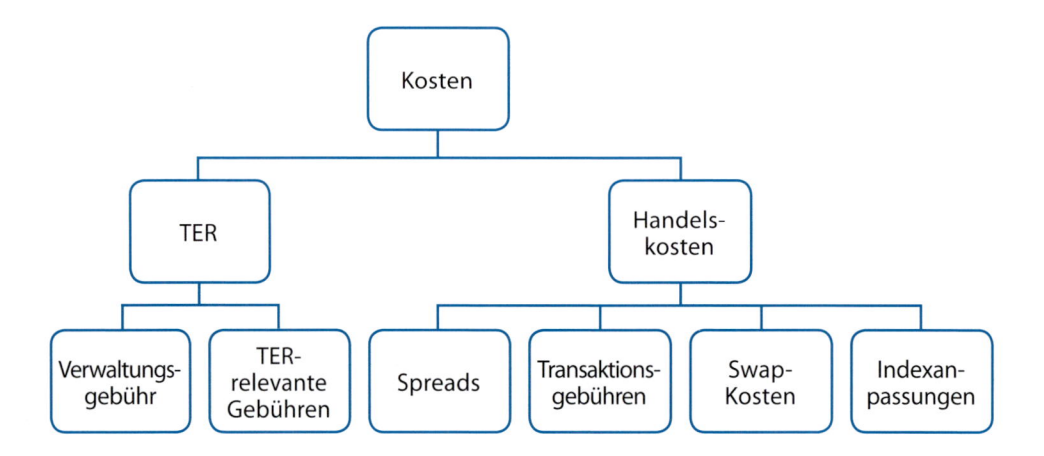

```
                         Kosten
                    ┌──────┴──────┐
                   TER        Handels-
                              kosten
              ┌─────┴─────┐   ┌────┬─────┬─────┬─────┐
         Verwaltungs-  TER-   Spreads Transaktions- Swap- Indexan-
         gebühr     relevante       gebühren     Kosten passungen
                    Gebühren
```

Abbildung 2-10: Die Kosten eines ETFs können in TER und Handelskosten unterteilt werden.

Als Faustregel gilt, dass bis zu 2/3 der totalen Kosten bei ETFs von den Handelskosten bzw. den liquiditätsbedingten Kosten stammen. Darunter versteht man die Transaktionsgebühren und Handelsspreads. Dazu können auch die Kosten für den Swap bei synthetischen ETFs gerechnet werden. Die Kosten des Swaps sind selten zugänglich und können oft nur geschätzt werden.

Total Expense Ratio (TER)

Das Total Expense Ratio (TER oder Gesamtkostenquote) beinhaltet verschiedene Arten von Kosten, die während eines Jahres anfallen. Dies wird als Prozentsatz des durchschnittlichen Fondsvolumens angegeben. Verwaltungsgebühren (Management Fees) sind dabei nur ein Bestandteil. Weitere sind Depotbankgebühren und sonstige Betriebskosten wie Kosten für Marketing, Vertrieb, öffentliche Publikationen und ähnliches. Beim Vergleich von verschiedenen ETFs ist demzufolge auf ein tiefes TER zu achten und nicht lediglich auf tiefe Management Fees (Verwaltungsgebühren). Gemäss der SFA (Swiss Funds Association) umfasst das TER den totalen Betriebsaufwand im Verhältnis zum durchschnittlichen Vermögen. Der Betriebsaufwand umfasst beispielsweise die Kosten für Administration, Vermögensverwaltung, Vertrieb, Aufsicht und Revision, Berechnung des NAV, Publikationen.
Wichtig zu wissen ist, dass Kosten bei ETFs genau gleich wie bei Mutual Funds vom Fondsvermögen abgezogen werden und somit renditewirksam sind. Da anfallende Kosten das Fondsvermögen eines ETFs schmälern, erschweren sie das Abbilden des

jeweiligen Index. Der Abzug der Kosten vom Fondsvermögen erfolgt dabei auf täglicher Basis (z.B. 1/365 der Gebühren werden pro Tag abgezogen), d.h. der Nettoinventarwert fällt täglich um mindestens diesen Betrag unter den NAV des Index.

Um die Rendite gegenüber dem Index aufzuholen, wird häufig Wertschriftenleihe (Securities Lending) betrieben. Je nach Markt und Titel fallen unterschiedlich hohe Einnahmen beim Verleih von Wertschriften an. Gerade bei Titeln aus Emerging-Market-Indizes können attraktive Zusatzerträge für den ETF generiert werden, weil die Verfügbarkeit verleihbarer Titel in diesen Märkten viel tiefer ist.

Handelskosten

Bei ETFs fallen nebst dem Total Expense Ratio auch Handelskosten an. Die wichtigste Komponente ist hier die Geld/Brief-Spanne (Bid/Ask-Spread). Beim Kauf eines ETFs über die Börse wird ein höherer Betrag bezahlt als der Betrag, den ein Anleger beim Verkauf erhält. Je kleiner die Geld/Brief-Spanne, desto tiefer sind die anfallenden Kosten. Bei reger Handelsaktivität ist eine tiefe Geld/Brief-Spanne besonders wichtig, denn sie fällt bei jedem Kauf und Verkauf über die Börse an.

Mit der Differenz zwischen Ankaufs- uns Verkaufspreis werden Kosten des Market Makers gedeckt. Diese Kosten entstehen beim Market Maker durch die Creation/Redemption von ETF-Anteilen, der Positionsabsicherung (Hedging) sowie durch Management Fees, die beim Halten des ETFs anfallen. Grundsätzlich gilt: Je liquider der zugrunde liegende Index, desto einfacher ist die operative Abwicklung des ETF-Handels beim Market Maker und desto tiefer ist die Geld/Brief-Spanne.

Die Geld/Brief-Spanne wird häufig in Prozent des Briefkurses ausgedrückt:

$$\text{Geld/Brief-Spanne} = \frac{\text{Briefkurs} - \text{Geldkurs}}{\text{Briefkurs}}$$

Die Differenz zwischen Briefkurs und Geldkurs wird häufig auch als absoluter Spread bezeichnet. Kostet ein ETF 100 EUR, werden beim Kauf z.B. 101 EUR bezahlt und bei einem anschliessenden Verkauf 99 EUR eingenommen. Daraus wird klar, dass der ETF mindestens rund 2% steigen muss, um dem Anleger eine positive Rendite zu geben.

Aus Gründen des Investorenschutzes verpflichten sich Market Maker, die Handelsspreads innerhalb von Bandbreiten zu halten und einen Mindestbetrag im Handelsbuch zu stellen. Geld- und Briefkurse dürfen dabei an der Schweizer Börse in 90% der Handelstage eines Monats nicht mehr als einen gewissen prozentualen Betrag vom indikativen Nettoinventarwert (iNAV) des ETFs abweichen. Tabelle 2-7 zeigt die bei der Schweizer Börse SIX geltenden Handelsvorschriften für Market Maker:

Anlageklasse	max. Spreads	Mindestbetrag	Bemerkung
Aktien	2% (5%)	50'000 €	Maximaler Spread beträgt 2%, falls Primärmarkt offen ist. Ansonsten 5%.
Fixed Income	0.1% – 2%	100'000 €	Kleinste Spreads bei Geldmarktprodukten, gefolgt von Staatsanleihen. Höchste Spreads bei Schwellenländeranleihen.
Rohstoffe	2% (3%)	50'000 €	Maximaler Spread beträgt 2%, falls Primärmarkt offen ist. Ansonsten 3%.

Tabelle 2-7: Handelsvorschriften der SIX für ETF Market Maker.

Die in Tabelle 2-7 aufgeführten Werte sind Mindestanforderungen an der SIX. Demnach ist die Geld/Brief Spanne der jeweiligen Instrumente bedeutend tiefer. An der Frankfurter Börse XETRA lagen 2009 die durchschnittlichen Handelsspreads für ETFs bei 0.55% und für die 20 liquidesten ETFs bei lediglich 0.09%. Hier müssen sich Market Maker verpflichten, zu 80% der Handelszeiten verbindliche Kurse zu stellen. Kann sich ein Market Maker jedoch auf technische Probleme berufen, so sind diese Vorschriften bei vielen Börsen teilweise aufgehoben.

Um handelsrelevante Informationen privaten Anlegern einfacher zugänglich zu machen, veröffentlichen die Schweizer sowie die Deutsche Börse in periodischen Abständen Liquiditätskennzahlen. Die Market Quality Metrics der Schweizer Börse umfassen für alle an der SIX kotierten ETFs durchschnittliche Spreads (zeitgewichtet), die Spread-Verfügbarkeitsrate und weitere Kennzahlen auf täglicher Basis. Der zeitgewichtete durchschnittliche Spread gibt Aufschluss über die Höhe und die Dauer von Handelsspannen. Ist beispielsweise die Handelsspanne (Bid/Ask-Spread) eines ETFs nur für eine kurze Zeit hoch, hat dies keinen signifikanten Einfluss auf den zeitgewichteten durchschnittlichen Spread. Eine mittelgrosse Handelsspanne, die jedoch lange andauert, beeinflusst diese Kennzahl stärker.

Folgende Abbildungen zeigen den Verlauf von zeitgewichteten durchschnittlichen Spreads von Aktien-, Anleihen- und Rohstoff-ETFs, die an der Schweizer Börse gelistet sind. Die Berechnungen der SIX stehen seit Mitte 2010 auf täglicher Basis zur Verfügung.

Kosten

Aktien-ETFs an der Schweizer Börse

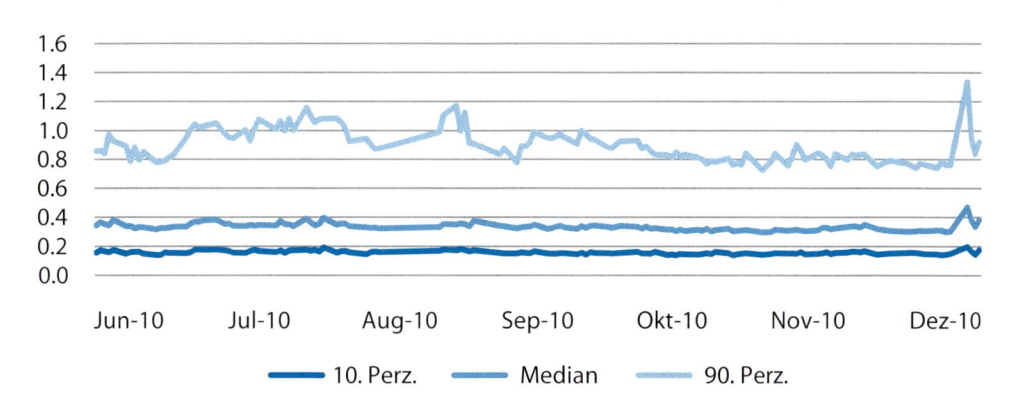

Abbildung 2-11: Zeitgewichtete durchschnittliche Spreads von Aktien-ETFs an der SIX.

Obligationen-ETFs an der Schweizer Börse

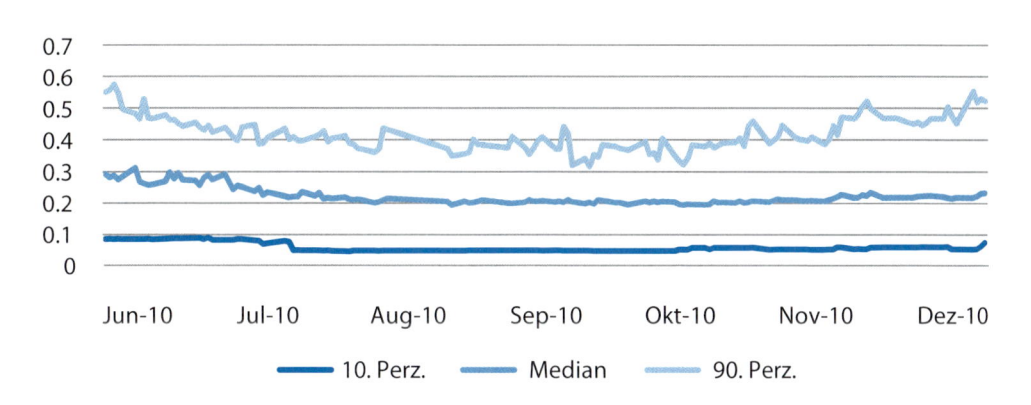

Abbildung 2-12: Zeitgewichtete durchschnittliche Spreads von Obligationen-ETFs an der SIX.

Rohstoff-ETFs an der Schweizer Börse

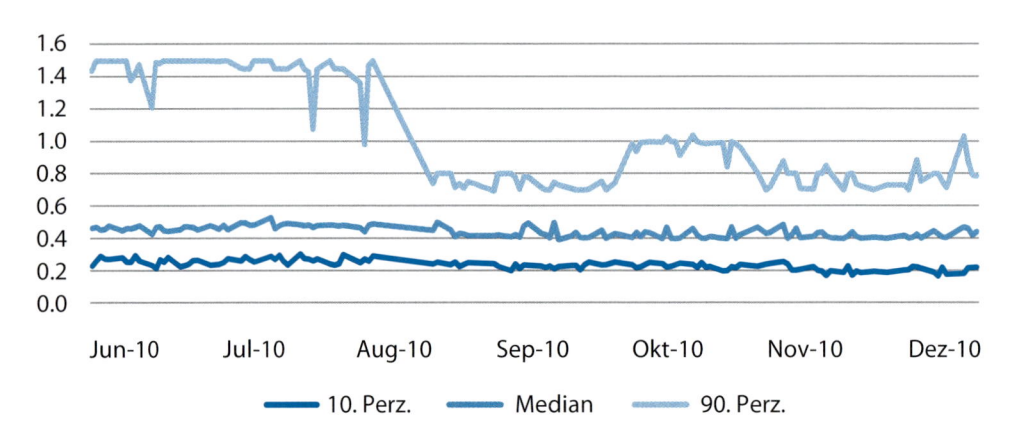

Abbildung 2-13: Zeitgewichtete durchschnittliche Spreads von Rohstoff-ETFs an der SIX.

In der Abbildung 2-11 bis Abbildung 2-13 werden das 10. und das 90. Perzentil sowie der Median (50. Perzentil) ausgewiesen. Abbildung 2-11 zeigt, dass der Median-Spread von Aktien-ETFs mit rund 0.3% vergleichsweise tief ausfällt. Beim Kauf und späterem Verkauf eines Aktien-ETFs an der Schweizer Börse ist demnach im „Normalfall" ein Verlust aus Handelsspreads von 0.3% realistisch. Bei der Darstellung von Aktien-Spreads wird aber auch deutlich, dass das 90. Perzentil mit einem Spread von über 1% sehr hoch ist. Bei solchen Titeln entsteht ein Spread-bedingter Verlust von mindestens 1%, wenn sie gekauft und anschliessend verkauft werden. In dieser Gruppe sind ETFs auf aufstrebende Länder, inverse und gehebelte Indizes sowie auf Small-Cap-Aktien überdurchschnittlich häufig vorzufinden.

Mit einem Median, der sich bei ca. 0.2% befindet, sind die Kosten aus Handelsspreads bei Obligationen-ETFs überschaubar. Aber auch beim Kauf eines Obligationen-ETFs sollten Handelsspreads für den konkreten Fall untersucht werden. So können einige Corporate und besonders Emerging Markets Bonds ETFs Handelsspannen von 2% und höher aufweisen. Unter Umständen können solche Kosten die erwarteten Renditen des Instrumentes zunichtemachen. Diesen Umstand gilt es bei einem tiefen Zinsniveau besonders zu gewichten. Falls der hohe Spread nur temporärer Natur und nicht dauerhaft ist, kann sich ein Abwarten auf günstigere Handelsbedingungen lohnen.

Bei den Rohstoff-ETFs ist zu beobachten, dass der mittlere zeitgewichtete Spread mit rund 0.45% über denjenigen von Aktien- und Obligationen-ETFs liegt. Die Streuung der Spreads innerhalb dieser Anlageklasse ist ebenfalls auffallend. ETFs des unteren Perzentils weisen mit ca. 0.2% tiefe Handelsspannen auf, diejenigen des 90. Perzentils jedoch sehr hohe (häufig über 0.8%). Auch hier gilt es, vor dem Kauf eines Instrumentes die aktuellen sowie die historischen Spreads des jeweiligen Instrumentes zu beachten.

Die Betrachtung der historischen Spread-Entwicklung wie in Abbildung 2-11 bis Abbildung 2-13 ist auch deshalb interessant, weil sie die Variabilität der Handelskosten über die Zeit zeigt. In speziellen Marktphasen, wie beispielsweise der Euro-Krise, können Market Maker aufgrund erschwerter Hedging-Mechanismen höhere Handelsspannen stellen.

Das Liquiditätsmass der XETRA (XLM)

Die herkömmliche Messung der Handelsspanne mittels der Differenz zwischen dem besten Brieflimit für eine Kauforder und dem besten Geldlimit für eine Verkaufsorder eignet sich für die Untersuchung von kleineren Transaktionen. Bei grösseren Orders reicht die Betrachtung der „Spitze" des Orderbuchs (beste Brief- und Geldlimite) häufig nicht – und zwar dann, wenn das nachgefragte Auftragsvolumen das quotierte Volumen übersteigt. Solche Orders werden weiter „unten", bei breiter gestellten Limiten des Auftragsbuches, ausgeführt. Dabei steigen die Handelskosten im Vergleich zu kleinen Aufträgen. (Für detaillierte Ausführungen siehe beispielsweise Gomber, Schweickert, 2002).

Da grosse Orders die Ausführungspreise aus Sicht des Anlegers verschlechtern, wird in diesem Zusammenhang auch von adverser Marktbewegung gesprochen. Die Grösse dieses Effektes ist von Anlegern schwer abzuschätzen. Um eine erhöhte Transparenz in Bezug auf Handelskosten zu schaffen, hat die XETRA das XLM (Xetra Liquidity Measure) eingeführt. Dieses beschreibt den Performanceverlust, der bei einem sogenannten Roundtrip einer bestimmten Auftragsgrösse entsteht. Ein Roundtrip ist der Kauf und anschliessende Verkauf einer Position. Beträgt das XLM eines Instrumentes bei einem Roundtrip von beispielsweise 100'000 EUR 0.22%, entsteht ein Verlust in dieser Höhe, wenn das Instrument im Gegenwert dieses Betrages gekauft und anschliessend verkauft wird. Durch den zusätzlichen Einbezug der Ordergrösse in die Funktion der Handelskosten berücksichtigt das XLM-Mass eine weitere Dimension der Liquidität und schafft damit eine präzisere Aussage über anfallende Handelskosten bei grösseren Aufträgen.

Mit dem XLM der deutschen Börse (siehe Box) werden Kosten eines Roundtrips – das heisst, der Kauf und anschliessende Verkauf eines Titels – bei einem bestimmten Auftragsvolumen gemessen. Die XLM-Werte von ETFs, die an der XETRA gehandelt werden, sind in folgender Tabelle wiedergegeben (es wird von einer Auftragsgrösse von 100'000 EUR ausgegangen, der Datenstand ist Ende 2010).

Anlageklasse	Kategorie	XLM (in %)
Aktien		**0.39**
	Entwickelte Länder	0.36
	Aufstrebende Länder	0.53
	invers / gehebelt	0.48
Obligationen		**0.23**
	Staatsanleihen	0.18
	Unternehmensanleihen	0.35
	Inflationsgeschützte Anleihen	0.36
Rohstoffe		**0.56**

Tabelle 2-8: Handelskosten von ETFs an der XETRA gemessen am XLM bei einem Roundtrip von 100'000 EUR (Stand Ende 2010).

Wie bei den Analysen von Handelsspannen an der Schweizer Börse ergibt auch das XLM-Mass für deutsche Anleger ein ähnliches Bild: die Handelskosten von Aktien-ETFs (0.39%) liegen etwas höher als die von Obligationen-ETFs (0.23%) und Rohstoff-ETFs sind mit 0.56% in der Regel bei einem Roundtrip von 100'000 EUR am teuersten. Bei weiterer Unterteilung wird ersichtlich, dass innerhalb der Anlageklasse Aktien, ETFs auf aufstrebende Länder sowie auf inverse und gehebelte Indizes mit 0.53% bzw. 0.48% höhere Roundtrip-Kosten aufweisen als diejenigen auf entwickelte Länder (0.36%). Dies bestätigt die Vermutung, dass Instrumente, die mehrere Zeitzonen und Währungen abdecken oder kompliziertere Strukturen aufweisen, mit höheren Handelskosten verbunden sind. In solchen Fällen ist das Hedging seitens der Market Maker schwieriger. Unter den Obligationen sind Staatsanleihen in Bezug auf Handelskosten am günstigsten, gefolgt von Unternehmens- und inflationsgeschützten Anleihen.

Bei der Betrachtung der Handelskosten an der SIX und der XETRA wird einmal mehr klar, dass die Kosten von ETFs bei Weitem nicht nur aus Verwaltungsgebühren und auch nicht aus dem Total Expense Ratio bestehen. Werden die TER aus Tabelle 2-6 mit den Handelskosten (XLM) in Tabelle 2-8 verglichen, werden die Grössenordnungen, um die es sich handelt, deutlich. Die Handelskosten, die durch den Kauf und den Verkauf eines ETFs an der Börse entstehen, können das TER in vielen Fällen übersteigen. Zu den Handelskosten gehören auch die Transaktionsgebühren, die ein Anleger beim Kauf und Verkauf des ETFs über die Börse zu bezahlen hat. Innerhalb eines ETFs fallen ebenfalls Handelskosten an. Denn je nach Art des Index und der Replikationsmethode finden in einem ETF mehr oder weniger Transaktionen statt, was grundsätzlich renditewirksam und nicht zu unterschätzen ist. Bei synthetischen ETFs können die Kosten für den Swap ebenfalls als Transaktionskosten betrachtet werden. Transaktionskosten im ETF sind jedoch normalerweise nicht ersichtlich und auch nicht zugänglich, sondern können nur abgeschätzt werden. Diese Kosten fliessen nicht in den TER, aber in die NAV-Berechnung ein. Je nach Börsenplatz können auch noch sogenannte Stamp Duties (Stempelsteuern, wie beispielsweise auf Aktien in Grossbritannien) anfallen. Dies kann innerhalb des ETFs oder auf Stufe Anleger (wie bei der Schweizer Umsatzabgabe) erfolgen.

Zu den weiteren Kosten kann auch die Abweichung zum Benchmarkindex gezählt werden. Dies kann beispielsweise durch einen operativen Fehler (falsche Verbuchung einer Dividende) oder durch ein fehlerhaftes Modell zur Nachbildung des Index zustande kommen.

Bei traditionellen Anlagefonds (ohne Swing Pricing) können grosse Zu- und Abflüsse ebenfalls als „Kosten" angesehen werden, da die notwendigen Transaktionen im Fonds auch die bestehenden Anleger betreffen. Bei ETFs sind die bestehenden Anleger durch den Creation/Redemption-Mechanismus geschützt.

Obwohl nicht alle Kosten innerhalb eines ETFs in einer Kennzahl wie der TER ausgewiesen werden, schmälern sie dennoch den NAV und sind somit „berücksichtigt". Für den Anleger sind jedoch nicht nur die NAV-relevanten Kosten wichtig. Es müssen auch die Handelskosten beim Kauf/Verkauf eines ETFs über die Börse beachtet werden. Diese machen oft den Hauptteil der Kosten aus.

Optimierung der Kosten

Ein gewisser Anteil der Kosten kann über verschiedene Massnahmen beim ETF-Provider reduziert werden. Beispielsweise können Wertschriften des ETFs ausgeliehen werden, was je nach Marktumfeld einen nicht zu unterschätzenden Zusatzertrag für den ETF bedeutet. Dabei wird ein Teil des Ertrags dem ETF gutgeschrieben. Auch der Endanleger kann den ETF zur Wertschriftenleihe freigeben. Zudem können die Anbieter von ETFs bei der Handhabung von Dividenden oder Coupons Zusatzerträge generieren. Normalerweise laufen die ETFs gegen Net Return Indizes, welche oft einen Quellensteuerabzug von 30% auf den Erträgen berücksichtigen. Dabei wird von ungünstigen Doppelbesteuerungsabkommen seitens der Indexanbieter ausgegangen. In der Praxis erhalten die ETFs aber bis zu 100% der Dividenden.

Risiken von ETFs

Wie gewöhnliche Mutual Funds stellen auch Exchange Traded Funds sogenannte Sondervermögen dar. Sondervermögen müssen streng getrennt vom Vermögen der Fondsgesellschaft gehalten werden. Im Falle einer Insolvenz der Fondsgesellschaft bleibt dadurch Anlegern ihr Geld erhalten. In der Finanzsprache ausgedrückt: bei ETFs besteht grundsätzlich kein Gegenparteirisiko. Dieser Umstand war während der Finanzkrise von 2008 von zentraler Bedeutung. Im Gegensatz zu ETFs weisen unbesicherte Zertifikate ein hundertprozentiges Gegenparteirisiko auf. Aber auch bei ETFs können in begrenztem Ausmass Gegenparteirisiken sowie auch andere Formen von steuerlichen, operationellen und handelsspezifischen Risiken auftreten. Diese zu verstehen, ist wie bei jedem Finanzprodukt eine zentrale Voraussetzung für eine Kaufentscheidung. Im Folgenden wird auf die verschiedenen Risikoarten im Detail eingegangen.

Marktrisiko

Das Marktrisiko ist bei ETFs genauso wie bei allen Finanzwerten vorhanden. Je nach Anlageklasse kann das Gewinn/Verlust-Potential stark variieren. Aktien und Rohstoffe sind in der Regel höheren Schwankungen ausgesetzt als Obligationen. Die Anlageklasse des ETFs (Aktien, Obligationen, Rohstoffe, alternative Anlagen etc.) bestimmt somit am meisten das Ausmass des Risikos und des möglichen Ertrages.
Durch breite Diversifikation reduzieren ETFs sogenannte unsystematische Risiken. Bei einem starken Kurseinbruch eines einzelnen Indexmitglieds ist der Effekt auf den Index bzw. ETF vergleichsweise gering. Deshalb gilt prinzipiell, dass Marktrisiken eines ETFs tiefer sind als von Einzelanlagen.
Marktrisiko ist nicht per se etwas Schlechtes. Wird dieses bewusst genommen und diversifiziert, kann die erwartete Portfolio-Rendite erhöht werden. Dabei bestimmt die Anlageallokation – die Aufteilung des Portfolios in verschiedene Anlageklassen – das Rendite/Risiko Potential. Dieses Thema wird in Kapitel 4 beschrieben.

Gegenparteirisiko

Wie im einleitenden Abschnitt erläutert, handelt es sich bei ETFs um Sondervermögen, die im Falle einer Insolvenz der Fondsgesellschaft nicht in die Konkursmasse fallen. Diese Eigenschaft wird auf Englisch auch ringfenced genannt. Bei der Liquidation eines Fonds erhalten Investoren den Wert der zugrunde liegenden Titel (Net Asset Value) abzüglich Liquidationskosten. Jeder ETF-Anleger sollte sich bewusst sein, dass aufgrund der folgenden Punkte ein Gegenparteirisiko entstehen kann:

- Verwendung von Swaps
- Durchführung von Wertschriftenleihe (Securities Lending and Borrowing, kurz SLB)

Synthetische ETFs enthalten einen Total Return (un-funded) oder fully-funded Swap. Fällt die Swap-Gegenpartei aus, entspricht dies einem Schuldnerausfall. Wird der Swap danach nicht von einer anderen Gegenpartei übernommen, fällt der Wert des ETFs um die Höhe des Swapkontraktes. Ist eine Sicherheit (Collateral) hinterlegt, erfolgt bei einem Schuldnerausfall ein Zugriff auf diese durch den ETF.

Nach den europäischen Regulationsvorschriften (UCITS) ist der maximale Anteil an Swaps bei netto 10% begrenzt. Übersteigt dieser Wert 10%, wird entweder der Swap glattgestellt oder das Collateral entsprechend angepasst. Um Gegenparteirisiken zu reduzieren, verteilen einige ETF-Anbieter (wie beispielsweise Source) ihre Swaps teilweise auf mehrere Swap-Anbieter. Durch eine Überbesicherung, d.h. eine Hinterlegung von zusätzlichem Collateral, kann der Netto-Anteil des Swaps zusätzlich reduziert werden. Bei Swap-basierten ETFs besteht neben dem Ausfall der Swap-Gegenpartei ein weiteres Risiko. Die Zusammensetzung des zugrunde liegenden Baskets respektive des Collaterals ist dem Anleger oft unbekannt und kann vom Index abweichen. Bei einem Ausfall wird dieser Basket liquidiert, oder es wird auf allfällige Sicherheiten zugegriffen. Somit ist im Vorfeld nicht eindeutig, was im Extremfall nach der Verwertung für ein Gegenwert im Vergleich zum Index übrigbleibt.

Auch bei physisch replizierenden ETFs, die *Wertschriftenleihe* betreiben, können Gegenparteirisiken auftreten. Wird ein Teil des Fondsvermögens an eine Drittpartei ausgeliehen, fallen Verluste in der Höhe dieses Betrags bei einem Ausfall der Drittpartei an. ETF-Provider leihen Wertschriften aus, um aus den daraus resultierenden Zinseinnahmen Kosten und Gebühren zu decken und den Tracking Error des ETFs zu reduzieren. Dadurch wird die Rendite des ETFs leicht erhöht. Die aus ökonomischer Sicht klare Konsequenz davon ist ein höheres Risiko. Auch dieses darf nicht unterschätzt werden. In der Praxis hinterlegen die Anbieter grundsätzlich Sicherheiten (Collateral) bei der Wertschriftenleihe. Können in einem Extremfall die ausgeliehenen Wertschriften nicht rechtzeitig zurückgerufen werden, müssen die Sicherheiten verwertet werden. Auch hier ist im Vorfeld nicht eindeutig, was dann der ETF ökonomisch im Vergleich zum Index hält. Vor dem Kauf eines ETFs sollte deshalb das Ausmass der Wertschriftenleihe sowie eine Hinterlegung mit Sicherheiten abgeklärt werden.

Hinterlegung von Sicherheiten (Collateral)

Es können verschiedene Arten von Collateral (Sicherheit) unterschieden werden. Sicherheiten werden beispielsweise ausgeliehenen Wertschriften oder Swaps ausserhalb des ETFs hinterlegt, um etwaige Gegenparteirisiken zu reduzieren.

Die Hinterlegung von Sicherheiten bei der Wertschriftenleihe oder bei Swaps erfolgt typischerweise mit Wertschriften, welche keinen direkten Zusammenhang mit den ausgeliehenen Wertschriften oder dem Swap haben. Eine Hinterlegung muss aber nicht zwangsläufig erfolgen. Bei einem synthetischen ETF mit einem Trägerportfolio und einem Swap in der Höhe von maximal 10% muss keine Hinterlegung aufgrund von UCITS erfolgen, weil das Swap-Exposure 10% betragen darf. Freiwillig kann der Swap natürlich mit Collateral hinterlegt werden, um dessen Höhe respektive das Gegenparteirisiko zu reduzieren. Dazu werden die Sicherheiten mit dem Swap verrechnet. Bei ETFs mit einem fully-funded Swap besteht der ETF zu 100% aus einem Swap und muss gemäss UCITS besichert werden, damit das netto Swap-Exposure auf maximal 10% reduziert wird. Typischerweise werden hinterlegte Sicherheiten nicht 1:1 angerechnet. Dazu wird oft ein sogenannter Sicherheitsabschlag (haircut) vorgenommen. Dies bedeutet, dass beispielsweise 120% Aktien als 100% Sicherheit angerechnet werden. Je nach Fondsdomizil existieren dazu unterschiedliche Mindeststandards. Nachfolgend werden generelle Punkte beleuchtet, welche für die Hinterlegung bei der Wertschriftenleihe und bei synthetischen ETFs gelten. Die Hinterlegung von Collateral, also die erhöhte Sicherheit, hat Kosten zur Folge, welche beispielweise durch Mehreinnahmen (Ertrag aus der Wertschriftenleihe resp. bessere Rendite als der Index bei Swaps), tiefere Transaktionskosten (weniger Transaktionen bei einem Swap) oder Dividendenoptimierung (Ausleihe von dividendenzahlenden Wertschriften) kompensiert werden können. Bei der Beurteilung von Sicherheiten ist von Interesse, welche Arten von Wertschriften akzeptiert werden, wie deren Qualität überwacht wird und welche Diversifikation das Collateral-Portfolio aufweisen muss. Gerade in einem Krisenfall sollten die Sicherheiten den Umständen entsprechend rasch und zu einem vernünftigen Preis veräusserbar sein. Es spricht für sich, dass Sicherheiten bei einer unabhängigen Stelle verwahrt werden müssen. Dabei besteht ein Unterschied zwischen dem Ort der Depotbank (Custodian) und dem Ort wo sich die Sicherheiten konkret befinden (Sub-Custodian). Neben dem Ort kann die Einflechtung in einen internationalen Konzern von Bedeutung sein: wie unabhängig kann der Custodian in einem Krisenfall agieren? Des Weiteren ist die Art des Zugriffs wichtig. Die Sicherheiten können der Depotbank transferiert werden (title transfer) oder als Pfand (engl. pledge) vorliegen. Bei einem Pfand muss die Durchsetzbarkeit klar geregelt sein, da hier die ETF-Gesellschaft nicht der Eigentümer der Titel ist. Ein weiterer Aspekt ist die konkrete

Zuteilung von Sicherheiten zum ETF, falls die Gesellschaft mehrere ETFs anbietet. Bei der Depotbank können die Sicherheiten über ein Sammelkonto oder ein abgetrenntes Konto pro (Sub-) Fonds verbucht sein. Ein Sammelkonto vereinfacht die operativen Prozesse. Neben der Anrechnung spielt der zeitliche Ablauf eine wesentliche Rolle. Die Sicherheiten sollten transferiert werden, bevor das zu besichernde Swap-Engagement angepasst wird oder Wertschriften ausgeliehen werden. Ansonsten kann für eine kurze Dauer ein Gegenparteirisiko auftreten. Schlussendlich sind die Prozesse und Entscheidungswege rund um die Bewirtschaftung der Sicherheiten von zentraler Bedeutung. Es muss klar definiert sein, wer was in welchen Abständen kontrolliert und entscheiden kann. Müssen beispielsweise Sicherheiten „verwertet" werden, sollte dies möglichst rasch erfolgen. Der Zugriff muss schnell möglich sein. Sicherheiten können grundsätzlich ebenfalls ausgeliehen werden, was durch viele Anbieter aber untersagt wird.

Bisweilen wird der Begriff Collateral auch für die Wertschriften in physischen ETFs oder für das Trägerportfolio in synthetischen ETFs verwendet. Bei vollreplizierenden physischen ETFs entspricht beispielsweise das Collateral im ETF genau der Zusammensetzung des Index und es besteht kein Collateral Risk. In diesem Zusammenhang kann mit dem Collateral Risk ausgedrückt werden, wieweit sich der Inhalt des ETFs vom Index unterscheidet.

Verwechslung des Produktes oder der Währung

Die Gefahr der Verwechslung von ETFs mit ETCs/ETNs muss explizit erwähnt werden. Exchange Traded Commodities und Exchange Traded Notes werden häufig von ETF-Anbietern verwaltet und teilweise in den gleichen Aufzählungen gelistet. Es ist wichtig zu wissen, um welche Form es sich bei einer Investition handelt, denn ETCs und ETNs haben ein direktes Gegenparteirisiko. Bei einem Konkursfall der Gegenpartei verliert der Anleger den gesamten Wert des Instrumentes. Oft sind ETCs/ETNs jedoch mit Collateral hinterlegt. Hier müssen Qualität und Art der Besicherung geprüft werden. Neben dieser eher offensichtlichen Instrumententyp-Verwechslung kann bei der Auswahl des ETFs auch dessen Währung übersehen werden. Gerade mit Bezug zu Indizes ist es ratsam, lieber zwei Mal zu schauen, ob sich der ETF auf den gewünschten Index inklusive Währung bezieht. Die Handelswährung des ETFs muss nicht mit der Risikowährung übereinstimmen. So ist beispielsweise ein in Euro gehandelter ETF auf den S&P 500 Index dem Wechselkursrisiko des Dollars gegenüber der Heimwährung (hier EUR) ausgesetzt. Die Handelswährung EUR ist demnach aus Risikosicht irrelevant. In solchen Fällen darf nicht davon ausgegangen werden, dass die Währung abgesichert ist.

Risiko einer Fondsauflösung

Ist ein Fonds zu klein und lohnt sich seine Verwaltung nicht mehr, kann die Fondsgesellschaft den Fonds auflösen, das heisst, die Verwaltung eines Fonds kündigen. In diesem Fall können für Anleger verschiedene Nachteile entstehen.
Fällt der Anbieter des ETFs aus, können Liquidationskosten dem Fondsvermögen belastet werden. Dadurch wird der NAV des ETFs reduziert, und die Halter von ETFs können Verluste erleiden. Ein Beispiel hierfür ist der britische ETF-Provider SPA. Im Frühjahr 2008 schloss SPA ihre sechs Market Grader ETFs. Die geschätzten Kosten, die auf Investoren umgewälzt wurden, betragen gemäss Schätzungen von IndexUniverse.com über 10%. Die Konsequenz davon war ein 10-prozentiger Kurseinbruch des ETFs.
Weitere negative Auswirkungen einer Fondsliquidation können steuerlicher Natur sein. Diese variieren von Land zu Land. Eine Fondsschliessung wird dabei in der Regel steuerlich wie ein Verkauf betrachtet. Die Konsequenzen einer Fondsliquidation sollten mit einem mit lokalen Gegebenheiten vertrauten Steuerexperten geklärt werden.

Handelsrisiko

Ein weiteres Risiko stellen plötzlich steigende Handelskosten dar. Hohe Geld/Brief-Spannen können besonders bei reger Handelsaktivität zu hohen Kosten und somit zu Renditeverlusten führen. Historische Geld/Brief-Spannen geben ein Indiz für das Funktionieren des entsprechenden Marktes. Mit Sicherheit sagen sie zukünftige Entwicklungen aber nicht voraus. Die SIX und XETRA veröffentlichen diese Kosten in periodischen Abständen.
Eine wichtige Voraussetzung für enge Spreads ist, dass sich Market Maker adäquat hedgen können. Dies kann während volatilen Märkten sehr schwierig sein. Deshalb haben die Börsen für die Designated Sponsors unterschiedliche Regeln zu Spreads und verbindlichen Preisstellungen erlassen. Innerhalb eines „normalen" Börsentages können die Spreads insbesondere bei ETFs auf Basiswerte in einer anderen Zeitzone schwanken. So werden die engsten Spreads dann beobachtet, wenn die meisten Märkte offen sind respektive Instrumente zum Hedgen gehandelt werden. Des Weiteren ist ein Multi-Market-Maker-Modell zu bevorzugen. Dadurch ist Wettbewerb bei der Preisstellung gewährleistet, was sich positiv auf die Preisqualität – besonders während Börsenturbulenzen – auswirken kann.
Eine weitere Art des Risikos ist der Tracking Error. Der Tracking Error eines ETFs – wie beispielsweise auf dem US High Yield Bond Markt – kann beträchtlich sein. In diesem Fall können hohe negative Abweichungen zur Indexrendite entstehen.

Operationelle Risiken

Operationelle Risiken können auf Stufe Anleger und ETF unterschieden werden. Ein Anleger muss wie bei jeder Finanztransaktion das Valuta-Datum (engl. Settlement Date) beachten. Zu diesem Zeitpunkt muss Cash auf dem Konto liegen. Sofern nicht genügend Cash vorhanden ist, muss bei einem gleichzeitigen Kauf und Verkauf von zwei Instrumenten darauf geachtet werden, dass das Valuta-Datum des Verkaufs nicht länger ist als jenes des Kaufs. Ansonsten besteht die Gefahr einer Überziehung des Kontos (mit Folgekosten verbunden) oder der Trade wird nicht ausgeführt.
ETFs haben normalerweise ein Valuta-Datum von drei Arbeitstagen nach Abschluss des Börsenauftrags. In Deutschland beträgt das Valuta-Datum zwei Arbeitstage. Wird gleichzeitig ein in Frankfurt gelisteter ETF gekauft und ein in Zürich gelisteter ETF verkauft, muss sichergestellt werden, dass genug Cash für die Ausführung des Trades auf dem Konto vorhanden ist. Ist dem nicht so, besteht die Möglichkeit einer Valuta-Verlängerung (-verkürzung) des deutschen (Schweizer) ETFs. Dies muss mit dem zuständigen Händler geklärt werden. Ansonsten muss die Möglichkeit einer Soll-Position bestehen.
Als operatives Risiko kann auf Stufe ETF das Modell der Indexreplikation verstanden werden. Bei physischen ETFs stellt sich die Frage, ob beispielsweise die Dividenden korrekt verbucht werden oder ob das angewandte Sampling-Verfahren den Index einwandfrei nachbildet. Wird der ETF besichert, kann die Bewirtschaftung des Collaterals respektive der konkrete Prozess im Falle einer Verwertung als mögliches Risiko betrachtet werden.

Tracking Error von ETFs

Der Tracking Error (TE) ist ein Mass zur Beurteilung, wie nahe Kurse von zwei Zeitreihen zueinander verlaufen. Ist der Tracking Error eines ETFs hoch, ist eine schlechte Indexabbildung zu erwarten. ETF-Anleger bevorzugen deshalb im Grunde einen tiefen TE.
Dieses Mass ist wichtig bei der Betrachtung von indexierten Produkten. Das Ziel solcher Produkte ist schliesslich die möglichst genaue Abbildung der Renditen der zugrunde liegenden Indizes. Kauft ein Investor einen ETF auf den Swiss Market Index, will er täglich eine gleich hohe Rendite erzielen wie der Index. Ein grosser Vorteil dabei ist die Transparenz: ETF-Kurse verlaufen annähernd gleich zum Index. Index-Performance-Daten sind wiederum sehr leicht abzurufen und werden in vielen Fernsehnachrichten und Zeitungen publiziert.
Beim Tracking Error handelt es sich um das Risiko, von einem Index (bzw. Referenzwert) abzuweichen. Dies wird häufig als relatives Risiko bezeichnet. Genau dieses Mass ist das Hauptkriterium zur Unterscheidung von aktivem zu passivem Portfoliomanage-

ment. Beim passiven Portfoliomanagement wird versucht, einen Markt möglichst gut abzubilden und titelspezifische Risiken zu diversifizieren. In anderen Worten: Beim passiven Portfoliomanagement wird das (relative) Risiko reduziert, indem Abweichungen zu einem Index – im Besonderen durch aktive Titelselektion – nicht oder nur beschränkt erlaubt sind. Aktives Portfoliomanagement andererseits muss sich durch einen genügenden Tracking Error vom passiven Management differenzieren. Ist das relative Risiko zu gering, räumt sich der Portfoliomanager keine Möglichkeit ein, den Index zu schlagen.

Es gibt mehrere statistische Kennzahlen, die die Grösse der Abweichung zwischen zwei Zeitreihen messen. Darunter fallen z.B. der Korrelationskoeffizient und das Mass R^2. Obwohl diese Masszahlen grundsätzlich zur Messung des Tracking Errors geeignet sind, ist ihre quantitative Interpretation nicht besonders intuitiv. Dies könnte der Grund dafür sein, warum sich in der Praxis die Standardabweichung der Renditedifferenzen als Definition durchgesetzt hat:

Der Tracking Error entspricht der annualisierten Standardabweichung der Renditedifferenzen zweier Rendite-Zeitreihen.

Im Finanzjargon wird statt Standardabweichung häufig der Ausdruck Volatilität verwendet. Diese Definition zeigt deutlich, dass es sich beim Tracking Error um ein relatives Risikomass handelt, da es die Volatilität der Renditedifferenzen zwischen der ETF- und der Benchmark-Rendite und nicht die Volatilität an sich wiedergibt. Die Annualisierung des Tracking Errors erleichtert die Vergleichbarkeit von zwei Tracking-Error-Grössen, da, unabhängig von der Länge der Messperiode und der Datenfrequenz, Werte standardisiert angezeigt werden.

Ein einfaches Beispiel zeigt, wie der Tracking Error eines ETFs zum Index berechnet wird.

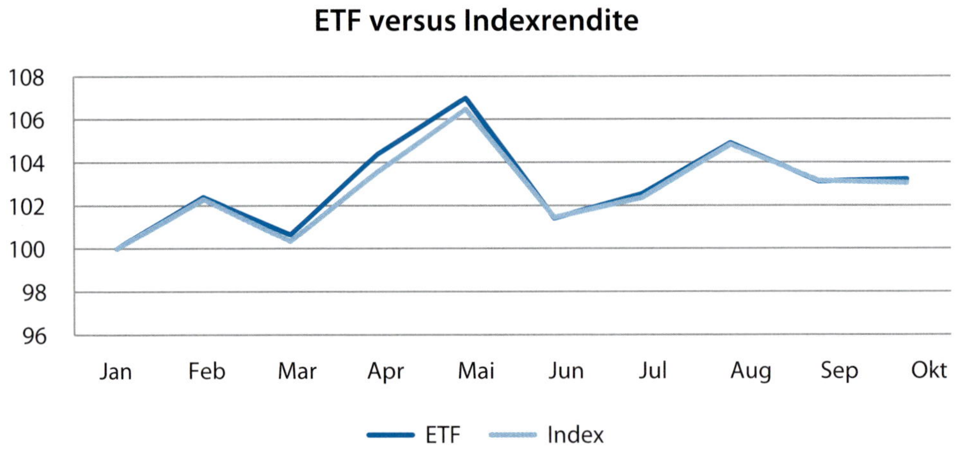

ETF versus Indexrendite

Abbildung 2-14: Wertentwicklung eines ETFs (NAV) gegenüber seinem Index.

Tracking Error von ETFs

Monat	Index	ETF	ETF-Index
Jan	2.3%	2.4%	0.1%
Feb	- 1.9%	- 1.7%	0.2%
Mar	3.2%	3.7%	0.5%
Apr	2.8%	2.5%	- 0.3%
Mai	- 4.7%	- 5.2%	- 0.5%
Jun	0.9%	1.1%	0.2%
Jul	2.4%	2.3%	- 0.1%
Aug	- 1.6%	- 1.7%	- 0.1%
Sep	- 0.1%	0.1%	0.2%

Standardabweichung (ETF – Index):	0.3%
$\sqrt{12}$:	3.464
Tracking Error: Standardabweichung × $\sqrt{12}$:	**1.05%**

Tabelle 2-9: Einfaches Beispiel zur Berechnung des Tracking Errors.

Abbildung 2-14 zeigt den Kursverlauf eines ETFs und des Index. Die entsprechenden Renditen werden in den Spalten 2 und 3 der Tabelle 2-9 angezeigt. Die 4. Spalte der Tabelle weist die monatliche Renditedifferenz aus. Die Standardabweichung dieser Renditedifferenzen ist 0.3%. Da es sich um monatliche Renditen handelt, muss die Standardabweichung mit der Wurzel von 12 multipliziert werden. Das Resultat ist 1.05%, was dem annualisierten Tracking Error des ETFs entspricht. Die Standardabweichung kann in Excel oder in anderen Programmen einfach berechnet werden.

Handelt es sich bei den Beobachtungen um tägliche Daten, so sollte zur Annualisierung die Standardabweichung mit der Wurzel von 250 multipliziert werden. Dies entspricht der ungefähren Anzahl der Wochentage eines Jahres. Der Multiplikator wird von der Anzahl Beobachtungen, die in einem Jahr enthalten sind, bestimmt. Wochenenden und gesetzliche Feiertage zählen deshalb nicht dazu.

Der Tracking Error als Standardabweichung der Renditedifferenz zwischen einem ETF und einem Index ist durch folgende Formeln gegeben.

$$\text{Tracking Error} = \text{Ann.Factor} \times \sqrt{\frac{1}{(T-1)} \sum_{i=1}^{T} (d_i - \bar{d})^2}$$

$$d_i = r_{etf,i} - r_{index,i}$$

$$\bar{d} = \frac{1}{T} \sum_{j=1}^{T} d_j$$

Die Variable T entspricht der Anzahl Renditebeobachtungen, d_i ist die Renditedifferenz des ETFs zum Index bei einer Beobachtung i und „Ann. Factor" ist in der Regel die Wurzel von 12 oder die Wurzel von 250, je nachdem, ob monatliche oder tägliche Renditen bei der Berechnung verwendet werden. Die Variabeln $r_{etf,i}$ bzw. $r_{index,i}$ beziehen sich auf die Renditen des ETFs bzw. des Index. Diese Formel ist identisch mit derjenigen für die Standardabweichung einer Zeitreihe. Gemessen wird die „Streuung" der Renditedifferenzen des ETFs zum Index und je nach Annahme über die Verteilung dieser Differenzen, können Aussagen über die Wahrscheinlichkeit von Ereignissen getroffen werden. Die Annahme der Normalverteilung ist demnach keinesfalls notwendig.

Für eine korrekte Interpretation des Tracking Errors lohnt es sich, die obige Formel im Detail anzusehen. Aus dieser wird ersichtlich, dass ein Tracking Error von null nur dann entsteht, falls alle Renditedifferenzen (d_i) gleich der durchschnittlichen Renditedifferenz ($\bar{d}$) sind. Da die Klammer innerhalb der Summe quadriert wird, fliessen positive wie negative Abweichungen zum Durchschnitt gleichermassen in den Tracking Error hinein. Eine häufige Quelle der Fehlinterpretation des Tracking Errors stammt implizit davon, dass die durchschnittliche Renditedifferenz ($\bar{d}$) fälschlicherweise als null angenommen wird. Ist $\bar{d}$ grösser (kleiner) null, gibt es, über die Periode T betrachtet, eine Outperformance (Underperformance) zum Index. Sind Renditedifferenzen bei jeder (beispielsweise täglicher) Beobachtung identisch, das heisst, der ETF outperformt oder underperformt den Index jeden Tag um den genau gleichen Prozentsatz, so kann bei einer Outperformance oder Underperformance gleichzeitig ein Tracking Error von null entstehen. Der Grund dafür liegt in der Mathematik der obigen Formel. Bei der Berechnung der Varianz gilt $Var(d + const) = Var(d)$. Eine „Verschiebung" der Renditedifferenzen um einen konstanten Wert hat keinen Einfluss auf die Varianz und somit auch nicht auf die Standardabweichung der Zeitreihe. Tägliche NAV relevante Kosten und Erträge in gleicher Höhe wirken sich demnach nicht auf den Wert des Tracking Errors aus. Ein Tracking Error von null muss somit keinesfalls bedeuten, dass der ETF den Index genau trackt. Diese Fehlinterpretation kann ab und zu in der Finanzpresse und selbst in Research Berichten von Finanzinstituten beobachtet werden. Im Abschnitt über die Interpretation des Tracking Errors wird gezeigt, dass das Phänomen einer signifikanten Out- oder Underperformance bei tiefem Tracking Error auch in der Praxis – besonders bei synthetisch replizierenden ETFs – möglich ist.

> *Kosten haben keinen Einfluss auf den Tracking Error …*
>
> … solange sie auf täglicher Basis und in gleicher Höhe anfallen. Zu solchen Kosten zählen das Total Expense Ratio sowie allfällige Swapkosten bei synthetischen ETFs. Selbst wenn diese Kosten hoch sind und negative Renditeabweichungen zum Index verursachen, kann der Tracking Error des ETFs nahe bei null liegen. Ein Tracking Error von null bedeutet demnach nicht, dass ein ETF die Indexrendite genau abbildet! Dies hat mit der statistischen Eigenschaft des Tracking Errors zu tun.

Einflussfaktoren auf die Renditeabweichungen zum Index

Gemäss Global Equity & Index Research der Deutschen Bank (2010) korreliert die Volatilität des Index positiv mit dem Tracking Error des ETFs. Jene ETFs, die auf volatilere Indizes laufen, haben häufig einen höheren TE (beispielsweise Emerging Markets ETFs vs. Developed Markets ETFs). Innerhalb der Periode zwischen 2008 und 2010 und bei einer Stichprobengrösse von rund 60 ETFs wurde ein durchschnittlicher Tracking Error von 0.3 bis 0.6% gefunden (je nach Subperiode). Dabei lag der TE von ETFs auf entwickelte Länder bei ca. 0.2 bis 0.4% und damit tiefer als der von Emerging Markets (0.7 bis 1%).

Bei einer Untersuchung der Einflussfaktoren auf die Renditeabweichungen eines ETFs zum Index muss explizit zwischen Renditeabweichung und Tracking Error unterschieden werden. Fallen Kosten oder Erträge in gleicher Höher und in gleichmässigen Zeitabständen an, so verursachen sie zwar eine negative oder positive Renditeabweichung zum Index, haben jedoch kaum einen Einfluss auf den Tracking Error. Im Folgenden werden Einflussfaktoren auf die Renditeabweichung erläutert.

Es können sowohl externe wie auch ETF-interne Ursachen für Renditeabweichungen zum Benchmarkindex identifiziert werden. Externe Ursachen sind durch den Index, auf dem der ETF läuft, gegeben. Als solche sind vier zu nennen. Erstens ist die Liquidität der Indexmitglieder von Bedeutung. Eine tiefe Liquidität erschwert die Preisberechnung sowie das Hedging des Index. Ökonomisch gesehen ist eine präzise Abbildung eines illiquiden Index mit einem liquiden ETF über einen längeren Zeitraum nicht möglich. Eine zweite Ursache für eine Renditeabweichung sind verschiedene Währungen und Zeitzonen im Index. Dies erhöht den operativen Aufwand bei der Verwaltung des ETFs. Sind nicht alle Börsen zum gleichen Zeitpunkt offen, ist das Hedging der Market Maker und somit die Indexabbildung schwieriger. Der dritte Einflussfaktor ist die Anzahl Titel innerhalb eines Index. Einige Indizes haben über 500 Mitglieder, was häufig eine volle Replikation erschwert und ein Sampling-Verfahren erfordert. Dadurch wird automatisch ein gewisser Grad an Abweichung des Nettoinventarwerts des ETF zum Index in Kauf genommen. Die vierte Ursache für Renditeabweichungen können plötzlich stark ändernde Korrelationen zwischen Indexmitgliedern sein. In solchen Fällen, wie bei der Subprime-Krise, ist auf statistische Sampling-Verfahren wenig Verlass. ETFs, die weder volle noch synthetische Replikation verfolgen, können in solchen Zeiten signifikante Renditeunterschiede zum Benchmarkindex aufweisen. Interne Ursachen für Renditeabweichungen können unabhängig vom Index gefunden werden. Dazu gehören das Total Expense Ratio, ein möglicher Cashdrag, Wertschriftenleihe oder Quellensteueroptimierungen im Vergleich zur Indexberechnung. Transaktionskosten innerhalb eines ETFs haben ebenfalls einen Einfluss und sind von der Replikationsmethode abhängig. Bei physischen ETFs kann das verwendete Modell (beispielsweise Sampling) oder die Verzögerung bei der Reinvestition der Dividenden zu Renditeabweichungen führen. Bei synthetischen ETFs sind die Bewirtschaftung und die Kosten rund um den Swap zu nennen.

Interpretation des Tracking Errors

Die Interpretation des Tracking Errors – definiert als die Standardabweichung der Renditedifferenz eines ETFs von seinem Benchmarkindex – ist nicht ganz trivial. Bei einem hohen Wert sind hohe Renditedifferenzen zum Index zu erwarten. Bei einem tiefen Tracking Error sind jedoch Abweichungen zum Index nicht zwingend klein. Bei systematischer Underperformance, beispielsweise durch täglich abgezogene Verwaltungsgebühren oder Swapkosten, kann wie erwähnt ein tiefer Tracking Error bei gleichzeitiger Underperformance auftreten. Der Tracking Error alleine ist demnach keine genügend gute Kennzahl für das Tracking eines ETFs. Deshalb lohnt sich eine graphische Betrachtung der ETF- und Indexrenditen.

Tracking Error von ETFs 57

Indexnachbildung	TE klein	TE gross
Gut bzw. genügend		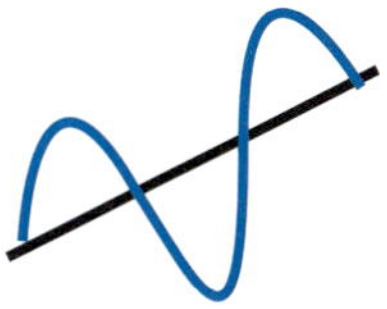
Schlecht	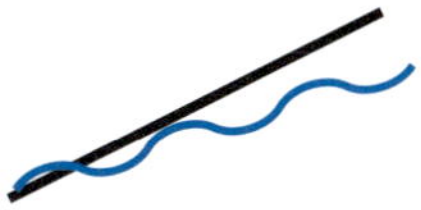	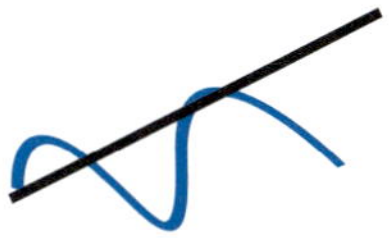

Abbildung 2-15: Preisentwicklung des ETFs im Vergleich zum Index (gerade Linie).

Abbildung 2-15 zeigt, dass bei der Betrachtung des Tracking Errors der „Drift", also die systematische Under- oder Outperformance des ETFs, mitberücksichtigt werden muss. (Dieser Drift ist dann relevant, wenn die Variable $\bar{d}$ in der oberen Formel stark von null abweicht.) Ein kleiner Tracking Error ist demnach nur dann wünschenswert, wenn die Wertentwicklung des ETFs um den Index schwankt. Bei synthetischen ETFs, die keine Zusatzerträge erzielen und die Kosten linear abschreiben, ist ein Muster wie in der Abbildung links unten zu sehen. Bei erster Betrachtung des Factsheets eines solchen Produktes kann ein tiefer Tracking Error über die Qualität des Trackings hinwegtäuschen. Ist der TE hoch, so ist die Indexabbildung bei einem negativen Drift besonders schlecht. Schwankt der ETF jedoch um den Index, kann die Qualität der Indexabbildung als „genügend" eingestuft werden.

Obwohl bei der Interpretation des Tracking Errors auch eine graphische Abbildung der historischen Wertentwicklungen unbedingt zu empfehlen ist, lässt dieses Mass in einigen Fällen auch Aussagen über die Wahrscheinlichkeit von Under- und Outperformance des ETFs gegenüber seinem Index zu. Dabei muss aber angenommen werden, dass kein Drift zum Index besteht ($\bar{d} = 0$). Dies entspricht den oberen zwei Graphiken in Abbildung 2-15.

Sind die Renditen des ETFs und des Index ungefähr normalverteilt und wird der Index nicht systematisch out- oder underperformt (kein Drift), so ist zu erwarten, dass nach einem Jahr ungefähr in zwei von drei Fällen die Abweichung der ETF-Rendite zum Index kleiner ist als der Tracking Error. Der exakte Wert bei genauer Normalverteilung liegt bei 68.27%. Ist der Tracking Error des ETFs beispielsweise 1.05%, ist zu erwarten, dass die Rendite des ETFs in ungefähr zwei von drei Jahren nicht mehr als 1.05% von der Indexrendite abweicht. Entsprechend ist die Renditeabweichung vom Index in einem von drei Fällen grösser als 1.05%. Die Wahrscheinlichkeit, um eine Standardabweichung vom Durchschnitt abzuweichen, wird häufig als „Wahrscheinlichkeit eines Ein-Sigma-Events" bezeichnet. Die Wahrscheinlichkeit eines „Zwei-Sigma-Events" unter der Annahme der Normalverteilung ist nur noch 4.55%, und die eines „Drei-Sigma-Events" 0.27%. Auch im Beispiel in Tabelle 2-9 liegt die Wahrscheinlichkeit, dass die Rendite des ETFs nach einem Jahr mindestens um den zweifachen Wert des Tracking Errors (2.1% = 1.05% × 2) vom Index abweicht, bei 4.55%.

Es ist wichtig zu sehen, dass diese Wahrscheinlichkeiten unter der Annahme der Normalverteilung der ETF- und Indexrenditen berechnet wurden. Diese Annahme ist in „normalen" Zeiten statistisch ziemlich gut zu begründen (zentraler Grenzwertsatz). Während eines Börsencrashs ist diese Annahme jedoch häufig stark verletzt. Sinnvolle Aussagen über die Wahrscheinlichkeiten von bestimmten Ereignissen sind dann kaum möglich. In solchen Zeiten gilt es insbesondere, andere Risikotypen innerhalb des Portfolios zu überwachen. Diese werden im Abschnitt „Risikoüberwachung" in Kapitel 6 beschrieben.

Tracking Error ohne Normalverteilungsannahme

Für Gegner der Normalverteilungsannahme ist die konservativere Interpretation des Tracking Errors zu empfehlen. Diese beruht auf der sogenannten Chebyshev-Ungleichung, welche ohne spezielle Annahmen über die Verteilung von Zufallsvariablen auskommt. Diese vom russischen Mathematiker Pafnuty Lvovich Chebyshev (1821 – 1894) aufgestellte Ungleichung besagt, dass die Wahrscheinlichkeit einer Abweichung von *k* oder mehr Standardabweichungen vom Erwartungswert kleiner gleich $1/k^2$ beträgt. Im Falle des Tracking Errors gilt somit, dass z.B. in maximal einem Viertel aller Fälle die Renditeabweichung des ETFs zum Index grösser als zwei Tracking Errors ausfällt. Gleichbedeutend wird in mindestens 75% der Fälle die Renditeabweichung unter zwei Tracking Errors liegen, im obigen Beispiel also unter 2.1%. Die Chebyshev-Ungleichung ist somit konservativer und gleichzeitig allgemeiner, da sie einem „zwei-Sigma-Event" eine Wahrscheinlichkeitsobergrenze von 25% beimisst. Unter der Normalverteilungsannahme liegt diese Wahrscheinlichkeit bei 4.55%. Obwohl die Chebyshev-Ungleichung den Vorteil hat, ohne Annahmen über Renditeverteilungen auszukommen, kann sie in der Regel als zu pessimistisch betrachtet werden.

Probleme aus der Praxis

Der SPDR S&P 500 (SPY US) ist der älteste und zur Zeit liquideste und grösste ETF. Wie Abbildung 2-16 zeigt, trackt der SPY den S&P 500 (SPX) Index äusserst genau.

Renditen S&P 500 vs. SPDR S&P 500 ETF (Indexierte Werte)

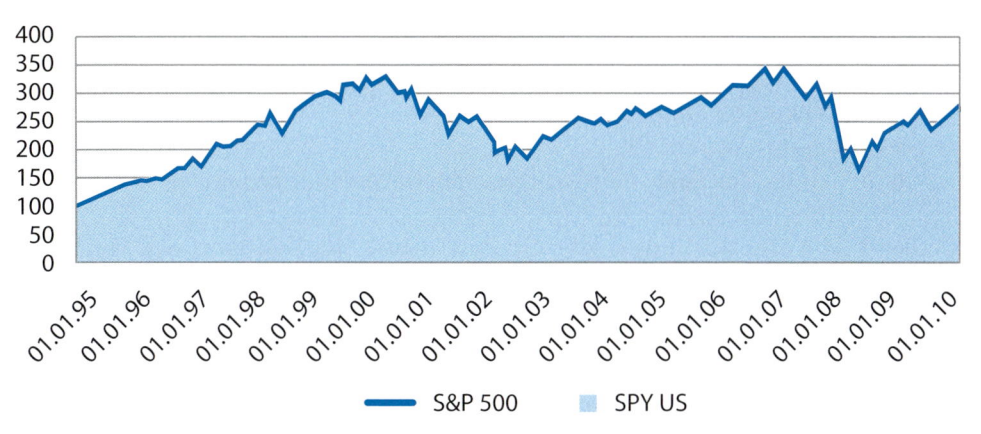

Abbildung 2-16: Wertentwicklung des SPDR S&P 500 ETFs (SPY US) vs. dem S&P 500 (indexierte Werte).

Der Unterschied zwischen den zwei Zeitreihen ist kaum sichtbar. Seit Januar 1995 liegt der kumulierte Renditeunterschied zum SPX bis Ende 2010 bei unter 1%. Diese äusserst kleine Abweichung sowie die Kursverläufe in Abbildung 2-16 suggerieren einen sehr tiefen Tracking Error.

Nimmt man tägliche Renditedifferenzen zwischen den Closing-Preisen des SPY ETFs und des SPX Index als Grundlage für die Berechnung des Tracking Errors und verfährt gemäss der Methode in Tabelle 2-9, so erhält man aber einen Tracking Error von 3.9%! Dieser Wert ist völlig unplausibel, wenn beide Kursverläufe betrachtet werden. Nach 16 Jahren wäre demnach eine kumulierte Renditedifferenz von ca. 16% ($\approx 3.9\% \times \sqrt{16}$) sehr wohl möglich.

Wo liegt also der wahre Tracking Error und was verursacht diese extreme Zahl? Die zweite Frage kann im Gegensatz zur ersten genauer beantwortet werden. Closing-Preise widerspiegeln nur ungenau den Net Asset Value (NAV) des ETFs. Ist der Closing-Preis an einem Abend zu hoch im Vergleich zum NAV, ist am nächsten Tag eine Korrektur zu erwarten. Die Annualisierung des Tracking Errors, wobei die Standardabweichung mit der Wurzel von 250 multipliziert wird, ist in solchen Fällen falsch. Diese Standardmethode zur Annualisierung ist nur dann geeignet, falls eine Zeitreihe einer sogenannten identischen und unabhängigen Verteilung folgt. Die Korrektur von Premiums und Discounts zum NAV verletzen diese Eigenschaft. In diesem Zusammenhang spricht man in der Statistik von (negativer) Autokorrelation. Diese beträgt bei den Renditedifferenzen vom SPY zum SPX –34%.

Bei ETFs, die viel weniger liquide sind, kann es zudem durchaus vorkommen, dass das Instrument z.B. um 14 Uhr zuletzt gehandelt wurde. Da der Index-Closing erst Stunden später erfolgt (in der Schweiz ist dies nach der Börsen-Schlussauktion um 17.30), kann bei grossen Marktbewegungen ein signifikanter Unterschied zum Index-Closing entstehen. Dadurch wird der verzerrende Effekt der Autokorrelation zusätzlich verstärkt.

Um diese Verzerrungen zu korrigieren und dem „wahren" Tracking Error näher zu kommen, sollten

- die NAV-Kurse des ETFs verwendet,
- Ausreisser eliminiert
- und unter Umständen die Renditedifferenz-Methode angewendet werden.

Werden NAV-Kurse genommen, fällt die Problematik von Discounts und Premiums weg. Der neu berechnete Tracking Error des SPY zum SPX liegt jedoch immer noch bei 3.6%. Dieser Wert ist nur marginal tiefer als die ursprünglichen 3.9%.

Wird die Datenreihe im Detail untersucht, so fällt auf, dass einige wenige Ausreisser in den Renditedifferenzen den Tracking Error dominieren. Die grössten Ausreisser betragen dabei unter −6% bzw. über 6%. Da solche Ausreisser wieder in die Gegenrichtung korrigiert werden, beeinflussen sie nur den Tracking Error nicht aber die kumulierte Rendite (deshalb fallen diese Ausreisser bei einer optischen Betrachtung wie in Abbildung 2-16 nicht auf). Solche Ausreisser können auf Datenfehler oder auf ein echtes Mistracking hinweisen. Wird davon ausgegangen, dass es sich bei den Ausreissern um Datenfehler handelt, sollten diese eliminiert werden. Werden im obigen Beispiel von Abbildung 2-16 1% der grössten Abweichungen eliminiert, so beträgt der Tracking Error 0.16%, was bereits einen deutlich realistischeren Wert darstellt.

Will man ein schnelles und intuitives Resultat ohne grösseren Aufwand erhalten, ist eine Praktikermethode für die Schätzung des Tracking Errors gut geeignet. Die Renditedifferenz-Methode macht sich zunutze, dass unter der Normalverteilungsannahme in ca. zwei von drei Jahren Renditen mehr als ein Tracking Error vom Index abweicht. Betrachtet man hingegen einen Zeitintervall von zwei Jahren, gilt, dass in zwei von drei Fällen die Zweijahresrendite kleiner ist als der Tracking Error mal Wurzel zwei. Würde man den annualisierten Tracking Error kennen, so wüsste man auch, dass beispielsweise nach 16 Jahren die Renditedifferenz mit einer Wahrscheinlichkeit von zwei zu drei unter dem Wurzel-16fachen – also vierfachen – Wert des Tracking Errors liegt. Hier kommt etwas Heuristik ins Spiel. Nimmt man an, dass die Renditedifferenz des ETFs zum Index nach der gesamten beobachteten Periode genau der Standardabweichung über diese Periode entspricht, kann daraus der Tracking Error „rückwärts" berechnet werden. Im Beispiel des SPYs beträgt die Renditedifferenz 0.9% nach 16 Jahren. Wäre das genau ein „Ein-Sigma-Event", so beträge der annualisierte Tracking Error 0.23% (=0.9%/√16). Folglich wird hier die kumulierte Renditedifferenz über x Jahren durch die Wurzel von x geteilt. Diese Methode ist recht gut geeignet für das Beispiel SPY vs. SPX, da Autokorrelations-Effekte bei dieser Methode das Resultat nicht verzerren und weil das Ergebnis von Abbildung 2-16 unterstützt wird. Die Resultate der Renditedifferenz-Methode müssen jedoch vorsichtig interpretiert werden. Die Annahme des „Ein-Sigma-Events" kann problematisch werden und die Ergebnisse stark verzerren.

Es lässt sich daher zusammenfassend sagen, dass sich eine graphische Darstellung der Kursverläufe immer lohnt – und dass wenn möglich keine Closing-Preise verwendet werden sollten. Falls der Tracking Error auf Basis von NAV-Kursen zu hoch ausfällt, sollten Ausreisser eliminiert werden oder die aus Praktikersicht wohl eher relevante Renditedifferenz-Methode angewendet werden.

Ex-post vs. ex-ante Tracking Error

Die Unterscheidung zwischen ex-post und ex-ante Tracking Error ist bei Weitem nicht nur aus akademischer Sicht bedeutend. Ob von ex-post oder ex-ante Kennzahlen die Rede ist, kann unter Umständen eine völlig andere Bedeutung haben. Beim ex-post Tracking Error handelt es sich um den vergangenen Tracking Error eines Instruments zu einem Referenzwert – bei einem ETF zu seinem Index. Dazu muss der ETF lange genug existieren, damit aus der vergangenen Zeitreihe statistisch sinnvolle Aussagen gemacht werden können. Wird ein ETF neu lanciert, ist der ex-post Tracking Error noch unbekannt. Um diesen zu schätzen, wird mit quantitativen Methoden, z.B. Kovarianzmatrix Schätzungen, Faktormodellen oder Hauptkomponentenanalysen, der zukünftig erwartete Tracking Error berechnet. Bei komplizierteren ETFs, die beispielsweise nicht auf hoch liquiden Aktienindizes, sondern auf illiquiden Bonds oder sogar Hedge Funds laufen, ist die Kenntnis des ex-post Tracking Errors über eine längere Zeitperiode (falls vorhanden!) wohl relevanter als die entsprechende ex-ante Kennzahl. Der ex-ante Tracking Error kann besonders bei komplizierteren ETFs durch Modellfehler bzw. ungeeignete Modellannahmen beeinflusst werden und dementsprechend falsch sein. Deshalb ist die Kenntnis des ex-post Tracking Errors in solchen Fällen wichtig. Selbst wenn aus vergangenen Tracking Errors nicht genau auf zukünftige Werte geschlossen werden darf, bieten ex-post Kennzahlen eine gewisse empirische Unterstützung. Anders gesagt, es kann sich besonders für nicht professionelle Investoren als zu riskant erweisen als „first-mover" in ein neuartiges Produkt ohne Track-Record zu investieren. Zusätzlich ist zu beachten, dass besonders bei neuen Produkten nicht nur statistische Risiken, sondern auch operative Risiken genau verstanden werden müssen.

Abgrenzung zum absoluten Risiko

Wichtig an dieser Stelle ist die Abgrenzung des relativen Risikos zum absoluten Risiko. Beim absoluten Risiko spricht man von der Gefahr, Geld zu verlieren. Ein ETF auf den SMI vermag den SMI sehr gut zu tracken, d.h. abzubilden (tiefes relatives Risiko), unabhängig davon wird bei einem Börsencrash ein Investor mit diesem Produkt substanzielle Verluste erleiden. Dadurch, dass er im Aktienmarkt investiert hat, hat er ein höheres absolutes Risiko auf sich genommen. Bei ETFs sind somit aus Risikosicht zwei Kennzahlen relevant: das relative Risiko (beispielsweise über den Tracking Error) sowie das absolute Risiko (z.B. Volatilität, Value-at-Risk etc.). Ein absolutes Risiko zu nehmen, indem beispielsweise die Aktiengewichtung zu Lasten von Obligationen erhöht wird, ist grundsätzlich nicht falsch, so lange dadurch ein genügender Renditezuwachs erhofft wird. Die Wahl des absoluten Risikolevels stellt somit einen subjektiven Trade-off dar – die Möglichkeit, mehr Geld zu verdienen, wird mit der Gefahr bezahlt, mehr zu verlieren. Um das Renditepotential und das absolute Risiko möglichst gut abzuwägen, müssen die Wahl und Gewichtung von Anlageklassen (Aktien, Obligationen, Rohstoffe, alternative Anlagen etc.) genau auf die individuellen Bedürfnisse des Investors abgestimmt sein. Dieses Thema wird Kapitel 4 behandelt.

Anders ist die Überlegung hinter dem relativen Risiko von indexierten Produkten wie ETFs. Durch die Inkaufnahme von höherem Tracking Error, d.h. höherem relativem Risiko, ist keine Zusatzrendite zu erwarten. Somit ist – im Gegensatz zum absoluten Risikokonzept – bei ETFs grundsätzlich ein tieferer Tracking Error zu bevorzugen.

Professionelle Anleger, die Kundenvermögen mehrheitlich in ETFs investieren, bevorzugen einen tiefen Tracking Error zu ihrem Benchmark (bzw. zur taktischen Asset Allocation), um eine höhere Risikokontrolle über das Portfolio zu haben. Es ist bereits anspruchsvoll genug, das Risiko zukünftiger Indexrenditen einzuschätzen – und eine zusätzliche Unsicherheit durch einen hohen Tracking Error der Instrumente ist unerwünscht.

Wie liest man ein Factsheet?

Bei der Auswahl und beim Vergleich verschiedener ETFs stösst man früher oder später auf die Factsheets des jeweiligen Anbieters. Die Factsheets sind als Kurzinformation gedacht und stellen die wichtigsten Informationen zum ETF auf ein bis zwei Seiten übersichtlich dar. Die Angaben zur Performance und zur ETF-Zusammensetzung werden normalerweise monatlich, bei einigen Anbietern gar täglich aktualisiert. Aus rechtlichen oder Indexlizenz-Gründen können die Anbieter normalerweise nicht alle Positionen abdrucken, und es erscheinen beispielsweise die 10 grössten Positionen. Bei den Factsheets gibt es jedoch keinen einheitlichen Standard; jeder Anbieter hat ein anderes Layout und verwendet leicht andere Begriffe für ähnliche oder dieselben Dinge. Neben den Factsheets existieren noch weitere Dokumente auf den Internetseiten der ETF-Anbieter. Der sogenannte Prospekt ist das rechtlich relevante Dokument zum ETF. Im Prospekt, welcher normalerweise sehr umfassend und in der „Sprache der Juristen" verfasst ist, muss der Anbieter alle relevanten Angaben zur Struktur und zur Verwaltung des ETFs aufführen. Neben dem Prospekt wurde früher grundsätzlich noch ein vereinfachter (simplified) Prospekt publiziert, welcher als Zusammenfassung anzusehen ist. Dieses Dokument wird in Europa im Rahmen von UCITS IV durch das sogenannte Key Investor Information Document (KID oder KIID abgekürzt) abgelöst, welches in einem standardisierten Format publiziert wird. Je nach Rechtsform und Domizil des ETFs gibt es pro ETF einen Prospekt, oder es wird pro sogenannte Fonds-

Wie liest man ein Factsheet?

Umbrella ein Prospekt ausgestellt. In diesem Prospekt sind dann mehrere ETFs, die sich in der Umbrella befinden, aufgeführt. Dazu muss man wissen, dass ein Anlagefonds als Umbrella aufgesetzt werden kann und die jeweiligen Fonds (ETFs) darunter angehängt werden – so ähnlich wie bei einer Holdinggesellschaft. Die Subfonds gelten jeweils als separates Sondervermögen.

Neben Factsheet und Prospekt gibt es noch die Jahresberichte (Annual Report) und die Halbjahresberichte (Semi-annual Report, Interim Report) zu den ETFs. Darin werden Bilanz (Aktiven und Passiven) und Erfolgsrechnung des Fonds ausgewiesen. Bei Swap-basierten ETFs können beispielsweise Swap-Nennwert, Besicherungen und Zusammensetzung der jeweiligen Baskets (d.h. Angabe der effektiven Wertschriften im ETF) per Stichtag herausgelesen werden.

Die folgende Tabelle fasst die relevanten Begriffe, die in den Factsheets der bedeutenden ETF-Anbieter vorzufinden sind, zusammen.

Feld (englisch)	Bedeutung	Kommentar
Fondsbeschreibung (Description)	Hier wird beschrieben, welchen Index der ETF abbildet und gegebenenfalls, wie er ihn abbildet (voll oder nur teilweise). Normalerweise wird auch hier eine Beschreibung des Index abgedruckt oder es existiert ein separater Abschnitt dazu. Es sollte darauf geachtet werden, ob sich der ETF auf einen Preis- oder Total Return Index bezieht. Dies hilft Überraschungen bei künftigen Performancevergleichen zu vermeiden.	■ Es ist wichtig zu verstehen, worin der ETF investiert und wie er sich in unterschiedlichen Marktphasen verhalten wird. ■ Test: Kann ich dies jemandem verständlich erklären?

Feld (englisch)	Bedeutung	Kommentar
ISIN	Die ISIN (International Securities Identification Number) identifiziert eine Wertschrift (z.B. ETF) eindeutig über einen 12-stelligen Code, welcher normalerweise aus 2 Buchstaben für das Land und 10 Zahlen zusammengesetzt ist. *Wichtig:* Der Code definiert nicht die Börse oder die Währung, sondern „nur" die Wertschrift. Somit kann ein ETF in Deutschland in EUR und in der Schweiz in CHF gelistet sein und dieselbe ISIN haben. *Tipp:* Über die ersten beiden Buchstaben kann eruiert werden, wo der ETF sein Domizil hat: DE = Deutschland, CH =Schweiz, IE = Irland und LU = Luxemburg usw.	■ Gut zur eindeutigen Identifizierung eines ETFs. ■ Es muss aber immer noch auf den Börsenplatz (und ggf. die Handelswährung) geachtet werden.
Valor / WKN	Nationale Kennnummern, um Wertpapiere identifizieren zu können. Die Wertpapiernummer (WKN) stammt aus Deutschland und die Valorennummer (Valor) aus der Schweiz.	
Ticker ■ **Bloomberg** ■ **Reuters**	Die Finanzdatenprovider Bloomberg und Reuters verfügen über ein eigenes Identifikationssystem für Wertschriften.	■ Für den privaten Kunden weniger relevant.
Sektoraufteilung / -gewichtung (Sector Breakdown)	Hier wird die Aufteilung der im ETF enthaltenen Wertschriften nach Sektoren dargestellt. Dies erfolgt normalerweise nach den 10 GICS Sektoren oder den 10 ICB Industrien. Bei Swap-basierten ETFs wird die ökonomische Aufteilung angegeben und nicht, wie der ETF effektiv investiert ist.	■ Für Details zu Sektoren siehe Kapitel über Indizes.

Wie liest man ein Factsheet?

Feld (englisch)	Bedeutung	Kommentar
Länderaufteilung / -gewichtung (Country Breakdown)	Hier wird die Aufteilung der im ETF enthaltenen Wertschriften nach Ländern dargestellt. Bei Swap-basierten ETFs wird die ökonomische Aufteilung angegeben und nicht, wie der ETF physisch investiert ist.	
Lancierungsdatum (Launch Date)	Das Lancierungsdatum gibt an, wann der ETF aufgesetzt wurde.	
OGAW- / UCITS-konform	Europäische Richtlinie für Anlagefonds, insbesondere hinsichtlich zulässiger Anlagen innerhalb eines Fonds. Hauptziel ist der Anlegerschutz. UCITS-Fonds können innerhalb der EU vereinfacht zugelassen werden. (UCITS = Undertakings for Collective Investments in Transferable Securities, OGAW = Organismus für gemeinsame Anlagen in Wertpapieren).	■ Die neuste Richtlinie ist UCITS IV. ■ Manche Strategien können unter UCITS nicht umgesetzt werden. So sind physische Gold-ETFs nicht möglich, weil sie zu wenig diversifiziert sind. ■ Interessanterweise führen manche Anbieter dies nicht auf ihren Factsheets auf.
Auflage / Fondsdomizil (Domicile)	Angabe, in welchem Land (und somit welcher Jurisdiktion) der ETF aufgesetzt ist. Das Domizil kann unterschiedliche Auswirkungen auf die jeweiligen Quellensteuern haben. Bsp.: Irland, Deutschland.	■ Klassische Fondsstandorte in Europa sind Luxemburg und Irland.
Rechtsform (Legal Form)	Bei den Rechtsformen kann unterschieden werden, gemäss welchem Gesetz (Land) der ETF aufgesetzt wurde oder um was für eine „Art" von Anlagefonds es sich handelt. Beispiele für Rechtsformen: ■ SICAV (Société d'Investissement à Capital Variable). ■ FCP (Fonds Commun de Placement). ■ OIC (Open-ended Investment Company). ■ VCC (Variable Capital Company) Bsp.: French FCP.	■ Ob ein ETF beispielsweise als FCP oder als SICAV aufgesetzt wurde, ist normalerweise für den Investor weniger wichtig.

Feld (englisch)	Bedeutung	Kommentar
PEA	PEA = Plan d'Epargne en Actions. Dies ist ein spezieller Status in Frankreich. PEA wurde in Frankreich 1992 eingeführt und mit steuerlichen Vorteilen verbunden, um langfristiges Sparen für anfangs französische und später europäische Aktien zu fördern. Bsp.: Yes / No	▪ Kann man teilweise auf Factsheets von französischen Anbietern finden.
Fondsmanagement / Investment Manager	Gesellschaft, welche den Anlagefonds bewirtschaftet. Bsp.: BlackRock Advisors, SSGA, Credit Suisse AG Zurich.	▪ Oft existiert bei grossen Anbietern innerhalb der Organisation eine weitere Aufteilung.
Investment Advisor	Neben dem Investmentmanager kann auch noch ein sogenannter Advisor bestimmt werden. Bsp.: Credit Suisse AG Zürich.	
Depotbank (Custodian)	Bank, wo die Wertschriften des Anlagefonds hinterlegt sind. Bsp.: BNY Mellon Trust Company.	▪ Ein Anlagefonds darf das Fondsvermögen nicht selber aufbewahren.
Market Maker	Ein Market Maker versorgt den Markt mit Liquidität. Er handelt börslich oder ausserhalb der Börse (OTC).	▪ Oft wird nur der Market Maker angegeben und es ist nicht klar, ob er auch ein Sponsor bzw. AP ist.
Designated Sponsor	Als Market Maker stellen sie eine garantierte Liquidität im Auftrag eines Emittenten (z.B. ETFs) bis zu einem bestimmten Volumen her. Diese sind spezielle Market Maker, obwohl der Begriff oft synonym verwendet wird.	▪ Verpflichteter ETF-Marktet Maker, der „on exchange" fortlaufend Preise stellt.
Authorized Participant (AP)	Falls ein Market Maker neue ETF-Anteile kreieren darf, wird er als AP bezeichnet. Dies muss vertraglich mit dem ETF-Anbieter vereinbart sein.	▪ Nur APs handeln direkt mit dem ETF (Creation/Redemption Prozess).

Feld (englisch)	Bedeutung	Kommentar
Benchmark	Der Benchmark ist der Index, auf welchen sich der ETF bezieht bzw. welchen er nachbildet. Bei physisch replizierenden ETFs ist es interessant zu vergleichen, wie viele Titel der Benchmark umfasst und in wie viele Titel der ETF investiert ist. Bei Swap-basierten ETFs kann dies nicht verglichen werden.	■ Für jeden Anleger ist es zentral, den Benchmark des ETFs zu kennen und zu verstehen. ■ Der Benchmark bildet die Vergleichsbasis für die Wertentwicklung.
Dividenden / Ertragsverwendung	Angabe, ob der ETF Ausschüttungen vornimmt. Alternativ kann ein ETF als thesaurierend bezeichnet werden, wenn er die Ausschüttungen reinvestiert. Bsp.: Ja / Nein; thesaurierend / ausschüttend.	■ Auch bei Obligationen-ETFs kann die Bezeichnung Dividenden verwendet werden, falls der ETF als Aktie betrachtet wird.
Verwaltungsgebühr (Management Fees)	Die Gebühr für die Verwaltung und Bewirtschaftung des ETFs wird in % pro Jahr angegeben. Die anteilsmässige Belastung der Gebühr erfolgt fortlaufend.	■ Diese Kosten stellen Fixkosten dar, d.h. sie fallen immer an.
TER	Das „Total Expense Ratio" gibt die Gesamtkostenquote des ETFs an, d.h. sowohl fixe wie variable Kosten. Der Begriff ist nicht eindeutig: ■ Enthalten sind normalerweise: Verwaltungsgebühr (Management Fee) und weitere Kosten (wie Betriebskosten etc.). ■ Nicht enthalten sind: Transaktionskosten und Abgaben (Steuern).	■ Das TER kann von Jahr zu Jahr leicht variieren. ■ Je nach Land und Anbieter kann das TER leicht anders berechnet werden. ■ Transaktionskosten können zu den grössten Gebührenposten gehören. Diese sind im TER nicht enthalten! ■ Eine tiefe TER bedeutet nicht, dass der ETF keine Kosten hat.
Ausgabeaufschlag / Einstiegsgebühr	Dies sind Gebühren aus dem generellen Fondsgeschäft. Die Zahl gibt an, was beim Kauf zu entrichten ist.	■ Bei ETFs sollte diese immer 0 sein!
Ausstiegsgebühr	Dies sind Gebühren aus dem generellen Fondsgeschäft. Die Zahl gibt an, was beim Verkauf zu entrichten ist.	■ Bei ETFs sollte diese immer 0 sein!

Feld (englisch)	Bedeutung	Kommentar
Anzahl Holdings / Positionen (Number of Components)	Die Zahl gibt Auskunft darüber, wie viele Titel sich im ETF befinden. Diese Zahl wird oft sowohl für den Benchmark als auch den ETF angegeben.	■ Bei physischen ETFs kann diese Zahl von der Anzahl der Indexmitglieder abweichen.
Fondswährung	In dieser Währung wird der ETF geführt. Die Fondswährung kann von der Handelswährung des ETFs abweichen.	■ Der Anleger ist gegenüber der Fondswährung Kursschwankungen ausgesetzt (falls ungehedgter ETF).
Handelswährung	In dieser Währung wird der ETF ge- bzw. verkauft. Die Handelswährung kann von der Fondswährung abweichen. Bsp.: Ein Japan ETF ist in Yen geführt, aber z.B. in EUR an der Börse gehandelt.	■ Eine andere Handelswährung als die Fondswährung stellt keine Währungsabsicherung dar. ■ Bsp.: der Anleger ist Wechselkursschwankungen gegenüber dem Yen ausgesetzt.
NAV	Der „Net Asset Value" (Nettoinventarwert) gibt den inneren Wert des ETFs an, d.h. das Guthaben abzüglich die Verbindlichkeiten. Dem NAV werden alle Kosten belastet.	■ Bei ETFs kann der gehandelte Preis vom NAV abweichen, was als Prämie oder Discount bezeichnet wird.
iNAV	Der „Indicative Net Asset Value" (indikativer Nettoinventarwert) wird während den Handelszeiten berechnet.	■ Der iNAV wird vom Market Maker zur Schätzung des fairen Wertes während eines Tages verwendet.
NAV / Abbildungsverhältnis	Bei Auflage eines ETFs wird der Startpreis oft in ein Verhältnis zum Referenzindex gesetzt. ■ Bsp.: ETF ABC startete bei einem DAX-Stand von 5'000 Punkten und einem Verhältnis von 1/100. Der Startpreis war somit ca. 50 EUR.	■ Das Verhältnis ist nur beim Start intakt. ■ Zwei ETFs, die sich auf denselben Basiswert beziehen, können nicht über den Preis oder dieses Verhältnis verglichen werden.
Fondsvermögen / AuM	Grösse des Fonds in der angegebenen Währung, englisch AuM (Assets under Management).	■ Faustregel: Bei grösseren Fonds sind die Betriebskosten generell tiefer.

Wie liest man ein Factsheet?

Feld (englisch)	Bedeutung	Kommentar
Zulassungen / Vertrieb	Angabe, in welchen Ländern der ETF vertrieben werden darf. Dies muss nicht zwangsläufig mit einer Kotierung einhergehen.	
Kotierungen	Angabe, an welchen Börsen der ETF gelistet ist.	
Historische Entwicklung / Performance	In der Regel grafische und/oder tabellarische Darstellung der vergangenen Performance. Es spricht für sich, dass die Vergangenheit bei Finanzanlagen keine Garantie für die Zukunft ist.	■ Die Performance sollte mit der Benchmark-Performance verglichen werden.
Volatilität	Angabe zur (historischen) Schwankung von beispielsweise Aktienkursen oder Zinsen. Mathematisch: Standardabweichung der Renditen normalerweise über ein Jahr.	■ Absolutes Risikomass ■ Konvention der Annualisierung
Tracking Error	Beschreibt die „Abbildungsqualität" des ETFs in Bezug zum Index. Mathematisch: annualisierte Standardabweichung der Differenzrendite.	■ Relatives Risikomass ■ Konvention der Annualisierung
Top 10 Positionen	In der Regel tabellarische Darstellung der 10 grössten Positionen im ETF. Bei Swap-basierten ETFs wird die ökonomische (Index-) Aufteilung angegeben und nicht wie der ETF investiert ist.	
Aktien (Equity) ETFs		
Dividendenrendite (Dividend Yield)	Angabe zur aktuellen Rendite. Dabei setzt man die Dividende ins Verhältnis zum Kurs der Aktie.	
P/E Ratio	Kurs/Gewinn-Verhältnis (Price/Earnings-Ratio) Der Kurs der Aktie wird durch den Gewinn (Gewinn je Aktie) geteilt.	■ Wird in der Praxis oft verwendet, um zu bestimmen, ob ein Titel teuer oder günstig ist.

Feld (englisch)	Bedeutung	Kommentar
ADR	American Depositary Receipts. Dies sind in den USA handelbare Zertifikate, welche sich auf nichtamerikanische Gesellschaften beziehen. ADRs sind der US-Börsenaufsicht unterstellt.	■ Insbesondere bei Emerging Markets ETFs aus den USA werden oft ADR eingesetzt.
Obligationen (Bond) ETFs		
Laufzeitenverteilung	In der Regel grafische und/oder tabellarische Darstellung der Obligationen nach Laufzeiten.	
Rating (Average Credit Quality)	Angabe zum Rating der Obligation. Auf Stufe ETF ist dies eine gewichtete Durchschnittsangabe der enthaltenen Obligationen.	■ Bekannte Ratingfirmen sind S&P, Moody's und Fitch.
Rendite (Yield)	Diese Angabe ist nicht ganz eindeutig. Es muss abgeklärt werden, ob es sich um die laufende Rendite oder die Rendite auf Verfall (Endfälligkeitsrendite) handelt.	
Laufende Rendite (Current Yield)	Angabe zur aktuellen Verzinsung. Dabei setzt man den Coupon ins Verhältnis zum Kurs der Obligation.	
Effektive Verzinsung / Endfälligkeitsrendite (Yield to Maturity, YTM)	Angabe der Rendite, welche sowohl den aktuellen Kurs, die Restlaufzeit wie auch den Coupon berücksichtigt. Da diese Angaben bekannt sind, löst man eine Gleichung nach der Rendite auf.	
Restlaufzeit (Jahre) / mittlere Restlaufzeit ([Weighted] Average Maturity)	Angabe der Restlaufzeit aller Titel bis Verfall. Die Zahl stellt einen gewichteten Durchschnitt dar, d.h. Titel mit einem hohen Gewicht haben den höchsten Einfluss.	
Durchschnittscoupon (%) (Weighted Average Coupon)	Angabe des durchschnittlichen Coupons aller Titel. Die Zahl stellt einen gewichteten Durchschnitt dar.	

Wie liest man ein Factsheet?

Feld (englisch)	Bedeutung	Kommentar
Duration	Die Duration ist eine Kennzahl, welche die Sensitivität zwischen dem Kurs der Obligation und kleinen Zinssatzänderungen angibt. Diese Angabe ist nicht ganz eindeutig. Es muss abgeklärt werden, um welche Duration es sich handelt. Es kann sich sowohl um die Macaulay wie auch Modifizierte Duration handeln.	■ Der Kurs einer bestehenden Obligation wird durch Zinserhöhungen tiefer und umgekehrt. Hier setzt die Duration an. ■ Das Konzept gilt nur für kleine Veränderungen im Zinssatz.
Macaulay-Duration (Jahre)	Angabe der mittleren Restlaufzeit der Obligation in Jahren. Dabei wird – vereinfacht gesagt – die normale Restlaufzeit um die Zinszahlungen korrigiert. Die Effective Duration ist ein modifiziertes Verfahren, falls die Obligation beispielsweise früher zurückbezahlt werden kann.	■ Eine höhere Duration bedeutet eine höhere Kursänderung der Obligation bei Zinsänderungen.
Modifizierte Duration (%) (Modified Duration)	Angabe, um wie viel Prozent sich der Kurs der Obligation verändert, wenn sich das Zinsniveau um 1% verändert.	■ Diese Zahl ist in der Regel ähnlich wie jene für die Macaulay Duration.
Konvexität (Convexity)	Angabe in Zusammenhang mit der Duration, welche angibt, wie stark sich die Duration bei einer Zinsänderung verändert.	

Feld (englisch)	Bedeutung	Kommentar
Rohstoff (Commodity) ETFs		
Indexbeschreibung	Hier wird beschrieben, welchen Index der ETF abbildet und wie er ihn abbildet. Gerade das „Wie" ist bei Rohstoffanlagen von zentraler Bedeutung, weil die Rohstoffe über Futures abgebildet werden müssen. Dies kann auf den jeweiligen Frontmonat oder rolloptimiert erfolgen (siehe Kapitel über Indizes). Die Aufteilung des Rohstoff-Index ist zentral und sollte sich mit dem Bedürfnis des Anlegers decken, damit später keine „Überraschungen" entstehen.	■ Gerade bei Rohstoffen ist es wichtig die Aufteilung des jeweiligen Index und dessen Nachbildung genau anzuschauen. ■ Ist der Index auf den Frontmonat oder rolloptimiert?
Sektor-Aufteilung / Rohstoffe (Sector Allocation)	Hier wird die Aufteilung auf die verschiedenen Rohstoffsektoren beschrieben bzw. dargestellt, falls es sich um einen breiten Index und nicht um einen einzelnen Rohstoff handelt. Bei Swap-basierten ETFs wird die ökonomische Aufteilung angegeben und nicht wie der ETF investiert ist.	■ Das jeweilige Gewicht in Energie kann als Startpunkt für einen Vergleich dienen.
Rechtsform (Legal Form)	Insbesondere bei Anlagen in Rohstoffen muss abgeklärt werden, ob man in einen ETF oder in ein ETC investiert. Bei ETCs (Exchange Traded Commodities), welche rechtlich eine Schuldverschreibung darstellen, besteht im Gegensatz zu ETFs (Sondervermögen) ein Gegenparteirisiko. Was für Sicherheiten hinterlegt werden, ist zu überprüfen.	■ Rohstoff-ETFs sind unter UCITS nur als Swap-Lösung umsetzbar. ■ Konzentrierte ETFs, wie Gold, sind unter UCITS nicht als ETF möglich.

Tabelle 2-10: Die wichtigsten Begriffe auf einem Factsheet.

ETFs richtig auswählen

Seit der Entstehung des ersten ETFs – dem sogenannten Spider ETF auf den S&P 500 – im Jahr 1993 unterlag der Markt einer rasanten Entwicklung. Heute zählen wir über zweitausend ETFs in den Anlageklassen Aktien, Obligationen, Rohstoffe, Hedge Funds und Währungen. Das Wachstum des ETF-Marktes hat sich von den USA auf Europa verlagert.

Bei diesen Zahlen wird deutlich, dass eine systematische Kategorisierung für eine möglichst gute Auswahl von ETFs unerlässlich ist. Bestimmte Eigenschaften von ETFs sollten vor dem Kauf geklärt werden.

Als erstes muss die Zusammensetzung des Index, auf dem der ETF läuft, bekannt sein. Dieser muss dem Anlageziel entsprechen. Das Anlageziel wird dabei in der Asset Allocation bestimmt, das heisst, bei der Aufteilung der Anlageklassen Aktien, Obligationen, Rohstoffe usw. im Portfolio. Bei der Auswahl des ETFs muss darauf geachtet werden, dass der ETF den in der Anlagestrategie definierten Markt gut abbildet. Die Anzahl der im ETF sowie im Index enthaltenen Titel, die Sektorkonzentration (z.B.: wieviele Prozent im Index sind Finanzwerte?), die Konzentration einzelner Titel im Index müssen bekannt sein. So muss sich ein Anleger, der in den Schweizer Blue-Chip-Index SMI investiert, dessen bewusst sein, dass dieser Index eine sehr hohe Konzentration hat. Von 1'000 investierten Schweizer Franken fallen ca. 700 auf die 5 grössten Schweizer Unternehmen (Nestlé, Novartis, Roche, UBS, Credit Suisse). Die Diversifikation dieses Index ist für einen Aktienindex sehr tief. Wird eine höhere Diversifikation mit einer höheren Gewichtung von mittelgrossen Unternehmen gewünscht, eignen sich ETFs auf den Swiss Leaders Index oder dem Mid-Cap-Index SMIM.

Ein zweites Kriterium bei der Auswahl sind Kosten. Wie im entsprechenden Abschnitt beschrieben, sind bei ETFs nicht nur Management Fees relevant. Vielmehr sollte auf das Total Expense Ratio (TER) geachtet werden, das zusätzliche Kosten wie Depotbankgebühren, Werbekosten, Publikationskosten und sonstige Betriebskosten umfasst. All diese Kosten werden vom Fondsvermögen abgezogen und schmälern so die Rendite. Das TER wird in der Regel im ETF-Factsheet angegeben. Eine weitere Kostenquelle kommt aus dem Handel. Da private Anleger ETFs über Market Maker kaufen, zahlen sie jeweils den höheren Briefkurs beim Kauf und erhalten den tieferen Geldkurs beim Verkauf. Diese sogenannte Handelsspanne kann bei reger Handelsaktivität die Kosten sehr stark erhöhen – wenn nicht gar den Hauptteil ausmachen. Historische Handelsspannen werden von der Schweizer Börse SIX sowie von der XETRA in Frankfurt veröffentlicht.

Drittens ist auf eine möglichst genaue Abbildung des Index zu achten. Dies erfolgt oft über den Tracking Error. Mit dieser Kennzahl wird ausgedrückt, wie stark der ETF um den Index schwankt. Beträgt der Tracking Error des ETFs beispielsweise 0.1%, wird in den meisten Fällen die Rendite des ETFs um weniger als 0.1% von der Indexrendite abweichen. Bei ETFs auf den SMI, den DAX und anderen liquiden Indizes ist ein Tracking Error von 0.1% oder weniger zu erwarten. Bei Obligationen-ETFs hingegen ist von höherem Tracking Error auszugehen. Dies hat mit dem ausserbörslichen bzw. OTC-Charakter des Obligationenmarktes zu tun. Preisnotierungen erfolgen demnach nicht über die Börse, was die Angleichung des ETF-Preises an den Indexstand erschwert. Bei besonders illiquiden Segmenten, wie dem US-amerikanischen High Yield Obligationenmarkt, haben einige ETFs ihren Index alleine im Jahr 2009 mit bis zu 15% verfehlt. Es ist wichtig die Grenzen des Tracking-Error-Konzeptes zu verstehen und diese Kennzahl richtig zu interpretieren (siehe Abschnitt über Tracking Error). Ein optischer Vergleich der Index- mit der ETF-Zeitreihe sollte unbedingt erfolgen.

Viertens muss die rechtliche Struktur berücksichtigt werden. Anleger müssen sich darüber im Klaren sein, ob sie ein ETF, ETC oder ETN kaufen. Die Kreativität in der Finanzbranche wird mit hoher Wahrscheinlichkeit zu weiteren Bezeichnungen führen. Bei ETFs, die wie gewöhnliche Investmentfonds Sondervermögen darstellen, kann aus der synthetischen Replikation sowie aus der Wertschriftenleihe Gegenparteirisiko entstehen. Falls solche Risiken mit Sicherheiten hinterlegt werden, sollte deren Zusammensetzung bekannt sein. Bei ETCs und ETNs sollte umso mehr auf das Vorhandensein und die Art von Sicherheiten geachtet werden, da sie Schuldverschreibungen, welche mit 100% Gegenparteirisiko einhergehen, darstellen. Ein gewisses Mass an Gegenparteirisiko ist nicht allzu problematisch, da dies bei allen Wertschriften besteht.

Fünftens sollte die Replikationsmethode des ETFs bekannt sein. Physisch replizierende ETFs investieren in alle bzw. in eine Auswahl der im Index enthaltenen Werte. Swap-basierte ETFs bilden den Index synthetisch nach. Bei dieser Art von Indexreplikation besteht, wie oben erwähnt, bis zu einem bestimmten Umfang Gegenparteirisiko (siehe Abschnitt über Replikationsmethoden). Dieses ist bei europäisch regulierten ETFs (UCITS) grundsätzlich bei netto 10% begrenzt. Deshalb gilt abzuwägen: physisch replizierende ETFs haben in manchen Fällen einen höheren Tracking Error als Swap-basierte. Auch die Kosten von Swap-basierten ETFs können tiefer liegen als bei physisch replizierenden. Diese Vorteile werden jedoch mit einem gewissen Grad an Gegenparteirisiko bezahlt.

Auch steuerliche Aspekte sind bei der ETF-Auswahl zu beachten. So sollten die ETFs an der Heimbörse gelistet oder lokal zugelassen sein. Dies stellt das Steuerreporting für die Steuerbehörden sicher. Weitere Details dazu und zur Auswahl von ETFs sind im Kapitel 6 erwähnt.

Die Zusammenstellung der wichtigsten Auswahlkriterien für ETFs verdeutlicht, dass der Vergleich auf mehreren Ebenen stattfindet. Einerseits auf Instrumentenebene, wo Vergleiche über Kosten, Tracking Error, Indexzusammensetzung eine Rolle spielen, und andererseits auf Portfolioebene. Hier ist darauf zu achten, dass das Portfolio als Ganzes sinnvoll zusammengestellt ist. Das Ausmass des Gegenparteirisikos gegenüber verschiedenen Emittenten sollte bekannt sein. Auf Stufe Portfolio sollte schliesslich das Rendite/Risiko-Potential nach der Auswahl der ETFs dem Anlageziel entsprechen. Dies verdeutlicht, dass bei einer professionellen Portfoliokonstruktion der Überblick auf Portfoliostufe beibehalten werden muss: Die Auswahl der Instrumente muss im Hinblick auf das resultierende Portfolio erfolgen.

> *Checkliste für Eilige*
>
> 1. Verstehe ich den Index?
>   a. Zusammensetzung (Large Cap vs. Small Cap etc.)
>   b. Gewünschter Index (Preis vs. Total Return)
>   c. Index-Währung vs. ETF-Währung
> 2. Kenne ich den ETF?
>   a. Relevante Kosten?
>   b. Güte der Indexnachbildung? Abweichungen erklärbar?
>   c. Rechtliche Struktur?
>   d. Replikationsmethode?
>   e. Verstehe ich die wichtigsten Merkmale auf dem Factsheet?
> 3. Wie sieht der Portfoliokontext aus?
>   a. Konsistent mit Gesamtstrategie?
>   b. Positionsgrösse?
>   c. Bestehende Positionen?

Anbieter von ETFs

Im Folgenden werden die wichtigsten ETF-Anbieter kurz vorgestellt und einige Besonderheiten je Anbieter hervorgehoben. Da sich vieles in der dynamischen Welt der ETFs verändern kann, wird nicht überall auf Details, wie beispielsweise die Handhabung von Wertschriftenleihe oder die Ausgestaltung des Swap-Mechanismus, eingegangen. Anbieter können vergleichsweise schnell neue Replikationsarten einführen und von einem ursprünglich eingeschlagenen Kurs abweichen. Gerade weil die Erfolgsgeschichte in den USA begonnen hat und eventuell der eine oder andere Anbieter ebenfalls in Europa eine Präsenz aufbauen wird, werden ebenfalls einige Anbieter aus den USA aufgezählt.

Der weltweit grösste Anbieter ist BlackRock mit der ETF-Marke iShares, gefolgt von SSgA mit den SPDRs. BlackRock, SSgA und PowerShares sind auf beiden Kontinenten mit ETFs präsent. Bei den restlichen Anbietern existiert aktuell eine klare Fokussierung auf die USA oder Europa. Bedingt durch den älteren Markt und auch die Grösse des Marktes befinden sich viele Anbieter aus den USA weltweit in den Top 10.

Die 10 grössten ETF-Anbieter per Ende Juni 2011 sind die folgenden:

Stand 30.06.2011	Europa	USA	Weltweit
Grösste Anbieter	1. iShares 2. Lyxor 3. db x-tracker 4. Credit Suisse 5. ZKB 6. UBS 7. Amundi 8. ComStage 9. Source 10. EasyETF	1. iShares 2. State Street Global Advisors 3. Vanguard 4. PowerShares 5. ProShares 6. Van Eck 7. WisdomTree 8. Bank of New York 9. First Trust Advisors 10. Direxion	1. iShares 2. State Street Global Advisors 3. Vanguard 4. Lyxor 5. db x-trackers 6. PowerShares 7. ProShares 8. Van Eck 9. Credit Suisse 10. Nomura
ETF-Volumen (AuM)	321 Mrd. USD	973 Mrd. USD	1'442 Mrd. USD
Anzahl ETFs	1'185	1'039	2'825

Tabelle 2-11: Die 10 grössten ETF-Anbieter (Quelle: BlackRock).

Die Summe der über ETF verwalteten Gelder ist in den USA rund dreimal so hoch wie in Europa. Allerdings ist die Anzahl an ETFs seit Anfang 2010 in Europa höher als in den USA. Trotz der hohen Volumen in ETFs ist der Markt im Vergleich zu den Anlagefonds (noch) verschwindend klein. Zum Vergleich: weltweit existieren knapp 70'000 Anlagefonds mit einem Volumen von über 20'000 Mrd. USD.

BlackRock: iShares

Die ETFs wurden in den USA durch Barclays Global Investors, eine Tochtergesellschaft der britischen Barclays, 1996 unter dem Namen WEBS ins Leben gerufen. 2000 wurden die ETFs in iShares umbenannt und es erfolgte der Markteintritt in Europa. iShares war der einzige Anbieter aus den USA, der richtig international ging. 2007 wurde die deutsche Indexchange von der HypoVereinsbank übernommen, was iShares auch in Europa zum dominierenden Anbieter machte.

Im Jahr 2009 kam es zu einem Zusammenschluss von BlackRock mit Barclays Global Investors (BGI), was BlackRock zum weltweit grössten Vermögensverwalter machte. BlackRock ist ein im Jahr 1988 gegründeter Asset Manager, der seinen Hauptsitz in New York hat. Neben ETFs bietet BlackRock eine breite Palette an Anlageprodukten an. Die ETF-Markte iShares bleibt unter BlackRock weiterhin bestehen. Etwas überraschend kam für viele die Ankündigung im Jahre 2010, dass ebenfalls aktive ETFs aufgelegt werden sollen.

iShares hat in Europa 2 Domizile für ihre ETFs: Irland und Deutschland. Die deutschen ETFs erkennt man am (DE) im Namen und sind (teilweise) noch von Indexchange aufgelegt. Grundsätzlich sind iShares ETFs physisch replizierend, wobei auch

Swap-basierte ETFs angeboten werden. Gegen Ende 2010 führte iShares eine neue Generation von Swap-basierten ETFs ein. Dabei werden mehrere Gegenparteien berücksichtigt und fully-funded Swaps eingesetzt. Zudem werden wichtige Angaben zum Swap sowie Collateral auf dem Internet veröffentlicht. Innerhalb der iShares-ETF findet grundsätzlich Wertschriftenleihe (Securities Lending) statt.

Aufgrund der immensen Grösse von iShares und der grossen Anzahl an ETFs ist es recht schwierig, ein paar wenige hervorzuheben. Wir versuchen es dennoch. Bekannte US-ETFs sind beispielsweise der MSCI EAFE Index Fund (EFA), MSCI Emerging Markets Index Fund (EEM) und der Barclays TIPS Bond Fund (TIP). Zu den bekanntesten europäischen ETFs zählen wohl der iShares Euro STOXX 50 (2 Produkte: Irland [EUN2] und Deutschland [EXW1]), iShares S&P 500 (IUSA) oder der iShares FTSE 100 (ISF). In Europa ist iShares einer der wenigen Anbieter, welcher einen ETF auf US-Unternehmensanleihen (LQDE) offeriert. Im Gegensatz zum US-ETF (LQD), welcher über 600 Unternehmensanleihen im Index umfasst, hat der LQDE aber einen anderen Benchmarkindex mit nur 30 Anleihen.

In den USA laufen die Aktien-ETFs auf MSCI Länder und Regionen, Dow Jones Sector, Russell, FTSE, Morningstar und S&P Indizes. Die Obligationen-ETFs beziehen sich auf Barclays-Indizes und iBoxx für Unternehmensobligationen.

Die ETFs in Europa laufen bei den Aktien-ETFs auf die jeweiligen Länder/Börsen-Indizes, STOXX-Sektoren-Indizes, MSCI Regionen- und Länderindizes. Bei den Obligationen-ETFs auf eb.rexx-, iBoxx- und Barclays-Indizes.

State Street Global Advisors (SSgA): SPDR

SSgA ist einer der weltweit grössten Asset Managers mit Domizil USA und gehört zur State Street Bank, die ihrerseits zur State Street Corporation gehört. Der erste ETF war 1993 der SPDR auf den S&P 500 (Kürzel „SPY") und stellt heute den grössten und liquidesten ETF der Welt dar. Die SPDR-ETFs sind rechtlich oft als UIT und nicht als Mutual Funds aufgesetzt und sind physisch replizierend. In den USA werden die sogenannten SPDR ETFs und SPDR Gold Shares angeboten. Die Bezeichnung „SPDR" (ausgesprochen wie englisch „Spinne", Spider) ist eine eingetragene Marke von S&P und wurde von SSgA lizenziert. In Europa wurden Sektor- und einige Länder-ETFs unter der Bezeichnung streetTRACKS ETFs angeboten. Diese ETFs sind in Frankreich domiziliert und als SICAV aufgesetzt. Später kam eine Plattform in Irland hinzu. SSgA hatte zunächst verschiedene Namen für ihre ETFs in den USA, wie Dow Diamonds oder StreetTRACKS, welche sie im Jahre 2007 alle in SPDRs umbenannte.

StreetTRACKS blieb zunächst in Europa bestehen, wurde 2010 aber auch in SPDR umbenannt.

Die bekanntesten ETFs in den USA sind der „Ur-Spider" SPDR S&P 500 ETF (SPY) und der SPDR Dow Jones Industrial Average ETF (DIA). In Europa war das ETF-Angebot von SSgA weniger bekannt, wird aber auf der irischen Plattform stark ausgebaut werden.

Die US-Aktien-ETFs laufen auf Indizes von DJ, S&P (Markt wie Sektoren), Russell und neuerdings auch vereinzelt auf STOXX. Bei den Obligationen-ETFs verwendet SSgA primär Barclays-Indizes. Die europäischen Aktien-ETFs beziehen sich primär auf MSCI-Indizes.

Vanguard: Vanguard ETFs

Vanguard ist ein Pionier, wenn nicht sogar der Pionier, im Bereich indexierte Anlagen für Privatkunden. Bereits 1976 lancierte der Anbieter aus den USA mit Sitz im Bundesstaat Pennsylvania den ersten Indexfonds, den „Vanguard 500 Index Fund". Neben passiven Produkten bietet Vanguard eine Reihe von aktiven Fonds an. Die ETFs wurden 2001 als weitere Share Class der existierenden Indexfonds von Vanguard lanciert und sind physisch replizierend. Diese Struktur hat Vanguard sogar patentieren lassen. Die ETFs zählen zu den günstigsten überhaupt.
Bekannte US-ETFs sind: Emerging Markets Stock Index (VWO), Total Stock Market Index (VTI). Der VWO ist seit Ende 2010 der grösste Emerging Markets ETF. Vanguard hat zwar in Europa Indexfonds mit Domizil Irland und UK, aber (noch) kein Angebot an ETFs. Es ist zu erwarten, dass die irische Plattform auch für ETFs verwendet werden wird.
Die US-Aktien-ETFs laufen auf FTSE, MSCI und S&P Indizes. Bei den Sektor-ETFs verwendet Vanguard MSCI-Indizes. Bei den US-Obligationen-ETFs kommen die Indizes von Barclays zur Anwendung.

PowerShares / Invesco PowerShares

PowerShares Capital Management wurde 2003 in den USA gegründet und wurde 2006 Teil von Invesco, was zu einer globalen Präsenz führte. Der Asset Manager Invesco hat seinen Hauptsitz in den USA. Die ETFs werden unter der Marke Invesco PowerShares angeboten. PowerShares wurde in den USA oft als innovativster ETF-Anbieter ausgezeichnet. So bietet Invesco seit 2008 auch ein paar aktive ETFs an. In Europa ist das ETF-Angebot zwar eher klein, dabei verfügt Invesco mit dem EQQQ über einen sehr bekannten ETF. In Europa haben die PowerShares-ETFs das Domizil Irland.
Bekannte ETFs auf „traditionelle" Indizes sind in den USA beispielsweise der PowerShares QQQ (QQQ) auf den NASDAQ-100 oder der PowerShares Emerging Markets Sovereign Debt Portfolio (PCY) auf den DB Emerging Market USD Liquid Balanced Index. In Europa zählt sicherlich der PowerShares EQQQ Fund (EQQQ) auf den NASDAQ-100 zu den bekannten ETFs.
Die US-Aktien-ETFs laufen auf verschiedene Arten von Indizes. Einerseits auf einige wenige Standard-Benchmark-Indizes, wie der NASDAQ-100, und andererseits auf Strategie und aktive Indizes. Die ETFs in Europa verwenden hauptsächlich RAFI- und Themen-Indizes als Benchmark.

Lyxor Asset Management: Lyxor ETF

Lyxor Asset Management (LAM) mit Sitz in Paris wurde 1998 gegründet und ist eine Tochtergesellschaft der Société Générale (SG). LAM fokussiert sich primär auf drei Bereiche: Indexierte Anlagen (Indexfonds und ETFs), alternative Anlagen und sogenannte Strukturierte Fonds. SG hat neben LAM noch eine weitere Asset Management-Gesellschaft: die SG Asset Management (SGAM). Mit dem CAC 40, Euro STOXX 50 und DJ wurden 2001 die ersten Lyxor-ETFs lanciert. Damals hiessen die Lyxor ETFs noch „Master Units". Die ETFs von Lyxor sind Swap-basiert mit Gegenpartei SG und normalerweise auf der französischen Plattform als FCPs aufgesetzt. Vereinzelt hat Lyxor aber auch ETFs nach Luxemburger Recht als SICAVs aufgelegt. Der Wertpapierbasket bei den Aktien-ETFs besteht grundsätzlich aus europäischen Blue-Chip-Aktien. Bei Obligationen-ETFs besteht der Wertpapierbasket je nach ETF-Typ aus verschiedenen Arten von Obligationen.

Lyxor ist aktuell (30.06.2011) der grösste europäische ETF-Anbieter und die bekanntesten Aktien-ETFs sind wohl Lyxor Euro STOXX 50 (einer der grössten europäischen ETFs) und Lyxor CAC 40.

Bei den Aktien-ETFs verwendet Lyxor hauptsächlich MSCI, STOXX und Länder-/Börsen-Indizes. Für die Sektoren werden STOXX-Indizes verwendet. Staatsobligationen-ETFs laufen auf EuroMTS und Unternehmensanleihen-ETFs auf iBoxx.

Deutsche Bank: db x-trackers

2007 betrat die Deutsche Bank (DB) den ETF-Markt mit den db x-trackers und ist innerhalb kurzer Zeit zum zweitgrössten europäischen ETF-Anbieter gewachsen. Der Markteintritt erfolgte mit 8 ETFs: DAX, SMI, MIB, Euro STOXX, MSCI USA, MSCI Japan, MSCI Europe und MSCI World. Die ETFs der Deutschen Bank sind innerhalb der Corporate and Investment Bank angesiedelt und nicht im Asset Management. Zum Asset Management der Deutschen Bank gehört hingegen der bekannte Anlagefondsanbieter DWS. Die Plattform der db x-trackers befindet sich in Luxemburg. Die ETFs sind Swap-basiert, wobei sowohl Total Return Swaps mit Trägerportfolio als auch besicherte fully-funded Swaps zum Einsatz kommen. Die Swap-Gegenpartei ist jeweils die Deutsche Bank. Ende 2010 wurden zudem ein paar physische ETFs angekündigt. Die bekanntesten ETFs sind wohl jene auf: EONIA, Emerging Markets, Euro STOXX 50 und DAX. Zudem kam 2009 ein ETF auf den eigenen Hedge Fund Index hinzu. Die DB hat als erster Anbieter einen ETF mit 0% TER lanciert (Euro STOXX 50). Dies bedeutet jedoch nicht, dass keine Kosten anfallen, da im TER die Transaktionskosten und die Swapkosten nicht enthalten sind.

Die Aktien-ETFs sind auf MSCI, auf die jeweiligen Länder/Börsen und teilweise auf FTSE-, S&P- oder Russell-Indizes. Bei den Sektoren werden die STOXX-Indizes verwendet. Die Obligationen-ETFs beziehen sich primär auf iBoxx und auf eigene Indizes. Die Deutsche Bank hat im Jahre 2010 eine neue Plattform für börsengehandelte

Rohstoffe (ETC, Exchange Traded Commodities) gestartet. Die Produkte werden unter dem Namen „db ETC". Die ETC werden über eine Plattform in Jersey emittiert.

Credit Suisse: CS ETF

Die Credit Suisse ist einer der Pioniere des passiven Investierens in der Schweiz und legte bereits 1994 die ersten passiv verwalteten Fonds auf. Der erste ETF der Schweizer Grossbank wurde 2001 als Anlagefonds nach Schweizer Recht auf den SMI lanciert und war einer der ersten ETFs in Europa. Innerhalb der Credit Suisse AG werden die ETFs durch das Asset Management verwaltet. Ursprünglich hiessen die ETFs XMTCH und wurden 2010 durch „CS ETF" abgelöst. Bis 2010 lancierte die CS ausschliesslich physisch replizierende ETFs auf 3 Plattformen: Schweiz, Luxemburg und Irland. Ab 2010 kamen auch Swap-basierte ETFs dazu, welche mit der CS Investment Bank abgewickelt werden. Betreffend Transparenz gehörte die CS zu den ersten Anbietern, die Details zu Swap-basierten ETFs auf dem Internet veröffentlichten. Die Schweizer Plattform ist insbesondere für ETFs mit konzentrierten Portfolios interessant, beispielsweise für physisch hinterlegte Gold-ETFs. Dies könnte in Irland oder Luxemburg, also unter UCITS, nicht als ETF (Sondervermögen) umgesetzt werden.
Die bekanntesten ETFs sind wohl jene auf: SMI, SMIM und auf Schweizer Staatsobligationen. Der ETF auf den SMI ist der grösste ETF der CS und einer der liquidesten an der Schweizer Börse und in Europa. Mit Bezug zum SMIM Index und Schweizer Staatsobligationen war die CS lange Zeit der einzige Anbieter. Bei den Aktien-ETFs verwendet die CS primär MSCI und die jeweiligen Länder / Börsen-Indizes und auf der Obligationenseite Schweizer (SBI) und iBoxx-Indizes.

Zürcher Kantonalbank

Die Zürcher Kantonalbank (ZKB) legte 2006 ihren ersten ETF, einen physisch hinterlegten Gold-ETF, nach Schweizer Recht (Kategorie „Übrige Fonds für traditionelle Anlagen") auf. Bis 2010 hat sich die grösste Schweizer Kantonalbank auf wenige Edelmetall-ETFs beschränkt, aber nicht ohne Erfolg. Gerade der Gold-ETF hat enorme Zuflüsse verzeichnet, was die ZKB in die Top 5 der europäischen Anbieter katapultierte. Unter UCITS sind diese ETFs als Anlagefonds jedoch nicht umsetzbar, weil sie zu wenig diversifiziert sind. Deshalb werden die ETFs der ZKB in Übersichten oft als ETPs klassifiziert. Für Nicht-Schweizer Anleger stellen die ETFs oft ein Problem dar, weil sie nicht als gleichwertig zu UCITS – sprich als diversifizierter Anlagefonds – anerkannt werden oder weil deren Erwerb ungünstige Steuerfolgen hat. Gegen Ende 2010 gab die ZKB bekannt, das Indexgeschäft stark auszubauen. Als Bank mit Staatsgarantie ist sie für jede Art von Replikation ein interessanter Provider.

UBS ETF

Die ETFs der Schweizer Grossbank UBS wurden 2001, zunächst unter dem Namen Fresco, eingeführt. Später wurde der Name in UBS ETF geändert. Die ETFs werden durch das UBS Global Asset Management verwaltet und waren alle bis 2010 physisch replizierend. Mitte 2010 wurde mit Swap-basierten ETFs begonnen, wobei der Swap über die UBS Investment Bank abgewickelt wird. Die UBS hat drei Plattformen für die Lancierung ihrer ETFs: Luxemburg, Irland und die Schweiz. Ab 2009 hat die UBS eine zweite Shareklasse bei einigen ETFs eingeführt, die sogenannte I-Klasse. Diese Anteilsklasse richtet sich an den Bedürfnissen institutioneller Investoren und vermögender Privatkunden aus. Bei der I-Klasse sind die Verwaltungsgebühren tiefer, jedoch weisen die Anteile eine in der Regel 1'000-fach grössere Stückelung auf und ein Grossteil wird im Freiverkehr (OTC) gehandelt.
Obwohl die UBS schon relativ lange auf dem europäischen ETF-Markt präsent ist, war sie bis Ende 2009 nicht sehr aktiv. Mit der Lancierung des Immobilien-ETFs auf den Schweizer „SXI Real Estate Index" konnte sie Ende 2009 eine Lücke im Angebot schliessen. 2010 brachte UBS als zweiter Anbieter einen ETF auf den SMIM, auf Schweizer Staatsanleihen und als erster einen auf den Hedge-Fund-Index HFRX auf den Markt. Bei den Aktien-ETFs verwendet die UBS primär Indizes von MSCI und der SIX. Die bekanntesten ETFs sind wohl jene auf: SMI und Euro STOXX.
Die UBS hat 2010 sogenannte ETTs (Exchange Traded Trackers) lanciert, welche auf Total oder Net Total Return Indizes basieren und gemäss eigenen Angaben keine Verwaltungsgebühr aufweisen. Die Gebühren werden aber jährlich überprüft. ETTs sind Partizipationszertifikate (also keine ETFs!) und beinhalten das Emittentenrisiko. Die ETTs werden über die UBS London oder Zürich emittiert.

Amundi

Am 1. Januar 2010 wurde die französische Asset-Management-Gesellschaft Amundi durch eine Partnerschaft von Société Générale Asset Management (SGAM) und Crédit Agricole Structured Asset Management (CASAM) gegründet. Dabei hält SGAM 25% und CASAM 75% an Amundi. Die ETFs werden über die Geschäftssparte Amundi ETF lanciert. CASAM ist eine Tochter der Crédit-Agricole-Gruppe, welche bereits 2001 die ersten ETFs lancierte. Aus den bestehenden CASAM-ETFs wurden die Amundi-ETFs. Gemäss eigenen Angaben ist Amundi in Bezug auf die verwalteten Vermögen (aktiv und passiv) die Nummer eins in Frankreich, die Nummer drei in Europa und weltweit die Nummer acht. Die ETFs von Amundi sind überwiegend Swap-basiert und verwenden eine französische und eine irische Plattform. Bei den Swaps kommen zurzeit zwei Gegenparteien in Frage: Crédit Agricole und Société Générale. Der Wertpapierbasket aller Aktien-ETFs ist derzeit in europäische Aktien investiert. Amundi hat sich zum Ziel gesetzt, möglichst günstige Verwaltungsgebühren anzubieten. Die ETFs bilden grundsätzlich Total Return Indizes ab.

Obwohl Amundi spät in den europäischen Markt eintrat, konnten einige Lücken im ETF-Angebot gefüllt werden. So hat Amundi beispielsweise ETFs auf folgende Indizes lanciert: MSCI World ex EMU, MSCI World ex Europe, MSCI Nordic, MSCI World Financials, MSCI World Energy, EuroMTS Short Government.
Die Aktien-ETFs laufen auf MSCI und auf die jeweiligen Länder-/Börsen-Indizes, die Sektoren ebenfalls auf MSCI-Indizes. Bei den Obligationen-ETFs werden EuroMTS und iBoxx Indizes verwendet.

Commerzbank: ComStage

Die ComStage-ETFs werden durch die Commerzbank-Tochter „Commerz Funds Solutions S.A." herausgegeben. Die Verwaltungsgesellschaft von ComStage ETF hat ihren Sitz in Luxemburg und wurde Mitte 2008 gegründet. Die ersten 27 ETFs unter der Marke ComStage wurden 2008 am selben Tag lanciert. Die ETFs von ComStage sind Swap-basiert und verwenden die Plattform in Luxemburg (SICAV).
ComStage hat innerhalb kurzer Zeit ein sehr breites Angebot an ETFs auf Standardindizes lanciert. Die ComStage Aktien-ETFs laufen auf MSCI und die jeweiligen Länder/Börsen Indizes, die Sektoren auf STOXX Indizes. Bei den Obligationen-ETFs kommen die Indizes von iBoxx zur Anwendung. Grundsätzlich sind alle ETFs von ComStage auf Total-Return-Indizes ausgelegt. Im Rohstoffbereich haben sie einen ETF auf den eigenen Commerzbank Commodity EW Index lanciert, in welchem die berücksichtigten Rohstoffe gleichgewichtet sind. Neben den ComStage-ETFs bietet die Commerzbank, als Abrundung des Geschäftsmodells, schon seit langen Jahren sowohl das Market Making für ETFs aller namhaften Anbieter als auch die Dienstleistung des unabhängigen ETF Sales Tradings an.

Source

Der englische Anbieter Source hatte seinen Markteintritt 2009 mit insgesamt 13 ETFs und 22 ETCs. Als Asset Manager kommt Assenagon Asset Management in Luxemburg zum Einsatz. Gegründet wurde Source 2008 als private Firma durch Goldman Sachs und Morgan Stanley, wobei kurz darauf Bank of America Merrill Lynch dazukam. Im Februar 2010 wurden JP Morgan und Nomura ebenfalls Aktionäre von Source.
Bei den ETFs von Source kommt die Swap-basierte Replikation zum Einsatz, wobei die Swaps mit mehreren Gegenparteien abgewickelt werden. Somit ist der ETF-Provider Source weniger abhängig von einer einzigen Swap-Gegenpartei. Pro Gegenpartei wird ein maximales Gewicht pro ETF zugelassen. Gemäss eigenen Aussagen kann im Falle eines Ausfalles einer Swap-Gegenpartei der Swap schnell mit einer anderen Gegenpartei aufgesetzt werden.
Source hat hauptsächlich ETFs mit Domizil Irland und vereinzelt (z.B. DAX) mit Domizil Deutschland. In Zusammenarbeit mit STOXX hat Source optimierte Sektorin-

dizes (Optimized Supersector Indizes) lanciert. Damit soll u.a. die Handelbarkeit der Produkte (inkl. Leerverkäufe) drastisch erhöht werden.

Source war gemäss eigenen Angaben der erste Anbieter, welcher europäischen Investoren im Rahmen von UCITS-konformen ETFs ein Engagement in US-Aktiensektoren (analog zu den amerikanischen S&P Select Sector SPDRs) ermöglichte.

Grundsätzlich sind alle ETFs von Source auf Total-Return-Indizes ausgelegt. Die Aktien-ETFs laufen auf ausgewählten MSCI, STOXX und auf jeweilige Länder/Börsen Indizes, die Aktien-Sektoren für Europa auf (optimierten) STOXX und für USA auf S&P Indizes. Source bietet als erster Anbieter einen ETF auf den Volatilitätsindex VIX an. Zudem ist ein ETF auf einen HF-Replikator Index im Programm, welcher den HFRI Index nachbilden soll. Anfangs hatte Source keine Obligationen-ETFs aufgelegt. Ende 2010 kündigte Source eine Zusammenarbeit mit PIMCO im Bereich von (physischen) Obligationen ETFs für den europäischen Markt an. PIMCO ist einer der weltweit grössten (aktiven) Verwalter von Obligationen und hat in den USA bereits einige Obligationen ETFs lanciert.

Neben ETFs hat Source auch ETCs, welche über die Source Commodity Markets plc in Irland emittiert werden. Erscheint im Namen ein T-ETC, dann ist das Produkt mit US-Schatzanweisungen (Treasury Bills) und „Cash" gesichert. Beim Gold P-ETC liegen die Sicherheiten in Form von Goldbarren vor.

BNP Paribas: EasyETF

EasyETF sind die ETFs der französischen Bank BNP Paribas und wurden 2001 durch die AXA Investment Managers lanciert, welche sich aber 2009 zurückzogen. Seit 2005 bestand eine Partnerschaft zwischen BNP und AXA. Innerhalb BNP werden die ETFs durch eine Partnerschaft zwischen BNP Paribas Asset Management und BNP Paribas Corporate Investment & Banking verwaltet. EasyETF hat sowohl physische als auch Swap-basierte ETFs im Angebot.

EasyETFs verfügen über eine Luxemburger und eine französische Plattform. EasyETF hat in der Vergangenheit immer wieder ETFs hervorgebracht, welche eine Lücke im Angebot schlossen, wie beispielsweise den ersten ETF auf gelistete Immobilienaktien in Europa, ETFs auf Sektoren in der Eurozone oder einen Scharia-ETF. Die Aktien-ETFs sind hauptsächlich auf STOXX und auf jeweilige Länder-/Börsen-Indizes, die Sektoren auf STOXX. Die Obligationen-ETFs laufen auf iBoxx.

ETFlab

ETFlab Investment GmbH ist eine Tochtergesellschaft der DekaBank und hat ihren ersten ETF im Jahre 2008 lanciert. Der „junge" Anbieter aus Deutschland wurde von Gründungsmitgliedern der Indexchange aufgesetzt. Gestartet wurde mit ETFs auf den DAX, Euro STOXX 50 und 3 Style ETFs. Die DekaBank ist der zentrale Asset Manager der Sparkassen in Deutschland und blickt auf eine lange Geschichte zurück. Zudem fungiert die DekaBank zusammen mit der Commerzbank als Designated Sponsor bei den ETFs von ETFlab. Gemäss eigenen Angaben orientiert sich ETFlab bei der Ausgestaltung der ETFs primär an den Bedürfnissen inländischer Anleger (es wird mit „ETFs Made in Germany" geworben) und fokussiert sich auf die physische Replikation. Dabei wird eine vollständige Replikation mit allen Wertpapieren der Indizes umgesetzt. Nur in Ausnahmefällen (wie Emerging Market ETF) kommt die synthetische Replikation zur Anwendung. In diesen Fällen wird das Ausfallrisiko des Swapkontrahenten besichert. Alle ETFs von ETFlab sind zur Zeit Anlagefonds nach deutschem Recht. Bei ETFlab ist interessant, dass sich ein neuer Anbieter in Europa auf physische ETFs und eine vollumfängliche Abbildung der Indizes fokussiert.

Die Aktien-ETFs sind hauptsächlich auf MSCI und jeweilige Länder-/Börsen-Indizes. Die Obligationen-ETFs laufen auf iBoxx und auf Deutsche Börse (EUROGOV) Indizes.

ETFS

ETF Securities (ETFS) ist ein englischer ETP-Anbieter, welcher in Privatbesitz ist und primär ETCs (Exchange Traded Commodity) anbietet. ETFS lancierte im Jahre 2003 den ersten ETC auf Gold und 2005 kam ein ETC auf Öl hinzu. Zudem lancierte ETFS die erste ETC-Plattform und hat mittlerweile ein sehr grosses Angebot an ETCs, welche teilweise physisch hinterlegt sind. Die ETCs werden über verschiedene Firmen auf Jersey emittiert, mit Namen wie „ETFS Foreign Exchange Limited" oder „ETFS Metal Securities Limited".

Ende 2008 geriet ETF Securities mit ihren ETCs, welche Swaps mit der Gegenpartei AIG enthielten, in die Schlagzeilen. Ihre ETCs handelten zu dieser Zeit mit signifikantem Abschlag und widerspiegelten das hohe Ausfallrisiko des US-amerikanischen Versicherungskonzerns. Anfang 2009 wurde diese Gegenpartei gegen die UBS ausgetauscht und 2011 mit der Bank of America Merrill Lynch ergänzt. Als zusätzliche Reaktion auf den AIG Vorfall besicherte ETFS alle ETCs des betroffenen Special Purpose Vehicles (Commodity Securities Limited).

Bei den ETFs bezeichnet sich ETFS als „Anbieter der 3. Generation". Die ETFs von ETFS werden als „ETFX" bezeichnet und stammen von der irischen Plattform. Bei den ETFs kommt die Swap-Replikation zum Einsatz und ETFS verwendet mehrere Gegenparteien für das Swap-Geschäft. ETFS weist insbesondere ein Angebot an thematischen, short und leveraged ETFs auf.

Bei den Aktien-ETFs verwendet ETFS Indizes von Russell, DAXglobal (Themen) und STOXX (Sektoren). Die short und leveraged ETFs beziehen sich auf Länder-/Börsen-Indizes. Es sind aktuell keine ETFs auf Obligationen-Indizes im Angebot.

HSBC

HSBC (Hongkong and Shanghai Banking Corporation) betrat Ende 2009 den ETF-Markt. Die Muttergesellschaft HSBC Holdings plc ist ein globaler Anbieter von Finanzdienstleistungen und gehört zu den weltweit grössten Banken überhaupt. Der Hauptsitz ist in London.
HSBC startete mit ETFs auf den FTSE 100 und den EuroSTOXX 50. Ende 2010 waren rund 10 Aktien ETFs im Angebot, wobei grundsätzlich die physische Replikation zur Anwendung kommt. Bedingt durch die starke lokale Präsenz von HSCB in aufstrebenden Ländern sollen vermehrt Aktien-ETFs auf Emerging-Market-Indizes lanciert werden. Die ETF-Plattform befindet sich in Irland. Aktuell bietet HSBC keine Obligationen-ETFs an.

ETF-Familien im Überblick

Die folgende Tabelle zeigt zusammenfassend die wichtigsten ETF-Marken mit Angaben zur jeweiligen Muttergesellschaft, zu den Plattformen und zur Art der Replikation:

Familie / Marke	Muttergesellschaft	Plattform(en) / Domizil	Replikation[1]
iShares	BlackRock Inc	USA, Irland, Deutschland	Physisch (mit Wertschriftenleihe); in Europa vereinzelt Swap (fully-funded, mehrere Gegenparteien).
SPDR	State Street Corp	USA, Frankreich, Irland	Physisch (mit Wertschriftenleihe)
Vanguard	Vanguard Group	USA, (Irland)	Physisch (mit Wertschriftenleihe)
Invesco PowerShares	Invesco Ltd	USA, Irland	Physisch (mit Wertschriftenleihe); in Europa Swap möglich.
Lyxor	Société Générale	Frankreich, vereinzelt Luxemburg	Swap (un-funded), physisch möglich.
db x-trackers	Deutsche Bank AG	Luxemburg	Swap (fully-funded und un-funded), teilweise physisch.
CS ETF	Credit Suisse Group AG	Irland, Luxemburg, Schweiz	Physisch (mit Wertschriftenleihe, keine Leihe auf der irischen Pattform) und Swap (un-funded).
ZKB	Zürcher Kantonalbank	Schweiz	Physisch

Familie / Marke	Muttergesellschaft	Plattform(en) / Domizil	Replikation[1]
ComStage	Commerzbank AG	Luxemburg	Swap (un-funded, teilweise mit Wertschriftenleihe), teilweise physisch.
ETFlab	ETFlab Investment GmbH	Deutschland	Physisch (mit Wertschriftenleihe), einige Swap.
EasyETF	BNP Paribas	Luxemburg, Frankreich	Physisch (mit Wertschriftenleihe) und Swap (un-funded).
Amundi	SGAM und CASAM	Frankreich, vereinzelt Irland	Swap (un-funded), einige physisch.
UBS ETF	UBS AG	Luxemburg, Irland, Schweiz	Physisch (mit Wertschriftenleihe) und Swap (fully-funded und un-funded).
Source	Source Markets PLC	Irland, vereinzelt Deutschland	Swap (un-funded, mehrere Gegenparteien), teilweise physisch.
ETFX	ETF Securities Ltd	Irland	Swap (un-funded und fully-funded).
HSBC	HSBC Holdings PLC	Irland	Physisch (mit Wertschriftenleihe), Swap möglich.

[1] In Anlehnung an Morningstar (2011). Angaben zur Wertschriftenleihe beziehen sich auf die Leihe im ETF. Änderungen sind jederzeit möglich (Stand Mitte 2011).

Tabelle 2-12: Wichtigste ETF-Familien im Überblick.

Weitere ETF-Anbieter

- *Van Eck*
  Van Eck ist ein 1955 gegründeter Amerikanischer Asset Manager, welcher seit 2006 ETFs unter dem Namen „Market Vectors" anbietet. Das Angebot ist vor allem auf „Hard Assets" (z.B. Gold-Aktien) und internationale Aktien-ETFs (z.B. Ägypten) fokussiert. Kein Angebot in Europa.

- *Bank of New York Mellon*
  Die Bank of New York Mellon (BoNY) ist einer der grössten Dienstleister für ETFs (z.B. als Depotbank/Custody). Ursprünglich hatte BoNY mehrere eigene ETFs, zog sich dann aber als Anbieter sukzessive zurück. BoNY hat einen einzigen, dafür aber recht grossen ETF auf den S&P 400 Mid Cap im Angebot. Aufgrund von dessen Grösse erscheint BoNY in den Top 10 der USA. Kein Angebot in Europa.

- *WisdomTree*
  Die ETFs von WisdomTree kamen 2006 auf den Markt. Das Angebot umfasst insbesondere ETFs, welche nach fundamentalen Faktoren (beispielsweise Dividenden) und nicht nach Marktkapitalisierung gewichtet sind. Dabei bietet WisdomTree noch eigene Indizes an, die für die ETFs verwendet werden. Kein Angebot in Europa.

- *ProShares*
  Amerikanischer ETF-Anbieter, der gemäss eigenen Angaben das grösste Angebot an gehebelten (leveraged) und inversen (short) ETFs hat. Kein Angebot in Europa.

- *Direxion*
  Amerikanischer ETF-Anbieter, der sich auf gehebelte (leveraged) und inverse (short) ETFs spezialisiert hat. Kein Angebot in Europa.

- *Guggenheim (ex Rydex)*
  Amerikanischer ETF-Anbieter, der ETFs auf gleichgewichtete Indizes und Stil-Indizes anbietet. Daneben hält Guggenheim ein Angebot an gehebelten und inversen ETFs. Kein Angebot in Europa.

- *Nomura*
  2001 lancierte die japanische Nomura Asset Management ihre ersten beiden ETFs auf den Nikkei 225 und den TOPIX. Kein Angebot in Europa.

Unterschiedliche Anbieterlandschaften

Aufgrund unterschiedlicher Regulierungen sieht die Landschaft der Anbieter in Europa und den USA verschieden aus. Dominieren in Europa die Marken der Grossbanken und deren Tochtergesellschaften, so sind es in den USA die Marken der grossen Fonds bzw. ETF-Häuser, sprich „Asset Managers". In den USA wird strikter zwischen Asset Managern (sie verwalten ETFs) und Banken/Brokern (sie handeln und vertreiben ETFs) unterschieden. In Europa bieten sowohl Asset Manager wie auch Banken ETFs an.

ETFs in Europa

Der ETF-Markt ist in Europa im Vergleich zu den USA viel stärker fragmentiert. Das generelle ETF-Handelsvolumen wird durch institutionelle Investoren dominiert und der Handel findet hauptsächlich OTC statt. Interessanterweise muss der OTC-Handel von ETFs unter der europäischen Richtlinie MiFID (noch) nicht rapportiert werden. Im Gegensatz zu den USA, wo es 3 Hauptbörsen gibt (NYSE, ARCA und NASDAQ), existieren in Europa rund 20 Börsenplätze. Dies führt bei mehreren Kotierungen je ETF automatisch zu einer Aufteilung der Handelsvolumina. Zudem können in Europa schon lange mehrere ETFs auf ein und denselben Index angeboten werden. So hat beispielsweise der Indexanbieter STOXX den Euro STOXX 50 Index an verschiedene Provider lizenziert mit dem Resultat, dass beinahe jeder europäische ETF-Anbieter einen ETF auf diesen Index im Angebot hat.
Bedingt durch verschiedene Steuersysteme und regulatorische Anforderungen, können die ETFs – trotz UCITS – bis jetzt nicht ohne zusätzlichen Aufwand (wie beispielsweise länderspezifische Steuerreportings) in ganz Europa vertrieben werden. Kleinere ETF-Anbieter scheuen manchmal diese Auflagen und begnügen sich mit einer Zulassung in einigen wenigen Ländern.
In Europa werden ETFs sowohl von Asset Managern bzw. Fondgesellschaften als auch von Universalbanken angeboten. Bei Universalbanken kann das Investmentbanking (beispielsweise bei der Deutschen Bank) oder das Asset Management (beispielsweise historisch bei der Credit Suisse) „federführend" sein. Praktisch alle grossen europäischen Anbieter verwenden auch den synthetischen Ansatz, welcher in Europa in den letzten Jahren ein grosses Wachstum hatte. Mittlerweile werden an der umsatzstärksten Börse in Europa, der XETRA in Deutschland, mehr synthetische als physische ETFs gehandelt. Bei den Swap-basierten ETFs besteht der Swap oft zwischen dem ETF-Provider und einer anderen Einheit desselben Finanzkonzernes. Somit sind Primärmarkttransaktionen oft nur unter Einbeziehung des Swap-Providers möglich. Offene Plattformen wie bei Source oder iShares sind in diesem Bereich noch selten anzutreffen.
In Europa werden ETFs als Anlagefonds unter der jeweiligen Gesetzgebung aufgesetzt. Dabei gilt UCITS (Undertakings for Collective Investment in Transferable Securities) als Mindeststandard für den paneuropäischen Vertrieb von Anlagefonds. UCITS ist die europäische Richtlinie für offene Anlagefonds, welche insbesondere zulässige Anlagen und Techniken innerhalb von Fonds europaweit definiert. Es wird auch genau festgeschrieben, wie gross einzelne Positionen im Fonds maximal sein dürfen und wie diversifiziert die Titel mindestens sein müssen, damit möglichst keine Klumpenrisiken entstehen.
Hauptziele von UCITS sind der Anlegerschutz und ein vereinfachter Vertrieb innerhalb von Europa. UCITS stellt aber lediglich einen einheitlichen Mindeststandard innerhalb der EU dar, was die gegenseitige Anerkennung und den (vereinfachten) Vertrieb von Anlagefonds betrifft. Jedes Land kann zudem für in ihrem Land domizilierte UCITS-Fonds strengere Vorschriften erlassen als in der Richtlinie vorgesehen. Jedes

EU-Mitgliedsland darf auch lokal kollektive Kapitalanlagen zulassen, welche nicht mit den UCITS-Richtlinien übereinstimmen.

Werden die UCITS-Richtlinien eingehalten, ist ein Anlagefonds UCITS konform. UCITS konform können aber nur Anlagefonds aus der EU sein. Hält beispielsweise ein Schweizer oder US-ETF die Richtlinien ein, ist er trotzdem nicht UCITS konform. UCITS erlaubt beispielsweise den Einsatz von Derivaten (gelistet und OTC) für Anlagezwecke und nicht nur zur Absicherung. Genau dies machen sich synthetische ETFs zu Nutze. Derivate sind aber nur auf Basiswerte möglich, welche als zulässig gelten. Diese Verwendung von Derivaten ist auf ein Limit von grundsätzlich 10% beschränkt. Somit müssen die Wertschriften in einem „UCITS-ETF" nicht zwingend jenen des nachzubildenden Benchmarks entsprechen. Bei Swap-basierten ETFs kann das Trägerportfolio oder das Collateral sogar vollkommen davon abweichen.

Viele Indizes, welche zwar über Swap-basierte ETFs abgebildet werden könnten, erfüllen die Diversifikationskriterien von UCITS nicht. Dies ist beispielsweise bei vielen Rohstoffindizes oder einzelnen Rohstoffen der Fall. In solchen Fällen wurden in der Praxis ETF-ähnliche Strukturen (wie die ETCs) aufgesetzt, welche regulatorisch nicht als Fonds gelten und somit nicht den UCITS-Regeln unterliegen.

Einige UCITS-Merkmale (illustrativ)

Unter UCITS werden fünf Arten von Instrumenten unterschieden, in welche investiert werden darf und wo spezifische Limiten und Anforderungen gelten: Transferable Securities (vereinfacht: Aktien und Anleihen), Geldmarkt, Fonds, Cash und Derivate.

Beispiele:

- Einzelne Unternehmensobligationen oder Aktien dürfen ein maximales Gewicht von 10% haben.
- Bei Staatsobligationen gelten viel höhere Limits (bestimmte Voraussetzungen): 35%.
- Verschiedene Wertschriften derselben Entität werden zusammengezählt und es gelten zusätzliche Limiten (grundsätzlich 20%).
- OTC-Derivate (beispielsweise Swaps) haben ein Limit von netto 10% pro Gegenpartei.
- Verboten sind direkte Anlagen in Rohstoffe und Immobilien.
- Falls ein Index nachgebildet wird:
  - Max. 20% Gewicht pro Titel im Index, wobei ein Titel 35% Gewicht haben darf.
  - Nur eine Position mit Gewicht von über 20% erlaubt!

Mit UCITS IV, in Kraft getreten 2011, verspricht man sich eine weitere Verbesserung bei der Regulation in Europa. Unter UCITS IV wurde die sogenannte „Best Execution" (beste Ausführung) zur Pflicht. Dies war vorher nur in Frankreich der Fall. Best Execution bedeutet bei ETFs, dass Swap-basierte Anbieter sogenannte RFPs („Request for Proposal", Ausschreibungen) für die Swaps machen müssen. Dies dürfte vermehrt offene Architekturen und attraktivere Gebühren zur Folge haben. Bei den physischen ETF-Anbietern verlangt UCITS IV die Best Execution beim Handeln der Wertschriften und bei der Wertschriftenleihe. Eine weitere Neuerung ist das Key Information Document (KID), welches einheitliche Informationen zu Anlagen und Risikokennzahlen liefern soll.

Es ist davon auszugehen, dass der europäische Markt durch diese Massnahmen kompetitiver und integrierter werden wird. Ob UCITS IV einen einheitlichen Markt herbeiführen wird, bleibt abzuwarten.

Verbreitete Ausgestaltungsformen von offenen Anlagefonds nach Schweizer, Luxemburger und französischem Recht sind die sogenannten FCPs und SICAVs. FCP (Fonds Communs de Placement) sind vertragliche Anlagefonds, wo ein sogenannter Kollektivanlagevertrag zwischen Anleger und Fondsleitung besteht. FCP haben keine eigene Rechtspersönlichkeit. Die Fondsanteile stellen eine Forderung auf Beteiligung am Vermögen und Ertrag des Anlagefonds dar. Betreffend die Organisation wird eine Fondsleitung und eine Revisionsstelle benötigt. Die Anleger haben keine Stimmrechte. Die Depotbank ist ebenso eine Vertragspartei im Fondsvertrag wie die Fondsleitung.

Eine SICAV (Société d'Investissement à Capital Variable) ist eine Gesellschaft mit variablem Kapital, welche normalerweise im Handelsregister eingetragen ist. Rechtlich stellen die Fondsanteile eine Beteiligung an der SICAV in Form einer Aktie dar. Somit bestehen grundsätzlich Mitgliedschaftsrechte (Stimmrechte). Neben der Revisionsstelle wird bei einem SICAV ein Verwaltungsrat bestimmt und eine Generalversammlung durchgeführt. Die Depotbank steht im Auftragsverhältnis zum SICAV.

In Irland können UCITS-konforme Fonds als sogenannte Open-ended Unit Trusts oder als Open-ended Investment Companies aufgesetzt werden. Letztere werden in der Regel für ETFs verwendet und oft auch als VCC (Variable Capital Company) bezeichnet.

In Tabelle 2-13 werden UCITS-konforme Fonds mit Fonds nach Schweizer Recht (KAG, Bundesgesetz über kollektive Kapitalanlagen) verglichen. Dazu sollen einige Punkte hervorgehoben werden. Schweizer Anlagefonds können grundsätzlich die Richtlinien von UCITS einhalten, werden dadurch aber nicht zu UCITS-Fonds. Unter UCITS wie dem KAG müssen bei der Indexreplikation nicht alle Wertschriften des Index gehalten werden und es darf Wertschriftenleihe betrieben werden. Im Unterschied zu UCITS können über Schweizer Anlagefonds auch konzentrierte Portfolios, beispielsweise Gold-ETFs, umgesetzt werden. Steuerlich gesehen gelten auf Stufe des Fonds die Gesetze des jeweiligen Landes, wo der Anlagefonds sein Domizil hat. Bei Schweizer ETFs kommt beispielsweise auf relevanten Ausschüttungen das Verrechnungssteuergesetz zur Anwendung. Auf Stufe des Anlegers gelten zusätzlich die Steuergesetze des jeweiligen Domizils (des Anlegers).

Merkmal	UCITS-konforme Fonds	Schweizer Fonds
Gesetzliche Grundlage	Jeweilige (Anlagefonds-) Gesetzgebung des EU-Mitgliedlandes. Beispiel Deutschland: InvG (Investmentgesetz)	KAG (Bundesgesetz über die kollektiven Kapitalanlagen)
UCITS-konform	Ja, wenn UCITS-Richtlinien eingehalten werden.	Nein
1:1 Replikation des Index	Nicht notwendig	Nicht notwendig
Wertschriftenleihe	Erlaubt	Erlaubt
Gegenparteirisiko	Nein (Sondervermögen)	Nein (Sondervermögen)
Konzentrierte Portfolios	Nicht möglich	Möglich
Dividenden	Ausschüttend oder reinvestierend	Ausschüttend oder reinvestierend
Steuerliche Aspekte auf Stufe Fonds	Je nach Land, wo der ETF aufgelegt ist. Beispiel Deutschland: Abgeltungssteuer	Verrechnungssteuer auf relevanten Ausschüttungen
Bemerkung	UCITS ist ein Status, den ein Fonds haben kann.	Teilweise im Ausland nicht anerkannt
Beispiele	Euro STOXX 50 ETF mit Domizil Irland	CS ETF on SMI, ZKB Gold ETF

Tabelle 2-13: Europäische ETF-Strukturen.

ETFs in den USA

In den USA wird das Anlagevolumen bei den ETFs etwa zu gleichen Teilen von Privatinvestoren wie von institutionellen Anlegern geteilt. Das Handelsvolumen an den Börsen ist im Vergleich zu Europa sehr hoch. Dies hängt u.a. damit zusammen, dass es viel weniger Börsen gibt und dass OTC-Trades einen kleineren Prozentsatz ausmachen. Oft gab es in der Vergangenheit auch nur einen ETF je Index, was wiederum zu höheren Volumen pro ETF führte.

Neben den ETFs auf Standardindizes, welche durch die 3 grossen Anbieter dominiert werden, erfreuen sich die gehebelten (leveraged) und inversen (short) ETFs schon länger recht grosser Beliebtheit. Im Gegensatz zu Europa sind in den USA praktisch alle ETFs physisch umgesetzt. Eine Ausnahme stellen gehebelte und inverse ETFs dar. Diese werden auch in den USA synthetisch repliziert. In den USA sind Anlagefonds (Mutual Funds) und die meisten ETFs rechtlich sogenannte Investment Companies, welche durch die SEC (Securities and Exchange Commission) reguliert werden. In den USA dürfen sich ETFs aber nicht „Mutual Funds" nennen. Die SEC bezeichnet ETFs als Investmentfirmen (Investment Companies), welche rechtlich als offene Firmen oder Unit Investment Trust klassifiziert werden, aber in einigen Punkten von diesen Vehikeln abweichen (bei den eigentlichen Mutual Funds ist eine Zeichnung direkt beim Fonds möglich, bei ETFs jedoch nur über den Market Maker). Bei den möglichen Strukturen für ETFs gibt es grundsätzlich den Open-end (Index) Mutual Fund und den Unit Investment Trust (UIT). Regulatorisch fallen die Mutual Funds und die UITs unter den Investment Company Act von 1940, welcher dem Schutz der Investoren dient. Im Gegensatz zu Mutual Funds benötigen UIT kein „Board of Directors", was zu tieferen Kosten führt. Hingegen müssen UITs alle im Index enthaltenen Wertschriften kaufen und dürfen keine Optimierungsmethoden oder Derivate einsetzen. Somit können UITs nur relativ einfache Indizes abbilden. Weil zudem die Dividenden nicht reinvestiert werden, können diese ETFs bei steigenden Märkten eine Underperformance zum Index aufweisen. Dies nennt man auch Cashdrag.

Daneben existierten noch Grantor Trust und Investment Trust als nicht unter den Investment Company Act von 1940 fallende Strukturen. Dies bedeutet in der Praxis, dass beispielsweise andere Regeln betreffend Diversifikation und Ausschüttungen gelten. So kann nur über einen Investment Trust in Gold investiert werden. Weiter gibt es in den USA noch die sogenannten HOLDRs, welche oft im Zusammenhang mit ETFs genannt werden und rechtlich Grantor Trusts darstellen. HOLDRs sind aber keine eigentlichen ETFs, sondern Wertschriftenkörbe, welche nicht an einen Benchmark angepasst werden. Das heisst: Nachdem das initiale Gewicht festgelegt wurde, wird nichts mehr verändert und alle Ausschüttungen werden weitergegeben. Weil das Portfolio nie angepasst wird, sind HOLDRs aus US-Steuersicht sehr effizient, denn es werden keine Kapitalgewinne ausgelöst. HOLDRs können nur in 100-Share Lots gekauft werden und haben eine Laufzeit von normalerweise 40 Jahren.

Die verschiedenen Strukturen werden in der folgenden Tabelle einander gegenübergestellt:

Merkmal	Mutual Fund (Registered Investment Company)	Unit Investment Trust	Investment Trust	Grantor Trust
Gesetzliche Grundlage	Investment Company Act 1940	Investment Company Act 1940	Securities Act 1933	Securities Act 1933
1:1 Replikation des Index	Nicht notwendig	Zwingend	Nicht notwendig	Statisch, d.h. die Startgewichte werden nicht verändert.
Gegenparteirisiko	Nein	Nein	Nein	Nein
Konzentrierte Portfolios	Nicht möglich	Nicht möglich	Möglich	Möglich
Dividenden	■ Werden regelmässig (z.B. monatlich) ausbezahlt. ■ Dividenden werden reinvestiert.	■ Werden regelmässig (z.B. monatlich) ausbezahlt. ■ Dividenden werden bis zur Ausschüttung nicht reinvestiert.	■ Werden direkt ausbezahlt.	■ Werden direkt ausbezahlt.
Beispiele	■ iShares: S&P 500 (IVV) ■ StreetTRACKS	■ SPDRs: SPY ■ QQQ	■ Gold-ETF (GLD)	■ HOLDRs

Tabelle 2-14: Vergleich von Strukturen für kollektive Anlagen in den USA.

Inverse und gehebelte ETFs

Ein noch vergleichsweise kleines, aber aufstrebendes Marktsegment sind gehebelte und inverse Exchange Traded Funds (Englisch: leveraged und short bzw. inverse). Diese ermöglichen es, taktische Views sowie eine Absicherung gegen kurzfristige Kursverluste einfach umzusetzen. Gehebelte (leveraged) ETFs haben das Ziel, ein Mehrfaches der täglichen Indexrendite abzubilden. So ist beispielsweise bei einem zweifach gehebelten ETF auf den DAX eine Rendite von 2% zu erwarten, wenn der DAX am jeweiligen Tag 1% gewinnt. Bei einem dreifach gehebelten ETF resultiert für diesen Tag eine Rendite von 3%. Mit diesen Produkten wird folglich auf steigende Märkte gesetzt und der Investor versucht, übermässig von Kursgewinnen zu profitieren. Umgekehrt bieten inverse (short) ETFs die Möglichkeit, auf fallende Märkte zu setzen. Ein short

ETF auf den DAX erwirtschaftet ungefähr −1%, falls der DAX in einem Tag 1% zulegt. Schliesslich gibt es die Kombination von gehebelten und inversen ETFs. Diese heissen leveraged inverse ETFs. Diese liefern das Mehrfache der inversen Indexrendite pro Tag. Bei einem zweifach gehebelten inversen ETF auf den DAX läge die Rendite für das obere Beispiel bei 2%.

Die ersten gehebelten ETFs wurden 2006 vom amerikanischen Anbieter ProShares lanciert. Seither verzeichnen diese Produkte ein rasantes Wachstum. Gemäss Black-Rock waren in den USA per zweites Quartal 2010 30 Milliarden USD in leveraged, inverse und leveraged inverse ETFs investiert. Dies entspricht einem Marktanteil von ca. 4%. Mit rund 2% des Marktanteils und 6 Milliarden USD Volumen sind gehebelte und inverse ETFs in Europa noch etwas weniger etabliert. Aber auch hier verzeichnet der Markt ein deutliches Wachstum.

Hebelstrategien auf steigende Märkte waren bis anhin vor allem durch den Futures- (oder Optionen-) Markt möglich gewesen. Für private Investoren ist der operative Aufwand von Futures hoch, und unter Umständen ist die Kontraktgrösse dieser Instrumente zu gross. Bei Optionen oder Warrants kommt beispielsweise noch der Zeitwert erschwerend hinzu. Gehebelte und inverse Instrumente sind jedoch bereits bei kleinem Investitionsbetrag zu erwerben. Der SMI Short Daily von db x-trackers (Deutsche Bank) hat zum Zeitpunkt des Schreibens einen Wert von unter 10 EUR. Bereits für diesen Betrag kann gegen die Wertentwicklung des SMI gesetzt werden.

Mit rund 0.6% durchschnittlicher Verwaltungsgebühr sind gehebelte und inverse ETFs teurer als Standard-ETFs. Daneben muss unbedingt auf die Handelsspanne dieser Instrumente geachtet werden. Diese fallen wie bei allen börsengehandelten Instrumenten bei jedem Kauf und Verkauf an. Da gehebelte und inverse Instrumente häufiger gehandelt werden, ist die Bedeutung einer tiefen Handelsspanne besonders gross.

Gehebelte und inverse ETFs sind komplexere Produkte als die Standard-ETFs. Sie laufen auf inverse oder gehebelte Indizes, für deren Berechnung Finanzierungskosten addiert werden müssen. Des Weiteren replizieren sie die inverse oder gehebelte Rendite eines Index nur für jeweils einen Tag. Über längere Zeitperioden gilt dies nicht mehr. Private aber auch teilweise professionelle Anleger sind häufig überrascht, dass ein inverser ETF über ein halbes Jahr betrachtet nicht die Indexrendite mal minus eins wiedergibt. Ein eindrückliches Beispiel dazu: zwischen Anfang September 2008 und Ende 2009 verzeichnete der DAX eine Rendite von −7.2%. Der db x-trackers ShortDAX Daily ETF, der die inverse tägliche Rendite des DAX abbildet, müsste gemäss Intuition eine positive Rendite über diese Periode abgeworfen haben. Diese Intuition trügt. Der db x-trackers ShortDAX Daily ETF verlor 8.6% über diese Periode. Die Ursache für dieses Missverständnis hat mit dem täglichen Rebalancing des ETF-Hebels zu tun. Dieser Aspekt wird weiter unten diskutiert.

Berechnung von gehebelten und inversen Indizes

Exchange Traded Funds laufen auf Indizes. Dies ist auch bei gehebelten und inversen ETFs nicht anders. Dazu werden existierende Indizes (DAX, SMI etc.) entsprechend angepasst. In der Regel erfolgt dies gemäss folgender Formel:

$$r_{lev,t} = x \times r_{ind,t} + (1 - x) \times OI_t$$

Legende:

$r_{lev,t}$	Rendite des gehebelten oder inversen Index während Tag t
$r_{ind,t}$	Rendite des Basisindizes während Tag t
OI_t	Overnight-Zinssatz am Tag t
$x = +2$	Zweifach gehebelter Index
$x = -1$	Inverser Index
$x = -2$	Zweifach inverser Index

Diese Formel verdeutlicht, dass inverse und gehebelte Indizes vom Prinzip her gleich funktionieren. Sie können mit einer einzigen Formel zusammengefasst werden, wobei lediglich mit der Variablen x die Haupteigenschaft des Index gegeben ist. Ist $x = 2$, so handelt es sich um einen zweifach gehebelten Index, bei $x = 3$ um einen dreifach gehebelten, bei $x = -1$ um einen inversen und bei $x = -2$ um einen zweifach inversen Index. (Und bei $x = 1$ fällt der zweite Summand aus der Gleichung; es handelt sich um den Basisindex.)

Der zweite Summand, $(1 - x) \times OI_t$, zeigt, dass bei Hebelstrategien Kosten anfallen. Bei $x = 2$, also einem zweifach gehebelten Index, muss Kredit zur Finanzierung des Hebels aufgenommen werden. Bei einer Investition von 100 EUR in einen ETF müssen (ökonomisch gesehen) weitere 100 EUR ausgeliehen werden, um anschliessend für 200 EUR Wertschriften zu kaufen. Für die aufgenommenen 100 EUR müssen Zinsen bezahlt werden. Dies wird durch diesen Term beschrieben. Bei $x = 2$ reduziert er sich auf $-OI_t$. Die gehebelte Indexrendite wird um den Overnight-Zinssatz reduziert. Für die Berechnung der Finanzierungskosten wird meistens der Overnight-Zinssatz (in der Schweiz der SARON-, in Deutschland der EONIA-Satz) verwendet.

Auch für inverse Indizes eignet sich die Formel. Bei $x = -1$ wird die inverse Indexrendite (erster Summand) zusätzlich der Zinserträge (zweiter Summand) erwirtschaftet, und zwar in der Höhe des zweifachen Overnight-Satzes. Der Grund dafür wird klar, wenn man die vereinfachte Funktionsweise von inversen ETFs betrachtet. Angenommen, es werden 100 EUR in den ETF einbezahlt. Um die inverse Rendite des Basisindex zu replizieren, muss der ETF anschliessend für 100 EUR Leerverkäufe tätigen. Dies wird durch das Ausleihen und das anschliessende Verkaufen der Wertschriften erreicht. Durch den Verkauf werden zusätzliche 100 EUR eingenommen, so dass 200 EUR zur Verfügung stehen. Diese können gemäss Formel zum Overnight-Zinssatz angelegt werden. Dies erklärt, warum das Zweifache $(= (1 - (-1)) \times OI_t)$ des Overnight-Zinssatzes bei inversen Indizes eingenommen wird.

Tägliches Rebalancing

Das tägliche Rebalancing von inversen und gehebelten ETFs ist wohl der am wenigsten verstandene Mechanismus unter ETF-Anlegern. Rebalancing bedeutet in diesem Zusammenhang eine Anpassung des zugrunde liegenden Hebels, da sich dessen Gewicht aufgrund von Marktbewegungen ständig ändert. Der Grund für diese Anpassung ist die Sicherstellung, dass ein x-fach gehebelter ETF tatsächlich das x-fache eines Basisindex (ohne Kosten und Finanzierungsterm) *für jeden einzelnen Tag* wiedergibt. Es kann an einem einfachen Beispiel gezeigt werden, warum dies notwendig ist. Angenommen, das Startkapital eines zweifach geleveragten Aktien-ETFs sei 100 EUR. Um den Leverage von 2 zu erreichen, müssen 100 EUR aufgenommen werden, sodass schliesslich 200 EUR in die Aktien eines Basisindex angelegt werden können. Steigt der Index um 10%, steigt der Wert der Aktien auf 220. Abgesehen von Kosten wie Zinsen, Verwaltungsgebühren etc. wurde mittels 100 EUR ein Gewinn von 20 EUR (= 220 − 200), also 20% erwirtschaftet. Dies ist der Hebel-effekt. Nun ist der Hebel für den zweiten Tag nicht mehr genau 2, da der Wert des ETFs (Net Asset Value) bei 120 EUR liegt und dadurch grösser ist als der aufgenommene Kredit von 100 EUR. Um den Hebeleffekt weiterhin auf 2 zu behalten, muss für den nächsten Tag ein weiterer Kredit von zusätzlichen 20 EUR aufgenommen und in Aktien investiert werden. Danach beträgt der Wert der Aktien 240 EUR (= 220 + 20), der Kredit 120 EUR (= 100 + 20) und der NAV des ETFs bleibt auf 120 EUR. Dadurch ist der Faktor des Hebels gleich wie am Vortag. Ein weiterer Anstieg des Basisindex von z.B. 10% führt zu einem ca. 20-prozentigen Anstieg des ETFs. Der Aktienwert erhöht sich dabei auf 264 EUR (= 240 × 1.1), und somit beträgt der Gewinn am zweiten Tag 24 EUR. Zusammen mit den 20 EUR aus dem ersten Tag resultiert ein Gewinn von 44 EUR bzw. 44% über zwei Tage.

Wäre kein Rebalancing am Ende des Tages erfolgt, wäre die Höhe des aufgenommenen Kredits am Ende des ersten Tages weiterhin 100 EUR, der investierte Betrag in Aktien 220 EUR und der NAV des ETFs 120 EUR. Steigt der Index am zweiten Teil nochmals um 10%, so steigt der Aktienwert auf 242 (= 220 × 1.1). Die erwirtschafteten 22 EUR am zweiten und die 20 EUR am ersten Tag sind zusammen 42 EUR bzw. 42%. Nun wird auch der Grund für die höhere Rendite des täglich (dynamisch) rebalancierten ETFs klar: Der Hebel wird am Ende des ersten Tages erhöht (bei steigendem Markt), um die Hebelwirkung weiterhin auf zwei zu behalten. Steigt der Index nochmals, so ist das Portfolio nach dem Rebalancing mit einem grösseren Hebel ausgestattet, was zu einer höheren Rendite führt. Es kann aber natürlich auch umgekehrt laufen. Fällt der Index am zweiten Tag, so sind die Renditen des rebalancierten ETFs tiefer als ohne Rebalancing. Für inverse ETFs gilt das gleiche Prinzip. Je höher die Volatilität des Index über eine gewisse Periode, desto tiefere Renditen sind zu erwarten.

Abbildung 2-18 zeigt schematisch die Kosten der Volatilität. Die Abbildung ist das Resultat einer Monte-Carlo-Simulation, bei der eine Volatilität von 20% für den zugrunde liegenden Index angenommen wird. Die Gerade entspricht der inversen Rendite des zugrunde liegenden Index. Es wird angenommen, dass der Basisindex bei 1 startet und dass Finanzierungskosten vernachlässigt werden können. Die x-Achse der

Inverse und gehebelte ETFs

Abbildung gibt den Endwert des Index wieder. Steigt der Index von 1 auf 1.1, so ist die inverse Rendite –10%. Fällt der Index von 1 auf 0.9, ist die inverse Rendite +10%. Und bei gleichbleibendem Indexstand, bei 1, ist auch die inverse Rendite 0. Abbildung 2-18 verdeutlicht eine wichtige Eigenschaft inverser und gehebelter ETFs. Durch die Volatilität des Index und wegen des täglichen Rebalancings können die Renditen von inversen und gehebelten ETFs in vielen Fällen tiefer als die x-fache Indexrendite ausfallen (bei $x = -2, -1, 2, 3$). Dies völlig unabhängig von Verwaltungsgebühren und möglichen Finanzierungskosten (bzw. -erträgen). Je höher die Schwankung (Volatilität) des zugrunde liegenden Index, desto häufiger wird ein inverser ETF unter der –1-fachen Indexrendite liegen. Es ist somit durchaus möglich, dass der Basisindex sowie der inverse ETF bedingt durch die Volatilität des Index gleichzeitig an Wert verlieren. Diese Simulation zeigt, dass die Rendite des Short ETFs erst bei einem Indexverlust von über 2% positiv ist. Werden Verwaltungsgebühren miteingerechnet, so sind noch höhere Verluste des Basisindex notwendig, um einen Gewinn auf dem ETF zu erwirtschaften.

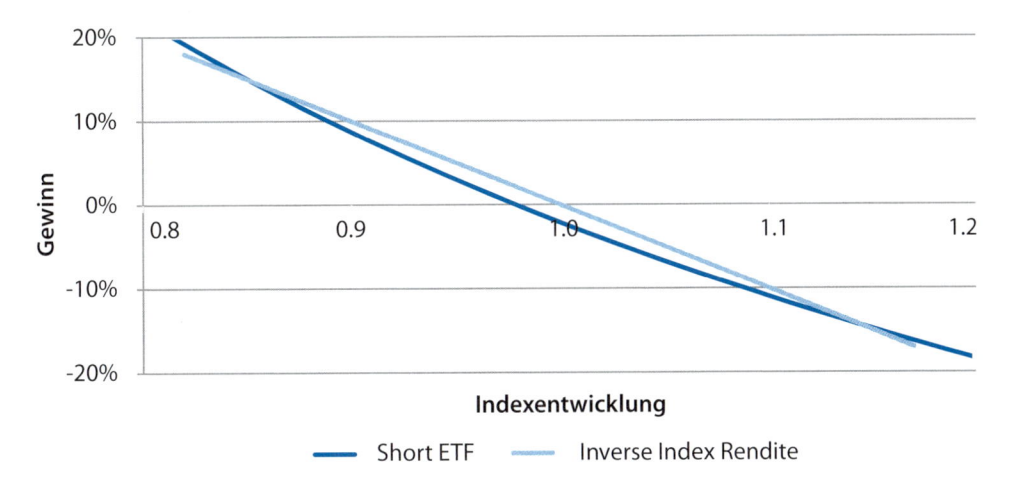

Abbildung 2-18: Payoff eines inversen ETFs im Vergleich zur 1-fachen Indexrendite. Die angenommene Volatilität des Basisindex beträgt bei der Simulation 20%.

Die Kosten bedingt durch die Volatilität des Basisindex gelten nicht nur für inverse, sondern auch für gehebelte ETFs. Ist die Indexrendite über eine Periode null, ist ein Verlust auf gehebelte sowie inverse ETFs zu erwarten. Die Ursache dafür liegt bei den Kosten der Volatilität, den Verwaltungsgebühren (TER) sowie den Finanzierungskosten (bei gehebelten ETFs).

Um unabhängig vom Zeitpunkt des Investierens den Leverage (welches das Hauptverkaufsargument dieser ETF Art ist) konstant, also auf 2, 3, –1 oder –2 zu halten, werden heute alle ETFs auf täglicher Basis rebalanciert. Die kontra-intuitiven Renditen auf lange Sicht sind der Nachteil dieser Instrumente. So sind inverse ETFs nur bedingt geeignet, sich über einen längeren Anlagehorizont gegen fallende Indexrenditen abzuhedgen. Für kurze Haltedauer ist dies jedoch kein Problem.

+ Vorteile	− Nachteile
Einfache Umsetzung kurzfristiger Views	Für Buy-and-Hold Strategie nicht gut geeignet
Hebel funktioniert gut auf täglicher Basis	Tendenziell höhere Gebühren und Handelskosten
‚Wetten' gegen fallende oder steigende Märkte	Wegen täglichem Rebalancing kein optimaler Hedge
Können wie Aktien an der Börse erworben werden	Renditeverluste in volatilen Märkten
Bereits mit kleinen Beträgen möglich	

Abbildung 2-19: Die Vor- und Nachteile von gehebelten (leveraged) und inversen (short) ETFs.

Exkurs – Der Rebalancing-Effekt von gehebelten und inversen ETFs

Es wurde erläutert, dass täglich rebalancierte x-fach gehebelte ETFs über längere Zeitperioden nicht zwingend das x-fache der Indexrendite wiedergeben. Dies hat nichts mit Verwaltungsgebühren oder Finanzierungskosten zu tun, sondern lediglich mit dem mathematischen Effekt der täglichen Hebelanpassung. Steigt (fällt) der Indexstand, muss bei einem gehebelten ETF Kredit aufgenommen (reduziert) werden, um den Hebel gleich zu halten.

Für inverse ETFs gilt der gleiche Mechanismus. Fällt der Indexstand, so steigt der NAV des ETFs. Dadurch muss am folgenden Tag ein grösserer Betrag leerverkauft werden. Bei steigendem Index fällt der NAV, und die Grösse des Leerverkaufs muss gegen unten angepasst werden.

Der Effekt des Rebalancings kann vergleichsweise einfach mathematisch hergeleitet werden. Wird kein Rebalancing vorgenommen (statische Methode) und werden Finanzierungskosten vernachlässigt, so ist der Wert eines zweifach gehebelten Produktes mit Anfangsinvestitionsgrösse von eins nach zwei Perioden:

Inverse und gehebelte ETFs

$$Endwert_{Statisch} = x \times (1 + r_1)(1 + r_2) - (x - 1)$$

wobei x den Leverage-Faktor (2, 3, –1, –2) beschreibt. Bei einem Hebel von $x = 2$ wird dies schnell deutlich. Wird 1 EUR investiert, muss ein zusätzlicher Euro aufgenommen werden, um 2 EUR auf dem Markt zu investieren. Fällt der Index am ersten Tag um 10% und steigt am zweiten Tag um 10%, beträgt die kumulierte Rendite – 1% (= 0.9 × 1.1 – 1). Die 2 EUR, die im Index investiert sind, fallen auf 1.98 zurück (dies entspricht dem ersten Summand in obiger Gleichung). Nun muss der Kredit von 1 EUR zurückgezahlt werden (zweiter Summand). Folglich ist die Rendite des ETFs – 2%, was genau der zweifachen Indexrendite über zwei Tage entspricht.

Bei einem täglich rebalancierten ETF wird der Hebel am Ende des ersten Tages adjustiert. Da der Index am ersten Tag 10% fällt, fällt der NAV auf 0.8 EUR. Nun braucht es nur noch einen Kredit von 0.8, um einen zweifachen Hebel zu erreichen – jetzt sind 1.6 EUR im Markt investiert. Steigt der Index um 10% am zweiten Tag, so werden 0.16 EUR von 0.8 EUR erwirtschaftet. Dieser 20-prozentige Gewinn ist wiederum das Zweifache der Indexrendite. Die Rendite eines täglich rebalancierten x-fach gehebelten ETFs (dynamische Methode) lässt sich bei einer Investitionshöhe von eins wie folgt schreiben:

$$Endwert_{Dynamisch} = (1 + x \times r_1)(1 + x \times r_2)$$

Die Differenz zwischen dem statischen und dem dynamischen Wert ist nach der Subtraktion der ersten von der zweiten Gleichung und mit etwas Umformung einfach zu ermitteln:

$$\Delta = (x^2 - x)(r_1 r_2)$$

Der Term $(x^2 - x)$ ist für gehebelte und inverse ETFs immer positiv (da von $|x| \geq 1$ ausgegangen wird). Dies bedeutet, dass das Vorzeichen der Renditedifferenz der zwei Methoden nur von $(r_1 r_2)$ bestimmt wird. Fällt oder steigt der Index zweimal hintereinander, so ist die Rendite des täglich rebalancierten ETFs höher als beim statisch gehebelten Produkt. Haben Indexrenditen von zwei aufeinander folgenden Tagen entgegengesetzte Vorzeichen, ist die Rendite des gehebelten ETFs tiefer als die des statischen Produkts. Diese Eigenschaft wird im Finanzjargon als Short Volatility bezeichnet, da eine höhere Volatilität des Basisindex einen negativen Effekt auf die Rendite des gehebelten und inversen ETFs hat.

In steigenden sowie in fallenden Märkten ist die Rendite von rebalancierten ETFs tendenziell höher als die x-fache Indexrendite. Bei volatilen Märkten ist die Rendite jedoch tiefer.

Diesen Effekt zeigen wir anhand einer Monte-Carlo-Simulation bei der der Indexverlauf zufällig generiert wird. Werden steigende Renditen simuliert, liegt die Rendite von zweifach gehebelten ETFs höher als die zweifache Indexrendite. Ein Beispiel einer solchen Simulation ist in Abbildung 2-20 gezeigt. Dies gilt auch in fallenden Märkten: Auch hier ist die ETF-Rendite höher als das Zweifache der Indexrendite.

Gehebelte ETF-Renditen in steigenden Märkten

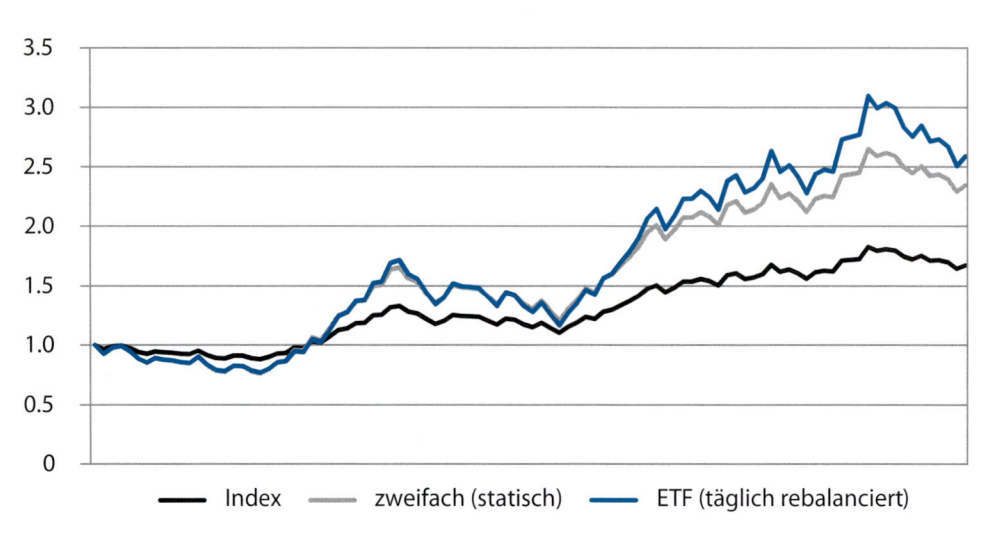

Abbildung 2-20: Monte-Carlo-Simulation von steigenden Märkten.

In volatilen Märkten sieht das Bild grundsätzlich anders aus: Renditen von täglich rebalancierten zweifach gehebelten ETFs liegen in der Regel tiefer als die zweifache Rendite des Basisindex. Siehe dazu Abbildung 2-21.

Gehebelte ETF-Renditen in volatilen Märkten

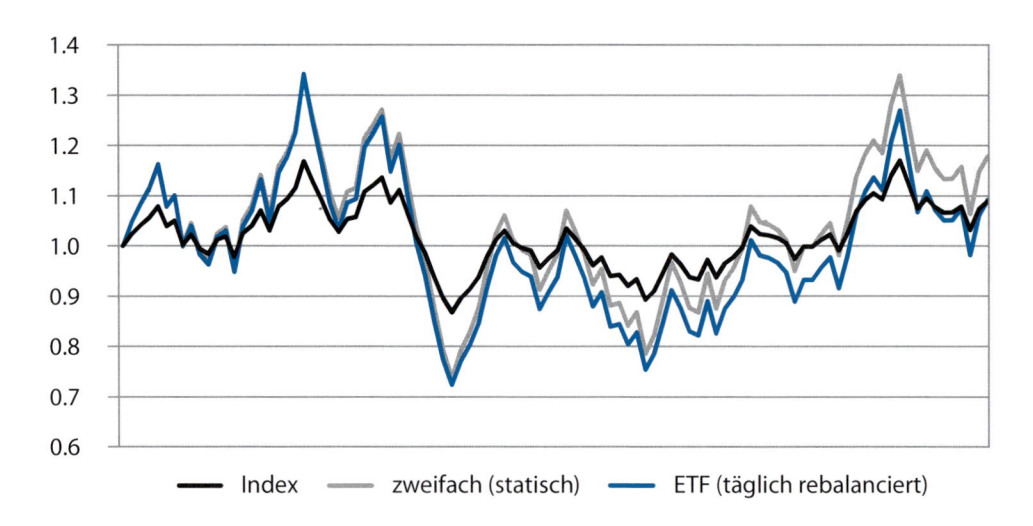

Abbildung 2-21: Monte-Carlo-Simulation von volatilen Märkten (mit Mean Reversion).

Das Gleiche gilt im Übrigen auch für inverse ETFs. In steigenden sowie in fallenden Märkten performen sie besser als erwartet (also besser als die Indexrendite mal −1 oder mal −2). In volatilen Märkten fällt ihre Rendite jedoch wegen des Rebalancings deutlich tiefer aus. Legende: Die Symbole „+" und „−" geben an, ob an einem Tag eine positive oder negative Rendite erfolgte. Ein „+ −" bedeutet beispielsweise, dass am ersten Tag die Rendite positiv und am zweiten Tag negativ ausfiel.
Tabelle 2-14 fasst dies für beide Methoden zusammen, wobei zwei Perioden betrachtet werden:

Rendite der Perioden 1 und 2	Daily Reset (ETF) $(1 + x \times r_1)(1 + x \times r_2)$	Statisch $x \times (1 + r_1)(1 + r_2) − (x − 1)$
Gleich: ++, −−	Höher	Tiefer
Unterschiedlich: +−, −+	Tiefer	Höher

Legende: Die Symbole „+" und „−" geben an, ob an einem Tag eine positive oder negative Rendite erfolgte. Ein „+−" bedeutet beispielsweise, dass am ersten Tag die Rendite positiv und am zweiten Tag negativ ausfiel.

Tabelle 2-14: Vergleich der Renditen beider Methoden über zwei Perioden.

Zusammenfassend lässt sich sagen, dass gehebelte und inverse ETFs auf kurze Sicht ungefähr die intuitiv erwartete Rendite – das heisst die Indexrendite mal den Leverage-Faktor – wiedergeben. Sie können für taktische und kurzfristige Strategien verwendet werden. Über längere Perioden eignen sie sich jedoch nicht allzu gut. Unerfahrene Investoren sollten auf jeden Fall die Verkaufsunterlagen (die im Übrigen explizit auf die Komplexität von gehebelten und inversen ETFs hinweisen müssen) studieren.

Aktive ETFs

Im Gegensatz zu „gewöhnlichen" ETFs wird bei aktiven ETFs versucht, die Rendite eines zugrunde liegenden Benchmarks zu übertreffen. Dabei wird auf aktives Management, das heisst auf eine erfolgreiche Auswahl sowie das richtige Timing der Käufe und Verkäufe, gesetzt. Vom Prinzip her ähnelt dieser Ansatz deshalb den weit verbreiteten aktiven Investmentfonds. Der Unterschied liegt in der Handelbarkeit: aktive ETFs lassen sich während den Börsenzeiten zu Geld- und Briefkursen handeln.

Das Marktsegment der aktiven ETFs ist noch äusserst bescheiden und nicht sehr bekannt. Die knapp 30 aktiven ETFs, die Mitte 2010 auf dem Markt waren, sind praktisch alle in den USA gelistet (und einige in Kanada). Mit einem Gesamtvermögen von rund 2 Milliarden USD machen sie ungefähr 2% des globalen ETF-Marktes aus. Gleichzeitig gilt, dass keiner der aktiven ETFs vor 2008 lanciert wurde. Der Markt ist somit noch äusserst jung und es existieren keine langjährigen Erfahrungswerte in diesem Gebiet. Eine abschliessende Beurteilung der Chancen und Risiken dieser Produkte ist dadurch unmöglich.

Es besteht eine rege Debatte über Sinn- und Unsinnhaftigkeit von aktiven ETFs. ETFs werden von der Öffentlichkeit sowie von professionellen Anlegern als passive Produkte, die einen Index tracken, wahrgenommen. Transparenz und tiefe Kosten sind wichtige Verkaufsargumente dieser Produkte. Bei aktiven ETFs stehen keine dieser beiden Aspekte im Vordergrund. Stattdessen wird eine (erhoffte) Outperformance eines Benchmarks hervorgehoben. Diese Doppelrolle von aktiven ETFs ist beim Verkaufsprozess kaum förderlich. Verfechter aktiver ETFs können hingegen argumentieren, dass diese Produkte im Prinzip gleich funktionieren wie aktiv verwaltete Mutual Funds, mit der zusätzlichen Möglichkeit des Intra-day-Handels. Die Zukunft wird zeigen, in welche Richtung die Entwicklung dieses Marktes geht.

Anbieter aktiver ETFs versuchen sich eine bedeutende Eigenschaft der globalen Fondswelt zu Nutze zu machen: Der Anteil aktiv verwalteter Mutual Funds lag gemäss der Morningstar-Direct-Fund-Flows-Studie Ende 2009 bei 78%. In absoluten Zahlen gesehen sind dies global gesehen mehr als 20'000 Milliarden USD Fondsvermögen, die aktive Strategien verfolgen (im Vergleich liegt die Grösse des ETF-Marktes noch weit unter 2'000 Milliarden USD). So können aktive ETFs versuchen, vom ETF-Hype zu profitieren und gleichzeitig einen Teil des grossen Kuchens – des aktiven Fonds-Universums – abzuschneiden. Da Anleger, die aktiv investieren wollen, zur Zeit fast ausschliesslich in Mutual Funds (oder Hedge Funds) anlegen können, haben aktive ETFs unter Umständen ein grosses Potential für Volumenzuwachs. Zuerst müssen jedoch einige technische Probleme, die sich bei aktiven ETFs stellen, gelöst werden.

Eine zentrale Schwierigkeit von aktiven ETFs ist die Gewährleistung der hohen Transparenzanforderungen, die an ETFs gestellt werden. Aktive Fondsmanager wollen ihre Holdings – die Zusammensetzung ihres Portfolios – in der Regel nicht preisgeben. Dadurch wollen sie sich vor der Imitation ihrer Anlagestrategie schützen. Wäre die Zusammensetzung aktiver Fonds bekannt, könnten kostenintensives Aktien-, Obligationen-, Rohstoff-Research sowie andere Kostentreiber durch einfaches Kopieren umgangen werden. Damit ein ETF jedoch an der Börse gehandelt werden kann, müssen Market Maker die Fondszusammensetzung sowie den indicative Net Asset Value (iNAV) kennen. Nur so können sie tiefe Handelsspannen ohne signifikante Prämien und Abschläge stellen. Es stehen somit entgegengesetzte Interessen von Fondsmanager und Market Maker im Raum. Eine weitere Problematik bezüglich der Transparenz aktiver ETFs ist das sogenannte Front Running. Solange ein Fonds klein ist und die gehaltenen Titel liquide sind, ist dieses Problem unbedeutend. Sobald die Fondsgrösse jedoch über einem kritischen Wert liegt und in weniger liquide Titel investiert wird, könnten Marktteilnehmer bei vollständiger Transparenz grosse Trades antizipieren und Kursbewegungen zu ihre Gunsten – und zu Ungunsten des aktiven ETFs ausnützen.

Um das Transparenzproblem zu entschärfen, verpflichtet die Securities and Exchange Commission in den USA aktive ETFs zu täglicher Veröffentlichung ihrer Fondszusammensetzung, dies jedoch mit einem Tag Verzögerung. Durch die Verzögerung ist Front Running erschwert. Gleichzeitig können Market Maker tiefe Handelsspannen stellen, so lange die Fondszusammensetzung sich nicht drastisch ändert. In Kanada sind die Transparenzansprüche des Regulators hingegen deutlich tiefer und ähneln denen von aktiven Mutual Funds.

Die bekanntesten Anbieter von aktiven ETFs in den USA sind PIMCO, PowerShares und WisdomTree. Der ETF-Marktführer iShares hat im Sommer 2010 mit ihrem aktiven ETF, dem iShares Diversified Alternatives Trust ETF (Kürzel: ALT), den Markt betreten. Dieser ETF setzt Rohstoff-, Anleihen-, Währungs- und Zinsfutures zur Ausnützung von Markineffizienzen ein. Einer der grössten aktiven ETFs ist der PIMCO Enhanced Short Maturity Strategy Fund (Kürzel: MINT) mit einer Fondsgrösse von rund 1,3 Milliarden USD (Stand Mitte 2011). Ziel dieses ETFs ist eine Überrendite zum US-Geldmarkt zu erwirtschaften. Dabei wird die Portfolioduration mittels aktiver Views über die zukünftige Zinsentwicklung gesteuert. Das Niedrigzins-Umfeld im US-Geldmarkt nach 2009 kam dem Produkt in Bezug auf Volumenwachstum nicht ungelegen. In Europa hat PIMCO zusammen mit Source einen aktiven ETF, den PIMCO Euro Enhanced Short Maturity ETF, lanciert.

Der Markt für aktive ETFs steckt in den Kinderschuhen. Mit dem Eintritt von iShares hat sich nun auch ein grosser Teilnehmer zum Produktkonzept bekannt (selbst wenn dies nach grösserer interner Debatte und Kritik seitens Opinionleaders von iShares geschah). Die folgenden Jahre werden zeigen, ob aktive ETFs in der aktiven Fondswelt ihren Platz finden und von der unumstritten grossen Nachfrage nach aktiv verwalteten Produkten profitieren können.

Abgrenzung von ETFs gegenüber anderen Strukturen

ETFs und andere börsengehandelte Instrumente werden normalerweise als ETP (Exchange Traded Product, börsengehandeltes Produkt) bezeichnet und zusammengefasst. Gemeinsam ist den Produkten, dass sie wie Aktien über Börsen gehandelt werden und dass Market Maker für Liquidität und attraktive Spreads sorgen.

Grundsätzlich kann unterschieden werden, ob das Instrument rechtlich ein Sondervermögen (ETF) oder eine Schuldverschreibung (ETN, ETC) darstellt. Die Wahl der Produkthülle kann über den gewünschten Benchmarkindex bestimmt sein. Denn je nach Index kann beispielsweise kein ETF aufgesetzt werden, weil der Index für die jeweilige Anlagefondsgesetzgebung zu wenig diversifiziert ist.

```
                    ┌──────┐
                    │ ETPs │
                    └──┬───┘
            ┌──────────┴──────────┐
      ┌─────┴─────┐         ┌─────┴─────┐
      │  Sonder-  │         │ Schuldver-│
      │ vermögen  │         │schreibungen│
      └─────┬─────┘         └─────┬─────┘
            │                ┌────┴────┐
          ┌─┴─┐            ┌─┴─┐     ┌─┴─┐
          │ETF│            │ETC│     │ETN│
          └─┬─┘            └───┘     └───┘
       ┌────┴────┐
     ┌─┴─────┐ ┌─┴──┐
     │Physisch│ │Swap│
     └───────┘ └────┘
```

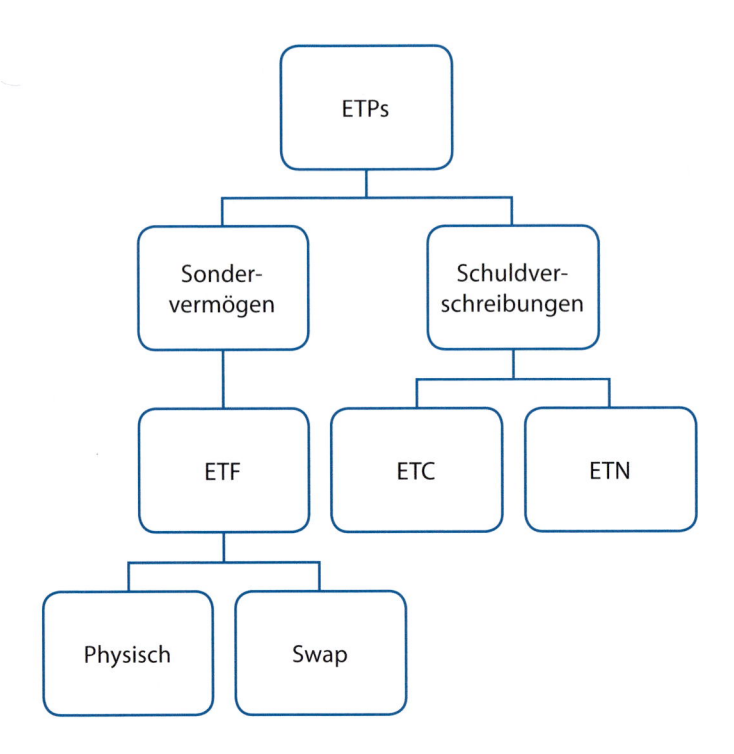

Abbildung 2-22: Exchange Traded Products (ETPs) können in Sondervermögen und Schuldverschreibungen unterteilt werden.

ETF (Exchange Traded Fund)

ETFs stellen rechtlich Sondervermögen dar, an denen der Anleger über Anteile (Aktie) berechtigt ist. Der Anleger besitzt einen Anteil am Vermögen des ETFs, auf den er auch im Konkursfall Anspruch hat. Fällt beispielsweise der Investment Manager oder die Muttergesellschaft des ETFs aus, kommen die Gelder des ETFs nicht in dessen Konkursmasse. Sobald Produkte gemäss ihrer Struktur (beispielsweise Sondervermögen) unter die Anlagefondsgesetzgebung fallen, müssen sie die jeweiligen Anforderungen einhalten. Dies sind grundsätzlich Anforderungen hinsichtlich erlaubter Instrumente und Techniken, aber auch hinsichtlich Diversifikation. In Europa sind ETFs über die Anlagefondsgesetze des jeweiligen Domizillandes (in der Schweiz beispielsweise das KAG) reguliert. Soll der Fonds beispielsweise in Europa vertrieben werden können, muss er aktuell die Kriterien von UCITS erfüllen. In den USA kann, wie weiter oben erwähnt, ein ETF auf mehrere Arten aufgelegt werden, was aber nichts am Anspruch der Anteilsinhaber an den ETF-Vermögenswerten ändert.

ETFs benötigen in der Regel einen langen Bewilligungsprozess und können im Vergleich zu anderen Anlagevehikeln (Zertifikate, Notes) nicht sehr schnell aufgesetzt werden.

ETC (Exchange Traded Commodity)

ETCs stellen keine ETFs dar, sondern sind rechtlich gesehen Schuldverschreibungen, also Zertifikate. Die ETCs werden normalerweise durch dezidierte Gesellschaften (SPVs – Special Purpose Vehicles) emittiert, deren einziger Zweck in dieser Tätigkeit besteht. Im Unterschied zu normalen Zertifikaten sind ETCs zudem durch die Werte im SPV (Trägerportfolio) gestützt oder durch weitere anrechenbare Sicherheiten (Collaterals). Eine Besicherung erfolgt in der Regel über eine Drittpartei. Die Sicherheiten werden bei einem Ausfall des Emittenten nicht in dessen Konkursmasse einbezogen. Die Vermögenswerte im ETC müssen nicht identisch sein mit den Werten des abzubildenden Index. So kann das ETC beispielsweise Staatsobligationen als Sicherheit halten.
Damit die Performance des Benchmarkindex erreicht wird, kann das ETC die Werte direkt kaufen (wie bei Gold), Futures verwenden oder einen Swap mit einer Gegenpartei eingehen. ETCs handeln wie Aktien und haben normalerweise mehrere Market Maker, welche für Liquidität sorgen. ETCs sind primär bei der Abbildung von Rohstoffindizes anzutreffen.

ETN (Exchange Traded Note)

ETNs sind börsengehandelte Schuldinstrumente (Notes = Anleihen) eines Emittenten und sind nicht durch dezidierte Vermögenswerte gesichert. Rechtlich gesehen sind ETNs Senior Unsecured Debt (etwa: vorrangige, nicht abgesicherte Verbindlichkeit) und werden oft von Banken herausgegeben. Die ETNs stellen eine von vielen Verpflichtungen des Emittenten dar. Neben den Notes hat der Emittent nämlich noch weitere Obligationen ausstehend, auf denen er Zinsen (Coupons) zahlen muss. Im Gegensatz zu ETCs stehen ETNs direkt auf der Bilanz des Emittenten. Wie bei Obligationen sind die Zahlungen der ETNs durch die Kreditwürdigkeit des Emittenten gestützt. Wie der Emittent die Zahlungen des ETNs sicherstellt, ist ihm überlassen. Er muss beispielsweise nicht die Bestandteile halten, auf welche sich das ETN bezieht. Im Gegensatz zu anderen Instrumenten entfallen somit die Kosten für die Sicherheiten.
Genau wie ETFs und ETCs handeln ETNs wie Aktien und haben ebenfalls Market Maker zur Sicherstellung der Liquidität. Dies steht im Gegensatz zu „normalen" Zertifikaten, wo normalerweise nur der Emittent für den Handel sorgt.
Aus steuerlicher Sicht könnten ETNs interessant sein, wenn keine Ausschüttungen erfolgen und die gesamte Performance als Kapitalgewinn von der jeweiligen Steuerbehörde taxiert wird.

Weitere Begriffe im Lande der Exchange Traded Products:

- ETV (Exchange Traded Vehicles): Oberbegriff für Wertschriften, die auf regulierten Börsen gehandelt werden und mehrere Market Maker haben. Rechtlich gesehen handelt es sich oft um Schuldverschreibungen.

- ETT (Exchange Traded Trackers): Die UBS hat 2010 Produkte unter diesem Namen eingeführt. ETTs stellen keine ETFs dar, sondern sind rechtlich gesehen Schuldverschreibungen (Structured Notes), also Tracker-Zertifikate.

Zusammenfassung der ETP-Strukturen

Name	ETF physisch	ETF synthetisch	ETC	ETN
Rechtliche Struktur	Sondervermögen / Anlagefonds	Sondervermögen / Anlagefonds	Schuldverschreibung	Schuldverschreibung
Börsenkotiert	Ja	Ja	Ja	Ja
Gegenparteirisiko	Nein (aufgrund Wertschriftenleihe möglich)	Max. 10%, in Praxis deutlich tiefer (Besicherung möglich)	Ja (oft besichert)	Ja (Besicherung möglich)
UCITS-Fähigkeit	Ja (sofern aus EU-Land), nicht alle Indizes umsetzbar	Ja (sofern aus EU-Land), nicht alle Indizes umsetzbar	Nein, da kein Anlagefonds (n.r.)	Nein, da kein Anlagefonds (n.r.)
Tracking Error	Tief bis mittel	Sehr tief	Sehr tief	Sehr tief
Investiert in Komponenten des Benchmarks	Ja (nicht zwingend in alle)	Nein (oder teilweise)	Manchmal	Möglich (i.d.R. unbekannt)

Legende: n.r. = nicht relevant

Tabelle 2-15: Unterschiedliche Strukturen für ETPs.

3. Indizes

Was ist ein Index?

Im Zusammenhang mit ETFs sind Indizes von zentraler Bedeutung. Grundsätzlich verfolgen alle ETFs das Ziel, einen bestimmten Index, ihren sogenannten Benchmark, möglichst genau abzubilden. Dies ist der Urgedanke von ETFs. Daran werden sie auch gemessen.
Ein Index fasst eine Gruppe von Wertschriften mittels einer Gewichtungsmethodik in einer einzigen Zahl zusammen. Aufgrund dieser Zusammenfassung kann schnell eine allgemeine Lagebeurteilung der Märkte durchgeführt werden. Die Komplexität – sprich die Informationsflut – wird reduziert, indem z.B. nicht alle Aktien des DAX oder SMI verfolgt werden müssen, sondern lediglich die Veränderung des jeweiligen Indexstandes. Wie bei allen Zusammenfassungen bzw. Aggregationen ist es jedoch wichtig zu verstehen, aufgrund welcher Methodik sie erfolgt.

Etwas Geschichte

Die Indizes der Neuzeit nahmen ihren Anfang im Jahr 1884, als ein Reporter an der Wall Street sich auf die Suche nach einer einfachen Kennzahl machte, welche die amerikanische Wirtschaft repräsentieren sollte. Dieser Mann war Charles Henry Dow. Zunächst befanden sich 9 Eisenbahngesellschaften und 2 Industrieunternehmen im Dow Jones Averages. Die jeweiligen Preise wurden einfach summiert und durch die Anzahl der Gesellschaften geteilt. Somit erhielten Firmen mit einem höheren Kurs auch ein höheres Gewicht im Index, was natürlich nicht viel mit dem eigentlichen Wert der Firma zu tun hatte. Trotz dieser einfachen Methode war es möglich, über eine einfache Kennzahl 11 Firmen zu verfolgen. Später gründete Dow mit seinem Partner Edward Davis Jones die Dow Jones & Company, welche ab 1889 im neu gegründeten „Wall Street Journal" den Dow Jones Industrial Average veröffentlichte, der keine Eisenbahntitel mehr enthielt. Der Dow Jones Index ist noch heute in den Medien omnipräsent, obwohl seine Indexmethodik vom Standard abweicht.

Ein Index muss im Kontext von ETFs die folgenden Eigenschaften haben, damit er auf breite Akzeptanz stösst: Transparenz, Kontinuität, Repräsentativität, und Investierbarkeit. Es muss klar verständlich und nachvollziehbar sein, wie die Mitglieder in den Index aufgenommen bzw. aus dem Index entfernt werden. Diese Kriterien müssen schriftlich definiert sein und dürfen nicht permanenten Änderungen unterliegen (Kontinuität). Darüber hinaus hängt die Akzeptanz von den Titeln im Index ab. Neben der Repräsentativität der Titel für den jeweiligen Markt ist die Anzahl der Indexmitglieder relevant. Gerade internationale Indizes müssen eine ausreichende Anzahl an Titeln aufweisen, damit sie überhaupt als repräsentativ angesehen werden können. Normalerweise reichen 20 bis 30 Titel, wie dies der Dow Jones, der DAX und der SMI aufweisen, nicht aus. Gerade mit Bezug zu ETFs, sollten die Indizes auch nicht zu viele Titel enthalten. Läuft beispielsweise ein ETF auf einen breiten Index mit 1'000 oder mehr Titeln, kann es für den ETF sehr schwierig werden, alle Titel zu beschaffen und dadurch den Index mit tiefen Kosten abzubilden. Ein Index muss mit einem vertretbaren Aufwand investierbar sein.

Heute gibt es eine fast unüberschaubare Vielfalt von Indizes und Indexfamilien. Beinahe täglich kommen neue hinzu. Im Folgenden werden wir verschiedene Arten und Grundprinzipien von Indizes vorstellen. In weiteren Abschnitten präsentieren wir – aus unserer Sicht – wichtige Indizes rund um das Investieren mit ETFs. Dabei verfolgen wir das Ziel, den Leser mit den wichtigsten Namen und Prinzipien vertraut zu machen, damit er sich bei Bedarf selbstständig weiter informieren kann. Nebst Aktienindizes stellen wir auch Obligationen-, Rohstoff-, Geldmarkt- sowie Indizes auf alternative Anlagen vor. Auf einige der vorgestellten Indizes existieren nur wenige oder gar keine ETFs. Bei dem anhaltenden Wachstum des ETF-Marktes kann sich dieser Umstand jedoch rasch ändern.

In der Praxis sind drei Punkte zentral, wenn es um die Unterscheidung und Berechnung verschiedener Indizes geht:

- Anlageklasse: welche Anlageklasse wird vom Index abgedeckt?
- Auswahl: Gemäss welchen Kriterien werden die Wertschriften für den Index ausgewählt?
- Gewichtung: Gemäss welchen Kriterien werden die Wertschriften im Index gewichtet?

Anlageklasse. Wertschriften werden gemäss ihren rechtlichen sowie finanztheoretischen Eigenschaften verschiedenen Anlageklassen zugewiesen. Dazu gehören: Aktien, Obligationen (Anleihen), Rohstoffe, Immobilien und Hedge Funds. Fast alle Indizes können eindeutig einer Anlageklasse zugeteilt werden. Der DAX und der SMI zu Aktien, der Citigroup Global Aggregate Bond Index zu Obligationen, der CRB Index zu Rohstoffen und der HFRX Index zu den Hedge Funds. Da sich Anlageklassen bezüglich Risiko/Rendite-Eigenschaften und Liquidität stark unterscheiden können, ist bei der Auswahl eines Indizes dessen Anlageklasse das erste Kriterium.

Auswahl. Bei der Auswahl der Indexmitglieder wird definiert, nach welchen Regeln die Wertschriften einer Anlageklasse ausgewählt werden. Solche Regeln können subjektive Elemente enthalten oder rein prozessbasiert sein. Als Hilfe für eine Einordung können die folgenden Grundkategorien unterschieden werden:

- **Passiv:** Hier wird der gesamte Markt bzw. Sektor abgedeckt. In der Praxis können nicht alle Titel gehalten werden, und somit dringen die Indizes bis zu einer vertretbaren Markttiefe vor. Die Auswahl soll dabei stets ein sehr ähnliches Verhalten haben wie „der Markt", auf den sich der Index bezieht. Bei der passiven Auswahl werden normalerweise zunächst die „grossen" Werte berücksichtigt, weil diese den Markt dominieren. Dabei wird beispielsweise angeschaut: Minimale Marktkapitalisierung, ausstehende Aktien, Handelsvolumen (Liquidität).
- **Passiv mit Filter:** Mittels eines Filters werden gewisse Titel ausgeschlossen wie z.B. Tabak- und andere Genusswerte. Es kann auch ein Filter mit Bezug zur Liquidität oder der Dividende angewendet werden. In der Praxis besteht oft ein fliessender Übergang zwischen rein passiven und gefilterten Auswahlverfahren.
- **Modell:** Hier werden diverse Filter angewendet und/oder der Auswahlprozess beruht auf einem (quantitativen) Modell, welches auch als quantitative Strategie bezeichnet werden kann. Typischerweise haben diese Indizes einen hohen Turnover („Umwälzung", sprich die Titel bleiben nicht lange im Index), was für den ETF-Investor tendenziell höhere Kosten zur Folge hat.

Was charakterisiert den Markt am besten?

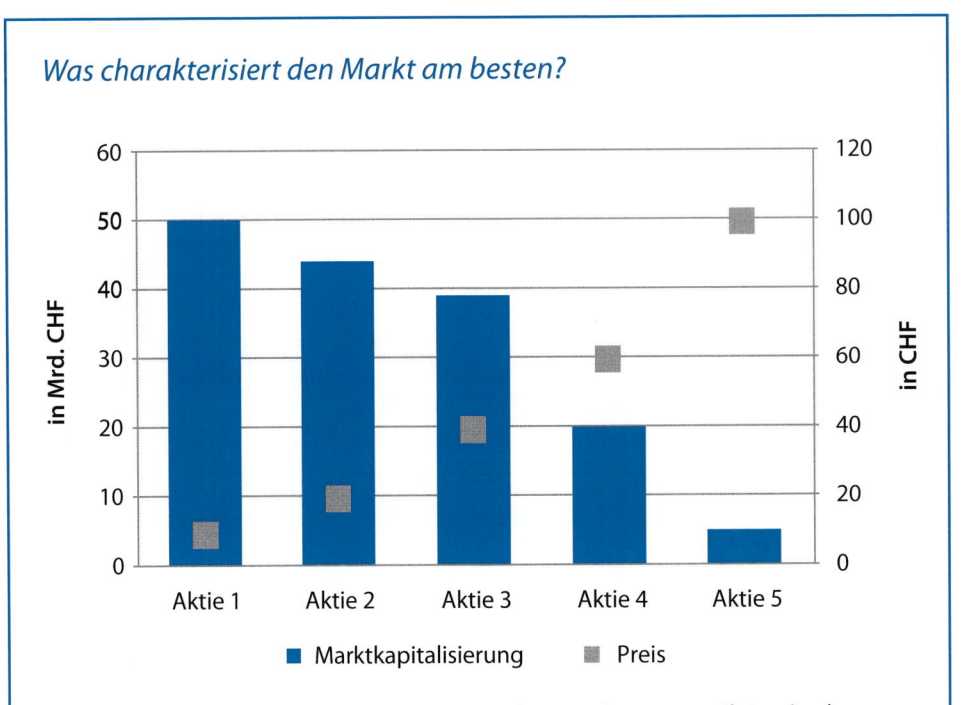

Abbildung 3-1: Marktkapitalisierung (linke Achse) und Preis von Aktien (rechte Achse) als Gewichtungskriterien.

In der Regel liegt der Fokus bei der **Auswahl** auf den grössten Titeln im relevanten Markt. Dies erfolgt über die Marktkapitalisierung, d. h. Aktienpreis mal Anzahl ausstehender Titel des Unternehmens. Die Marktkapitalisierung eines Unternehmens spielt auch bei der **Gewichtung** eine wichtige Rolle – normalerweise adjustiert um den handelbaren Streubesitz. So hätte die Aktie 1 bei einem marktkapitalisierungsgewichteten Index das grösste Gewicht und die Aktie 5 das kleinste. Wird hingegen der Index preisgewichtet berechnet, hätte die Aktie 5 das höchste Gewicht im Index. Bei einer Gleichgewichtung hätten alle 5 Aktien dasselbe Gewicht.

In der Praxis sind die meisten Indizes marktkapitalisierungsgewichtet, wie beispielsweise der DAX, SMI oder der S&P 500. Die prominentesten Vertreter der preisgewichteten Indizes sind der Dow Jones und der Nikkei 225.

Gewichtung. Nachdem der Indexanbieter innerhalb einer Anlageklasse die Wertschriften ausgewählt hat, muss er diese im Index gewichten. Dies kann auf verschiedene Arten erfolgen:

- **Marktkapitalisierungsgewichtet:** Um die Höhe der Marktkapitalisierung zu ermitteln, wird der Preis einer Wertschrift mit der Anzahl der ausstehenden Wertschriften multipliziert. Die Marktkapitalisierung bestimmt das Gewicht der Wertschrift im Index. Dies ist die Standardmethode bei Benchmarkindizes. Auf Englisch wird dies capitalization-weighted, market-cap-weighted oder market-value-weighted bezeichnet. Es gibt verschiedene Unterarten der marktkapitalisierungsgewichteten Berechnung: Adjustierung nach dem „Free Float" (Streubesitz), nach der Liquidität oder weiteren Einschränkungen. Free Float Adjusted ist heute die dominierende Methode. In der Praxis werden die maximalen Gewichte je Wertschrift im Index oft limitiert, damit nicht einzelne Titel den Index zu stark dominieren oder damit die Indizes für ETFs verwendet werden können, welche per Gesetz Vorschriften zu maximalen Positionsgrössen haben. Die Marktkapitalisierung hat sich bei Indizes als Massstab für die Grösse eines Unternehmens durchgesetzt. Umsatz, Gewinn oder Anzahl Mitarbeiter spielen bei dieser Methodik keine Rolle.

- **Preisgewichtet:** Wertschriften werden gemäss ihrem Preis gewichtet. Je höher der Preis, desto höher das Gewicht der Wertschrift. Der Dow Jones und der Nikkei sind die bekanntesten Vertreter dieser Gewichtungsmethode.
- **Gleichgewichtet:** Alle Titel erhalten dasselbe Gewicht im Index. Dadurch werden tiefer kapitalisierte Wertschriften höher gewichtet als bei der Marktkapitalisierungsmethode. In Marktphasen, in denen kleinkapitalisierte Unternehmen höhere Renditen erwirtschaften als gross-kapitalisierte – dies ist häufig bei einem Wirtschaftsaufschwung der Fall – sind Renditen von gleichgewichteten Indizes höher als jene von marktkapitalisierungsgewichteten. Eine weitere Besonderheit von gleichgewichteten (ggw) Indizes ist die erschwerte Replizierbarkeit durch Finanzinstrumente. Nach jeder Kursveränderung der Mitglieder bleibt ein ursprünglich gleichgewichtetes Portfolio nicht mehr gleichgewichtet. Das Portfolio weicht vom ggw Index ab. Ein ggw Index kann nur dann gut getrackt werden, falls Portfoliogewichte ständig angepasst werden. Um kleine und häufige Trades sowie unnötige Transaktionskosten in Index-replizierenden Produkten zu vermeiden, kann bei ggw Indizes eine temporäre Abweichung von der Gleichgewichtung zugelassen werden. Es kann beispielsweise definiert werden, dass die Indexgewichte nur per Ende jeden Monats auf ggw gestellt werden. In diesem Fall spricht man von monatlichem Rebalancing. Es ist zu beachten, dass die Fragestellung bezüglich Rebalancing-Häufigkeit bei value-weighted und preisgewichteten Indizes nicht besteht, da sich Gewichtungen innerhalb dieser Indizes zusammen mit den Kursverläufen der Mitglieder verändern. Einigen Studien zufolge ist die ggw Methode der Marktkapitalisierungsmethode in Bezug auf Risiko/Rendite-Eigenschaften überlegen. In der Praxis haben sich gleichgewichtete Indizes, möglicherweise bedingt durch die höheren Transaktionskosten, die bei einer Nachbildung entstehen, bis anhin nicht durchsetzen können.
- **Fundamental/Strategie:** Bei dieser Methode werden die Mitglieder im Index nicht nach deren Marktkapitalisierung, sondern nach anderen Faktoren bzw. Methoden gewichtet. Diese beinhalten z.B. Fundamentaldaten wie Dividendenrendite und Kurs/Gewinn-Verhältnis. Zu den Strategieindizes zählen auch gehebelte (leveraged) und inverse (short) Indizes.

Die am meisten verbreitete Methode für die Berechnung von Indexgewichten ist die Marktkapitalisierungsmethode. Sie wird vor allem durch die Moderne Portfoliotheorie sowie dem Capital Asset Pricing Modell (CAPM) gerechtfertigt. Gemäss diesen Modellen ist ein marktkapitalisierungsgewichtetes Portfolio, das sogenannte Marktportfolio, effizient. Es hat demnach optimale Risiko/Rendite-Eigenschaften.

Dieser Punkt wird von Praktikern und Theoretikern gleichermassen in Frage gestellt. Für die genaue Anwendung der angesprochenen Finanztheorien müssen alle mit Risiko behafteten Vermögenswerte berücksichtigt werden. Dann wäre ein kapitalisierungsgewichtetes Portfolio gemäss Theorie „effizient". Beschränkt sich das Universum lediglich auf Aktien, greift die Theorie nicht und die Marktkapitalisierungsgewichtung ist nicht mehr gerechtfertigt.

Kritiker argumentieren häufig, dass bei dieser Methode Indizes „trend-following" sind, da Titel, deren Preise ansteigen, automatisch stärker gewichtet werden. Stattdessen solle auf andere Gewichtungsmethoden wie die fundamentale oder gleichgewichtete zurückgegriffen werden. Diese sind jedoch mit höheren Transaktionskosten verbunden und haben sich möglicherweise auch deshalb bis heute in der Praxis nicht durchsetzen können.

Nebst der Anlageklasse, Auswahl und Gewichtung gibt es weitere Eigenschaften, die Indizes charakterisieren. Eine dieser Eigenschaften ist die Handhabung von Ausschüttungen.

Berücksichtigung von Ausschüttungen

Bei jedem Index muss definiert werden, wie die täglichen Veränderungen des Indexstandes zu berechnen sind. Dabei kann zwischen Kurs- und Performanceindizes unterschieden werden. Es stellt sich die Frage, was alles für die Berechnung der Veränderung herbeigezogen wird. Bei einem Kursindex (manchmal auch Preisindex genannt) werden nur die Kursveränderungen der jeweiligen Wertschriften im Index berücksichtigt. So fliessen bei Obligationen Coupons und bei Aktien Dividenden nicht in den Indexstand hinein. Im Gegensatz dazu werden bei einem Performanceindex (Total Return) nebst Kursveränderungen ebenfalls Erträge berücksichtigt.

Berücksichtigung von	Kursindex (Price Index)	Performanceindex (Total Return Index)
Kursveränderung	Ja	Ja
Erträge (Dividenden, Coupons)	Nein	Ja

Tabelle 3-1: Kurs- versus Performanceindex.

Die Verwendung von Erträgen bei Performanceindizes scheint ein klares und einfaches Konzept zu sein. Doch der Teufel steckt – wie so oft – im Detail. So muss definiert werden, ob die Erträge sofort und zu 100% reinvestiert werden. Falls die Erträge nicht umgehend und vollumfänglich reinvestiert werden, spricht man von einem Netto-Performanceindex. In der Praxis werden auf Ausschüttungen normalerweise Quellensteuern erhoben, welche je nach Anleger und Domizil unterschiedlich hoch sein können. Dieser Abzug wird bei Netto-Performance-Indizes geltend gemacht, wobei ein repräsentativer Steuersatz für den Abzug zur Anwendung kommt.

Der Quellensteuerabzug führt dazu, dass bei Indizes, die in der gross (brutto) sowie in der net (netto) Variante berechnet werden, der Net-Performance-Index eine leicht tiefere Rendite ausweist. Da Net-Performance-Indizes die Steuerproblematik, die sich bei der praktischen Umsetzung einer Strategie stellt, berücksichtigen, werden sie in der professionellen Vermögensverwaltung vermehrt als Benchmarkindizes eingesetzt.

Einfache Zweiteilung der Indexwelt

Sind Indizes repräsentativ für den Markt, auf den sie sich beziehen, spricht man von einem **Benchmarkindex**. Im Gegensatz dazu gibt es auch viele Indizes, die eher an eine Anlagestrategie erinnern und somit keine Benchmarkindizes darstellen. Letztere werden oft **Strategieindizes** genannt. Ein Benchmarkindex gibt ein Marktsegment oder einen ganzen Markt (z.B. Aktien Deutschland) möglichst exakt wieder, wobei die enthaltenen Wertschriften normalerweise gemäss ihrer Marktkapitalisierung gewichtet und passiv ausgewählt werden. In der Vergangenheit orientierte man sich an der gesamten Marktkapitalisierung einer Wertschrift, d.h. es wurden auch jene Titel berücksichtigt, welche gar nicht zum Handel zur Verfügung standen. Seit Ende der 1990er Jahre werden praktisch alle Indizes im sogenannten Streubesitzverfahren (Free Float) berechnet. Es werden nur jene Werte zur Berechnung des Index herangezogen, welche auch tatsächlich handelbar sind. ETFs, welche sich auf Benchmarkindizes beziehen, sind in der Praxis grundsätzlich günstiger als ETFs auf Strategie-Indizes.
Dies kann wie folgt zusammengefasst werden:

	Benchmarkindex	Strategieindex
Charakteristika	Gibt Segment oder Markt möglichst objektiv wieder.	Stellt eine Strategie dar, wie in einem Bereich investiert werden kann.
Kosten von ETFs	Tendenziell tief	Tendenziell höher; Indexanbieter verlangen höhere Lizenzgebühr.
Verständlichkeit	Einfach	Schwierig
Auswahl der Titel	Passiv (inkl. einfacher Filter)	Aufgrund von Filtern und mathematischen Modellen, wobei verschiedenste Faktoren gewichtet/verwendet werden können.

	Benchmarkindex	Strategieindex
Gewichtung	i. d. R. marktkapitalisierungsgewichtet (= Aktienzahl × Börsenkurs)	Verschiedene Arten in der Praxis möglich – je nach Strategie.
Einsatz	■ Wissenschaftliche Analysen ■ Asset-Allocation-Entscheide ■ Vergleich für das aktive Management ■ Zielgrössen für Indexinstrumente	■ Umsetzung von kurz- und mittelfristigen Meinungen
Beispiele	■ DAX, SMI, S&P500	■ Covered Call Index ■ RAFI Index ■ Short / Leverage Index

Tabelle 3-2: Benchmark- versus Strategieindex.

Einteilung in Entwickelte und Aufstrebende Länder

Die meisten Indexanbieter unterscheiden zwischen entwickelten (Developed), aufstrebenden (Emerging) und Schwellenländern (Frontier Markets). Dies führt häufig zu einer Begriffsverwechslung in der Deutschen Sprache. Wenn in der Tagespresse von Schwellenländern die Rede ist, werden in den meisten Fällen aufstrebende Länder und nicht „Frontier Markets" verstanden. Um konsistent mit der englischen Terminologie zu sein, verwenden wir aufstrebende Länder und Emerging Markets synonym.
Die Begriffe Developed Markets, Emerging Markets und Frontier Markets beschreiben (Aktien-)Märkte und basieren auf einem Länder-Klassifizierungsschema. Länder werden gemäss den Kriterien des jeweiligen Indexanbieters in eine dieser drei Kategorien eingeteilt. Länder mit der höchsten wirtschaftlichen Entwicklung, Liquidität und dem einfachsten Marktzugang werden den Developed Markets zugeordnet. Gemäss dem Indexanbieter MSCI gehörten im Jahr 2011 24 Länder in diese Gruppe. Emerging Markets stellen die nächste Gruppe dar und beinhalten nach MSCI 21 Länder. Die dritte Gruppe der Frontier Markets sind die 25 am wenigsten erschlossenen Märkte.
Die ursprüngliche Einteilung der Volkswirtschaften wurde in den 1980er Jahren von der Weltbank vorgenommen. Länder mit einem Pro-Kopf-Einkommen von über 12'276 US Dollar (Stand 2011) werden als entwickelt bezeichnet. Da dieser Schwellenwert vom Wechselkurs des USD zu den jeweiligen Währungen abhängt und von Jahr zu Jahr grösseren Fluktuationen unterliegt, gehen Indexanbieter in der Definition der Marktzugehörigkeit weiter, um eine Stabilität in der Zusammensetzung ihrer Indizes zu erreichen. Nach MSCI muss ein Land in drei aufeinander folgenden Jahren 25% über dem Weltbank-Schwellenwert liegen, um der Gruppe der entwickelten Länder anzugehören. Zusätzlich werden Anforderungen an die Grösse und Handelsliquidität der Unternehmen sowie an den Marktzugang gestellt. So müssen bei MSCI beispielsweise drei Unternehmen in vier aufeinander folgenden Halbjahren eine Grösse

von rund 1 Milliarde USD erreichen, damit das Land den Status als Emerging Market erhalten kann. Kriterien an den Marktzugang sind hingegen eher qualitativer Natur. Gerade letztere können zu Abweichungen in den Klassifizierungen der einzelnen Indexanbieter führen. So hat der Indexanbieter FTSE Südkorea bereits als entwickeltes Land eingestuft, während MSCI und S&P das Land immer noch unter Emerging Markets aufführen. MSCI stufte den Marktzugang sowie die Umtauschbarkeit des Südkoreanischen Won als ungenügend ein.

Wird ein ehemals aufstrebendes Land in die Gruppe der entwickelten Länder aufgenommen, wird dies in den entsprechenden Indizes berücksichtigt: beispielsweise wird die Aktie des Unternehmens anstatt im MSCI Emerging Markets im MSCI World aufgeführt. Dies hat zur Folge, dass auch ETFs, die diese Indizes nachbilden, Umschichtungen vornehmen müssen. Obwohl eine erhöhte Nachfrage nach solchen Titeln a priori nicht zu erwarten ist (die wichtigsten Indizes sind marktkapitalisierungsgewichtet – diese Gewichtung verändert sich durch die Umklassifizierung oft nur marginal), werden positive Signale in Bezug auf die Liquidität und Marktzugang eines Landes gegeben.

Die Bedeutung sowie die Wahrnehmung von Emerging Markets hat sich über die Zeit verändert. Im Kontext der US-amerikanischen und europäischen Schuldenkrise ist die Differenzierung zwischen entwickelten und aufstrebenden Ländern nicht mehr allzu deutlich. Die ursprüngliche Unterteilung verfolgte das Ziel, wirtschaftlich und politisch weniger stabile Regionen zu unterscheiden. In Anbetracht der Renditen und Volatilitäten der vergangenen Jahre ist diese Unterscheidung aus Anlegersicht sicherlich zu hinterfragen. Emerging Markets waren vor einigen Dekaden so weit wie die Frontier Markets heute. Die Korrelation zu den entwickelten Ländern ist inzwischen aber gestiegen und die Risiken gefallen. Bei den Frontier Markets kann hingegen immer noch eine tiefe Korrelation zu den entwickelten Märkten beobachtet werden. Aus der Sicht des Anlegers kann etwas überspitzt geäussert werden, dass die Emerging Markets von gestern die Frontier Markets von heute sind. Der Zugang zu den Frontier Markets ist jedoch erschwert. In Europa kann der S&P Select Frontier ETF von db x-trackers erworben werden. Die vergleichsweise tiefe Liquidität der zugrunde liegenden Titel sowie das Total Expense Ratio von 0.95% (Stand 2011) muss in die Investitionsentscheidung mit Sicherheit einfliessen.

Länder, Regionen und Sektoren

Früher dominierten Länderindizes, wie der DAX oder der SMI. Aufgrund der internationalen Verflechtungen und der Entstehung grenzüberschreitender Wirtschaftsräume haben Regionenindizes zunehmend an Bedeutung gewonnen. Ein Beispiel dazu ist der Euro-Wirtschaftsraum. Ausgedient haben die Länderindizes aber noch lange nicht, da die Firmen immer noch diversen nationalen Einflüssen wie z.B. Steuergesetzen und Wahlen ausgesetzt sind. Neben den Regionenindizes sind auch Sektorenindizes von Bedeutung. Gerade in diesem Bereich konnten in der Praxis verschiedene Tendenzen beobachtet werden. Schien vor wenigen Jahren noch der Trend Richtung Sektorenindizes zu gehen, legt man heute gerne (wieder) den Fokus auf Regionen und Länder, wobei die Branchen als Beimischung betrachtet werden.

Historisch wurden zunächst Indizes je Börse definiert, gefolgt von Indizes je Land (es kann mehrere Börsen pro Land geben) oder Region. Mit der weiteren Spezialisierung kamen Sektorindizes hinzu.

Die Sektoren können gemäss dem Schema von ICB oder von GICS eingeteilt werden. Der „Industry Classification Benchmark" (ICB) wird von Dow Jones und FTSE zur Verfügung gestellt. Bei ICB werden 10 Industrien unterschieden. Diese Industrien werden weiter in 19 Supersektoren, 41 Sektoren und 114 Subsektoren unterteilt. Bei den Sektoren hat sich nach Ansicht der Autoren die Einordnung gemäss GICS immer mehr durchgesetzt. GICS steht für „Global Industry Classification Standard" und wurde von MSCI und S&P im Jahre 1999 entwickelt. Bei GICS werden weltweit 10 Sektoren unterschieden, welche sich in 24 Industriegruppen, 68 Industrien und 154 Sub-Industrien weiter unterteilen lassen.

Die folgende Pyramide soll das Prinzip bei GICS veranschaulichen:

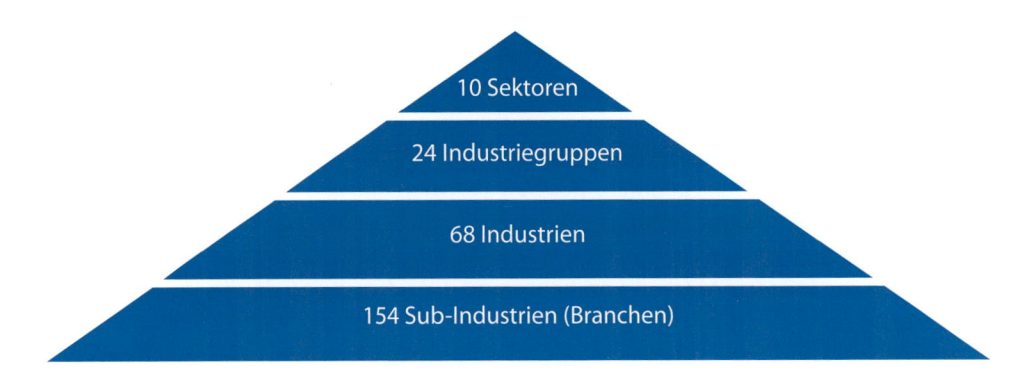

Abbildung 3-2: GICS-Sektoren, Industriegruppen und Branchen.

So wird beispielsweise der Sektor „Finanzwesen" in folgende Industriegruppen unterteilt: Banken, diversifizierte Finanzdienste, Versicherungen und Immobilien. Die Industriegruppe „Banken" kann dann wiederum in Industrien wie z.B. „Handelsbanken oder Sparkassen" unterteilt werden. Auf der untersten Stufe (Sub-Industrie bzw. Branche) können die Handelsbanken eingeordnet werden in „breitgefächerte Banken und regionale Banken".

Im Rahmen von Sektor-ETFs kommt oft die oberste Stufe, also die 10 GICS-Sektoren, zur Anwendung. Diese 10 Sektoren stellen wir tabellarisch mit einer kurzen Beschreibung dar:

Was ist ein Index?

10 GICS-Sektoren Englisch (Deutsch)	Beschreibung / enthaltene Bereiche	Beispiele
1. Energy (Energie)	Firmen im Bereich Öl- und Gas-Produkte, Bohrausrüstungen, energieverbundene Dienstleistungen und Ausrüstung, Bau von Bohrinseln.	US: Exxon UK: BP
2. Materials (Roh-, Hilfs- & Betriebsstoffe)	Firmen im Bereich Rohstoffe, Herstellung von Chemikalien, Glas, Papier, Holz, Metalle, Stahl etc.	DE: BASF, Salzgitter AG CH: Syngenta, Holcim
3. Industrials (Industrie)	Firmen im Bereich Luftfahrt, Verteidigung, Konstruktion, Industriemaschinen.	DE: Siemens, Lufthansa CH: ABB, SGS
4. Consumer Discretionary (Nicht-Basiskonsumgüter)	Autohersteller, Haushaltsgeräte, Bekleidung, Freizeitgeräte, Hotels, Restaurants etc. Diese Industrien sind anfällig auf Zyklen in der Wirtschaft.	DE: Adidas, BMW
5. Consumer Staples (Basiskonsumgüter)	Nahrungsmittelhersteller und -verteiler, Getränke, Genussmittel, Supermärkte. Diese Industrien sind weniger anfällig auf Zyklen.	DE: Metro, Henkel CH: Nestlé
6. Health Care (Gesundheitswesen)	Dieser Bereich umfasst zwei Hauptbereiche: Firmen, die Gesunheitsausrüstung herstellen und Gesundheitsdienstleistungen erbringen sowie Firmen, welche Forschung, Entwicklung und Produktion von Medikamenten betreiben.	DE: Bayer CH: Roche, Novartis
7. Financials (Finanzwesen)	Firmen im Bereich Banken, Hypotheken, Kredite, Vermögensverwaltung, Immobilien.	DE: Deutsche Bank, Münchener Rück CH: Credit Suisse, Swiss Re
8. Information Technology (IT)	Firmen im Bereich Software-Entwicklung und -Dienstleistung, Technologie-Hardware und Ausrüstung, Kommunikationsausrüstung, Computer und Halbleiter.	DE: SAP, Infineon
9. Telecommunication Services (Telekommunikationsdienste)	Firmen im Bereich Telekommunikationsdienstleistungen.	DE: Deutsche Telekom CH: Swisscom
10. Utilities (Versorgungsbetriebe)	Firmen im Bereich der Strom-, Gas- oder Wasserversorgung.	DE: RWE, E.ON

Tabelle 3-3: GICS-Sektoren.

In der ETF-Praxis kann beobachtet werden, dass Information Technology und Telecommunication Services oft zu einer Kategorie zusammengefasst werden: so gibt es in den USA den Technology SPDR ETF.
Bei ICB nennt sich die oberste Stufe zur Einordnung von Sektoren „Industrien". Die 10 Industrien von ICB sind die folgenden: Oil & Gas, Basic Materials, Industrials, Consumer Goods, Health Care, Consumer Services, Telecommunications, Utilities, Financials, Technology.

Im Folgenden teilen wir die Indexwelt in diese Anlageklassen auf: Aktien, Anleihen, Geldmarkt, Rohstoffe, Hedge Funds, Private Equity und Immobilien. Dabei gehen wir auf die wichtigsten Eigenschaften der jeweiligen Anlageklasse ein. Zu jeder Anlageklasse präsentieren wir die bekanntesten Indexfamilien. Wir haben uns von der Bedeutung der Indizes leiten lassen. So wurden bewusst auch Indizes, auf welche (noch) keine ETFs bestehen, ausgewählt.

Der Aktienmarkt

Der Aktienmarkt ist ein Teil des sogenannten Kapitalmarktes, dem Markt für mittel- bis langfristige Anlagen in Wertschriften. Der Kapitalmarkt, an dem grundsätzlich Aktien und Obligationen gehandelt werden, ist von grosser ökonomischer Bedeutung. Er ermöglicht eine effiziente Allokation von Kapital, die Diversifikation verschiedener Risiken und koordiniert die Spar- und Produktionspläne der Teilnehmer.
Der Aktienmarkt wird in einen Primär- und Sekundärmarkt eingeteilt. Auf dem Primärmarkt werden Wertschriften ausgegeben (dies sind bei Aktien IPOs – Initial Public Offerings, also Börsengänge) und auf dem Sekundärmarkt findet der laufende Handel statt. Ein Investor handelt normalerweise auf dem Sekundärmarkt. Auf dem Aktienmarkt findet eine grosse Zahl der Transaktionen über die regulären Börsen, wie die Deutsche Börse oder die Schweizer Börse SIX, statt. Dies steht im Gegensatz zum Obligationenmarkt, welcher ein typischer „OTC"-Markt ist, d.h. die meisten Transaktionen erfolgen ausserhalb der Börsen.
Durch die Emission von Aktien kann ein Unternehmen Eigenkapital aufnehmen und Investitionen bzw. zukünftige Ausgaben finanzieren. Im Gegensatz zum Halter einer Obligation, die Fremdkapital darstellt, sind Aktionäre am Unternehmen und damit auch am Unternehmensgewinn beteiligt.

Aktienindizes

Aus Sicht der Endanleger sind die Aktienindizes in zwei Lager einzuteilen. Einerseits existieren jene Indizes, die der interessierte Anleger von der Lektüre des Wirtschaftsteils seiner Tageszeitung oder vom Fernsehen her kennt. Wir nennen diese „Tagesschau-Indizes". Dies ist besonders im Aktienbereich deutlich, wo beispielsweise in Deutschland der DAX und in der Schweiz der SMI fast allgegenwärtig sind. Zudem werden oft die Notierungen des Dow Jones (USA) und des Nikkei (Japan) in den Medien rapportiert. Neben diesen durch die Medien bekannten Indizes existiert noch eine Vielzahl von weiteren Indizes und Indexfamilien. Beispielsweise sind der jeweilige Länderindex von Indexanbietern wie MSCI, also z.B. der MSCI Germany und der MSCI Switzerland, normalerweise den Anlegern weniger bekannt. Dies stellt einen wesentlichen Unterschied zu den Obligationenindizes dar, welche den privaten Anlegern generell weniger bekannt sind. Ein weiterer Unterschied zu den Obligationenindizes ist die Tatsache, dass Aktien faktisch eine unendliche Laufzeit haben und somit immer „dieselbe" Aktie im Index verbleiben kann. Zudem gibt es normalerweise nur eine Aktie (bzw. eine „Hauptaktie") pro Gesellschaft. Demgegenüber können Gesellschaften mehrere Obligationen mit unterschiedlichen Laufzeiten und Coupon-Höhen ausstehend haben, was die jeweiligen Indizes entsprechend berücksichtigen müssen.

Investieren in Aktien

Investiert ein Anleger in Aktien einer Firma, stellt er dieser Firma Geld zur Verfügung. Im Gegensatz zu Obligationen, welche Fremdkapital darstellen und wo ein Zinssatz (Coupon) vertraglich vereinbart ist, beteiligt sich ein Aktieninvestor am Eigenkapital einer Firma, er wird sozusagen Mitunternehmer. Dabei erwirbt der Aktionär Mitgliedschaftsrechte (z.B. Stimmrechte an der Generalversammlung). In der Regel basiert die Investition auf der Erwartung einer zukünftigen Entschädigung.
Grundsätzlich erwirbt ein Aktionär mit einer Aktie eine Risikoanlage, weil die Rendite im Vorfeld unbekannt ist und auch negativ ausfallen kann. Anleger wollen durch das Halten dieser Risikoanlage im Vergleich zu einer risikofreien Anlage belohnt werden. Man spricht von „Equity Risk Premium", also von der Risikoprämie, die ein Anleger durch das Halten von Aktien erwartet.
Möchte ein Anleger beispielsweise 10'000 CHF investieren, kann die Alternative zu einer Anlage in Aktien beispielsweise ein Sparkonto mit einer Verzinsung von 1.5% oder eine Obligation mit einem Coupon von 2.5% sein. In beiden Fällen kann der Investor im Vorfeld mit einer hohen Wahrscheinlichkeit abschätzen, was seine Rendite sein wird. Hoch ist die Wahrscheinlichkeit deshalb, weil die Zinsen bei Sparkonten geändert werden können und weil eine Obligation ausfallen kann. Bei der Aktie kennt der Anleger die Rendite jedoch nicht. Die erwartete Rendite auf der Aktie muss dieses Risiko in geeigneter Form kompensieren.
Bei Aktien stammen die Entschädigungen aus zwei unterschiedlichen Quellen: Dividenden und Kursgewinne. Dividenden werden bei Aktien meist in regelmässigen Abständen ausbezahlt, in Europa normalerweise einmal pro Jahr und in den USA quartalsweise. Im Gegensatz zu Obligationen, wo die Zinszahlung (Coupon) vertraglich vereinbart ist, sind Dividenden nicht fix oder garantiert. Dividenden sind Gewinnausschüttungen von Gesellschaften an ihre Aktionäre. Damit Dividenden überhaupt ausbezahlt werden können, muss ein Gewinn vorhanden sein und die Firma muss auch

entschieden haben, was sie mit dem Gewinn machen will. So kann eine Gesellschaft auch reinvestieren – beispielsweise für gewinnträchtige Projekte. Dies schmälert zwar die kurzfristige Rendite, kann jedoch den mittel- bis langfristigen Unternehmenserfolg sichern.

Möchte ein Anleger eine Aktie mit einer möglichst hohen und konstanten Dividende kaufen, wird er sich vorzugsweise Firmen mit stabilen Gewinnen anschauen. Dies sind typischerweise Unternehmen aus defensiven Sektoren mit einer konstanten Nachfrage, welche relativ unabhängig von der Konjunktur verläuft, beispielsweise Telekom-Unternehmen.

Neben den Dividenden gibt es noch die Kursgewinne. Kursgewinne sind die Differenz zwischen Verkaufs- und Kaufkurs. Letztlich sind Kursgewinne (oder auch -verluste) erst realisiert, wenn die Aktie verkauft wird. Wird die Aktie noch gehalten, spricht man von Buchgewinnen oder -verlusten. Als Faustregel kann gesagt werden, dass rund zwei Drittel bis drei Viertel der gesamten Aktienperformance aus den Kursgewinnen stammt. Die restliche Performance kommt von den Dividenden. Doch auch hier gilt; keine Regel ohne Ausnahme. Bei der sogenannten Dividendenstrategie werden Aktien mit einer möglichst hohen (erwarteten) Dividendenrendite gekauft. Hier macht der Beitrag der Dividenden einen viel höheren Teil an der gesamten Aktienperformance aus.

Was gibt der Aktie einen Wert und wie werden Aktien bewertet?

Bei der Betrachtung von Aktien können verschiedene Werte unterschieden werden. Grundsätzlich ist der „Wert" (oder „Value") etwas Subjektives. In die subjektive Bewertung können verschiedene Faktoren einfliessen. Dazu zählen historische Kursentwicklung, Unternehmenskenntnis, persönliche Vorlieben und Erwartungen. Selbst vermeintlich objektive Bewertungsmethoden müssen sich auf Annahmen stützen. Der Durchschnitt dieser subjektiven Bewertungen – über alle Marktteilnehmer gesehen – wird im aktuellen Kurs (Preis) einer Aktie widerspiegelt. Der Kurs entspricht selten genau der subjektiven Einschätzung eines Einzelnen. So werden günstig wahrgenommene Titel gekauft und im umgekehrten Fall verkauft. Dies erfolgt bei jedem Investor unter der Annahme, dass sich der Marktpreis und die subjektive Bewertung annähern. Dieser Prozess kann natürlich lange dauern oder nie eintreten, weil sich beispielsweise das Marktumfeld verändert hat oder das Bewertungsmodell falsch war.

Neben dem Wert und dem Preis kann noch der Nominalwert und der Buchwert unterschieden werden. Diese Werte stellen buchhalterische Grössen dar. Der Nominalwert oder Nennwert hat mit dem aktuellen Kurs der Aktie nicht viel zu tun, sondern bezeichnet den auf dem Wertpapier angegebenen Forderungsbetrag. Beim Buchwert handelt es sich um den Wert des Eigenkapitals einer Firma geteilt durch die Anzahl (ausstehender) Aktien.

Man kann die folgenden Hauptanalyserichtungen unterscheiden, um die Kurse von Aktien zu erklären:

- Fundamentalanalyse: die Bewertung erfolgt primär aufgrund der Unternehmensdaten und Kennzahlen, die beispielsweise Gewinn und Preis pro Aktie vergleichen.
- Quantitative Analyse: Prognosen von zukünftigen Renditen werden mittels mathematischen Verfahren erstellt. Dabei wird häufig auf historische Preisentwicklungen und fundamentale Daten zurückgegriffen.
- Technische Analyse: Der aktuelle Kurs wird in den Kontext historischer Kursverläufe und technischer Kennzahlen (wie Handelsvolumina etc.) gesetzt.
- Behavioral Finance: Bewertung aufgrund von börsenpsychologischen Ansätzen.

Bei der *Fundmentalanalyse* werden die jeweiligen Firmen möglichst genau analysiert, mit dem Ziel, das zukünftige Gewinnpotential der Gesellschaft sowie das Risiko von Verlusten abschätzen zu können. Dabei muss man sich immer bewusst sein, dass man in der Regel von historischen Daten (wie Bilanz und Erfolgsrechnung) auf die Zukunft zu schliessen versucht. Oft bevorzugen Analysten eine Vorgehensweise, die stärker auf die Zukunft gerichtet ist. Untersucht wird beispielsweise, wie das Unternehmen in der jeweiligen Brache positioniert ist und wie es um die Branche generell steht. Methoden zur Bestimmung des fundamentalen Wertes sind: DCF (Discounted Cashflow), EVA (Economic Value Added) oder Liquidationswert. Mit Bezug zu den Fundamentaldaten können die folgenden Kennzahlen und Methoden aufgelistet werden, da sie immer wieder in der Wirtschaftspresse erscheinen:

Kennzahlen rund um Aktien	Kurze Erklärung
P/E	- „Price/Earnings Ratio", Kurs/Gewinn-Verhältnis (KGV). - Der Kurs der Aktie wird durch den Gewinn pro Aktie dividiert. - Die Kennzahl sagt aus, wie viel der Investor für einen Franken Gewinn bezahlen muss bzw. wie oft der Gewinn im Aktienkurs enthalten ist. - Bei einem hohen P/E-Ratio muss man vergleichsweise viel für einen Franken Gewinn bezahlen. Dies hat natürlich einen Einfluss auf die Dividendenrendite. - Einfacher und schneller Vergleich von Aktien – sinnvollerweise innerhalb der selben Branche.
P/B	- „Price/Book Ratio", Kurs/Buch-Verhältnis (KBV). - Der Kurs der Aktie wird durch den Buchwert des Eigenkapitals pro ausstehender Aktie dividiert.
EPS	- „Earnings per Share", Gewinn pro Aktie. - Der Unternehmensgewinn wird durch die Anzahl Aktien dividiert.

Kennzahlen rund um Aktien	Kurze Erklärung
Beta	■ Kennzahl zur Beurteilung der Sensitivität der Aktie gegenüber dem jeweiligen Gesamtmarkt. ■ Ist das Beta einer Deutschen Aktie in Bezug zum DAX kleiner als 1, dann steigt die Aktie bei einem Marktaufschwung in der Regel weniger an als der DAX – bei einem Beta von über 1 hingegen mehr. ■ Wichtig: Betas ändern sich fortlaufend und sind oft anders in steigenden als in fallenden Märkten.
Dividendenrendite	■ Die Dividende dividiert durch den Aktienkurs.
Payout Ratio	■ Gewinnausschüttungsquote. ■ Diese Kennzahl beschreibt, wie viel des Gewinnes ausgeschüttet wird und ist wesentlich zur Beurteilung der Dividendenpolitik.
Marktkapitalisierung	■ Kurs multipliziert mit der Anzahl Aktien. ■ Kleine und mittlere Unternehmen haben statistisch gesehen langfristig höhere Renditen bei einem höheren Risiko. Dies wird bei der sogenannten Size-Strategie ausgenutzt.

Tabelle 3-4: Kennzahlen rund um Aktien.

In den Medien ist oft von Value (Substanz) und Growth (Wachstum) Aktien die Rede. Diese Stile können durch das P/E Ratio, P/B Ratio und die Dividendenrendite wie folgt zusammengefasst werden. Unter einer Growth-Strategie wird in der Regel hohes P/E, hohes P/B und eine tiefe Dividendenrendite verstanden. Es wird auf ein überdurchschnittliches Gewinnwachstum gesetzt. Bei dem Value-Ansatz stehen eine hohe Dividendenrendite und tiefe P/E und P/B Kennzahlen im Vordergrund. Auch die Unternehmensbilanz spielt für Value-Investoren eine wichtige Rolle: diese kann Hinweise auf den zukünftigen Unternehmenserfolg geben. Bekannter Anhänger des Value Investing ist Warren Buffet.

Bei der *quantitativen Analyse* von Unternehmen wird anhand einer Vielzahl von Daten ein mathematisches bzw. statistisches Modell erstellt. Das Ziel des Modells ist in der Regel eine möglichst genaue Prognose von zukünftigen Renditen aus historischen Entwicklungen heraus.

Es existieren grundsätzlich zwei Arten von quantitativen Modellierungsarten: theoretische sowie statistische. Bei theoretischen Modellen, wie beispielsweise dem Gordon-Growth-Modell oder dem Capital-Asset-Pricing-Modell, werden mittels verschiedener Annahmen in sich schlüssige „Welten" erschaffen. Innerhalb einer solchen theoretischen Welt können eindeutige und mathematisch präzise Prognosen erstellt werden. Mit dem Wissen, dass einige Annahmen in der Regel in der Realität verletzt werden und mit der Hoffnung, dass die Auswirkungen dieser Verletzungen vernachlässigbar sind, werden theoretische Modelle in der Praxis eingesetzt. Die zweite Art von quantitativen Modellen sind statistische (ökonometrische) Verfahren. In solchen werden in

Der Aktienmarkt

einem ersten Schritt erklärende und die zu erklärenden Variabeln sowie ihre Zusammenhänge definiert. Im zweiten Schritt werden Tests formuliert, die Aussagen über die Signifikanz von Ergebnissen aufzeigen sollen. Anhand von statistischen Tests von empirischen Daten kann schliesslich ein Versuch zur Prognose von zukünftigen Ereignissen erstellt werden.

Quantitative Analysen können nicht immer klar zu den Gruppen theoretisches Modell oder statistisches Verfahren zugeteilt werden. Es gibt Überschneidungen. Theoretische Modelle können grundsätzlich statistisch getestet werden, und statistische Ergebnisse können häufig (im Nachhinein) durch ein theoretisches Modell erklärt werden. So werden beispielsweise theoretische Modelle gesucht, die den statistisch messbaren Size-Effekt erklären.

Um die Prognosequalität abzuschätzen, wird bei quantitativen Modellen das sogenannte Backtesting-Verfahren angewendet. Dieses Verfahren zeigt, wie erfolgreich eine bestimmte Strategie oder ein bestimmtes Bewertungsmodell in der Vergangenheit gewesen wäre. Dies gibt zwar eine Indikation über die Qualität des Modells, aber keine Gewissheit über den zukünftigen Erfolg.

Bei der *technischen Analyse* gilt die Prämisse, dass aus den Kursen der Vergangenheit Rückschlüsse auf die zukünftige Kursentwicklung gezogen werden können. D.h. bestimmte charakteristische Kursmuster werden sich in der Zukunft wiederholen. Nachfolgend haben wir zur Illustration ein paar Formationen abgedruckt, die auf einen negativen (Head and Shoulders) oder positiven Markt (Flag, Upside Breakout) hindeuten sollen:

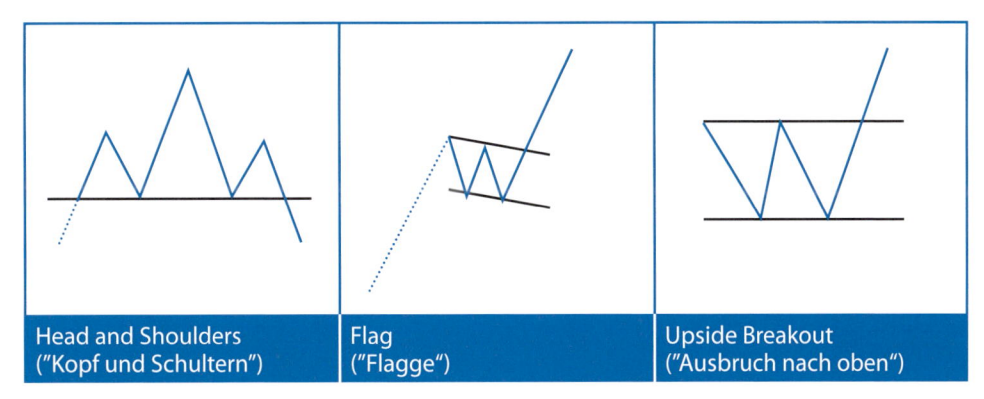

| Head and Shoulders ("Kopf und Schultern") | Flag ("Flagge") | Upside Breakout ("Ausbruch nach oben") |

Abbildung 3-3: Beispiele für Muster bei der technischen Analyse.

Die *Behavioral Finance* versucht das Handeln der Anleger verhaltenspsychologisch zu erklären. Denn nicht alle Kursbewegungen lassen sich rein fundamental oder technisch erklären. Beispielsweise überschätzen Anleger oft ihre eigenen Kenntnisse und ihre Treffsicherheit (Overconfidence Bias) oder lassen sich durch andere leiten, was zu einem Herdentrieb führen kann. Zudem neigen Anleger dazu, die lokalen Wertschriften stark überzugewichten (Home Bias). Diese und andere Verhaltensweisen macht sich diese Disziplin zu Nutze, um Kursverläufe und Trends an den Börsen zu erklären.

Zusammenhang Aktienmarkt und Wirtschaft

Der Zustand der Volkswirtschaft, bzw. der Wirtschaft generell, und der Aktienmarkt sind eng miteinander verbunden. Der langfristig wichtigste Faktor für den Wert von Aktien sind die Gewinne der Unternehmen. Die Gewinne wiederum werden stark durch den Konjunkturzyklus beeinflusst. Der Aktienmarkt läuft nicht ganz synchron mit der Wirtschaft. Tendenziell ist der Aktienmarkt vorausschauend und nimmt die erwarteten Veränderungen in der Wirtschaft vorweg. Dies spiegelt sich dann in den Preisen der Aktien wider. Normalerweise steigen vor einer Konjunkturerholung die Aktienkurse und fallen dementsprechend vor einer Verschlechterung der allgemeinen Wirtschaftslage. Oft kursiert als Faustregel, dass der Aktienmarkt der Wirtschaft um ca. 6 Monate vorauseilt. Diese Regel ist aber mit Sicherheit nicht allgemeingültig. Kurzfristig gesehen werden die Preise an den Aktienmärkten durch die Käufer und Verkäufer bestimmt. Diese Akteure unterliegen oft einem Herdenverhalten und werden durch Emotionen beeinflusst. Auch mittelfristig kann es in gewissen Marktphasen (wie einer Spekulationsblase) schwierig sein, Aktienpreise mittels fundamentaler Kennzahlen eines Unternehmens zu erklären. Wir erinnern uns an die Technologieblase Ende der 90er Jahre, wo für Firmen ohne die geringsten Gewinne horrende Preise bezahlt wurden. Während solchen Phasen liest man immer wieder von einschlägigen Experten, dass ein Paradigmawechsel hinsichtlich der Bewertung stattgefunden habe. „This time it's different", sind wohl die teuersten Worte in der Geschichte der (Aktien-) Anlage.

Im Folgenden stellen wir die wichtigsten Indexprovider und Indizes vor. Dabei beschreiben wir die bekanntesten Indexfamilien, wobei wir neben globalen Anbietern auch auf länderspezifische Indizes eingehen. Die Schwierigkeit, die sich Anlegern häufig stellt, besteht im Überblick und in der Vergleichbarkeit von Indizes innerhalb des grossen Index-Universums. Um die Übersicht zu erleichtern, werden an verschiedenen Stellen Abbildungen, die den Vergleich zwischen Indizes ermöglichen, gezeigt. Wir fokussieren dabei auf einige Schlüsseleigenschaften von Aktienindizes, beispielsweise Marktkapitalisierung, Grösse (Large, Mid, Small Cap), Sektoraufteilung sowie die Anzahl der enthaltenen Titel.

MSCI Barra

Die Geschichte von MSCI (Morgan Stanley Capital International) reicht bis in das Jahr 1969 zurück, als die „Developed Market Series" aufgesetzt wurden. MSCI Barra hat sich über die Jahre vor allem bei institutionellen Anlegern einen Namen gemacht. 2004 schlossen sich MSCI und das Risikomanagement-Unternehmen Barra zu MSCI Barra zusammen. Mittlerweile berechnet MSCI Barra täglich gemäss eigenen Angaben

Der Aktienmarkt

weit über 120'000 Indizes und deckt damit 70 Länder in 3 grossen Blöcken ab. MSCI unterscheidet entwickelte Länder (Developed Markets, z.B. die USA), aufstrebende Länder (Emerging Markets, z.B. Brasilien) und Schwellenländer (Frontier Markets, z.B. Bulgarien). Schwellenländer sind Länder, die auf der Schwelle zu Emerging Markets stehen. Diese Dreiteilung kann ein wenig verwirrend sein, da in der Praxis oft nur zwischen entwickelten und nicht-entwickelten Ländern unterschieden wird. Zudem kann beobachtet werden, dass die nicht-entwickelten Länder in der Wirtschaftspresse oft unterschiedlich bezeichnet werden: „Schwellenländer" oder „Wachstumsmärkte" auf Deutsch, Emerging Markets auf Englisch. Dies ist nicht kongruent dazu, wie MSCI die Märkte einordnet. Die folgende Abbildung zeigt eine Übersicht zur Regionen- und Länder-Kategorisierung von MSCI-Indizes.

MSCI All Country World & Frontier Markets Index (ACWI FM)			
MSCI All Country World Index (ACWI)		MSCI Emerging & Frontier Markets Index (EFM)	
MSCI World Index	MSCI Emerging Markets (EM) Index	MSCI Frontier Markets (FM) Index	
Developed Markets	Emerging Markets	Frontier Markets	
Americas Kanada USA **Europe & Middle East** Belgien Dänemark Deutschland Finnland Frankreich Griechenland Irland Israel Italien Holland Norwegen Österreich Portugal Spanien Schweden Schweiz UK **Pacific** Australien Hong Kong Japan Neuseeland Singapur	**Americas** Brasilien Chile Kolumbien Mexiko Peru **Europe, Middle East & Africa** Ägypten Marokko Polen Russland Südafrika Tschechien Türkei Ungarn **Asia** China Indien Indonesien Korea Malaysia Philippinen Taiwan Thailand	**Europe & CIS** Argentinien Jamaika Trinidad & Tobago Bosnien-Herzegowina Bulgarien Estland Kroatien Kasachstan Litauen Rumänien Serbien Slowenien Ukraine Botswana Ghana Kenia Mauritius Nigeria Tunesien	**East** Bahrain Jordanien Kuwait Libanon Oman Qatar Ver. Arabische Emirate Bangladesch Pakistan Sri Lanka Vietnam

Abbildung 3-4: Die MSCI-Indexfamilie (Quelle: MSCI).

Wie bei anderen Indexhäusern, die eine globale Familie anbieten, haben die Indizes von MSCI gemeinsam, dass sie pro Bereich dieselbe Methode und denselben Prozess anwenden. Dies bedeutet, dass die Indizes wie Bausteine kombiniert werden können und man keine „blinden Flecken" erhält. Dies soll folgende Grafik schematisch darstellen, indem die Eurozone mittels verschiedenen Indizes abgedeckt wird:

Der Aktienmarkt

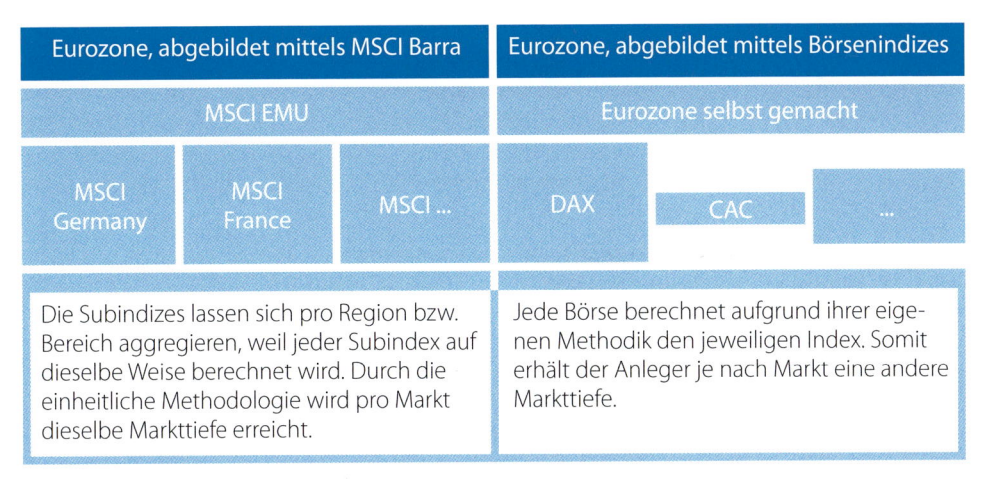

Eurozone, abgebildet mittels MSCI Barra	Eurozone, abgebildet mittels Börsenindizes
MSCI EMU	**Eurozone selbst gemacht**
MSCI Germany / MSCI France / MSCI …	DAX / CAC / …
Die Subindizes lassen sich pro Region bzw. Bereich aggregieren, weil jeder Subindex auf dieselbe Weise berechnet wird. Durch die einheitliche Methodologie wird pro Markt dieselbe Markttiefe erreicht.	Jede Börse berechnet aufgrund ihrer eigenen Methodik den jeweiligen Index. Somit erhält der Anleger je nach Markt eine andere Markttiefe.

Tabelle 3-5: Eurozone mit einzelnen Aktienindizes abgebildet.

Mit ihren Investable-Market-Indizes strebt MSCI Barra eine Abdeckung des Aktienmarktes von 99% an (Streubesitz-adjustiert). Von dieser Quote werden 14% von der Small-Cap-Indizes Reihe und 85% von Standardindizes abgedeckt. Es ist wichtig zu wissen, dass die bekannten Indizes wie MSCI World, MSCI Emerging Markets, MSCI USA – alles Indizes ohne eine zusätzliche Bezeichnung im Indexnamen – zu den Standardindizes gehören und somit eine Marktabdeckung von etwa 85% aufweisen. Auf die Gesamtquote bezogen, entfallen davon 70% auf Large Caps und 15% auf Mid Caps. Erst wenn der Zusatz „Investable" im Indexnamen steht, handelt es sich um den breiteren Index mit 99% Marktabdeckung. Beispiele dazu sind MSCI Austria Investable Market Index oder MSCI All Country World Investable Market Index. Letzterer ist wohl der breiteste Index, denn er umfasst einerseits die entwickelten Länder (MSCI World), die aufstrebenden Länder (MSCI Emerging Markets), sowie das Small-Cap-Segment beider Indizes. Die 14% Small-Cap-Aktien, die im Investable Market Index enthalten sind, sind entsprechend auch im Indexnamen anzutreffen. So zum Beispiel MSCI USA Small Cap, MSCI World Small Cap etc. Abbildung 3-5 zeigt diese Zusammenhänge auf. Die Prozentzahlen in Klammern entsprechen dem Anteil der Free-Float-adjustierten Marktkapitalisierung im Vergleich zur Gesamtwirtschaft.

```
MSCI Investable
Market Indices
    (99%)
    ├── Standard Indices (85%)
    │   ├── Large Cap (70%)
    │   └── Mid Cap (15%)
    └── Small Cap Indices (14%)
```

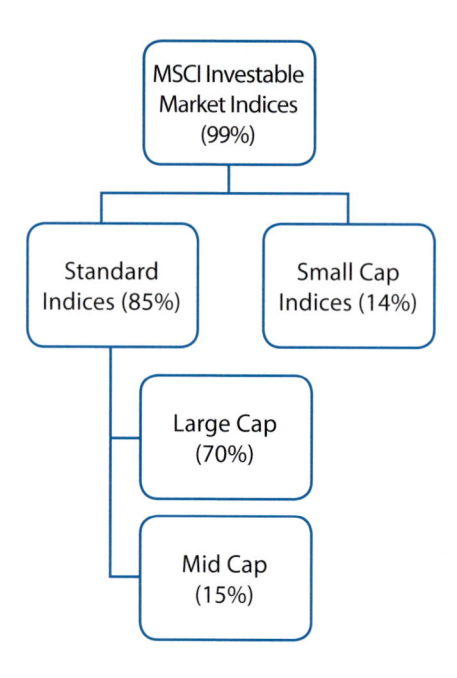

Abbildung 3-5: MSCI Investable Market.

Zur Zeit bieten iShares und Vanguard einige wenige ETFs auf den Gesamtmarkt, wie den MSCI Investable Market, an. Diese sind aber in den USA gelistet. Abgedeckt wird eine recht heterogene Auswahl von Ländern: USA, Mexiko, Chile, Indonesien, Holland, Österreich, Belgien, Irland und Polen.

MSCI bietet bei der Berechnung sowohl Preisindizes wie auch Total Return Indices an, welche sowohl in USD als auch in der Lokalwährung geführt werden. Bei den Total Return Indices werden bei der Bruttovariante (gross) die Ausschüttungen vollumfänglich reinvestiert – also ohne die Berücksichtigung von Quellensteuern. Bei der Nettovariante (net) werden die Ausschüttungen abzüglich von Quellensteuern reinvestiert. Dabei wird von der höchsten Steuerrate ausgegangen, um allen internationalen Investoren Rechnung zu tragen. Die Indizes werden quartalsweise oder halbjährlich angepasst, wobei Kapitalmassnahmen zeitnah berücksichtigt werden.
Angesichts der Vielzahl der Indizes, die MSCI anbietet, möchten wir die aus unserer Sicht wesentlichsten Gruppen tabellarisch aufzeigen. Tabelle 3-6 zeigt verschiedene Typen von MSCI-Indizes mit der Kennzeichnung, ob diese zu den Standard (Std.) oder den Investable Market Indices (IMI) gehören. Die Beispiele enthalten die offiziellen Indexnamen, wobei MSCI am Anfang aus Platzgründen weggelassen wird.

Der Aktienmarkt

Indexgruppen von MSCI	Besonderheiten / Beispiele
Globale Standardindizes	■ 85% der Gesamt-Marktkapitalisierung ■ Large und Mid Caps ■ Bsp: World, WORLD ex USA
Globale Small-Cap-Indizes	■ 14% der Gesamt-Marktkapitalisierung ■ Bsp: Switzerland SMALL CAP, Germany SMALL CAP
Globale Investable-Market-Indizes	■ 99% der Gesamt-Marktkapitalisierung. ■ Bsp: All Country World Investable Index.
Regionale Aktienindizes (Std.)	■ Gefiltert nach Grösse, Liquidität und Minimum Free Float. ■ Die jeweiligen Länderindizes lassen sich zu den Regionenindizes aggregieren. ■ Bsp: EAFE, EMU, EURO, EUROPE
Länder-Aktienindizes (Std.)	■ Gefiltert nach Grösse, Liquidität und Minimum Free Float. ■ Bsp: Germany, Switzerland
Sektor-, Industriegruppen- und Industrie-Indizes (Std.)	■ Gruppierung nach GICS ■ Bsp: World Consumer Staples, CH Financials
Globale Value-Indizes (Std. und IMI)	■ Angeschaut werden: Book Value to Price Ratio, 12 Months forward Earnings to Price Ratio, Dividend Yield. ■ Bsp: World Value, EMU Value, US Small Cap Value
Globale Growth-Indizes (Std. und IMI)	■ Angeschaut werden: Long-term forward Earnings per Share (EPS) Growth Rate, Short-term forward EPS Growth Rate, Current Internal Growth Rate, Long-term Historical EPS Growth Trend, Long-term Historical Sales per Share Growth Trend. ■ Bsp: Europe Growth, US Growth
Themen und Strategieindizes (Std. und IMI)	■ Short & Leverage ■ Equal Weighted ■ Minimum Volatility ■ Environmental, Social and Governance (ESG) Indices
Abgesicherte und BIP-gewichtete Indizes	■ World GDP

Tabelle 3-6: Die MSCI-Indexgruppen.

An dieser Stelle sollen ein paar ausgewählte Fragen aus der Praxis rund um die MSCI-Indizes behandelt werden:

Welcher Weltindex?

Zuerst muss betrachtet werden, in welcher Währung der Index gerechnet wird. Insbesondere bei den Weltindizes sind eine Vielzahl von Währungen im Index enthalten. Normalerweise können die Indizes in USD, teilweise auch in EUR oder in Lokalwährung (LC) angezeigt werden. Bei der Methode der Lokalwährung wird dem Index selber keine Währung zugewiesen, was den Verwendungszweck für Anlageprodukte stark einschränkt.

MSCI World: Der Index misst die Performance von 24 entwickelten Ländern und wird in der Praxis regelmässig als Barometer für die weltweiten Aktienmärkte verwendet. Dabei deckt er 85% der Marktkapitalisierung der jeweiligen Märkte ab. Den Index gibt es in USD, EUR und in der „local"-Variante. In der Regel wird für Vergleiche die USD-Variante verwendet. Interessant zu wissen ist, dass in den gebräuchlichen Weltindizes Deutschland und die Schweiz mit je knapp 4% ungefähr gleich stark gewichtet sind. Den grössten Anteil bilden die USA mit 45 bis 48%, gefolgt von Japan mit 8 bis 12%, und UK mit ca. 10%.

MSCI ACWI (All Country World Index): Dieser Index dient als gutes Instrument, um die gesamte globale Aktienmarktperformance einzuschätzen. Der Index vereint ca. 24 Developed und 21 Emerging Markets. Die Frontier Markets sind nicht enthalten. Da dieser Index in die Standard-Indizes-Reihe gehört, deckt er 85% der Marktkapitalisierung der jeweiligen Märkte ab. Der **MSCI ACWI IMI** (All Country World Investable Market Index) beinhaltet auch das Small-Cap-Segment und deckt damit 99% der entwickelten und aufstrebenden Märkte ab. Wie zuvor erwähnt, ist das ETF-Angebot auf diese Indizes noch äusserst beschränkt. Ein Grund dafür sind wohl unterschiedliche Handelszeiten und starke Abweichungen in der Liquidität der Underlyings. Es ist jedoch möglich das Exposure eines ACWI oder IMI Indizes durch das Kaufen mehrerer ETFs teilweise zusammenzusetzen.

MSCI EAFE (Europe, Australasia, Far East): Dieser Index ist aus Sicht der Autoren für europäische Inverstoren nicht sehr relevant. Wir erwähnen ihn, weil man ihm immer wieder im Kontext von ETFs oder indexierten Anlagen begegnet. Der Index misst die Performance der Aktienmärkte von den entwickelten Ländern abzüglich den USA und Canada. Er wird somit hauptsächlich von amerikanischen Investoren verwendet, welche mit der Aktienquote nicht zu detailliert „international" gehen wollen.

Welcher MSCI-Index für Anlagen in Europa?

MSCI EMU (European Economic and Monetary Union): Der Index umfasst die Euroländer, wobei 11 Länder berücksichtigt werden.

MSCI Euro: Dieser Index war historisch eine Teilmenge des MSCI EMU und ging in den MSCI EMU Large Cap über. Der MSCI Euro wird weiterhin gepflegt, obwohl seine Bestandteile dieselben sind wie jene des MSCI EMU Large Cap. Der Hauptzweck der Abgrenzung zum MSCI EMU ist die Bildung eines sehr liquiden Universums für derivative Produkte, aber auch für ETFs.

MSCI Europe: Der Index beinhaltet 16 entwickelte Länder in Europa. Die Schweiz und Grossbritannien – beides Nicht-Euro-Länder – sind mit 10% und 30% prominent vertreten. Dies ist wichtig zu wissen, falls der Anleger ein Instrument hat, das gegen den MSCI Europe läuft. Er hat somit neben dem Euro noch weitere Währungen in seiner Anlage. Tabelle 3-11 fasst die Hauptmerkmale europäischer Indizes zusammen.

Welcher Emerging-Markets-Index?

Dies ist eine wichtige Frage – nicht nur für private Investoren. Es muss entschieden werden, ob ein einzelner Index verwendet werden soll oder ob einzelne Regionen unterschieden werden. Hat der Investor eine „kleine" Quote, macht sicherlich ein Gesamtindex Sinn. Hingegen kann bei einer grösseren Quote, gemäss individuellen Präferenzen, in einzelne Regionen oder gar Länder unterteilt werden.

Der „Klassiker" unter den umfassenden Emerging-Market-Indizes ist sicherlich der MSCI EM. Der Index umfasst 21 Emerging Markets weltweit. Diese Märkte sind aktuell: Brasilien, Chile, China, Kolumbien, Tschechische Republik, Ägypten, Ungarn, Indien, Indonesien, Korea, Malaysia, Mexiko, Marokko, Peru, Philippinen, Polen, Russland, Südafrika, Taiwan, Thailand und die Türkei. Somit werden mehrere Kontinente und Währungen abgedeckt. Dies hat aber auch zur Folge, dass mehrere Zeitzonen im Index enthalten sind und somit eine Nachbildung für ETFs technisch gesehen kompliziert ist. Der Index umfasst knapp 800 Titel, wobei die Beschaffung der Titel je nach Land sehr anspruchsvoll ist. Denn je nach Land – aber auch nach Domizil des Käufers – gelten andere Quellensteuern oder anderweitige Einschränkungen. Dies ist ein Punkt, der beim Vergleich von verschiedenen ETFs auf EM-Indizes unbedingt berücksichtigt werden muss.

Möchte ein Anleger in die einzelnen Emerging-Market-Regionen gemäss MSCI investieren, sollte er natürlich die Zusammensetzungen der jeweiligen Regionenindizes kennen. Nachfolgend eine Auswahl mit den ungefähren Zusammensetzungen in Klammern (Stand Ende 2010, gerundet):

MSCI EM Latin America: Brasilien (70%), Mexiko (20%) Chile (7%), Kolumbien (2–3%) Peru (1%)
MSCI EM Europe: Russland (60%), Türkei (15%), Polen (15%), Ungarn (3–4%), Tschechien (3–4%), Ukarine (<1%)
MSCI EM Eastern Europe: Russland (70%), Polen (15%), Ungarn (5%), Tschechien (5%)
MSCI EM ASIA: Südkorea (20%), China (>20%), Taiwan (20%), Indien (15%), Hong Kong (10%), Malaysia (5%), Indonesien (5%), Thailand (3%), Philippinen (<1%)
MSCI FAR EAST: ähliche Aufteilung zu MSCI EM ASIA, aber ohne Indien
MSCI BRIC: Brasilien (30%), China (35%, inkl. Hong Kong), Indien (15%), Russland (10%).

Gibt es grosse Unterschiede zwischen MSCI-Länderindizes und dem Index der jeweiligen Börse?

Beispiel Deutschland und Schweiz (Stand Ende 2010):

Index	Land / Region	Anzahl Titel	Top 3 Titel
MSCI Germany	DE	50	Siemens, E.ON, BASF
DAX	DE	30	Siemens, E.ON, BASF
MSCI Switzerland	CH	37	Nestlé, Novartis, Roche
SMI	CH	20	Nestlé, Novartis, Roche

Tabelle 3-7: Deutsche und Schweizer Aktienindizes.

Der Vergleich in Tabelle 3-7 zeigt, dass zwischen MSCI Germany und dem DAX sowie zwischen dem MSCI Switzerland und dem SMI grosse Ähnlichkeit besteht. Die Korrelationen innerhalb dieser Indexpaare beträgt meistens über 99%. Werden historische Performances betrachtet, ist besonders beim Vergleich SMI und MSCI Switzerland ein paralleler Verlauf zu sehen. Zwischen 2005 und 2010 lag die Renditenabweichung der beiden Indizes unter 0.1%. Beim DAX vs. MSCI Germany ist dies nicht grundsätzlich anders, wenn beim letzteren Dividenden mitberücksichtigt werden. Nur während der Subprime-Krise gab es temporäre Renditeabweichungen zwischen den beiden Indizes. Beim Vergleich von Indizes lohnt sich zusätzlich eine Sektoranalyse: Welche Sektoren sind in welchen Indizes wie stark vertreten? Im obigen Beispiel sind Unterschiede in der Sektoraufteilung minimal. Werden europäische Aktienindizes verglichen, sind Unterschiede feststellbar. Dies wird in einem späteren Beispiel auf Seite 155 gezeigt.
MSCI bietet unter dem Namen MSCI Global Islamic Indizes an, welche Scharia-Investmentprinzipien berücksichtigen. Die Aktien werden aufgrund von Grösse und Liquidität ausgewählt, dann gemäss Marktkapitalisierung gewichtet. Als Ausgangspunkt dienen die jeweiligen MSCI-Indizes, auf welche ein spezieller Auswahlprozess angewendet wird, damit die Indizes Scharia-Prinzipien entsprechen. Es werden Firmen ausgeschlossen, die in Zusammenhang mit Alkohol, Tabak, Schweinefleisch, Finanzdienstleistungen oder Glücksspiel stehen. Zudem dürfen die Firmen kein signifikantes Einkommen durch Zinsen erzielen oder übermässig viele zinseinbringende Instrumente auf ihrer Bilanz haben.

STOXX

STOXX ist ein noch relativ junger Indexanbieter. Er ist ein Jointventure der Deutschen Börse Gruppe und der SIX Swiss Exchange. STOXX wurde 1998, also vor Einführung der Einheitswährung Euro und somit der Entstehung der neuen Eurozone, gegründet. Die Indizes wurden bis Anfang 2010 unter dem Namen Dow Jones STOXX angeboten

und haben sich neben anderen Indexanbietern sehr gut etabliert. Im Dezember 2009 wurde der Anteil von Dow Jones von der SIX und der Deutschen Börse übernommen. Seit Anfang 2011 unterstreicht STOXX vermehrt seine globale Ausrichtung. Nebst neuem Design und Logo wurden Indexkategorisierungen angepasst sowie eine Vielzahl neuer Indizes eingeführt. Unterschieden werden Total-Market- bzw. Broad-, Size-, Blue-Chip-, Sector-, und Style-Theme-Indizes. Total-Market-Indizes von STOXX sind mit dem Kürzel TMI im Namen zu erkennen. Ihr Ziel ist die 95-prozentige Abdeckung der Free-Float-Marktkapitalisierung der entsprechenden Region bzw. des Landes. Beispiele sind der STOXX Global TMI, STOXX All Europe TMI und der STOXX UK TMI. In der Broad-Indexserie wird eine fixe Anzahl an Unternehmen des TMI-Segments abgedeckt. Beispiele dafür sind der STOXX Global 3000 und der STOXX Global 1800. Letzterer ist bereits aus der Zeit vor 2011 bekannt und setzt sich aus den regionalen Indizes STOXX Europe 600, STOXX Americas 600 und STOXX Asia/Pacific 600 zusammen. Total und Broad-Indizes haben gemeinsam, dass sie Large-, Mid- und Small-Cap-Unternehmen umfassen, wobei der Total-Market-Index die höchste Marktkapitalisierung aufweist, gefolgt von STOXX Global 3000 und STOXX Global 1800. Wird lediglich eine bestimmte Marktkapitalisierung gesucht, kann der entsprechende Size-Index gewählt werden. Bei der Berechnung der Sektor-Indizes wird das ICB-Schema (Industry Classification Benchmark) auf Total-Market- oder Broad-Indizes angewendet. Beispiele sind der EUTO STOXX TMI Automobiles & Parts (Supersektor), STOXX Global 3000 Oil & Gas (Industrie) und STOXX Global 1800 Chemicals (Sektor). Die bekanntesten Namen aus der Tagespresse dürften der EURO STOXX 50 (bzw. die alte Bezeichnung DJ EURO STOXX 50) und der STOXX Europe 50 sein. Beides sind sogenannte Blue-Chip-Indizes: der EURO STOXX 50 beinhaltet die 50 liquidesten und in der Regel grössten Titel des EURO STOXX. Die Bezeichnung Euro bedeutet, dass diese Indizes Aktien der Eurozone abbilden. Beim STOXX Europe 50 hingegen werden europäische – also auch u.a. britische und Schweizer – Blue-Chip-Aktien abgebildet. STOXX Indizes werden als Kurs- oder Performanceindizes berechnet, wobei in Standardpublikationen (Zeitungen, Börsenwebseiten) der Kursindex veröffentlicht wird. Normalerweise beträgt das maximale Gewicht je Titel bei STOXX-Indizes 20%, bei Blue-Chip-Indizes 10%. Die Überprüfung der Indexzusammensetzung findet quartalsweise und bei Blue-Chip-Indizes jährlich statt.
Im Select Dividend Index, der bereits vor 2011 eingeführt worden war, werden die Aktien mit der höchsten Dividendenrendite berücksichtigt. Beim EURO STOXX Select Dividend 30 werden z.B. 30 Aktien der Eurozone aus dem EURO STOXX ausgewählt. Daneben gibt es auch den Value und Growth Index, welcher jeweils rund 50 Unternehmen beinhaltet. Beim Value Index weisen die Mitglieder ein geringeres Kurs-Gewinn-Verhältnis („PE-Ratio") als der Marktdurchschnitt auf und beim Growth Index werden Mitglieder ausgewählt, die in der Vergangenheit überdurchschnittliche Renditen erzielt haben.
Angesichts der Vielzahl der Indizes, welche STOXX anbietet, möchten wir die aus unserer Sicht wesentlichsten Gruppen tabellarisch aufzeigen:

Indexgruppen von STOXX	Besonderheiten / Beispiele
Benchmarkindices (Total Market / Broad Indices)	■ 90 bis 95% Marktabdeckung ■ Bsp.: STOXX Global TMI, STOXX Global 3000, STOXX Global 1800, STOXX Europe 600, EURO STOXX.
Blue Chip Indices	■ 50 bis 60% Marktabdeckung ■ Bsp.: STOXX Europe 50, EURO STOXX 50
Select Dividend Indices	■ Bsp.: Global Select Dividend 100, STOXX Select Dividend 30.
Size Indices	■ Bsp.: EURO STOXX Large, EURO STOXX Mid, EURO STOXX Small.
Sector Indices	■ Sektorunterteilung gemäss ICB-Schema. ■ Unterscheidung nach Industrien, Supersectors und Sectors. ■ Bsp.: STOXX Global 1800 Banks, STOXX Europe 600 Consumer Goods, EURO STOXX Health Care.
Style Indices	■ Bsp.: EURO STOXX TMI Growth, EURO STOXX TMI Value.
Optimized Indices	■ Höhere Liquidität ■ Bsp.: STOXX 600 Optimised Banks
Strategy Indices	■ Bsp.: EURO STOXX 50 BuyWrite, EURO STOXX 50 PutWrite, EURO STOXX 50 Short, EURO STOXX 50 Leveraged.
Theme Indices	■ Bsp.: STOXX Private Equity 20
Equal-Weighted Indices	■ Quartalsweise Rebalancing ■ Bsp.: EURO STOXX 50 Equal Weight, STOXX Europe Equal Weight.
Sustainability (Nachhaltigkeits-) Indices	■ Bsp.: STOXX Sustainability, EURO STOXX Sustainability.
Faith-based Indices	■ Bsp.: STOXX Europe Christian, STOXX Europe Islamic.

Tabelle 3-8: Indexgruppen von STOXX.

Nebst den oben beschriebenen Standard-Indizes bietet STOXX sogenannte Advanced (STOXX+ und iSTOXX) sowie STOXX Customized Indizes an. Mit diesem Produktangebot versucht der Indexanbieter individuellen und anspruchsvolleren Bedürfnissen von Kunden Rechnung zu tragen und massgeschneiderte Lösungen anzubieten.

DJ Sustainability Group Index

Oft liest man in den Medien den Begriff „nachhaltiges Investieren". Doch um was handelt es sich dabei? Grundsätzlich kann gesagt werden, dass beim sogenannten nachhaltigen Investieren („Sustainability Investing") die traditionelle Titelauswahl um weitere Kriterien ergänzt wird. Diese Kriterien sind oft nicht-finanziell und werden nach der jeweiligen Methode des Indexanbieters definiert und gewichtet. Nachhaltig bedeutet normalerweise nicht, dass in Firmen investiert wird, welche die Umwelt nicht belasten oder absolut gesehen nachhaltig sind. Es findet ein Vergleich statt. So kann auch ein Automobilhersteller berücksichtigt werden, selbst wenn dieser die Umwelt viel mehr belastet als beispielsweise ein IT-Unternehmen. Stattdessen ist es wichtig, dass dieser Automobilbauer im Vergleich zu seinen Mitbewerbern nachhaltiger mit den Ressourcen umgeht. Es gibt nicht *den* nachhaltigen Ansatz, sondern es existieren verschiedene Ansätze auf dem Markt.

Als konkretes Beispiel schauen wir die DJ-Sustainability-Group-Index-Familie an. Diese Index-Familie wurde 1999 eingeführt und war wohl der erste globale Index für nachhaltige Aktienanlangen. Dabei publizierte und lizenzierte SAM zusammen mit Dow Jones und STOXX die Dow Jones Sustainability Indexes (DJSI). 2010 wurde die Zusammenarbeit mit STOXX aufgelöst. Sowohl STOXX als auch DJ zusammen mit SAM führen jeweilige Indizes weiter. SAM ist ein Vermögensverwalter mit Fokus auf Sustainability Investing, welcher 1995 gegründet wurde und in Zürich domiziliert ist. Heute gehört SAM zu Robeco, einer Tochtergesellschaft der Rabobank-Gruppe. Bei der Definition ihrer Indizes werden bei SAM & DJ grundsätzlich die folgenden Dimensionen betrachtet:

1. *Ökonomische Dimension:* Verhaltenskodex, Compliance, Umgang mit Korruption, Corporate Governance, Risiko- und Krisenmanagement
2. *Soziale Dimension:* Corporate Citizenship, Labor Practice Indicators, Personalentwicklung, Soziale Berichterstattung, Nachwuchsförderung und Mitarbeiterbindung
3. *Ökologische Dimension:* Ökoeffizienz, Umweltberichterstattung

Nach der Beurteilung anhand dieser Kriterien werden die Indexmitglieder nach dem Grad der Nachhaltigkeit gewichtet. Die Indizes werden jeweils ohne die sogenannten „Sündenindustrien" geführt, d.h. ohne Glücksspiel, Alkohol, Tabak oder Waffen.

Der weltweite Dow Jones Sustainability World Index (DJSI World) umfasst ca. 10% der grössten 2'500 Firmen im Dow Jones Global Total Market Index, welche gemäss Nachhaltigkeitskriterien ausgewählt wurden. Daneben existiert der DJSI World 80, welcher eine Teilmenge darstellt und die grössten 80 Nachhaltigkeitsfirmen weltweit umfasst. Möchte ein Anleger beispielsweise in Europa investieren, findet er eine ähnliche Logik wie bei der STOXX-Familie, d.h. eine Unterscheidung nach Eurozone und Europa.

FTSE

FTSE Group ist ein britischer Indexanbieter von über 120'000 Aktien-, Obligationen- und alternativen Anlagenindizes. Die FTSE Group gehört Financial Times und der London Stock Exchange (LSE) und ist seit Anfang der 1960er aktiv. Der wohl bekannteste FTSE-Index, der FTSE 100, wird seit 1984 veröffentlicht. Der FTSE 100 umfasst die 100 grössten und umsatzstärksten britischen Unternehmen. Er ist ein Free-Float-adjustierter Kursindex, der ungefähr 80 Prozent der Marktkapitalisierung der LSE abdeckt. Der grösste ETF auf den FTSE 100 ist der iShares FTSE 100 mit einer Grösse von rund 4 Milliarden CHF (Stand Mitte 2011). Nebst dem FTSE 100 ist der FTSE All-Share-Index bekannt. Dieser beinhaltet mehr als 600 Titel und erreicht eine Marktabdeckung von 98%.

FTSE Indizes werden in die 8 Kategorien aufgeteilt: Global Equity-, Regional & Partner-, Fixed Income & Currency-, Real Estate-, Alternative-, Responsible Investment-, Investment Strategy- und Customized Indizes. Bei der Sektoreinteilung verwendet FTSE die ICB-Methodologie. Bei den Immobilienaktien (REITs) konnte sich FTSE mit den Indexreihen FTSE EPRA/NAREIT und FTSE NAREIT einen Namen machen. Über die sogenannten RAFI-Indizes (Research Affiliates Fundamental Index) ist FTSE auch im Bereich der Strategieindizes tätig. Anstelle der standardmässigen Marktkapitalisierungsgewichtung verwendet diese Indexreihe Fundamentale Faktoren wie Dividenden, Free Cash Flow, Umsatz und Buchwert. Da RAFI-Indizes einen aktiven Charakter aufweisen, werden sie kaum als Benchmark verwendet.

Wie bei Standard & Poor's hat FTSE ein Index-Komitee, das die Einhaltung der Indexregeln für z.B. Additionen und Entfernungen von Titeln sicherstellt.

Standard & Poor's

Standard & Poor's (S&P) Geschichte geht zurück bis ins Jahr 1860, als Henry Varnum Poor Finanzstatistiken von US-amerikanischen Eisenbahngesellschaften veröffentlichte. Seit Anfang des 20. Jahrhunderts wurden weitere Unternehmen in den Statistiken abgedeckt und S&P avancierte allmählich zu einem der führenden Finanzdienstleistungsunternehmen. Im Jahr 1966 wurde S&P von McGraw-Hill Companies übernommen und ist bis heute die Finanzdienstleistungsdivision des Konzerns. S&P ist gleichermassen bekannt als Rating-Agentur für Obligationen wie als Indexanbieter. Nebst den vielbeachteten US-Aktienindizes, darunter der S&P 500, bietet Standard & Poor's auch globale, regionale und stylespezifische Aktienindizes an. Der globale Aktienindex, S&P Global BMI (Broad Market Index), umfasst ca. 10'000 Unternehmen aus 45 Ländern und verläuft äusserst nahe zum weitaus bekannteren MSCI World (mit einer Korrelation von bis zu 99.9%). In der Kategorie regionale Indizes hat S&P bei weitem mehr zu bieten als US-Aktienindizes. Zu dieser Kategorie gehören Indizes auf Aktienmärkte in Kanada, Australien, Europa, Japan, Emerging Markets und weitere. Die S&P Indizes auf Kanada und Australien werden an den jeweiligen Börsen als Standard verwendet (S&P/TSX 60 und der S&P/ASX).

S&P deckt den Markt für Rohstoffe mit dem bekannten S&P GSCI (Goldman Sachs Commodity Index) ab. Dieser wurde 2007 von Goldman Sachs übernommen und ist ein häufig verwendeter Benchmark für Rohstoffe. Die Stärke von S&P liegt im Aktien- und Commodity-Bereich, wobei zusätzlich auf die Abdeckung von Nischen gesetzt wird. Darunter fallen Fixed-Income-Indizes mit Fokus auf China, Immobilienindizes wie der S&P Case-Shiller Home Price Index, Themenindizes (Global Water, Nuclear Energy etc.), sowie Strategieindizes, darunter der S&P 500 Inverse Daily Index.

Der Flagship Index von S&P ist der S&P 500 Index, welcher ca. 75% des US-Marktes abdeckt. Dieser wurde 1957 als Kursindex eingeführt und beinhaltet 500 Aktien. Darunter sind die meisten grossen US-amerikanischen Firmen, aber auch zum Teil mittelgrosse – sog. Mid-Caps – vorzufinden. Die Bedeutung dieses Index wird durch die sehr grosse Nachfrage nach dessen Tracker, dem SPDR Trust Series 1 ETF (genannt Spider) von State Street Global Advisors, besonders deutlich. Mit über 80 Milliarden USD Assets ist der Spider der weltweit grösste und liquideste ETF. Der S&P 500 gehört zusammen mit dem Dow Jones Industrial Average Index zu den weltweit bekanntesten und meistbeachteten Indizes.

Der S&P 500 ist ein Teil des breiteren S&P Composite 1500 Index. Dieser deckt 90% des Marktes ab und setzt sich zusammen aus dem S&P 500 und dem S&P 1000, wobei letzterer in die Indizes S&P 400 (Mid Cap) und S&P 600 (Small Cap) aufgeteilt werden kann. Abbildung 3-6 liefert eine Übersicht der Indexstruktur der S&P-Aktienindexfamilie.

Eine Besonderheit der S&P-US-Indexmethodologie ist die Handhabung von Aufnahmen und Entfernungen von Aktien in den Indizes. Einerseits werden diese von quantifizierbaren Regeln abhängig gemacht (beim S&P 500 sind dies eine minimale Marktkapitalisierung von 3.5 Milliarden USD, Free Float von 50% usw.) und andererseits durch das S&P-Index-Komitee bestimmt. Obwohl auch das Komitee gewissen Richtlinien folgt, ist hier eine grundsätzlich subjektive Komponente gegeben. US-Aktienindizes von S&P sind im Allgemeinen gut vergleichbar mit Indizes anderer Anbieter, dies insbesondere seit der Einführung des branchenüblichen Free-Float-Adjustments Ende 2005. S&P verwendet wie MSCI die GICS-Klassifikation für die Einteilung nach Sektoren.

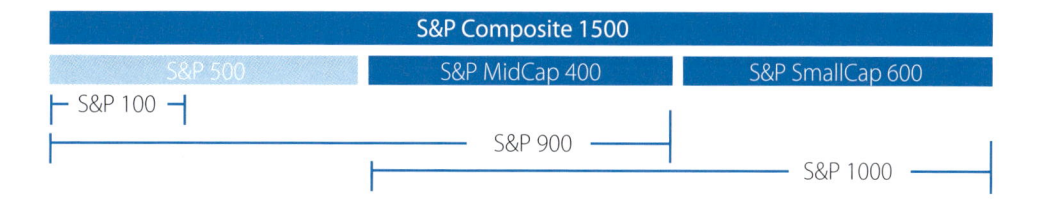

Abbildung 3-6: Die bekanntesten US Standard & Poor's Indizes (Quelle: S&P).

Dow Jones

Die Dow Jones Company ist eine Tochtergesellschaft der News Company und bekannt als der Anbieter des Dow Jones Industrial Average Index sowie als Herausgeber des Wall Street Journals. Ihren geschichtlichen Ursprung hat die Dow Jones Company Ende des 19. Jahrhunderts. Damals gründeten die Journalisten Charles Dow, Edward Jones und Charles Bergstresser das Unternehmen als Verlag, der sich mit der Publikation von Finanzdaten befasste. In den 1890er Jahren begann der Verlag in regelmässigen Abschnitten den Dow Jones Industrial Average Index zu publizieren. Ursprünglich bestand der Index aus 11 Titeln – mehrheitlich Eisenbahngesellschaften – und hiess Dow Jones Averages. Eine Änderung erfolgte 1916 auf 20 und im Jahr 1928 auf die heutige Grösse von 30 Titeln. Der Dow Jones Industrial Average umfasst die Aktien der 30 führenden US-Unternehmen (sog. Blue-Chips) und deckt rund 25 bis 30% des US-amerikanischen Marktes ab. Transport- und Grundversorgungsunternehmen sind vom Index ausgeschlossen. Im Gegensatz zu vielen anderen Indizes wechseln die Aktien im Dow Jones Industrial Average nur selten. Dies in der Regel bei einer Umstrukturierung eines Unternehmens oder bei einem Bankrott, wobei der Entschluss von den Dow-Jones-Editoren getroffen wird.

Eine Eigenheit des Dow Jones Industrial Average Index ist seine preisgewichtete Berechnungsart. Dabei werden die Preise aller Indexmitglieder zusammengezählt und durch einen bestimmten Divisor geteilt. Die Gewichtungen der Indexmitglieder sind deshalb proportional zu ihren jeweiligen Preisen. Wenn die IBM Aktie bei 120 USD gehandelt wird und Exxon Mobil bei 60 USD, ist die Gewichtung von IBM doppelt so hoch als von Exxon Mobil. Genau aus diesem Grund ist IBM zu über 9% und Exxon Mobil zu knapp 5% gewichtet (Stand 2010). In einem kapitalisierungsgewichteten Index ist hingegen Exxon Mobil, zur Zeit das weltweit grösste Unternehmen, viel stärker gewichtet als IBM. Die einfache Berechnungsart (Aufsummieren aller Preise und Teilen durch eine Zahl) ist zwar simpel, hat aber einige Nachteile. So werden grosse Unternehmen nicht zwingend stärker gewichtet und der Index repräsentiert somit nicht die „im Durchschnitt" gehaltenen Aktien. Da ausserdem Dividendenzahlungen nicht berücksichtigt werden, eignet sich der Index nicht als Benchmark, um die tatsächliche Rendite eines Marktes aufzuzeigen. Trotz dieser Einwände gilt der Dow Jones Industrial Average Index als einer der wichtigsten und bekanntesten Aktienindizes überhaupt. Der Dow Jones Industrial Average ist Teil der Dow-Jones-Averages-Indexfamilie. Diese umfasst zusätzlich den DJ Utility Average, den DJ Transportation Average und den DJ Composite Average. Nebst der Average-Reihe bietet Dow Jones auch marktkapitalisierungsgewichtete Indizes an. Die DJ Global Indexes streben eine Markttiefe von 95%, die DJ Total Stock Market Indexes gar eine von 98% an. Die Indizes aus der DJ Titans Serie bilden die Blue-Chips der jeweiligen Regionen, Länder oder Sektoren ab. Bei der Klassifizierung ihrer Sektorindizes verwendet DJ den ICB-Ansatz.

NASDAQ

Die NASDAQ ist eine amerikanische Börse wie die NYSE (New York Stock Exchange) und befindet sich in New York. NASDAQ steht für „National Association of Securities Dealers Automated Quotations" und wurde als vollautomatische Börse eingeführt. Die NASDAQ ist gar nicht so jung. Sie wurde bereits im Jahre 1971 gegründet und war damals das weltweit erste elektronische Börsensystem. Mittlerweile werden hier pro Tag mehr Aktien als an jeder anderen Börse der Welt gehandelt. Der bekannteste Index ist der NASDAQ-100, welcher seit 1985 gerechnet und jährlich angepasst wird. Er umfasst die grössten nationalen und internationalen Aktien, welche an der NASDAQ gehandelt werden. Der Index ist marktkapitalisierungsgewichtet und verwendet ein Cap bei grossen Firmen. Aus dem Index ausgeschlossen sind Finanzwerte und Investmentfirmen. Demzufolge ist der Index kein rein passiver, den ganzen Markt berücksichtigender Index. Beim NASDAQ Composite, welcher 1971 eingeführt wurde, sind ca. 3'000 Titel enthalten, darunter auch Finanzwerte (knapp 10%). Dies macht ihn zu einem der umfangreichsten börsenspezifischen Indizes. Um in den Index aufgenommen zu werden, darf der Titel nur an der NASDAQ gelistet sein. Daneben führt die NASDAQ noch diverse weitere Indizes wie z.B. NASDAQ-100 Equal Weighted Index, NASDAQ Global Market Composite, NASDAQ Biotechnology, Nasdaq Computer, NASDAQ China, NASDAQ Canada etc. In der Praxis ist sicherlich der NASDAQ-100 von zentraler Bedeutung. Entgegen der weitläufigen Auffassung sind der NASDAQ Composite und der NASDAQ-100 keine reinen Technologieindizes. So hat der NASDAQ Composite einen Technologieanteil von ca. 50% und der NASDAQ-100 von ca. 60%. An zweiter Stelle folgt jeweils das Gesundheitswesen.

Russell

Die Russell-Indexfamilie wurde im Jahre 1984 durch die Frank Russel & Company gegründet. Dabei stand das Ziel im Vordergrund, die Performance von aktiven Managern zu messen und zu beurteilen. Die Indizes sollten einen möglichst breiten und investierbaren Teil des gesamten Aktienmarktes abbilden.
Zunächst wurden 1984 der Russel 1000 und der Russel 2000 eingeführt. Der Russel 1000 stellt einen sogenannten Large-Cap-Index mit 1000 amerikanischen Aktien dar und der Russel 2000 einen Small-Cap-Index mit 2000 Titeln. Russel war gewissermassen ein Pionier, da bereits 1984 das Konzept von Free-Float-Anpassung bei der Indexberechnung umgesetzt wurde. Weltweit wurde dieser Ansatz erst um die Jahrtausendwende zum Standard. Zudem wurden 1987 die ersten Style-Indizes eingeführt: Growth und Value. Mittlerweile sind in den USA grosse Summen von Geldern gegen die Russel Indices gemessen bzw. indexiert.

Die bekanntesten US-Indizes sind:

- Russell 3000: 3000 US-Titel, umfasst ca. 98% des investierbaren US-Aktienmarktes.
- Russell 1000: 1000 US-Titel; stellt das Large-Cap-Segment des Russell 3000 dar; ca. 92% der Marktkapitalisierung des Russell 3000.
- Russell 2000: 2000 US-Titel; stellt das Small-Cap-Segment des Russell 3000 dar; ca. 8% der Marktkapitalisierung des Russell 3000.
- Für alle 3 Indizes existieren zusätzlich eine Growth- und Value-Variante.

Daneben bietet Russel auch globale Indizes an, welche ebenfalls eine hohe Anzahl an Titeln umfassen. So besteht der Russel Global Index aus ca. 10'000 Wertschriften aus 65 Ländern und macht ca. 98% des globalen investierbaren Aktienmarktes aus. Aufgrund seiner enormen Breite und Tiefe können daraus eine Vielzahl von Sub-Indizes abgeleitet werden, wie z.B. diverse Styles.

DAX

Der Deutsche Aktien Index (DAX) wurde 1988 von der Frankfurter Wertpapierbörse und der Börsenzeitung gegründet und wurde bis ins Jahr 1959 auf täglicher Basis zurückberechnet. Er umfasst die 30 grössten und umsatzstärksten Blue-Chip-Unternehmen der Frankfurter Wertpapierbörse. Obwohl der DAX als Kurs- sowie als Performanceindex berechnet wird, wird in den Medien der Performanceindex publiziert. Für die Aufnahme in den DAX ist eine genügende Free-Float-adjustierte Grösse, ein fortlaufender Handel an der elektronischen Börse XETRA, ein Free Float von mindestens 10% sowie die Erfüllung weitreichender Transparenzkriterien (sog. Prime Standards) erforderlich. Seit dem Short Squeeze von Volkswagen im Oktober 2008 sind ausserordentliche Anpassungen des DAX möglich, wenn ein Titel 10% übersteigt und die 30-Tage-Volatilität über 250% liegt. In solchen Fällen kann der entsprechende Titel vorübergehend aus dem Index entfernt werden.
Die Deutsche Börse bietet nebst dem DAX weitere Indizes an. Die folgende Grafik illustriert die Indizes des Prime Standards, dem Segment mit den höchsten Transparenzkriterien an Unternehmen.

Der Aktienmarkt 141

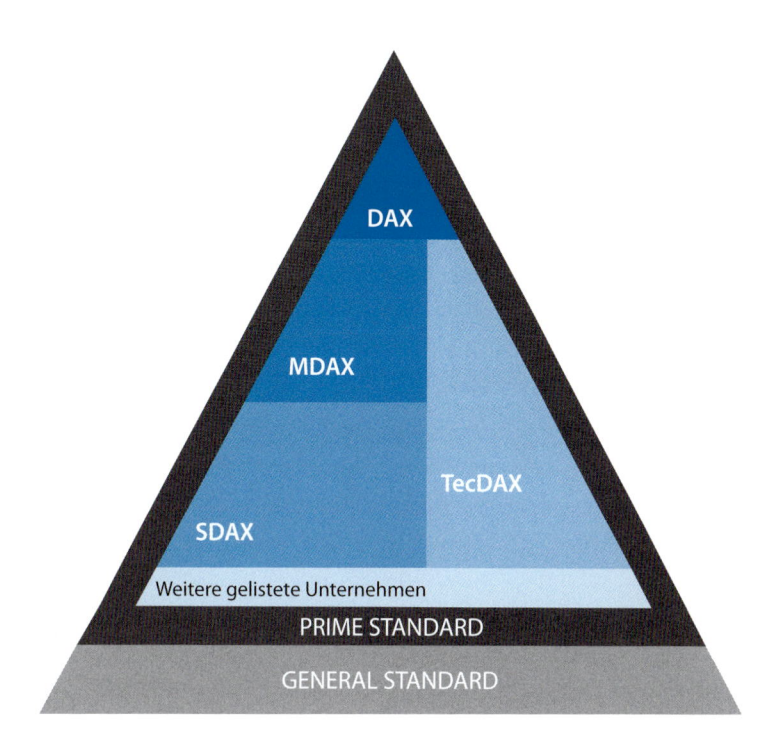

Abbildung 3-7: Die Segmente des DAX (Quelle: Deutsche Börse).

Der MDAX beinhaltet 50 Werte, die in Grösse und Umsatz den 30 DAX-Werten folgen. Die 50 grössten Unternehmen, die dem Prime Standard genügen, aber für den MDAX keine genügende Grösse aufweisen, werden im SDAX zusammengefasst. Der TecDAX ist der Index der Technologiewerte, die nicht im DAX enthalten sind.

Die Deutsche Börse publiziert auch weitere Indizes im General Standard Segment sowie im Entry Standard Segment. Diese Segmente stellen tiefere Transparenzbedingungen an Unternehmen. So müssen beim General Standard im Gegensatz zum Prime Standard keine jährlichen Analystenkonferenzen, ausführliche Berichterstattung im ersten und dritten Quartal und ähnliches erfolgen. Die 200 grössten Unternehmen im General Standard werden im General Standard Index und die 30 Grössten Unternehmen des Entry Standards im Entry Standard Index zusammengefasst.

Die Deutsche Börse berechnet Sektoren für das Prime-Segment sowie für ein breites Portfolio, das alle Unternehmen aus dem Prime-, General- und Entry-Standard umfasst. Innerhalb des Prime Standards erfolgt die Unterteilung in 9 Supersektoren, 18 Sektoren und 63 Subsektoren. Im breiten Portfolio werden 18 Sektoren und 63 Subsektoren unterschieden. Diese werden als DAXsector All und DAXsubsector All bezeichnet. Die Endung „All" verdeutlicht, dass hier alle drei Segmente berücksichtigt werden.

In der folgenden Abbildung wird die Markttiefe der DAX-Indizes mit jenem des MSCI Germany verglichen. Der MSCI Germany deckt eine Markttiefe von ca. 85% ab, während der DAX ca. 74% umfasst.

Markttiefe lokal

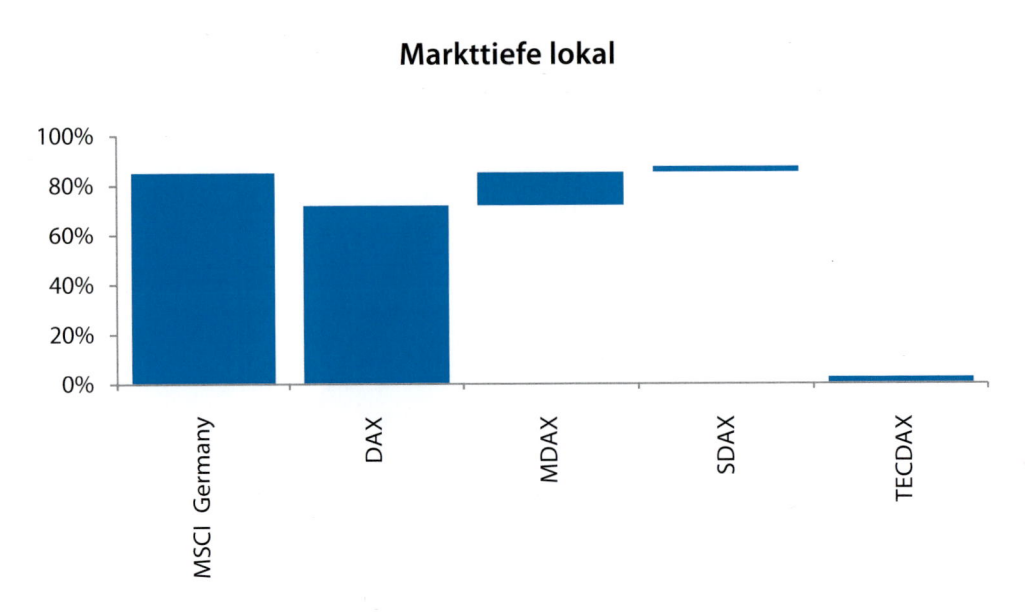

Abbildung 3-8: Markttiefe deutscher Aktienindizes.

SMI und SPI

Die Schweizer Börse berechnet seit 1988 den Swiss Market Index (SMI). Er umfasst die 20 grössten und liquidesten Blue-Chip-Werte der Schweiz und ist der bekannteste Schweizer Aktienindex. Da er rund 90% der schweizerischen Free-Float-Kapitalisierung abdeckt, gilt er als repräsentativ für den Schweizer Aktienmarkt. Ausser dem SMI werden in der SMI-Familie zwei weitere Indizes gerechnet. Der SMIM ist der Schweizer Mid-Cap-Index und umfasst die 30 grössten und liquidesten Werte, welche in der Rangfolge nach den 20 SMI Titel kommen. Der SMI Expanded (SMIEXP) fasst den SMI und den SMIM zusammen und besteht somit aus 50 Werten.

Die SMI-Familie (SMIM, SMIM, SMIEXP) werden standardmässig als Kursindizes gerechnet. Dividendenzahlungen werden folglich nicht berücksichtigt und die Kursveränderung der Indizes ist somit kleiner als die effektiven Renditen der im Index enthaltenen Titel. Um dieses Problem zu entschärfen, werden die Indizes der SMI-Familie auch als Performance-Indizes angeboten. Das Kürzel der Indizes ändert dabei auf SMIC, SMIMC sowie SMIEXC. Das „C" bedeutet „Cum Dividends".

Der neben dem SMI bekannteste Schweizer Aktienindex ist der Swiss Performance Index (SPI). Dieser umfasst ungefähr 230 an der Schweizer Börse gelistete Werte, die den Free Float von 20% überschreiten. Die SPI-Familie deckt, zusätzlich zum breiten SPI, auch die Segmente der Large, Mid und Small Caps ab. Der SPI Large ist mit seinen 20 Blue-Chip Werten identisch mit dem SMI. Der SPI Mid enthält die darauf folgenden 80 grössten Titel und die restlichen Titel bilden den SPI Small. Der SPI Extra

Der Aktienmarkt 143

entspricht der Zusammenfügung von SPI Mid und SPI Small. Wie die Namensgebung andeutet, werden alle Indizes der SPI-Familie standardmässig als Performance-Indizes berechnet. Demzufolge ist die Performance des SPI Large identisch mit dem SMIC, dem performance-gerechneten SMI Index.

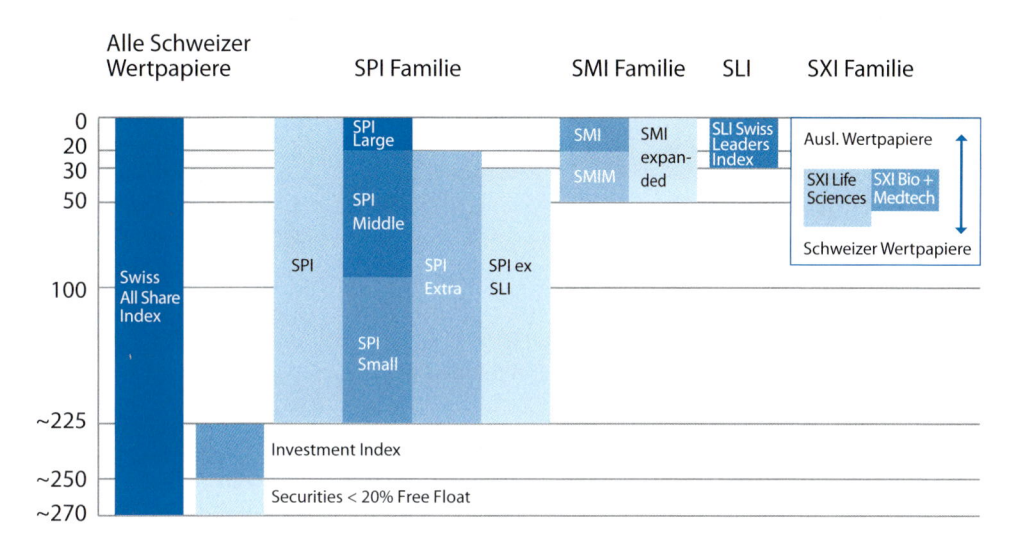

Abbildung 3-9: Anzahl Titel in Schweizer Aktienindizes (Quelle: SIX Swiss Exchange).

Im Jahr 1998 wurden Investmentgesellschaften aus dem SPI entfernt und im Investment Index zusammengefasst. Schliesslich werden alle auf der SIX primärkotierten Aktien im Swiss All Share Index einbezogen. Der Swiss All Share Index beinhaltet somit alle im SPI enthaltenen Titel, Investmentgesellschaften sowie Titel, die den Free-Float-Mindestanforderungen des SPI-Reglements nicht genügen.

Eine Besonderheit des Schweizer Aktienmarktes ist die hohe Konzentration einiger weniger Aktien. So wird über 70% der Marktkapitalisierung des SMI von 6 Unternehmen ausgemacht (Stand Ende 2010): Nestlé (24%), Novartis (17%), Roche (12%), UBS (7%), ABB (6%), Credit Suisse (5%). Um die hohe Konzentration im SMI und SPI zu reduzieren, wurde 2007 der Swiss Leaders Index (SLI) eingeführt. Dieser kappt die Gewichtungen der vier grössten Titel bei 9% und der nachfolgenden Titel bei 4.5%.

Betrachtet man die Markttiefe der gängigen SIX-Aktienindizes, macht es Sinn, dem SPI 100% des investierbaren Universums zuzuschreiben. Vor diesem Hintergrund hat der SMI eine Markttiefe von knapp 80%, der SMIM von ca. 12% und der SLI mit seinen 30 Titeln von ca. 83%. Der MSCI Switzerland kommt im Vergleich auf eine Markttiefe von ca. 85%.

Markttiefe lokal

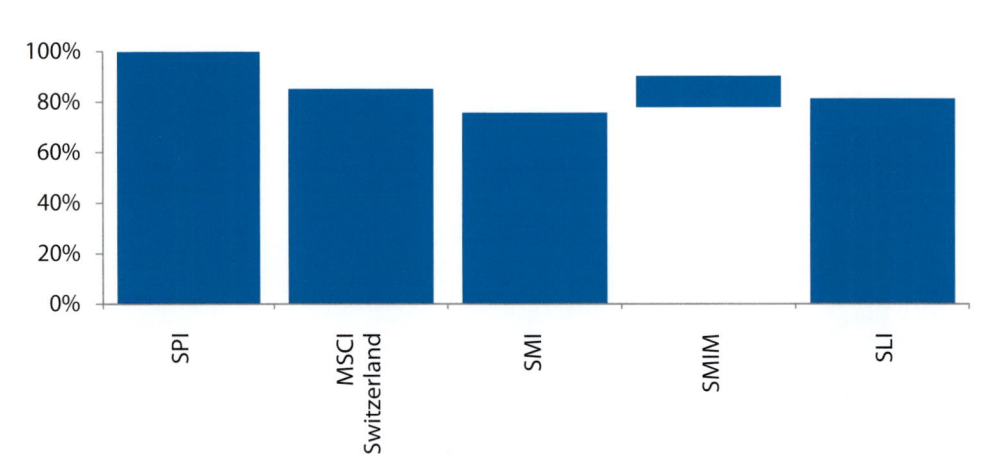

Abbildung 3-10: Markttiefe schweizerischer Aktienindizes.

CAC

Der CAC 40 ist der wichtigste französische Aktienindex. Er umfasst die 40 umsatzstärksten an der Pariser Wertpapierbörse (heute Teil der Euronext) gehandelten Wertpapiere. Die 40 Titel werden von den 100 grössten und am meisten gehandelten Aktien ausgewählt. Der Index hat seinen Namen von einem Börsenautomationssystem bekommen, dem Cotation Assistée en Continu (etwa: kontinuierlich begleitete Kotierung). Das Gewicht jeder Aktie wird durch deren Börsenkapitalisierung bestimmt, wobei Ende 2003 die Berechnung auf Free Float umgestellt wurde. Der Index hat am 31.12.1987 mit einer Basis von 1'000 gestartet. Das maximale Gewicht einer Aktie im Index ist bei 15% begrenzt. Den CAC 40 gibt es als Preis und Total Return Index, wobei ein Brutto und ein Netto Total Return Index gerechnet wird (in der Presse wird oft der Kursindex ausgewiesen). Der Index wird quartalsweise von einem Ausschuss revidiert.

Weitere europäische Länderindizes

ATX

Der Austrian Traded Index (ATX) ist der wichtigste Blue-Chip-Index von Österreich und wird von der Wiener Börse gerechnet. Er umfasst die 20 umsatzstärksten und grössten Werte, wobei er ein kapitalisierungsgewichteter Kursindex ist. Startwert ist der 2.1.1991 mit 1000 Indexpunkten. Der ATX ist Mitglied der sogenannten ATX-Index-

Familie, welche ausschliesslich österreichische Aktien umfasst. Als liquider Blue-Chip-Index ist der ATX als Basisindex für Futures, Optionen und strukturierte Produkte gut geeignet. Etwas umfassender ist der ATX Prime Index. Dieser enthält Aktien aus dem Prime Segment, wobei die Anzahl der Titel im Index bei knapp 50 liegt. Der ATX Five Index enthält die fünf höchstgewichteten Aktien des ATX. Diese sind im Zeitpunkt des Schreibens die Erste Bank, OMV, Raiffeisenbank International, Telekom Austria und Voestalpine. Ein weiterer österreichischer Aktienindex ist der Wiener Börse Index, WBI. Dieser enthält knapp 90 Titel, die „im Amtlichen Handel und im geregelten Freiverkehr der Wiener Börse notieren". In Bezug auf Immobilien bietet der IATX einen Überblick: Er beinhaltet die sechs bis acht Immobilienaktien des Prime-Segments.

AEX

Der AEX Index ist der bekannteste Index an der Euronext Amsterdam und umfasst die 25 grössten und wichtigsten holländischen Aktien. Er wird seit 1983 berechnet. Betreffend der in Frage kommenden Aktien geht der AEX einen leicht anderen Weg als viele andere Börsenindizes. Es werden jeweils die 25 am meisten gehandelten Aktien des vergangenen Jahres ausgewählt. Danach werden die Titel basierend auf ihrer Free-Float-adjustierten Marktkapitalisierung gewichtet.
Die Börse in Amsterdam wurde bereits im Jahre 1611 gegründet. Damals war sie noch eine Warenbörse. Ab 1612 wurden an ihr auch Wertpapiere gehandelt. Die Amsterdamer Börse gilt als älteste Wertpapierbörse der Welt.

FTSE MIB

Die Borsa Italiana, welche 1997 gegründet wurde, ist seit 2007 ein Bestandteil der Gruppe der London Stock Exchange. Die Geschichte der italienischen Börse ist aber viel älter und geht auf die frühen 1800er Jahre zurück. Interessant ist, dass die Börse bis zur Gründung der privaten Aktiengesellschaft (Borsa Italiana S.p.A.) staatlich war. Der MIB, genauer gesagt der FTSE MIB, ist der wichtigste Index der Mailänder Börse. Der Index hat die Titel der Borsa Italiana als Universum und umfasst rund 40 der grössten und liquidesten Titel führender Unternehmen aus allen wichtigen Branchen. Der Index ist Free-Float-adjusted und marktkapitalisierungsgewichtet. Der Index wurde bis 2009 von S&P berechnet, danach durch FTSE abgelöst. Dabei umfasst der Index ca. 80% der lokalen Marktkapitalisierung. Der FTSE MIB Index ist der Large-Cap-Index des FTSE Italia All-Share-Index, welcher eine Markttiefe von 95% aufweist.

IBEX

Der IBEX 35 (Iberia Index) umfasst die 35 wichtigsten spanischen Firmen. Die Zusammensetzung wird von der Madrider Börse überprüft. Damit ein Titel in den Index gelangt, muss er in der Betrachtungsperiode zu den liquidesten gehört haben. Dabei spielt es keine Rolle, an welcher der 4 spanischen Börsen (Madrid, Barcelona, Bilbao und Valencia) der Titel gelistet ist. Der IBEX ist ein marktkapitalisierungsgewichteter Index, welcher Free-Float-adjustiert ist.

Nikkei und TOPIX

Der Nikkei umfasst 225 an der Börse von Tokio gelistete Aktien. Er ist wohl der bekannteste Aktienindex im asiatischen Raum und wird seit 1950 von der Wirtschaftszeitung Nihon Keizai Shimbun berechnet. Gleich wie beim Dow Jones Industrial Average, wird auch beim Nikkei eine preisgewichtete Berechnungsmethode angewendet. Titel mit dem höchsten Preis erhalten demnach das höchste Gewicht im Index.
Wegen der Preisgewichtung des Nikkei ist die Indexzusammensetzung grundlegend anders als bei marktkapitalisierungsgewichteten Indizes wie dem MSCI Japan oder dem TOPIX. Zum Zeitpunkt des Schreibens ist Fast Retailing mit über 5% der grösste Titel im Nikkei. Gemäss Marktkapitalisierung müsste er viel weiter hinten liegen: Im MSCI Japan macht er weniger als 0.5% aus. Umgekehrt ist der grösste Titel im TOPIX und im MSCI Japan Toyota (ca. 3–5%). Im Nikkei ist Toyotas Gewicht knapp über 1%. Bevor in einen ETF auf den Nikkei investiert wird, sollten deshalb die grössten Titel im Index angeschaut werden. Denn rein intuitiv – wie beim Dow Jones – sind sie nicht. Beim Nikkei sollte die unterschiedliche Sektoraufteilung im Vergleich zu einem MSCI Japan oder TOPIX beachtet werden. Der Nikkei weist im Vergleich zum MSCI und TOPIX deutlich weniger Financials (6 statt 16%) auf. Hingegen ist die Quote an Health Care und IT-Firmen jeweils um rund 5% höher.
Im Gegensatz zum Nikkei ist der TOPIX ein marktkapitalisierungsgewichteter Index, welcher über 1'500 Holdings umfasst. Dadurch wird eine sehr hohe Markttiefe im Vergleich zum Nikkei oder MSCI Japan erreicht. Wird dem TOPIX eine Markttiefe von 100% unterstellt, deckt der Nikkei ca. 67% ab. Der MSCI Japan deckt knapp 85% ab. Dies fasst folgende Abbildung zusammen:

Markttiefe lokal

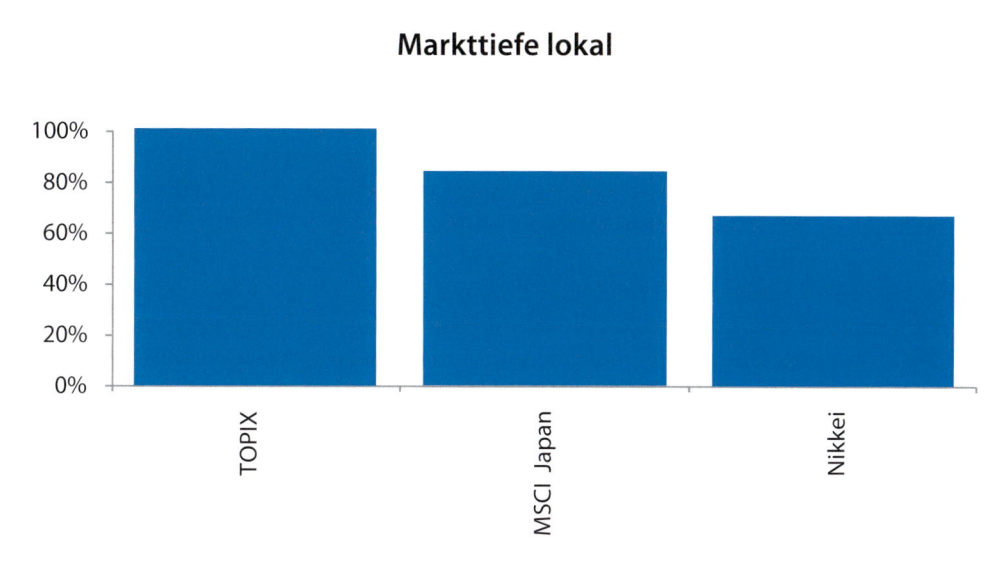

[Bar chart showing: TOPIX ~100%, MSCI Japan ~84%, Nikkei ~66%]

Abbildung 3-11: Markttiefe japanischer Aktienindizes.

Wie in China investieren? Das chinesische ABC der Aktien

Die chinesische Wirtschaft steht seit einigen Jahren im Fokus der internationalen Öffentlichkeit, und viele Investoren möchten am enormen Wachstum Chinas über ein entsprechendes Engagement in Aktien partizipieren. Es gibt aber nicht *die* chinesischen Aktien (Shares), sondern eine ganze Reihe davon – und nicht alle sind gleich zugänglich. Aufgrund ihrer Buchstaben werden sie oft auch das chinesische Aktien-ABC genannt. Die Hauptquelle des Umsatzes oder die Hauptbetriebsstätte ist bei den meisten Typen überwiegend in China. Die sogenannten A-, B- und H-Shares sind in China eingetragene Firmen (Place of Incorporation), hingegen haben die Red Chip Shares ihren Sitz ausserhalb von China. Nachfolgend werden die wichtigsten Arten chinesischer Aktien aufgeführt.

A-Shares. Diese Aktien von chinesischen Firmen sind in Shanghai oder Shenzhen gelistet und sind grundsätzlich nur inländischen Investoren zugänglich. Über Quoten sind diese Aktien auch QFII (Qualified Foreign Institutional Investors) zugeteilt und somit für ausländischen Investoren, beispielsweise über ETFs, verfügbar. Die Titel werden in RMB (Renminbi) gehandelt. A-Shares weisen oft signifikante Prämien im Vergleich zu H-Shares auf.

B-Shares. Dazu zählen Aktien von chinesischen Firmen, die in Shanghai oder Shenzhen in US-Dollar respektive in Hong Kong in HKG gelistet sind. Diese Aktien sind für ausländische Investoren und Chinesen mit einem Fremdwährungskonto zugänglich.

H-Shares. Aktien von chinesischen Firmen, welche in Hong Kong oder Singapur kotiert sind. Diese Titel unterliegen keinen Restriktionen für internationale Investoren. Einige Aktien sind sowohl als A- wie auch als H-Shares gelistet, wobei es zu markanten Preisunterschieden kommen kann. Dies hat vor allem mit der Marktstruktur und dem Zugang zu A-Shares zu tun. Die H-Shares müssen von den übrigen in Hong Kong gelisteten Aktien (HK-Shares) unterschieden werden.

Red Chip Shares. Aktien von Firmen, die den Sitz ausserhalb von China haben und in Hong Kong oder Singapur gehandelt werden. Diese Titel sind zugänglich für ausländische Investoren. Die jeweiligen Firmen müssen einen Grossteil ihres Umsatzes oder Betriebsvermögens in China haben.

P Chip Shares. Diese Aktien werden beispielsweise in Hong Kong gehandelt und haben einen Grossteil ihres Umsatzes oder des Betriebsvermögens aus China abgeleitet. Im Unterschied zu anderen chinesischen Firmen werden sie durch chinesische Privatpersonen kontrolliert, und der Staat ist normalerweise weder direkt noch indirekt involviert.

Foreign (F) Shares. Aktien von chinesischen Firmen, die beispielsweise in den USA gelistet sind. Diese Firmen haben ihren hauptsächlichen Geschäftsbetrieb in China, und die Aktien sind für ausländische Investoren zugänglich.

In Tabelle 3-9 werden verbreitete Indizes mit chinesischen Aktien zusammengefasst. Es wird angegeben, wie viele Titel und welche Art von Aktien sie beinhalten (Stand Ende 2010).

Indexname	Anz. Titel	Beschreibung	A	B	H	Red	P	F	HK
CSI300	300	A-Shares gelistet in Shanghai oder Shenzhen.	X						
Shanghai Stock Exchange 50	50	Die 50 grössten in Shanghai gelisteten Aktien.	X						
FTSE/Xinhua China A50	50	Die 50 grössten A-Shares.	X						
FTSE/Xinhua China 25	25	Die 25 grössten chinesischen Firmen, wobei H und Red Chip Shares berücksichtigt werden.			X	X			

Der Aktienmarkt 149

Indexname	Anz. Titel	Beschreibung	A	B	H	Red	P	F	HK
DJ China Offshore 50	50	Aktien der 50 grössten Unternehmen, deren operative Tätigkeit hauptsächlich in China ist und welche in Hong Kong oder den USA kotiert sind.			X	X	X	X	
MSCI China	125	Der MSCI China ist Mitglied des MSCI Emerging Markets Index und umfasst keine A-Shares.			X	X	X	X	
Hang Seng China Enterprises Index	40	Der Index umfasst H-Shares gelistet in Hong Kong			X				
Hang Seng	45	Auswahl der grössten Titel an der Börse von Hong Kong. H-Shares sind im Index unter Auflagen ebenfalls zugelassen.			(X)				X
MSCI Hong Kong	41	Der MSCI Hong Kong Index ist Teil des MSCI World Index. Kein Exposure zu „Mainland China".							X

Tabelle 3-9: Übersicht chinesischer Aktienindizes.

Weitere internationale Aktienindizes

In der nachfolgenden Tabelle werden weitere lokale Aktienindizes zusammengefasst, deren Namen weniger bekannt sind. Dabei werden die Indizes in drei Hauptregionen unterteilt: Amerika, Europa und Afrika/Asien. In der Übersicht wird beim jeweiligen Index das Land angegeben, wie viele Titel er umfasst und ob es sich normalerweise um einen Kurs- (K) oder Performance-Index (P) handelt (Stand Ende 2010).

Index	Land / Region	Anzahl Titel	Kurs- / Performance Index
Amerika			
S&P/TSX 60	Kanada	60	K
MEXICO IPC	Mexiko	37	K
ARGENTINA MERVAL	Argentinien	17	K

Index	Land / Region	Anzahl Titel	Kurs- / Performance Index
BRAZIL BOVESPA	Brasilien	69	P
CHILE STOCK MKT SELECT	Chile	40	P
VENEZ. STOCK MKT	Venezuela	16	K
PERU LIMA GENERAL	Peru	36	P
COLOMBIA COLCAP	Kolumbien	20	K
Europa			
PSI 20	Portugal	20	K
BEL 20	Belgien	20	K
OMX HELSINKI	Finnland	133	K
OBX STOCK	Norwegen	24	P
OMX STOCKHOLM 30	Schweden	30	K
OMX COPENHAGEN 20	Dänemark	20	K
POLISH TRADED EUR	Polen	16	K
BUDAPEST STOCK EXCH	Ungarn	12	P
ATHEX COMPOSITE	Griechenland	42	K
IRISH OVERALL	Irland	53	K
RUSSIAN RTS	Russland	50	K
RUSSIAN TRADED	Russland	14	K
MICEX	Russland	30	K
PRAGUE STOCK EXCH	Tschechien	15	K
BUCHAREST BET	Rumänien	10	K
PFTS	Ukraine	20	K
SLOVAK SHARE	Slowakei	7	K
CROATIA ZAGREB CROBEX	Kroatien	25	K
SLOVENIAN BLUE CHIP	Slowenien	6	K
ISE NATIONAL 100	Türkei	100	K
MALTA STOCK EXCHANGE IND	Malta	19	K
Afrika, Asien			
EGYPT HERMES	Ägypten	42	P
FTSE/JSE AFRICA TOP40 IX	Südafrika	42	K
KAZAKHSTAN KASE	Kasachstan	7	K
AMMAN SE GENERAL	Jordanien	100	P
TEL AVIV 25	Israel	25	P
HANG SENG	Hong Kong	45	K

Der Aktienmarkt

Index	Land / Region	Anzahl Titel	Kurs- / Performance Index
SHSE-SZSE CSI300	China	300	P
CSI 300	China	300	K
NSE S&P CNX NIFTY	Indien	50	K
JAKARTA LQ–45	Indonesien	45	K
STOCK EXCH OF THAI	Thailand	479	K
HNX	Vietnam	374	K
KOSPI	Südkorea	771	K
FTSE BURSA MALAYSIA KLCI	Malaysia	30	K
KARACHI 100	Pakistan	100	K
PSEI – PHILIPPINE	Philippinen	31	K
TAIWAN TAIEX	Taiwan	730	K
S&P/ASX 200	Australien	200	K

Tabelle 3-10: Weitere internationale Aktienindizes.

Vergleich europäischer Regionen-Aktienindizes

Um einen Überblick der wichtigsten Europa- sowie Euro-Aktienindizes zu verschaffen, werden in der folgenden Tabelle einige Hauptmerkmale zusammengefasst. Grundsätzlich werden jeweils die Kursindizes in den Medien angegeben, obwohl auch die Performance-Variante (net und gross) gerechnet wird (Stand Ende 2010).

Index	Land / Region	Anzahl Titel	Top Länder (in %)	Top-3-Titel
EURO STOXX	Eurozone	313	FR (30), DE (25), SP (12)	Total, Banco Santander, Telefonica
EURO STOXX 50		50	FR (35), DE (30), SP (15)	
MSCI EMU		267	FR (31), DE (25), SP (12)	
MSCI Euro (MSCI EMU Large Cap)		119	FR (30), DE (25), SP (12)	
STOXX Europe 600	Europa	600	UK (30), FR (15), DE (10)	HSBC, Nestlé, Vodafone
STOXX Europe 50		50	UK (>30), CH (17), DE (15), FR (>10)	
MSCI Europe		461	UK (30), FR (15), DE (12), CH (12)	

Tabelle 3-11: Vergleich europäischer Regionen-Aktienindizes.

In der nächsten Grafik wird die Markttiefe dieser Indizes im Vergleich zum jeweiligen Markt verglichen. So decken der Euro STOXX 50 rund 48% und der STOXX Europe 50 rund 37% der jeweiligen Marktkapitalisierung ab. Hingegen umfassen die „grossen" STOXX-Indizes eine leicht höhere Markttiefe als die Standard-MSCI-Indizes.

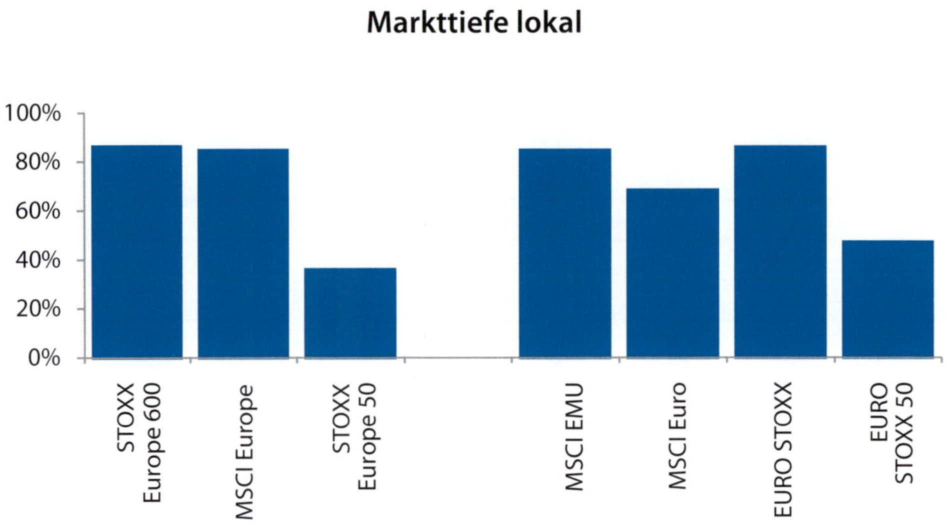

Markttiefe lokal

Abbildung 3-12: Markttiefe europäischer Regionen-Aktienindizes.

Bei einem Vergleich von Indizes lohnt es sich, auf die Sektoraufteilung zu achten. Einige Sektoren haben historisch gesehen höhere Risiken (Volatilität). So hat der Finanzsektor in der Regel eine deutlich höhere Volatilität als das Gesundheitswesen (Health Care) und als Basiskonsumgüter (Consumer Staples). Werden die Sektorzusammensetzungen von Aktienindizes der Eurozone untersucht, wird schnell deutlich, dass der Euro STOXX 50 eine höhere Quote an Financials aufweist als der breitere Euro STOXX, der MSCI EMU oder der MSCI Euro. Der Euro STOXX 50 kann innert eines Jahres einen Renditeunterschied von mehreren Prozenten zu den letzteren drei Eurozone-Indizes aufweisen. Der Euro STOXX, MSCI EMU und der MSCI Euro verlaufen jedoch relativ parallel.

Ähnliches gilt auch für den STOXX Europe 50. Die etwas höhere Quote des Finanzsektors und die deutlich tiefere Nicht-Basiskonsumgüter-Quote (Consumer Discretionary) im Vergleich zu den anderen zwei europäischen Aktienindizes führt häufig zu signifikanten Renditeunterschieden. 2011 war Daimler das einzige Consumer-Discretionary-Unternehmen im STOXX Europe 50. Alle anderen wie Volkswagen, H&M, BMW, Adidas etc. machen mit Daimler zusammen knapp 10% des STOXX 600 aus, reichen jedoch von der Grösse und Liquidität her nicht für den STOXX Europe 50. Dies gilt es bei der Index- und ETF-Wahl auch zu berücksichtigen.

Der Aktienmarkt 153

Aufteilung nach GICS Sektoren

[Gestapeltes Balkendiagramm mit folgenden sichtbaren Werten:

- EURO STOXX: 9, 26, 5
- EURO STOXX 50: 9, 32, 6
- MSCI EMU: 10, 26, 5
- MSCI Euro: 10, 27, 5
- STOXX Europe 600: 12, 24, 10
- STOXX Europe 50: 12, 28, 15
- MSCI Europe: 13, 24, 10

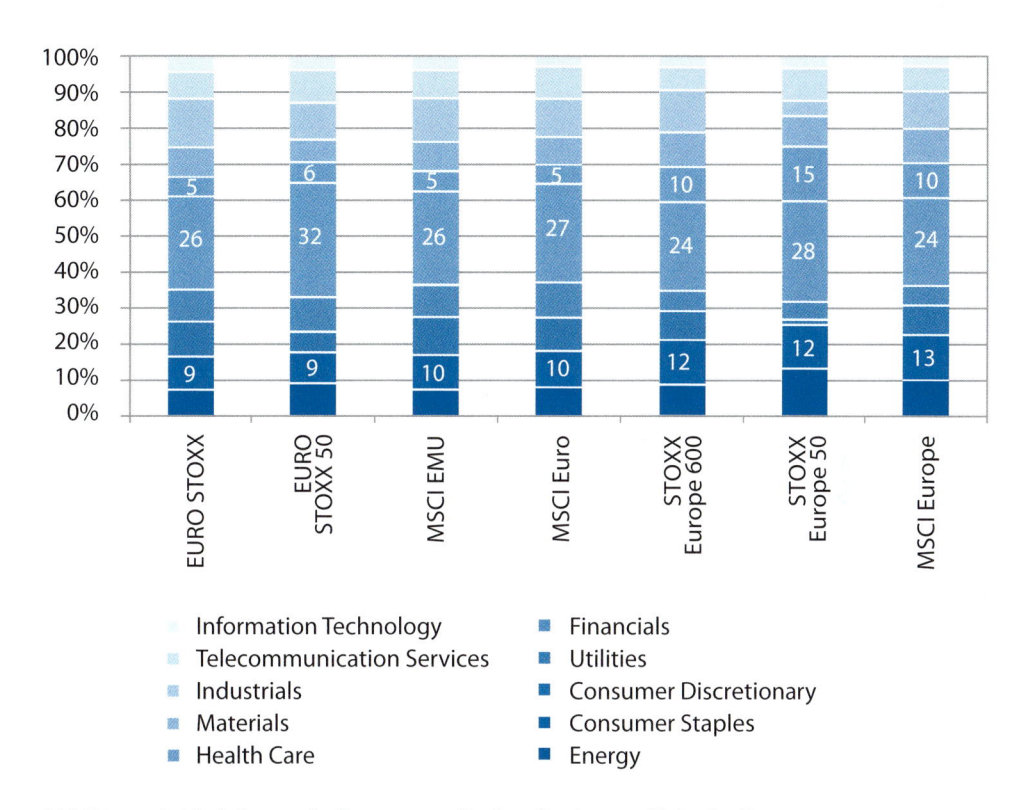

Legende:
- Information Technology
- Telecommunication Services
- Industrials
- Materials
- Health Care
- Financials
- Utilities
- Consumer Discretionary
- Consumer Staples
- Energy]

Abbildung 3-13: Sektoraufteilung europäischer Regionen-Aktienindizes.

Vergleich europäischer Länder-Aktienindizes

Naturgemäss sind Unterschiede zwischen europäischen Länder-Aktienindizes viel grösser als zwischen US-Indizes. Untenstehende Tabelle zeigt eine Gegenüberstellung einiger wichtiger europäischer Aktienindizes (Stand Ende 2010). Lokale Tageszeitungen geben standardmässig den Indexstand des Kursindex an, obwohl in der Regel auch die Performance-Variante von den Providern gerechnet wird. Dividendenzahlungen sind also in diesen Indizes nicht berücksichtigt; ein Performance-Vergleich ist so nicht möglich. Eine Ausnahme stellen lediglich der DAX und der SPI dar: diese werden als Performance-Indizes publiziert.

Index	Land / Region	Anzahl Titel	Top-3-Titel	Kurs / Performance
DAX	DE	30	Siemens, E.ON, BASF	P
CAC	FR	40	Total, BNP Paribas, Sanofi-Aventis	K
SMI	CH	20	Nestlé, Novartis, Roche	K
AEX	NED	25	Royal Dutch Shell, Unilever, ING	K
FTSE MIB	IT	40	Unicredit, ENI, Enel	K
IBEX	SP	35	Banco Santander, Telefonica, BBVA	K
FTSE 100	UK	~100	HSBC, Vodafone, BP	K
ATX	AUT	20	Erste Group Bank, OMV, Telekom Austria	K

Tabelle 3-12: Vergleich europäischer Länder-Aktienindizes.

Wie die folgende Grafik zeigt, weisen die börsenspezifischen Länderindizes keine einheitlichen Markttiefen auf. Dies steht im Gegensatz zu den Länderindizes von MSCI, welche eine Markttiefe von 85% anstreben.

Markttiefe lokal

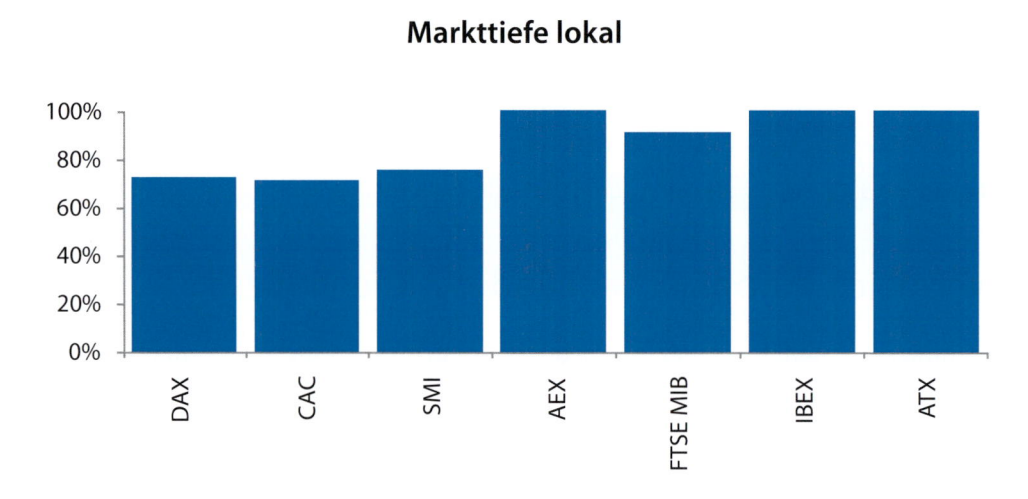

Abbildung 3-14: Markttiefe europäischer Länder-Aktienindizes.

Bei der Sektoranalyse dieser Indizes fällt auf, dass in Italien, Spanien und Österreich der Finanzsektor stark gewichtet wird (bis zu über 40%). Der Gesundheitssektor in diesen Indizes ist hingegen nicht oder nur sehr beschränkt vorhanden. Der französische CAC ist in der Sektorzusammensetzung nicht wesentlich anders als der Deutsche DAX: Die Gewichtung des Finanz-, Gesundheits-, Nicht-Basiskonsumgüter-Sektors ist sehr ähnlich. Der grosse Unterschied liegt bei der Gewichtung des Energiesektors.

Der Aktienmarkt   155

Der französische Erdölkonzern macht knapp über 10% des CAC aus. Im DAX fehlen hingegen Energiewerte. Auch in Holland (AEX), Italien und Grossbritannien ist der Energiesektor überdurchschnittlich stark gewichtet. Hier muss jedoch aufgepasst werden – gerade im Energiesektor besteht häufig eine Konzentration auf wenige oder nur einen Titel (Holland: Shell; Italien: ENI; Grossbritannien: BP). In solchen Fällen muss auf titelspezifische Risiken vermehrt geachtet werden.

Aufteilung nach GICS Sektoren

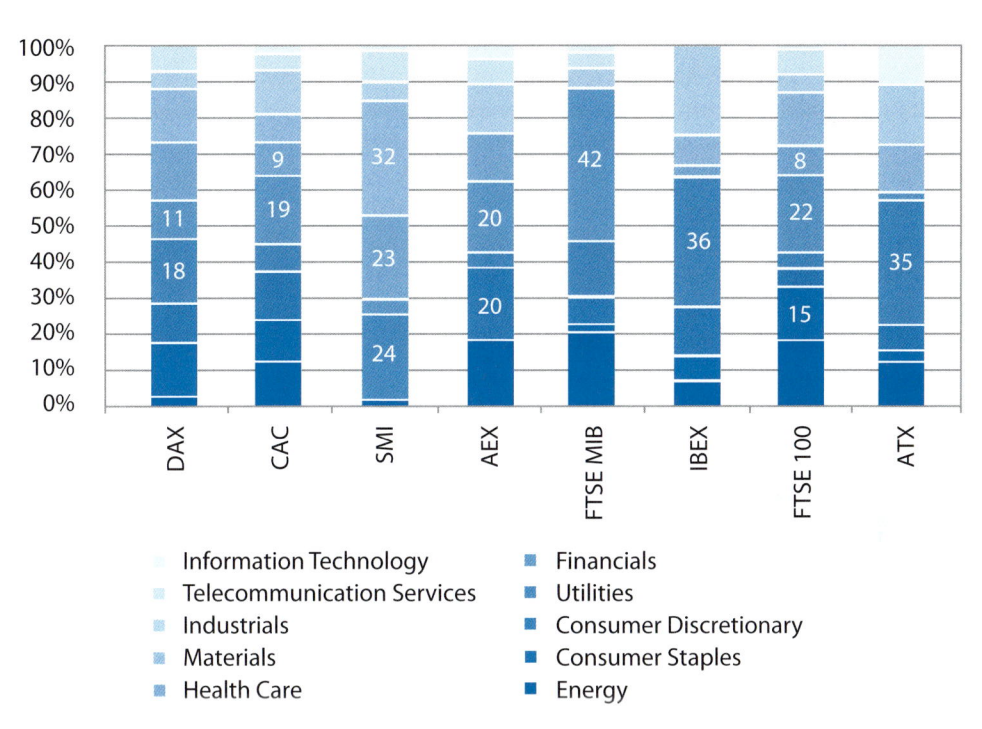

[Gestapeltes Balkendiagramm mit den Indizes DAX, CAC, SMI, AEX, FTSE MIB, IBEX, FTSE 100, ATX; sichtbare Werte: DAX 18, 11, 9; CAC 19, 32; SMI 24, 23, 20; AEX 20, 42; FTSE MIB 20, 36; IBEX 15, 8; FTSE 100 22, 35; ATX]

Legende:
- Information Technology
- Telecommunication Services
- Industrials
- Materials
- Health Care
- Financials
- Utilities
- Consumer Discretionary
- Consumer Staples
- Energy

Abbildung 3-15: Sektoraufteilung europäischer Länder-Aktienindizes.

Vergleich US-amerikanischer Aktienindizes

Wie in den oberen Abschnitten aufgezeigt, gibt es teilweise signifikante Unterschiede zwischen verschiedenen US-amerikanischen Aktienindizes. Sie können sich bezüglich Marktabdeckung, Marktkapitalisierung, Berechnungsart und Sektorenzusammensetzung unterscheiden.
Tabelle 3-13 fasst die Haupteigenschaften der wichtigsten US-amerikanischen Aktienindizes zusammen (Stand Ende 2010). Dabei wird deutlich, dass die ersten drei Indizes, der MSCI USA, der S&P 500 und der Russell 1000, ziemlich ähnlich sind bezüglich

Berechnungsmethodik sowie der grössten Holdings. Die Gewichtung nach Marktkapitalisierung führt dazu, dass in der Regel die gleichen Titel am höchsten gewichtet werden. Der Russell 1000 enthält zwar knapp doppelt so viele Titel wie die ersten zwei, jedoch werden diese vergleichsweise wenig gewichtet (die 500 Titel, die der Russell 1000 mehr enthält, machen ca. 10% des Indizes aus). Die Renditen der ersten drei Indizes fallen deshalb meistens sehr ähnlich aus (insbesondere von MSCI USA und S&P 500). Die jährlichen Renditeunterschiede sind in der Grössenordnung von maximal 1 bis 2%.

Der Dow Jones Industrial Average Index sowie der NASDAQ unterscheiden sich deutlich von den ersten drei. Der Dow Jones ist preisgewichtet und enthält deshalb andere Gewichtungen als marktkapitalisierungsgewichtete Indizes. Der Titel mit dem höchsten Preis, zur Zeit IBM, hat ein Gewicht von knapp 10% im Index. Der NASDAQ-100 bezieht sich auf ein grundlegend anderes Aktienuniversum: Es werden die 100 liquidesten an der NASDAQ gelisteten Nicht-Finanzunternehmen aufgenommen. So sind die grössten Titel auch anders als bei MSCI USA, S&P 500 und Russell 1000. Die Renditen der letzten zwei Indizes können sich deshalb stark von den der ersten drei unterscheiden. Die historischen jährlichen Abweichungen vom S&P 500 können im zweistelligen Prozentbereich liegen.

Die folgende Tabelle zeigt einige Unterschiede zwischen den wichtigsten US-Aktienindizes. Grundsätzlich werden jeweils die Kursindizes in den Medien angegeben, obwohl auch die Performance-Variante (net und gross) gerechnet wird.

Index	Anzahl Titel	Gewichtungs-methode	Top-3-Titel	Kurs / Performance
MSCI USA	594	MCAP	Exxon Mobil, Apple, Microsoft	K
S&P 500	500	MCAP	Exxon Mobil, Apple, Microsoft	K
Russell 1000	1000	MCAP	Exxon Mobil, Apple, Microsoft	K
Dow Jones Industrial Average	30	PRICE	IBM, Caterpillar, Chevron	K
NASDAQ-100	100	MCAP	Apple, Qualcomm, Google	K

Tabelle 3-13: Vergleich von US-Aktienindizes.

Wird die Sektoraufteilung der fünf wichtigsten US-amerikanischen Aktienindizes untersucht, so fallen auch beträchtliche Unterschiede von den ersten drei (MSCI USA, S&P 500, Russell 1000) zu den letzten zwei (Dow Jones Industrial Average, NASDAQ) auf. Der Dow Jones Industrial Average und der NASDAQ-100 umfassen nicht alle Branchen. Der Dow Jones hat eine rund 20% Allokation im Industrials Sektor und der NASDAQ-100 eine ungefähr 60% Allokation in Information Technology. Auch diese Eigenschaften müssen bei der Index bzw. ETF Wahl berücksichtigt werden.

Aufteilung nach GICS Sektoren

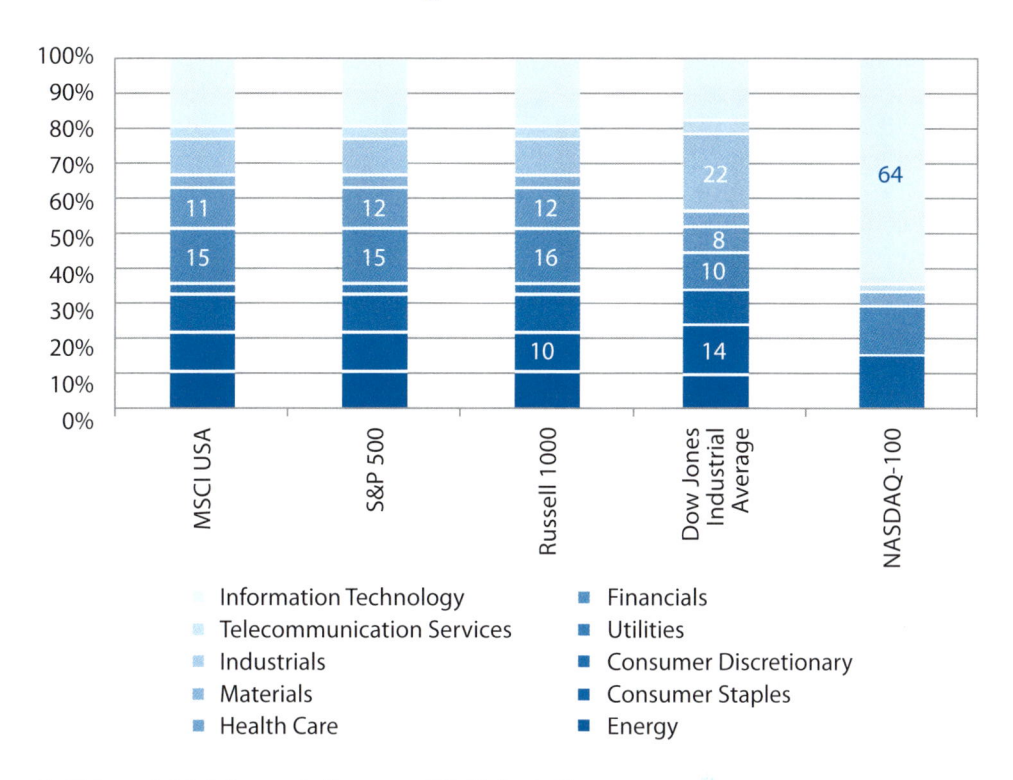

Abbildung 3-16: Sektoraufteilung von US-Aktienindizes.

MSCI USA, S&P 500 und Russell 1000 eignen sich gut als Benchmark für den US-Markt. Dabei umfasst der MSCI USA eine Markttiefe von 85% und der S&P 500 von knapp 80%. Der Russell 1000 erreicht hingegen ca. 90%. Der preisgewichtete Dow Jones sollte hingegen nicht als Benchmark verwendet werden, da die Gewichtungsmethode kaum von einer ökonomischen Intuition gerechtfertigt wird. Ähnliches gilt auch für den NASDAQ-100: Die selektive Auswahl des Aktien-Universums ist nicht repräsentativ für den US-Aktienmarkt. In der folgenden Abbildung werden die Markttiefen der gebräuchlichsten US-Indizes gegenübergestellt.

Markttiefe lokal

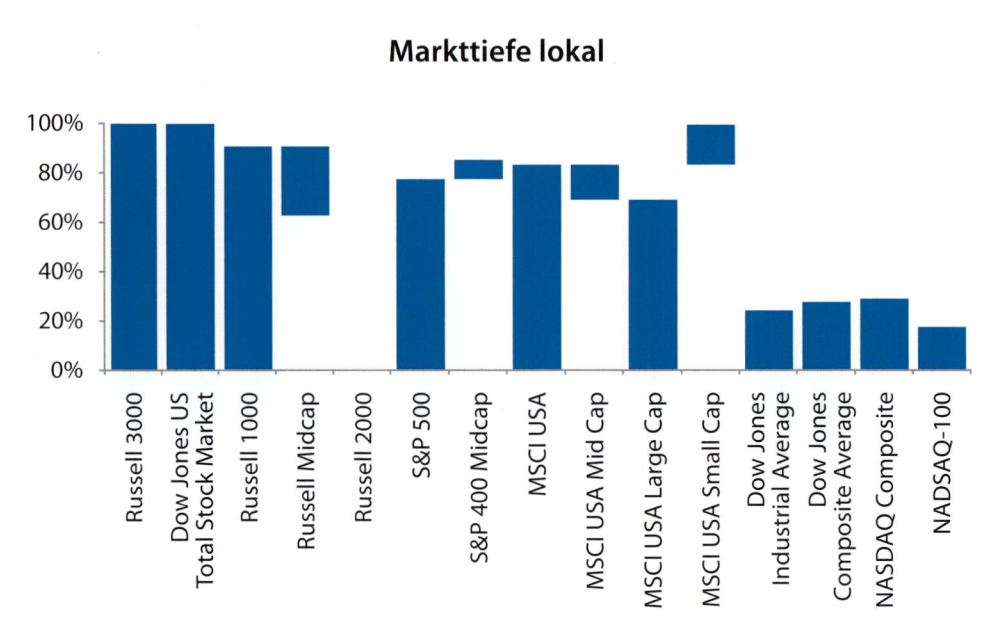

Abbildung 3-17: Markttiefe von US-Aktienindizes.

Der Markt für Obligationen

Obligationen – häufig auch Anleihen, Renten oder Bonds genannt – haben eine zentrale Bedeutung auf den Finanzmärkten. Sie ermöglichen Staaten und Unternehmen, Fremdkapital aufzunehmen, und Käufern der Obligation, Kapital anzulegen. Der Markt für Obligationen ist wesentlich grösser als derjenige für Aktien: Die Summe aller ausstehenden Obligationen betrug Ende 2010 gemäss BIS Securities Statistics über 90 Billionen US-Dollar – das entspricht über 90 tausend Milliarden US-Dollar. Im Vergleich dazu liegt die Marktkapitalisierung des Aktienmarkts gemessen am MSCI World All Countries Investable Market Index bei knapp 30 Billionen US-Dollar.

Aufgrund der hohen Nachfrage ist die Anzahl Obligationen-ETFs in den letzten Jahren sehr stark gestiegen. Es gibt auch einige Gründe dafür, denn Obligationen ETFs eignen sich sehr gut für das Investieren in diese Märkte. Im Gegensatz zum Over-the-Counter-Charakter von Obligationenmärkten sind Obligationen-ETFs einfach über die Börse handelbar. Nebst dem einfachen Marktzugang bieten ETFs dieser Anlageklasse eine breite Diversifikation und reduzieren dabei das spezifische Ausfallrisiko eines Emittenten. Gleichzeitig ist der operative Aufwand des Laufzeitenmanagements bei ETFs geringer. Auch das Problem der zu grossen Stückelung stellt sich bei ETFs nicht. In diesem Buch haben dementsprechend Anleihen-ETFs und Anleihen-Indizes einen zentralen Stellenwert.

Der Markt für Obligationen 159

Obligationen im Allgemeinen eignen sich sehr gut zur Senkung des Portfoliorisikos. Anleger, die höhere Risiken vermeiden wollen, können dies durch eine höhere Obligationenquote im Portfolio erreichen. Um die Chancen und Risiken von Obligationen zu verstehen, ist es gerade für unerfahrene Investoren wichtig, sich mit den Grundkonzepten vertraut zu machen. Das Verstehen der zentralen Eigenschaften von Obligationen ist ausserdem wichtig, um die Chancen und Risiken einer Investition in ETFs dieser Anlageklasse besser einzuschätzen.

Die Bedeutung der Anlageklasse der Obligationen wird häufig unterschätzt. Berichte in der Finanzpresse beziehen sich meistens auf Kursentwicklungen von Aktien, Rohstoffen und Währungen. Dieser Umstand ist etwas paradox, da es gerade Obligationen sind, die den grössten Teil des Portfolios eines durchschnittlichen Privatanlegers ausmachen. Gleichzeitig ist der Zusammenhang zwischen Zinsentwicklungen, Inflation, Ausfallrisiko des Emittenten und ähnliches vielen Anlegern zu wenig bekannt. In Anbetracht der Grösse und Komplexität dieses Marktes lohnt sich deshalb ein Umriss der Hauptmerkmale dieser Anlageklasse.

Das 1x1 der Obligationen

Der Begriff Obligation wird Synonym zu Anleihen, Renten, Bonds oder Fixed Income Assets verwendet. In diesem Buch verwenden wir die Ausdrücke Obligationen und Anleihen als allgemeiner Sammelbegriff für festverzinsliche Wertpapiere. Klassische Obligationen haben eine Ähnlichkeit mit Spareinlagen. Ein Bankkunde, der Geld auf ein Sparkonto mit fester Laufzeit einbezahlt und dafür einen bestimmten Zinssatz erhält, verhält sich im Prinzip wie der Käufer einer Obligation. Beim Kauf einer Obligation leiht der Käufer der Obligation dem Emittenten einen gewissen Betrag für eine bestimmte Zeit. Der Emittent (Herausgeber der Obligation) verpflichtet sich im Gegenzug, diesen Betrag samt Zinsen zurückzubezahlen. Die periodisch anfallenden Zinsen werden als Coupons bezeichnet. Im Gegensatz zu gewöhnlichen Spareinlagen kann der Käufer jedoch die Obligation weiterverkaufen (sofern ein Markt besteht) und muss sich nicht an etwaige Kündigungsfristen halten. Der Verkauf einer Obligation kann mit einem Verlust oder Gewinn erfolgen. Die verschiedenen Risiken, die zu einem Verlust führen können, werden hier behandelt.

Risiken von Obligationen lassen sich in folgende Komponenten aufteilen:

- Ausfallrisiko
- Zinsänderungsrisiko
- Wechselkursrisiko
- Liquiditätsrisiko
- Inflationsrisiko

Ausfallrisiko. Der Vergleich mit Spareinlagen eignet sich ganz gut, um das Ertragspotential sowie die Risiken einer Obligation aufzuzeigen. Je länger die Kündigungsfrist einer Spareinlage ist, desto höher sind die erhaltenen Zinsen. Das gleiche gilt bei einer Obligation. Je länger die Laufzeit, desto höher ist die Rendite einer Obligation (bei der „normalen", d.h. steigenden Zinskurve). Bei erhöhter Laufzeit steigt nicht nur die Rendite, sondern auch das zugrunde liegende Risiko einer Spareinlage sowie einer Obligation. Wird beispielsweise eine sehr lange Sperrfrist vereinbart, so steigt die Gefahr, dass die Sparkasse oder der Emittent der Obligation während dieser Zeit in Konkurs geht. Diese sogenannte Ausfallwahrscheinlichkeit (Default Risk) steigt bei längerer Laufzeit, denn es können mehr unerwartete Ereignisse eintreten.

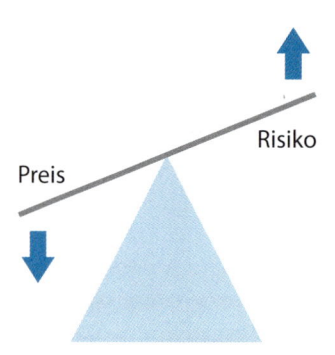

Abbildung 3-18: Zusammenhang zwischen der Veränderung des Ausfallrisikos des Emittenten und dem Preis einer ausstehenden Obligation. Steigt das Risiko eines Ausfalls, so fällt der Preis der Obligation.

Es ist äusserst wichtig zu verstehen, dass in kompetitiven Märkten das Renditepotential einer Obligation die Ausfallwahrscheinlichkeit des Emittenten widerspiegelt. Wenn die eine Obligation bei gleicher Laufzeit und Couponzahlung eine höhere Rendite als eine andere verspricht, dann in der Regel deshalb, weil die Gefahr eines Konkurses höher liegt oder weil andere Risiken abgegolten werden. Um das Risiko eines Konkurses zu quantifizieren, bewerten Rating-Agenturen die Emittenten nach festgelegten Kriterien. Standard & Poor's bewertet Schuldner mit den Ratings von AAA für den Schuldner der höchsten Qualität bis D für Schuldner, die bereits Konkurs angemeldet haben. Die folgende Tabelle zeigt eine Einordnung der Ratings der bekanntesten Agenturen.

Der Markt für Obligationen

Bonitätsbewertung	S&P	Moody's
Investment Grade		
Beste Qualität	AAA	Aaa
Hohe Qualität	AA	Aa
Gute Qualität	A	A
Mittlere Qualität	BBB	Baa
Spekulative Qualität (High Yield)		
	BB, B, CCC, CC, C	Ba, B, Caa, Ca
Zahlungsausfall (Default)		
	D	C

Tabelle 3-14: Ratings von S&P und Moody's (vereinfacht).

Factsheets von Obligationen-ETFs erwähnen in der Regel das durchschnittliche Rating der enthaltenen Positionen. Konservativeren Anlegern ist auf jeden Fall zu empfehlen, Anleihen-ETFs mit einem Durchschnittsrating von Investment Grade zu halten.

Zinsänderungsrisiko. Das Zinsänderungsrisiko beschreibt den Effekt einer Zinsänderung auf den Preis der Obligation. Steigende Zinsen reduzieren den Wert einer bestehenden Obligation, denn eine Obligation mit einer festgelegten Zinszahlung ist weniger attraktiv, wenn das allgemeine Zinsniveau ansteigt. Preise von Obligationen mit einer längeren Laufzeit reagieren stärker auf Veränderungen des Zinssatzes. Steigt das allgemeine Zinsniveau, kann der Wert, besonders der von langfristigen Obligationen, beträchtlich fallen.

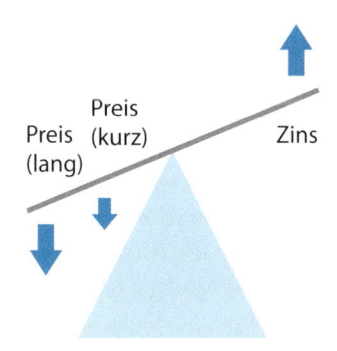

Abbildung 3-19 : Bei steigenden Zinsen fällt der Preis einer bestehenden Obligation. Dieser Effekt ist bei Obligationen mit langer Laufzeit besonders deutlich.

Aus Abbildung 3-19 wird deutlich, dass Obligationen mit langen Laufzeiten – oder präziser gesagt: mit langer Duration – sensitiver auf Zinsänderungen reagieren als kurzläufige Obligationen. Um die Sensitivität der Obligationenpreise auf Zinsänderungen zu messen, wurde das Konzept der Duration eingeführt. Als Faustregel gilt:

- Duration von 3 Monaten bis 3 Jahren: tiefes Zinsänderungsrisiko
- Duration von 3 Jahren bis 7 Jahren: mittleres Zinsänderungsrisiko
- Duration von über 7 Jahren: höheres Zinsänderungsrisiko

Die Duration eines Anleihen-ETFs ist auf dem Produkt-Factsheet im Internet verfügbar. Sie beschreibt die durchschnittliche Kapitalbindungsdauer und damit das Zinsänderungsrisiko der Obligation. Dabei werden die Zeitlängen der zukünftigen Zahlungen mit dem Barwert der jeweiligen Zahlung gewichtet. Je grösser der Barwert einer zukünftigen Zahlung (Coupon) ist und je länger diese in der Zukunft liegt, desto höher ist die Duration. Im Übrigen gilt bei Zero-Bonds – also Null-Coupon-Anleihen –, dass die Duration der Laufzeit entspricht. Werden Coupons bezahlt, ist die Duration tiefer als die Restlaufzeit. Dieses Durations-Mass wird als Macaulay Duration bezeichnet und in Jahren ausgedrückt. Daneben existiert die sogenannte Modified Duration. Diese ist von der Grösse her etwas kleiner als die Macaulay Duration und drückt direkt den Zusammenhang zwischen Zinssatzveränderung und Obligationenrendite aus. Es gilt: das Produkt von Modified Duration und dem Zinsanstieg gleicht dem Renditeverlust der Anleihe.

Im Kontext des Zinsänderungsrisikos wird häufig die Zinsstruktur berücksichtigt. Graphisch gesehen werden Zinssätze für verschiedene Laufzeiten von Obligationen mit gleicher Qualität mit einer Linie verbunden. Steigt diese Linie, bedeutet dies, dass langfristige (annualisierte) Zinssätze höher liegen als kurze. Dies ist der Normalfall, denn Anleger verlangen in der Regel einen höheren Zinssatz als Entschädigung für eine längere Kapitalbindung sowie als Schutz gegen eine Erhöhung der Inflation. Eine inverse Zinsstruktur, also eine fallende Zinskurve, kommt eher selten und in Zeiten einer Rezession vor. In solchen Fällen ist der kurze Zinssatz von der Notenbank hoch gehalten und langfristige Inflationserwartungen als vergleichsweise tief eingeschätzt, was Zinsen am langen Ende tief hält. Die Zinsstruktur ist für Anleger in Anleihen-ETFs insofern wichtig, dass ihre Veränderung einen direkten Einfluss auf die ETF-Rendite hat. Wird in ETFs mit kurzer Duration angelegt, so sollte die Veränderung der Zinsstruktur am kurzen Ende verfolgt werden. Beim Anlegen in Anleihen-ETFs mit langer Duration ist hingegen das mittlere Segment und vor allem das lange Ende der Zinskurve besonders Rendite relevant.

Wechselkursrisiko. Das Wechselkursrisiko kann bei einer Anleihe, die in einer Fremdwährung emittiert ist, beträchtlich sein. So schwankt der Wert einer USD-Anleihe aus Sicht eines deutschen Investors zusätzlich durch Änderungen des EUR/USD-Wechselkurses. Diese Schwankung ist in der Regel grösser als die Preisschwankung der Anleihe in Lokalwährung (also USD). Auch wenn die Duration des Obligationen ETFs kurz ist und damit das Zinsänderungsrisiko gering, kann durch Wechselkursschwankungen das Risiko vergleichsweise hoch ausfallen. Dieses Risiko kann durch Währungsabsicherung (FX Hedge), beispielsweise mittels Devisentermingeschäften, reduziert werden.

Liquiditätsrisiko. Eine weitere Risikoquelle stellt das Liquiditätsrisiko auf Stufe der zugrunde liegenden Obligationen dar. Ist der Handel eines Titels erschwert, kann der Titel nicht oder nur mit grösseren Verlusten verkauft werden. Dieses Risiko ist für alle Finanzinstrumente in unterschiedlichem Ausmass vorhanden. Bei Anleihen-ETFs ist die Liquiditätskomponente des Index zentral. Da bei Anleihenmärkten es sich häufig um Buy-and-Hold-Märkte handelt, das heisst Anleihen werden bis zum Verfall gehalten, hat Liquidität grundsätzlich eine grössere Bedeutung als bei Aktien. Die Heterogenität des Anleihenmarktes, in dem ein Unternehmen oder ein Staat in der Regel gleichzeitig mehrere Obligationen emittiert, kann die Liquidität einer einzelnen Obligationen ebenfalls reduzieren. Je liquider der Anleihen-Index, umso einfacher ist die Replizierbarkeit durch einen ETF. Viele Indexanbieter publizieren liquide Varianten von bestehenden Indizes. Ein Beispiel hierfür ist der iBoxx EUR Liquid Corporate Index, der von den ca. 1'000 Anleihen des iBoxx EUR Corporate Indizes lediglich die 40 liquidesten berücksichtigt.
Das Liquiditätsrisiko besteht aber auch auf der Ebene des Market Makers. Wie bei allen ETFs gilt auch hier: Je mehr Market Maker Preise für einen Obligationen-ETF stellen, desto weniger sind Liquiditätsengpässe auf Stufe ETF zu erwarten. Es sei darauf hingewiesen, dass selbst Designated Sponsors, also Market Maker, die sich bei der Börse zur Kursstellung mit maximalen Handelsspannen und Mindestvolumen verpflichten, je nach Börse in 10% aller Handelstagen von diesen Vorgaben abweichen können. In bis zu 3 Tagen pro Monat können somit Handelsspannen (Bid/Ask-Spreads) die vertraglich vorgeschriebenen Höhen beliebig überschreiten. Kann ein Market Maker die zugrunde liegenden Titel nicht beschaffen oder sich nicht hinreichend absichern, kann der Handel unter Umständen völlig aussetzen. Bei kompetitiver Preisstellung mit mehreren Designated Sponsors ist die Wahrscheinlichkeit solcher Szenarien geringer.

Inflationsrisiko. Es beschreibt die Gefahr einer erhöhten Inflation nach Ausgabe einer Obligation. Der reale Wert des Nennwerts zum Zeitpunkt der Rückzahlung sowie die während der Laufzeit anfallenden Zinszahlungen ist bei hoher Inflation tiefer. Steigt die Inflationserwartung, fällt der Wert der ausstehenden Obligation, weil der reale Wert der zukünftigen Geldströme nun tiefer liegt. Es ist somit die Veränderung der Inflationserwartung, die einen Einfluss auf den Preis der Obligation hat und nicht die Höhe der Inflation. Im Preis und Coupon von neu emittierten Anleihen ist die aktuelle Inflationserwartung jedoch berücksichtigt. Der Zusammenhang zwischen Inflationserwartungen und Anleihenpreis wird in folgender Abbildung schematisch dargestellt.

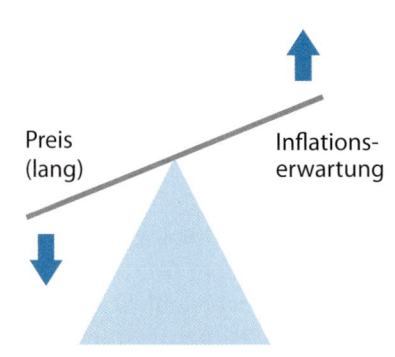

Abbildung 3-20: Negativer Zusammenhang zwischen dem Preis und der Inflationserwartung.

Um sich gegen die Inflationsgefahr zu schützen, eignen sich die sogenannten inflation-linked Bonds (auch inflationsgeschützte Anleihe genannt). Bei dieser Anleihen-Variante ist die Höhe des Coupons und/oder Nominalwertes vom Level des Verbraucherpreisindizes abhängig. Inflation-linked Bonds werden in der Regel von Staaten emittiert. In Deutschland sind dies die Inflationsindexierten Bundesanleihen, im Vereinigten Königreich die inflation-linked Gilts und in den USA die Treasury Inflation Protected Securities (TIPS). Die Schweiz emittiert keine inflation-linked Bonds.

Anleihen ETFs-bieten eine elegante Möglichkeit, die oben aufgeführten Risikoquellen bewusst einzugehen oder bewusst zu reduzieren. ETFs (sowie Indexfonds) auf Obligationenindizes haben mehrere, äusserst nützliche Vorzüge:

- Einfacher Handel und Marktzugang
- Breite Marktabdeckung und dadurch ein höherer Grad an Risikodiversifikation
- Tiefe Transaktionskosten
- Bewusstes Eingehen von Risiken und genauere Renditeerwartungen

Die ersten drei Punkte gelten für alle ETFs. Ein Obligationen-ETF wird gleich wie ein Aktien-ETF über die Börse gehandelt. Die breite Marktabdeckung, die durch ein ETF gewährleistet ist, ist bei Obligationen genauso wichtig wie bei Aktien. Klumpenrisiken werden durch eine breite Marktabdeckung reduziert, denn der Ausfall eines Emittenten reduziert in der Regel die Rendite des Gesamtportfolios nur geringfügig. Um eine breite Marktabdeckung mit Direktinvestitionen in Obligationen zu erreichen, müssten viele Obligationen gekauft werden. Die dadurch entstehenden Transaktionskosten können exorbitant sein.

Werden beispielsweise 20 Obligationen mit 40 EUR Transaktionskosten pro Trade gekauft, entstehen bereits Kosten von 800 EUR. Bei einer Depotgrösse von 100'000 EUR beträgt der Einfluss auf die Rendite bereits −0.8%. Es muss folglich eine Rendite von mindestens 0.8% erwirtschaftet werden, um einen Gewinn auf dem Depot zu erzielen. Es kommt hinzu, dass bei 20 Obligationen das Depot ständig bewirtschaftet werden

muss. Spätestens beim Verfall einer Obligation müssen neue hinzugekauft werden. Dabei entstehen jedes Mal Kosten in Form von Courtagen oder Handelsspreads.
Der vierte Punkt ist bei Obligationen-ETFs zentral. Entscheidet sich ein Investor für ein Exposure in Obligationen mit 5- bis 7-jähriger Laufzeit, kann dies mit dem Kauf eines entsprechenden Anleihen-ETFs mit diesen Eigenschaften erfolgen. Solange dieser ETF gehalten wird, ist auch das Zinsänderungsrisiko ungefähr gleich. Mit dem Voranschreiten der Zeit verkürzt sich die Laufzeit einer Obligation. Obligationen, die mit der Zeit kürzer werden als 5 Jahre, werden automatisch innerhalb des ETFs verkauft, und neue, länger laufende Obligationen werden hinzugekauft. Damit wird die durchschnittliche Laufzeit bzw. Duration des Anleihen ETFs immer zwischen 5 und 7 Jahren gehalten. Der Käufer des ETFs muss sich um das Laufzeitenmanagement nicht kümmern. Beim direkten Kauf einer Obligation gilt, dass die Restlaufzeit der Obligation immer kürzer und das Zinsrisiko immer kleiner wird. Anleger, die direkt in Obligationen investieren und sie bis zum Verfall halten, tragen kein Kursrisiko, da sie den Nennwert beim Verfall erhalten. Auf Portfolio-Stufe müssen sie sich jedoch bewusst sein, dass sich ihr Zinsrisiko mit der Zeit systematisch reduziert. Sie müssen dementsprechend, wie bereits erwähnt, ihr Portfolio ständig bewirtschaften, wenn sie ein konstantes Risikolevel halten wollen. Dies ist mit viel Zeitaufwand und Kosten verbunden. In diesem Zusammenhang sei darauf verwiesen, dass die bewusste Wahl von Anleihenstrategien mit festgesetzten Laufzeiten nicht nur die Eingrenzung der Risiken ermöglicht, sondern auch zentral für eine genauere Formulierung der Renditeerwartungen ist.
Anleihen-ETFs ermöglichen ein noch viel grösseres Spektrum an Strategien. Es gibt ETFs auf Obligationen mit unterschiedlichen Ratings, verschiedenen Arten von Emittenten mit unterschiedlicher Bonität und verschiedene Länder. Zusätzliche Flexibilität bei der Risikosteuerung geben auch Branchenspezifische Anleihen ETFs. Es werden beispielsweise Anleihen-ETFs angeboten, die Anleihen von Finanzunternehmen innerhalb eines Marktes ausschliessen. Eine flexible Risikosteuerung ist mittels Anleihen-ETFs demnach möglich und es ist absehbar, dass das Angebot noch weiter wachsen wird.

Beispiel: Risiken von Obligationen-ETFs

„Wie kann es passieren, dass man mit einem Obligationen-ETF Geld verliert, obwohl dieser nur aus sicheren Staatsanleihen besteht?" Ein Obligationen-ETF auf langläufige Staatsanleihen kann innert weniger Monate einige Prozente fallen. Der wahrscheinlichste Grund dafür ist das Zinsänderungsrisiko, das bei langläufigen Obligationen besonders hoch ist. Es ist wichtig zu sehen, dass ein Obligationen-ETF, der eine lange Duration aufweist, Obligationen mit langen Laufzeiten hält. Um dies zu ermöglichen, werden Obligationen, sobald ihre Laufzeit zu kurz wird, verkauft und neue, länger laufende Obligationen gekauft. Durch dieses Rollen wird das Zinsänderungsrisiko permanent auf einem ähnlichen Level gehalten.
Wenn hingegen heute anstelle eines langlaufenden Obligationen-ETFs eine 10-jährige Staatsanleihe gekauft und diese 10 Jahre gehalten wird, ist ein (nominaler) Gewinn

sicher. Will man die Staatsanleihe vorzeitig verkaufen, so können durch das Zinsänderungsrisiko die gleichen Verluste wie bei einem Obligationen-ETF realisiert werden. Der zentrale Unterschied zum Obligationen-ETFs ist lediglich, dass beim Halten einer Staatsanleihe die Restlaufzeit immer kürzer und damit das Zinsänderungsrisiko immer kleiner wird.

Ein weiterer Grund für Renditeeinbussen auf Staatsanleihen sowie Staatsanleihen-ETFs kann die Erhöhung des Kreditrisikos darstellen. Ein prominentes Beispiel in Europa war Griechenland Mitte 2010. Durch die dramatische Erhöhung der Ausfallwahrscheinlichkeit (Konkursrisiko) sank der Preis von griechischen, aber auch anderen europäischen Staatsanleihen.

Obligationenhandel und die Rolle von Obligationenindizes

Käufe und Verkäufe von Wertpapieren müssen nicht unbedingt an einer Börse erfolgen. Die Börse stellt lediglich einen organisierten Markt dar. Laufen Transaktionen nicht über die Börse und werden Preise zwischen den Marktteilnehmern direkt ausgehandelt, spricht man von einer sogenannten OTC (over-the-counter) Transaktion. Dadurch können Kosten gespart werden, weil Börsengebühren nicht anfallen. Dies ist insbesondere bei sehr grossen Trades üblich. Zweitens können über Börsen nur standardisierte Produkte gehandelt werden, wobei OTC-Transaktionen individuelle Modifikationen zulassen. Dies spielt vor allem bei Derivaten eine Rolle. Die Bedeutung von OTC-Transaktionen ist im Obligationenbereich um ein Vielfaches höher als im Aktienbereich. Dies ist von zentraler Bedeutung, wenn die verschiedenen Indizes miteinander verglichen werden. Im Gegensatz zu Aktienindizes, wo die Indexprovider die offiziellen Kurse der jeweiligen Börse für die Berechnung des Index heranziehen, stammen bei den Obligationenindizes die Preise vom Handelsdesk des Anbieters oder eines Konsortiums.

Betrachtet man die Namen von Obligationen-Indizes, so fällt sofort auf, dass meist Banken und Brokerfirmen mit starker Präsenz im Bondhandel dahinterstehen und nicht unabhängige Indexprovider. Das prominenteste Beispiel stellen die ehemaligen Lehman Bond Indices dar, die seit dem Konkurs der US-Investmentbank in Barclays Bond Indizes umbenannt wurden. Weitere Beispiele sind: Citigroup World Government Bond Index, JP Morgan Emerging Markets Bond Index, Merrill Lynch High Yield Master II Index usw.

Kategorien von Obligationenindizes

Obligationenindizes werden in verschiedene Gruppen gegliedert. Dadurch werden spezifische Risiken eingegrenzt und in verschiedene Kategorien aufgeteilt. Diese Kategorisierung ist in den Produkt-Factsheets und teilweise sogar in der Bezeichnung des Obligationen-ETFs ersichtlich.

Laufzeit

Obligationen-ETFs – vor allem bei Staatsanleihen – werden nach ihren Laufzeiten eingeteilt. Als kurze Laufzeiten gelten 1 bis 3 Jahre, als mittlere 3 bis 7 Jahre und als lange Laufzeiten über 7 Jahre. Obligationen-ETFs mit einer Laufzeit von unter einem Jahr werden als unterjährig bezeichnet. Häufig werden solche Obligationen-ETFs zum Geldmarkt und nicht zu den Obligationen gezählt. Obligationen-ETFs mit einer Laufzeit von 3–7 Jahren enthalten Obligationen mit diesen Laufzeiten. Sobald eine Obligation eine Restlaufzeit von weniger als 3 Jahren hat, wird diese verkauft und eine neue Obligation mit Restlaufzeit von 3 bis 7 Jahren hinzugekauft. Durch dieses sogenannte Rollen wird das Zinsrisiko des Obligationen-ETFs ungefähr gleich behalten. Dadurch können Renditen und Risiken besser abgeschätzt werden.
Die Renditen und Risiken können in Abhängigkeit von der Laufzeit des Obligationen-ETFs und je nach Veränderung der Zinsstruktur beträchtlich variieren. Die jährlichen Renditen sowie Volatilitäten können je nach Obligationen-ETF von 1 bis über 10% reichen. Deshalb ist es wichtig, die historische Zeitreihe eines Obligationen-ETFs zu kennen, bevor in diesen investiert wird. Dies ist zwar keineswegs ein Garant für zukünftige Performance, hilft aber, die Chancen und Risiken einer Investition besser abzuschätzen. Zusätzlich ist es aber auch wichtig, die Struktur und Ratings zu kennen, um beispielsweise das Bonitätsrisiko besser zu verstehen.

Emittententypen und Bonitätsrisiko

Zum Teil wird eine Kategorisierung nach den Ratings, das heisst nach der Bonitätsklasse, oder nach Emittententypen vorgenommen. Gewisse Indizes wählen eine Mischform, und verwenden beide Kriterien zur Kennzeichnung von Indizes. Im Folgenden werden die bekanntesten Typen kurz umschrieben. Eine umfassende Beschreibung aller Emittententypen würde jedoch den Rahmen dieses Buches sprengen.

Staatsanleihen von Industrieländern haben in der Regel das tiefste Bonitätsrisiko und somit das höchste Ranking. Bei Entwicklungsländern hingegen muss die Gefahr eines Staatsbankrotts mitberücksichtigt werden. Die Griechenlandkrise 2010/2011 hat eindrücklich gezeigt, dass eine solche Gefahr auch bei entwickelten Ländern besteht. Ratingagenturen bewerten aus diesem Grund alle Länder nach ihrem Ausfallrisiko und beeinflussen somit gleichzeitig die Renditeerwartungen der Marktteilnehmer. Eine spezielle Art von Staaten emittierte Anleihen sind Inflation-linked Bonds, die eine Absicherung gegen ändernde Inflationserwartungen bieten.
In den USA werden die Staatsanleihen als „Treasuries" bezeichnet und wie folgt eingeteilt:

USA – das Land der Treasuries (Ts)	Laufzeit / Eigenschaft
T-bills: Discounted Securities (= no Coupon)	< 1 Jahr
T-notes	1 – 10 Jahre
T-bonds	> 10 Jahre
TIPS (Treasury Inflation Protected Securities)	Inflationsgeschützte Anleihen

Tabelle 3-15: Einteilung der Staatsanleihen in den USA.

Pfandbriefe sind ein Teil der sogenannten Anlageklasse der Covered Bonds, wobei die Pfandbriefe die wichtigsten Vertreter dieser Kategorie in Europa sind. Den deutschen Pfandbriefbanken stehen drei Arten zur Verfügung: Hypothekenpfandbriefe, Öffentliche Pfandbriefe und Schiffspfandbriefe. Jeder Pfandbrief ist durch Sicherheiten (Deckungsmasse) gesichert wodurch die Qualität erheblich erhöht. Seit 1901 hat es in Deutschland keinen Ausfall gegeben. Unter Jumbopfandbriefen werden Emissionen ab einer Milliarde EUR und verpflichtetem Market Making verstanden. In der Schweiz wurde 1931 die Pfandbriefzentrale der schweizerischen Kantonalbanken gegründet und ist eine der beiden Emittenten am Schweizer Pfandbriefmarkt. Der zweite Emittent ist die Pfandbriefbank schweizerischer Hypothekarinstitute. Seit 1931 gab es noch nie einen Ausfall.

Unternehmensanleihen werden von heimischen sowie internationalen Unternehmen emittiert. Da sie in der Regel nicht wie beispielsweise Pfandbriefe mit zusätzlichen Sicherheiten ausgestattet sind, ist die Bonität des Unternehmens besonders wichtig. Diese wird von unabhängigen Ratingagenturen wie Standard & Poor's, Moody's und Fitch angeboten. Unternehmensanleihen mit tiefem Rating versprechen höhere Renditen – dies aber bei höherem Konkursrisiko (Ausfallrisiko).

Emerging Market Bonds sind in der Regel von aufstrebenden Ländern emittierte Anleihen. Da die Bonität von Entwicklungsländern meist vergleichsweise tief ist, sind die Ratings der Obligationen in einigen Fällen unter Investment-Grade (bei Standard & Poor's ist dies unter BBB). Bei Emerging Market Bonds wird häufig zwischen Hard- und Local-Currency unterschieden. Unter Hard-Currency werden beispielsweise in USD und unter Local-Currency in Heimwährung emittierte Anleihen verstanden. Hard-Currency Bonds waren vor einigen Jahren auch deshalb beliebt, weil bei dieser Finanzierungsform Entwicklungsländer Anreize erhielten, ihre Währung gegenüber dem starken USD konstant zu halten. Gleichzeitig war das Risiko einer Abwertung der Lokalwährung durch Hard-Currency Anleihen eliminiert. Ironischerweise sind es seit der Finanzkrise von 2008 gerade die Währungen der Entwicklungsländer, die faktisch gesehen als «hard» bezeichnet werden müssten.

High-Yield-Anleihen, auch Junk-Bonds oder Schrottanleihen bezeichnet, sind Anleihen mit einem Rating von „unter Investment-Grade". Es handelt sich um Anleihen mit höherem Ausfallrisiko des Emittenten. In der Regel sind dies Unternehmen mit vergleichsweise hohem Konkursrisiko oder teilweise auch Staatsanleihen von Schwellenländern. Die Laufzeiten dieser Anleihen sind in der Regel vergleichsweise kurz.

Barclays

Die britische Bank, deren Wurzeln bis ins Jahr 1690 zurückreichen, ist ein Marktführer im Bereich Fixed Income Indizes. Im November 2008 hat Barclays Capital, die Investment Bank Division, eine breite Palette von Fixed Income Indizes von Lehman Brothers übernommen. Mit ihren US-Government und US-Corporate Bond Indizes, die seit 1973 gerechnet werden, und dem Global Aggregate Bond Index seit 1990, hat Barclays bzw. zuvor Lehman Brothers, eine langjährige Erfahrung in diesem Gebiet. Die Barclays Indexfamilie kann, wie in Abbildung 3-21 gezeigt, unterteilt werden:

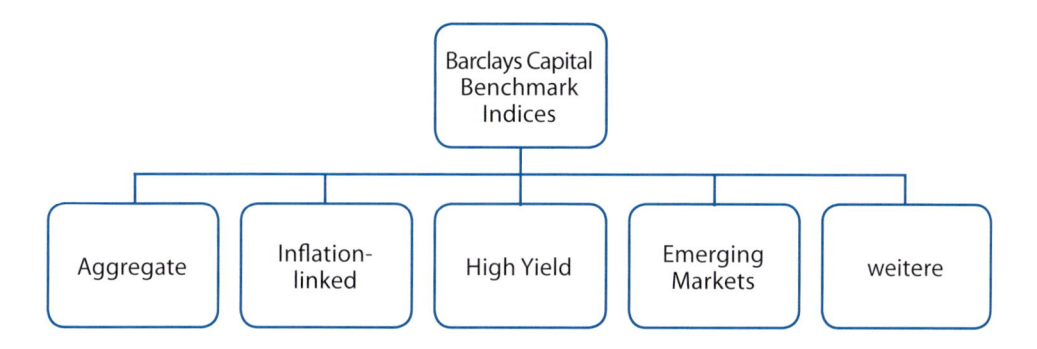

```
                    Barclays Capital
                       Benchmark
                         Indices
         ┌──────────┬──────────┬──────────┬──────────┐
     Aggregate   Inflation-  High Yield  Emerging    weitere
                   linked                Markets
```

Abbildung 3-21: Barclays Indices.

Die *Global Aggregate Indices* umfassen alle Investment-Grade-Obligationen (Government, Corporate und Securitized) verschiedener Märkte. Mit über 12 tausend Indexmitgliedern ist er enorm breit abgestützt. Der Global Aggregate Index wird unterteilt in US-Aggregate, Pan Euro Aggregate, Asia-Pacific Aggregate und weitere. Seit 2010 werden auch Obligationen in CHF berücksichtigt. Der Global Aggregate Bond Index fasst diese Märkte in einem Index zusammen und bildet dadurch das globale Investment-Grade-Universum ab. Der Global Aggregate Index ist wie die meisten breiten Obligationenindizes nach ausstehende Schulden der Emittenten gewichtet. Der Index wird mit 65% klar von Staatsanleihen bzw. Staatsanleihen-ähnlichen Titeln dominiert. Mit je rund 15% sind Unternehmensanleihen sowie Mortgage Backed Securities (MBS) an zweiter und dritter Stelle. MBS sind ausschliesslich in den vereinigten Staaten vorzufinden. Wird eine Gruppierung auf Währungsstufe vorgenommen, zeigt sich, dass Schulden in USD mit 40% den grössten Anteil am globalen Obligationenmarkt ausmachen. Gefolgt wird dies von Obligationen in EUR (30%), JPY (20%) und GBP (5%).

Barclays verwendet das durchschnittliche Rating von Moody's, S&P und Fitch. Dabei müssen Obligationen eine Restlaufzeit von mindestens einem Jahr aufweisen und ein ausstehendes Volumen von rund 300 Millionen USD haben (dies ist vergleichsweise tief bei einem globalen Obligationenindex). Die Gewichtung erfolgt nach Marktkapitalisierung, das heisst, nach ausstehenden Schulden und das Rebalancing findet monatlich statt.

Die *Inflation-linked-Indexreihe* umfasst inflationsgeschützte Anleihen folgender Staaten: USA (40%), Eurozone (30%), UK (20%), Japan (5%), Kanada (3%) und weitere. Die zwei bekanntesten Indizes sind dabei der Barclays Capital US Treasury Inflation Protected Securities (TIPs) sowie der Barclays Euro Government Inflation Linked Bond Index. Letzterer besteht vor allem aus französischen (55%), italienischen (33%) und deutschen (12%) Anleihen. Die minimale Emissionsgrösse innerhalb der World Government Inflation-linked Bond Reihe beträgt rund 500 Millionen EUR bzw. USD und Obligationen müssen eine Restlaufzeit von mindestens einem Jahr aufweisen, um im Index berücksichtigt zu werden.

Interessant zu wissen ist, dass Barclays Global Investors unter anderem mit der Marke iShares im Dezember 2009 von BlackRock für 13.5 Milliarden USD übernommen wurde. BlackRock wurde damit zum weltweit grössten Vermögensverwalter und mit den iShares-ETFs mit knapp 500 Milliarden US-Dollar gleichzeitig zum grössten ETF-Provider. Wird der amerikanische Obligationen-ETF-Markt betrachtet, fällt die Präsenz von Barclays Indizes auf. So laufen vier der fünf grössten ETFs, alle mit mehreren Milliarden verwaltetem Vermögen, auf Barclays Indizes. (Und vier dieser fünf sind von iShares.)

Ähnlich bekannt wie der europäische inflationsgeschützte Index von Barclays ist der *Barclays Capital Euro Corporate Bond Index*. Der Index beinhaltet in Euro emittierte Unternehmensanleihen mit einem Investment-Grade-Rating. Demzufolge finden auch ausländische Unternehmen Eingang in den Index. So sind beispielsweise US-amerikanische Unternehmensanleihen (in EUR) bis zu 14% im Index gewichtet. Mit 20% haben holländische Unternehmen das grösste Gewicht im Index, gefolgt von französischen (17%), amerikanischen (14%) und britischen (11%). Deutsche und Schweizer Unternehmensanleihen sind mit knapp 6% bzw. 3% gleichfalls prominent vertreten. Mit über 1300 Indexmitgliedern ist der Barclays Euro Corporate Bond Index äusserst breit diversifiziert und das durchschnittliche Rating von A+ ist solide. Mit einer Duration von 3.9 Jahren bewegt er sich ausserdem im mittleren Zinsrisikobereich.

Citigroup

Citigroup ist ein Finanzdienstleister mit Sitz in New York und wurde 1812 gegründet. Citigroup Indizes, welche teilweise aus der Übernahme von Salomon Brothers stammen, können in folgende drei Hauptbereiche aufgeteilt werden: International Bond

Markets, US-Investment Grade und High Yield Bonds. Besonders die erste Gruppe der internationalen Indizes ist äusserst breit. Die World Broad Investment Grade Index Serie (WorldBIG) umfasst Länder und Emittenten ab Stufe Investment Grade. Im Index berücksichtigt werden über 6'000 Emittenten. Vergleichsweise bekannt ist die World Government Bond Index Series (WGBI) mit fast 800 Emittenten sowie die Euro Broad Investment Grade Index Series mit 2'300 Emittenten. Für den US-Markt hat Citigroup eine breite und detaillierte Auswahl an Indizes. So sind im US-Investment-Grade-Bereich nebst verschiedenen Laufzeiten und Ratings auch diverse Industrie-Indizes vorhanden.

Abbildung 3-22 zeigt die Hauptaufteilung der Citigroup Indizes:

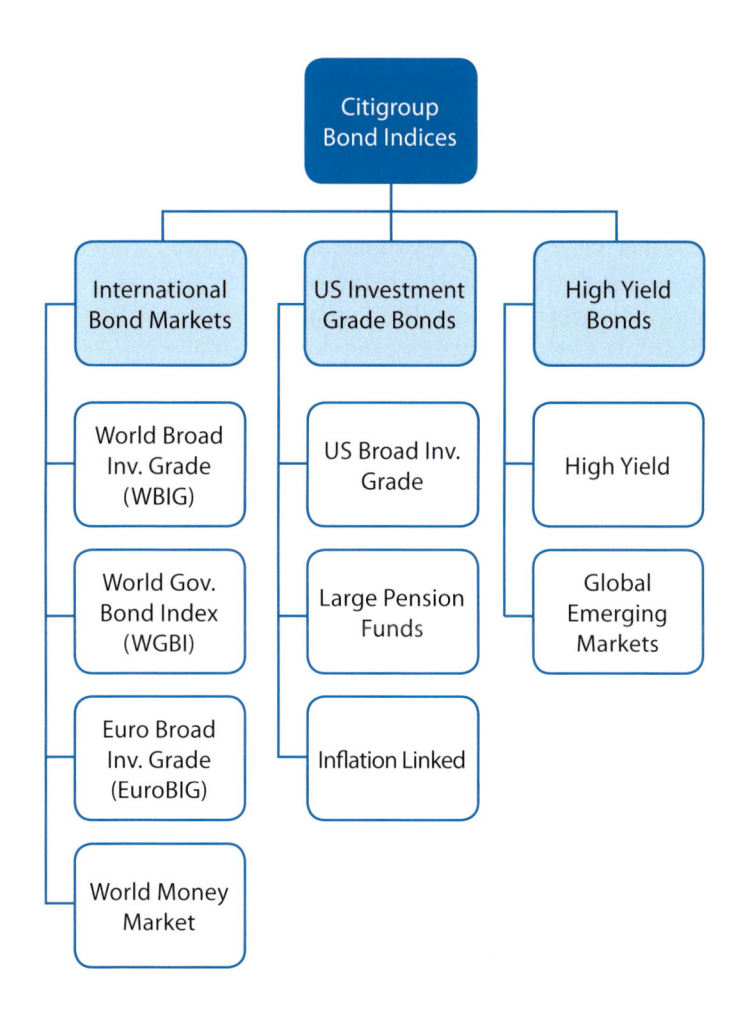

Abbildung 3-22: Citigroup Indizes.

Citigroup verwendet in erster Linie S&P-Ratings. Wenn eine Anleihe von S&P nicht geratet wird, wird auf das Moody's Ratings zurückgegriffen.

In Europa ist der iShares Citigroup Global Government Bond ETF auf Citigroup WGBI G7 am ehesten bekannt. Dieser bietet Zugang zu den Staatsanleihen aus den sieben führenden Industrienationen (Kanada, Frankreich, Deutschland, Italien, Japan, Grossbritannien und USA). Japan hat mit ca. 35% das grösste Gewicht, gefolgt von den USA mit 32%. Der Index deckt dabei ungefähr 80% des breiten WGBI Index ab. Bei einer Duration von über 6 Jahren ist er im oberen Zinsänderungsrisiko-Bereich anzusiedeln.

Citigroup Money Market Indizes werden in einigen Fällen als Benchmark für den Geldmarkt (siehe entsprechender Abschnitt) verwendet. Diese Indizes wurden teilweise schon 1978 eingeführt und bilden stufenweise 1, 2, 3, 6 und 12 monatige Eurodeposits von 17 Währungen ab.

JP Morgan

JP Morgan Chase hat eine lange Geschichte, welche bis ins Jahr 1799 zurück geht. Die global tätige Bank hat ihren Sitz in New York. JP Morgan Bond Indices haben seit Anfang der 1990er Jahre ihre Bekanntheit besonders durch ihre starke Positionierung im Emerging-Markets-Segment erlangt. JP Morgan unterteilt ihre Emerging Markets Bond Indices (EMBI) in Govis, Corporates, Sektoren, Regionen sowie Länder. Es sind folgende Regionen abgedeckt: Asien, Europa, Lateinamerika, Mittlerer Osten und Afrika. EMBI ist ein Hard-Currency-Index, das heisst, dass Obligationen in USD denominiert sein müssen, um in den Index aufgenommen zu werden. Nebst dem EMBI wird der EMBI Global Diversified Index gerechnet. Dieser Index setzt einen Cap auf Länderstufe ein.

In Europa ist der iShares JP Morgan $ Emerging Market Bond ETF erhältlich. Dieser läuft auf den JP Morgan Emerging Markets Bond Index Global Core Index und bildet das in USD denominierten Staatsanleihen sowie Staatsanleihen-ähnlichen Emerging-Market-Segment ab. Die darin enthaltenen Anleihen haben eine Restlaufzeit von mindestens 2 Jahren und eine minimale Emissionsgrösse von 1 Milliarde USD. Um in den Index aufgenommen zu werden, wird ein Weltbank Länderrating des jeweiligen Landes herangezogen (dieses berücksichtigt unter anderem Pro-Kopf-Einkommen). Brasilien, die Türkei und Russland haben mit je ca. 8% den grössten Anteil im Index. Seit November 2008 hat JP Morgan den Global Aggregate Bond Index (GABI) lanciert und somit eine Ausweitung ihres Indexuniversums vollzogen. Dabei hat sie eine Plattform für neue Indexerweiterungen erschaffen. In dieser werden Staats- sowie Unternehmensanleihen mit Investment Grade abgedeckt, wobei das Rating auf den tieferen Wert von S&P und Moody's basiert. Die minimale Emissionsgrösse beträgt 100 Millionen USD. Obwohl zum heutigen Zeitpunkt eine detaillierte Segmentierung des Global Aggregate Bond Indizes im Gegensatz zu Citigroup fehlt, ist der GABI mit seinen ca. 5'500 Indexmitgliedern bereits sehr nahe am WorldBIG Index von Citigroup. Dies wird besonders durch die äusserst hohe Korrelation zwischen den beiden (über 99.9%) deutlich. An den Anzahl Holdings gemessen kommen jedoch beide nicht in die Nähe der Zwölftausendermarke des Barclays Global Aggregate Indizes.

Merrill Lynch

Merrill Lynch ist seit 2009 Tochtergesellschaft der Bank of America und wurde 1914 gegründet. Merrill Lynch bietet ein breites Spektrum von Fixed Income Indizes von Investment Grade bis High Yield und von entwickelten Ländern bis Emerging Markets an. Tägliche Daten sind z.T. bis 1970 verfügbar. Merrill Lynch ist unter anderem bekannt als Anbieter von High Yield Indices. Der Merrill Lynch US High Yield Master II Index ist ein weit verbreiteter Benchmark für Non-Investment-Grade US Corporate Bonds. Der Master Index wird in über 75 Sektor-Subindizes aufgeteilt, was ein flexibles Benchmarking bei spezifischen Bedürfnissen ermöglicht. Um für High Yield Indizes geeignet zu sein, müssen Unternehmensanleihen ein Rating tiefer als Investment Grade aufweisen. Dabei wird das durchschnittliche Rating von Moody's, S&P und Fitch herangezogen. Die minimale Emissionsgrösse beträgt je nach Region rund 100 Millionen USD.

Merrill Lynch ist jedoch bei weitem nicht nur auf High Yield Indices fokussiert. Angeboten werden Global Investment Grade, US Domestic Market Indices, regionale Indizes auf Märkte in Europa, Kanada, Australien, Japan, sowie Global and Regional High Yield und Emerging Market Indices. Die Emerging Markets Indices werden in Hard- (USD und EUR) sowie in Local-Currency angeboten.

Deutsche Börse Group

Der deutsche Bondmarkt ist basierend auf dem ausstehenden Nominalwert der drittgrösste Bondmarkt der Welt. Von der Deutschen Börse wie auch von anderen Anbietern werden verschiedene Indizes berechnet. Bei den Indizes der Deutschen Börse werden normalerweise sowohl Kurs- als auch Performanceindizes berechnet.

eb.rexx

Unter dem Kürzel eb.rexx wird eine Indexfamilie von in Euro denominierten Anleihen geführt, welche auf der Handelsplattform „eurexbonds" gehandelt werden. Die Berechnung der Indizes erfolgt durch die Deutsche Börse. Gemäss der Angabe von eurexbonds waren die eb.rexx Indizes die weltweit ersten Bond-Indizes, welche sowohl auf tatsächlich gehandelten als auch auf verbindlichen Bid/Ask-Preisen basieren und zudem öffentlich verfügbar sind.

Den eb.rexx Indizes ist gemeinsam, dass die Indexgewichtung gemäss Marktkapitalisierung erfolgt, monatlich überprüft wird, und das maximale Gewicht bei 30% liegt.

- **eb.rexx® Money Market Index**
  Dieser Index umfasst hochliquide Staatsanleihen von Deutschland, welche eine Restlaufzeit zwischen einem Monat und einem Jahr aufweisen. Das ausstehende Mindestvolumen je Titel beträgt 4 Mrd. Euro und der Index umfasst mindestens 6 Anleihen.
- **eb.rexx® Government Germany**
  In diesen Index werden die 25 liquidesten deutschen Staatsanleihen mit einer Restlaufzeit zwischen 1.5 und 10.5 Jahren aufgenommen. Die Mitglieder müssen über ein Mindestvolumen von 4 Mrd. Euro verfügen. Der Index wird in weitere Laufzeitenbänder unterteilt, was z.B. für die Durationssteuerung im Portfoliomanagement erleichtern kann.
- **eb.rexx® Jumbo-Pfandbriefe**
  Der eb.rexx Jumbo-Pfandbriefe umfasst die 25 liquidesten Jumbo Pfandbriefe. Dabei müssen die Pfandbriefe eine Restlaufzeit von mindestens 1.5 und maximal 10.5 Jahre aufweisen. Zudem sind die Anforderungen an das Mindestvolumen 1.5 Mrd. Euro. Auch hier werden Laufzeitenklassen gerechnet. Das maximale Gewicht je Emittent liegt bei 20%.

EUROGOV Indizes

Die Deutsche Börse rechnet die EUROGOV Germany Indizes. Es werden jeweils maximal 15 der liquidesten Titel mit einem Mindestvolumen von 4 Mrd. Euro berücksichtigt, wobei das maximale Gewicht im Index bei 30% liegt. Die Gewichtung erfolgt nach Marktkapitalisierung und wird monatlich (beim Geldmarktindex) bzw. quartalsweise angepasst. Die Berechnung erfolgt aufgrund der aktuellen Geldquotierung zwischen 9 und 17 Uhr.

RDAX

Die Anleihen von deutschen Blue-Chip-Unternehmen aus dem DAX werden im sogenannten RDAX abgebildet. Der Index wurde 2005 eingeführt und wird sowohl als Kurs- wie auch als Performanceindex berechnet. Die einzelnen Anleihen werden gemäss Marktkapitalisierung gewichtet und müssen ein ausstehendes Volumen von mindestens 500 Mio. EUR aufweisen. Da Unternehmen normalerweise mehr als eine Anleihe ausstehend haben, kann der RDAX auf eine Grundgesamtheit von über 100 Anleihen der DAX-Mitglieder zurückgreifen und daraus auswählen.

REX

Auch dieser Index soll den Markt an deutschen Staatspapieren abbilden, wobei grundsätzlich Government Bonds der Bundesrepublik Deutschland berücksichtigt werden. Der REX ist ein Preisindex und der REXP ein Performanceindex, welcher die Zinserträge ebenfalls berücksichtigt.

Der Index umfasst 30 Titel, welche fix gewichtet werden und idealtypische Anleihen darstellen. Der Index umfasst keine „echten" Anleihen sondern synthetische deutsche Staatsanleihen mit einem festen Coupon und fester Laufzeit. Schlussendlich entsteht ein Index mit einer Restlaufzeit von ca. 5.5 Jahren und einem Coupon von ca. 7.5%. Es werden auch Subindizes für verschiedene Laufzeiten berechnet.

Markit / iBoxx

Im Gegensatz zu den Aktien, wo es schon relativ lange anerkannte Indizes von unabhängigen Anbietern, wie MSCI, DJ oder STOXX gibt, existierte dies im Rentenbereich lange Zeit nicht.
Zwar gab es in den USA anerkannte Indizes von JP Morgan, Merrill Lynch und Lehman Brothers (heute sind die Lehman-Indizes ein Teil der Barclays-Indizes), doch stammen diese von Banken und nicht von separaten Indexanbietern. Im Unterschied zu Aktien werden Anleihen in den meisten Fällen ausserbörslich (OTC) gehandelt. Als Faustregel gilt ein Verhältnis von 80 bis 90%. Somit kommen die Marktpreise von den Banken und nicht von den Börsen. Die Preise an den Börsen haben in der Regel eine geringe Aussagekraft, weil diese auf geringen Umsätzen beruhen. Genau hier setzt iBoxx an. Weil man „echte Marktpreise" im Anleihen-Bereich nur von Banken bekommt, stammen die Kurse für die iBoxx-Indizes von Banken. Aktuell liefern knapp über 10 verschiedene Banken permanent Bid/Ask-Quotes.
Markit bietet 3 Index Familien an: Markit iBoxx Bond Indices, Markit iTraxx Credit Derivatives Indices und Markit iBoxxFX Currency Indices. Dabei ist iBoxx wohl ein Kunstbegriff, welcher aber eng an „International Bond Indices" erinnert. Die Indizes werden von der „International Index Company" vertrieben, welche 2001 gegründet wurde und ihrerseits eine 100-prozentige Tochter von Markit ist.

Markit Index Familie	Merkmale
iBoxx Bond Indices	■ Es handelt sich um traditionelle Bond-Indizes, wobei verschiedene Segmente des Marktes abgedeckt werden. ■ Bondpreise basieren auf Preisen von verschiedenen Banken und werden durch Markit konsolidiert. ■ Es werden nur „echte" Preise, also Marktpreise, für die Indexberechnung verwendet.
iTraxx Credit Derivatives Indices	■ Bei diesen Indizes handelt es sich um Indizes auf CDS. ■ Mehr als 35 Banken sind lizenziert als Markit iTraxx Market Makers und können Produkte auf diese Indizes handeln und anbieten. ■ CDS stellen eine separate (Sub-) Asset-Klasse neben den Bonds dar, indem – vereinfacht gesagt – das Kreditrisiko losgelöst von anderen Komponenten gehandelt werden kann. ■ Die iTraxx Indices haben sich für Vergleiche zu einem Standard entwickelt und decken einen grossen Teil des CDS-Marktes ab.

Markit Index Familie	Merkmale
iBoxx FX Currency Indices	■ Es wird jeweils eine Währung gegen einen Korb von maximal 5 Währungen gemessen, welche handelsgewichtet sind. ■ Die Indizes werden durch Reuters publiziert.

Tabelle 3-16: Die Markit-Index-Familie.

Bei den Bond-Indizes werden sogenannte Benchmarkindizes und Tradable (handelbare) Indizes unterschieden. Die Benchmark-Bond-Indizes sind in die Kategorien EUR, USD und GBP eingeteilt. Nebst der Währungsaufteilung erfolgen weitere Kategorisierungen nach Ländern (bei Sovereigns), Laufzeiten, Ratings, Collateralized und Unternehmungen. Bei USD wird zusätzlich zwischen Domestic und Eurodollar (Bonds in USD aber ausserhalb der USA emittiert) unterschieden. Weitere Benchmark-Bond-Indizes sind globale Schwellenländer sowie inflation-linked Bonds. Letztere decken die weltweit wichtigsten staatlichen Märkte für inflation-linked Bonds ab. Nebst globalen Indizes werden auch regionale und länderspezifische inflation-linked Bond-Indizes gerechnet.

Die zweite Familie, die Tradable Indices, bestehen aus den EUR, USD, GBP Liquid Indices, dem EUR Covered Liquid und dem EUR High Yield Liquid Index. Diese Indizes stellen eine Untermenge der Benchmarkindizes dar, wobei nur die liquidesten Anleihen berücksichtigt werden. Diese Indizes sind ideal für den Einsatz bei ETFs oder Derivaten. Als Beispiel sei der Markit iBoxx EUR Liquid Corporate Index erwähnt. Für die Konstruktion werden die über tausend Anleihen des iBoxx EUR Corporate Index nach einigen Filterverfahren auf maximal 40 Anleihen reduziert. So wird beispielsweise bei diesem liquid Index maximal eine Anleihe pro Emittent zugelassen. (Es existieren auch EUR Liquid Corporate Varianten mit 75 und mit 100 Mitgliedern.) Die durch die Filterverfahren erhöhte Liquidität des Indizes erleichtert die Replizierbarkeit mittels ETFs.

Alle Bond-Indizes werden grundsätzlich sowohl als Preis- wie auch als Total Return Index berechnet. Die meisten Benchmarkindizes werden monatlich angepasst (Rebalancing) und sind gemäss der Marktkapitalisierung gewichtet. Die Liquid Indizes werden hingegen quartalsweise, mit wenigen Ausnahmen (z.B. USD Liquid Investment Grade), monatlich angepasst und berücksichtigen auch Transaktionskosten.

Damit Bonds in die jeweiligen Indizes aufgenommen werden, müssen beispielsweise die EUR Benchmark Bonds folgende Mindestgrössen aufweisen: 2 Mrd. EUR für Sovereigns, 1 Mrd. EUR für Sub-Sovereigns, 1 Mrd. EUR für Covered und 500 Mio. für Corporates. Bei den Liquid Indizes sind es ebenfalls 2 Mrd. EUR (teilweise auch 4 Mrd.) bei Sovereigns und 750 Mio. EUR bei Corporates.

EuroMTS

EuroMTS ist eine Tochtergesellschaft von MTS, welche 1988 gegründet und 1997 privatisiert wurde. Die Mehrheit an der Firma wird von der Borsa Italiana gehalten. Die MTS Group umfasst mehrere Märkte, wie z.B. MTS Deutschland. MTS war gemäss eigenen Angaben der erste elektronische Markt für Staatsanleihen. Die EuroMTS Indizes werden von EuroMTS berechnet und publiziert. EuroMTS bietet die folgenden Indexfamilien an: Eurozone Government Bond Indizes, Eurozone Government Broad Indizes, Eurozone inflation-linked Indizes, Eurozone AAA Government, Eurozone Covered Bond Indizes, EuroMTS Government Bill und EuroMTS Deposit Index. Die Indizes werden monatlich neu gewichtet (Rebalancing) und alle Bonds müssen in Euro denominiert sein. Bei den Preisen werden Bid-Preise verwendet, welche aus dem MTS System stammen. Daran nehmen gemäss eigenen Angaben mehr als 200 Finanzinstitutionen mit mehr als 1'000 Händlern teil.
Für die meisten Indizes werden verschiedene Laufbänder (z.B. 1–3, 3–5 etc.) gerechnet. Beim Eurozone Government Broad (EMTXg) Index werden für die folgenden Länder Sub-Indizes angeboten: MTS Deutschland Government, MTS France Government und MTS Italy Government.

Schweiz – SBI

Der Swiss Bond Index (SBI) repräsentiert den CHF Bondmarkt, wobei alle in CHF emittierten Bonds zum Universum gehören, sofern sie an der SIX kotiert sind und gewisse Kriterien erfüllten. Eine Besonderheit des Schweizer Bondmarktes ist, dass Bondaufträge bis 100'000 CHF börsenpflichtig sind. Nichtsdestotrotz findet auch in der Schweiz die grosse Mehrheit der Transaktionen OTC (Global bis zu 90% OTC) statt. Der SBI unterteilt den Schweizer Markt in ein Domestic und ein Foreign Segment, welche zusammen den sogenannten SBI Total darstellen. Der SBI Domestic umfasst alle inländischen und der SBI Foreign alle ausländischen Bonds in CHF.
Es werden die folgenden SBI-Segmente unterschieden:

- Innerhalb SBI Domestic: Swiss Government (Staatsanleihen, auch „Eidgenossen" genannt), Non-Government (Unternehmensanleihen etc.) und Swiss Pfandbriefe.
- Innerhalb SBI Foreign: Government (Staatsanleihen), Corporate und Supranational.

```
Swiss Bond Index (SBI Total)
├── SBI Domestic
│   ├── SBI Domestic Government
│   ├── SBI Domestic Non-Government
│   └── SBI Domestic Pfandbriefe
└── SBI Foreign
    ├── SBI Foreign Government
    ├── SBI Foreign Corporate
    └── SBI Foreign Supranational
```

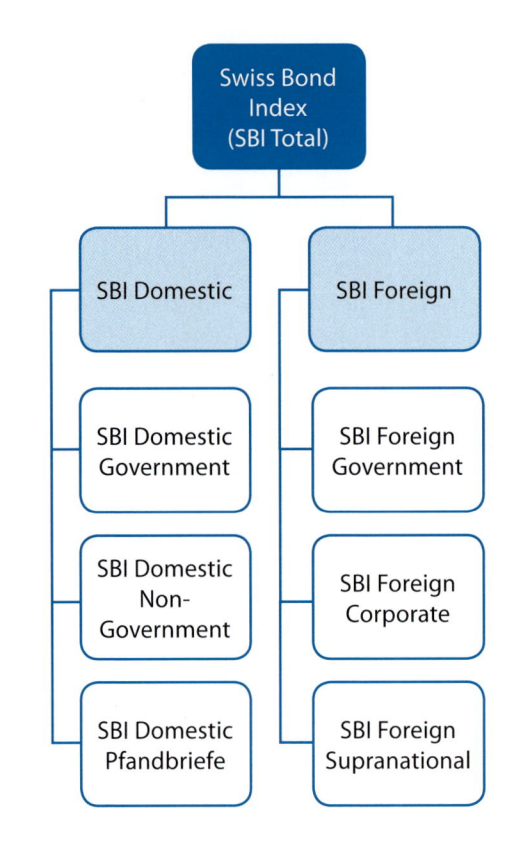

Abbildung 3-23: Swiss Bond Index.

Daneben werden in den Segmenten Standard & Poor's Rating-Kategorien (vgl. Tabelle 3-14) gebildet und Restlaufzeiten unterschieden.

Bei allen Indizes und Subindizes wird jeweils ein Preis-Index (Performance ohne Couponzahlungen) und ein Total Return Index (Performance inkl. Couponzahlungen) gerechnet. Die Indizes sind marktkapitalgewichtet. Daneben werden auch separate Yield-, und Duration-Indizes ausgewiesen. Für den Preis für die Indexberechnung wird jeweils der Bid-Preis genommen. Damit ein Bond in den SBI aufgenommen wird, muss er beispielsweise folgende Kriterien erfüllen: 100 Mio. CHF Emissionsvolumen und mindestens ein Jahr Restlaufzeit. Indexanpassungen erfolgen auf monatlicher Basis. Im Bereich Domestic Government werden zudem spezielle Indizes gerechnet, welche auf Mid-Preisen basieren. Diese Indizes sind insbesondere für ETFs interessant.

Kennzahlen zum Schweizer Bondmarkt im Vergleich zum Schweizer Aktienmarkt per Ende 2010.

	CH-Bond-Markt		CH Aktienmarkt
	Domestic	Foreign	
Anzahl Obligationen / Aktien	523	943	324
Marktwert Mrd. CHF (Free-Float-adjusted)	226	244	964 (SPI) 779 (SMI)

Tabelle 3-17: Schweizer Obligationen und Aktienindizes im Vergleich.

Geldmarkt – Money Market

Am Geldmarkt treffen sich Angebot und Nachfrage von kurzfristigen Geldern. Anlagetechnisch handelt es sich um einen Subsektor des Obligationenmarktes, wobei die Laufzeiten der Instrumente kürzer als 12 Monate sind. Geldmarktinstrumente zeichnen sich nebst unterjährigen Laufzeiten durch eine sehr hohe Liquidität und hohe Schuldnerqualität aus.

Ein Unterschied zum Bondmarkt ist, dass das allgemeine Zinsniveau auf dem Geldmarkt viel stärker von Zentralbanken – wie die Schweizer Nationalbank (SNB) oder die Europäische Zentralbank (EZB) – gesteuert wird. Um den Geldmarkt zu verstehen, lohnt sich eine Auseinandersetzung mit dem Mechanismus der Zinssteuerung der Zentralbanken.

Zentralbanken steuern den Geldmarkt mit sogenannten Offenmarktoperationen. Das wichtigste Instrument dabei ist das Repo-Geschäft (Repurchase Agreement). Beim Repo-Geschäft verkaufen Geschäftsbanken Wertschriften an die Zentralbank und vereinbaren gleichzeitig, diese zu einem festgesetzten Zeitpunkt – häufig nach einer Woche – zurückzukaufen. Für diesen besicherten Kredit zahlen Geschäftsbanken einen Zins, den sogenannten Repo-Satz, an die Zentralbank.

Geschäftsbanken können aber auch untereinander kurzfristig Liquidität beschaffen. Der Zinssatz für die Vergabe dieser kurzfristigen Kredite wird in London ermittelt und heisst Libor (London Interbank Offered Rate). Der Libor-Satz ist der Zins, der von einer Geschäftsbank an eine andere gezahlt wird, um einen unbesicherten Kredit für eine bestimmte Zeit aufzunehmen. Dabei werden für die 10 wichtigsten Währungen Libor-Sätze von overnight bis hin zu 12 Monaten gerechnet. Der bekannteste ist der Drei-Monats-Libor. Der Drei-Monats-Libor wird häufig als Referenzsatz für den Geldmarkt genommen.

Die Zentralbank steuert den Liborsatz nur indirekt. Durch tägliche Repo-Geschäfte und den dabei von der Zentralbank festgelegten Repo-Satz wird der Liborsatz beeinflusst. Dabei legt die Zentralbank beispielsweise ein Zielband von einem Prozentpunkt für den Drei-Monats-Libor fest und setzt den Repo-Satz dementsprechend.
Repo-Geschäfte beeinflussen zwar den Interbanken-Zinssatz sowie Zinssätze von gehandelten Geldmarktinstrumenten, können aber von privaten und institutionellen Investoren nicht erworben werden, da kein Sekundärmarkt für sie existiert.
Der Geldmarkt ist aber auch für private und institutionelle Anleger zugänglich. Zu den gehandelten Geldmarktpapieren zählen:

- Treasury Bills: unterjährige Staatsanleihen mit sehr hoher Schuldnerqualität.
- Depositenzertifikate (Certificate of Deposit): von Banken verbriefte Schuldverschreibungen, können auf dem Sekundärmarkt gehandelt werden.
- Commercial Papers: Eigenwechsel erstklassiger Unternehmen.

Anleger, die in Geldmarktinstrumente investieren, erwarten eine je nach Zinsumfeld zwar bescheidene, aber auf jeden Fall positive Rendite. Genau aus diesem Grund ist die Emittenten-Diversifikation äusserst wichtig. Money Market Funds können diese in der Regel gewährleisten und ermöglichen tiefe Mindesteinlagen. Money Market Mutual Funds sind historisch sehr stark angewachsen. Seit einigen Jahren sind auch ETFs vermehrt im Money Market verbreitet.
Die Komplexität des Geldmarktes wird häufig unterschätzt, möglicherweise weil der Markt keine hohen Renditen verspricht. Investoren, die sich mit der Auswahl der richtigen Geldmarktanlage beschäftigt haben, merken schnell, dass unterschiedliche Indizes und Zusammensetzungen von Funds die Arbeit erschweren. Die besondere Schwierigkeit liegt darin, dass Endkunden im Falle von Geldmarktfonds keinen Verlust akzeptieren, selbst wenn dieser einen Bruchteil eines Prozentes ausmacht. Bei Aktienmärkten hingegen sind sich Kunden im Klaren darüber, dass sie Risiken aufnehmen und akzeptieren Verluste schneller als bei einem Geldmarktfonds.
Zusammenfassend lässt sich sagen, dass gerade bei Geldmarkt-ETFs die Auswahl des Indizes und bei physisch replizierenden ETFs auch die Zusammensetzung des Funds eine zentrale Bedeutung haben. Investoren müssen sich darüber im Klaren sein, das bei Geldmarkt-ETFs ähnliche Gesetze wie auf Bondmärkten herrschen. So wird in gewissen Fällen versucht, höhere Renditen zu erwirtschaften, indem die Laufzeit der Konstituenten erhöht oder die Schuldnerqualität reduziert wird. In stabilen Börsenzeiten lässt sich dadurch eine höhere Rendite erwirtschaften, bei Börsenturbulenzen – Zeiten, in denen viele nach absoluten Sicherheiten suchen – könnten durch erhöhte Risiken auch Verluste entstehen.
An dieser Stelle sei noch ein Kommentar zu Swap-basierten Geldmarkt-ETFs angebracht: diese haben den Vorteil, dass sie Indexrenditen genau abbilden und dadurch selbst die Rendite von Overnight-Zinsindizes replizieren können (dies ist mit physischen ETFs nicht möglich, da zugrunde liegende Instrumente fehlen). Die grosse Nachfrage von Swap-basierten ETFs auf den EONIA-Satz zeigt die Popularität dieser

Produkte. Ein Vorteil ist die durch das Swapgeschäft zugesicherte positive Rendite. Diese ist per Konstruktion nicht negativ, je nach Marktumfeld jedoch sehr tief. Deshalb ist zu beachten, dass bereits bei Einberechnung von Kosten (Fees, Handelsspreads) die Nettorendite auf einer EONIA-Anlage – sofern nicht lange genug gehalten – negativ ausfallen kann. Bei EONIA-ETFs ist die steuerliche Behandlung vorgängig abzuklären. Steuern auf dem Trägerportfolio können trotz positiver Indexrendite zu Verlusten auf dem ETF führen.

London Interbank Offered Rate (Libor)

Der London Interbank Offered Rate (Libor) gilt international als wichtigster Referenzzins für unbesicherte Interbankengeschäfte. Der Libor wird von der British Bankers Association seit 1986 auf täglicher Basis für 10 Währungen berechnet. Die 15 verschiedenen Laufzeiten beinhalten overnight, 1 Woche, 2 Wochen und mit monatlichem Abstand 1 bis 12 Monate.

Die Berechnung des Libors erfolgt, indem täglich um 11 Uhr ein Fragebogen an führende Geschäftsbanken versendet wird. Als Antwort müssen diese angeben, zu welchem Zinssatz sie in der Lage sind, Kredite aufzunehmen. Um Ausreisser zu reduzieren, wird das höchste und tiefste Quartil entfernt und ein Durchschnitt über die verbleibenden Zinssätze berechnet.

Obwohl die Berechnungsmethode auf subjektiven Angaben von Geschäftsbanken basiert, ist sie weit akzeptiert. Infolge der Entfernung extremer Antworten kann eine einzelne Geschäftsbank den Liborsatz nicht stark beeinflussen.

Da die Liborberechnung auf Angaben von Geschäftsbanken basiert (anders als bei anderen Indizes, wo verbindliche bzw. gehandelte Preise in die Berechnung einfliessen), kann unter Umständen eine Verzerrung der Liborsätze entstehen. Banken haben besonders in Krisenzeiten Anreize, tiefere Zinssätze zu rapportieren, um ihre vermeintlich hohe Bonität zu signalisieren. (Dass sie zu tiefen Zinssätzen Geld aufnehmen können, signalisiert eine hohe Kreditwürdigkeit.) Dies bietet von Zeit zu Zeit Spielraum für Gerüchte über Manipulationen der Liborsätze. Wenn dies geschieht, ist es Aufgabe der British Bankers Association, solchen Gerüchten nachzugehen und Untersuchungen einzuleiten.

Euro Interbank Offered Rate (Euribor)

Der Euro Interbank Offered Rate (Euribor) wurde 1999 von der Finanzmarktvereinigung Association Cambiste Internationale (ACI) als Alternative zum Libor eingeführt. Der Berechnungsmechanismus mit Fragebogen und dem Trimmed Mean (Entfernung von Ausreissern bei der Durchschnittsberechnung) erfolgt analog zum Libor. Zwischenzeitlich hat sich der Euribor als Euro-Referenzsatz durchgesetzt. Besonders bei Immobilienfinanzierung im Euro-Raum hat der Euribor einen zentralen Stellenwert.

Euro Overnight Index Average (EONIA)

Der EONIA-Satz ist der Zinssatz auf dem Interbankenmarkt, zu dem unbesicherte Euro-Kredite von einem Tag auf den nächsten gewährt werden. Ähnlich wie beim Libor und Euribor werden täglich bis spätestens 18:30 Overnight-Zinsdaten von führenden Geschäftsbanken aggregiert und als EONIA-Satz ausgewiesen. Der zentrale Unterschied zu den obgenannten ist, dass beim EONIA keine Zinsschätzungen anhand eines Fragebogens erfolgen, sondern tatsächlich erfolgte Overnight-Kreditgeschäfte für die Berechnung herangezogen werden. Da es sich hierbei um vertrauliche Daten handelt, hat die Finanzmarktvereinigung ACI diese Aufgabe an die Europäische Zentralbank delegiert.

Swiss Reference Rates

Mitte 2009 wurden von der Schweizer Nationalbank und der Schweizer Börse die Zinssätze SARON und SCRON lanciert und bis ins Jahr 1999 zurückgerechnet. Beim Swiss Average Rate Overnight (SARON) handelt es sich um einen volumengewichteten Durchschnittssatz, der auf abgeschlossene Repo-Geschäfte und Referenzpreise des jeweiligen Handelstages basiert. Der Swiss Current Rate Overnight (SCRON) ist nicht volumengewichtet. Er widerspiegelt den aktuellen Preis auf dem Geldmarkt. Beide Zinssätze werden real-time und für verschiedene Laufzeiten von overnight bis 12 Monate gerechnet.
Es gibt mindestens drei Unterscheidungsmerkmale zwischen dem CHF-Libor und den Swiss Reference Rates: Erstens stellen die Swiss Reference Rates die Zinsverhältnisse auf dem besicherten Geldmarkt dar, da es sich um Repo-Geschäfte handelt (also besicherte Kreditvergabe der Zentralbank an Geschäftsbanken). Repo-Geschäfte haben ein vernachlässigbares Kreditrisiko. Bei Libor-Sätzen stehen hingegen unbesicherte Interbankenkredite mit unterschiedlichen Kreditrisiken im Vordergrund. Zweitens fliessen in die Swiss Reference Rates abgeschlossene Repo-Transaktionen und handelbare Quotes ein. Beim Libor handelt es sich um unverbindliche Preisindikationen von Panelbanken. Drittens erfolgt die Berechnung des Swiss Reference Rates in Echtzeit (real-time).
Zusätzlich zu den Zinssätzen rechnet die Schweizer Börse die entsprechenden Indexstände: Die Indizes SAION und SCION beschreiben Average und Current Rates und wurden so normiert, dass sie am 30.12.1999 den Wert von 100 aufwiesen. Optisch betrachtet ist der Unterschied zwischen den Indizes und den Rates sofort erkennbar. Der Index zeichnet eine ansteigende Kurve, Rates hingegen nicht.

Federal Funds Rate

Abgekürzt auch Fed Funds Rate genannt, stellt sie den Zinssatz dar, der von US-amerikanischen Finanzinstituten untereinander overnight verlangt wird. Kredite von Geschäftsbanken werden bei der Federal Reserve gehalten. Das Federal Open Market Committee setzt ein Ziel für die Fed Funds Rate fest und kann diese durch Offenmarktoperationen gut beeinflussen, indem sie beispielsweise US-Treasuries auf den Märkten kauft oder veräussert. Die Fed-Funds-Zielgrösse wird Federal Funds Target Rate genannt. Die Federal Funds Effective Rate kann jedoch leicht von seiner Zielgrösse abweichen, da es sich um einen gewichteten Durchschnitt von Transaktionen handelt. Der Fed Funds Rate ähnelt dem US-Libor in der Hinsicht, dass es sich bei beiden um Zinssätze von Interbankenkrediten handelt. Der Unterschied ist jedoch, dass die (Effective) Fed Funds Rate direkt von der Fed gesteuert und durch Offenmarkttransaktionen durchgesetzt wird. Ein weiterer Unterschied liegt bei der Berechnung. Beim Effective Fed Fund Rate handelt es sich um erfolgte Transaktionen, beim Libor lediglich um Zinsschätzungen.

eb.rexx Money Market Index

Die eb.rexx Indizes werden aus Kursen von festverzinslichen Wertpapieren auf der Handelsplattform Eurex Bonds minütlich berechnet. Der eb.rexx Money Market Index spiegelt dabei die Entwicklung im deutschen Geldmarkt wider und setzt sich aus deutschen Staatsanleihen mit einer Restlaufzeit zwischen einem Monat und einem Jahr zusammen.
Eine wichtige Eigenschaft dieses Indizes ist seine physische Replizierbarkeit. Durch das Halten von deutschen Staatsanleihen kann die Rendite des Indizes abgebildet werden. Aus diesem Grund ist der Index beispielsweise für iShares gut geeignet gewesen, ihren Money Market ETF gegen diesen Index laufen zu lassen. Ab Lancierung Ende Juli 2008 bis Anfang 2010 hat der iShares eb.rexx Money Market ETF eine beachtliche Grösse erreicht.

SONIA – Sterling Overnight Index Average

Der SONIA-Satz ist der Overnight-Zinssatz im Vereinigten Königreich. Er wird seit 1997 von der Wholesale Markets' Brokers Association berechnet und entspricht dem gewichteten Durchschnitt aller unbesicherten Tagesgeldausleihungen in Britischen Pfund, bei denen Mitgliedsunternehmen der WMBA involviert sind. Mit ihren db x-trackers auf den SONIA Total Return Index war die Deutsche Bank der erste ETF-Anbieter im britischen Overnight-Geldmarkt.

	Libor	Euribor	EONIA	FED FUND RATE	SWISS REF. RATE
Währung	10 Währungen	EUR	EUR	USD	CHF
Segment	Interbanken (unbesichert)	Interbanken (unbesichert)	Overnight Interbanken (unbesichert)	Overnight Interbanken (unbesichert)	Repo-Transaktionen (besichert)
Anbieter	BBA	ACI	EZB / ACI	FED	SNB
Berechnungszeit	Täglich 11.00	Täglich 11.00	Täglich 18.30	Täglich 7.30 EST	Intraday, alle 3 Minuten
Berechnungsmethode	Fragebogen an Panel Banken	Fragebogen an Panel Banken	Tatsächlich erfolgte Kreditgeschäfte	Tatsächlich erfolgte Kreditgeschäfte	Tatsächlich erfolgte Repo-Geschäfte und Börsen-Quotes.
Besonderheit	Häufige Verwendung als Benchmark, SNB steuert Geldpolitik gemäss Libor Zielband.	Referenzsatz für EUR, löste den EUR Libor ab.	Overnight Referenzsatz für EUR. Wird von EZB gerechnet.	Wird direkt von FED über Offenmarktoperationen gesteuert.	Im Gegensatz zu den anderen: besicherter Repo-Markt (zw. Zentralbank und Geschäftsbanken).

Tabelle 3-18: Vergleich von Geldmarkindizes.

Rohstoffe

Bei Kapitalgütern wie Aktien und Obligationen handelt es sich um Forderungen auf zukünftige Zahlungsströme. Ihr Wert ist demnach durch den Barwert (Net Present Value) der erwarteten Cashflows gegeben. Im Gegensatz dazu stiften Rohstoffe einen wirtschaftlichen Nutzen und sind nicht Forderungen auf zukünftige Zahlungsströme. Der Barwert und im Besonderen die zukünftigen Cashflows sowie Diskontsätze spielen bei Rohstoffen eine untergeordnete Rolle. Auch im Handel gibt es einen zentralen Unterschied: Kapitalgüter werden an regionalen sowie nationalen Märkten, Rohstoffe hingegen auf globalen Märkten gehandelt. Bei Rohstoffen wird zwischen konsumierbaren und transformierbaren Gütern unterschieden. Zu den ersteren zählt beispielsweise Weizen. Transformierbare Rohstoffe wie Rohöl oder Industriemetalle werden hingegen zur Herstellung weiterer Güter verwendet.

Die Beimischung von Rohstoffen in ein Portfolio ist aus zweierlei Hinsicht nützlich. Einerseits weist diese Anlageklasse historisch gesehen eine tiefe Korrelation zu herkömmlichen Anlageklassen wie Aktien und Obligationen auf. Dadurch kann das Risiko im Portfolio reduziert werden. Zweitens weisen Rohstoffe auch untereinander eine tiefe Korrelation auf, was für eine gleichzeitige Investition in mehrere Rohstoffe spricht. Finanzprodukte auf Indizes, die mehrere Rohstoffe beinhalten, gelten deshalb als attraktive Beimischung im Portfolio. Dies kann mit Futures, Zertifikaten und ETFs umgesetzt werden.

Rohstoffe werden in folgende Unterkategorien aufgeteilt:

- Energie
    - Erdöl, Kohle, Gas, Elektrizität
- Agrargüter
    - Getreide: Weizen, Mais, Sojabohnen
    - Soft Commodities: Baumwolle, Zucker, Kaffee, Orangensaft, Kakao
- Vieh
    - Schweine, Rinder
- Industriemetalle
    - Aluminium, Blei, Zink, Nickel und Kupfer
- Edelmetalle
    - Gold, Silber, Platin und Palladium

Gemessen an der weltweiten Produktion ist Energie mit Abstand die grösste Rohstoffkategorie. Bewertet in USD macht sie im Durchschnitt 70% der gesamten Rohstoffproduktion aus. Landwirtschaftliche Güter und Metalle sind mit einem Produktionsanteil von 20% bzw. 10% bedeutend kleiner. Diese Verteilung führt dazu, dass Indizes, die eine Gewichtung nach dem prozentualen Anteil der weltweiten Produktion vornehmen, Energie mit über 70% gewichten. Das bekannteste Beispiel hierfür ist der S&P Goldman Sachs Commodity Index (S&P GSCI).

Es gibt verschiedene Gründe, Rohstoffe ins Portfolio aufzunehmen. Theoretischen Studien zufolge sind sie gut geeignet, um das Gesamtrisiko des Portfolios zu reduzieren. Rohstoffe hatten in der Vergangenheit eine relativ tiefe Korrelation mit Aktien und Bondmärkten. Bei sinkenden Märkten fielen sie häufig weniger als Aktien und konnten oft das Ausmass an Verlusten reduzieren. Umgekehrt haben sie jedoch bei steigenden Märkten häufig Gewinne reduziert. Andere Studien weisen auf einen möglichen Schutz gegen unerwartete Inflation hin. So haben historische Rohstoffrenditen ca. 40% der US-amerikanischen Inflation erklären können. Als weiterer Grund für das Aufnehmen von Rohstoffen in das Portfolio wird die realwirtschaftliche Bedeutung dieser Anlageklasse betont. Erdöl wird beispielsweise in der Automobilindustrie, Petrochemie und Pharmaindustrie verwendet. Solange Erdöl als Inputfaktor nur wenig substituierbar ist und die Nachfrage, besonders durch den Wirtschaftsaufstieg Chinas, gross bleibt, ist ein völliger Zusammenbruch der Erdölpreise unwahrscheinlich.

Aus den obigen Ausführungen wird deutlich, dass Rohstoffen in erster Linie die Rolle von Risikodiversifikation beigemessen wird. Das Renditepotential ist hingegen weniger eindeutig. Akademischen Studien zufolge waren historische Rohstoffrenditen im Durchschnitt nicht signifikant höher als Renditen von US-amerikanischen Staatsanleihen. Da jedoch Rohstoffe untereinander sehr schwach korrelieren, treten überdurchschnittliche Renditen von Rohstoffkategorien immer wieder auf. Verschiedene Praktiker glauben an die Ausnutzung von temporären Überschussrenditen durch das richtige Timing ihrer Kaufs- und Verkaufsentscheidungen.

Rohstoff- (Commodity-) ETFs sind die vom Investitionsvolumen her kleinsten, dafür aber am meisten wachsenden ETF-Produkte. Ende 2006 waren knapp über 3 Milliarden USD in Commodity-ETFs investiert. Diese Zahl hat sich fast jährlich verdoppelt, so dass Ende 2009 das Investitionsvolumen bereits bei 22 Milliarden lag. Bei Rohstoffen sind anstelle von ETFs häufiger Exchange Traded Commodities (ETCs) anzutreffen. Dies hat vor allem damit zu tun, dass bei ETFs auf Grund der Fondsgesetze höhere Anforderungen an die Konzentration der Positionen innerhalb von Indizes gestellt werden als bei Zertifikaten. Da einige Rohstoffindizes diese Anforderungen nicht erfüllen, können sie nicht mit ETFs abgebildet werden.

Das 1x1 der Rohstoffe

Das Handeln von physischen Rohstoffen ist für die meisten Privatinvestoren unmöglich. Besitzt man keine Rinderfarm und kein Silo, ist der Kauf einer Rinderherde oder von 10 Tonnen Weizen zu umständlich und stiftet keinen praktischen Nutzen. Stattdessen werden Rohstoffe viel häufiger auf Termin gehandelt. Dabei wird zum heutigen Zeitpunkt ein Preis sowie der Lieferzeitpunkt für eine bestimmte Menge an einem Rohstoff ausgemacht. Terminkontrakte stellen somit eine Verpflichtung dar: Der Käufer verpflichtet sich, zu einem festgelegten Zeitpunkt eine bestimmte Menge zu einem Preis zu kaufen. Dieser Preis wird Terminpreis genannt. Um die physische Lieferung des Rohstoffs zu vermeiden, müssen Investoren ihren Terminkontrakt rechtzeitig vor der Lieferung verkaufen und einen neuen Terminkontrakt mit einer späteren Lieferung kaufen. Dieser Vorgang wird als „Rollen" des Terminkontrakts bezeichnet.

Die Geschichte von Terminmärkten reicht in die Antike zurück. Damals wurden vorwiegend Agrargüter auf Termin ge- und verkauft. An dem hat sich im Prinzip auch heute nichts geändert. Als eine praktikable Alternative zum ursprünglichen Terminkontrakt (Forward) haben sich Futures durchgesetzt. Dies sind standardisierte Terminkontrakte, die an Börsen gehandelt werden.

Der Terminpreis bzw. Futurespreis unterscheidet sich in der Regel vom heutigen Preis (Spotpreis) des Rohstoffes. Diese Abweichung wird unter anderem durch Zinsen, saisonale Schwankungen von aggregiertem Angebot und Nachfrage sowie durch Lagerhaltungskosten erklärt. Die Kosten, zehn Tonnen Weizen über eine gewisse Zeitdauer zu lagern und unter Umständen zu versichern, hat einen Preis. Der risikolose Zinssatz spielt bei der Bewertung von Termingeschäften insofern eine Rolle, als er Opportunitätskosten widerspiegelt. Ist der Zinssatz hoch, ist es kostspielig, zum heutigen Zeitpunkt zu kaufen, denn das investierte Geld könnte zu einem hohen Zinssatz angelegt werden. Dies erhöht die Attraktivität – und somit auch den Preis – eines Terminkontraktes. Stiftet das physische Halten eines Rohstoffes einen Nutzen (um die Produktion aufrechtzuerhalten oder weil er gegen eine Gebühr ausgeliehen werden kann) spricht man vom sogenannten Convenience Yield. Dieser kann dazu führen, dass der Spotpreis des Rohstoffes über seinem Terminpreis liegt.

Akteure auf dem Rohstoffmarkt werden den Kategorien Hedgers (Absicherer) und Spekulanten zugeordnet. Im Zuge des Risikotransfers zwischen diesen Akteuren findet die Preisfindung auf dem Terminmarkt statt. Liegen Terminpreise eines Rohstoffes unter dem Spotpreis, spricht man von *Backwardation*, sind Terminpreise höher als der Spotpreis, von *Contango*. Bei einer Backwardation sind Terminkontrakte, die weiter in der Zukunft liegen, billiger. Bleibt das Backwardation bestehen, wird der Terminkontrakt ceteris paribus immer teurer bis zum Fälligkeitstermin. In diesem Fall spricht man von positiver Rollrendite, da der Halter einer Longposition den Terminkontrakt beim Rollen seiner Position teurer verkaufen kann, als er ihn gekauft hat. Bei Backwardation wird davon ausgegangen, dass Hedgers wie beispielsweise Rohstoffförderer Rohstoffe an Spekulanten auf Termin verkaufen, um sich gegen eine zukünftige Preissenkung zu schützen. Dafür verlangen Spekulanten eine Risikoprämie, die sich im tieferen Terminpreis widerspiegelt. Herrscht hingegen ein Contango-Markt vor, fällt der Preis eines Terminkontraktes bis zum Fälligkeitsdatum. Dies entspricht einer negativen Rollrendite. In einem Contango-Markt kaufen Hedgers – beispielsweise Verbraucher – Rohstoffe von Spekulanten auf Termin, um sich gegen eine zukünftige Preiserhöhung abzusichern. Dies treibt den Terminpreis über den Spotpreis.

Diese Eigenschaften werden in Abbildung 3-24 schematisch dargestellt.

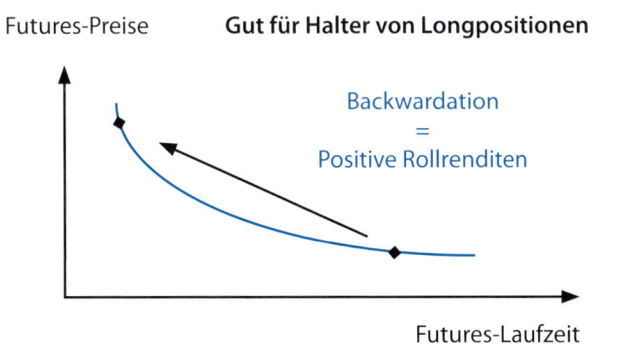

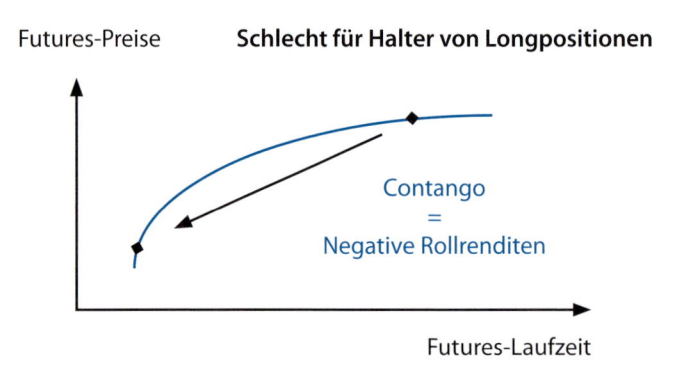

Abbildung 3-24: Backwardation und Contango auf Rohstoffmärkten.

Bleiben Märkte in Backwardation, können durch das Eingehen von Long-Futurespositionen positive Rollrenditen erwirtschaftet werden. Umgekehrt gilt, dass in Contango Märkten mit Short-Futurespositionen positive Rollrenditen entstehen. Gemäss Barclays Capital waren Futuresmärkte zwischen 1983 und 2007 für Erdöl in 57% der Fälle in Backwardation. Gold hingegen war typischerweise in Contango. Lässt sich so also eine systematische Überschussrendite erzielen? Die Antwort ist nicht so eindeutig und Gegenstand von akademischen Studien. Selbst wenn ein Markt mehrheitlich in Backwardation ist und über diese Zeit hinweg Überschussrenditen erzielt werden, können unter Umständen auch übermässige Verluste entstehen, sobald der Markt plötzlich in Contango dreht. Genau dies geschah mit Erdöl im Jahr 2006. Der United States Oil Fund (USO), der von der sonst üblichen Backwardation bei Erdöl profitiert hatte, büsste dadurch eine signifikante Performance ein.

Investieren in Rohstoffe

Wie oben erwähnt, sind Rohstoffanlagen gut geeignet, um das Risiko des Portfolios zu reduzieren. Dabei gibt es grundsätzlich vier Möglichkeiten in Rohstoffe zu investieren. Die erste Möglichkeit ist eine direkte Investition: der Kauf einer Rinderfarm oder von physischem Gold. Für Investitionszwecke eignet sich diese Möglichkeit kaum. Versicherungs-, Lagerkosten, Bewirtschaftung und weitere operative Aufwände machen diese Investitionsform für Privatinvestoren ungeeignet. Liquiditätskriterien spielen hier auch eine Rolle. Eine Farm benötigt hohen Kapitaleinsatz und lässt sich nicht von einem Tag auf den anderen verkaufen.

Die zweite Möglichkeit, Rohstoff-Exposure zu erlangen, ist eine Investition in Rohstoffaktien. Im Besonderen sind das Beteiligungen an Firmen, deren Geschäft und Zukunftserfolg mit der Entwicklung von Rohstoffpreisen zusammenhängen (beispielsweise Aktien des britischen Energieriesen BP). Zu beachten ist jedoch die verhältnismässig hohe Korrelation dieser Titel mit dem Aktienmarkt sowie unkalkulierbare Ereignisse, die den Erfolg einer Unternehmung gefährden (bei BP beispielsweise

das Deepwater-Horizon-Unglück). Da aber Rohstoffe gerade wegen ihrer tiefen Korrelationseigenschaften mit anderen Märkten attraktive Anlagen zur Risikodiversifikation darstellen, sind Rohstoffaktien aus dieser Sicht nicht gut geeignet.
Die dritte Art, Rohstoff-Exposure zu erlangen sind Direktinvestitionen in Rohstofffutures. Hier kann der operative Aufwand, verursacht durch stetige Instrumentenselektion und das Rollen von auslaufenden Kontrakten, beträchtlich sein. Die hohe Kontraktgrösse von Rohstofffutures (zwischen 30'000 und 100'000 USD pro Kontrakt) ist ein weiteres Hindernis für Kleinanleger. Beim Investieren in aktiv gemanagte Rohstofffonds kann zwar der operative Aufwand reduziert werden, dies jedoch verbunden mit höheren Management Fees.
Viertens, und besonders relevant für dieses Kapitel, sind Investitionen in indexierte Rohstoffinvestments möglich. Hier gibt es die Möglichkeit, Mutual Funds, ETFs, ETCs, ETNs und weitere Instrumente ins Portfolio hinzuzufügen. Vorteile von indexierten Rohstoffprodukten sind Transparenz, Einfachheit und tiefe Kosten. Durch die Wahl des richtigen Indizes kann ausserdem aktiv bestimmt werden, welche Rohstoffkategorien wie stark gewichtet werden sollen. Zusätzlich besteht die Möglichkeit, Produkte auf roll-optimierte Rohstoffindizes zu kaufen. Dabei wird im Gegensatz zu Standard-Rohstoffindizes nicht nur in kurze Futures investiert, sondern auch in Futureskontrakte entlang der ganzen Terminkurve.

Mythen rund um Gold und Silber

Häufig wird Gold mit der Begründung gekauft, es sei eine gute Absicherung gegen Inflation. Diese Aussage ist kritisch zu betrachten. Es gibt drei Ausprägungen von Inflation: erwartete, unerwartete und tatsächliche. Die erwartete Inflation kann aus Umfragen, Studien aber auch aus den Yields von inflationsgeschützten Anleihen herausgelesen werden. Die unerwartete Inflation ist hingegen die Differenz zwischen tatsächlicher Inflation und der erwarteten. Die tatsächliche Inflation wird in der Regel aus der Entwicklung des Konsumentenpreisindex abgeleitet. Diese Grössen und ihre historische Entwicklung können sich stark voneinander unterscheiden. Wird von Gold im Kontext von Absicherung gegen „Inflation" gesprochen, ist deshalb wichtig zu wissen, von welcher Inflation genau gesprochen wird.
In einer Studie von Erb und Harvey (2005) wird der Zusammenhang zwischen Gold und tatsächlicher sowie unerwarteter Inflation in der Zeitperiode von 1982 – 2003 untersucht. In dieser Periode war der Zusammenhang zwischen Gold und tatsächlicher Inflation negativ, und zwar statistisch signifikant. Dies bedeutet, dass bei steigender tatsächlicher Inflation Goldpreise in der Regel gefallen sind. Anstelle eines Hedges hat demnach Gold die negative Wirkung der tatsächlichen Inflation verstärkt! Bei der Untersuchung von unerwarteter Inflation und Goldpreisentwicklung wurde in dieser Studie kein statistisch signifikanter Zusammenhang gefunden. Dies zeigt wieder einmal: vermeintlich selbstverständliche Zusammenhänge auf den Finanzmärkten müssen immer kritisch hinterfragt werden.

Ist ein Goldengagement erwünscht, kann dies für Schweizer in Gold-ETFs nach Schweizer Recht erfolgen. In vielen europäischen Ländern muss dies aus regulatorischen oder steuerlichen Gründen über ETCs erfolgen, welche ebenfalls physisch hinterlegt werden können.

Rohstoffindizes

Rohstoff-ETFs versuchen, die Rendite eines Rohstoffindizes zu replizieren. Deshalb ist es für Investoren, die sich über eine Investition in Rohstoff-ETFs Gedanken machen, wichtig, die verschiedenen Indextypen zu verstehen. Bei der Wahl eines Rohstoffindizes muss auf vier Aspekte geachtet werden. Auf die Auswahlmethode der Einzelrohstoffe im Index, die Gewichtung, das Rebalancing und die Positionierung auf der Terminkurve.

Die *Auswahlmethode* kann nach der Bedeutung in der weltweiten Produktion eines Rohstoffes erfolgen. Einige Indexanbieter setzen hingegen bewusst auf ein breites Rohstoffuniversum, um die Diversifikation ihres Index zu erhöhen. Die Anzahl der eingesetzten Rohstoffe kann somit von Index zu Index stark variieren.

Bei der *Gewichtung* ist darauf zu achten, welches Gewicht einzelne Rohstoffkategorien haben. Wie bereits erwähnt, ist im S&P GSCI die Kategorie Energie mit über 70% sehr stark gewichtet. Im Dow Jones UBS sind hingegen Edelmetalle, darunter Gold und Silber, mit 14% überdurchschnittlich vertreten. Wie eingangs erwähnt, sind verschiedene Rohstoffkategorien untereinander in vielen Fällen tief korreliert. Einige können in der gleichen Periode sehr gut, andere sehr schlecht performen. Deshalb muss die Wahl des Commodity Index bewusst erfolgen und die Zusammensetzung bekannt sein. Die Gewichtung von Rohstoffen innerhalb eines Index kann gemäss der Bedeutung in der weltweiten Produktion, der Liquidität, gleichgewichtet oder gemäss der Diskretion eines Komitees geschehen.

Wird das Universum und eine Anfangsgewichtung bestimmt, stellt sich die Frage nach der *Rebalancing*-Frequenz. Einige Indexprovider stellen die Gewichtungen einmal im Monat zurück auf ihre Ursprungsquoten, bei anderen erfolgt dies jährlich. Je seltener ein Index rebalanced wird, desto höheres Momentum weist er auf. In steigenden sowie in fallenden Märkten ist dies ein Vorteil gegenüber Indizes, die monatlich rebalanced werden. Letztere performen hingegen in volatilen Märkten tendenziell besser. Auf diese Eigenschaft wird später noch eingegangen.

Schliesslich muss bei Rohstofffutures die *Positionierung auf der Terminkurve* bekannt sein. Hier gibt es die Möglichkeit von kurzlaufenden front-month Futures oder weiter zurück liegenden Futureskontrakten. Je nach Positionierung auf der Terminkurve kann auch das Risiko – gemessen an der Volatilität – des Indizes beeinflusst werden. Weiter hinten liegende Kontrakte weisen häufig eine etwas tiefere Volatilität auf. Rohstoffindizes werden manchmal hinsichtlich ihrer Positionierung auf der Terminkurve sowie der Rollmethode in drei Generationen aufgeteilt. Die erste Generation ist die bekannteste. Bei dieser werden Rohstoffindizes aus kurzläufigen Futureskontrakten zusammengesetzt. Diese sind in der Regel die liquidesten, dafür aber häufig die volatilsten auf der Terminkurve. Zu den Indizes der ersten Generation gehören CRB, S&P GSCI, RICI und Dow Jones UBS. Obwohl diese Indizes wohl die gängigsten sind, weisen sie in Contango-Märkten negative Rollrenditen auf und eine Diversifikation über die Terminkurve findet nicht statt. Die zweite Generation von Rohstoffindizes erlaubt eine Diversifikation über die Terminkurve, denn es werden auch Futureskontrakte mit längeren Fristigkeiten gewichtet. Zu diesem Indextyp gehört der UBS Constant Maturity Commodity Index. Diese Indexfamilie ermöglicht auch eine flexible Steuerung der Fristigkeiten. Die dritte Generation von Indizes geht noch einen Schritt weiter. Mit Optimierungsverfahren werden die Rollrenditen einzelner Rohstoffen maximiert. Hier ist nebst dem Terminkurven-Management eine aktive Komponente durch die Modellierung der Terminkurve gegeben. Zu dieser Generation werden die CYD und die Deutsche Bank Liquid Commodity Index Optimum Yield gezählt.

Eine weitere Besonderheit von Rohstoffindizes ist die Berechnungsmethodik. Auch hier werden verschiedene Arten unterschieden: Spot Indizes, Excess Return Indizes und Total Return Indizes.
Spot Indizes bilden die Preisentwicklung von Rohstofffutures mit der kürzesten Laufzeit ab. In die Berechnung von Spot Indizes geht der Peis des jeweils kürzesten Rohstofffutures sowie seine Indexgewichtung ein. Da der Effekt von Rollrenditen vernachlässigt wird, reflektieren Spot Indizes zwar das Preisniveau von Rohstoffen, aber nicht die Performance einer („replizierbaren") Anlagestrategie in Rohstoff-Terminkontrakte. Spot Indizes eignen sich somit nicht als Benchmark für einen Renditevergleich. Dazu eignen sich Excess und Total Return Indizes besser.
Im Gegensatz zu Spot Indizes besteht auf *Excess Return Indizes* eine Vielzahl von Produkten. Diese berücksichtigen den Effekt beim „Rollen" eines Futureskontraktes und reflektieren die Rendite eines Portfolios aus Rohstoff-Terminkontrakten.
Zur dritten Art von Rohstoffindizes gehören die sogenannten *Total Return Indizes*. Sie reflektieren neben der Rendite des Futures-Portfolios auch die Renditen der Cash-Sicherheit, die den Rohstofffutures hinterlegt werden muss. Futureskontrakte sind nämlich gehebelte Finanzinstrumente, die eigentlich keinen Kapitaleinsatz erfordern, aber mit Sicherheiten hinterlegt werden müssen. Rohstoffindizes werden ohne Hebel berechnet, d.h. es wird angenommen, dass der Futureskontrakt vollständig mit Cash als Sicherheit hinterlegt ist (fully collateralized). Während Excess Return Indizes die Verzinsung dieser Cash-Sicherheit unberücksichtigt lassen, nehmen Total Return Indizes an, dass das Cash risikolos verzinst wird, z.B. mit US-amerikanischen Staatsanleihen (T-Bills). Je höher das Zinsniveau ist, desto höhere Zinserträge werden mit dieser zusätzlichen Hinterlegung erwirtschaftet. In einem solchen Fall kann die Rendite eines Total Return Indizes bedeutend höher ausfallen als die Rendite eines Excess Return Indizes. Typischerweise laufen ETCs oder ETFs auf Total Return Rohstoffindizes. Wenn Anlageprodukte auf Excess Return Indizes basieren, wird die Renditeeinbusse durch die fehlende Verzinsung des Cash Collaterals zur Finanzierung der Gebühren oder von Optionskomponenten verwendet.

S&P Goldman Sachs Commodity Index (S&P GSCI)

Goldman Sachs hat 1991 den Goldman Sachs Commodity Index (GSCI) lanciert. Für die Zeit davor wurden historische Indexstände auf täglicher Basis zurückgerechnet. Der Anfangswert am 2. Januar 1970 lag bei 100 USD. Im Zuge der Übernahme des Index von S&P im Jahr 2007 wurde dieser auf S&P GSCI umbenannt. Der S&P GSCI ist nebst dem Dow Jones UBS der bedeutendste Rohstoffindex. Er gewichtet Rohstoffe nach ihrem Anteil an der weltweiten Produktion (in Geldeinheiten gemessen) der letzten fünf Jahre. Deshalb ist der Energieanteil des GSCI mit ca. 70% sehr hoch. Ein kleiner Anstieg der Energiepreise hat somit einen relativ grossen Effekt auf den Index. Um dem entgegenzuwirken, bietet S&P auch Indizes mit einem Cap auf Energie an (S&P GSCI LE Index).

Im Index sind ca. 30 Futures enthalten, dies kann jedoch grundsätzlich variieren. Die Entscheidung, welche Futureskontrakte mit welchen Gewichten zur Indexberechnung herbeigezogen werden, entscheidet das Indexkomitee. Dabei werden anhand gewisser Kriterien die Futureskontrakte vorselektiert. Ist mehr als ein Futureskontrakt zur Abdeckung einer Rohstoffkategorie geeignet, wird nach dem Total Quantity Traded gewichtet. Mit dieser Methode wird eine hohe Liquidität innerhalb des Index gewährleistet.

Der klassische S&P GSCI Index gehört zu der ersten Generation von Rohstoffindizes und investiert ausschliesslich in kurzlaufende front-month Futures. Energiefutures, die monatlich verfallen, werden monatlich gerollt, Agrarfutures entsprechend den verfügbaren Verfallsmonaten etwa vierteljährlich. Um mögliche Preiseffekte und Liquiditätsprobleme zu vermeiden, geschieht das Rollen vom fünften bis zum neunten Arbeitstag des Monats. Kürzere Futures werden in 20-Prozent-Schritten in den jeweils folgenden Monaten gerollt.

Gemäss JP Morgan Commodity Research waren 2009 geschätzte 55 Milliarden USD an den S&P GSCI gelinkt. Damit hat der S&P GSCI global gesehen die höchste Bedeutung – der Dow Jones UBS Commodity Index wird mit 30 Milliarden USD deutlich auf den zweiten Platz verwiesen. In den USA wird der S&P GSCI vom iShares S&P GSCI Commodity-Indexed Trust ETF (Ticker: GSG US) repliziert. In Europa ist der S&P GSCI jedoch für ETFs als Benchmark nicht gut geeignet. Die 70%-Energiequote im Index erschwert die Einhaltung der europäischen Regulationsvorschriften (UCITS). Um die Einhaltung der Diversifikationsvorschriften von UCITS zu erleichtern und um die Bedeutung des Index als Benchmark für ETFs nicht zu gefährden, wurde im Sommer 2009 der S&P GSCI Capped Index eingeführt. Es muss nun abgewartet werden, ob sich dieser in Europa gegenüber dem DJ UBS Commodity Index als Benchmark durchsetzen kann.

Dow Jones UBS Commodity Index

Der Dow Jones UBS Commodity Index (DJUBS) wurde 1998 von AIG gegründet und wird zusammen mit Dow Jones & Company betrieben. Nach Ausbruch der Kreditkrise von 2008 übernahm UBS für geschätzte 150 Millionen USD den Index vom finanziell angeschlagenen amerikanischen Versicherungskonzern AIG. Ziel des Index ist es, den Rohstoffmarkt breit diversifiziert abzudecken. Dabei wird darauf geachtet, dass die Konzentration einzelner Rohstoffe nicht zu hoch ist. Keine Rohstoffgruppe (wie Energie, Edelmetalle, Agrargüter etc.) darf anfangs des Jahres zu mehr als 33% im Index gewichtet sein. Gleichzeitig darf kein Rohstoff weniger als 2% bzw. mehr als 15% des Indizes betragen.

Der Index enthält 19 Rohstofffutures, die an US-Börsen gehandelt werden (Ausnahme sind Aluminium, Nickel und Zink, die an der London Metal Exchange gelistet sind). Mit Ausnahme der Energierohstoffe hat der DJ UBS Commodity Index dieselbe Rollmethodik wie der S&P GSCI Index: Er investiert in kurzlaufende front-month Kontrakte und rollt diese Positionen über ein Fünftagesfenster vom 5. bis zum 9. Geschäftstag des Monats. Energie Kontrakte werden im Gegensatz zum S&P GSCI nur alle zwei Monate in den sogenannten 2nd-nearby-Kontrakt gerollt.

Die Indexgewichtungen werden im Januar jedes Jahres neu berechnet, wobei Fünfjahres-Liquiditäts- und Produktionsdaten im Verhältnis von zwei zu eins sowie die oben beschriebenen Restriktionen berücksichtigt werden. Damit wird erreicht, dass die Indexzusammensetzung nicht allzu abrupt auf temporäre wirtschaftliche Veränderungen reagiert. Der Dow Jones UBS Commodity Index wird im Verlaufe des Jahres nicht rebalanced. Die Gewichte von Rohstoffen mit vergleichsweise hoher Rendite wachsen dementsprechend während eines Jahres. Ähnlich wie bei marktkapitalisierungsgewichteten Aktienindizes wird der Index dadurch Momentum-lastig. Erst im Januar erfolgt die Anpassung auf die neu berechneten Gewichtungen. Der Dow Jones Commodity Index wird als Excess- sowie als Total-Return-Index berechnet.

Thomson Reuters/Jefferies CRB Index

Die Geschichte des Thomson Reuters/Jefferies CRB Index reicht ins Jahr 1957 zurück, als das Commodity Research Bureau ihn das erste Mal im CRB Commodity Year Book veröffentlichte. Um die Kollaboration verschiedener Finanzdienstleister zu reflektieren, wurde der Index 2005 von CRB auf Reuters/Jefferies CRB und anschliessend im Jahr 2009 auf Thomson Reuters/Jefferies CRB Index umbenannt.

Zuerst aus 28 Rohstoffen – darunter Zwiebeln, Eier und Schweinefett – bestehend, wurde während mehreren Anpassungen die Anzahl Indexmitglieder auf 19 Rohstoffe beschränkt. Im Jahr 1957 waren 2 Spotmärkte und 26 Futuresmärkte berücksichtigt. Erst seit der Indexrevision 1973 besteht der Index ausschliesslich aus Futureskontrakten.

CRB teilt Rohstoffe in vier Gruppen ein und weist jeder ein Gewicht zu: Petroleum Produkte (33%), hochliquide Rohstoffe (42%), liquide Rohstoffe (20%) und Rohstoffe zur Diversifikation (5%). Innerhalb jeder Gruppe wird eine Gleichgewichtung der einzelnen Rohstoffe vorgenommen. So wird in der dritten Gruppe der liquiden Rohstoffe Zucker, Baumwolle, Kaffee und Kakaobohnen zu je 5% gewichtet. Die einzige Ausnahme zur Gleichgewichtung bildet Erdöl in der ersten Gruppe. Dieses macht 23% des Index aus. Beim Vergleich des Energieanteils zu anderen Rohstoffindizes ist zu beachten, dass, durch die spezielle Aufteilung in die vier Gruppen, Erdgas mit der Gewichtung von 6% in die zweite Gruppe der hochliquiden Rohstoffe gerechnet wird. Der Energieanteil besteht demnach aus den 33% der ersten Gruppe der Petroleumprodukte und den 6% Erdgas aus der zweiten Gruppe. Dies ergibt total 39% Energie im Index. Der Thomson Reuters/Jefferies CRB Index wird monatlich rebalanced. Dadurch wird das Gewicht von Rohstoffen mit höherer Monatsrendite reduziert und Gewichte von Rohstoffen mit vergleichsweise tiefer Rendite erhöht. Mit dem monatlichen Rebalancing wird eine zu hohe Konzentration einzelner Rohstoffe vermieden und das Momentum des Index reduziert. In Marktphasen mit hoher Volatilität sowie Mean-Reversion der Preise profitiert der Index vom monatlichen Rebalancing.

Der Thomson Reuters/Jefferies CRB Index ist im Vergleich zu anderen sehr stabil in der Zusammensetzung und Gewichtung. So wurden seit 1957 erst 10 Indexänderungen vorgenommen. Durch das monatliche Rebalancing entsteht zusätzliche Transparenz. Beim Vergleich zu anderen Indizes sei zusätzlich darauf hingewiesen, dass hier Schlachttiere zu Agrarrohstoffen gezählt und nicht als separate Gruppe ausgewiesen werden.

Rogers International Commodity Index (RICI)

Der Rogers International Commodity Index wurde vom ehemaligen Hedge Fund Manager Jim Rogers 1996/1997 gegründet. Mit ca. 37 Rohstoffen, gehandelt auf 13 Börsen, gilt der Index als sehr hoch diversifizierter Rohstoffindex. Im Gegensatz zu den bekannten grossen Indizes wie DJUBS, GSCI und CRB werden hier weitere Rohstoffe wie Platin, Palladium, Reis und Seide berücksichtigt. Die Gewichtungen der Rohstoffe orientieren sich an der Liquidität sowie an den Kosten des entsprechenden Rohstoffes im alltäglichen Leben. Dabei wird das Konsumverhalten in Industrie und Entwicklungsländern berücksichtigt. Um die Auswahl der Rohstoffe möglichst stabil zu halten, werden nur in Ausnahmefällen neue hinzugefügt. Zu solchen Ausnahmefällen gehört ein plötzlicher Zusammenbruch der Liquidität eines Rohstoffes oder einschneidende Veränderungen im globalen Konsumverhalten. Letztere resultieren beispielsweise aus wissenschaftlichen Errungenschaften, die die Nachfrage eines Rohstoffs stark beeinflussen. (Als ein Beispiel aus vielen sei das Halbleiter-Metall Gallium, das unter anderem bei der Herstellung von weissen Leuchtdioden und Handy-Mikrochips benötigt wird, erwähnt.) Die Zusammensetzung des RICI Index wird einmal jährlich im Dezember vom RICI-Komitee neu bestimmt. Bis zum Dezember des folgenden Jahres wird der Index jeden Monat auf diese Gewichte rebalanced. Die Kriterien, nach denen das RICI-Komitee entscheidet, sind aber keineswegs ausschliesslich objektiv. Mit subjektiven Entscheidungen des Komitees wird eine höhere Rendite angestrebt. Somit ist die Verwendung des RICI-Indizes als allgemeiner Indikator bzw. als Benchmark für Rohstoffmärkte weniger geeignet. Für ETFs hingegen schon.

Der Umstand, dass auch teilweise exotische Rohstoffe in den Index Eingang finden, hat den Preis der verminderten Liquidität bzw. Handelbarkeit einiger Konstituenten. Aus diesem Grund, und womöglich wegen des verhältnismässig kleinen Wettbewerbs unter RICI-Produkten, sind Management Fees häufig höher als bei anderen grossen Rohstoffindizes.

Der Hauptindex wird zusätzlich in drei Subkategorien, nämlich RICI Agriculture, RICI Energy und RICI Metals, aufgeteilt. Letzterer Subindex setzt sich aus den RICI Industrial Metals und RICI Precious Metals zusammen.

UBS Bloomberg Constant Maturity Commodity Index (CMCI)

Der UBS Bloomberg CMCI wurde 2007 in Zusammenarbeit zwischen UBS und Bloomberg gegründet. Eine Besonderheit von CMCI ist die Berücksichtigung der Zeitdimension von Rohstofffutures. Im Gegensatz zu den traditionellen Rohstoffindizes der ersten Generation wird eine Diversifikation auch über verschiedene Laufzeiten auf der Terminkurve angestrebt. Im CMCI Composite Benchmark werden jedem der 25 bis 28 im Index enthaltenen Rohstoffe zwei bis fünf Baskets mit konstanten Laufzeiten zugewiesen. Die Gewichtung der Laufzeiten-Baskets erfolgt auf Basis der relativen Liquidität auf der Terminkurve des jeweiligen Rohstoffes. So wird beispielsweise der WTI Rohöl Futures auf NYMEX zu 9% im CMCI Composite Benchmarkindex gewichtet, wovon rund 50% auf den dreimonatigen Basket, jeweils 15% auf die sechs- und zwölfmonatigen und je 10% auf die zwei- und dreijährigen Baskets entfallen. Die Laufzeit dieser Baskets wird durch einen gleitenden Kauf- und Verkaufsprozess von Futureskontrakten auf täglicher Basis konstant gehalten. Durch diese Methode wird eine konstante durchschnittliche Laufzeit für jeden Rohstoff sichergestellt. Die Laufzeiten-Baskets werden auf monatlicher Basis rebalanced.

Die Gewichtung der Rohstoffe im CMCI Composite Benchmark erfolgt einerseits nach ökonomischen Faktoren wie Konsumenten- und Erzeugerpreisindex sowie nach Bruttoinlandprodukt, andererseits nach der Liquidität der Rohstofffutures. Einzelne Rohstoffe müssen eine Gewichtung von mindestens 0.6% und höchstens 20% aufweisen. Das Rebalancing der Rohstoffgewichte erfolgt auf monatlicher Basis, die Bestimmung der Zusammensetzung und Neuüberprüfung der Gewichtungen halbjährlich. Mit dieser Indexmethodik wird eine hohe Diversifikation über Rohstoffe hinweg erreicht und das Momentum des Indizes reduziert.

Der CMCI Composite Benchmarkindex reduziert negative Rollrenditen in Contango-Märkten, da in vielen Fällen negative Rollrenditen von Rohstoffen mit längeren Laufzeiten tiefer liegen. Auch die Volatilität wird im Vergleich zu traditionellen Indizes, die in front-month Futures investieren, reduziert, denn diese reagieren in der Regel stärker auf exogene Schocks als länger laufende Futures. Es ist aber wichtig zu sehen, dass der CMCI kein rolloptimierter Index im engeren Sinn ist und nicht das Produkt eines quantitativen Backtestings ist. Der Index ist klar regelbasiert und diversifiziert einerseits über Rohstoffe, andererseits über konstante Laufzeiten-Baskets. Die Gewichtung der Laufzeitenbaskets ist dabei unabhängig von Prognosen über den Verlauf der Terminkurve: sofern sich die Liquidität auf der Terminkurve nicht ändert, werden Laufzeiten in Contango-Märkten mit gleichen Anteilen gewichtet wie in backwardated Märkten.

Zu jedem Sektor und zu jedem einzelnen Rohstoff bietet UBS CMCI einen eigenen Index an. Jeder dieser Indizes wird wiederum in einzelne Single Maturity Indizes aufgeteilt. Dies kann für professionelle Anleger interessant sein, da eine individuelle Steuerung der Kurvenpositionierung dadurch ermöglicht wird. Falls keine flexible Kurvenpositionierung erwünscht ist, bietet sich eine Investition in den aggregierten Index, den CMCI Composite Benchmark, an.

CYD Research Commodity Indices

Die CYD Indizes wurden 2005 von Schweizer Finanzexperten, darunter Prof. Dr. Heinz Zimmermann und Dr. Viola Markert, entwickelt und haben als Ziel, durch optimales Rollen von Futureskontrakten die Rendite/Risiko-Eigenschaften eines Rohstoffbaskets zu erhöhen. Dabei werden anhand wissenschaftlicher Methoden „optimale" Futureskontrakte gekauft und verkauft. CYD ist ein Akronym für Convenience Yield.

Die CYD bietet drei Indizes an: der LongOnly Index investiert in Märkte mit Backwardation, wobei die Futureskontrakte mit der grössten erwarteten Rollrendite gekauft werden. Der LongShort Index geht bei backwardated Märkten long (positive) Positionen ein und in Contango-Märkten short (negative) Positionen. Der dritte Index in dieser Familie ist der CYD MarketNeutral Index. Bei diesem Index wird pro Rohstoff ein Future mit kurzer Restlaufzeit (leer-) verkauft und ein Future mit längerer Restlaufzeit gekauft. CYD-Indexprodukte werden vom St. Galler Finanzunternehmen Vescore vertrieben.

Deutsche Bank Liquid Commodity Index Optimum Yield (DBLCI–OY)

Nebst ihren Standard Liquid Commodity Indizes (DBLCI) berechnet die Deutsche Bank seit 2006 die Liquid Commodity Index Optimum Yield Variante (DBLCI-OY). Die Endung "Optimum Yield" bedeutet, dass ein Verfahren zur Maximierung der impliziten Rollrendite angewendet wird. Gemäss einem Optimierungsmodell werden dabei Rohstofffutures mit Laufzeiten zwischen drei und dreizehn Monaten angeboten. Das Ziel von DBLCI-OY-Indizes ist die Maximierung der Rollrenditen in Backwardation und die Minimierung der Verluste in Contango-Märkten. Die Gewichtungen der zugrunde liegenden Rohstoffe werden einmal jährlich im November rebalanced.
Der DBLCI-OY basiert auf den Standard DBLCI und besteht aus 35% Rohöl, 20% Heizöl, 10% Gold, 12.5% Aluminium und je 11.25% Weizen und Mais. Zusätzlich wird ein DBLCI-OY Broad und DBLCI Balanced Index gerechnet. Diese bestehen aus 14 Rohstoffen und weisen dadurch eine höhere Diversifikation in Bezug auf Einzelrohstoffe auf. Der Energieanteil im DBLCI-OY Balanced Index ist statt 55% nur noch 35%, Dadurch ist der Balanced Index kompatibel mit den Vorschriften von UCITS.

Zusammenfassung: Vergleich verschiedener Rohstoffindizes

Bei einem Vergleich und bei der Auswahl von Rohstoffindizes ist auf unterschiedliche Faktoren zu achten. Die Zusammensetzung der Rohstoffe im Index kann von Index zu Index stark variieren. Jeder Rohstoff hat seine spezifischen Risiken, welche es zu berücksichtigen gilt. Folgende Abbildung zeigt die Zusammensetzung der bekanntesten Rohstoffindizes (Stand Ende 2010). Es wird sofort deutlich, dass der S&P GSCI mit seiner Energiegewichtung von über 70% der energielastigste Index ist. Der Dow Jones UBS Commodity Index hat mit maximal 33% den tiefsten Energieanteil in diesem Vergleich. Industriemetalle werden jedoch im DJ UBS mit 18% vergleichsweise stark gewichtet. Ausser beim S&P GSCI stellt Landwirtschaft bei allen Indizes rund einen Drittel des Indizes dar.

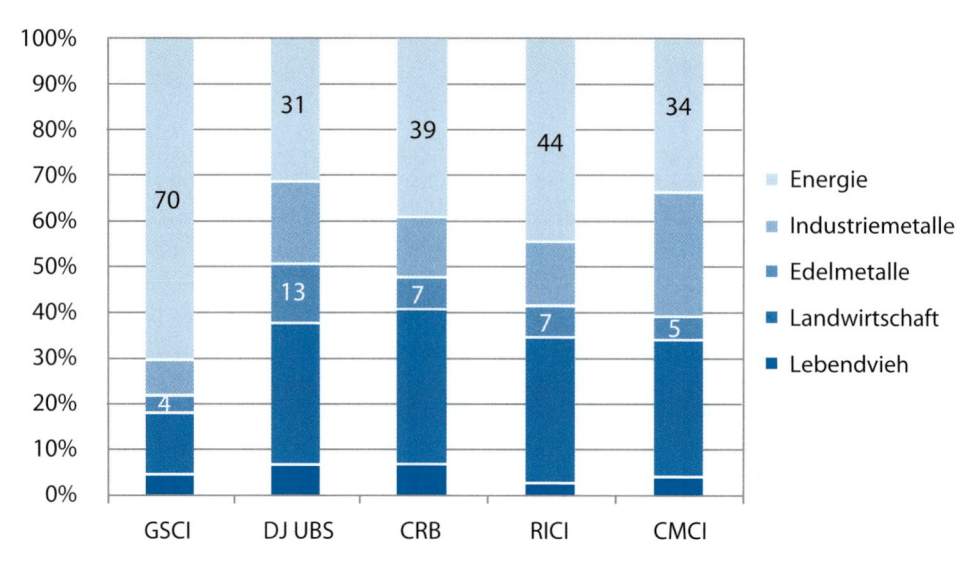

Abbildung 3-25: Aufteilung von Rohstoffindizes.

Bei einem Vergleich von Indizes ist auch die Rebalancing-Frequenz zu beachten. Bei monatlichem Rebalancing wird die Volatilität des Indizes etwas reduziert, da eine Erhöhung der Konzentration einzelner Rohstoffe vermieden wird. Eine weitere und äusserst wichtige Eigenschaft von Rohstoffindizes ist, dass sie die Preisentwicklung von Rohstofffutures zusammenfassen. Traditionelle Indizes nehmen dabei den liquidesten Futureskontrakt auf der Terminkurve auf: dies ist in der Regel der front-month Kontrakt. Bei einem Contango-Markt kann dies zu beträchtlichen Rollverlusten führen. Indizes der zweiten und dritten Generation versuchen negative Rollrenditen zu reduzieren, indem sie eine Diversifikation über die Terminkurve herstellen. Die bedeutendsten Indexcharakteristika werden in folgender Tabelle angezeigt (Stand Ende 2010).

	S&P GSCI	DJ UBS	CRB	RICI	CMCI
Diversifikation	Energie-Fokus	Breit	Breit	Breit	Breit
Gewichtungsmethode	Produktion	Produktion + Liquidität (1 zu 2)	Gleichgewichtet innerhalb von 4 Gruppen	Weltweite Nachfrage sowie Indexkomitee	Ökonomische Faktoren, Liquidität
Anzahl Rohstoffe	30	19	19	37	28
Rebalancing-Frequenz	Jährlich	Jährlich	Monatlich	Monatlich	Monatlich

	S&P GSCI	DJ UBS	CRB	RICI	CMCI
Index-anpassung	Jährlich	Jährlich	Selten	Jährlich	Halbjährlich
Kurven-positionierung	Front-month	Front-month	Front-month	Front-month	Konstante Laufzeiten verteilt über Terminkurve

Tabelle 3-19: Rohstoffindizes im Vergleich.

Hedge Funds

Typisch für ein Hedge Funds ist der Einsatz von verschiedenen Anlageinstrumenten und -techniken. Hedge Funds sind oft nur vermögenden Investoren zugänglich und historisch weniger stark reguliert als normale Anlagefonds. Hedge Funds sind nicht zwingend Anlagefonds (Sondervermögen), sondern kommen in verschiedenen Anlageformen daher. Zudem spezialisieren sich Hedge Funds oft auf ein einzelnes Segment oder Thema, beispielsweise ausschliesslich Aktien oder Arbitrage. Im Bereich Hedge Funds existiert eine Vielzahl unterschiedlicher Strategien, die je nach Indexanbieter ein wenig anders zusammengefasst werden.

Hedge Funds (HF) unterscheiden sich prinzipiell in den folgenden Punkten von traditionellen Anlagefonds:

- HF sind oder waren historisch oft nicht oder nicht so streng reguliert wie traditionelle (long-only) Anlagefonds.
- HF dürfen keine öffentliche Werbung machen (ausser sie verfügen über eine Vertriebszulassung und sind für alle, auch nicht qualifizierte, Investoren zugänglich).
- HF verwenden oft keinen Benchmark, sondern eine absolute Zielrendite.
- HF können Long- und Short-Positionen eingehen.
- HF benützen Futures, Optionen und andere Derivate in einem weitaus grösseren Umfang als traditionelle Anlagefonds. Zudem investieren sie eher in illiquide, nicht börsengehandelte Instrumente.
- HF wenden mehr Leverage an.

Bei der Klassifizierung der verschiedenen Typen von Anlageklassen werden die Hedge Funds normalerweise den alternativen Anlagen zugeordnet. Unter dem Begriff alternative Anlagen (Alternative Investments, AI) werden in der Praxis normalerweise Rohstoffanlagen, Hedge Funds, CTA (Commodity Trading Advisors), Private Equity, Venture Capital und Immobilienanlagen verstanden. Demgegenüber werden unter traditionellen Anlagen Investments im Geldmarkt-, Obligationen- und Aktienbereich verstanden, welche long only sind. Long only deshalb, weil keine Leerverkäufe getätigt werden können. HF können im Gegensatz zu traditionellen Fonds auch Leerverkäufe (Short-Positionen) eingehen und dadurch aktiv auf sinkende Kurse setzen.

Das Wort Hedge, also Absicherung, war seit jeher eine missverständliche Namenswahl für diese Kategorie von Anlagen. Dies wurde während der Finanzkrise von 2008 schmerzhaft bestätigt. Auch Hedge Funds haben während dieser Zeit an Wert verloren, teilweise aber weniger ausgeprägt. Hedge Funds sind im Vergleich zu normalen Fonds in der Lage, eine grössere Vielfalt an Finanzinstrumenten zu nutzen. Dazu gehören auch Derivate, welche einerseits zur Absicherung (also Hedge) aber auch zwecks Spekulation gebraucht werden können. Der Begriff Hedge Fund, also wörtlich ein Absicherungs-Anlagefonds, beschreibt diese Kategorie von Anlagen nur ungenügend. Es stellt sich nun die Frage, warum nicht alle Fonds von den Vorzügen des Leerverkaufens profitieren. Hier kommt die Regulation ins Spiel. Typischerweise sind in den meisten Ländern zwei Branchen stark reguliert: die Pharma- und die Finanzbranche. Im ersten Fall geht es um den Schutz der Gesundheit der Bürger und im zweiten um den Schutz der (Privat-) Investoren. So sind Anlagefonds, welche für Privatinvestoren vorgesehen sind, gemäss deutschem oder Schweizer Recht eingeschränkt und können nicht die gesamte Vielzahl an Strategien und Instrumenten einsetzen, welche in Hedge Funds zur Verfügung stehen. Diese Einschränkungen seitens der Regulatoren können natürlich keine Verluste verhindern, aber vor einigen Überraschungen schützen, welche einem unerfahrenen Anleger nur schwer zu erklären sind.

Für Hedge Fund Manager ist es sehr wichtig, über ein Anlagevehikel zu verfügen, das möglichst wenig Einschränkungen hinsichtlich erlaubter Anlageinstrumente hat. Oft sehen die Manager, dass sie ihre Strategie nicht im Rahmen von beispielsweise der deutschen Anlagefondsgesetzgebung umsetzen können, und weichen auf andere Jurisdiktionen aus. Häufig sind Hedge Funds als sogenannte Off-Shore-Fonds aufgesetzt, d.h. als Fonds, welche nur für Investoren ausserhalb des Fondsdomizils zugänglich sind. Traditionellerweise werden als Strukturen Limited Partnerships in den USA oder auf gewissen Karibikinseln gewählt. Es können auch Fondsstrukturen gewählt werden, welche nicht für alle Anleger zugänglich sind, z.B. Managed Accounts. Gemeinsam ist diesen Ausgestaltungsformen, dass für sie nicht geworben werden darf und dass sie in der Regel nur sogenannten qualifizierten Investoren zugänglich sind. Je nach Land wird diese Art von Investoren leicht anders definiert. Wenn es sich dabei um eine natürliche Person handelt, muss beispielsweise in der Schweiz ein Vermögensverwaltungsvertrag vorliegen oder der Kunde als vermögend (mindestens 2 Mio. CHF in Finanzanlagen) eingestuft werden. Neben der Zulassung und dem Vertrieb ist oft auch die steuerliche Handhabung ein Problem. So müssen beispielsweise Anlagefonds in Deutschland „transparent" sein, d.h. sie müssen, wollen Sie eine Strafbesteuerung verhindern, bestimmte Daten den Behörden melden. Handelt es sich bei den Hedge Funds um solche mit einem Off-Shore-Domizil, müssen diese Daten nicht zwingend rapportiert werden. Gerade in Bezug auf diese oder andere Anforderungen kann beobachtet werden, dass HF vermehrt on-shore gehen, sofern sich dies mit ihrer Anlagestrategie vereinbaren lässt.

Grundsätzlich kann in Hedge Funds direkt oder über einen Fund of Hedge Fund (FoHF) investiert werden. Für die meisten Anleger scheiden direkte Investments in Hedge Funds aus, weil hohe Minimumanlagebeträge und Erfahrung bei der Auswahl erforderlich sind. Für Endanleger eignen sich somit, wenn überhaupt, Funds of Hedge Funds, welche in verschiedene einzelne Hedge Funds investieren. Dadurch werden die Auswahl, die Diversifikation und das Risikomanagement an den Fund of Funds delegiert, was eine zusätzliche Kostenkomponente nach sich zieht. Es spricht für sich, dass auch Fund of Funds sehr sorgfältig ausgesucht und verstanden werden müssen.

Im Folgenden möchten wir ein paar Merkmale von HF kommentieren (nicht definieren), die immer wieder in der Presse aufgegriffen werden und Anlass zu Diskussionen geben.

Absolute Return vs. Absolute-Return-orientiert. Zwischen absoluter Rendite und der Orientierung an absoluter Rendite besteht ein Unterschied – insbesondere in schwierigen Zeiten. Um eine höhere Rendite als den risikolosen Zinssatz zu erzielen, muss Risiko eingegangen werden. Das Risiko kann in Form von höherer Volatilität, tieferer Liquidität oder höherem Ausfallrisiko aufgenommen werden. Die zwei letzteren Formen sind nicht sofort ersichtlich und können deshalb eine trügerische Sicherheit geben. Nur ein risikoloser Zinssatz ergibt eine absolut gesehen positive Rendite (nominal).

Geringe Liquidität. Viele Strategien machen sich eine Illiquiditätsprämie zu nutze. Hier ist eine längere Bindung von Kapital erforderlich, um Überrenditen zu erzielen. Gerade deshalb bestehen häufig längere Halte- und Kündigungsfristen. Illiquidität ist per se nichts Negatives, muss aber mit zukünftigen Verbindlichkeiten abgestimmt werden. Eine vorzeitige Liquidation ist entweder nicht möglich oder kostspielig.

Tiefe Korrelation zu anderen Anlagen. Das Hinzufügen einer tief korrelierten Anlageklasse zu einem Aktien- und Bondportfolio kann das Rendite/Risiko Verhältnis grundsätzlich verbessern. Hedge Funds werden oft zu Diversifikationszwecken in gemischten Portfolios eingesetzt, gerade weil sie eine tiefere Korrelation zu anderen Anlageklassen aufweisen können. Optimierungen müssen aber kritisch hinterfragt werden, weil nicht alle Erträge symmetrisch verteilt sind und nicht alle Risiken erfasst werden. Historische Renditen basieren häufig auf Schätzungen anstatt auf tatsächlich gehandelten Preisen.

HF können Alpha generieren. Alpha ist die risiko-adjustierte Überrendite zur Marktrendite. Alpha wird in der Praxis definiert als die Fähigkeit, durch die richtige Auswahl von Titeln und das richtige Timing von Käufen und Verkäufen eine (risiko-adjustierte) Überrendite zu erreichen. Die Schwierigkeit besteht in der korrekten Adjustierung der Rendite hinsichtlich eingegangener Risiken. Da gewisse Risiken (Illiquidität, Ausfallwahrscheinlichkeit) nicht sofort ersichtlich und schwer zu quantifizieren sind, ist die Adjustierung kompliziert und wird in manchen Fällen wohl auch als akademische

Spitzfindigkeit betrachtet. Wenn unter dem Begriff Alpha lediglich eine nicht risikoadjustierte Überrendite verstanden wird, können Anreize geschaffen werden, spezifische Risiken einzugehen. Unter solche Risiken fallen beispielsweise:

- Liquiditätsrisiko (z.B. bei Anlagen in Small Caps oder bei gewissen Credit Strategien)
- Marktabschwungsrisiko (z.B. bei Anlagen im Bereich der Equity Risk Arbitrage)
- Kreditrisiken oder Flucht-zur-Qualität-Risiken (z.B. bei Anlagen in High Yield Bonds oder bei gewissen Growth-Strategien)
- Rezessionsrisiko (z.B. bei Anlagen in Small Caps)
- Abwertungsrisiko (z.B. bei ungesicherten Anlagen in verschiedenen Währungen)
- Hebelrisiko (z.B. bei Anlagen, die Kredit aufnehmen)

Eine weitere Schwierigkeit ist die Messung von Alpha. Erst nach mehreren Jahren kann statistisch gesehen ein signifikantes Alpha nachgewiesen werden.

Hohe Gebühren (Fees). Im Vergleich zu traditionellen Anlagen weisen HF durchschnittlich die höchsten Managementgebühren auf (normalerweise um 2%). Neben der eigentlichen Managementgebühr wird oft eine performanceabhängige Gebühr belastet (normalerweise 20%). Dabei soll die Performancegebühr dem HF-Manager Anreize geben, eine überdurchschnittliche Performance zu erzielen. Seit der Finanzkrise kann ein Trend zu einer Managementgebühr von 1% und einer Performancegebühr von 10% beobachtet werden.

HF-Strategien

Die Strategien, welche die unterschiedlichen Manager verfolgen, können auf verschiedene Art und Weise klassifiziert werden. Allen Nuancen kann man dabei nicht gerecht werden. Bei den HF-Strategien bedeutet direktional, dass die Rendite des HFs von den Marktbewegungen abhängt. Nicht-direktionale Strategien erzielen ihre Erträge grösstenteils unabhängig von den Marktveränderungen. Grundsätzlich können fünf Hauptstile unterschieden werden. Detailliertere Unterteilungen können bei diversen Indexanbietern oder in der Forschung gefunden werden:

Name	Direktional	Beschrieb
Equity Long / Short	Ja / (Nein)	Kauf oder Leerverkauf von beispielsweise Aktien; Einsatz Leverage; Short-Seller (d.h. immer short) sind eher die Ausnahme; kann ähnlich zu marktneutral sein, falls zum gleichen Teil long wie short.
Global Macro	Ja	Oft ähnliche Strategien wie Long/Short; Ausgangspunkt sind Analysen der Volkswirtschaft und verschiedener Anlageklassen, welche Trends identifizieren sollen.
Marktneutral / Relative Value	Nein	Klassische Arbitragestrategien, d.h. Bewertungs-Ineffizienzen werden ausgenützt (oft bei Obligationen oder Wandelanleihen); unabhängig von den Marktveränderungen; oft mittels hohem Leverage und in der Anlageklasse Aktien oder Obligationen.
Event Driven	Nein	Aktives Herbeiführen oder Ausnutzen von spezifischen Ereignissen, beispielsweise Übernahmen oder Fusionen.
CTA / Managed Futures	Ja / (Nein)	Es wird an Terminbörsen in Futures investiert, es kommen oft (rein) quantitative Modelle zum Einsatz. Bemerkung: CTA steht für „Commodity Trading Advisor" und wird nicht immer zu den HF Strategien gezählt.

Tabelle 3-20: Grundlegende HF-Strategien.

HF-Indizes

Die Definition von branchenweit akzeptierten Indizes ist alles andere als einfach. Ein Hauptproblem ist die Berechnung von Performancezahlen in der Hedge-Fund-Industrie und die Definition eines relevanten Universums für die jeweiligen Indizes. Denn bei den Hedge-Fund-Indizes kann man zwei verschiedene Arten von Indizes unterscheiden: investierbare und nicht investierbare. Zudem kann die Qualität der Daten geringer als bei den traditionellen Anlagen sein. Was auf der Aktienseite relativ einfach ist und bei den Obligationen ein wenig aufwändiger wird (aufgrund des OTC-Charakters des Marktes und der Laufzeit der Instrumente), ist nochmals komplexer bei den Hedge Funds. Wie zu Anfang des Kapitels erläutert, sind wesentliche Anforderungen an (Benchmark-) Indizes: Repräsentativität, Transparenz und Investierbarkeit. Indizes sollten keine getarnten Funds of Funds sein. In der Praxis werden die Performancezahlen von Hedge Funds in verschiedenen Datenbanken gesammelt und ausgewertet. Weil es nicht den Hedge-Fund-Markt gibt, umfassen die Datenbanken der Anbieter auch unterschiedliche HFs. Es spricht für sich, dass es keine allgemeine Reportingpflicht gibt.

Wenn aggregierte Performancedaten (sei es von Datenbanken oder Indizes) im HF-Bereich verglichen werden, kann es verschiedene Arten von Verzerrungen (Biases) geben: Survivorship Bias, Selection / Self-reporting Bias, Instant History Bias oder Multi-Period Sampling Bias. Gute Datenprovider gehen entsprechend mit diesen Verzerrungen um. Ein Survivorship Bias ist relevant, falls die Datenbank nicht jene HF umfasst, die aufgehört haben, die Performance zu kommunizieren. Somit überleben nur Fonds mit guter Performance in den Daten und Fonds mit schlechter Performance verschwinden. Ein Selection / Self-reporting Bias wird relevant, wenn die Datenbank nicht dem HF-Universum entspricht. Dies ist der Fall, wenn ein Fonds nicht in allen Datenbanken enthalten ist oder er beschlossen hat, die Daten nicht zu liefern. Ein Instant History Bias besteht, wenn die jeweilige Datenbank erlaubt, nachträglich historische Renditen nachzuliefern. So haben in der Vergangenheit einige Hedge Funds mit der Lieferung von Performancezahlen eine gewisse Zeit abgewartet. Wenn sie Erfolg hatten, wurden diese Daten nachgereicht. Der Multi-Period Sampling Bias ist dann relevant, wenn Performanceanalysen nur mit HFs erfolgen, welche eine minimale Anzahl an Jahren existieren. Dabei werden HF mit einer kurzen Performancehistorie ausgeschlossen.

HFR

Hedge Fund Research (HFR) wurde 1992 gegründet und befasst sich mit der Indexierung von Hedge Funds und deren Analyse. Die Datenbank von HFR zählt zu einer der grössten in der Hedge-Fund-Industrie. HFR unterteilt das HF-Universum in diverse Strategien und hat ein detailliertes Klassifikationssystem entwickelt. Gemäss eigenen Angaben rechnet der Anbieter über 100 verschiedene Indizes.

Es können zwei Indexfamilien unterschieden werden: HFRI Indizes und HFRX Indizes. Will man sich einen Überblick über die gesamte HF-Industrie verschaffen, wird oft der 1990 gestartete HFRI Fund Weighted Composite Index betrachtet, welcher mehr als 2'000 HF umfasst. Dieser Index ist gleichgewichtet und nicht investierbar, d.h. er enthält auch HF, welche für Neugeld geschlossen sind. In der Praxis wird hingegen viel öfter der HFRX Global Hedge Fund Index betrachtet, welcher seit 2003 gerechnet (Backtest ab 1998 verfügbar) wird. Den Index gibt es in USD und gehedged in EUR, CHF, Yen und GBP. Dieser Index ist kapitalgewichtet (asset-weighted) und grundsätzlich investierbar. Beide Indizes haben gemeinsam, dass die Performance netto nach Gebühren ist. In der folgenden Tabelle werden die Indizes einander gegenübergestellt:

	HFRI	HFRX
Start	■ 1990	■ 2003 (mit Backtest ab 1998)
Gewichtung	■ Gleichgewichtet	■ Je nach Index: repräsentative Optimierung, Gleichgewichtung oder asset-weighted ■ HFRX Global Hedge Fund Index ist asset-weighted.
Indexperformance	■ Netto nach allen Fonds-Gebühren	■ Netto nach allen Fonds-Gebühren.

	HFRI	HFRX
Indexberechnung	■ 3 mal per Monat	■ Täglich und monatlich
Rebalancing	■ Monatlich	■ Quartalsweise
Investierbar	■ Nein	■ Ja
Anzahl HF	■ 2000+ in HFRI Fund Weighted Composite. ■ 600+ in HFRI FoF Composite.	■ 40+ im Global Hedge Fund Index. ■ 250+ im Universum für den Index.
Aufnahmekriterien	■ In HFR Datenbank. ■ 50 Mio. USD oder älter als 12 Monate.	■ In HFR Datenbank. ■ Offen für neue Investitionen ■ 50 Mio. USD und älter als 24 Monate.

Tabelle 3-21: HFRI und HFRX im Vergleich.

Bei der Einteilung von verschiedenen HFs, also sogenannten Single HFs, unterscheidet HFR vier primäre Hedge Fund Strategien: Equity Hedge, Event Driven, Macro und Relative Value. Equity Hedge entspricht bei HFR den Long/Short-Strategien. Bei den Funds of Hedge Funds unterscheidet HFR vier Typen: Conservative, Diversified, Market Defensive und Strategic.

Dow Jones Credit Suisse Hedge Fund Indexes (ex Credit Suisse Tremont)

Credit Suisse Tremont war ein Joint Venture zwischen der Credit Suisse und Tremont Capital Management. 2010 wurde die Zusammenarbeit mit DJ aufgenommen. Die Datenbasis umfasst mehr als 5'000 HFs. Gemäss eigener Angabe soll Tremont den ersten kapitalisierungsgewichteten Index der Hedge-Fund-Branche berechnet haben. Das Angebot an Indizes umfasst die folgenden Index-Familien: DJCS HF Index (ex Broad), DJCS AllHedge Index, DJCS Blue Chip HF Index, DJ CS LEA HF Index. Der AllHedge sowie der Blue Chip Index sind investierbar.

DB HF Index

2002 wurde die Deutsche-Bank-Hedge-Fund-Plattform lanciert. Die Plattform umfasst „Single Manager Investment", also single HFs. Basierend auf der Plattform berechnete die Deutsche Bank ihren HF-Index und lancierte 2009 einen ETF darauf. Der db Hedge Fund Index setzt sich aktuell aus 6 Subindizes respektive Strategien, den dbX-Tactical Hedge Fund (dbX-THF) Indizes zusammen, welche insgesamt in mehr als 40 Funds investieren. Das Rebalancing findet quartalsmässig statt, wobei die Gewichtung basierend auf der Allokation innerhalb der HF-Industrie (gemäss „Hedge Fund Research Global Hedge Fund Industry Report") erfolgt und darauf geachtet wird, dass der Index UCITS-konform ist. Der dbX-THF setzt sich aus den folgenden 6 Strategien zusammen: Equity Hedge, Market Neutral, Event Driven, Systematic Macro, Credit & Convertible und Global Macro. Mit diesen Grundstrategien soll die jeweilige Bedeutung in der HF-Welt abgebildet werden, wobei Event Driven und Equity Hedge mit rund einem Drittel den Index dominieren. Während die Aufteilung der THF-Indizes nach der Grösse der entsprechenden Industrie erfolgt, wird innerhalb der Indizes eine Gleichgewichtung der HFs umgesetzt. Um in den Index aufgenommen zu werden, muss ein HF eine Minimalgrösse von 150 Millionen USD aufweisen und über einen gewissen Track Record verfügen.

Lyxor HF Index

Lyxor fokussiert auf drei Bereiche: Indextracking, strukturierte Anlagen und alternative Anlagen. Die Hedge-Fund-Plattform wurde 1998 aufgesetzt, umfasst ca. 100 Hedge Funds und wird fortlaufend ausgebaut. Im HF-Bereich hat Lyxor die grösste Managed-Account-Plattform. Die Hedge-Fund-Indizes von Lyxor unterteilen sich in mehr als 10 verschiedene Strategien. Der globale Hedge-Fund-Index von Lyxor („Lyxor Hedge Fund Index") stellt einen kapitalgewichteten Index dar, welcher rund 80 HFs der Lyxor Plattform umfasst und eine Kombination von 14 Unterstrategien darstellt. Der Index wird monatlich überprüft. Gestartet wurde dieser Index Ende 2007. Alle Indizes sind basierend auf der Hedge-Fund-Plattform von Lyxor, damit die Investierbarkeit und Liquidität gewährleistet werden kann. Berechnet werden die Indizes von S&P.

ML Hedge Fund Factor Model

Traditionelle HF-Indizes setzen sich aus einzelnen Hedge Funds zusammen, wobei es sich um investierbare oder nicht-investierbare HF handeln kann. Dabei soll die Auswahl den Markt hinreichend repräsentieren. Neben diesen Indizes existieren sogenannte Replikator-Indizes, die aufgrund von Faktormodellen die Performance eines HF-Index nachbilden. Dazu wird in regelmässigen Abständen das Modell auf die historische Performance des nachzubildenden Index angewendet und die Faktorgewichtung angepasst. Je nach Replikationsmodell kommen unterschiedliche Faktoren zum Einsatz. Normalerweise bestehen die Faktoren aus Sub-Anlageklassen der Anlageklassen Aktien, Anleihen, Währungen oder Rohstoffe. Dadurch kann eine solche Strategie sehr liquide ausgestaltet werden. Mit Faktormodellen wird aber kein Investment in HF erworben, sondern eine Strategie, welche die Rendite eines bestimmten HF-Index nachzubilden versucht. Beim Einsatz solcher Instrumente darf somit nicht vernachlässigt werden, dass ein Modellrisiko eingegangen wird.

Mit dem ML Hedge Fund Factor Model wurde ein solches Modell herausgegriffen, auf welches es einen in Europa zugelassen ETF gibt. Der Merrill Lynch Factor Model Index investiert nicht direkt in HFs sondern verfolgt einen sogenannten Faktoransatz. So wird über die folgenden sechs Faktoren versucht, die Rendite des HFRI Index nachzubilden: USD Libor, MSCI EAFE, MSCI EM, Russell 2000, S&P 500, EUR/USD-Wechselkurs. Zur Bestimmung der Gewichte kommt ein regelbasiertes Modell zur Anwendung, das primär auf einer linearen Regression beruht und monatlich angepasst wird. Der Index wird seit 2003 gerechnet und weist eine Korrelation von über 90% mit dem HFRI Index auf. Per Design ist eine perfekte Nachbildung nicht möglich, da die Anpassung der jeweiligen Faktorgewichte ex-post erfolgt.

Exkurs – Geschichte der Hedge Funds

Der Grundgedanke des Absicherns (Hedging) ist schon sehr alt und wurde schon lange bei den Rohstoffen über die Rohstoffterminmärkte eingesetzt. Händler schliessen schon lange Geschäfte über Waren ab, die erst in der Zukunft geliefert werden, um sich so gegen nachteilige Preisschwankungen abzusichern. Bei Finanzanlagen kam aber erst in den 1970er Jahren Bewegung in diesen Bereich in Form von Futures und Forwards, aber auch Optionen.

> ### Long und Short kurz erklärt
>
> **Long** = Man geht davon aus, dass Kurse steigen werden und will davon profitieren. Dies ist die klassische Anlageform. Bsp.: Ein Anleger kauft eine Aktie.
> **Short** = Man geht davon aus, dass Kurse sinken werden und will davon profitieren. Diese Strategie ist Spezialisten vorbehalten, weil man Titel verkauft, die man gar nicht besitzt. Private können auch auf sinkende Kurse setzen, wobei dies aber in anderer Form erfolgt. Werden Derivate (z.B. Put-Optionen) verwendet, müssen zusätzliche Faktoren wie der Zeitwert und das Delta beachtet werden. Hier ist höchste Vorsicht und genaueste Kenntnis der Instrumente geboten. Auf Index-Stufe können Short-ETFs gekauft werden (siehe Kapitel 2).

1949 wurde der erste Hedge Fund von Alfred Winslow Jones (nicht zu verwechseln mit dem Dow-Jones-Mitgründer Edward Davis Jones) gegründet, wobei der Begriff Hedge Fund erst im Jahre 1966 durch die Medien eingeführt wurde. Jones, ein Australier mit Doktorat der Soziologie, gründete 1949 eine Anlagefirma. Neben traditionellem Investment wollte er von zwei zusätzlichen Anlagemöglichkeiten profitieren: von Fremdkapital (also einem Hebel oder „Leverage") und von Leerverkäufen „Short".

Lange Zeit genoss diese Art von Anlagen ein Nischendasein. Erst gegen Ende der 1960er Jahre kam Interesse auf, welches aber durch die schwierigen 1970er Jahre wieder ausgebremst wurde. Aus dieser Zeit stammt auch der bekannte Quantum Fund von George Soros und Jim Rogers. Immer wieder kamen oder kommen Hedge Funds bzw. einzelne Manager in die Presse, wenn sie sich verspekuliert haben, sprich ihr System nicht mehr aufgeht, oder wenn sie einen besonders dreisten Coup gelandet haben. Einige Beispiele dazu sind:

- 1992: George Soros war überzeugt, dass das Pfund überbewertet war und wettete erfolgreich gegen das Pfund, indem er es leer verkaufte.
- 1998: Problemfälle im Bereich von MBS (Mortgage Backed Securities), als sich die Credit Spreads auf historische Höchststände ausweiteten.
- 1998: Der 1994 gegründete Hedge Fund LTCM, bei dem Nobelpreisträger als Manager fungierten, verlor innerhalb kurzer Zeit mehr als 50 Prozent. Schliesslich musste gar das FED zu Hilfe eilen, weil die Stabilität des Finanzsystems in Gefahr war. Bis Ende Jahr hatte der Fund mehr als 90% verloren.
- 2008: Im Rahmen der Subprime-Krise respektive der globalen Finanzkrise ging dieses Jahr als schwarzes Jahr in die Geschichte der Hedge Funds ein. Praktisch alle Fonds mussten herbe Verluste hinnehmen, viele wurden gar illiquide, sprich mussten Rückzahlungen aussetzen. Dabei muss aber betont werden, dass dies auf viele Märkte und Anlagefonds zutraf und keinesfalls nur für Hedge Funds galt.
- 2010: Wetten gegen den Euro aufgrund der Schwierigkeiten von Griechenland (im Rahmen der Eurokrise). So stieg das Volumen der ausstehenden Short-Positionen auf den Euro an der Chicago Mercantile Exchange sprunghaft an.

Private Equity

Unter Private Equity (PE) wird grundsätzlich eine Anlage in nicht kotierte Firmen verstanden. Im Rahmen dieser Strategie werden beispielsweise Aktien von privaten oder sehr eng gehaltenen Firmen gekauft, welche an die Börse gehen wollen (going public, IPO). Oder es werden Aktien von gelisteten Firmen gekauft, welche privat gehen (d.h. sich dekotieren) wollen. Dabei ist der Markt im Bereich von PE oft sehr illiquide. Es können vier grundsätzliche Strategien unterschieden werden: Venture Capital, Leveraged Buyouts, Mezzanine Financing, Distressed Debt Investing. Bei Venture Capital geht es um die Eigenkapitalfinanzierung von sogenannten Start-ups. Im Rahmen von Leveraged Buyouts (LBO) wird ein De-Listing von kotierten Firmen (going private) angestrebt, indem ausstehende Aktien aufgekauft werden. Der Rückkauf erfolgt oft mittels enormen Krediten und Leverage. Wird bei der Strategie eine Kombination von Fremd- und Eigenkapitalfinanzierung verfolgt, spricht man von Mezzanine. Unter Distressed Debt Investing versteht man das Investieren in etablierte Firmen, welche „finanzielle Probleme" haben.

In der Regel investieren Pensionskassen, Stiftungen, Banken oder wohlhabende Privatinvestoren in diese Anlageklasse. Gerade bei Venture Capital besteht natürlich ein enormes Geschäftsrisiko, denn das Risiko bei Firmengründungen ist beträchtlich. Zudem sind diese Anlagen sehr illiquide, was einen langen Analagehorizont oder eine breite Diversifizierung voraussetzt.

Betreffend das Engagement muss unterschieden werden, ob man direkt in Private Equity investiert oder in Firmen, welche als Ziel haben, in Private Equity zu investieren. Normalerweise kann höchstens durch einen Anlagefonds oder andere Kollektivinstrumente in Private Equity investiert werden, wobei oft sehr hohe Minimumbeträge verlangt werden und lange Halteperioden gelten. In der Vergangenheit haben sich einige Private Equity Firmen (Firmen, welche im Bereich Private Equity investieren) an der Börse listen lassen, was die Möglichkeit einer Anlage in dieser Asset-Klasse vereinfacht. Somit können Indizes definiert werden und der Einsatz von ETFs wird möglich.

S&P Listed Private Equity

Der Index beinhaltet 30 der führenden Private-Equity-Unternehmen, welche an einer Börse gelistet sind. Als Universum werden alle gelisteten Firmen der S&P Capital IQ Datenbank betrachtet, welche im Private-Equity-Geschäft involviert sind. Ausgenommen sind Aktivitäten im Immobilienbereich. Berücksichtigt werden die Marktkapitalisierung und die Liquidität. Damit der Index mit verschiedenen Regulationen kompatibel ist (z.B. UCITS in Europa), wird das maximale Gewicht je Titel auf 7.5% beschränkt. Der Index deckt ca. 10 Länder ab, wobei die USA und UK prominent vertreten sind.

LPX Indizes

Die LPX Group wurde 2004 gegründet und noch im selben Jahr wurde die LPX-Indexfamilie lanciert. Die Gruppe hat einen starken akademischen Hintergrund, sie wurde unter der Ägide von Prof. Dr. Heinz Zimmermann von der Universität Basel gegründet. Die LPX Group bietet Indizes im Bereich Listed Private Equity und Listed Infrastructure an. Im Bereich Listed Private Equity umfasst die Indexfamilie globale, regionale und stilbasierte Indizes:

	Globale Indizes	Regionale Indizes	Style Indizes
Indizes	■ LPX Composite ■ LPX50 ■ LPX Major Market	■ LPX Europe ■ LPX UK ■ LPX America	■ LPX Buyout ■ LPX Mezzanine ■ LPX Venture ■ LPX Indirect ■ LPX Direct
Max. Gewicht je Titel	■ 15%	■ 15%	■ 15%

Tabelle 3-22: LPX Indizes.

Der LPX Major Market Index umfasst die 25 grössten gelisteten Private-Equity-Firmen, welche den Liquiditätsanforderungen der LPX genügen. Der Index ist über Regionen, Private-Equity-Anlagestile und Währungen diversifiziert, wobei knapp 10 Länder abgedeckt werden. Der Index wird als Total Return und als Price Return gerechnet.

Immobilien

Immobilien (Real Estate) unterscheiden sich nach direkten und indirekten Anlagen. Beim ersteren wird eine Immobilie direkt erworben. Klassisches Beispiel ist der Kauf einer Renditeliegenschaft, z.B. Mehrfamilienhaus, welche dann vermietet wird. Beim Kauf von Immobilienfonds oder -aktien spricht man von einer indirekten Anlage. Der Investor hat mit den Immobilien und deren Bewirtschaftung nicht direkt zu tun, sondern kann auf einfache Art über das Anlagevehikel investieren. Zudem ist relevant, ob der Anleger in das Eigen- oder Fremdkapital von Immobilien investiert.

Investition in	Direkte Anlageformen	Indirekte Anlageformen
Eigenkapital	Direkter Kauf von Immobilien	■ Börsenkotierte Immobiliengesellschaften wie Real Estate Investment Trusts (REITs). ■ Börsenkotierte Immobilienfonds. ■ Offene und geschlossene Immobilienfonds (NAV-basiert). ■ Immobilienanlagestiftungen. ■ Andere kollektive Anlageformen.
Fremdkapital	Einzelne Hypotheken	■ Wertschriften, die durch Hypotheken besichert sind (wie MBS). ■ Unternehmens- und Wandelanleihen auf Immobiliengesellschaften.

Tabelle 3-23: Die verschiedenen Möglichkeiten einer Investition in Immobilien.

Immobilien

Indirekte Immobilienanlagen weisen im Vergleich zu den Direktanlagen folgende Vor- und Nachteile auf:

Vorteile

- Bereits mit relativ kleinen Investitionsbeträgen ist eine hohe Diversifikation möglich.
- Hohe Anlagegeschwindigkeit und -flexibilität dank einem grossen Anlageuniversum und effizienten Märkten, die ein rasches Aufsetzen und Gestalten der Produkte ermöglicht; gute Reaktionsfähigkeit auf Trends im Markt und auf Kundenseite.
- Für den Investor höhere Liquidität als bei Direktprodukten.
- Kostenvorteile, da Unterhalts- und Personalkosten wegfallen.
- Skalierbarkeit des Know-hows.
- Grosse Nachfrage der Anleger und stark wachsendem Markt; zunehmende Standardisierung und hohe Transparenz dank REIT-Status; Herstellermarkt mit tieferen Eintrittsbarrieren.

Nachteile

- Das Anlageprodukt hat keinen direkten Zugriff auf die unterliegenden Immobilien.
- Höhere Volatilität der Erträge für den Investor.
- Mögliche Doppelkosten bei Fund of Funds für den Investor.

Im Folgenden werden Immobilienfonds und REITs näher beschrieben, die als klassische Vertreter der indirekten Anlagen ins Eigenkapital von Immobilien gelten. Mit Bezug zu ETFs sind REITs von zentraler Bedeutung, da viele ETFs auf solche Indizes laufen. Auf Anlagen in das Fremdkapital wird nicht näher eingetreten, da diese in Europa nicht sehr verbreitet sind. Ein breiter Markt für diese Anlagen wie z.B. MBS (Mortgage Backed Securities) ist nur in den USA vorhanden.

Immobilienfonds können geschlossen oder offen sein. Bei offenen Fonds (wie z.B. die deutschen offenen Immobilienfonds) werden die Investitionen aufgrund von fortlaufenden Zeichnungen und Rückgaben von Fondsanteilen getätigt, wobei die Fonds in der Regel im Gesetz festgeschriebene Mindestliquiditätsvorschriften besitzen. Werden diese unterschritten und der Fonds kann die Auszahlung von Anteilsrückgaben weder durch Liegenschaftenverkäufe noch durch Fremdkapitalaufnahme bedienen, muss der Fonds schliessen. Die Frist der Schliessung kann dabei wie z.B. im deutschen Investmentgesetz bis zwei Jahre dauern. Danach muss der Fonds die Liquidation beantragen. Im Gegensatz zu den offenen Fonds ist die Anteilsausgabe bei den geschlossenen Fonds durch eine festgelegte Volumenobergrenze beschränkt, d.h. diese Fonds nehmen nur Kapital auf, wenn entsprechende Investitionen geplant sind. Die Rückgabe der Anteile ist hier auf einen bestimmten Zeitraum – in der Regel 5 bis 7 Jahre – beschränkt und kann nur erfolgen, wenn eine entsprechende Gegenpartei vorhanden ist. Die klassischen geschlossenen Immobilienfonds, die häufig in der Rechtsform eines

Limited Partnerships oder einer GmbH sind, eignen sich daher nur für institutionelle Anleger. Die Schweiz kennt jedoch das Modell der börsenkotierten geschlossenen Immobilienfonds. Hier erfolgt der Handel der Anteile über die Börse und die Fonds wachsen über Kapitalerhöhungen, wie das bei den Aktiengesellschaften üblich ist. Diese Fonds sind daher auch bei Endanlegern sehr beliebt. Im Unterschied zu ETFs, welche kotierte offene Fonds sind, sind börsenkotierte geschlossene Immobilienfonds allerdings oft mit einer Prämie (Agio) oder einem Abschlag (Discount) zum inneren Wert (NAV) bewertet.

Real Estate Investment Trusts (REITs) sind Investmentvehikel, die in Immobilien investieren und eine Börsennotierung besitzen, also wie Aktien handelbar sind. Sie sind eine steuerbegünstigte Spezialform von Immobilienaktiengesellschaften und werden über die Börse oder over-the-counter (OTC) gehandelt. REITs wurden 1960 in den USA durch den Kongress eingeführt, damit kleine Investoren in Immobilien investieren konnten. Ursprünglich waren REITs den geschlossenen Fonds ähnlich, welche Immobilien besassen, diese aber nicht betreiben durften. Moderne REITs dürfen Immobilien managen und betreiben. Zudem gibt es insbesondere in den USA neben den klassischen Equity REITs, die in Immobilien investieren, auch die „Mortgage REITs", die Hypotheken kaufen, und die Hybrid REITs, die sowohl in Immobilien als auch in Hypotheken investieren. Entscheidend ist, dass die Gesellschaften gewisse Spielregeln einhalten, damit sie den REIT-Status erhalten und von der Kapital- und Gewinnsteuer befreit werden: Der grösste Teil der Einnahmen muss an die Investoren in Form von Dividenden ausgeschüttet werden. Etwaige Kapitalverluste können nicht auf die Anleger überwälzt werden. In den USA liegt die Mindestausschüttungsquote bei 90% und in Frankreich beispielsweise bei 85%, falls es sich um Mieteinnahmen handelt. Zudem muss der Anlageschwerpunkt bei Immobilien liegen, weshalb der Anteil der Immobilien am Vermögen bei den REITs mindestens bei 75% liegt. Zudem kennen die REITs eine Mindeststreuung der Aktien. Dauerhaft müssen sich mindestens 15% der Aktien in den Händen von Aktionären befinden, die jeweils nicht mehr als 3% der Aktien halten. Ausserdem ist die direkte Beteiligung eines einzelnen Aktionärs auf 10% des Grundkapitals begrenzt (Höchstbeteiligung). Schliesslich müssen sich zum Zeitpunkt der Börsenzulassung mindestens 25% der REIT-Anteile im Streubesitz befinden (initiale Streubesitzquote).
Neben den gängigen Vorteilen indirekter Immobilienanlagen wie höhere Liquidität, Standardisierung und Transparenz profitieren REITs bis zu einer gewissen Grösse von Skaleneffekten und können profitabler arbeiten. Ein häufiger Vorwurf ist jedoch, dass REITs zu wenig den Immobilienmarkt abbilden. Empirische Studien zeigen, dass die Renditen von REITs langfristig positiv mit den Renditen der zugrunde liegenden direkten Immobilienanlagen korrelieren, die beiden Märkte jedoch nicht voll integriert sind. Dies bedeutet, dass die Renditeentwicklung direkter Immobilienanlagen den REITs um bis zu zwei Jahren folgen kann. Dies kann damit erklärt werden, dass neue Informationen bei den REITs sofort preiswirksam sind. Zudem weisen REITs aber kurz- bis mittelfristig eine positive Korrelation mit den Aktienmärkten auf. Bei REITs muss

Immobilien

der Investor also sowohl den Immobilienmarkt wie auch den Aktienmarkt verstehen. Denn beide Märkte können die REITs beeinflussen. Aktienpreise können sich innerhalb eines Tages signifikant ändern, während Immobilienpreise für Veränderungen längere Zeit benötigen. Somit können die Preise einer REIT-Aktie deutlich vom Wert der zugrunde liegenden Immobilien abweichen.

Einige Aspekte in Bezug auf Immobilienanlagen, die häufig in der Wirtschaftspresse zu lesen sind, sollten an dieser Stelle erläutert werden.

Reale Anlagen. Beispielsweise Öl, Zucker oder Gold werden auch Immobilien als reale Anlagen bezeichnet. Im Unterschied zu traditionellen Kapitalanlagen wie Aktien und Obligationen hat der Investor einen realen Gegenwert. Das Objekt kann einen direkten Nutzen stiften – ein Dach über den Kopf geben.

Illiquidität. Sie liegt in der Natur des Immobilienmarktes. Grundbucheinträge, Renovationen, Mieterwechsel sind mit Zeit und Kosten verbunden. Gelistete Immobilien sind liquider und reagieren eher auf börsenpsychologische Faktoren. Dies führt zu einer höheren Volatilität.

Sichere, stabile Rendite bei tiefer Volatilität. Typischerweise haben schätzwertbasierte Indizes und Produkte eine relativ tiefe Volatilität und eine geglättete Rendite. Dies ist konstruktionsbedingt: Intra- und Extrapolationen haben eine glättende Wirkung auf Renditeschätzungen. Entwickelt sich der geschätzte Wert einer illiquiden Anlage zu weit weg vom liquidierbaren Marktwert, wird von Immobilienblasen gesprochen. Beim Platzen einer solchen Blase können Preise schlagartig fallen. Deshalb ist die tiefe Volatilität in gewissen Marktphasen trügerisch und wird häufig unterschätzt. Gelistete Immobilienaktien (z.B. REITS) haben teilweise eine Volatilität wie Aktien.

Tiefe Korrelation. Die Korrelation zwischen Immobilienanlagen und Aktien ist in der Regel tief. Dies hat eine Ausweitung des Rendite/Risiko-Potentials zur Folge. Die Diversifikation eines Portfolios wird durch das Halten von Immobilien erhöht. Auch hier herrscht aber eine systematische Unterschätzung der Korrelation. Dies kommt daher, dass die Bewertung häufig aufgrund von Schätzmethoden erfolgt, welche signifikant und über längere Zeit vom echten Marktwert abweichen können. Durch Schätzansätze bei der Bewertung kann die Rendite geglättet werden, was zu einer tieferen Volatilität und damit geringeren Korrelation zu anderen Anlageklassen führt.

Zinssensitivität. Die Bewertung von Immobilien weist gewisse Gemeinsamkeiten mit der Bewertung von Anleihen auf, da die Mieteinnahmen als Coupons betrachtet werden können. Der Wert der Immobilie kann somit als Barwert (NPV) aller künftigen Mieteinnahmen plus Verkaufserlös betrachtet werden. Im Gegensatz zu Anleihen dürften mehr Unsicherheiten bei der Bewertung bestehen, wie beispielsweise die Lebensdauer der Immobilie, Kosten für den Unterhalt und zukünftige Attraktivität der Lage. Ähnlich wie bei Anleihen können verschiedene Risiko- und Marktfaktoren die

Rendite von Immobilien beeinflussen. Zu den Risiken gehören Zinssatzänderungen, Inflation und die Leerstände. Bei Zinssatzänderungen besteht normalerweise ein inverser Zusammenhang, d.h. sinkende Zinsen sind gut für Immobilienanlagen. Zentral ist dabei die Struktur der Hypotheken, d.h. wann und wie refinanziert werden muss. So erweist sich bei Immobilien mit einer hohen Verschuldungsquote (= hohe Hypothekarlast) eine Zinssatzerhöhung als besonders negativ, wenn refinanziert werden muss oder die Hypotheken variabel verzinst sind.

Inflationsschutz. Immobilien sind bekannt dafür, einen gewissen Schutz gegen die Inflation darzustellen. Bei gelisteten Immobilienaktien ist dies jedoch nicht immer eindeutig. Für längere Haltefristen können Immobilienaktien durchaus einen Schutz gegen Inflation bieten. Ein Risiko stellt die Möglichkeit von Leerständen, also Ausfälle der Mieteinnahmen, dar. Daneben haben die Aktien- und Anleihenmärkte einen gewissen Einfluss auf die Immobilienrenditen. Steigende Aktienpreise haben in der Regel einen positiven Einfluss auf gelistete Immobilienaktien, wegen der normalerweise positiven Korrelation mit den Aktienmärkten. Steigende Preise bei Anleihen (somit sinkende Zinsen) haben in der Regel einen positiven Einfluss auf Immobilienanlagen.

Immobilienindizes

Die Trennung zwischen direkten und indirekten Anlagen betrifft auch die Indizes. Bei *Direktanlagen* werden grundsätzlich transaktions- und bewertungsbasierte Indizes unterschieden.
Für die Berechnung der *transaktionsbasierten Indizes* werden die Kaufpreise für die im relevanten Betrachtungszeitraum tatsächlich erfolgten Transaktionen genommen. Da die Zahl der Transaktionen (verglichen mit Börsen) relativ gering ist, erfolgt die Kalkulation des Index nicht täglich, sondern in grösseren Abständen, vielfach jährlich. Zudem werden meist nur Verkäufe von Neubauten berücksichtigt, so dass bei der Berechnung systematische Verzerrungen entstehen.
Bei den *bewertungsbasierten Indizes* werden die Werte von Bestandsimmobilien analog der Bewertung bei Wertgutachten ermittelt. Treiber der Wertveränderung ist hier primär die Veränderung der Mieten. Dieser Ansatz hat den Vorteil, unabhängig von zufällig stattfindenden Transaktionen zu sein. Allerdings ist eine Bewertung einer Vielzahl von Immobilien aufwendig und die Genauigkeit der Ermittlung der Werte ist gering.
Die wichtigsten Anbieter direkter Immobilienindizes sind Investment Property Databank (IPD) mit Schwerpunkt Europa und Asien sowie die US-amerikanische Organisation National Council of Real Estate Investment Fiduciaries (NCREIF). Beide Anbieter bevorzugen bewertungsbasierte Indizes.
Wesentlich einfacher lassen sich die Indizes der *indirekten Anlagen* berechnen. Diese spiegeln im Gegensatz zu Immobilienindizes nicht die Wertentwicklung der Immobilien, sondern jene der jeweiligen Aktiengesellschaft oder börsenkotierten Immobilienfonds. Wichtigster Anbieter neben Standard and Poor's (S&P) sowie Global Property

Research (GPR) ist Financial Times Stock Exchange (FTSE) in Verbindung mit EPRA/NAREIT. Dieser Anbieter bietet mittlerweile auf globaler Basis eine Fülle unterschiedlicher Indizes und Sektorindizes an. Zudem bestehen in jedem Land im Aktiensegment unterschiedliche immobilienspezifische Subindizes im Aktiensegment.

FTSE EPRA/NAREIT Indizes

FTSE rechnet seit 2005 im Bereich von Immobilienanlagen die folgenden Indizes für EPRA/NAREIT. Dabei steht EPRA für "European Public Real Estate Association" und NAREIT für "National Association of Real Estate Investment Trusts".
Die Serie der Globalen Indizes soll die generellen Trends von Immobilienaktien wiederspiegeln. Dabei umfasst die Serie unter anderem regionale Indizes, Länder Indizes, REIT-Indizes, aber auch sogenannte Dividend+ Indizes. Bei den Dividend+ Indizes werden aus dem Universum des jeweiligen Globalen (Sub-)Index jene Titel selektiert, welche eine erwartete Dividendenrendite von 2% oder höher aufweisen. Die Titel werden im Index gemäss Marktkapitalisierung und mit Free-Float-Adjustierung gewichtet. Daneben werden auch separate REITs- und Non-REITs-Indizes gerechnet, damit ein Investor sich auf die eine oder andere Anlagegruppe fokussieren kann. Daneben rechnet FTSE noch zwei länderspezifische Indexfamilien. Die US Real Estate Index Serie umfasst eine breite Palette von REITs-Indizes in den USA und die UK Commercial Property Index Serie fokussiert sich auf Geschäftsimmobilien in UK.
Nachstehend sind einige Indizes und ihre Länder-Aufteilung dargestellt. Dabei wird nur auf die wichtigsten Länder hingewiesen (Stand Ende 2010). Der FTSE EPRA/NAREIT Eurozone Index umfasst knapp 40 gelistete Immobilienaktien in der Eurozone, wobei er die folgende Länderaufteilung aufweist: Ca. 60% Frankreich, 20% Holland, 6% Deutschland und 6% Belgien. Im FTSE EPRA/NAREIT Europe Index werden ungefähr 80 gelistete Immobilienaktien in Europa, d.h. inklusive UK und der Schweiz, berücksichtigt. Hier ist die Länderaufteilung wie folgt: Ca. 35% UK, 32% Frankreich, 10% Holland und 5% Schweiz. Demgegenüber umfasst der FTSE EPRA/NAREIT US Index nur Immobilienaktien aus den USA. Die höchsten Länderquoten im FTSE EPRA/NAREIT Developed Asia Index sind: 42% (Hong Kong), 28% (Australien) und 13% (Japan). Der weltweite FTSE EPRA/NAREIT Developed Index kennt folgende Quoten: 45% (USA), 13% (Hong Kong), 12% (Australien), 6% (Frankreich) und 6% (UK).

Indizes der Schweizer Börse (SXI/SWX)

Die SXI Real Estate Indizes umfassen alle an der SIX Swiss Exchange primärkotierten Immobilienaktien und Immobilienfonds. Dabei müssen sich die Titel regulatorisch als Immobiliengesellschaften qualifizieren. Im Gesamtindex (SXI Real Estate) befinden sich ca. 75% Immobilienfonds und 25% Immobilienaktien. Die Indizes sind kapitalgewichtet und die Gesellschaften müssen für alle Indizes über einen Free Float von mindestens 20% verfügen. Für die Berechnung werden Geldkurse verwendet und die Indexanpassung erfolgt einmal pro Jahr. Um im jeweiligen Swiss-Subindex berücksichtigt zu werden, müssen die Gesellschaften 75% ihrer Immobilienwerte in der Schweiz halten.

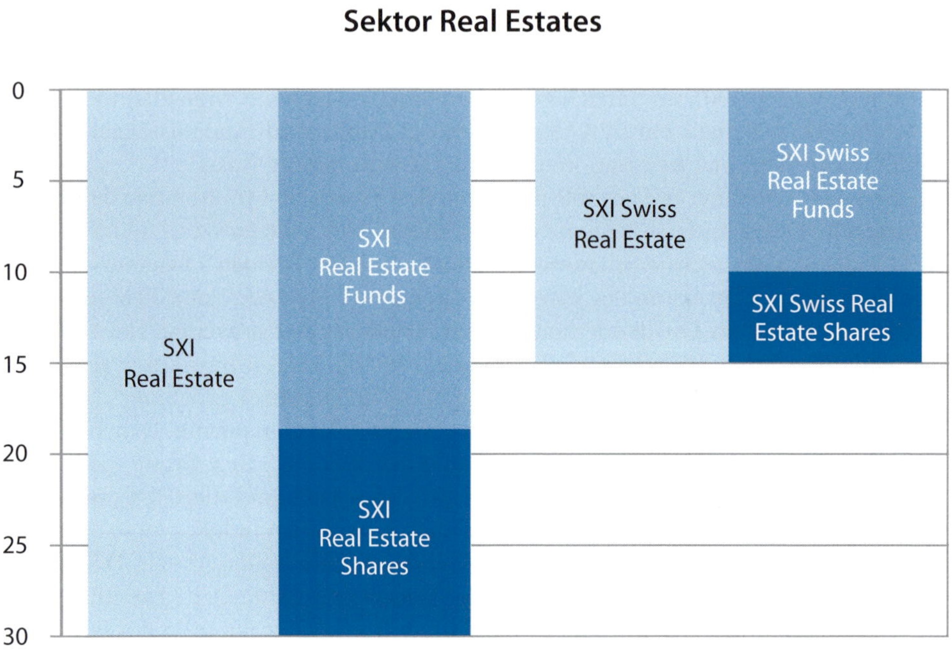

Sektor Real Estates

Abbildung 3-26: Struktur des SXI Immobiliensektors (Quelle: SIX Swiss Exchange).

Der SXI Real Estate Index umfasst alle kotierten Immobilienaktien und Immobilienfonds (ca. 30 Titel) und kann in den SXI Real Estate Funds Index und SXI Real Estate Shares Index unterteilt werden. Der SXI Real Estate *Funds* Index löste den bekannten SWX Immobilienfonds Index ab und umfasst alle kotierten Immobilienfonds (ca. 20 Titel). Alle kotierten Immobilienaktien (ca. 10 Titel) werden im SXI Real Estate *Shares* zusammengefasst, welcher den SWX Swiss Real Estate Index ablöste. Die grössten und liquidesten gelisteten fünf Immobilienaktien und zehn Immobilienfonds werden im SXI *Swiss* Real Estate Index berücksichtigt. Als Untervariante wird der SXI Swiss Real Estate Funds Index gerechnet, welcher die zehn grössten und liquidesten Titel aus dem SXI Real Estate Funds Index beinhaltet. Der SXI Swiss Real Estate Shares Index – ebenfalls eine Untervariante – umfasst die fünf grössten und liquidesten Titel aus dem SXI Real Estate Shares Index.

Neben den SXI Real Estate Indizes werden noch weitere Immobilienindizes an der SIX gerechnet.

- **Rüd Blass Immobilienfonds-Index:**
  Der Index wird seit 1960 berechnet. Zunächst jährlich, dann ab 1982 monatlich und ab 2001 täglich. Der Index ist ein Immobilienfonds-Index und wird sowohl nettofondsvermögensgewichtet wie auch gleichgewichtet berechnet. Im Index werden maximal zehn Schweizer Immobilienfonds berücksichtigt. Der Index wird halbjährlich angepasst.
- **SWX IAZI Real Estate Indizes:**
  Die Indizes des IAZI (Informations- und Ausbildungszentrum für Immobilien) basieren auf einem sogenannten Transaktionsdatenpool und werden quartalsweise publiziert. Die Indizes werden basierend auf effektiven Handänderungen berechnet und repräsentieren gemäss eigenen Angaben die tatsächlichen Entwicklungen auf dem Markt. Das IAZI berechnet die folgenden Indizes: SWX IAZI Private Real Estate Price Index (Einfamilienhäuser und Eigentumswohnungen), SWX IAZI Private House Price Index (Einfamilienhäuser), SWX IAZI Condominium Price Index (Eigentumswohnungen), SWX IAZI Investment Real Estate Price Index (Renditeliegenschaften) und SWX IAZI Investment Real Estate Performance Index (Renditeliegenschaften).

Indizes der Deutschen Börse AG

In Deutschland wurde das REITs-Gesetz erst im Jahre 2007 verabschiedet. Die Börsen, z.B. die Deutsche Börse oder die Börse Stuttgart, bieten ein dezidiertes REITs-Segment an, wobei das inländische Segment noch sehr klein ist.

Die Deutsche Börse rechnet mehrere Immobilienindizes. Beim RX Real Estate Index (Kurs- und Performance-Versionen) werden maximal 30 Unternehmen mit einem täglichen Börsenumsatz von 1 Mio. EUR werden ausgewählt. Das Universum für die Titel umfasst den Industriegruppenindex Prime IG Real Estate. Alle Titel im REIT-Segment der Deutschen Börse, die dem Prime und General Standard zugeordnet sind, werden im RX REIT All Share Index (Kurs- und Performance-Versionen) zusammengefasst. Der RX REIT Index (Kurs- und Performance-Versionen) stellt eine Teilmenge des REIT All Share Index dar, d.h. alle im Prime Standard gelisteten REITs sind darin enthalten. Es gelten erhöhte Anforderungen an Liquidität und Transparenz.

Auch innerhalb der DAX-Familie werden Immobilienindizes publiziert: DAXsubsector Real Estate und All Real Estate. Beim „All"-Index werden alle Titel der Segmente Prime, General und Entry berücksichtigt.

STOXX Real Estate Indizes

Innerhalb ihrer Sektorindizes führt STOXX auch Immobilienindizes. Es werden zwei Indexfamilien gerechnet: die Real Estate Cap Indizes und die REITs-Indizes. Bei den Real Estate Cap Indizes sind gelistete Immobiliengesellschaften inklusive REITs enthalten. Die Gewichtung erfolgt anhand der Free-Float-adjustierten Marktkapitalisierung, wobei bei den Immobilienindizes ein Cap bei 20% definiert ist. Bei den REITs-Indizes kommt kein Cap zur Anwendung. Bei diesen Indizes kommt dieselbe Logik zur Anwendung wie bei den übrigen Aktienindizes von STOXX. Das globale Aktienuniversum wird im Global 1800 Index zusammengefasst, welches sich in den Europe 600, US 600 und Asia/Pacific 600 unterteilen lässt. Zu jedem dieser 600er-Indizes gibt es einen Real Estate Cap und einen REITs-Index. Bei den REITs-Indizes existiert auch ein Global 1800 REIT Index.

Nachfolgend werden einige ausgewählte Länderquoten hervorgehoben. Der Europe 600 Reals Estate Index umfasst beispielsweise knapp 40% UK, 34% Frankreich, 8% Holland und 8% Schweiz. Im Americas 600 Real Estate Index sind die USA mit 92% und Kanada mit 8% gewichtet. Innerhalb des Asia/Pacific Real Estate Index ist die Länderaufteilung wie folgt: 37% Hong Kong, 26% Japan und 22% Australien.

Real Estate Indizes von weiteren Lead-Index-Providern

Die meisten grossen Provider von Aktien-Indexfamilien rechnen zusätzlich Indizes für gelistete Immobiliengesellschaften (Immobilienaktien, REITs etc.). An dieser Stelle möchten wir kurz die folgenden erwähnen:

- MSCI Barra bietet unter anderem die folgenden Indizes an: Europe Real Estate, USA Real Estate, World Real Estate und Asia ex Japan Real Estate.
- Dow Jones rechnet u.a. folgende Indizes: Global Real Estate, REIT, International Real Estate (ohne USA).
- S&P rechnet u.a. den S&P Developed ex US Property Index.
- GPR bietet unterschiedliche regionale Immobilienindizes an, die neben Immobilienaktien häufig zu einem kleinen Prozentsatz auch Immobilienfonds beinhalten. Wichtigste Indizes sind der GPR 250 Index und GPR General Index.

4. Anlagestrategien mit ETFs

Die vorangehenden Kapitel haben den ETF-Markt sowie die Funktionsweise der Instrumente beschrieben. Dieses Kapitel ist ihrem Einsatz in der Anlageallokation gewidmet. Nur durch die Kenntnis der Instrumente sowie ihrer Einsatzmöglichkeiten kann langfristig erfolgreich angelegt werden. Da sich ETFs sehr gut für die Umsetzung von Anlagestrategien eignen, ist es ein zentrales Anliegen, die Verbindung zwischen dem Finanzprodukt ETF und seinem Einsatz herzustellen.

Das Ziel dieses Kapitels ist, die Bedeutung einer Anlagestrategie aufzuzeigen. Im ersten Teil werden finanzmarkttheoretische Konzepte sowie neue wissenschaftliche Ansätze erklärt. Die Beschreibung ausgewählter Anlagestrategien, die mittels ETFs umgesetzt werden können, bildet den zweiten Teil dieses Kapitels. Um die Übersicht zwischen Anlagestrategien zu erleichtern, führen wir eine Strategie-Box ein, mit deren Hilfe die Strategien auf einfache Weise kategorisierbar sind.

In der Anlagestrategie eines Investors wird die Grobaufteilung des investierbaren Vermögens auf verschiedene Risiko- und Ertragsklassen (wie Aktien, Obligationen, Immobilien, Währungen usw.) definiert. Das Ziel dabei ist, abhängig von der Risikotoleranz und möglichen Verpflichtungen des Anlegers eine möglichst hohe Rendite zu erwirtschaften. Bei richtig aufgebauten Portfolios gilt, dass höheres Risiko nach hinreichend langer Zeit durch höhere Erträge entschädigt wird.

Mit Spekulation hat eine richtige Anlagestrategie nichts zu tun. Höhere Risiken, solange sie diversifiziert sind, können durchaus erwünscht sein. Wie hoch diese sein sollen, hängt von den Präferenzen des Anlegers ab. Eine gut definierte Anlagestrategie verhindert sogar Spekulation, denn sie grenzt die Risiko/Ertrags-Möglichkeiten des Anlegers ein. Sie diszipliniert den Anleger, denn sie gibt vor, wie das Gesamtvermögens aufgeteilt werden soll. Spekulationsgeschäfte sind in einer Anlagestrategie nicht vorgesehen. Folgende Begriffe werden häufig verwechselt: spekulieren, spielen/zocken und investieren. Wir unterteilen die Begriffe wie folgt (wobei wir uns im Rahmen dieses Buches ausschliesslich mit dem Investieren befassen): Beim Spielen werden Risiken der Risiken willen aufgenommen. Es geht um das Vergnügen am Risiko. Im Gegensatz dazu werden beim Spekulieren Risiken für potentiell hohe Gewinne eingegangen. Die Risikotoleranz kann beim Spekulieren sehr hoch sein und die Risikokontrolle steht selten im Vordergrund. Beim Investieren werden hingegen „kontrollierte" Risiken eingegangen, das heisst, sie werden mit der Risikotoleranz des Anlegers abgestimmt. In den meisten Fällen erfolgt dies mittels einer klar definierten Anlagestrategie.

Oft kann in der Praxis beobachtet werden, dass Anleger von „ihrer" Anlagestrategie sprechen, welche in Tat und Wahrheit gar keine ist. Es wird vermeintlich „investiert", aber die Umsetzung gleicht eher dem Spielen oder dem Spekulieren. Dass diese Art von Strategie besonders gefährlich sein kann, da sie das Portfoliorisiko unzureichend berücksichtigt, dürfte klar sein.

Die Bedeutung der Anlagestrategie für den Anlageerfolg

Die Wahl der Aufteilung zwischen den Anlageklassen Aktien, Obligationen, Rohstoffe, Immobilien und Hedge Funds hat eine zentrale Bedeutung in der Vermögensverwaltung. Studien zufolge, darunter Drobetz und Köhler (2002), hängen über 80% der Rendite (bzw. der Renditevarianz) von der Anlagestrategie, das heisst, von der Wahl des Benchmarks ab. Die verbleibenden 20% sind demnach von Abweichungen zum Benchmark bestimmt. Abweichungen zum Benchmark können grundsätzlich auf zwei Arten entstehen: durch die taktische Asset Allocation (TAA), bei der durch richtiges Timing Anlageklassen, Märkte und Regionen unter- und übergewichtet werden, sowie durch Titelselektion im Rahmen des aktiven Managements. Beim letzteren wird anstelle von indexierten Produkten direkt in Aktien, Obligationen, Derivate, Währungen oder in aktive Anlagefonds investiert. Hier wird von den Titeln und deren Gewichten im jeweiligen Index bewusst abgewichen. Dies erfolgt aufgrund der Meinung des Portfoliomanagers, und es wird oft ein hoher Zeitaufwand für die Meinungsbildung (Verfolgen von Nachrichten, Lesen von Studien, Simulationen etc.) betrieben.

Die empirischen Resultate bezüglich des Erfolges von aktivem Management sind für US-, europäische und Schweizer Märkte ernüchternd. Der Erfolg einer Investition hängt von dem am wenigsten zeitaufwändigen Schritt ab: von der Wahl der Anlagestrategie – also der Definition des Benchmarks. Diese Zusammenhänge werden in Abbildung 4-1 verdeutlicht.

	Bedeutung für Anlageerfolg	Zeitaufwand	Gültigkeit	Bevorzugte Instrumente
Asset Allocation (Benchmark)			lang	ETFs und Indexfonds
Taktische Asset Allocation			mittel	ETFs und Indexfonds
Titelselektion			kurz – lang	Direktinvestition in Aktien, Obligationen etc.

(Aktives Management / Semi-passives Management / Passives Mgmt)

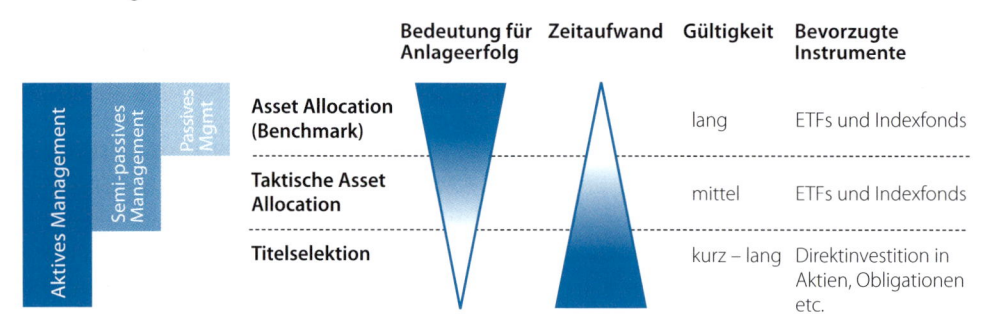

Abbildung 4-1: Die Wahl der Anlagestrategie hat die grösste Bedeutung bei der Portfoliokonstruktion und kann effizient mittels ETFs umgesetzt werden.

Abbildung 4-1 zeigt, dass der grösste Einflussfaktor auf zukünftige Portfoliorenditen die Wahl der Anlagestrategie ist. Die taktische Asset Allocation, also das bewusste Abweichen der Anlageklassen vom Benchmark, sowie Titelselektion spielen dabei eine untergeordnete Rolle. Der Zeitaufwand für die einzelnen Ebenen verhält sich jedoch genau umgekehrt. Die Titelselektion ist mit aufwändigem Aktien-, Obligationen-,

Rohstoffresearch etc. verbunden. Auch die taktische Asset Allocation greift auf Makro-, Mikro-, Sentiment- und weitere Faktoren zurück und kann deshalb auch beträchtliche Ressourcen binden. Die Bedeutung der richtigen Anlageentscheidung – wie in Abbildung 4-1 gezeigt – ist aus zwei Gründen fundamental: Sie hat die grösste Auswirkung auf einen möglichen Anlageerfolg und ist mit dem geringsten Zeitaufwand verbunden. Dies bedeutet jedoch nicht, dass die Definition einer Anlagestrategie trivial ist. Der Zeitaufwand ist lediglich viel geringer im Vergleich zur TAA und der Titelselektion. Gerade weil die Anlagestrategie einen so grossen Einfluss auf den Anlageerfolg hat, ist deren saubere Herleitung und deren Verständnis von zentraler Bedeutung.

> *Planung einer Reise*
>
> Die Herleitung der passenden Anlagestrategie kann mit der Planung einer Reise verglichen werden. Die meisten werden wohl zustimmen, dass das Ziel und die Route im Vorfeld definiert werden sollte. Leider sieht und hört man immer wieder, dass beim „Investieren" nicht geplant und oft ad-hoc entschieden wird. Da kann es recht erstaunlich sein, wie manch einer schon fast spontan einen fünfstelligen Betrag in eine Firma „investieren" kann, ohne wirklich abzuklären, ob der Titel in die eigene Strategie passt.

In Abbildung 4-1 wird auch die Bedeutung von ETFs (bzw. indexierten Anlagen) für die Umsetzung einer Anlagestrategie ersichtlich. Die Anlagestrategie und die darin definierten Indizes können genau mittels ETFs abgebildet werden. Da es sich dabei um passive Instrumente handelt, wird bei einer Benchmarkstrategie von passivem Management gesprochen. Wird eine taktische Abweichung vom Benchmark erlaubt (taktische Asset Allocation), kann dies als semi-passives Management bezeichnet werden. Auch hier finden passive Instrumente ihren Einsatz. Wird zusätzlich direkt über Aktien, Obligationen, Futures usw. oder indirekt über aktive Anlagefonds eine aktive Titelselektion betrieben, spricht man von aktivem Management.
Vielen Anlegern sind diese Zusammenhänge wenig bekannt: Durch passive Instrumente kann ein grosser Mehrwert in Bezug auf zukünftige Portfoliorenditen erreicht werden. Mit semi-passivem Management können gute Vermögensverwalter mittels kosteneffizienten ETFs eine Zusatzrendite zum Benchmark erreichen. Somit ist „Alpha" auch mit ETFs sehr wohl möglich.

Die Ermittlung der individuellen Risikotoleranz

Werden Aktien über eine lange Zeit gehalten, ist die Wahrscheinlichkeit hoch, höhere Renditen zu erwirtschaften als mit Obligationen. Wie lang eine „lange Zeit" und wie hoch eine „hohe Wahrscheinlichkeit" ist, kann jedoch nicht genau ermittelt werden. Es können lediglich Schätzungen anhand von historischen Daten oder Prognosemodellen gemacht werden. Gemäss Dimson, Marsh und Staunton lagen annualisierte Aktienrenditen von 1900 bis 2010 in 17 Ländern über langfristigen Obligationenrenditen. In der Schweiz betrug diese Differenz annualisiert knapp über 2%. Das bedeutet, ein Investor, der 1900 in Aktien statt in Obligationen investierte, hätte jährlich (!) 2% mehr Rendite erwirtschaftet. Hätte man im Jahr 1900 einen Betrag von 100 CHF in Aktien und 100 CHF in Obligationen investiert, so wäre der (reale) Wert der Aktien auf ca. 10'000 CHF und der Wert der Obligationen auf 1'000 CHF angestiegen.

Mit dem Zinseszinseffekt über diese Periode ist das erreichte Vermögen dadurch mehr als zehnmal höher als bei Obligationen! In Deutschland und in den USA lag dieses sogenannte Equity Premium zwischen 1900 und 2010 sogar bei 5%. Dies zeigt, dass sich trotz Wirtschaftskrisen und dem grossen Einbruch der Aktienmärkte in den Jahren 2007 und 2008, Aktieninvestitionen über eine lange Zeit lohnen.

Trotz Statistiken und Prognosen bleibt die Ermittlung der individuellen Risikotoleranz ein äusserst schwieriges Thema. Für praktische Zwecke ist es nützlich, den Begriff Risikotoleranz in zwei Komponenten aufzuteilen:

- Risikofähigkeit
- Risikobereitschaft

Bei der Risikofähigkeit handelt es sich um die Frage, welche Verluste ein Anleger über welchen Zeitraum in seiner jeweiligen finanziellen Lage und Lebensphase verkraften kann. Wird das Geld in den nächsten zehn Jahren für die Errichtung eines Eigenheimes benötigt? Sind in den nächsten Jahren grössere Ausgaben zu erwarten? Die Risikobereitschaft andererseits beschreibt indirekt die Persönlichkeit des Anlegers: Kann er noch gut schlafen, wenn Aktienmärkte einer temporären Korrektur unterliegen? Diese Fragen genau zu beantworten ist nicht möglich: Kennt man seine eigene Risikobereitschaft? Ist diese nicht auch tages- bzw. situationsabhängig? Möglich hingegen ist eine Szenario-Analyse: Mit welcher Anlagestrategie kann nach wie vielen Jahren eine gewisse Rendite erzielt werden? Da dies nicht mit Sicherheit bestimmt werden kann, stellt sich die zweite Frage: Wie gross ist die Wahrscheinlichkeit des Eintretens einer gewissen Rendite? Diese Fragestellungen hängen stark vom Anlagehorizont und vom Aktienanteil im Portfolio ab.

Abbildung 4-2 zeigt, dass die beide Risikokomponenten, Risikofähigkeit und Risikobereitschaft, ausgeprägt sein müssen, um die besonders ertragswirksame sowie riskante Anlageklasse Aktien stark zu gewichten. Bei einem hohen Aktienanteil sind zwar vergleichsweise hohe Renditen über längere Frist zu erwarten, jedoch sind temporäre Verluste in der Regel auch höher. Diese müssen mit der Risikofähigkeit des Anlegers sowie der psychologischen Komponente, das heisst der Risikobereitschaft, im Einklang stehen. Auch der Anlagehorizont sollte bekannt sein, denn dieser hat einen Einfluss auf die erwarteten Renditen und Risiken. Ist die Risikofähigkeit eines Anlegers zwar hoch, nicht aber seine Risikobereitschaft, so sollten Aktien einen kleinen oder gar keinen Anteil im Portfolio darstellen. Trotz der persönlichen bzw. finanziellen Lage des Anlegers (Risikofähigkeit) fallen temporäre Verluste in diesem Fall stark ins Gewicht. In diesem Beispiel wird in der Regel ein Portfolio mehrheitlich aus Obligationen bestehen müssen.

Aus Abbildung 4-2 wird ersichtlich, dass die individuelle Risikotoleranz die Höhe der Aktienquote beeinflusst. Eine hohe Risikotoleranz ist wiederum dann gegeben, wenn hohe Risikofähigkeit und hohe Risikobereitschaft des Anlegers gleichzeitig vorhanden sind.

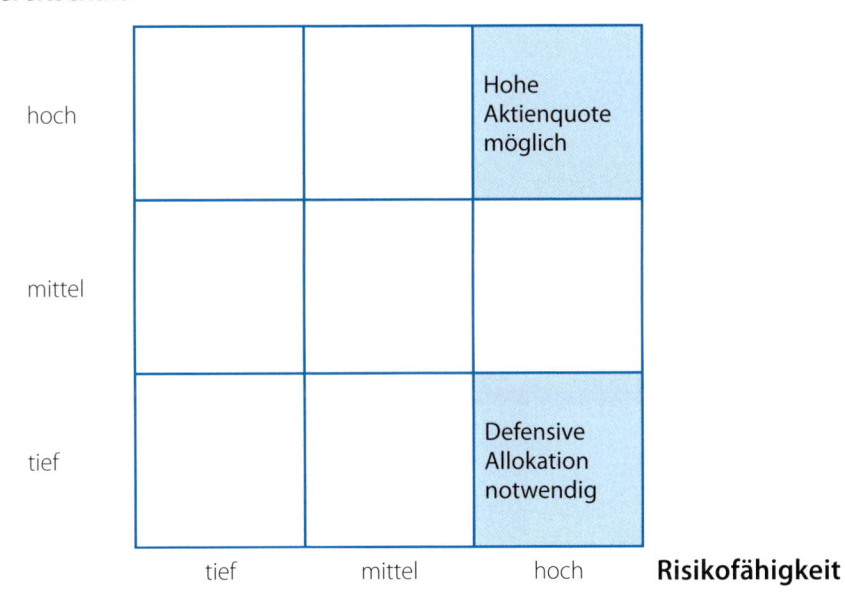

Abbildung 4-2: Die Risikotoleranz als Funktion der Risikofähigkeit und -bereitschaft.

Die Bedeutung des Anlagehorizontes

Ein häufiges Missverständnis besteht im Zusammenhang von Anlagehorizont und Aktienanteil im Portfolio. Es wird häufig behauptet, es lohne sich Aktien zu halten, wenn der Anlagehorizont ungefähr zehn Jahre beträgt. Genauso falsch ist die Auffassung, dass nach 10 Jahren mit Aktien positive Renditen erwirtschaftet werden.

Dass diese Aussage schon aus praktischer Sicht nicht stimmt, zeigt uns die Dekade 2000 bis 2010. Diese wird häufig in Anspielung auf die 0%-Rendite über diese Periode auch als die „0-er Jahre" bezeichnet. Aus theoretischer Sicht stimmt die Aussage auch nicht.

Gemäss Dimson, Marsh und Staunton (2010) betrugen (nominale) Renditen auf den globalen Aktienmärkten zwischen 1900 und 2010 jährlich 8.6%. Die jährliche Standardabweichung der Renditen liegt für diese Periode bei 17.8%.

Historische Rendite und Risiko auf globalen Märkten 1900 – 2010

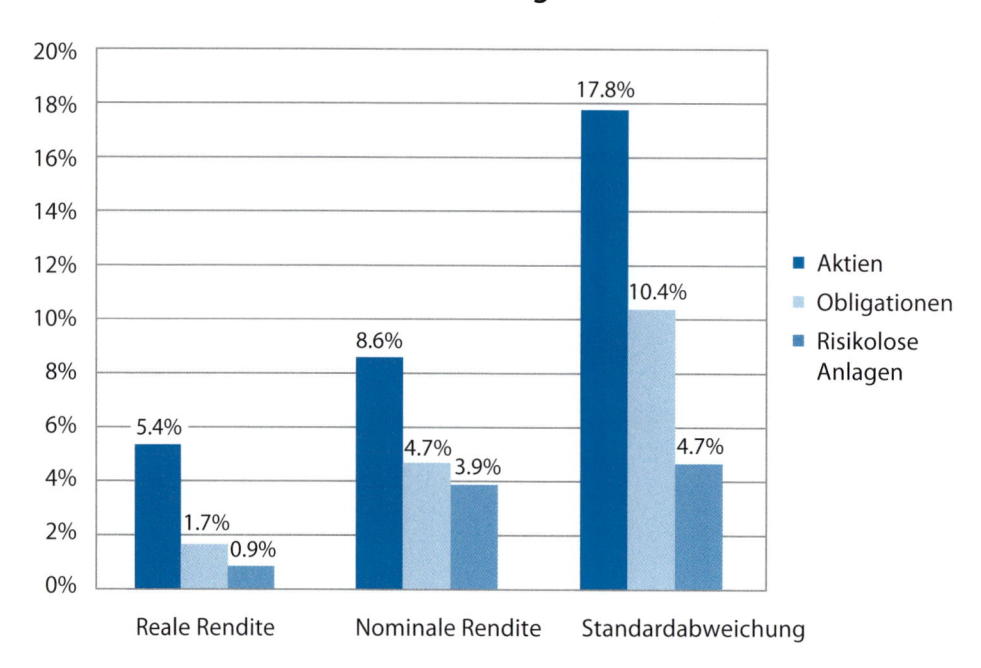

Abbildung 4-3: Studie von Dimson, Marsh und Staunton (2010) von globalen Aktien-, Obligationen und kurzläufigen Staatsanleihen für die Periode 1900 bis 2010.

Unter der Annahme normalverteilter (stetiger) Renditen und nach einer kleinen Berechnung gilt für diese Periode für globale Aktien:

Statistisch gesehen wird ein Anleger, der zu 100% in globale Aktien investiert, mit einer 93-prozentigen Wahrscheinlichkeit nach zehn Jahren nichts verlieren.

Diese Aussage ist weit davon entfernt zu postulieren, ein Aktieninvestment zahle sich nach zehn Jahren aus. Erstens besteht eine 7-prozentige Wahrscheinlichkeit, Geld zu verlieren. Zweitens, wird nichts darüber ausgesagt, ob sich ein Aktieninvestment lohnt. Dazu müsste ein Vergleich zu den Renditen anderer Anlageklassen stattfinden. Gemäss weiterer Berechnung anhand dieser Inputgrössen gilt, dass in 1% der Fälle eine Aktienrendite von −38% über die Zeitperiode von zehn Jahren resultiert. Diese Analysen dürfen aber definitiv nicht zu Pessimismus verleiten. Denn die Wahrscheinlichkeit, jährlich mindestens eine 8.6-prozentige Aktienrendite zu erwirtschaften, liegt bei 50% und nach zehn Jahren hätte man in rund 40% der Fälle das eingesetzte Kapital mindestens verdoppelt.

Tabelle 4-1 sowie Tabelle 4-2 zeigen die finanzmathematischen Zusammenhänge zwischen Anlagehorizont und erwarteter Rendite von Anlagen in globale Aktien. Es wird dabei angenommen, dass die durchschnittliche (genauer: erwartete) Rendite bei 8.6% liegt und die Standardabweichung der Renditen 17.8% beträgt. Eine weitere Annahme für die folgenden Berechnungen ist, dass stetige Renditen normalverteilt sind. In den Spalten stehen Jahre und in Zeilen Wahrscheinlichkeiten. Diese sind so zu lesen: Nach vier Jahren wird in 33% der Fälle eine Gesamtrendite von unter 18.9% erzielt (Tabelle 4-1). Dies entspricht natürlich der Aussage, dass in 67% (= 100% − 33%) der Fälle eine Rendite über 18.9% generiert wird. Tabelle 4-2 beschreibt jährliche Renditen. Je länger die Betrachtungsperiode, desto stärker gleichen sich Extremwerte an den Durchschnitt von 8.6% an. Nach 10 Jahren ist die jährliche (annualisierte) Rendite in 15% der Fälle unter 2.4% und in 15% (=100%−85%) der Fälle über 15.1%. Die Wahrscheinlichkeit eines Verlustes nach zehn Jahren wurde mit Hilfe dieser Tabelle berechnet.

W'keit	Jahr 1	Jahr 2	Jahr 3	Jahr 4	Jahr 5	Jahr 6	Jahr 7	Jahr 8	Jahr 9	Jahr 10
85%	30.6	53.1	76.3	101.2	128.2	157.8	190.3	226.0	265.5	308.9
66%	16.9	30.8	45.5	61.1	78.0	96.4	116.4	138.1	161.9	187.8
50%	8.6	17.9	28.1	39.1	51.1	64.1	78.2	93.5	110.1	128.2
33%	0.4	5.6	11.8	18.9	26.8	35.4	44.8	55.0	66.1	78.1
15%	-9.7	-9.1	-7.0	-3.8	0.0	4.4	9.4	14.8	20.8	27.3
5%	-19.0	-22.0	-22.9	-22.6	-21.5	-19.9	-17.9	-15.5	-12.7	-9.6

Tabelle 4-1: Gesamtperioden-Renditen (in %) von globalen Aktien und deren Eintretenswahrscheinlichkeit (Annahmen über Renditeverteilung basieren auf Studie von Dimson, Marsh und Staunton).

W'keit	Jahr 1	Jahr 2	Jahr 3	Jahr 4	Jahr 5	Jahr 6	Jahr 7	Jahr 8	Jahr 9	Jahr 10
85%	30.6	23.7	20.8	19.1	17.9	17.1	16.4	15.9	15.5	15.1
66%	16.9	14.4	13.3	12.7	12.2	11.9	11.7	11.5	11.3	11.2
50%	8.6	8.6	8.6	8.6	8.6	8.6	8.6	8.6	8.6	8.6
33%	0.4	2.8	3.8	4.4	4.9	5.2	5.4	5.6	5.8	5.9
15%	-9.7	-4.7	-2.4	-1.0	0.0	0.7	1.3	1.7	2.1	2.4
5%	-19.0	-11.7	-8.3	-6.2	-4.7	-3.6	-2.8	-2.1	-1.5	-1.0

Tabelle 4-2: Jährliche Renditen (in %) von globalen Aktien und deren Eintretenswahrscheinlichkeit.

Die gleichen Berechnungen können auch für globale Obligationenrenditen adaptiert werden. Für die Periode zwischen 1900 und 2010 haben gemäss obiger Studie globale Obligationen eine Durchschnittsrendite von 4.7% bei einer Standardabweichung von 10.4% erzielt. Bei der Standardabweichung ist zu beachten, dass in dieser Analyse keine Währungsabsicherung vorgenommen wurde. Die Payoff-Wahrscheinlichkeiten sind in Tabelle 4-3 sowie Tabelle 4-4 aufgeführt.

W'keit	Jahr 1	Jahr 2	Jahr 3	Jahr 4	Jahr 5	Jahr 6	Jahr 7	Jahr 8	Jahr 9	Jahr 10
85%	16.6	27.7	38.3	49.1	60.1	71.5	83.4	95.9	108.9	122.6
66%	9.3	16.5	23.6	30.9	38.5	46.3	54.5	63.0	72.0	81.3
50%	4.7	9.6	14.8	20.2	25.8	31.7	37.9	44.4	51.2	58.3
33%	0.0	2.8	6.0	9.7	13.6	17.8	22.2	26.9	31.8	37.0
15%	-6.0	-5.9	-4.8	-3.1	-1.1	1.2	3.7	6.5	9.4	12.6
5%	-11.8	-13.9	-14.7	-14.7	-14.2	-13.4	-12.3	-11.0	-9.5	-7.8

Tabelle 4-3: Gesamtperioden-Renditen (in %) von globalen Obligationen und deren Eintretenswahrscheinlichkeit.

W'keit	Jahr 1	Jahr 2	Jahr 3	Jahr 4	Jahr 5	Jahr 6	Jahr 7	Jahr 8	Jahr 9	Jahr 10
85%	16.6	13.0	11.4	10.5	9.9	9.4	9.1	8.8	8.5	8.3
66%	9.3	7.9	7.3	7.0	6.7	6.5	6.4	6.3	6.2	6.1
50%	4.7	4.7	4.7	4.7	4.7	4.7	4.7	4.7	4.7	4.7
33%	0.0	1.4	2.0	2.3	2.6	2.8	2.9	3.0	3.1	3.2
15%	-6.0	-3.0	-1.6	-0.8	-0.2	0.2	0.5	0.8	1.0	1.2
5%	-11.8	-7.2	-5.1	-3.9	-3.0	-2.4	-1.9	-1.4	-1.1	-0.8

Tabelle 4-4: Jährliche Renditen (in %) von globalen Obligationen und deren Eintretenswahrscheinlichkeit.

Gemäss Tabelle 4-4 ist bei globalen Obligationen bereits nach ca. 5.5 Jahren in 85% (= 100% – 15%) eine positive Rendite zu erwarten.

Die oben aufgeführten Tabellen können selbstverständlich auch für ein Portfolio, das aus mehreren Anlageklassen besteht, berechnet werden. Ihr Nutzen für den Anleger besteht darin, dass sie eine Unterstützung bei der Wahl des Benchmarks – das heisst, bei der prozentualen Aufteilung der Anlageklassen im Portfolio – geben. Ein Anleger, der sich beispielsweise für 50% Aktien und 50% Obligationen entscheidet, kann mit einer solchen Tabelle mögliche Renditeszenarien sowie ihre Eintrittswahrscheinlichkeiten ermitteln. Entsprechen die Szenarien den Bedürfnissen des Anlegers nicht, sollte der Benchmark angepasst werden. Diese Tabellen sind demnach als Entscheidungshilfe bei der Benchmarkwahl anzusehen.

Die Grenzen solcher Analysen müssen jedoch auch bekannt sein. Wie bei allen Performanceangaben gilt auch hier: Historische Renditen sind keine Garantie für die zukünftige Entwicklung einer Wertanlage. Für die Berechnung der Renditeszenarien wird davon ausgegangen, dass (stetige) Renditen normal- und über die Zeit hinweg identisch verteilt sind. Für Erwartungswert und Standardabweichung der Verteilung wurden dabei die historisch gemessenen Werte von Dimson, Marsh und Staunton herangezogen. Diese Annahmen sind in vielen Zeiten als plausibel anzusehen, treffen aber mit Sicherheit nicht in jeder Marktphase zu. Erstens folgen Renditen bestenfalls annäherungsweise einer Normalverteilung. Ausreisser treten häufiger auf als dies bei einer Normalverteilung der Fall ist. Wird die Annahme über die Verteilung der Renditen verletzt, können höhere Verluste entstehen. Diese genau zu quantifizieren ist nicht möglich. Zweitens können fundamentale, psychologische, politische und andere Faktoren das Funktionieren der Wirtschaft über die Zeit ändern. Dies kann das zukünftige Wirtschaftswachstum und damit die erwarteten Renditen von Finanzwerten beeinflussen. Statistisch gesehen bedeutet dies, dass sich die Verteilung der Renditen über die Zeit ändern kann und dann die Annahme der sogenannten Stationarität problematisch wird. Ist keine Stationarität gegeben, lassen sich zukünftige Ereignisse kaum prognostizieren. Im Zusammenhang mit der Finanzkrise von 2008 wurden diese Annahmen kritisiert (siehe Abschnitt über die Kritik an der Portfoliotheorie auf Seite 237).

Trotz allen ökonomischen und statistischen Theorien über Prognostizierbarkeit und Stationarität schauen sich die meisten Anleger historische Renditen an, bevor sie einen Titel kaufen. Ob sie daraus etwas lernen oder nicht, historische Daten sind das einzige, das Finanzmärkte zur Verfügung stellen. Sie helfen uns Risiken und Erträge grundsätzlich einzuordnen.

In diesem Abschnitt wurden Szenarien von Aktien- und Obligationenrenditen beschrieben. Die Frage, wie viele Aktien und wie viel Obligationen bzw. welche weiteren Anlageklassen wie stark im Portfolio gewichtet werden sollen, wurde bis anhin nicht beantwortet. Die Portfoliotheorie und ihre Erweiterungen geben eine Antwort auf diese Fragen.

Theoretische Konzepte

Seit Mitte des 20. Jahrhunderts wurden verschiedene theoretische Ansätze entwickelt, um das Risiko- und Renditepotential von Portfolios zu untersuchen. Den Grundstein in diesem Gebiet legte Harry Markowitz im Jahr 1952. Viele der darauf folgenden Erweiterungen verfeinern das ursprüngliche Markowitz-Modell und verbessern seine praktische Anwendbarkeit.

Das Ziel der folgenden Abschnitte ist, die theoretischen Grundlagen, die für eine konsistente Anlagestrategie notwendig sind, zu diskutieren. Es ginge über die Grenzen des Buches hinaus, einen umfassenden Überblick über die Literatur quantitativer Modelle zu verschaffen. Stattdessen wird ein bekanntes Modell, die Moderne Portfoliotheorie, und eine ihrer wenigen bekannten Erweiterungen, die robuste Portfoliooptimierung, beschrieben. Diese Konzepte ermöglichen das Formulieren von konsistenten, theoretisch fundierten Anlageentscheidungen. Der entscheidende Vorteil der robusten Portfoliooptimierung gegenüber vielen anderen, komplexeren Modellen ist die einfache Umsetzung für die Praxis.

Das Verständnis und die richtige Einordnung der Modernen Portfoliotheorie sind auch im Hinblick auf die Vielzahl von Portfoliooptimierern, die im Internet angeboten werden, wichtig. Sie ermöglichen die Zusammenstellung effizienter Portfolios mittels einiger Klicks. Wie diese klassischen Optimierer funktionieren und welches ihre Stärken sowie Schwächen sind, wird aus den folgenden Abschnitten deutlich.

Moderne Portfoliotheorie

Die Bedeutung der Risikodiversifikation wurde vergleichsweise spät erkannt. Noch zu Beginn des 20. Jahrhunderts herrschte die Meinung vor, dass sich wenige „gute" Investitionen mehr lohnen als viele „durchschnittliche". Selbst der grosse Ökonom John Maynard Keynes vertrat diese Auffassung.

Die Problematik dieses Standpunktes liegt in der Abgrenzung von der ex-post zur ex-ante Betrachtung. Bei der ex-post Analyse – das heisst, bei rückwirkender Betrachtung – lässt sich klar sagen, welche Investition sich am meisten gelohnt hätte. Schwierig wird es, heute Entscheidungen zu treffen, die in Zukunft positive Wirkung zeigen sollen (ex-ante Analyse). Eine Anlage, die in Vergangenheit gut performte, muss nicht zwingend auch in Zukunft hohe Renditen abwerfen. Aus diesem Grund müssen Anlagevorschläge kritisch betrachtet werden.

Diese konzeptionelle Unterscheidung wurde erst Mitte des 20. Jahrhunderts richtig verstanden. In seinem Buch „Portfolio Selection" legte Harry Markowitz 1952 den Grundstein der sogenannten Modernen Portfoliotheorie (MPT). Er zeigte auf eine mathematisch rigorose Art, dass Portfolios, die aus möglichst tief korrelierten Anlagen bestehen, tieferes Risiko als die zugrunde liegenden Einzeltitel aufweisen.

Aus zeitlicher Perspektive ist es interessant zu sehen, dass die Moderne Portfoliotheorie seit den 1950er Jahren als modern gilt. Trotz neuer Modelle und Modellerweiterungen wurde das grundlegende Verständnis der Zusammenhänge zwischen dem Risiko und der Rendite eines Portfolios seither kaum verändert. Die MPT ist mit Sicherheit nicht als eine junge Theorie zu bezeichnen, sondern als eine, die die Intuition der meisten heute tätigen Investoren prägt.

Das Markowitz-Modell veranschaulicht die Bedeutung der Risikodiversifikation. In einem zweiten Schritt wird Risiko in Verbindung zur erwarteten Rendite gebracht. Höhere Renditen zu erzielen ist nur durch Aufnahme zusätzlicher Risiken möglich. Dies ist die Kernaussage der Efficient-Frontier. Beide Ansätze werden im Folgenden zusammengefasst.

Diversifikation

Abbildung 4-4 zeigt eine bekannte Darstellung des Diversifikationseffektes. Durch das Aufnehmen von mehreren Titeln in das Portfolio kann ein Teil des Risikos, das unsystematische bzw. idiosynkratische Risiko, reduziert werden. Dies ist das Risiko, welches titelspezifisch, also unternehmensspezifisch ist. Der Diversifikationseffekt einer zusätzlichen Anlage nimmt jedoch mit jeder Anlage ab. Das Portfoliorisiko nähert sich einer Grenze, die nicht unterschritten werden kann. Wie hoch diese Grenze liegt, hängt von der durchschnittlichen Korrelation innerhalb der Titel im Portfolio ab. Ist diese hoch, ist das Diversifikationspotential gering. Bei tiefer durchschnittlicher Korrelation ist der Effekt der Diversifikation auf das Portfolio Risiko grösser.

Abbildung 4-4 zeigt das Diversifikationspotential von vier Portfolios, wobei eine durchschnittliche Standardabweichung von 10% für jeden zugrunde liegenden Titel innerhalb der Portfolios angenommen wird. Die oberste Linie gibt das Diversifikationspotential eines Portfolios mit durchschnittlicher Korrelation von 0.8 wieder (das Symbol ρ ist das griechische Zeichen für rho und wird zur Notation der Korrelation verwendet). Beim Hinzukaufen von zusätzlichen Titeln sinkt das Portfoliorisiko. Die Grenze für die Standardabweichung, worunter das Risiko nicht fallen kann, ist bei der obersten Kurve 8.9%. Das ist die Höhe des systematischen Risikos, das nicht weiter reduziert werden kann. Das systematische Risiko kann auch vereinfacht als „generelles Marktrisiko" verstanden werden.

Ist die durchschnittliche Korrelation 0.2, so liegt die untere Grenze für die Diversifikation bei 4.5%. Nur in einem hypothetischen Fall, bei dem die Durchschnittskorrelation null beträgt, kann das Portfoliorisiko auf null reduziert werden. Ist die Anzahl der Titel im Portfolio gering, ist das Portfoliorisiko nahe der durchschnittlichen Standardabweichung der Titel, also bei 10%.

Portfolio Diversifikation

Standardabweichung vs. Anzahl Titel für ρ = 0.8, ρ = 0.4, ρ = 0.2, ρ = 0

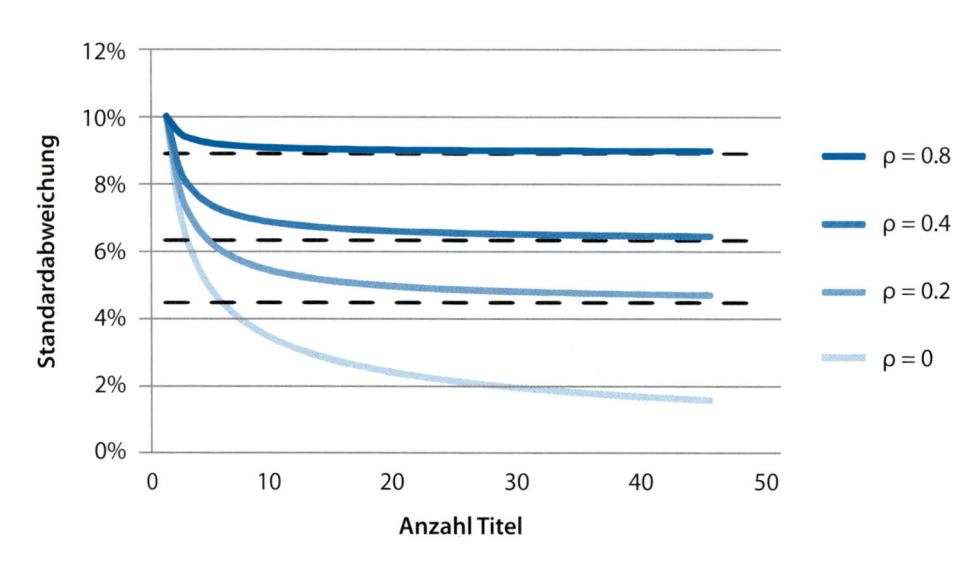

Legende: ρ = Durchschnittliche Korrelation

Abbildung 4-4: Der Diversifikationseffekt in der Modernen Portfoliotheorie.

Die Erkenntnis aus Abbildung 4-4 ist äusserst bedeutend für Portfolios, die aus ETFs bestehen. Diese ermöglichen bekanntlich eine breite Streuung von Risiken bei einer kleinen Anzahl von Instrumenten. Anstatt den globalen Aktienmarkt mit über tausend Titeln einzeln zu kaufen (und horrende Transaktionskosten zu zahlen), kann eine hohe Diversifikation mittels eines (!) MSCI World ETFs erreicht werden. Gemäss Theorie ist dadurch ein grosser Teil des unsystematischen Risikos eliminiert.

Wie in Abbildung 4-4 ersichtlich ist, nimmt der Diversifikationseffekt mit der Anzahl Titel im Portfolio ab, sodass der Zusatznutzen ab einer gewissen Portfoliogrösse gering ist. In diesem Kontext wird manchmal von überdiversifizierten Portfolios gesprochen. Obwohl strikt gesehen eine Überdiversifikation in der Modernen Portfoliotheorie nicht möglich ist (jeder zusätzliche Titel reduziert das Risiko, selbst bei einem grossen Portfolio), können die Zusatzkosten den Nutzen eines zusätzlichen Titels übersteigen. Besonders bei gewissen Fund of Funds, wo Gebühren auf mehreren Stufen anfallen, muss deshalb der Kostenaspekt kritisch hinterfragt und dem Nutzen der breiten Risikodiversifikation gegenübergestellt werden. Dies gilt im Grundsatz selbstverständlich auch für ETFs – aber weniger. Um wettbewerbsfähig zu sein, sind ETF-Anbieter bestrebt, Indizes mit einer Vielzahl von Titeln bei tiefen Kosten abzubilden. Dies gelingt ihnen in der Regel auch gut. So sind Kosten (TER) von ETFs auf den MSCI Europe, der rund 460 Titel umfasst, mit rund 0.2 bis 0.4% ungefähr gleich hoch wie auf den DAX oder SMI (30 bzw. 20 Titel).

Die Haupterkenntnisse aus der Analyse der Risikodiversifikation sind, dass Titel mit tiefer Korrelation zum Portfolio das Risiko besonders senken, eine Erhöhung der Titel im Portfolio das Risiko (bei fallendem positiven Grenznutzen) reduziert und dass ein gewisses Mass an systematischem Risiko nicht zu eliminieren ist. Es ist nicht die Hauptaussage für die Praxis, wie dies manchmal aus Abbildung 4-4 interpretiert wird, dass 20 bis 30 Titel für eine breite Risikostreuung hinreichend sind. Kein Vermögensverwalter würde ein gemischtes globales Portfolio mit nur 30 Aktien abbilden! Die Modellwelt mit ihren spezifischen Annahmen muss hier klar von der Realität unterschieden werden. Ein Portfolio aus mehreren ETFs, welche wiederum eine Vielzahl von Titeln enthalten, sollte deshalb nicht voreilig als überdiversifiziert bezeichnet werden.

Für eine ganzheitliche Sicht des Portfoliomanagements ist aber auch der Zusammenhang zwischen Risiko und Rendite wichtig. Dieser wird im Efficient-Frontier-Modell von Markowitz behandelt.

Diversifikation und Effizienz von Standardindizes

Diversifikation. In der Regel beinhalten Standardindizes eine hohe Anzahl Titel, sind also genügend diversifiziert. Die Grösse der Indizes hat primär mit dem Markt, den sie abbilden, und mit den Anforderungen (Grösse, Liquidität etc.) an die Titel seitens des Indexanbieters zu tun. So bildet beispielsweise der SMI die 20 liquidesten und grössten Titel aus dem Schweizer Aktienmarkt (konkret SPI) ab. Wären aber 20 Titel aus dem SPI-Universum basierend auf möglichst tiefen Korrelationen ausgewählt, so wäre das Portfoliorisiko gemäss Modell tiefer. Bei der Auswahl der Titel für marktkapitalisierungsgewichtete Indizes wird die Korrelation jedoch nicht berücksichtigt, denn diese Indizes verfolgen einen ganz anderen Zweck. Sie sollen den jeweiligen Markt repräsentativ abbilden. Dieser ist vielmehr durch die vorherrschenden Grössenverhältnisse bestimmt.

Zusammensetzung und Effizienz. Eine theoretische Grundlage für die Marktkapitalisierungsgewichtung eines Indizes wird von der Modernen Portfoliotheorie sowie dem darauf aufbauenden Capital-Asset-Pricing-Modell geliefert. Die zentrale Aussage dieser Modelle ist die Effizienz des Marktportfolios. Die Intuition dafür ist wie folgt: in einer idealen Welt halten alle Marktteilnehmer effiziente Portfolios. Diese unterscheiden sich lediglich durch die individuelle Risikoaversion der Anleger. Nun kann mathematisch gezeigt werden, dass der Durchschnitt all dieser effizienten Portfolios (er wird als Marktportfolio bezeichnet) wiederum effizient ist. Da die Marktkapitalisierungsgewichtung diese Durchschnittsbildung wiedergibt (Titel, die im Durchschnitt mehr gehalten werden, haben eine höhere Marktkapitalisierung), führt sie gemäss Theorie zu einem effizienten Portfolio.

Das Problem bei der praktischen Anwendung dieser Theorien stellt sich in der Auswahl des Anlageuniversums. Gemäss Theorie müssen hierzu alle riskanten Vermögenswerte, also nicht nur Aktien, sondern auch andere Anlageklassen berücksichtigt werden. Wird die Theorie nur auf Aktien angewendet, ist das Marktportfolio nicht mehr zwingend effizient.

Standardindizes sind normalerweise aufgrund der Marktkapitalisierung der jeweiligen Titel gewichtet, wobei eine Adjustierung aufgrund des Free Float erfolgt. Die Gewichtung der Titel im Index ist also nicht optimiert in dem Sinne, dass das Resultat ein möglichst effizientes Portfolio ergeben soll. Vielmehr kann ein repräsentativer Standardindex als Substitut für das Marktportfolio angesehen werden. Oft wird kritisiert, dass Standardindizes zu stark durch das Momentum beeinflusst werden, also dass die Titel mit steigenden (fallenden) Kursen ein höheres (tieferes) Gewicht erhalten. Kurzfristige Marktschwankungen beeinflussen somit direkt die Titelgewichtung im Index. Dies steht in einem grundsätzlichen Widerspruch zum langfristigen Gleichgewichtsgedanken, welcher der Marktkapitalisierungsmethode sowie der Portfolioeffizienz zu Grunde liegt. Die zentrale Frage ist, ob die Titel fair bewertet sind, also ihr Preis den Wert (Value) der Firma widerspiegelt und somit die Marktkapitalisierungen „korrekt" sind.

Es ist wichtig zu verstehen, dass Standardindizes bedingt durch ihre Konstruktion vergleichsweise stabile Portfolios sind, die fast ohne Transaktionen und Rebalancing auskommen. Dies steht im Gegensatz zu optimierten Portfolios, die streng genommen nur zum Zeitpunkt der Berechnung optimiert sind und je nach veränderten Inputparametern angepasst werden müssen.

Optimierung von Indexportfolios. Bei der Optimierung von indexierten Portfolios setzt man auf Stufe Index oder Indexinstrument (beispielsweise ETF) an. Jeder Index wird als eigenständige Wertschrift mit den jeweiligen Risiko/Rendite-Eigenschaften betrachtet. Dies wird übrigens auch bei der Definition von Anlagestrategien (Benchmarks) gemacht. Auch dort werden zur Herleitung der gewünschten neutralen Anlageklassengewichte Indizes und nicht einzelne Wertschriften verwendet.

Bemerkung zu „alternativen" Indizes. Mittlerweile existiert eine Vielzahl von Indizes, die basierend auf alternativen Methoden gewichtet sind: gleichgewichtet, fundamentalgewichtet, dividendengewichtet etc. Diesen Methoden ist gemeinsam, dass sie durch eine andere Gewichtungsmethodik auf einen Index kommen, der den Anspruch hat, im Vergleich zu marktkapitalisierungsgewichteten Indizes „fair" bewertet zu sein. Sie gehen davon aus, dass nicht alle Informationen im Preis enthalten sind. Das Argument ist einleuchtend. Es bleibt aber offen, welcher Ansatz zuverlässig auf die fairen Gewichte in einem Index kommt. Der Prozess zur Auswahl und zur Gewichtung der jeweiligen Titel steht bei alternativen Indizes im Mittelpunkt. Man kauft mit solchen Indizes vielmehr eine Strategie als „den Markt". Eine andere Gewichtungsmethodik kann natürlich zur Folge haben, dass ein Index je nach Umfeld besser oder schlechter

> performt als ein ähnlicher Standardindex. Manche Indizes nennen sich auch optimiert, wobei hier kritisch zu fragen ist, wie und in welchen Abständen Optimierungen erfolgen und was die Folge der Indexoptimierung auf das Portfolio ist. Nehmen wir an, ein optimierter Index ist in sich wirklich optimiert. Nun möchte ein Anleger ein globales Portfolio zusammenstellen. Glaubt er nun, sein Portfolio aus in sich optimierten Indizes bleibe weiterhin optimal, ist das ein Trugschluss. Für eine theoretisch korrekte Optimierung müssten sämtliche Titel aller Indizes direkt betrachtet werden. Dies ist in Anbetracht der Grösse des Investmentuniversums unmöglich.

Efficient Frontier und Portfoliooptimierung

Die Efficient Frontier ist das Resultat eines mathematischen Verfahrens, bei dem Portfoliogewichte so optimiert werden, dass das resultierende Portfolio eine möglichst tiefe Standardabweichung bei gleicher Renditeerwartung aufweist. Ein solches Portfolio wird als effizient bezeichnet, denn kein anderes Portfolio hat ein tieferes Risiko bei gleicher erwarteter Rendite. Folglich sind ineffiziente Portfolioallokationen zu vermeiden, denn sie haben im Vergleich zu einem effizienten Portfolio bei gleicher Rendite ein höheres Risiko.

Um die Efficient Frontier zu berechnen, müssen in einem ersten Schritt erwartete Renditen von jedem im Portfolio enthaltenen Titel geschätzt werden. Diese können anhand historischer Daten oder subjektiver Erwartungen erfolgen. Der zweite Input für die Optimierung besteht aus den Volatilitäten (Standardabweichungen) der einzelnen Titel. Drittens sind Korrelationen zwischen Titeln anzugeben. Bei der Schätzung von Standardabweichungen und Korrelationen wird häufig auf historische Daten zurückgegriffen, wobei unterschiedliche statistische Schätzverfahren angewendet werden können.

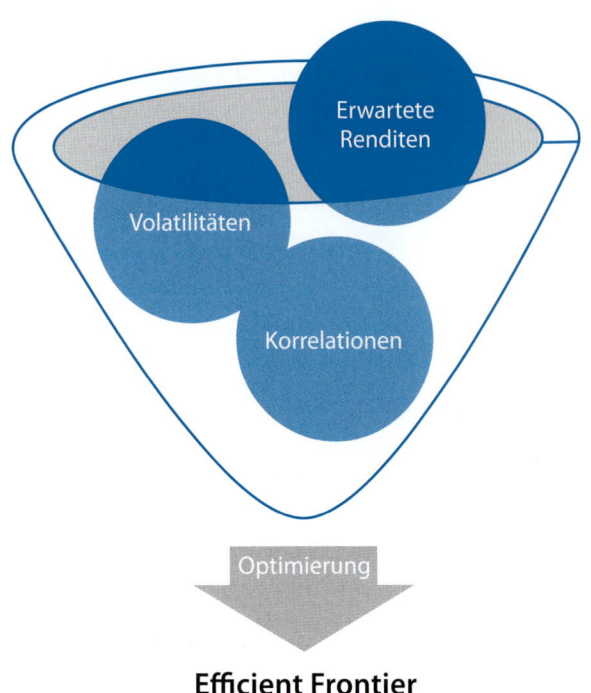

Abbildung 4-5: Inputfaktoren der Efficient Frontier.

Für die Berechnung der Efficient Frontier sind demnach – bei N Titeln im Portfolio – N erwartete Renditen, N Standardabweichungen und $(N^2 - N)/2$ Korrelationen nötig. Mit diesen Angaben und einem (quadratischen) Optimierungsverfahren, kann für jede erwartete Rendite ein effizientes Portfolio berechnet werden. Dies wird im folgenden Beispiel illustriert.

Beispiel Efficient Frontier

Um das Konzept der Efficient Frontier zu verdeutlichen, wird für dieses Beispiel ein Portfolio von 8 Indizes aus der Sicht eines deutschen Anlegers betrachtet. In jeden Index kann mittels ETFs investiert werden, deshalb genügt es auf dieser Stufe, die Indizes zu definieren. Aus Gründen der Übersicht haben wir uns auf einen Anleihen-Index beschränkt. Auf der Aktienseite wurden hingegen mehrere Indizes berücksichtigt, um dadurch eine feinere Risikokontrolle zu erlangen.
Tabelle 4-5 zeigt die Werte, die für die erwarteten Renditen und Standardabweichungen genommen wurden. Die erwarteten Renditen basieren auf den historischen Daten von 1900 bis 2010 aus Dimson, Marsh und Staunton (2010). Bei einer präziseren Analyse müssten bei diesem Schritt auch Wechselkurserwartungen einfliessen. Im zweiten Schritt müssen die Standardabweichungen und Korrelationen der jeweiligen Indizes angegeben werden. Diese basieren auf monatlichen Renditen von 1999 bis 2010.

Theoretische Konzepte

	Erwartete Rendite	Standardabweichung (Vola)
Eonia	2.0%	0.5%
Barclays EUR Aggregate	4.8%	2.8%
MSCI Euro	7.7%	20.3%
MSCI Switzerland	6.5%	15.2%
MSCI US	9.2%	16.1%
MSCI UK	9.2%	14.9%
MSCI Emerging Markets	11.0%	24.7%
DJ UBS Commodity	5.0%	17.3%

Tabelle 4-5: Erwartete Renditen und Standardabweichungen von acht Indizes.

An dieser Stelle erfolgt die mathematische Optimierung. Zu jeder erwarteten Rendite wird das Portfolio mit der kleinsten Standardabweichung berechnet. Für jedes derartige Portfolio werden die Gewichte der zugrunde liegenden Titel errechnet. Die Abbildung effizienter Portfolios in einem Rendite/Risiko-Diagramm wird als Efficient Frontier bezeichnet. Für das obige Beispiel ist die Efficient Frontier in Abbildung 4-6 dargestellt. (Leerverkäufe werden in diesem Beispiel ausgeschlossen.)

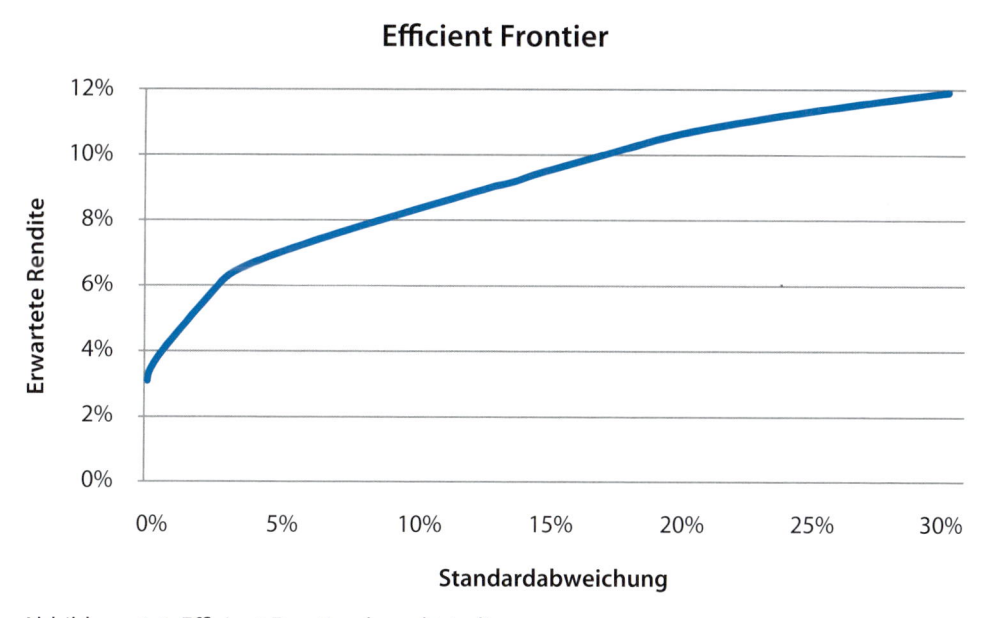

Abbildung 4-6: Efficient Frontier der acht Indizes.

Abbildung 4-6 zeigt den Zusammenhang zwischen Rendite und Risiko von Portfolios, der im obigen Beispiel mit den acht Indizes entsteht. Eine Rendite von jährlich 10% ist nur zu erreichen, indem mindestens 17% Risiko genommen wird. Unter der Annahme der Normalverteilung besteht in diesem Fall eine 16-prozentige Wahrscheinlichkeit in einem Jahr mehr als 7% (=10%–17%) zu verlieren (dies ist ein Ein-Sigma-Event). Diesen Zusammenhang zu verstehen ist wichtig, um die Grenzen und Möglichkeiten des Portfoliomanagements besser zu beurteilen.

Wie in Abbildung 4-7 können für jeden Punkt auf der Efficient Frontier die dazugehörenden Portfoliogewichte aufgezeigt werden.

Effiziente Portfoliogewichte

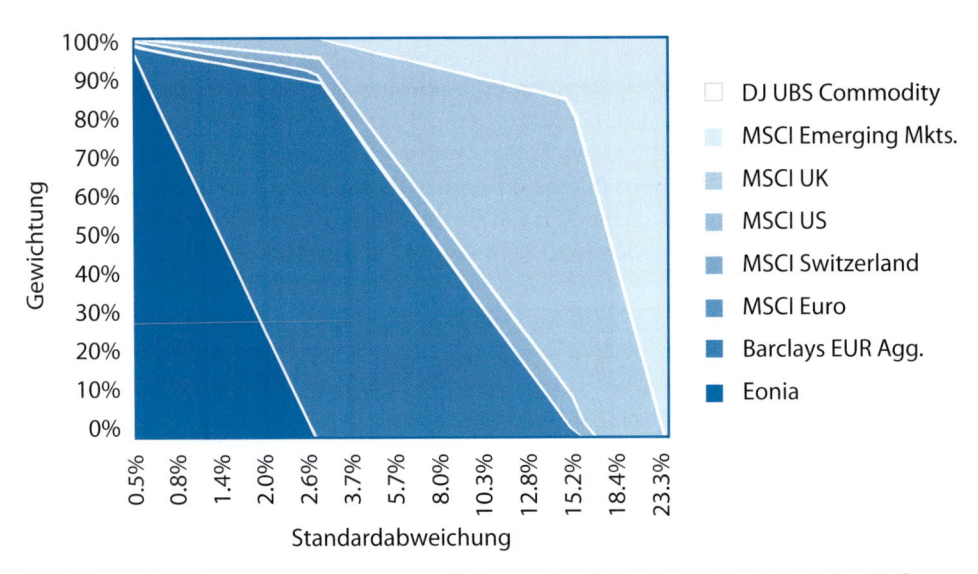

Abbildung 4-7: Zusammensetzung von effizienten Portfolios in Abhängigkeit des Risikos.

Abbildung 4-7 ist wie folgt zu lesen: Die x-Achse gibt die Höhe des Risikos wieder. Wird bei einem Risikolevel ein vertikaler Querschnitt von der Abbildung genommen, ist die Zusammensetzung eines effizienten Portfolios bei diesem Risiko ersichtlich. Bei 11% Risiko (Standardabweichung) sind demnach 25% globale Obligationen, 7% US-Aktien, 58% UK-Aktien und 10% Emerging-Market-Aktien im Portfolio. Gleichzeitig kann für jedes Risiko die entsprechende erwartete Rendite aus der Efficient Frontier in Abbildung 4-6 abgelesen werden. Bei einem Risiko von 11% ist die erwartete Rendite des effizienten Portfolios 8.2%.

Aus Abbildung 4-7 wird deutlich, dass ein tiefes Portfoliorisiko nur durch Aufstockung eines EONIA-Instrumentes (ETFs) möglich ist. Auf der Efficient Frontier entspricht dies einer erwarteten Rendite von 2 bis 3%. Des Weiteren ist ersichtlich, dass eine hohe erwartete Rendite bei hohem Risiko nur mit einem hohen Emerging-

Markets-Aktienanteil möglich ist. Bei Portfolios, die eine Standardabweichung von 4 bis 17% aufweisen, werden hingegen mehrheitlich globale Obligationen und UK-Aktien vorgeschlagen. Dies kann dadurch erklärt werden, dass UK-Aktien zusammen mit US-Aktien in diesem Beispiel die höchste erwartete Rendite aufweisen, UK-Aktien jedoch eine etwas tiefere Standardabweichung haben. Deshalb werden UK-Titel vom Optimierer bevorzugt.

Auffallend in Abbildung 4-7 ist, dass Schweizer und europäische Aktien sowie Rohstoffe in keinem effizienten Portfolio aufzufinden sind. Dies spricht gegen die Intuition der Portfoliodiversifikation. Der Hauptgrund für das Fehlen dieser Positionen ist tatsächlich eine Schwäche des klassischen Markowitz-Modells. Das Optimierungsverfahren reagiert sehr sensitiv auf erwartete Renditen. Diese sind für diese drei Indizes am tiefsten verglichen mit ihrer Standardabweichung. Wären die erwarteten Renditen für beispielsweise europäische Aktien 3% höher, würde der Optimierer teilweise Allokationen von über 50% in europäische Aktien vorschlagen. Die extreme Sensitivität des Modells gilt besonders bei Titeln, die eine ähnliche erwartete Rendite und hohe Korrelation untereinander aufweisen. Im obigen Beispiel sind UK- und US-Aktien zwei solche Märkte. Wäre der erwartete Rendite-Input für US-Aktien 9.8% statt 9.2%, würde der Optimierer US-Aktien stark zu Lasten von UK-Aktien übergewichten.

Das Problem der starken Auswirkung von kleinen Änderungen in den Inputfaktoren kann beispielsweise durch die sogenannte robuste Portfoliooptimierung entschärft werden. In diesem Verfahren werden Resultate geliefert, die robuster gegenüber Änderungen in den Inputs sind. Diese Methode wird in Abschnitt „Quantitative Strategie mittels Robuster Portfoliooptimierung" auf Seite 251 diskutiert.

Oft werden auf Webseiten Portfoliooptimierer angeboten. Dabei handelt es sich in der Regel um einfache Mean-Variance-Optimierer, wo der Benutzer ein Portfolio auf der Efficient Frontier sowie ihre Zusammensetzung bestimmen kann. Die Idee ist grundsätzlich gut, die Merkmale des Modells müssen aber genau verstanden werden. Die Annahmen bezüglich erwarteten Renditen und Varianzen sollten eingesehen werden können. Idealerweise sollte der Benutzer selber Erwartungen hinsichtlich erwarteter Rendite und Risiko eingeben und die Optimierung mit diesen Werten durchführen können.

Kritik an der Modernen Portfoliotheorie

Die Theorie von Markowitz eignet sich hervorragend, um grundlegende finanzwirtschaftliche Zusammenhänge zu veranschaulichen. Die Theorie der Risikodiversifikation sowie die von Markowitz entwickelten Optimierungsverfahren sind wissenschaftliche Meilensteine. Sie vermitteln eine gute Intuition dafür, was grundsätzlich gute und was schlechte Investments sind. Für die Entwicklung dieser Theorien erhielt Harry Markowitz zusammen mit William Sharpe und Merton Miller 1990 den Wirtschaftsnobelpreis.

Unter Wissenschaftlern und Praktikern, die die Markowitzsche Portfoliooptimierung eins zu eins umzusetzen versuchten, sind die Limitationen des Modells seit langem bekannt. Eine solche besteht in der Ungenauigkeit, die bei der Schätzung der Inputparameter – der Kovarianzmatrix und besonders der erwarteten Renditen – auftritt. Dies hat einen stark verzerrenden Effekt. So enthalten optimierte Portfolios häufig extreme, intuitiv nicht nachvollziehbare Gewichte. Diese können Werte von über 100% annehmen und gleichzeitig negative Gewichte (Leerverkaufen) vorschlagen. Um die übermässigen Auswirkungen von Schätzfehlern zu reduzieren, werden häufig zusätzliche Bedingungen für die Portfoliooptimierung gesetzt. Die Optimierung kann beispielsweise so formuliert werden, dass Gewichte keine negativen Werte annehmen dürfen (Short-selling Constraint). In diesem Fall erhalten jedoch viele Anlagen nach einer Optimierung das Gewicht von null und es wird nur wenigen Titeln Gewichte von grösser null zugewiesen. Die Schwierigkeit liegt häufig darin, dass Zusatzbedingungen die Optimierung genau in die Richtung lenken, die durch eben diese Bedingung festgesetzt wird. Das Resultat ist nicht mehr allgemein gesehen optimal, sondern entspricht den Vorgaben desjenigen, der die Bedingungen setzt.

Nebst der Schätzfehlerproblematik und Annahmen über individuelle Bedürfnisse (Nutzenfunktion) oder Renditeverteilung weist das Grundmodell eine weitere Limitation auf: Es ist ein Einperiodenmodell. So werden zukünftige Zahlungsströme aus Forderungen und Verpflichtungen vom ursprünglichen Modell nicht berücksichtigt. Eine Erweiterung des Markowitz-Modells in ein Mehrperiodenmodell ist Gegenstand der Forschung der letzten Jahre.

Kritik während und nach der Finanzkrise von 2008

Eine weitere Kritik an der Modernen Portfoliotheorie wurde während der Finanzkrise von 2008 laut. Unter anderem eine spezifische Annahme des Modells wurde kritisiert: Diese postuliert, dass wirtschaftliche Zusammenhänge gleich bleiben und sich über die Zeit nicht verändern.

Diese Annahme ist tatsächlich kaum allgemeingültig und gilt besonders nicht während einer Finanzkrise: Einerseits kann sich die wirtschaftliche Entwicklung eines Unternehmens über die Zeit ändern. Dann lassen vergangene Daten keine Rückschlüsse auf zukünftige Entwicklungen zu. Andererseits können auch Zusammenhänge zwischen Wertschriften zusammenbrechen – sprich die Korrelationen verändern sich. Während der Finanzkrise 2008 stürzten praktisch alle Wertschriften ab. Die Annahme gleichbleibender Korrelationen ist während Krisenzeiten besonders problematisch. Sogar angeblich sichere Anlagen wie Gold erlitten im Oktober 2008 innert weniger Tage Wertverluste von über 20%. Diese Ereignisse haben aus der Betrachtung einiger Beobachter den gängigen Annahmen in den Finanzwissenschaften den Boden unter den Füssen weggezogen. In diesem Kontext wurde auch die Moderne Portfoliotheorie kritisiert.

Die Krise vorauszusagen oder zu bewältigen ist nicht die Aufgabe des Markowitz-Modells. Es beruht vielmehr auf einigen natürliche Annahmen und gibt eine Entscheidungshilfe für die Portfoliokonstruktion. Eine dieser Annahmen ist die Stationarität der Renditeverteilungen. Vereinfacht gesagt wird dabei angenommen, dass die „Welt" so bleibt, wie wir sie aus der Vergangenheit kennen. Eine weitere Annahme, die häufig auch im Alltag implizit getroffen wird, ist, dass die Wahrscheinlichkeit eines gleichzeitigen Eintreffens zweier extremer Ereignisse verschwindend klein ist. Dass solche Ereignisse unter Umständen voneinander nicht unabhängig sind, wird manchmal ausgeblendet. Die Ereignisse während der Finanzkrise waren nicht unabhängig. Die global vernetzten Gläubiger/Schuldner-Gefüge und komplexe, kaum überblickbare Strukturen verbriefter Hypotheken verbinden Unternehmen, die scheinbar unabhängig sind. Es ist klar, dass beide dieser Annahmen besonders während der Finanzkrise die Realität ungenügend beschrieben.

Schliesslich spielen psychologische Faktoren eine wichtige Rolle. Die subjektive Bewertung aller Vermögenswerte schien Ende 2008 zusammenzubrechen. Panik hat nichts mit der Modernen Portfoliotheorie zu tun.

Zusammenfassend lässt sich sagen, dass das Markowitz-Modell eine gute Intuition für das Verwalten von Portfolios vermittelt. Es lässt sich kaum ein Wissenschaftler oder Vermögensverwalter finden, der nicht die Relevanz der Risikodiversifikation anerkennt. Das Modell – wie jedes andere – muss aber richtig angewendet und seine Resultate müssen kritisch interpretiert werden.

Anlagestrategien

In den vorangehenden Abschnitten wurde die Bedeutung der Risikotoleranz, des Anlagehorizontes sowie des Risiko/Rendite-Zusammenhanges erläutert. Dieser Abschnitt wird etwas konkreter. Er zeigt, mit Bezug auf ETFs, auf welche Arten ein Portfolio zusammengesetzt werden kann.

Zu Beginn dieses Kapitels wurden die Begriffe Benchmark und Anlagestrategie synonym verwendet. Eine Anlagestrategie, häufig auch Asset Allocation genannt, muss jedoch nicht zwingend Benchmark-Replikation bedeuten. Es bestehen mehrere Möglichkeiten wie eine Abweichung zum Benchmark aussehen kann. Für einen einfacheren Überblick lohnt sich eine systematische Kategorisierung der verschiedenen Strategien.

Die meisten Anlagestrategien sind durch zwei Hauptmerkmale definiert: über die Gewichtung und dynamische Veränderung der Anlageklassen sowie durch den Einsatz der Instrumente. Der folgende Raster eignet sich gut, um Anlagestrategien mittels ihrer Haupteigenschaften einzuordnen.

Gültigkeit der Allokation

		BM (langfristig)	TAA (kurzfristig)	kein relativer BM (anderes BM Konzept)
Instrumente (Umsetzung)	Passiv (ETF)			
	Aktiv			

Abbildung 4-8: Raster zur Charakterisierung von Anlagestrategien.

Auf der Horizontalen wird die Unterteilung nach BM (Benchmark), TAA (Tactical Asset Allocation) und „kein relativer BM" vorgenommen. Der Benchmark definiert bei relativen Ansätzen für jede Anlageklasse die Gewichtung und den relevanten Index. Ein Beispiel für einen Benchmark ist 60% Schweizer Bundesobligationen gekoppelt an den Swiss Bond Index Domestic Government 3–7 und 40% Schweizer Aktien des Swiss Market Index. Die Bestimmung der Indizes ist aus zweierlei Sicht wichtig. Einerseits wird dadurch ein Renditevergleich mit anderen ähnlich verwalteten Portfolios ermöglicht und andererseits wird das Anlageuniversum eingeschränkt. Starke Abweichungen zum Index und die damit verbundenen Risiken sind dadurch eingegrenzt. Wie am Anfang dieses Kapitels erläutert, ist die Wahl des Benchmarks von entscheidender Bedeutung für den langfristigen Anlageerfolg. Durch die Bestimmung der Anlageklassen wird das Rendite/Risiko-Potential des Portfolios zum grössten Teil vorgegeben. Dies ist das allgemeine Verständnis eines Benchmarks im Rahmen von sogenannten relativen Anlagestrategien.

Die Taktische Anlageallokation, häufig TAA genannt, erlaubt eine kurz- bis mittelfristige Abweichung zu den Gewichtungen des Benchmarks. So kann sich ein Investor entscheiden, die Aktienquote temporär von einer Benchmark-Allokation von 40% auf 50% zu erhöhen und dadurch vermehrt von einer positiven erwarteten Aktienmarktentwicklung zu profitieren. Bei fallenden Märkten ist eine Untergewichtung der Aktien von 40% auf beispielsweise 30% denkbar. Bei der TAA handelt es sich – wie der Name besagt – stets um einen temporären Eingriff in die Aufteilung der Anlageklassen, um eine Überrendite zur Benchmarkrendite zu erwirtschaften. Bei falschen taktischen Entscheidungen sind Verluste im Vergleich zur Benchmarkrendite möglich. Einige Anlagestrategien, wie Absolute-Return-Strategien sowie Asset- and Liability-Management-Strategien basieren nicht auf dem traditionellen Benchmark-Ansatz. Diese Strategien werden, wie später gezeigt, in der Spalte „kein relativer BM" unterge-

Anlagestrategien

bracht. Verschiedene Ziel- und Lenkgrössen übernehmen bei diesen Strategien die Risikoeingrenzung, die bei relativen Ansätzen durch einen Benchmark erfolgt. Schlussendlich muss aber auch hier eine Transformation in eine Allokation stattfinden.

Auf der vertikalen Achse wird die zweite wichtige Eigenschaft von Anlagestrategien subsumiert: die Art der Instrumentenwahl. Dabei sind passive Instrumente wie ETFs und Indexfonds oder aktive Instrumente wie Direktanlagen in Aktien, Obligationen, Rohstofffutures aber auch in aktive Anlagefonds möglich.

Ein Vorteil des oben eingeführten Strategierasters ist die begriffliche Präzisierung des Ausdruckes „Aktives Management". Aktives Management kann einerseits durch aktives Abweichen von den vordefinierten Benchmarkgewichtungen und andererseits durch Aufnehmen von Einzelpositionen oder aktiven Anlagefonds erfolgen. In der Abbildung Abbildung 4-9 wächst der Grad der Aktivität deshalb von rechts nach links und von oben nach unten. Dies wird in folgender Abbildung veranschaulicht.

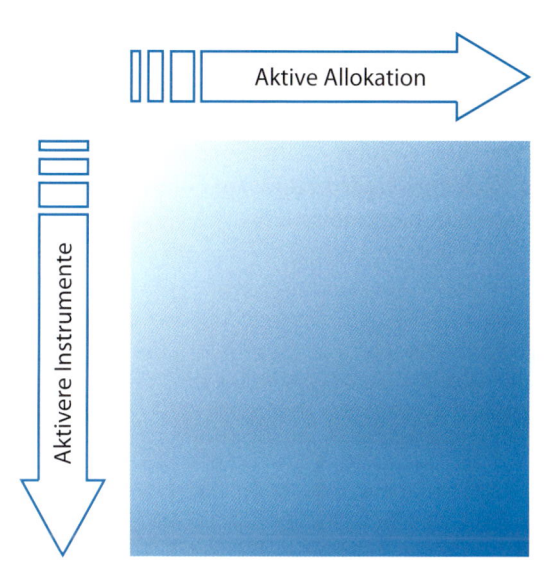

Abbildung 4-9: Die Höhe der Aktivität im Strategieraster.

Im Grundsatz gilt, dass bei höherer Aktivität höhere Kosten anfallen. Werden taktische Anlageentscheidungen häufig getroffen und erfolgt die Umsetzung mit teuren aktiven Anlagefonds, so sind die Kosten typischerweise am höchsten. Wird hingegen sehr selten vom Benchmark abgewichen und werden kostengünstige ETFs eingesetzt, bleiben Kosten vergleichsweise tief. Aktives Portfoliomanagement auf der anderen Seite erlaubt einen höheren Grad an Flexibilität, um auf ändernde Marktbedingungen zu reagieren. Diese Überlegungen müssen bei der Wahl einer Anlagestrategie mitberücksichtigt werden.

In der Praxis werden verschiedene Ansätze bei der Formulierung einer Anlagestrategie verfolgt. In diesem Abschnitt werden die bekanntesten Strategien, die mittels Exchange Traded Funds umgesetzt werden können, beschrieben.

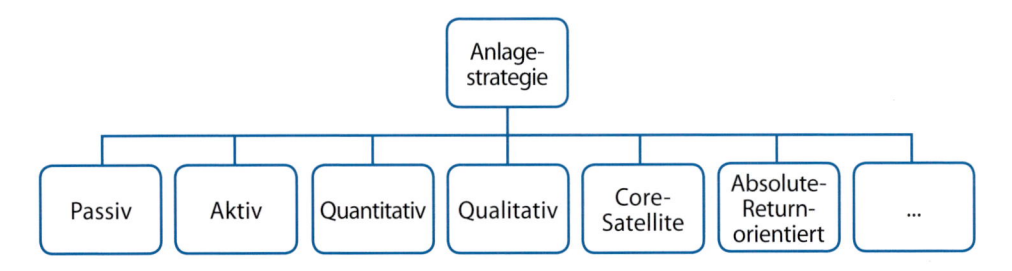

Abbildung 4-10: Ausgewählte Anlagestrategien.

Bedingt durch die Innovationskraft der Finanzbranche ist eine klare Kategorisierung ohne Lücken und Überlappungen äusserst schwierig. So ist eine TAA-Entscheidung auch bei Strategien, die wir zu „kein relativer Benchmark" zählen, denkbar. Um eine klare Zuteilung zu erreichen, ordnen wir im Folgenden alle Strategien dem oben gezeigten Raster zu. Da Exchange Traded Funds im Fokus stehen, wird der passiven Umsetzung ein höheres Gewicht beigemessen.

Passiv

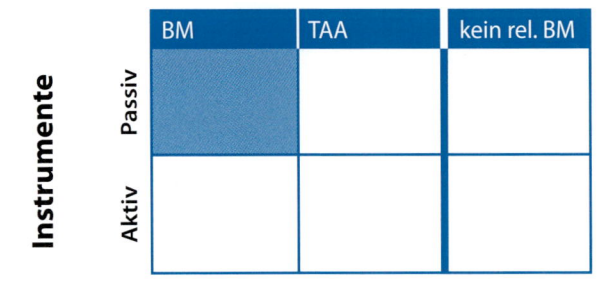

Beim passiven Ansatz wird nach der Definition des Benchmarks und dem erstmaligen Aufsetzen des Portfolios *grundsätzlich* nichts mehr verändert. Dennoch gibt es verschiedene Arten von passivem Management, wobei in der Praxis verschiedene Ansichten zu deren Umfang vorzufinden sind. Wir verstehen unter „Passiv" eine Buy-and-Hold-Strategie oder eine Rebalancing-Strategie.

Passiv: Buy-and-Hold-Strategie

Bei der Buy-and-Hold-Strategie wird zu Investitionsbeginn ein Portfolio mittels passiver Instrumente zusammengestellt und danach praktisch nicht mehr umgeschichtet. Das hat zur Folge, dass bedingt durch unterschiedliche Renditen der enthaltenen Instrumente sich auch ihre Gewichtungen über die Zeit verändern. Gewichte von Positionen mit einer starken Performance wachsen im Verlauf der Zeit an. Gewichte von Instrumenten mit tiefer Rendite sinken hingegen. Bei strenger Anwendung der Buy-and-Hold-Strategie werden Instrumente erst dann verkauft, wenn der Anleger Kapital benötigt. Ansonsten finden keine Umschichtungen statt.

Die Buy-and-Hold-Strategie wird als eine langfristige Strategie angeschaut und steht in direktem Gegensatz zu Day-Trading oder dem, was häufig als Spekulation bezeichnet wird. Diese Strategie schliesst beispielsweise stock-picking und stop-loss Trading aus. Titel im Portfolio, deren Wert stark gefallen ist, werden nicht verkauft. Stattdessen erhofft man sich eine Erholung des jeweiligen Finanzwertes.

Der Buy-and-Hold-Strategie liegen zwei Kerngedanken zugrunde. Erstens wird von effizienten Märkten ausgegangen, wo alle Finanztitel zu ihrem fairen Wert gehandelt werden. Durch das Timing von Käufen und Verkäufen kann demnach kein Mehrwert erschaffen werden. Aktien, deren Wert stark gefallen ist, sind unter der Annahme von effizienten Märkten nicht unterbewertet, sondern entsprechen ihrem fairen Wert, da sie den vom Markt erwarteten Unternehmenserfolg widerspiegeln. Sind Märkte effizient, ist kein Markttiming möglich. Dann bietet sich die Buy-and-Hold-Strategie an. Das zweite Argument zu Gunsten einer Buy-and-Hold-Strategie ist fassbarer: Durch das Halten und nicht Verkaufen von Titeln werden Transaktionskosten gespart. Diese fallen bei jeder Transaktion durch Börsencourtagen, Bid/Ask-Spreads, Brokerage Fees usw. an. Diese Kosten schmälern die Portfoliorendite und sind deshalb aus Sicht von Buy-and-Hold-Verfechtern möglichst zu vermeiden. Instrumente, die nur nach hohen Transaktionskosten erworben werden können, müssen länger gehalten werden, bis der Break-even erreicht ist, also bis die Kosten kompensiert werden können. Eine Buy-and-Hold-Strategie, die von Zeit zu Zeit Käufe und Verkäufe zulässt, sollte beim Kauf eines Titels die Haltedauer und die erwartete Rendite den anfallenden Transaktionskosten gegenüberstellen.

Buy-and-Hold-Strategien sind im Kontext dieses Buches unterschiedlich zu verstehen: einerseits auf Instrumenten- andererseits auf Portfoliostufe. ETFs sind indexierte Produkte, denen in der Regel eine Buy-and-Hold-Strategie zugrunde liegt. Die meisten Indizes halten Titel bis zur nächsten Indexänderung und es müssen keine Titel gekauft und verkauft werden. Ausnahmen sind ausserordentliche Indexänderungen, Kapitalmassnahmen und ähnliches. Die geringe Anzahl von Transaktionen innerhalb von ETFs reduziert deshalb auch die anfallenden Kosten beim Halten eines ETFs. Insbesondere bei ETFs, die sich auf marktkapitalisierungsgewichtete Indizes beziehen, fallen sehr wenige Transaktionen an. Auf Portfolio-Ebene bedeutet Buy-and-Hold, dass sich auch die Gewichtungen von Anlageklassen untereinander verändern dürfen und nicht angepasst werden. Entwickeln sich Aktien stärker als andere Anlageklassen, steigt ihr Gewicht. Bleiben zukünftige Aktienrenditen über den Renditen von

Obligationen, wird ein Buy-and-Hold-Portfolio nach einer gewissen Zeit mehrheitlich aus Aktien bestehen.

Bei einer Buy-and-Hold-Strategie muss dem Anleger bewusst sein, dass sich mit der Veränderung der Anlageklassengewichtugen auch das Portfoliorisiko ständigen Veränderungen unterliegt. Bei steigenden Aktienmärkten wächst der Aktienanteil im Portfolio und damit das Risiko. Aktive Risikosteuerung wird also vernachlässigt. Ein weiterer Nachteil dieser Strategie ist der Verlust an Flexibilität, auf verändernde Märkte zu reagieren. Wachstumsmärkte wie China, Indien und Russland sowie andere globale Veränderungen der Weltwirtschaft sollten bis zu einem gewissen Grad berücksichtigt werden. Hätte ein Anleger beispielsweise vor 10 Jahren mit einem Portfolio begonnen, wäre das Gewicht in Anlagen von Emerging Markets wahrscheinlich gering ausgefallen und es hätte aufgrund fehlender Portfolioanpassungen nicht am Wachstum profitiert werden können.

Um eine gewisse Kontrolle über das Portfoliorisiko zu erlangen, ohne dabei allzu hohe Transaktionskosten zu verursachen, werden von Vermögensverwaltern häufig Bandbreiten für Anlageklassen geschaffen. Bewegt sich das Gewicht einer Anlageklasse innerhalb dieser Bandbreiten, wird eine Buy-and-Hold-Strategie verfolgt. Liegt eine Bandbreitenverletzung vor, wird das Gewicht der Anlageklasse angepasst. Diese Anpassung wird Rebalancing genannt. Bei einer Umsetzung einer Anlagestrategie in die Praxis ist eine mechanische Rebalancing-Logik empfehlenswert. Diese bringt gegenüber der sturen Buy-and-Hold-Strategie den Vorteil der besseren Risikokontrolle. Hier muss ein gesundes Mittelmass gefunden werden. Wird ein Rebalancing zu oft durchgeführt, entstehen hohe Kosten und es kann auch nicht vom Momentum an den Märkten profitiert werden.

Passiv: Portfolio-Rebalancing

Bei den meisten Anlagestrategien werden im Voraus gewisse Regeln festgelegt, die den Zeitpunkt und die Umstände für eine Gewichtsanpassung innerhalb des Portfolios definieren. Diese Gewichtsanpassung wird Rebalancing genannt. In vielen Fällen wird vorbestimmt, ob ein Portfolio täglich, monatlich oder jährlich rebalanced werden soll. Wird das Portfolio nie rebalanced, entspricht dies der Buy-and-Hold-Strategie. Denkbar sind auch kombinierte Ansätze. So kann einmal pro Jahr das komplette Portfolio auf die Ursprungsgewichte zurückgesetzt werden und es wird zudem monatlich überprüft, ob gewisse Bandbreiten verletzt wurden.

Es gibt verschiedene Vorteile, die sich aus einem Portfolio-Rebalancing-Mechanismus ergeben. Durch periodische Überprüfung der Gewichtungen von Anlageklassen entsteht eine höhere Kontrolle über das (ex-ante) Risiko des Portfolios. Durch das Anpassen der Gewichte werden ungewollt hohe und tiefe Allokationen, die den langfristigen Anlagezielen nicht entsprechen, vermieden. Rebalancing schafft gewisserweise auch höhere Transparenz. Unabhängig davon, wie lange ein periodisch rebalanciertes Portfolio gehalten wird, weiss der Anleger die ungefähre Aufteilung der Anlageklassen.

Für diese höhere Transparenz und Risikosteuerung wird mit höheren Kosten, die durch das Umschichten des Portfolios zustande kommen, bezahlt. Bei der Festlegung des Rebalancing-Mechanismus sollten diese berücksichtigt werden. Gewichtsanpassungen von illiquiden Titeln mit hohen Handelsspannen sind möglichst zu vermeiden. Stattdessen sollten bei einem Rebalancing die Gewichte von möglichst liquiden und einfach handelbaren Titeln angepasst und darauf geachtet werden, dass dadurch das Portfoliorisiko ungefähr auf den Ursprungswert zurückgebracht wird.

Buy-and-Hold sowie häufig rebalancierte Portfolios verhalten sich unterschiedlich in den jeweiligen Marktphasen. Bei steigenden sowie fallenden Märkten ist eine Buy-and-Hold-Strategie einem häufig rebalanciertem Portfolio überlegen. Beim Rebalancing werden in steigenden (fallenden) Märkten Aktien reduziert (aufgestockt). Dadurch ist bei einem rebalancierten Portfolio die Aktienquote bei steigenden Märkten im Durchschnitt tiefer und bei fallenden Märkten höher als bei der Buy-and-Hold-Strategie.

Umgekehrt gilt, dass rebalancierte Portfolios in volatilen Märkten grundsätzlich höhere Renditen abwerfen als eine Buy-and-Hold-Strategie. Volatilität auf den Märkten bedeutet, dass hohe Preisschwankungen auf den (Aktien-) Märkten vorherrschen. Bei einem Rebalancing werden Aktienpositionen auf ihre neutrale Quoten reduziert, wenn Aktienpreise gestiegen sind. Da bei volatilen Märkten Aktienkurse nach einem Anstieg häufig wieder fallen, hat ein rebalanciertes Portfolio bei einer Korrektur des Aktienmarktes im Durchschnitt eine tiefere Aktienquote als ein nicht rebalanciertes Portfolio. Umgekehrt gilt, dass nach einem Preiseinbruch auf dem Aktienmarkt Aktien aufgestockt werden. Bleibt der Markt volatil, steigen Aktienkurse wieder. In diesem Fall ist ein rebalanciertes Portfolio ebenfalls besser als eine Buy-and-Hold-Strategie: Während des Marktanstieges ist die Aktienquote höher. Diese Eigenschaft des Rebalancings während volatilen Märkten wird manchmal als „Volatility Pumping" bezeichnet.

Die obigen Erläuterungen zur Performance von Buy-and-Hold versus rebalancierte Portfolios eignet sich bei einer rückwirkenden (ex-post) Betrachtung. Die Schwierigkeit besteht darin, im Voraus zu beurteilen, ob eine volatile Marktphase oder ein länger anhaltender Trend vorherrschen wird.

Aktiv

		BM	TAA	kein rel. BM
Instrumente	Passiv			
	Aktiv			

Das Ziel des aktiven Portfoliomanagements ist es, eine Überrendite gegenüber einem definierten Benchmark zu erzielen. Hier wird zunächst eine neutrale Strategie definiert, welche es zu schlagen gilt. Um dies zu erreichen, weichen aktive Portfoliomanager vom Benchmark ab indem sie die Gewichtungen der Anlageklassen verändern und/oder indem sie z.B. Direktinvestitionen in Aktien, Obligationen oder aktive Anlagefonds tätigen. Diese Eigenschaften werden aus der Zuordnung im Strategieraster deutlich.
Aktives Management kann auf Anlageklassenebene (TAA) sowie auf Instrumentenebene erfolgen und jeweils noch feiner unterteilt werden. Eine Übergewichtung von Aktien gegenüber Obligationen ist innerhalb eines Strategiefonds bereits eine aktive Entscheidung. Bei puren Obligationen- sowie Aktienfonds kann dies durch eine aktive Auswahl von Titeln erfolgen. Dabei können im Index enthaltene sowie indexfremde Titel in das Portfolio aufgenommen werden. Werden indexfremde Titel oder Märkte aufgenommen, spricht man von einem „Bet" ausserhalb des Benchmarks.
Dem Ansatz des aktiven Managements liegt die Erwartung zugrunde, dass brauchbare Prognosen (sogenannte Views) über zukünftige Preisentwicklungen bis zu einem gewissen Grad möglich sind. Aktive Portfoliomanager kaufen Titel, die aus ihrer Sicht aus ökonomischen, fundamentalen, psychologischen, statistischen oder aus anderen Gründen unterbewertet sind. In der Praxis können diverse Ansätze von aktivem Management unterschieden werden und oft kommt gar eine Mischung zum Einsatz. Sogenannte Bottom-up-Manager schauen sich einzelne Wertschriften an und wählen jene mit einer gemäss ihrem Modell günstigen Bewertung aus. Beim Top-Down-Ansatz wird auf den allgemeinen Zustand der Wirtschaft geschaut und einzelne Länder, Regionen oder auch Sektoren miteinander verglichen. Es erfolgen dann je nach Aussichten Über- und Untergewichtungen versus Benchmark. Daneben gibt es Manager, die sogenannte Stile, wie Growth (Wachstum) oder Value (Wert), umsetzen. Diese Strategien werden in Kapitel 5 beschrieben.
Aktives Management hat noch weitere Varianten wie Merger Arbitrage, Global Macro, Statistical Arbitrage, Volatility Arbitrage usw. Diese Strategien werden im Besonderen von Hedge Funds angewendet. Zum aktiven Management kann man auch rein quantitativ basierte Ansätze zählen, also Ansätze, die auf komplexen Computermodellen basieren.
Verfechter des aktiven Portfoliomanagements gehen zumindest teilweise von ineffizienten Märkten aus. Es wird angenommen, dass durch zusätzliches Know-how, Aufwand und Ressourcen Marktineffizienzen ausgenutzt werden können. Dies wird ganz klar in den Kosten von aktiven Fonds widerspiegelt: Aktive Fonds sind bedeutend teurer als passive Indexfonds und ETFs. Gemäss BlackRock lagen im Februar 2010 Kosten (Total Expense Ratio) von aktiv gemanagten europäischen Aktienfonds im Durchschnitt bei 1.8%. Dies steht in einem starken Kontrast zu den durchschnittlichen 0.4% von europäischen Aktien-ETFs. Dies verdeutlicht eine Schwierigkeit des aktiven Portfoliomanagements. Fonds, die diesen Ansatz verfolgen, müssen die höheren Kosten durch eine höhere Rendite kompensieren, um die gleiche Nettorendite wie passiv gemanagte Fonds zu erreichen. Gemäss dieser BlackRock-Studie müssten

aktiv gemanagte Fonds eine um mindestens 1.4% höhere Rendite erzielen als passive Aktien-ETFs, damit sie sich (für den Fall, dass das Portfoliorisiko identisch ist) gegenüber passiven Fonds lohnen.

In der Theorie sowie in der Praxis ist aktives Management nicht ganz unumstritten. Anhänger von passiven Strategien argumentieren, dass sich aktive Strategien nach Abzug von Kosten im Durchschnitt nicht lohnen. Tatsache ist, dass es in jeder Phase aktive Strategien gibt, die den Markt schlagen. Nur sind diese im Voraus schwer zu identifizieren.

Aktives Management hat einige Vorteile gegenüber passivem: Wird an Markteffizienz in gewissen Phasen und auf spezifischen Märkten geglaubt, besteht mit aktivem Management die Möglichkeit, diese auszunutzen und dadurch eine Mehrrendite gegenüber einem Benchmark zu erzielen. Durch aktive Entscheidungen ist auch eine bewusste Steuerung des Risikos möglich. Dabei werden diejenigen Titel selektiert, die beispielsweise weniger schwanken als der Index (Low Beta Stocks). Ein weiterer Vorteil von aktiven Strategien ist, dass sie an die persönlichen Vermögens- und Ertragsverhältnisse des Anlegers angepasst werden können. Arbeitet beispielsweise der Anleger bei einem Mobilfunkanbieter, so möchte er/sie unter Umständen die Telekombranche untergewichten, denn sein Lohn bzw. sein Lohnausfall durch Entlassung könnte womöglich mit der Sektor-Rendite korrelieren. Durch Reduktion von höher korrelierten Positionen wird eine höhere Diversifikation seines Vermögens sowie seines zukünftigen Ertrages angestrebt.

Aktives Portfoliomanagement hat auch klare Nachteile. Wie zuvor beschrieben, ist aktives Management mit hohem Aufwand und Kosten verbunden. Analysen über Unternehmen, ökonomische Studien, teure statistische Programme und weitere kostenverursachende Prozesse werden in den höheren Verwaltungsgebühren von aktiven Fonds widergespiegelt. Beim aktiven Management wird das Portfolio tendenziell häufiger umgeschichtet als beim passiven. Hier entstehen zusätzliche Kosten aufgrund Bid/Ask-Spreads, Börsencourtagen usw. Dies sind Transaktionskosten, die nicht in den Management Fees enthalten sind, aber den Nettoinventarwert (NAV) des Fonds oder den Wert des Depots reduzieren und somit die Performance negativ beeinflussen.

Eine weitere Problematik besteht in den Renditen von aktiven Fonds: Häufig werden Renditen, die von aktiven Managern zugesichert oder zumindest von ihnen erwartet werden, nicht erreicht. Verschiedenen Studien zufolge sind aktive Manager im Durchschnitt nicht über dem Benchmark. Da dies eine Aussage über den durchschnittlichen aktiven Fonds ist, gibt es selbstverständlich in jedem Zeitintervall auch aktive Portfoliomanager, die den Benchmark schlagen. Das Problem dabei ist, dass im Voraus nicht bekannt ist, welcher Manager eine Mehrrendite für die nächste Periode erzielen wird. Aktive Fonds, die in der letzten Periode eine hohe Rendite erreicht haben, sind häufig in der nächsten Periode schlechter. Auf historisch überdurchschnittliche Renditen ist deshalb bei der Auswahl von aktiven Managern nicht allzu viel Verlass.

Die Aussage, historische Renditen seien kein Garant für künftige Renditen, ist wohl allen Anlegern bekannt. Dennoch kann in der Praxis beobachtet werden, dass Fonds aufgrund ihrer historischen Rendite ausgewählt werden. Anleger schauen sich oft zu Jahresbeginn die Rankings in den einschlägigen Publikationen an und investieren dann in die Gewinnerfonds der Vergangenheit. Es finden sich kaum – wenn nicht gar nie – Fonds auf den Empfehlungslisten, welche sich aufgrund ihrer historischen Performance im 3. oder 4. Quartil ihrer Vergleichsgruppe befinden. Wer würde das Risiko eingehen, einen solchen Fonds zu empfehlen und gleichzeitig zu wissen, dass der Fonds sehr wohl seine schlechte Performance beibehalten könnte? Dann doch lieber einen Gewinner aus der Vergangenheit empfehlen! Eine solche Strategie führt aber leider selten zum langfristigen Anlageerfolg.

Eine grosse, und oft vernachlässigte, Schwierigkeit bei der Analyse von aktiv gemanagten Fonds ist die Aussagekraft von Statistiken. Erzielt ein aktiver Manager eine Mehrrendite von 5% über Benchmark in einem Jahr, scheint dies auf den ersten Blick sehr gut zu sein. Hier muss jedoch auch das relative Risiko seiner Anlagestrategie berücksichtigt werden. Ist der Tracking Error gegenüber seinem Benchmark 20% (ja, solche Fonds gibt es!), ist die Wahrscheinlichkeit gross, dass die Outperformance durch Glück und nicht durch Können entstand. Gleichzeitig müsste es eine Warnung sein für die nächste Periode, denn bei so einem Tracking Error sind auch sehr hohe Verluste möglich. Bei einer seriösen Diskussion über Out- und Underperformance von aktiven Managern muss die Aussagekraft von Statistiken bekannt sein. Ein solches statistisches Mass ist das Alpha eines Portfolios.

Alpha

Als Alpha wird die *risikoadjustierte* Überrendite zum definierten Benchmark verstanden. So kann beispielsweise bei einem aktiven Aktienfonds beurteilt werden, wie gut der Manager im Vergleich zum Benchmark performt hat. Die Risikoadjustierung bedeutet, dass Risiken, die zur Erreichung einer Überrendite in Kauf genommen wurden, bei der Messung mitberücksichtigt werden. Wird eine geringfügige Überrendite bei einer hohen Volatilität erreicht, ist das Alpha insignifikant. Die Überrendite wurde dann – statistisch gesehen – mit Glück oder Zufall, aber nicht mit Können erwirtschaftet. Es kann auch eine hohe Rendite von beispielsweise 20% bei einem negativen Alpha erreicht werden. Dies ist dann der Fall, wenn übermässige Risiken genommen wurden. Alternativ kann der Benchmark oder die Allokation auch passiv nachgebildet werden (beispielsweise über ETFs). In solchen Fällen kann ein Alpha nur durch eine gute Auswahl des Indexuniversums, der ETFs sowie durch die Gewichtung der Instrumente erreicht werden. Eine zentrale Voraussetzung für funktionierendes passives Anlegen ist die Investierbarkeit bzw. Replizierbarkeit des Benchmarks. Im Gegensatz dazu können für aktive Fonds auch Benchmarks genommen werden, die breit akzeptiert, aber passiv schwer abzubilden sind. Alpha ist immer in Bezug auf die Überrendite eines Portfolios gegenüber seinen Benchmark definiert. Dabei sollte der Benchmark auf möglichst breite Akzeptanz stossen und das zulässige Anlageuniversum möglichst gut definieren. Wird der SMI, der die 20 grössten Schweizer Titel abbildet, mit einem Portfolio aus kleinen und mittleren Schweizer Unternehmen signifikant outperformt, spricht man von Off-Benchmark-Bets (Wetten ausserhalb des Benchmarks). Kritiker würden eine solche Überrendite auf den Size-Effekt und nicht auf die geschickte Titelselektion zurückführen. Ein besserer Benchmark für ein solches Portfolio wäre deshalb der SMIM (oder möglicherweise der SPI).

Generell kann beobachtet werden, dass in der Praxis Alpha häufig als Überrendite zum Benchmark, also nicht risikoadjustiert, verstanden wird. Es wird nicht immer verglichen, ob das Alpha mit einem höheren Risiko erkauft wurde. Bei Renditevergleichen zwischen Portfolio und Benchmark werden oft Transaktionskosten und Steuern weggelassen. Konkret kann ein positives Alpha durch die Berücksichtigung aller Transaktionskosten und Steuern verschwinden. Gerade bei transaktionsintensiven Indizes kann dies stark ins Gewicht fallen, falls Transaktionskosten im Index vernachlässigt werden. Somit fallen die Anpassungen im Index ohne Kosten an, was aber in der Realität so nicht nachzuvollziehen ist. Ähnlich verhält es sich mit den Steuern. Wird das Portfolio mit einem brutto Total-Return-Index verglichen, wird bei exakter Abbildung (also ohne Optimierung) das Portfolio ein negatives Alpha haben. Grund sind hier die Quellensteuern, welche auf Ausschüttungen in vielen Ländern abgezogen werden. Deshalb werden normalerweise netto Total-Return-Indizes verwendet, worin oft ein einheitlicher Steuersatz von beispielsweise 30% angewendet wird. Hier kann ein Portfolio gar ein positives „Steuer-Alpha" erzielen, indem die Quellensteuern geschickt optimiert werden und der Abzug geringer oder gar nicht anfällt. Gerade mit Bezug zu den Steuern kann ein Anbieter oft recht konstant – eingespielte operative Prozesse vorausgesetzt – ein Steuer-Alpha erzielen.

Abschliessend soll betont werden, dass ein positives Alpha nicht gleichbeutend ist mit einer absolut positiven Rendite. Genauso kann aus einem negativen Alpha eine absolut positive Rendite resultieren. Es handelt sich um ein relatives Renditemass gegenüber einem Benchmark.

Semi-passives Management

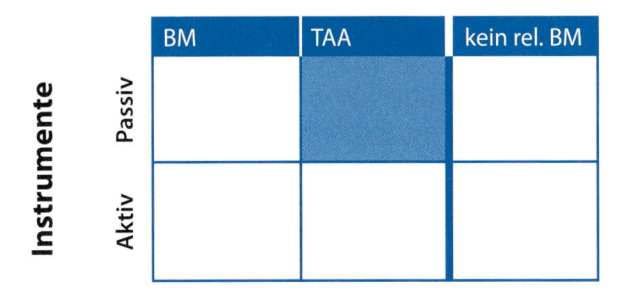

Instrumente		BM	TAA	kein rel. BM
	Passiv			
	Aktiv			

Wir bezeichnen eine Anlagestrategie als semi-passiv, wenn mittels passiven Instrumenten wie ETFs und Indexfonds aktive Entscheidungen umgesetzt werden. Ein typisches

Beispiel eines semi-passiven Managements ist ein Portfolio, das auf Stufe Anlageklasse Über- und Untergewichte gegenüber seinem Benchmark zulässt. Enthält der Benchmark 50% Aktien und 50% Obligationen, kann eine aktive Entscheidung dazu führen, 40% Aktien und 60% Obligationen zu halten. Die verwendeten Instrumente können dabei ETFs oder Indexfonds sein. Diese Strategie befindet sich demnach im mittleren Feld der oberen Reihe des Strategierasters.

Durch die Verwendung von wenigen, gut diversifizierten ETFs sind Kosten wie Verwaltungsgebühren, aber auch Transaktionskosten, bedeutend geringer als beim Einsatz von aktiv gemanagten Fonds. Durch schnelles Umschichten von wenigen Instrumenten kann das Portfoliorisiko flexibel gesteuert werden. Im oberen Beispiel kann eine Risikoänderung unter Umständen mit lediglich zwei Transaktionen erfolgen: Eine 10%-Reduktion des Aktien-ETFs und eine 10%-Erhöhung des Obligationen-ETFs.

Durch semi-passives Management ist eine Vielzahl von spezifischen Anlagestrategien zu verhältnismässig tiefen Kosten möglich. Bei Aktien bieten sich Regionen-, Länder-, Style- (Size, Value, Growth), Sektorstrategien sowie weitere Möglichkeiten an. Bei Anleihen und Rohstoffen können durch die stark anwachsende Auswahl an Instrumenten ebenfalls spezifische Views bezüglich Zinsänderungsrisiko, Ausfallrisiko, Terminkurve usw. umgesetzt werden.

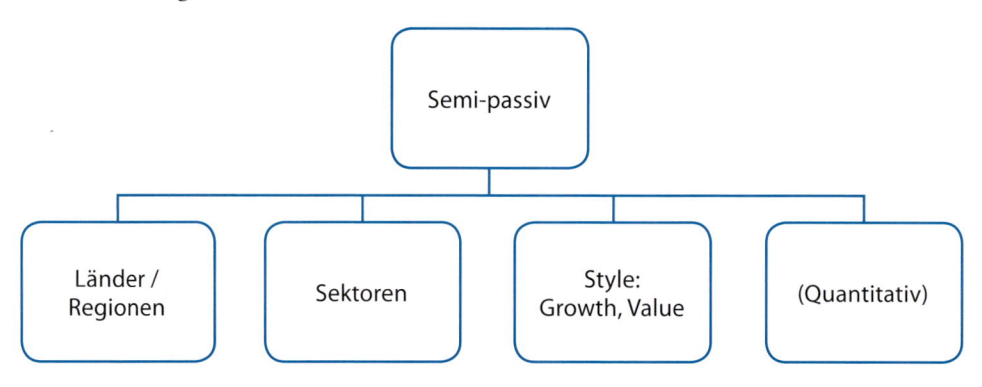

Abbildung 4-11: Eine semi-passive Aktienstrategie ist ähnlich einer aktiven, wird aber mit passiven Instrumenten umgesetzt.

Semi-passiv gemanagte Portfolios können wie aktive auf individuelle Bedürfnisse des Anlegers sowie auf unterschiedliche Marktphasen ausgerichtet sein. So kann die Ansicht, dass ein Land oder eine Region höhere Renditen abwerfen wird, durch kostengünstige Instrumente einfach umgesetzt werden. Views über die Entwicklung von Sektoren können auf Länder- aber auch auf Regionenebene stattfinden. Gerade bei Aktien-ETFs gibt es eine äusserst grosse Auswahl an Instrumenten, was sehr flexible Strategien ermöglicht. Mit inversen und gehebelten ETFs kann ebenfalls auf kurzfristige Korrekturen und Marktschwankungen gesetzt werden. Bei Anleihen-ETFs besteht unter anderem die Möglichkeit, die Qualität der Schuldner zu erhöhen oder das Zinsänderungsrisiko zu reduzieren. Hier bieten sich ETFs auf AAA-Staatsanleihen oder solche mit kurzer Duration, die in einem Umfeld von Zinserhöhungen sinnvoll sind, an. Es gibt mindestens drei Gründe, die für semi-passives Management sprechen. Erstens können Views über die Entwicklung verschiedener Länder, Sektoren usw. „sauber" umgesetzt werden. So wird kein aktiver Anlagefonds, der unter Umständen nicht genau die Ansicht des Anlegers teilt, dazwischengeschaltet. Durch die Wahl des ETFs bzw. des Indizes, auf dem der ETF läuft, ist ein hoher Grad an Transparenz geboten. Dies erleichtert deutlich die Umsetzung von spezifischen Views. Zweitens werden titelspezifische Risiken durch eine höhere Diversifikation reduziert und es wird in der Regel eine zu hohe Konzentration eines einzelnen Emittenten verhindert. Bei Direktanlagen besteht – besonders für weniger erfahrene Anleger – die Gefahr, einzelne Positionen zu stark zu gewichten und dadurch ungewollte Risiken in zu hohem Mass aufzunehmen. Drittens erfolgt die Umsetzung zu tiefen Kosten und bei hoher Liquidität der Instrumente. Die Verwaltungsgebühren sind deutlich tiefer als bei aktiven Fonds und im Gegensatz zu Direktanlagen müssen Börsengebühren und Courtagen nicht für eine Vielzahl von Titeln bezahlt werden.

Da es sich beim semi-passiven Management um eine Mischung des passiven und aktiven Managements handelt, sind auch Nachteile dieser Form der Anlagestrategie zu nennen. Kosten und Aufwand sind höher als bei einer passiven Buy-and-Hold-Strategie. Und im Vergleich zum aktiven Management ist die Flexibilität, sich an neue Marktumstände anzupassen, geringer. Semi-passives Management ist deshalb keine allgemeingültige Lösung, aber eine äusserst interessante Alternative zu den zwei gängigen Investmentphilosophien.

Quantitative Strategie mittels Robuster Portfoliooptimierung

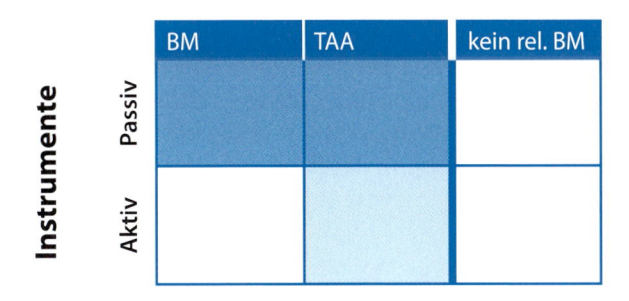

		BM	TAA	kein rel. BM
Instrumente	Passiv			
	Aktiv			

Quantitative Anlagestrategien lehnen sich in der Regel an einen Benchmark, wobei taktische Abweichungen möglich sind. Da die im Folgenden vorgestellte quantitative Strategie am besten für passive Instrumente wie ETFs geeignet ist, fällt die Zuteilung im Strategieraster auf die ersten zwei Rechtecke der oberen Zeile (BM und TAA mit passiven Instrumenten umgesetzt).

Es existieren viele quantitative Strategien. Eine der Strategien, die für Anlagestrategien mit passiven Instrumenten gut geeignet ist, ist die *Robuste Optimierung*. Robuste Portfolio-Optimierungsmethoden haben das Ziel, ein besonderes Defizit des Markowitz-Modells zu entschärfen: den Verzerrungseffekt durch die Unschärfe in den Inputvariabeln. Das Markowitz-Modell verwendet erwartete Renditen der Portfoliokonstituenten sowie deren Varianzen und Kovarianzen als Input. Diese sind jedoch in der Praxis unbekannt und müssen geschätzt werden. Diese Schätzung basiert im Falle der Kovarianzmatrix meistens auf historischen Daten. Die Schätzfehler, die bei jeder statistischen Schätzung inhärent sind, stellen die erste Fehlerquelle bei der Optimierung dar. Die zweite, viel gravierendere, Unsicherheit stammt von der Schätzung der erwarteten Renditen. Diese beruht in der Regel auf subjektive Schätzungen von Analysten, Portfoliomanagern und anderen Beteiligten. Selbst kleine Änderungen in den Inputwerten für erwartete Renditen können dabei die Gewichte eines optimalen Portfolios stark verzerren. Dabei entstehen sogenannte Corner Solutions: Gewichte, die genau bei den festgesetzten Bedingungen (z.B. bei null) liegen, sowie einige extrem grosse bzw. nicht intuitive Gewichte. Die Interpretation solcher Ergebnisse ist problematisch. Ein Ansatz, der den Effekt der Schätzfehlerproblematik reduziert, ist das Resampling-Verfahren. Dieses wurde von Richard Michaud Ende der 1990er Jahre vorgestellt. In diesem Verfahren werden Zeitreihen mit einer vorgegebenen Kovarianzmatrix und mit vorgegeben erwarteten Renditen mittels einer Monte-Carlo-Simulation vielfach repliziert. Durch die Monte-Carlo-Simulation entstehen besser diversifizierte und auf eine gewisse Weise robustere Portfolios.

Zu jeder generierten Zeitreihe werden die durchschnittliche Rendite und die Kovarianzmatrix berechnet. Diese weichen bei jeder Simulation leicht von den ursprünglich vorgegebenen ab. Wird für jede dieser Inputgrössen eine Markowitz-Optimierung gerechnet, entsteht für jede Simulation ein optimales Portfolio (dies bei einer gegebenen Risikoaversion). Wird anschliessend ein Durchschnitt über die Portfoliogewichte gezogen, entstehen robustere und für die Praxis besser geeignete Resultate.

Abbildung 4-12 zeigt das Resultat des Portfolio-Resamplings. Dabei wurden die Daten aus dem obigen Beispiel (Tabelle 4-5) verwendet. Im Gegensatz zum vorhergehenden Ergebnis aus der klassischen Portfolio-Optimierung, bei dem nur in fünf Indizes investiert wurde, entsteht beim Resampling eine deutlich höhere Diversifikation. Bei jedem Risikolevel wird in alle acht Indizes investiert. Somit wird teilweise eine 6-prozentige Rohstoffposition zur Erhöhung der Diversifikation in das Portfolio aufgenommen.

Anlagestrategien

Effiziente Portfoliogewichte (resampling)

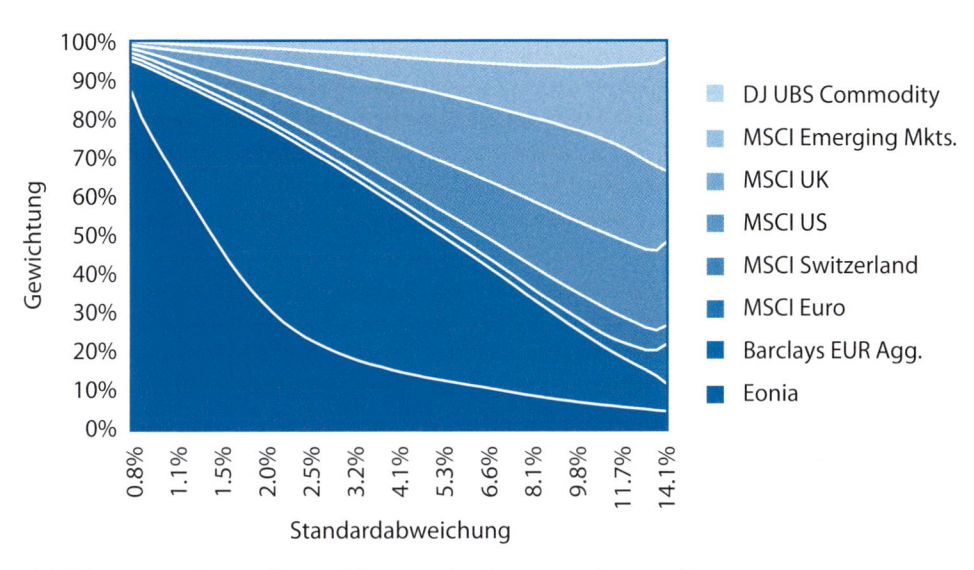

Legende:
- DJ UBS Commodity
- MSCI Emerging Mkts.
- MSCI UK
- MSCI US
- MSCI Switzerland
- MSCI Euro
- Barclays EUR Agg.
- Eonia

Abbildung 4-12: Optimale Portfoliogewichte bei einem Resampling.

Für die praktische Umsetzung ist dieses Resultat klar der klassischen Portfolio-Optimierung vorzuziehen. Durch zusätzliches Einbauen von Restriktionen über maximale Titel- oder Anlageklassegewichtungen können interessante und für die Praxis relevante Erkenntnisse gewonnen werden. Im Kapitel 5 wird das robuste Portfoliooptimierungsmodell angewendet, um diversifizierte Anlagestrategien für unterschiedliche Anlegertypen herzuleiten.

Qualitative Anlagestrategie

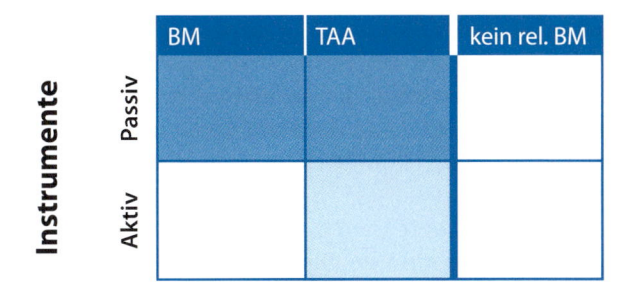

	BM	TAA	kein rel. BM
Passiv	■	■	
Aktiv		■	

(Instrumente)

Gerade bei der Definition der Anlagestrategie wird von Anlegern oft ein pragmatisches Vorgehen gewählt. Zunächst wird überlegt, wie die Aufteilung der Anlageklassen Obligationen, Aktien und alternative Anlagen (AI) erfolgen soll. Dabei ist normalerweise die Aktienquote der Ausgangspunkt, da sie die riskanteste Anlageklasse ist. Danach wird die Obligationenquote definiert und gegebenenfalls auch eine AI-Quote. Je nach Kenntnisstand des Anlegers können verschiedene Faktoren in die Herleitung einfliessen, wie beispielsweise erwartete Volatilitäten/Renditen oder künftige Verpflichtungen aus dem Portfolio. Es wird dabei in der Regel ein „qualitatives" Risikokonzept auf Stufe der Anlageklassen verwendet; höchstens selektiv werden Berechnungen durchgeführt. Abschliessend kann innerhalb der Anlageklassen eine Feinaufteilung vorgenommen werden.

Der Vorteil einer solchen qualitativen Strategie ist ihre einfache Formulierung und Umsetzung. Weil die Risiko/Rendite-Eigenschaften solcher Strategien attraktiv sein können, lohnt sich eine detaillierte Betrachtung.

Jede Strategie kann qualitativ formuliert werden. Wir konzentrieren uns auf eine passive Umsetzung mittels ETFs. Selbstverständlich gibt es auch qualitative Strategien, die aktive Instrumente enthalten. Der Strategieraster veranschaulicht diesen Zusammenhang.

Beispiel für 50%-Aktien

Wurde eine neutrale Aktienquote von 50% definiert, muss entschieden werden, wie diese Quote umgesetzt werden soll. Gerade hier können in der Praxis sehr grosse Unterschiede beobachtet werden. Ein einfacher Ansatz kann sein, die ganzen 50% über den Aktienweltindex MSCI World abzubilden. Wegen des hohen Fremdwährungsanteils und den damit verbundenen Risiken mag dieser Index von einigen Anlegern als unerwünscht betrachtet werden. So gibt es immer wieder Anleger, die nur EUR oder CHF innerhalb der Aktienquote haben wollen. Bei EUR kann beispielsweise 50% MSCI Euro gewählt werden und bei CHF 50% SMI. Die meisten Anleger werden wohl eine etwas feinere Aufteilung gemäss ihren eigenen Ansichten wünschen.

Beim Anleger mit 50% SMI ist die Instrumentenwahl einfach, weil es nicht viele ETFs auf unterschiedliche Schweizer Aktienindizes gibt. Möchte er die Quote weiter unterteilen, wird er wohl noch Mid Caps (SMIM) dazu mischen. So kommt er beispielsweise auf eine Aufteilung der Aktienquote von 40% SMI und 10% SMIM.

Unser Anleger mit Präferenz EUR kann aufgrund der Verfügbarkeit von vielen ETFs auf Aktienindizes der Eurozone diverse Sub-Aktienklassen definieren. Er könnte sich entscheiden zwischen MSCI EURO / Euro STOXX und der Kombination von einzelnen Länderindizes (DAX, CAC, IBEX etc.). Zudem könnte er ebenfalls Mid und Small Caps der Eurozone hinzufügen.

Soll innerhalb der 50% Aktien weltweit investiert werden, ergeben sich mehr Ausgestaltungsvarianten. Es können beispielsweise separate Quoten definiert werden für Europa bzw. die Eurozone (MSCI EURO oder STOXX 600), USA (S&P500 oder MSCI USA), UK (FTSE), Schweiz (SMI), Japan (MSCI, TOPIX oder Nikkei), Schwellenländer (MSCI EM) und Mid / Small Caps. Oft kann beobachtet werden, dass Anleger bis zur Hälfte der Aktienquote im Heimmarkt allokieren. Ein Schweizer würde demnach 25%

in SMI (oder SMI plus SMIM) investieren und die restlichen 25% auf die gewünschten Regionen verteilen. Wie eine praktische Herleitung aussehen kann, wird in Kapitel 5 gezeigt.

Core-Satellite-Strategie

Eine weitere Möglichkeit für den Einsatz von ETFs bietet die sogenannte Core-Satellite-Strategie. Bei dieser Form der Anlageallokation wird ein Kern (Core), meist mittels breit diversifizierter ETFs, gebildet und daneben Satelliten, meistens Instrumente mit hohem Ertragspotential, gehalten. Der Kern sollte dabei den Benchmark des Produkts möglichst gut abbilden. Dadurch wird das Risiko/Ertrags-Potential des Portfolios eingegrenzt. Satelliten hingegen sollten möglichst unterschiedlich zum Benchmark sein, denn sie haben den Zweck, eine Überrendite gegenüber dem Benchmark zu generieren. Sie sollten eine Alpha-Quelle sein und sich klar vom Benchmark unterscheiden. Ein Schweizer Investor, der unter Umständen den SMI als Benchmark hat, sollte nicht unbedingt Nestlé, Roche und Novartis als Satelliten halten, da die drei Titel zusammen mehr als die Hälfte des SMIs ausmachen und sich zusammen ähnlich wie der Index bewegen. Viel mehr eignen sich unkorrelierte, kleinere Titel als Satelliten.

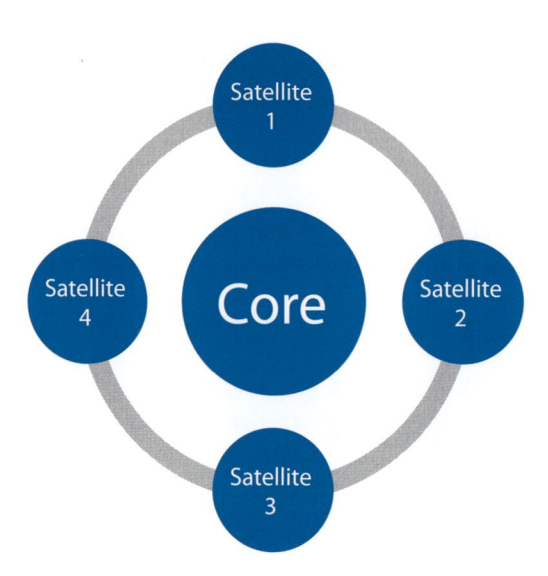

Abbildung 4-13: Core-Satellite-Strategie mit vier Satelliten.

Bei der Wahl der Satelliten können sich aktiv verwaltete Investmentfonds, Direktinvestitionen in Aktien und Obligationen, aber auch Sektor-ETFs eignen. Das Ziel der Satelliten ist eine Ausschöpfung von möglichen Ertragsquellen unter Berücksichtigung des Gesamtportfoliorisikos. Wird der Kern gross genug gewählt, ist der Tracking Error und dadurch auch das absolute Risiko eines benchmarkorientierten Portfolios zum grössten Teil vorgegeben. Dies ist tatsächlich ein grosser Vorteil von Core-Satellite-Strategien: Der Tracking Error des Portfolios kann sehr einfach durch die Gewichtung des Satelliten sowie dessen Tracking Errors errechnet werden. Die Voraussetzung dafür ist lediglich, dass der Kern (Core) möglichst ähnlich zum Benchmark, also möglichst hoch korreliert, gewählt wird. Bei einer perfekten Korrelation von 1 lässt sich der Tracking Error des Portfolios wie folgt berechnen:

$$TE_p = w \times TE_S$$

wobei TE_p und TE_S den Tracking Error des Portfolios bzw. des Satelliten darstellen und der Satellit mit w gewichtet wird. Mit dieser Formel können drei Fragen beantwortet werden.

- Wie gross kann die Gewichtung eines Satelliten sein, wenn sein Tracking Error (TE) x% beträgt und ein Portfolio mit TE von y% konstruiert werden soll?
- Wie hoch ist der TE eines Portfolios mit einem z%-Satelliten-Anteil, dessen TE x% beträgt?
- Wie hoch darf der TE der Satelliten sein, wenn Satelliten insgesamt zu z% gewichtet werden und wenn ein Portfolio-TE von y% erreicht werden soll?

Diese grundlegenden Fragestellungen können sehr einfach mit Hilfe der obigen Formel und durch ihre Umformung beantwortet werden. Dazu einige Beispiele. Ist der vorgegebene Tracking Error des Portfolios 3% und beträgt der TE des Satelliten 10%, so sollten die Satelliten insgesamt ein Gewicht von 30% (=3%/10%) haben. Ist der Satellit zu 20% gewichtet und ist sein TE 10%, so ist der TE des Portfolios 2% (=20%×10%). Es kann auch vorkommen, dass die Frage nach der maximalen Gewichtung des Satelliten gestellt wird, wobei der Satellit beispielsweise einen TE von 10% hat und der TE des Portfolios nicht über 3% liegen darf. Die Lösung ist hier, maximal 30% (=3%/10%).

Core-Satellite-Strategien haben den Vorteil einer vergleichsweise genauen Risikosteuerung. Die Auswahl und Bewirtschaftung der Satelliten ist mit Aufwand und Kosten verbunden. Bei aktiven Core-Satellite-Strategien, in denen Satelliten häufig gewechselt werden, sollte das Augenmerk besonders auf Handelskosten gelegt werden. Bei den ETFs, die den Core bilden und in der Regel seltener umgeschichtet werden, sollte auf eine möglichst gute Benchmarkabbildung sowie auf eine tiefe Total Expense Ratio geachtet werden. Ein weiterer Vorteil einer Core-Satellite-Strategien liegt bei der subjektiven Wahrnehmung. Viele Anleger möchten beispielsweise Aktien im Portfolio halten, zu denen sie einen Bezug haben oder an die sie glauben. Bei einer Core-Satellite-Strategie können solche Titel als Satelliten verwendet werden, ohne dass das Risiko übermässig erhöht wird.

Daneben trifft man gelegentlich noch eine umgekehrte Ausprägung der Core-Satellite-Strategie an. Hier ist der Kern durch einen aktiven Ansatz definiert, d.h. die Umsetzung erfolgt über Einzeltitel oder Anlagefonds. Die Satelliten werden als Ergänzung zum aktiven Kern über passive (indexierte) Instrumente abgebildet. Dies kann beispielsweise bei einem Manager der Fall sein, der aktiv Europa und die USA im Kern bewirtschaftet. Damit er dennoch weltweit investiert ist und sich den Aufwand einer aktiven Selektion ersparen kann, verwendet er ETFs als ergänzende Satelliten.

	Core	Satellite
Passiv-Passiv	Benchmark nachbildende ETFs	Z.B. Sektor-ETFs
Passiv-Aktiv	Benchmark nachbildende ETFs	Einzeltitel, aktive Fonds
umgekehrter Core-Satellite-Ansatz	Einzeltitel oder aktive Fonds	ETFs

Tabelle 4-6: Beim sogenannten Core-Satellite-Ansatz sind verschiedene Ausprägungen denkbar.

Berücksichtigung zukünftiger Verpflichtungen

		BM	TAA	kein rel. BM
Instrumente	Passiv			
	Aktiv			

Bis jetzt haben wir implizit angenommen, dass das investierbare Vermögen nicht angetastet wird. In der Praxis besteht jedoch oft der Wunsch, einen Teil des investierten Betrages zu einem bestimmten Zeitpunkt abzuziehen. Es kann der Wunsch bestehen, heute 100'000 Franken anzulegen und davon in 5 Jahren 20'000 Franken abzuziehen. In diesem Fall kommt ein Konzept, welches zukünftige Verpflichtungen berücksichtigt, zum Einsatz. Dadurch soll verhindert werden, dass eine Diskrepanz zwischen vorhandenen Vermögenswerten sowie deren Wertschwankungen und (zukünftigen) Verpflichtungen entsteht. Pensionskassen und Versicherungen machen extensiv Gebrauch von sogenannten Asset and Liability Management (ALM) Modellen, um den erwarteten Verpflichtungen nachkommen zu können, ohne zu viel Kapital in sicheren (und weniger rentablen) Anlagen binden zu müssen.

Beim professionellen Asset und Liability Management richtet sich das Portfolio in der Regel nicht an einen klassischen Benchmark. Stattdessen werden heutige Vermögenswerte zukünftigen Verpflichtungen gegenübergestellt. Obwohl die typische Umsetzung mit Direktinvestitionen in Obligationen erfolgt, sind auch ETF-basierte Strategien denkbar. Der Strategieraster zeigt, dass es sich hier nicht um einen BM/TAA-Ansatz im herkömmlichen Sinn handelt und dass aktive sowie passive Instrumente bei der Umsetzung möglich sind.

Wir möchten einen einfachen Ansatz vorstellen, welcher ohne aufwändige Berechnungen auskommt. Mit Bezug zum oben genannten Beispiel werden die in 5 Jahren benötigten 20'000 Franken per Startzeitpunkt in Anleihen investiert. (Präziser wäre es, den abdiskontierten Wert von 20'000 CHF zu nehmen – wir verwenden hier eine Vereinfachung und sichern etwas mehr ab, als dies finanztechnisch notwendig ist.) Die Differenz zum Ausgangsbetrag (100'000 – 20'000 Franken) kann dann gemäss der eigenen Strategie (Asset Allocation) angelegt werden. Abbildung 4-14 fasst die Idee der Berücksichtigung einer zukünftigen Verpflichtung zusammen.

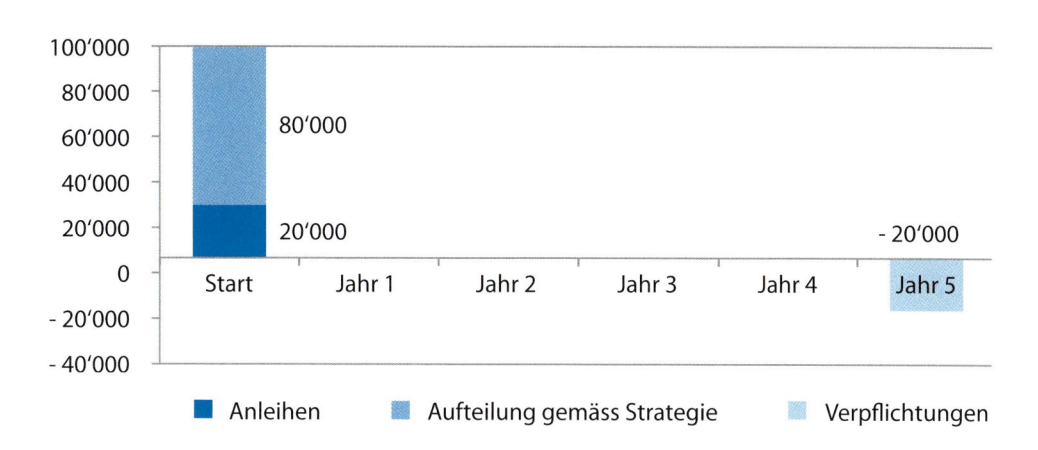

Abbildung 4-14: Schematische Darstellung, wie zukünftige Verpflichtungen (ohne Abdiskontierung) berücksichtigt werden können.

Die „Aufteilung gemäss Strategie" kann mit einer der vorgestellten Anlagestrategien erfolgen. Offen ist an dieser Stelle, wie die Anleihen investiert werden sollen. Gerade bei der Berücksichtigung von künftigen Verpflichtungen ist die Referenzwährung der Anleihen, welche zur Bedienung dieser Ansprüche angelegt werden, von zentraler Bedeutung. Wir empfehlen deshalb nur Anleihen in der jeweiligen Referenzwährung zu berücksichtigen. Falls die Verpflichtung verhältnismässig weit in der Zukunft liegt, sind auch Anleihen in einer Fremdwährung denkbar. Höhere Coupons im Ausland bedeuten oft auch eine höhere Inflation. Zudem können sich Wechselkurse rasch verändern und Erträge aus Coupons erodieren. Dies kann zu Problemen bei der Wahrnehmung der Verpflichtungen führen. Deshalb ist es empfehlenswert, sich beim Einsatz von Fremdwährungsanleihen gegen Wechselkursschwankungen abzusichern.

Wir empfehlen ETFs auf Staatsanleihenindizes in der Heimwährung zu verwenden, wobei die Laufzeiten kleiner oder gleich der Zeit bis zur Verpflichtung sein sollten. Im Beispiel empfiehlt es sich, anfangs in einen ETF mit Staatsanleihen von 3 bis 5 Jahren zu investieren. Ein Jahr später, also 4 Jahre vor Fälligkeit der Verpflichtung, kann in den Laufzeitenband 1–3 Jahre gewechselt werden. Schliesslich, 2 Jahre vor Fälligkeit, müsste die null- bis einjährige (unterjährige) Staatsanleihen-Tranche gekauft werden. Wir betonen, dass dies eine Vereinfachung einer ALM-Strategie ist. Für eine „perfekte" Abstimmung müsste in einzelne Anleihen investiert werden. In diesem Beispiel lässt sich das Durationsrisiko also nicht völlig eliminieren. Tabelle 4-7 fasst die Grundidee mit den Laufzeitenbändern zusammen.

Verpflichtung in	Zu verwendende Laufzeit	Anpassung notwendig
Weniger als 1 Jahr	0 – 1 Jahre	Nein
1 bis 3 Jahren	1 – 3 Jahre	Ja, für das letzte Jahr
3 – 5 Jahren	3 – 5 Jahre oder kürzer	Ja, für die letzten 3 Jahre
5 – 7 Jahren	5 – 7 Jahre oder kürzer	Ja, für die letzten 5 Jahre
Mehr als 7 Jahren	7 – 10 Jahre oder kürzer	Ja, für die letzten 7 Jahre

Tabelle 4-7: Schematische Darstellung, wie Verpflichtungen und Laufzeitenbänder bei Anleihenindizes abgestimmt werden können.

Kontrolliertes „Entsparen"

Das Konzept mit den zukünftigen Verpflichtungen kann erweitert werden, indem aus einem Startbetrag ein jährliches Einkommen generiert werden soll. Dabei wird keine reine Verzinsung angestrebt, sondern es erfolgen kontrollierte Entnahmen. Kontrollierte Entnahmen können Verkäufe bestehender Anlagen, aber auch Couponzahlungen sein. Das Prinzip ist ähnlich wie im ersten Beispiel. In der einfachsten Form kann jede Entnahme als eine zukünftige Verpflichtung angesehen werden. Durch das Kaufen und Verkaufen von Anleihen-ETFs verschiedener Laufzeiten kann die heutige Allokation auf zukünftige Cashflows abgestimmt werden.

Wie im oberen Beispiel kann der per Startzeitpunkt nicht benötigte Teil „frei" gemäss der eigenen Strategie investiert werden. Die Summe der Verpflichtungen der ersten 10 bis 15 Jahre wird entsprechend in Anleihen investiert. Auch hier wird empfohlen, die Heimwährung zu bevorzugen und eine Laufzeitenplanung vorzunehmen. Bevor der Anleihenblock komplett aufgezehrt ist und die Strategie gerollt wird, muss sorgfältig eine Planung für den nächsten Entnahmeabschnitt durchgeführt und die notwendigen Transaktionen müssen zeitlich gestaffelt werden. Dieses Beispiel ist in Abbildung 4-15 illustriert.

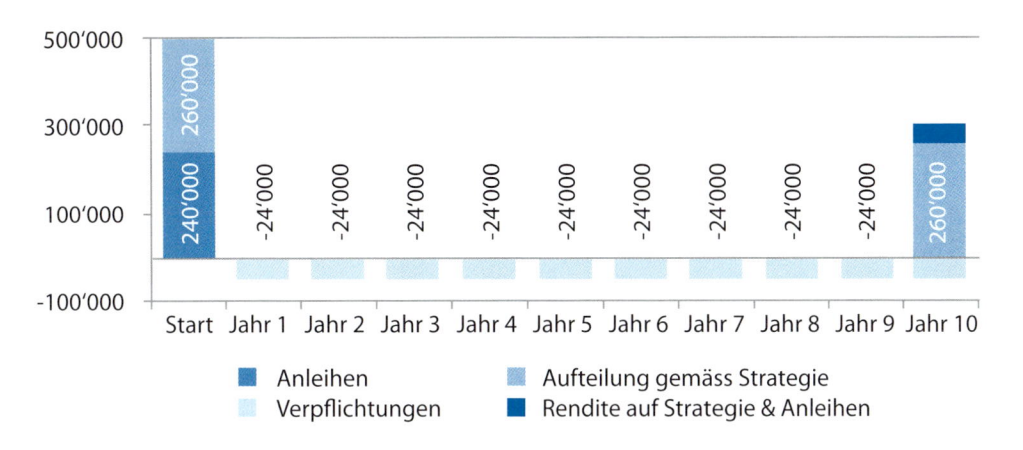

Abbildung 4-15: Vereinfachtes Beispiel von kontrollierten Entnahmen über 10 Jahre.

Die Berücksichtigung zukünftiger Verpflichtungen sowie kontrolliertes Entsparen kann einfach über Direktinvestitionen in Obligationen anstatt in Obligationen-ETFs erfolgen. Dazu müssen Laufzeiten und Couponzahlungen von Obligationen auf die künftigen Verpflichtungen abgestimmt werden. Der Vorteil einer Umsetzung mit Obligationen ist, dass diese nicht wie Obligationen-ETFs in kürzere Laufzeiten gerollt werden müssen. Dadurch ist eine genaue Abstimmung mit den Verpflichtungen möglich und ein genauer Schutz gegen das Zinsänderungsrisiko gegeben. Gleichzeitig ist hier zu erwähnen, dass Direktanlagen in Obligationen ein höheres Emittentenrisiko aufweisen können. Fällt der Bond-Emittent aus, kann zukünftigen Verpflichtungen nicht nachgekommen werden. Bei Obligationen-ETFs wird dieses emittentenspezifische Ausfallrisiko auf viele Obligationen diversifiziert. Der Ausfall eines Emittenten gefährdet die Rückzahlungsverpflichtung wesentlich weniger als dies bei Direktanlagen in Obligationen der Fall ist. Aus steuerlicher Sicht kann eine Umsetzung einer ALM Strategie mittels ETFs zusätzliche Vorteile bringen. Bemerkung für Schweizer Anleger: Ein teilweise kontrollierter Verzehr von Anlagen ist grundsätzlich steuerlich attraktiver, als wenn derselbe Betrag über Coupons oder Dividenden erzielt würde.

Absolute-Return-Strategie

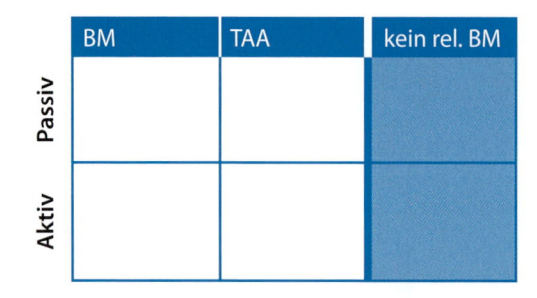

	BM	TAA	kein rel. BM
Passiv			
Aktiv			

(Instrumente)

Es existieren verschiedene Varianten und Unterarten von Absolute-Return-Strategien (ARS). Allen Varianten ist gemeinsam, dass der Gedanke an die absolute Rendite im Vordergrund steht. Der relative Vergleich zur Benchmarkrendite hat demnach bei ARS eine sekundäre Rolle (siehe Strategieraster). Präzise genommen, haben Absolute-Return-Strategien das Ziel, Portfoliorenditen über einem vorbestimmten Schwellenwert (z.B. null) zu generieren. Dabei ist das Zeithorizont, in dem der Schwellenwert überschritten werden soll, zu definieren. Eine Absolute-Return-Strategie (ARS), die eine positive Rendite nach einem Jahr zu erreichen versucht, kann durchaus negative Tagesrenditen aufweisen. Dies stellt an sich keinen Widerspruch zum einjährigen Renditehorizont der Strategie dar.

Der grundlegende finanztheoretische Zusammenhang zwischen erwarteter Rendite und Risiko gilt selbstverständlich auch für Absolute-Return-Strategien: Höhere Renditen lassen sich nur durch Aufnehmen von Risiken erzielen. Risiko im Kontext von ARS heisst jedoch keinesfalls nur Volatilität (Renditestreuung). Stattdessen liegt der Fokus je nach Strategie auf folgenden Risikoarten:

- Tail Risk
- „Alternatives" Risiko

Tail Risk ist die Bezeichnung für das Risiko von extremen negativen Abweichungen vom Renditedurchschnitt. Dieses Risiko kann mit sogenannter asymmetrischer Rendite-Pay-off-Strategie reduziert werden. Dies wird in Abbildung 4-16 schematisch dargestellt.

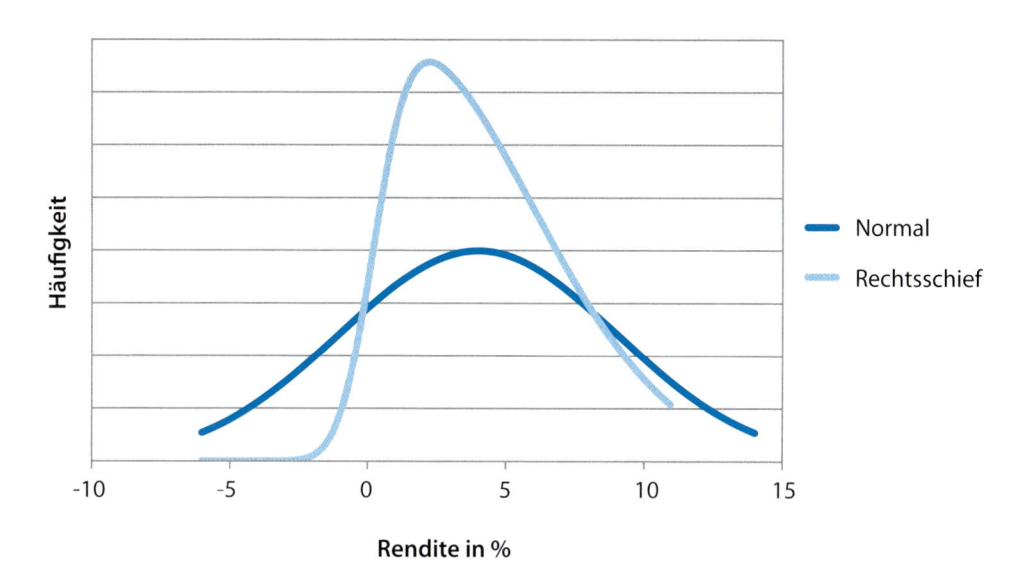

Abbildung 4-16: Normale und rechtsschiefe Verteilung von Renditen.

Die rechtsschiefe Verteilung ist typisch für viele Absolute-Return-Strategien. Die Wahrscheinlichkeit von negativen Renditen ist kleiner als bei traditionellen normalverteilten Strategien. Ökonomisch betrachtet, muss die Absicherung gegen negative Renditen – wie bei der Prämie einer Versicherung – Kosten verursachen. Sei dies durch die Transaktionshäufigkeit einer Portfolio Insurance Strategie (z.B. CPPI) oder einer kostspieligen Optionsstrategie. In den meisten Fällen wird die erwartete Rendite reduziert. So kann ein höherer Schwellenwert, der bei einer ARS definiert wird, nur durch Verzicht auf höhere erwartete Renditen erreicht werden.

Alternatives Risiko stellt die zweite Möglichkeit einer absoluten Renditegenerierung dar. Dieses Risiko ist in „normal" verlaufenden Märkten weniger ersichtlich. Ein typisches alternatives Risiko ist das Kreditrisiko bei Obligationen. Anleihen mit einer höheren Ausfallwahrscheinlichkeit versprechen höhere Renditen als sichere Anleihen. In guten Zeiten ist dadurch eine Mehrrendite zu erwirtschaften. Erst in einer Krise werden die aufgenommenen Risiken deutlich. Weitere alternative Risikoprämien sind u.a. Term Structure, Size, Value, Momentum und Volatility Spreads. Häufig wird nebst dem alternativen Risiko auch vom versteckten Risiko – dem Hidden Risk bzw. Hidden Beta – gesprochen. Dazu gehören Liquiditäts- und Gegenparteirisiken. In gut funktionierenden Märkten generieren diese Risiken positive Renditen. Während eines Börsencrashs können sie jedoch sehr teuer werden.

Die folgende Darstellung zeigt vier Beispiele von Absolute-Return-Strategien in Anlehnung an Wolfert und Braun-Cangl (2010):

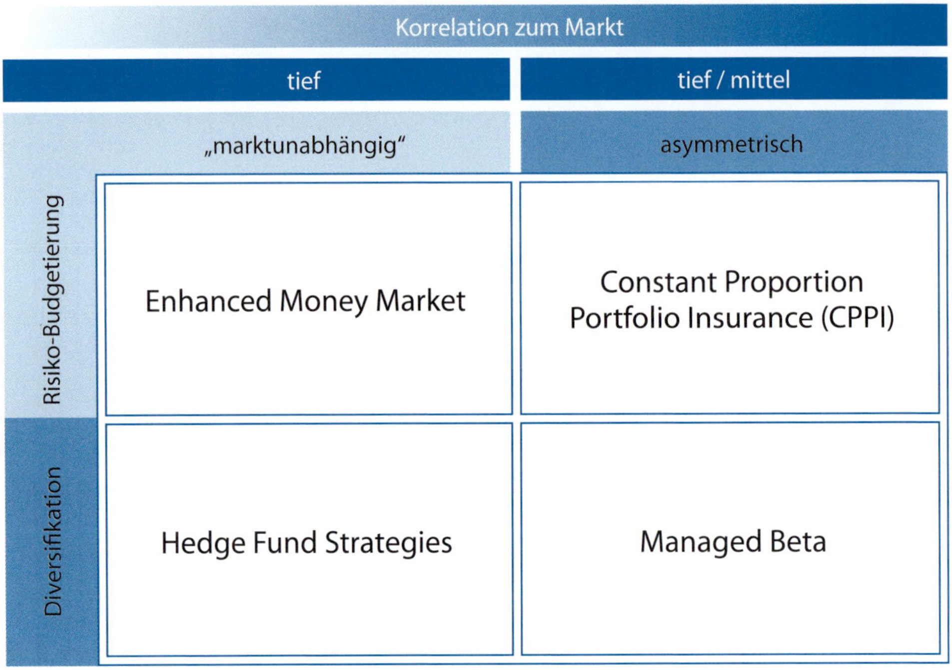

	Korrelation zum Markt	
	tief	tief / mittel
	„marktunabhängig"	asymmetrisch
Risiko-Budgetierung	Enhanced Money Market	Constant Proportion Portfolio Insurance (CPPI)
Diversifikation	Hedge Fund Strategies	Managed Beta

Abbildung 4-17: Kategorien von Absolute-Return-Strategien.

Auf der horizontalen Achse ist die Korrelation zu traditionellen Aktien- und Obligationenmärkten aufgeführt. Dabei handelt es sich um den Renditezusammenhang zwischen Portfolio und Markt während normalen Börsenzeiten(!). Des Weiteren können ARS in risikobudgetierte und diversifizierte Strategien aufgeteilt werden. Wird eine Risikobudgetierung verfolgt, so ist das Ziel, während eines spezifischen Zeitraums einen Rendite-Schwellenwert nicht zu unterschreiten. (Hier wird der Absolute-Return-Gedanke strikt umgesetzt.) In Anlagefonds oder zentral verwalteten Mandaten ist die Definition des Zeitraums jedoch kaum möglich, denn es hängt vom individuellen Investitionszeitpunkt ab. Entweder können sich Renditehorizont und der Schwellenwert auf ein Kalenderjahr beziehen oder aber, es wird eine Abweichung zu den strikten Spielregeln einer ARS erlaubt. In solchen Fällen können weitere Anlageklassen zur Diversifikation des Portfolios beigemischt werden, selbst wenn der maximale Verlust über eine vordefinierte Periode nicht garantiert werden kann. Diese Strategien werden häufig Managed-Beta-Strategien genannt.

Marktunabhängigen Strategien ist gemeinsam, dass sie alternative (oder versteckte) Risiken zur Verfolgung von Absolute-Return-Strategien verwenden. Enhanced-Money-Market-Strategien können beispielsweise versuchen eine positive Rendite durch das Investieren in Geldmarktinstrumente, also Obligationen mit kurzer Laufzeit, zu erzielen. Dabei können die Renditen durch die Verlängerung der Portfolioduration oder das Aufnehmen weniger sicherer Schuldner in das Portfolio erhöht werden. Die höhere Rendite eines Enhanced Money Market Funds geht deshalb häufig auf Kosten des Zinsänderungs- bzw. Ausfallrisikos. Eine weitere Möglichkeit, „marktunabhängige" Renditen zu erzielen, bieten einige Hedge-Fund-Strategien wie Long/Short, Global Macro, Event Driven und Relative Value. Es ist wichtig zu sehen, dass diese „Marktunabhängigkeit" nur unter normalen Verhältnissen funktioniert. Während eines Börsencrashs können versteckte Risiken wie das Liquiditäts-, Kredit- oder Gegenparteirisiko zu Verlusten führen. Dieser Aspekt sollte bei der Anlageentscheidung mitberücksichtigt werden.

Im Gegensatz zu marktunabhängigen Strategien nehmen asymmetrische Pay-off-Strategien in der Regel traditionelle Risiken (Marktrisiken) auf. Wird bei einer Risiko-Budgetierung eine Constant-Proportion-Portfolio-Insurance-Strategie (CPPI) angewendet, so wird die Aktienquote in Abhängigkeit zum Verlauf der Aktienmärkte über die Zeit hinweg dynamisch angepasst. Steigen die Märkte, so wird die Aktienquote zu Lasten von Geldmarktinstrumenten erhöht. In fallenden Märkten wird die Aktienquote reduziert. Dadurch werden Verluste gegen unten beschränkt und es entsteht ein asymmetrischer bzw. rechtsschiefer Pay-off. Um die Diversifikation einer CPPI-Strategie, die in der strengen Variante nur aus Aktien und Geldmarktinstrumenten besteht, zu erhöhen, können weitere Anlageklassen wie Obligationen, Rohstoffe und Hedge Funds hinzugemischt werden.

Vergleich verschiedener Anlagestrategien

Anlagestrategie	Merkmale	Risiken
Passiv **(Buy-and-Hold)** ✓ Transparente Instrumente wie ETFs auf breite Indizes. ✓ Langfristige Sicht	■ Tiefe Kosten ■ Vergleichsweise gute Rendite in steigenden Märkten. ■ Wenig Aufwand	■ Reagiert nicht auf Änderungen in der Wirtschaft. ■ Keine Ausnutzung von Markteffizienzen. ■ Erschwerter Überblick wegen sich verändernden Gewichten.
Passiv **(Rebalancing)** ✓ ETFs (wie bei Buy-and-Hold) ✓ Langfristige Sicht	■ Höhere Risikokontrolle ■ Gut in volatilen Märkten ■ Höhere Transparenz: Wenig Veränderung in den Gewichten. ■ Relativ wenig Aufwand	■ Transaktionskosten ■ Schlecht bei steigenden Märkten.

Anlagestrategie	Merkmale	Risiken
Aktiv ✓ Alle Instrumente werden eingesetzt. Auch Aktien, Obligationen etc. ✓ Kurzfristig bis langfristig	■ Portfolio wird an sich ändernde Umstände angepasst. ■ Aktive Risiko/Rendite-Steuerung. ■ Ausnutzung von Marktineffizienzen möglich.	■ Höhere Transaktionskosten ■ Höherer Zeitaufwand ■ Teilweise hohe Verwaltungsgebühren. ■ Schwierigkeit, gute von schlechten Managern zu unterscheiden.
Semi-passiv ✓ Breite wie auch spezifische ETFs auf Sektoren, Styles etc. ✓ Mittelfristig, taktisch	■ Kostengünstige Umsetzung im Vergleich zu aktiver Strategie. ■ Flexibilität bei tiefen Gebühren und Transaktionskosten möglich.	■ Mehr Aufwand und höhere Kosten als bei passiver Strategie. ■ Weniger Flexibilität als bei aktiver Strategie.
Quantitative Strategie (Robuste Optimierung) ✓ Passiv ✓ Semi-passiv	■ Genaue Risiko/Rendite-Steuerung. ■ Hohe Diversifikation ■ Risikoabhängige Gewichtung auch innerhalb von Anlageklassen. ■ Hoher Anteil Intuition	■ Kompliziertes Optimierungsverfahren. ■ Modellrisiken (Modell muss verstanden und richtig interpretiert werden).
Qualitative Strategie ✓ Passiv ✓ Semi-passiv ✓ Aktiv	■ Einfache Formulierung und Umsetzung. ■ Hohe Diversifikation ■ Gute Risiko/Rendite-Eigenschaften, falls richtig umgesetzt.	■ Führt nicht zu optimalen Portfolios. ■ Keine genaue Abstimmung mit der individuellen Risikotoleranz.
Core-Satellite ✓ Semi-passiv ✓ Aktiv	■ Gut geeignet zur Steuerung des Tracking Errors. ■ Aktives Management mittels Satelliten möglich. ■ Subjektiver Bezug zur Strategie kann hoch sein.	■ Satelliten können unnötige Kosten verursachen und keine Mehrrendite generieren. ■ Schwierigkeit, den Tracking Error der Satelliten zu bestimmen.
Berücksichtigung zukünftiger Verpflichtungen	■ Berücksichtigung zukünftiger Verpflichtungen. ■ Kontrolliertes Entsparen ■ Diversifiziertes Ausfallrisiko gegenüber Direktanlagen.	■ Umsetzung mittels ETFs weniger exakt als mit Obligationen. ■ Genaue Modellierung kann sehr komplex sein.

Anlagestrategie	Merkmale	Risiken
Absolute-Return-orientiert	■ Grundidee des Erzielens einer absoluten Rendite mit Wertschriften ist einleuchtend.	■ Definition eines Konzeptes, welches in jedem Marktumfeld funktioniert, ist äusserst schwierig. ■ Konzepte versagen oft, wenn Märkte häufig und abrupt die Richtung wechseln.

Tabelle 4-8: Anlagestrategien im Überblick.

5. Umsetzung von ETF-Strategien in der Praxis

In den vorangehenden Kapiteln wurden Charakteristiken von Indizes, ETFs sowie verschiedene Typen von Anlagestrategien diskutiert. Ziel dieses Kapitels ist es, praktische Umsetzungsmöglichkeiten von Anlagestrategien mittels ETFs aufzuzeigen. Die genaue Umsetzung der gewählten Strategie hängt vom investierten Vermögen, der Risikotoleranz, dem Anlagehorizont und von subjektiven Markterwartungen ab. Das Ziel in diesem Kapitel ist es nicht, eine allgemeingültige Lösung zu präsentieren, sondern einen Prozess zur Erlangung von sinnvollen und gut diversifizierten Portfolios vorzustellen. Von den im Kapitel 4 beschriebenen Anlagestrategien gehen wir auf die quantitative, qualitative sowie auf die semi-passive (mit Views) Strategie ein. Die Vorteile dieser Anlagestrategien sind nebst einer breiten Marktabdeckung tiefe Kosten sowie der geringe Aufwand der Umsetzung. Gerade der Kostenaspekt wird in der Praxis leider bei kleineren Vermögen oft unterschätzt oder schlicht ignoriert.

1. Höhe des zu investierenden Betrages
2. Bestimmung / Überprüfung des Universums
3. Wahl der Anlagestrategie und Umsetzung
4. Portfolio-Überwachung (Risiko, Rendite, Universum)

Abbildung 5-1: Einfacher Anlageprozess.

Es gibt unterschiedliche Arten, wie ein Anlageprozess definiert werden kann. Eine eindeutig beste Variante gibt es dabei nicht. In diesem Buch stellen wir eine vor, die besonders für private Anleger geeignet und vergleichsweise einfach umzusetzen ist. Dieser Prozess beinhaltet die aus unserer Sicht wichtigsten Elemente und ermöglicht eine gute Abstimmung des investierten Vermögens mit den individuellen Bedürfnissen eines Anlegers. Abbildung 5-1 fasst die einzelnen Schritte dieses Anlageprozesses zusammen. In einem ersten Schritt wird die Höhe des zu investierenden Betrages bestimmt. Diese Höhe ist für die Auswahl des Anlageuniversums, die in einem zweiten Schritt erfolgt, insofern wichtig, dass sie die Anzahl der eingesetzten Instrumente eingrenzt. Bei tiefen Beträgen lohnt es sich vergleichsweise wenig Instrumente zu halten, um die Transaktionskosten einzuschränken. Wurde das Anlageuniversum bestimmt, wird in einem dritten Schritt eine Anlagestrategie (siehe Kapitel 4) definiert und umgesetzt. Schliesslich muss das Portfolio periodisch hinsichtlich Rendite und Risiko überwacht werden. Werden Mängel im Portfolio festgestellt, hat sich das Anlageuniversum stark verändert oder sind individuelle Bedürfnisse – sprich die Risikotoleranz – nicht mehr die gleichen, sollten die Schritte 2 (oder sogar 1) bis 4 wiederholt werden. Im Folgenden wird dieser Anlageprozess von der Bestimmung des investierten Betrages bis zur Auswahl und Umsetzung einer Anlagestrategie (Schritte 1 bis 3) beschrieben. Die Risiko- und Performance-Überwachung sowie praktische Hinweise zur Umsetzung werden in Kapitel 6 zusammengefasst.

> ### Wichtige Bemerkung
>
> An dieser Stelle wird ausdrücklich darauf hingewiesen, dass diese Strategien lediglich Anregungen darstellen. Sie eignen sich als Musterbeispiele und sind auf „typische" Anlegertypen abgestimmt. Ziel dieses Kapitels ist die Vermittlung einer Intuition: Auf welche Aspekte soll bei einer Anlageentscheidung geachtet werden? Was sind die Stärken und Schwächen einer bestimmten Allokation? Die individuelle Ausgangslage eines Anlegers muss jedoch immer berücksichtigt werden. Es empfiehlt sich, eine Strategie von einem (unabhängigen) Fachmann überprüfen zu lassen, wenn das notwendige Grundwissen nicht vorhanden ist.

Bestimmung der Höhe des zu investierenden Betrages

Das ungefähre Investitionsvolumen muss bei der Formulierung einer Anlagestrategie bekannt sein. Je höher der zu investierende Betrag, desto tieferen Einfluss haben fixe Transaktionskosten (Flat Fees) auf die Portfoliorendite. Sind die fixen Brokerage-Kosten beispielsweise bei 10 CHF für einen ETF, ist bei jedem Kauf und Verkauf unabhängig von der Handelsgrösse dieser Betrag zu zahlen. Werden 1'000 CHF investiert, fällt beim Kauf sowie beim Verkauf einer einzelnen Position ein Verlust von 1% (=10/1'000) an. Somit muss der entsprechende ETF 2% performen, damit man bei einem Verkauf keinen Verlust einfährt und die zweimal 10 CHF Transaktionskosten gedeckt hat! Bei diesem Beispiel sind weitere Kosten, wie Geld/Brief-Spanne und allfällige Steuern, noch gar nicht berücksichtigt.

Werden hingegen zwei ETFs bei einer Investitionsgrösse von 1'000 CHF gekauft, so sind die Verluste zum Zeitpunkt des Kaufs bereits 2%. Deshalb gilt grundsätzlich: Je tiefer der investierte Betrag, desto weniger Instrumente sollten in das Portfolio aufgenommen werden. Bei einem Investitionsvolumen von 1'000 CHF ist ein möglichst gut diversifizierter ETF zu empfehlen. Im Gegensatz zu Einzelanlagen kann mit ETFs schon mit einer Transaktion (z.B. ETF auf MSCI World und ein Teil in Cash) eine hohe Diversifikation erzielt werden. Es wird empfohlen, Transaktionskosten möglichst gering zu halten. Hohe Transaktionskosten müssen durch höhere Renditen sowie durch Inkaufnahme von mehr Risiken wettgemacht werden. Die Transaktionskosten sollten deshalb nicht viel mehr betragen als jährlich 1% der investierten Summe.

Nebst der Höhe des zu investierenden Betrages müssen sich Anleger im Voraus diszipliniert zeigen und ihre erwartete Handelsaktivität definieren. Wie viel Prozent der Titel möchte man ungefähr handeln (aufstocken, reduzieren, verkaufen) pro Jahr? Die Handelsaktivität definieren wir wie folgt: Die Summe der Anzahl Käufe und Verkäufe, die in einem Jahr getätigt werden geteilt durch die Anzahl Titel im Portfolio. Mehrfachkäufe und -verkäufe des gleichen Instrumentes zu verschiedenen Zeitpunkten fallen in die obige Summe, denn fixe Transaktionskosten werden mehrfach verursacht. Falls die Hälfte der Titel pro Jahr einmal gehandelt wird, beträgt die Handelsaktivität 50%. Wir definieren die Höhe der Handelsaktivität wie folgt:

- Tiefe Handelsaktivität: 50%
- Mittlere Handelsaktivität: 100%
- Hohe Handelsaktivität: 200%

Eine hohe Handelsaktivität ermöglicht eine höhere Flexibilität, um auf ändernde Marktverhältnisse zu reagieren oder ein Rebalancing vorzunehmen. Obwohl ersteres bei einer langfristigen Investition eigentlich nicht vorgesehen ist, ist die Möglichkeit einer gewissen Flexibilität in den meisten Fällen doch erwünscht.

Anhand des Investitionsvolumens und der Handelsaktivität kann die maximale Anzahl von Titeln im Portfolio gemäss folgender Formel ermittelt werden.

Bestimmung der Höhe des zu investierenden Betrages

$$\text{Anzahl Titel (ungerundet)} = \frac{\text{Investierter Betrag} \times 1\%}{\text{Fixe Transaktionskosten} \times \text{Handelsaktivität}}$$

Die 1% in obiger Formel entsprechen den maximalen prozentualen Transaktionskosten, die ein Anleger gewillt ist, in Kauf zu nehmen. Die fixen Transaktionskosten sind Flat Fees, die bei jeder Transaktion anfallen – z.B. 5 EUR bei jedem Kauf oder Verkauf. Die Handelsaktivität ist die Anzahl von Transaktionen pro Jahr im Verhältnis zur Anzahl Titel.

Für die Beispiele in diesem Buch wird eine Flat Fee von 10 CHF verwendet. Dieser Wert ist tief gewählt. Ein solcher Satz kann beispielsweise bei einem Onlinebroker erzielt werden. In der Praxis kann man oft nur an der Heimbörse des jeweiligen Onlineanbieters von tiefen Gebühren profitieren. Werden die ETFs traditionell über einen Kundenberater gekauft, können je nach Institut Gebühren von beispielsweise 25, 40, 80 oder mehr CHF pro ETF-Transaktion anfallen. Für diese Gebühren sieht die maximal empfohlene Anzahl ETFs für einen Investor mit tiefer Handelsaktivität (50% gemäss obiger Formel) wie folgt aus:

Investitions-Betrag (CHF)	25 CHF	40 CHF	80 CHF	120 CHF
10'000	8	5	2	1
20'000	16	10	5	3
50'000	20	20	12	8

Abbildung 5-2: Einfluss von Transaktionskosten auf die empfohlene Anzahl ETFs im Portfolio (Investor mit tiefer Handelsaktivität).

Gemäss Abbildung 5-2 sollte ein Investor, der 40 CHF fixe Transaktionskosten hat und eine tiefe Handelsaktivität aufweist, bei einem investierbaren Vermögen von 20'000 CHF nicht mehr als 10 Titel in das Portfolio aufnehmen. Dadurch wird sichergestellt, dass die maximalen Kosten aus den Pauschalgebühren 1% nicht überschreiten. Für die Ermittlung der maximalen Anzahl kann die obige Formel verwendet werden. Es wird hier angenommen, dass sich mehr als 20 ETFs in einem Portfolio nicht lohnen, da der Nutzen eines zusätzlichen Instruments zu gering ist. Natürlich stellt dies einen Richtwert dar; Abweichungen können ihre Berechtigung haben.

Neben Pauschalgebühren (Flat Fees) existieren auch prozentuale Gebühren, welche oft mit einer minimalen Fixgebühr gekoppelt sind. Gerade bei prozentualen Gebühren kann eine Transaktion bei einem grösseren Betrag teuer werden. Deshalb empfiehlt es sich, genau auf die Transaktionskosten zu achten und den „Verlust" bei der jeweiligen Transaktion mit einzuberechnen, um Überraschungen vorzubeugen.

Auswahl des Universums

Hat sich ein Anleger über die Höhe des zu investierenden Betrages sowie die Aktivität in seiner Anlagestrategie entschieden, kann, wie in Abbildung 5-2 gezeigt, die maximale Anzahl ETFs im Portfolio ermittelt werden. Es stellt sich nun die wichtige Frage, in welche ETFs investiert werden soll. Dabei müssen folgende Aspekte berücksichtig werden:

- Anlageuniversum definieren
- Diversifikation über breite Märkte anstreben
- Überlappungen vermeiden
- Einbringung von spezifischen Wünschen

Bei der Umsetzung einer Anlagestrategie mittels ETFs muss die Auswahl der Märkte vom vorhandenen ETF-Universum abhängen. Je grösser die Anzahl eingesetzter Instrumente, desto höhere Diversifikationsmöglichkeiten bieten sich an.
Konkret bedeutet dies: Auf welche Indizes hat der Anleger mittels ETFs Zugriff? Das ETF-Universum wird sich für den privaten Anleger primär durch das Angebot an der jeweiligen Börse definieren. So wird ein Deutscher/Schweizer Anleger auf die an der XETRA/SIX gelisteten ETFs zurückgreifen, weil er hier Gewissheit hat, dass die ETFs zum öffentlichen Vertrieb zugelassen sind und die Steuerdaten an die jeweiligen Steuerbehörden geliefert werden. Zudem werden lokal gelistete ETFs deutlich günstiger zu erwerben sein als im Ausland gelistete. Dennoch kann es sein, dass ein gewünschter ETF nicht an der Heimbörse des Anlegers gelistet ist. Wie andere Wertschriften kann natürlich auch ein ETF an einer ausländischen Börse gekauft werden. Normalerweise fallen hierbei deutlich höhere Gebühren an und ein Anleger muss sich bewusst sein, dass ein solcher ETF ungünstig besteuert werden könnte.
Um Klumpenrisiken zu vermeiden und das Risiko möglichst gut zu diversifizieren, ist eine Abstützung auf breite Indizes zu empfehlen. Dabei sind Überlappungen bei der Indexwahl zu vermeiden. Diese entstehen, wenn Indizes ähnliche Mitglieder enthalten. Einen MSCI Euro zusätzlich zu einem MSCI Europe aufzunehmen hat einerseits kaum Diversifikationseffekte (hohe Korrelation zwischen den Indizes) und andererseits ist der operative Aufwand bei der Bewirtschaftung hoch. Schliesslich können spezifische Wünsche, wie das explizite Übergewichten des Heimmarktes oder eine maximale Gewichtung einer Anlageklasse definiert werden.
Das folgende Beispiel geht von einem Schweizer Investor mit 50'000 CHF Investitionsvolumen aus. Das Universum bezieht sich auf an der SIX gelistete ETFs. Der Investor entscheidet sich, in 11 ETFs zu investieren, um Transaktionskosten tief zu halten und eine gewisse Handelsaktivität zu wahren. Je nach Erwartungshaltung über Zinssatzänderungen muss die Duration angepasst werden, und bei den Fremdwährungsobligationen kann sich eine Währungsabsicherung lohnen. Konkret handelt es sich dabei um folgende ETFs:

Anlageklasse	ETF Name	ISIN
Anleihen	CS ETF (CH) on Swiss Bond Index Domestic Government 3–7	CH0016999846
Anleihen	Lyxor ETF EuroMTS Global	FR0010028860
Anleihen	AMUNDI ETF EURO CORPORATES	FR0010754119
Anleihen	iShares $ Corporate Bond	IE0032895942
Aktien	CS ETF (CH) on SMI®	CH0008899764
Aktien	CS ETF (CH) on SMIM®	CH0019852802
Aktien	UBS ETF MSCI World	LU0340285161
Aktien	iShares MSCI Emerging Markets	IE00B0M63177
Aktien	Lyxor ETF MSCI EMU Small Cap	FR0010168773
Aktien	db x-trackers Russell 2000 ETF 1C	LU0322248658
Rohstoffe	AMUNDI ETF COMMODITIES S&P GSCI (LE)	FR0010821728

Tabelle 5-1: Beispiel einer ETF-Auswahl für einen Schweizer Investor.

Bei den Anleihen wird die Diversifikation erhöht, indem nebst den Schweizer Staatsobligationen mit Laufzeiten von 3 bis 7 Jahren Staatsanleihen der Euro-Region sowie europäische und US-amerikanische Unternehmensanleihen hinzugezogen werden. Auf der Aktienseite werden mit dem MSCI World entwickelte Länder und mit dem MSCI Emerging Markets aufstrebende Länder abgedeckt. Für dieses Beispiel wird der ETF auf den Schweizer Blue-Chip-Index SMI mitberücksichtigt, um einem allfälligen Home Bias des Schweizer Investors Rechnung zu tragen. Obwohl durch einen Home Bias kaum zusätzliche Diversifikationsvorteile entstehen, scheint die Übergewichtung des Heimmarktes vielen Anlegern ein Bedürfnis zu sein. Mit den ETFs auf den Schweizer Mid Caps SMIM, dem MSCI EMU Small Cap und dem Russell 2000 werden kleine sowie mittelgrosse Unternehmen ins Portfolio aufgenommen. Schliesslich wird mit dem ETF auf den S&P GSCI Light Energy, dem Goldman Sachs Commodity Index mit reduziertem Energieanteil, eine Risikodiversifikation mittels Rohstoffen angestrebt.
Auch beim ETF auf Schweizer Staatsanleihen – in diesem Beispiel die sicherste Anlage (sehr hohe Bonität und kein Währungsrisiko) – sollte das Zinsänderungsrisiko nicht vernachlässigt werden. Mit Laufzeiten zwischen 3 und 7 Jahren und einer Duration im mittleren Bereich kann dieser ETF in einem steigenden Zinsumfeld Verluste erleiden. Wird mit einer Zinserhöhung gerechnet und möchte der Anleger auf Schweizer Staatsanleihen nicht verzichten, sollte beispielsweise der „CS ETF (CH) on Swiss Bond Index Domestic Government 1–3" gekauft werden. Mit Anleihen von ein bis drei Jahren Laufzeit reagiert dieser ETF schwächer auf Zinserhöhungen. Bei fallenden – und in der Regel bei konstanten – Zinsen ist bei diesem ETF jedoch mit einer tieferen Rendite zu rechnen. Bei ausländischen Obligationen-ETFs sollte unbedingt auf die Schwankung der jeweiligen Fremdwährung geachtet werden. Diese macht den Grossteil des Risikos einer solchen Investition aus und sollte allenfalls abgesichert werden.

Bestimmung der Anlagestrategie

Wurde die Höhe des investierten Betrages sowie das ETF-Universum bestimmt, stellt sich die Frage, welche Art von Anlagestrategie verfolgt werden soll. Beispiele für Anlagestrategien wurden im Kapitel 4 aufgezeigt und ihre spezifischen Vor- und Nachteile wurden diskutiert. In diesem Kapitel werden drei dieser Strategien im Detail untersucht: eine quantitative mittels Robuster Portfoliooptimierung, eine qualitative sowie eine semi-passive Anlagestrategie.

Umsetzung der quantitativen Anlagestrategie mittels Robuster Optimierung

	BM	TAA	kein rel. BM
Passiv			
Aktiv			

(Instrumente)

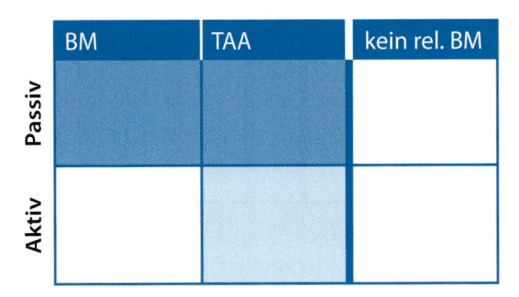

Die Definition des Anlageuniversums ist ein zentraler Bestandteil jeder Anlagestrategie. Für eine praktische Umsetzung müssen die Gewichtungen, die den einzelnen ETFs beigemessen werden, bestimmt werden. Die Gewichtungen hängen von der Art der Anlagestrategie und der Risikotoleranz des Anlegers ab. Hat sich ein Anleger für eine quantitative Anlagestrategie entschieden, muss in einem zweiten Schritt das passende Risikoprofil bestimmt werden. Wie im Kapitel 4 beschrieben, ist die Ermittlung der individuellen Risikotoleranz eines Anlegers jedoch äusserst schwierig, da sie sich schwer quantifizieren lässt. Eine Entscheidungshilfe für die Anlagestrategie bietet die Efficient Frontier in Abbildung 5-3. Diese beschreibt den *ungefähren* Zusammenhang zwischen Rendite und Risiko für die 11 ETFs des oberen Beispiels.

Bestimmung der Anlagestrategie

CH-Investor mit 11 Instrumenten

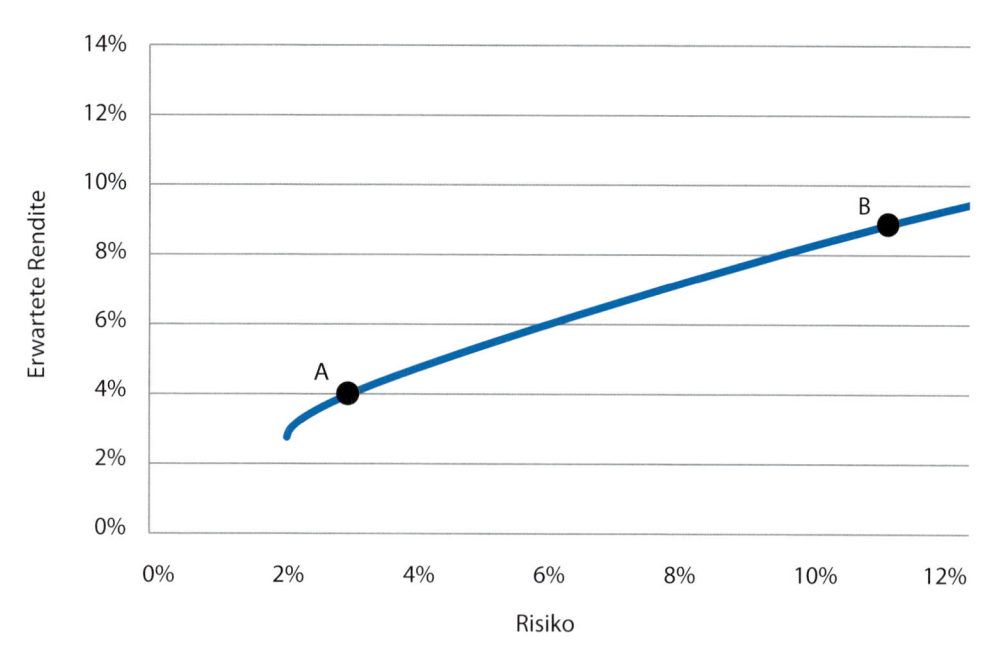

Abbildung 5-3: Der Zusammenhang zwischen erwarteter Rendite und Risiko eines Schweizer Anlegers mit 11 ETFs.

Mit Hilfe der Abbildung 5-3 kann sich ein Anleger für ein Risikoprofil entscheiden. Die gezeigte Kurve beschreibt den Zusammenhang zwischen dem Rendite- und Risikopotential der Anlagestrategie. Bei höherer erwarteter Rendite muss ein höheres Risiko in Kauf genommen werden. Entscheidet sich ein Investor für eine risikoarme Allokation (Punkt A), wird im Durchschnitt eine jährliche Rendite von 4% bei einem Risiko von 3% angestrebt. Es handelt sich dabei um durchschnittliche Renditen: je länger das Portfolio gehalten wird, desto stärker nähert sich die jährliche Portfoliorendite dem Durchschnitt an. Demnach ist nach „vielen" Jahren bei Punkt A eine jährliche Rendite von 4% zu erwarten. Ist die Risikotoleranz eines Investors höher, kann er sich beispielsweise für Punkt B in Abbildung 5-3 entscheiden. Hier liegt die erwartete jährliche Rendite bei 9% und das Risiko bei 11%. Die vergleichsweise hohe erwartete Rendite dieses Portfolios hat mit den Inputparametern für die Optimierung zu tun. Die erwartete Rendite von aufstrebenden Ländern wurde mit 11% und jene von US- und UK-Aktien mit je 9% angenommen. Obwohl diese Werte aus historischer Betrachtung durchaus realistisch sind, können sie in Bezug auf die subjektiven Renditeerwartungen eines Anlegers angepasst werden. Eine weitere Möglichkeit, Anlegerbedürfnissen entgegenzukommen, besteht in der Wahl des Obligationen-ETFs. Wird ein Instrument mit kürzerer Laufzeit – zum Beispiel zwischen 1 und 3 Jahren – gewählt, kann das Portfoliorisiko weiter reduziert werden.

Abbildung 5-3 ist die Standarddarstellung der Efficient Frontier, wie sie in Lehrbüchern vorzufinden ist. Bei den erwarteten Renditen handelt es sich um theoretische Werte, die gemäss Modell erst nach vielen Jahren angenähert werden. Für eine Anlageentscheidung ist es hingegen wichtig zu wissen, wie schnell diese Annäherung erfolgt: welche Rendite-Szenarien sind beispielsweise nach 5 Jahren zu erwarten? Oder wie wahrscheinlich ist es, bei einer bestimmten Anlagestrategie nach 10 Jahren keinen Verlust zu erleiden. Diese Szenarien können in die vorige Abbildung integriert werden. Dies wird in Abbildung 5-4 gezeigt.

CH-Investor mit 11 Instrumenten

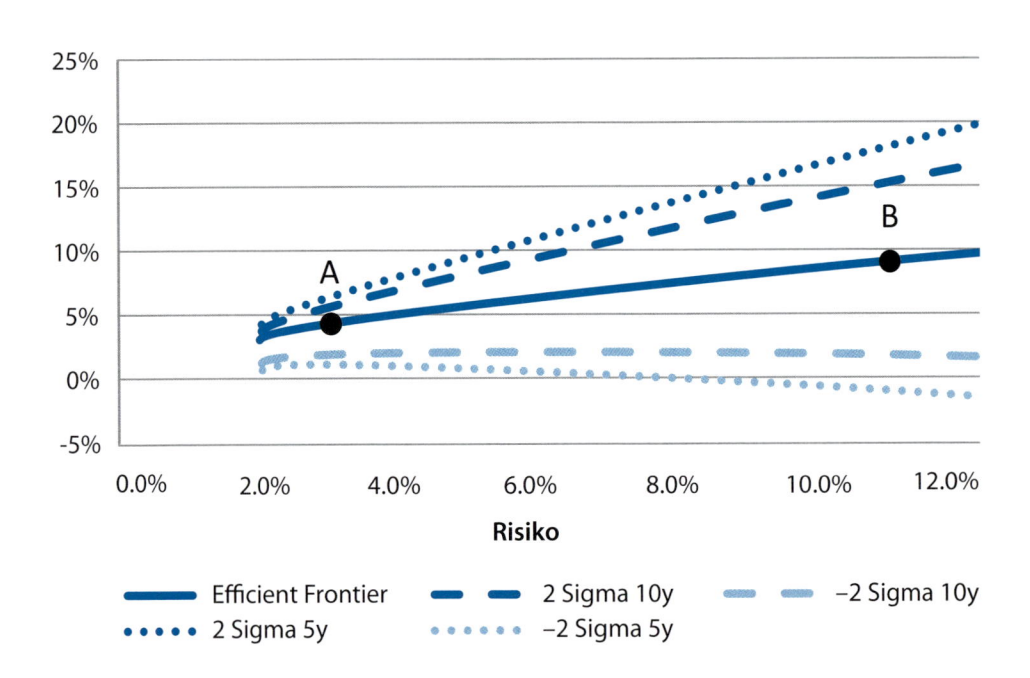

Abbildung 5-4: Efficient Frontier mit Konfidenzbreiten bei 5 bzw. 10 Jahren Haltedauer.

Abbildung 5-4 zeigt die Efficient Frontier aus Abbildung 5-3 sowie ihre Konfidenzbreiten nach 5 bzw. 10 Jahren. Für die Ermittlung der Konfidenzbreiten werden zwei Standardabweichungen (zwei Sigma) vom Erwartungswert nach oben und unten abgetragen. Statistisch gesehen fallen dadurch die Renditen mit einer Wahrscheinlichkeit von rund 95% innerhalb der entsprechenden Intervalle. Die gepunktete Linie in Abbildung 5-4 zeigt die Konfidenzbreite für jährliche Renditen nach 5 Jahren: Für den risikoaversen Anleger (auf der Höhe von Punkt A) liegt die durchschnittliche jährliche Rendite mit 95% Wahrscheinlichkeit zwischen 1 und 6.2%. Nach 10 Jahren (gestrichelte Linie) liegt die jährliche Rendite bereits zwischen 1.8 und 5.4%. Der risikotolerante Anleger (Punkt B) kann nach 5 Jahren mit 95% Wahrscheinlichkeit eine jährliche Rendite von −1 bis 18% und nach 10 Jahren von 2 bis 15% erzielen.

Abbildung 5-4 eignet sich für die Wahl des Risikoprofils deshalb gut, weil sie nebst erwarteten jährlichen Renditen auch Bad-Case- und Good-Case-Szenarien nach 5 respektive 10 Jahren aufzeigt. Ein Anleger, dessen höchste Priorität es ist, nach 5 Jahren möglichst keinen Verlust zu erleiden, und der gleichzeitig eine solide Rendite erzielen will, sollte sich für Punkt A entscheiden. Ein Anleger, der nach 10 Jahren möglichst keinen Verlust erleiden möchte und eine noch höhere Rendite erwirtschaften will, kann sich für Punkt B entscheiden.

Auf zwei Aspekte im Kontext von Abbildung 5-4 sollte hingewiesen werden. Erstens handelt es sich um Good- und Bad-Case-Szenarien und nicht um Worst- und Best-Case, da diese anhand von Standard-Modellannahmen wie beispielsweise die Normalverteilung von Renditen und mit einem Konfidenzintervall von 95% bestimmt werden. Somit bleibt selbst bei zutreffenden Annahmen ein Restrisiko von 2.5%, dass die Rendite unterhalb dieser Bandbreite liegt. Zweitens, sind erwartete Renditen, die für die Berechnung des Rendite/Risiko-Zusammenhanges in Abbildung 5-4 angenommen wurden, nicht mit Sicherheit zu bestimmen. Für dieses Beispiel wurde auf langfristige Renditen dieser Anlageklassen basierend auf Dimson, Marsh und Staunton zwischen 1900 und 2010 zurückgegriffen. Ob diese für die Zukunft weiterhin gelten, ist ungewiss. Werden andere Renditen der einzelnen ETFs für die Zukunft erwartet, so können diese abgeändert und der Rendite/Risiko-Zusammenhang neu berechnet werden.

Mit Hilfe des in Kapitel 4 vorgestellten Verfahrens, der Robusten Portfoliooptimierung, können an dieser Stelle die Gewichtungen der einzelnen ETFs berechnet werden. Der Vorteil der Robusten Optimierung gegenüber der herkömmlichen Markowitz-Optimierung ist die höhere Diversifikation. Dies ist in Abbildung 5-5 ersichtlich. Abbildung 5-5 zeigt, dass zu jedem Punkt auf der Efficient Frontier ein diversifiziertes Portfolio zugeordnet werden kann. Die Abbildung zeigt den Verlauf der einzelnen ETF-Gewichtungen in Abhängigkeit des Risikos. Entscheidet sich der Anleger für Punkt A mit erwarteter jährlicher Rendite von 4% bei einem Risiko von 3% in Abbildung 5-4 ergibt die untere Abbildung die Zusammensetzung seines Portfolios: rund 74% Schweizer Bundesobligationen, rund 5% europäische und 6% US-Unternehmensanleihen, 13% Aktien und die restlichen 3% Rohstoffe. Die Darstellung in Abbildung 5-5 verdeutlicht, dass bei Anlageallokationen mit tiefem Risiko Staats- sowie Unternehmensanleihen stark gewichtet werden sollen. Diese haben eine tiefere Volatilität als Aktien und Rohstoffe. Gleichzeitig wird deutlich, dass die zwei letzteren Anlageklassen auch bei Portfolios mit tiefem Risiko beigemischt werden sollten. Diese erhöhen die Diversifikation und reduzieren damit das Risiko des Portfolios. Je höher das angestrebte Ertragspotential des Portfolios, desto höher muss der Anteil der riskanteren ETFs sein. Dies wird in Abbildung 5-5 deutlich. So werden Aktien ETFs im Allgemeinen und Emerging Markets und Small/Mid Caps im Besonderen stärker gewichtet. Rohstoffe hingegen eignen sich bei allen Risikostufen ungefähr gleich gut – in diesem Beispiel zwischen 2 und 5%.

Allokation für einen CH-Investor

[Figure: stacked area chart showing portfolio weights (Gewicht, 0%–100%) against Risiko (2.0% to 20.2%), with vertical markers A and B. Legend: SBI Dom Gov. 3-7, EuroMTS Global, Markit iBoxx EUR Liq Corp, iShares $ Corp. Bond, SMI, SMIM, MSCI World, MSCI Emerging Market, MSCI EMU Small Cap, Russell 2000, S&P GSCI Light Energy.]

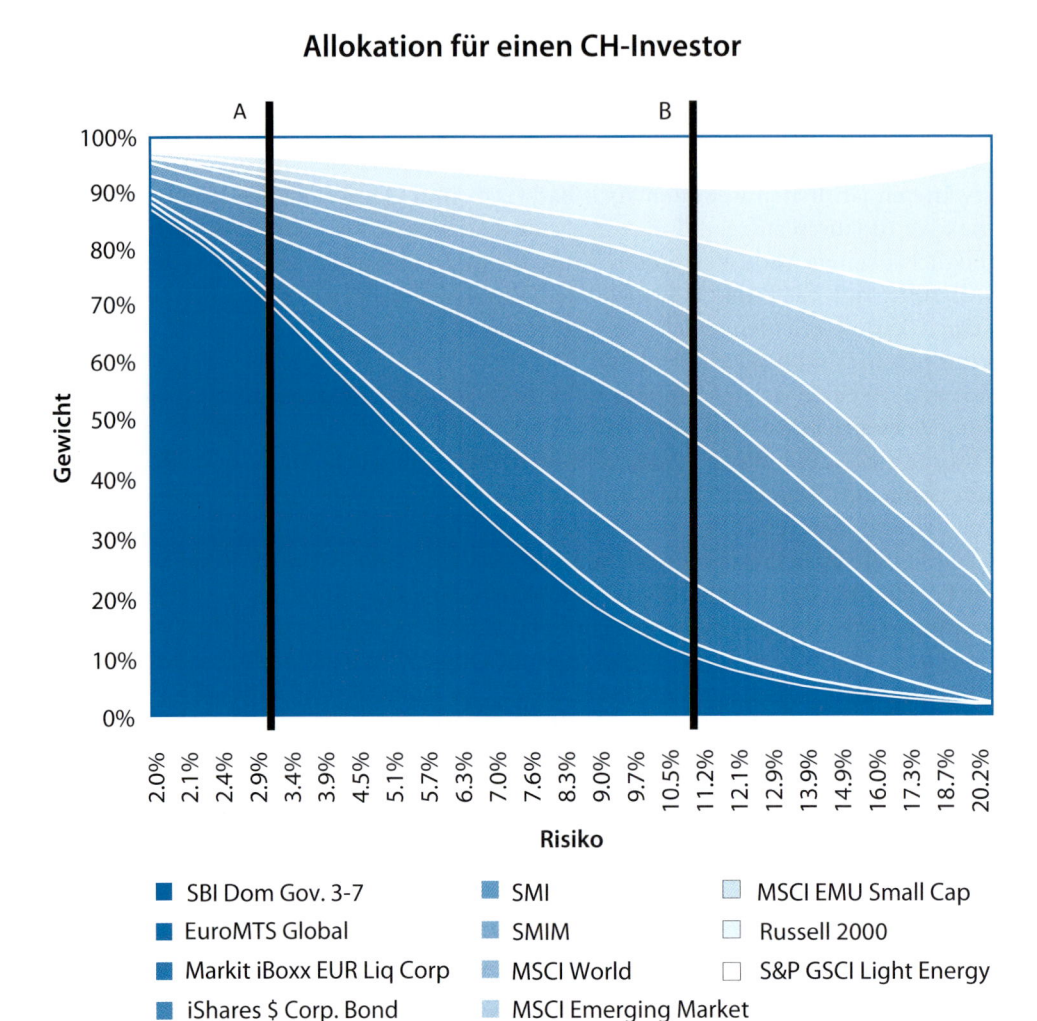

Abbildung 5-5: Optimale Portfoliogewichte eines Schweizer Anlegers.

Eine wichtige Aussage von Abbildung 5-5 ist die Veränderung der Portfolio-Zusammensetzung bei Erhöhung des Portfoliorisikos. Risikoarme Portfolios setzen sich zu rund 90% aus Obligationen zusammen, wobei der grösste Teil von Schweizer Bundesobligationen dominiert wird. Fremdwährungsobligationen sollten wegen der Schwankung der jeweiligen Währung nicht allzu stark gewichtet oder aber gegen Währungsrisiken abgesichert werden. Bei der Erhöhung des Risikos wird die Schweizer Staatsanleihenquote zu Gunsten von europäischen und US-Unternehmensanleihen reduziert. Bei den Aktien fällt die starke Gewichtung von Emerging Markets in risikoreicheren Profilen auf. Bei entwickelten Ländern ist in solchen Profilen eine Übergewichtung von Small Caps vorzufinden. Dies verdeutlicht, dass bei der Erhöhung des Portfoliorisikos auch die Zusammensetzung der Indizes innerhalb einer Anlageklasse ändern sollte.

Bestimmung der Anlagestrategie

	Allokation A	Allokation B
SBI DOM Gov. 3–7	74.4	10.9
EuroMTS Global Index	1.5	2.2
Markit iBoxx EUR Liq Corp	3.1	10.8
iShares $ Corporate Bond	5.5	24.9
Total Obligationen	84.4	48.8
SMI	3.8	8.1
SMIM	2.7	7.3
MSCI World	2.0	6.0
MSCI Emerging Markets	1.1	7.1
MSCI EMU Small Cap	1.4	5.1
Russell 2000	1.4	8.9
Total Aktien	12.5	42.6
S&P GSCI Light Energy	3.1	8.6
Total Rohstoffe	3.1	8.6

Tabelle 5-2: Portfoliogewichte (in %) für Allokation A (3% Risiko) und Allokation B (11% Risiko).

Um ein besseres Gefühl für die Rendite und das Risiko des Portfolios zu erhalten, lohnt sich eine Betrachtung der historischen Renditen. Diese sind selbstverständlich kein Garant für zukünftige – die Risiken lassen sich jedoch vergleichsweise gut herauslesen. Um diese zu veranschaulichen, wurden die vergangene Rendite von Allokation A sowie Allokation B seit 1999 berechnet (ab diesem Datum sind Renditen für alle ETFs bzw. ihren zugrunde liegenden Indizes verfügbar). Um die Allokationen – besonders den Aktienanteil – ungefähr gleich hoch zu halten, wird das Portfolio jährlich anfangs Jahr rebalanced, das heisst auf die ursprünglichen Gewichtungen zurückgestellt. Abbildung 5-6 zeigt den Verlauf von Allokationen A und B seit 1999 sowie den Verlauf von Schweizer Bundesobligationen mit Laufzeit von 3 bis 7 Jahren sowie den des SMI.

Historische Portfoliorendite

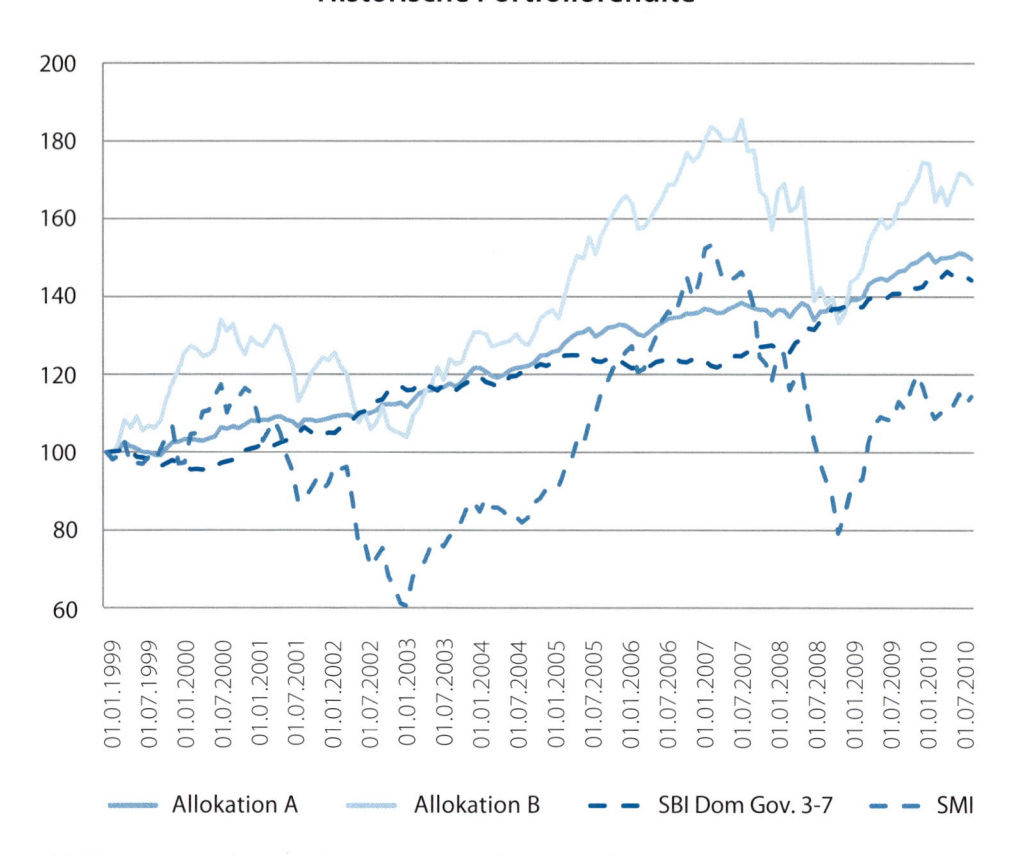

Abbildung 5-6: Backtesting historischer Renditen von Allokation A und B im Vergleich zu Schweizer Staatsanleihen mit Laufzeiten von 3 bis 7 Jahren und dem Swiss Market Index. Für die Allokationen A und B wurden jährliche Kosten von 0.5% angenommen.

Die Rendite von Allokation A über diese Periode liegt höher als diejenige von Schweizer Bundesobligationen. Dass Allokation B über diese Periode höhere Renditen abgeworfen hat als der Schweizer Marktindex SMI, ist dadurch zu erklären, dass Emerging-Markets-Aktien sowie Mid- und Small-Cap-Aktien besser performt haben. Abbildung 5-6 ist deshalb interessant, da sie das Verhalten der Allokationen A und B zwischen 1999 und 2010 beschreibt. Wie ursprünglich berechnet, sind bei Allokation A kaum längere Verlustphasen vorzufinden. Eine Haupteigenschaft dieser Allokation ist, dass nach 5 Jahren möglichst keine Verluste auftreten sollen. Die tiefste annualisierte Rendite innert 5 Jahren ist tatsächlich ca. 2%. Die riskantere Allokation B hat ein Aktienähnliches Verhalten gezeigt. Dank des Mid- und Small-Cap-Tilts konnte Allokation B den SMI in Boom-Phasen outperformen. Während der Finanzkrise von 2008 brachen die Renditen von Allokation B dank Obligationen weniger ein als jene des Swiss Market Index.

Der höchste Verlust, der sogenannte *Maximal Drawdown*, den Allokation A zwischen 2002 und 2010 erlitten hat, erfolgte in den 12 Monaten vom 31.10.2007 bis zum 31.10.2008. In dieser Zeit hätte ein Investor mit Allokation A einen Verlust von −3.3% erlitten. Bei Allokation B beträgt der Maximal Drawdown −28.2% zwischen dem 31.10.2007 und dem 28.2.2009. Tabelle 5-3 fasst diese statistischen Kennzahlen zusammen.

	Allokation A	Allokation B	CH Bund Obl.	SMI
Risiko	2.8	10.2	2.6	14.8
Jährliche Rendite	3.4	4.5	3.1	1.1
Kumulierte Rendite	49.8	69.0	44.3	14.4
Max. Drawdown	−3.3	−28.2	−5.4	−48.5

Tabelle 5-3: Rendite und Risikokennzahlen (in %) der Allokationen A und B (Backtesting) für die Periode zwischen 1999 und 2010.

Negative Renditen über kürzere Perioden stellen keinen Widerspruch zur erwarteten jährlichen Rendite von 4% bzw. 9% dar, da sich Aussagen über jährliche Renditen erst nach mehreren Jahren treffen lassen.

Kritische Betrachtung

Besonders während Finanzkrisen wie der Subprime-Krise von 2008 ist eine rein statistische Betrachtung problematisch. Ein Verlust von −28.2% innert 16 Monaten bei Allokation B ist unter der Annahme der Normalverteilung äusserst unwahrscheinlich; er beträgt ungefähr 0.2%. Die statistische Wahrscheinlichkeit, dass ein solcher Vorfall sich einmal in 10 Jahren ereignet, liegt unter dieser Annahme bei ungefähr 2%. Werden auch weitere Finanzkrisen, die in jüngster Vergangenheit stattfanden, betrachtet, lässt sich fragen, ob die statistischen Modelle die Realität genügend beschreiben, da Extremereignisse auf den Finanzmärkten häufiger als prognostiziert auftreten. Wie in Kapitel 4 beschrieben, hat die Subprime-Krise kritische Auseinandersetzungen mit der Modernen Portfoliotheorie weiter vorangetrieben. Am bekanntesten ist die Black-Swan-Theorie von Nassim Nicolas Taleb. Gemäss dieser werden kleine Wahrscheinlichkeiten in der menschlichen Wahrnehmung sowie in theoretischen Modellen zu wenig beachtet. In der Wirklichkeit liegen sie höher als von Modellen prognostiziert. Eine Standardlösung für dieses Problem liegt jedoch zurzeit nicht vor. So lohnt sich in der Regel eine natürliche Diversifikation über verschiedene Anlageklassen, Instrumente und Produktanbieter, um die Auswirkungen (negativer) unvorhergesehener Ereignisse zu reduzieren und um zu hohe Konzentrationen im Portfolio zu vermeiden. Eine Beschreibung verschiedener Arten von Portfoliorisiken und Methoden, wie diese überwacht werden können, erfolgt in Kapitel 6.

Anlagestrategien mit Fokus auf Schweizer und deutsche Anleger

Um verschiedenen Anlegertypen mit unterschiedlicher Risikotoleranz und Investitionsbeträgen konkrete Umsetzungen aufzuzeigen, werden im Anhang ab Seite 321 mehrere Allokationen mittels Robuster Portfoliooptimierung berechnet. Durch dieses Verfahren werden gut diversifizierte und aus Praktikersicht sinnvolle Allokationen ermittelt. Im Mittelpunkt der Analyse stehen Anleger aus der Schweiz mit Referenzwährung Schweizer Franken sowie deutsche Investoren mit Referenzwährung Euro.

Umsetzung einer qualitativen Anlagestrategie

"One should always divide his wealth into three parts: a third in land, a third in merchandise, and a third ready to hand." (Sprichwort aus dem Talmud, ca. 4. Jahrhundert)

	BM	TAA	kein rel. BM
Passiv			
Aktiv			

Instrumente

Neben einer analytischen Herleitung kann die Anlagestrategie auch „qualitativ" hergeleitet werden. Qualitativ deshalb, weil keine Simulationen und Optimierungen gerechnet werden. Diversifikation oder das Vorhandensein einer Anlagestrategie ist bei weitem kein neues Phänomen. Die ersten qualitativen Anlagestrategien gibt es schon sehr lange, wie das Sprichwort aus dem Talmud aufzeigt. Deshalb erscheint es uns wichtig – nebst einer wissenschaftlichen Methode wie die im vorangehenden Abschnitt – auch sinnvolle qualitative Ansätze zu erklären. Sie fundieren nicht direkt auf rigorosen Annahmen und Modellen, kommen jedoch auf heuristischem Weg zu einem annehmbaren Resultat. Der Vorteil der vorgestellten qualitativen Strategie ist ihre einfache Herleitung. Teilweise wird diese Art der Herleitung auch „naiv" genannt, was das Vorgehen aber unter Gebühr beschreibt.

Beim langfristigen Investieren sind es die grossen Entscheidungen und nicht die kleinen, welche den Erfolg beziehungsweise den Misserfolg am meisten beeinflussen. Es sei an dieser Stelle auf das Kapitel 4 und die Bedeutung der Anlagestrategie verwiesen. So ist die Wahl der Vermögensaufteilung (Aktien, Anleihen und gegebenenfalls alternative Anlagen) von grundlegender Bedeutung und massgebend für die künftigen Renditen und Risiken. Es lohnt sich also, Zeit zu investieren. Dies gilt auch dann, wenn die qualitative Herleitung angewendet wird.

Die qualitative Herleitung birgt einige Risiken, deren man sich bewusst sein muss. So sollten die grundlegenden Eigenschaften verschiedener Anlageklassen verstanden und die Risiken bei der Auswahl der jeweiligen Märkte gekannt werden. Wir verfolgen einen Top-down-Ansatz, in dem zuerst Anlageklassen und ihre Gewichtungen definiert werden. Dadurch sollte das Risiko/Ertrags-Potential eines Portfolios grob eingegrenzt werden. Erst danach wird das Augenmerk auf zusätzliche Ertragsquellen gerichtet. Nachfolgend wird aufgezeigt, wie eine qualitative Strategie schrittweise hergeleitet werden kann:

% Aktien?
- Gewicht des Heimmarktes (Home Bias)?
- Aufteilung mit Anlehnung an Weltindex?
- Berücksichtigung Aufstrebender Länder (Emerging Markets)?
- Spezialitäten: Small Caps, Style etc.

% Anleihen?
- Aufteilung Heimwährung versus Fremdwährung
- Aufteilung Staats- versus Unternehmensanleihen
- Laufzeiten/Duration? Rating? Währungen?
- Weitere Strategien, wie inflationsgeschützt oder hochverzinslich?

% alternative Anlagen?
- Rohstoffe?
- Weitere Subklassen?
  - Immobilien
  - Hedge Funds

Abbildung 5-7: Vorgehen bei der Herleitung einer qualitativen Anlagestrategie.

Schritt 1: Festlegung der Aktienquote

In der Praxis hat sich als Startpunkt die Aktienquote bewährt. Grundsätzlich geht es um die Frage, wie viel des Vermögens langfristig investiert werden kann und ob auf diesem Betrag (teilweise hohe) Schwankungen in Kauf genommen werden können. In der Praxis wird dazu bei Banken ein Beratungsprozess durchgeführt oder ein Kunde muss einen Fragebogen ausfüllen. Es geht dabei immer um die Bestimmung der Risikofähigkeit und der Risikobereitschaft, welche primär in der Aktienquote ihren Ausdruck findet.

Bemerkungen zur Bestimmung der Aktienquote:

- Im Zweifelsfall sollte nur jener Teil in Aktien investiert werden, der nicht vor 10 bis 15 Jahren benötigt wird.
- Die Betrachtung von Renditen über eine lange Periode kann helfen, die Schwankungen (das Risiko) von Aktien zu veranschaulichen.
- Die Visualisierung von Renditeszenarien hilft, das Ausmass des Risikos besser zu beurteilen. Es wird dadurch verdeutlicht, wie gross Verluste in ungünstigen Fällen sein können.
- Aktienquote (in %) = (100 − Alter): Oft wird zur allgemeinen Definition der Aktienquote diese Faustregel genannt. Positiv ist, dass sie die Wichtigkeit eines langen Horizontes impliziert. Diese Regel geht jedoch davon aus, dass der Konsum erst im höheren Alter stattfindet. Ob der lange Horizont bei jüngeren Anlegern (Stichwort Liegenschaftserwerb) vorhanden ist, ist genau abzuklären.

Nachdem die Höhe der Aktienquote definiert wurde, muss die Aufteilung innerhalb dieser Quote erfolgen. Weil Anleger normalerweise den Heimmarkt bevorzugen, schlagen wir vor, dass zunächst der Anteil der Heimquote definiert werden soll. Bei einem Schweizer Anleger ist das der Schweizer Markt (SMI oder SMIM oder ein Mix der beiden). Bei einem Anleger aus Deutschland kann dies der DAX, aber auch ein genereller Euroraum-Aktienindex (MSCI EMU, EURO STOXX etc.) sein.

Guter Anhaltspunkt für die generelle Aufteilung innerhalb der Aktienquote ist ein sogenannter Weltindex eines Indexanbieters. Ein Weltindex gibt ein repräsentatives Bild der weltweiten Bedeutung der Länder wieder, indem die jeweilige Marktkapitalisierung berücksichtigt wird. Dabei muss beachtet werden, ob der Index die entwickelten Länder mit den aufstrebenden Ländern (wie der MSCI All Country World Index, ACWI) umfasst, oder aber nur die entwickelten Länder.

Angaben zur Aufteilung dieser Indizes können auf den Factsheets von entsprechenden ETFs gefunden werden. Die grobe Aufteilung sieht wie folgt aus (Stand Ende 2010):

Bestimmung der Anlagestrategie

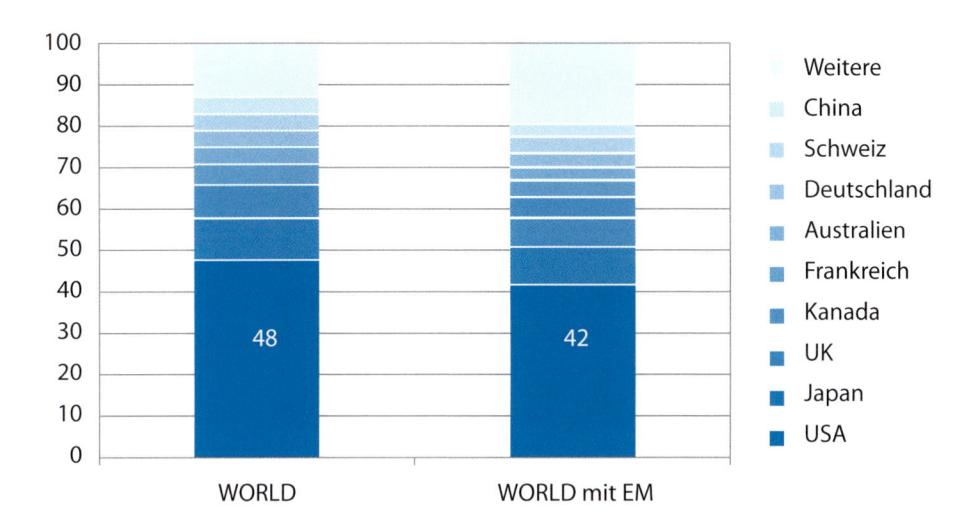

Abbildung 5-8: Der Weltindex als Ausgangspunkt für die weltweite Bedeutung der Märkte.

Aus unserer Sicht werden oft die Gewichte von Japan, UK, Australien und Kanada durch Schweizer und Deutsche Anleger unterschätzt. Dass die USA ein hohes Gewicht haben, weiss man normalerweise, dass es aber 40 bis 50% des jeweiligen Weltindex sind, eher nicht.

Hat man sich die Aufteilung dieser Weltindizes vor Augen geführt, kann in einem weiteren Schritt bewusst davon abgewichen werden. So können beispielsweise die USA zugunsten eines anderen Landes oder Wirtschaftsraumes untergewichtet werden. Im Zweifelsfall sollte bei Untergewichtungen einer Auslandquote im Gegenzug die Heimquote erhöht werden. Wir raten von grossen Abweichungen von diesen Aufteilungen der Weltindizes ab, wenn der Anleger über wenig Kenntnisse der entsprechenden Märkte verfügt. Es ist schliesslich kein Zufall, warum die grossen Indexanbieter diese Indizes so zusammengesetzt haben: die Länderaufteilung entspricht ihrer (Free-Float-adjustierten) Marktkapitalisierung und beschreibt deshalb ein Portfolio, das im Durchschnitt auf der ganzen Welt gehalten wird. Abbildung 5-9 stellt schematisch dar, welche Regionen und Markttiefe bei der Herleitung der Aktienstrategie beachtet werden sollten. Die neutrale Aktienaufteilung sollte primär aus Large und Mid Caps bestehen, was bei Standardindizes normalerweise der Fall ist und einer Marktabdeckung von über 80% entspricht. Mit Standardindizes verfolgt man weder einen reinen Value- noch einen Growth-Ansatz, sondern einen sogenannten Mischansatz (Blend).

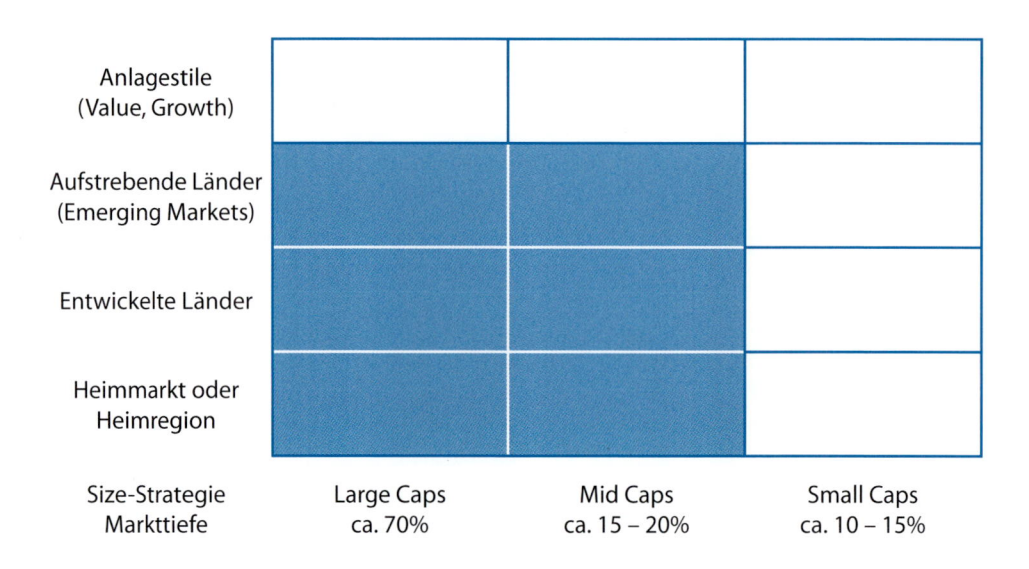

	Large Caps	Mid Caps	Small Caps
Anlagestile (Value, Growth)			
Aufstrebende Länder (Emerging Markets)	■	■	
Entwickelte Länder	■	■	
Heimmarkt oder Heimregion	■	■	
Size-Strategie Markttiefe	Large Caps ca. 70%	Mid Caps ca. 15 – 20%	Small Caps ca. 10 – 15%

Abbildung 5-9: Vereinfachte Unterteilung des Aktienuniversums. Large und Mid Caps (zusammen ca. 80 bis 90% Markttiefe) bilden den Kern jeder Anlagestrategie.

Nachdem die Aktienquote definiert worden ist, kann bei grösseren Quoten überlegt werden, ob jeweils noch Small Caps beigemischt werden sollen. So könnten beispielsweise in der Heimquote, in der Eurozone oder in den USA noch 10 bis 20% alloziert werden. Dies kann aber auch erst später erfolgen. Anlagestile (Value oder Growth) sollten auf dieser Stufe eher nicht berücksichtigt werden.

Schritt 2: Anteil an Anleihen

Möchte ein Anleger keine alternativen Anlagen im Depot halten, ist die Anleihenquote mit „100%-Anteil Aktien" definiert. Bei den Anleihen muss zunächst entschieden werden, ob auch Anleihen in Fremdwährungen berücksichtigt werden sollen. Dabei muss beantwortet werden, ob ein Fremdwährungsrisiko eingegangen werden soll. Aus professioneller Sicht ist die gezielte Beimischung von internationalen Anleihen interessant: Dadurch werden besonders Zinsänderungs- und Ausfallrisiken auf mehrere Länder gestreut. In der Praxis bedeutet dies aber ein Währungsmanagement oder eine Meinung über die Entwicklung der Wechselkurse.

Anleihen in Fremdwährung können insbesondere bei Strategien eingesetzt werden, die in der Heimwährung nicht vorhanden sind. Dies ist für Schweizer Anleger beispielsweise bei Unternehmensanleihen relevant, weil es aktuell in Schweizerfranken nur ETFs auf Staatsanleihen gibt.

Ist die Frage der Fremdwährungsanleihen beantwortet, muss innerhalb der Anleihenquote der Mix zwischen Staats- und Unternehmensanleihen definiert werden. Bei den Staatsanleihen ist eine neutrale Quote von mindestens 50% bis 70% innerhalb der

Anleihenquote sinnvoll. Bei einer sehr konservativen Strategie kann die Staatsanleihenquote auf 100% erhöht werden. Betreffend der Laufzeitenverteilung empfiehlt es sich, den Bereich von 1 bis ca. 10 Jahren abzudecken, damit schlussendlich eine Duration von 4 bis 5 Jahren resultiert. Gerade im historisch tiefen Zinsumfeld wie in den Jahren nach der Subprime-Krise muss das Risiko von Zinserhöhungen und dessen Einfluss auf die bestehenden Anleihen verstanden werden. Möchte man hingegen eine etwas kurzfristigere Strategie formulieren oder das Durationsrisiko tiefer halten, sollten Laufzeiten von ca. 1 bis 5 Jahren verwendet werden. Besteht ein sehr langer Horizont, können auch lang laufende Staatsanleihen berücksichtigt werden, wobei man sich der grösseren Kursschwankungen bewusst sein muss. Abbildung 5-10 zeigt eine einfache Unterteilung des Anleihenuniversums.

	Kurzfristig (1 – 3 Jahre)	Mittelfristig (3 – 7 Jahre)	Langfristig (7+ Jahre)
Hochverzinsliche Anleihen (< BBB)			
Unternehmensanleihen (Investment Grade, ≥ BBB)			
Staatsanleihen inflationsgeschützt			
Staatsanleihen traditionell			

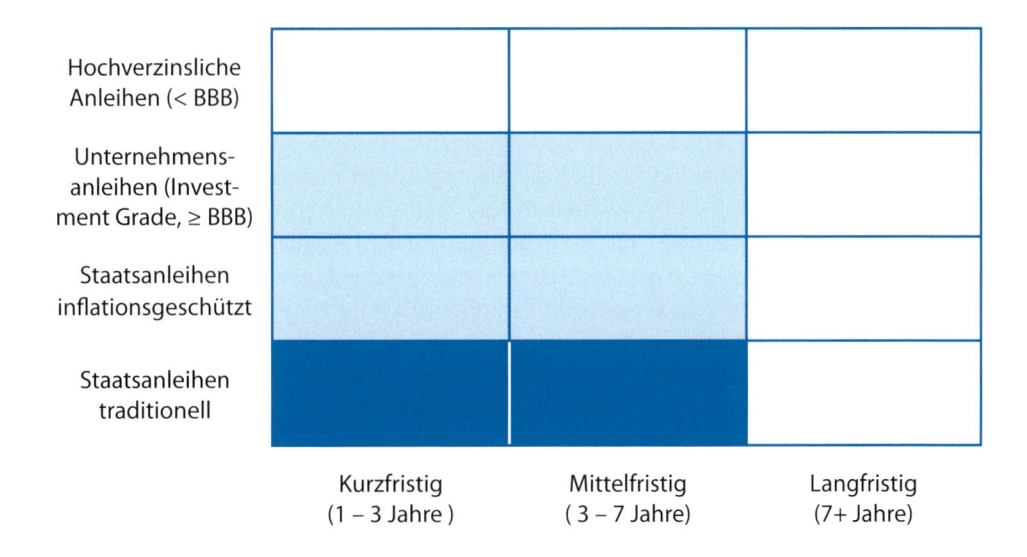

Abbildung 5-10: Einfache Unterteilung des Anleihenuniversums. Traditionelle Staatsanleihen bilden den Kern jeder Anlagestrategie. Es gilt die Laufzeitenverteilung zu definieren.

Auf Stufe Anlagestrategie kann zudem eine neutrale Quote für Inflationsgeschütze Anleihen und Unternehmensanleihen definiert werden. Da Inflationsgeschütze Anleihen normalerweise von Staaten herausgegeben werden, können diese auch als Teil der Staatsanleihenquote betrachtet werden. Aufpassen sollte man dabei auf die lange Duration, also das vergleichsweise hohe Zinsänderungsrisiko, das für viele inflationsgeschützte ETFs charakteristisch ist. (Hinweis: Die Duration kann nicht 1:1 mit der Duration von traditionellen Bonds verglichen werden.)

Bei Unternehmensanleihen kann darüber nachgedacht werden, ob diese ein Minimumrating erfüllen müssen. Normalerweise sollten Unternehmensanleihen mindestens Investment Grade, also ein Rating von besser als BBB aufweisen. Ist das Rating schlechter als BBB spricht man von hochverzinslichen Anleihen (High Yield oder Junk Bonds). Bei den traditionellen Staatsanleihen gehen wir in der schematischen Abbildung 5-10 davon aus, dass es sich um gute Schuldner handelt. Möchte man bei Staatsanleihen nur in beste Schuldner investieren (AAA), kann man direkt die jeweiligen Länder mit diesem Rating auswählen oder einen ETF verwenden, welcher nur solche Staatsanleihen aufnimmt. Die Schuldenkrise rund um die PIIGS-Staaten in Europa hat aufgezeigt, wie schnell sich Ratings von Staaten ändern können.

Inflationsgeschütze Anleihen und Unternehmensanleihen sollten bei dieser Strategie zusammen maximal 50% der Anleihenquote ausmachen. Weitere Strategien (wie hochverzinsliche Anleihen) empfehlen wir auf dieser Stufe und bei der Definition der qualitativen Anlagestrategie nicht.

Schritt 3: Anteil an alternativen Anlagen

Neben Aktien und Anleihen können in einem gemischten Portfolio alternative Anlagen hinzugefügt werden. In der Praxis werden Quoten von 5% bis 15% alloziert, je nach Berücksichtigung von Subklassen. Bei Rohstoffen empfiehlt sich die Verwendung eines breiten Index. Diese Indizes und das Exposure sind normalerweise in USD, was entsprechend abgesichert oder bewusst in Kauf genommen werden muss. Bei Immobilien muss im Rahmen von ETFs mehrheitlich auf REIT-Indizes (Real Estate Investment Trust) zurückgegriffen werden. Hier muss entschieden werden, ob ein lokaler oder globaler Index verwendet werden soll. Bei REITs muss abgewogen werden, ob deren Aktiencharakter für das Portfolio geeignet ist. Eine Aufnahme von REITs ist ähnlich der Erhöhung der Aktienquote im Portfolio. Im Bereich der Hedge Funds existieren bis jetzt nur wenige ETFs. Im Zweifelsfall gilt es abzuwarten, welche Produkte sich in diesem Bereich bewähren.

> ## Von den Profis lernen
>
> Banken bieten unter dem Namen „Strategiefonds" oder „Portfoliofonds" Anlagefonds an, die in verschiedene Anlageklassen investieren und normalerweise in drei verschiedenen Risiko/Rendite-Varianten angeboten werden. Gerade was die Aufteilung der Aktienquote betrifft, kann das Factsheet eines solchen Fonds eine Anregung für die eigene Aufteilung der Quote geben. Dabei ist wichtig, dass man die Aufteilung der neutralen Allokation anschaut und nicht, wie der Fonds aktuell investiert ist. Die Factsheets sind auf den Internetseiten der jeweiligen Anbieter verfügbar.

Anregungen für semi-passive Umsetzung

„Der grösste Feind eines guten Plans ist der Traum von einem perfekten!"
(Carl Philipp Gottlieb von Clausewitz, Preussischer General und Militärtheoretiker)

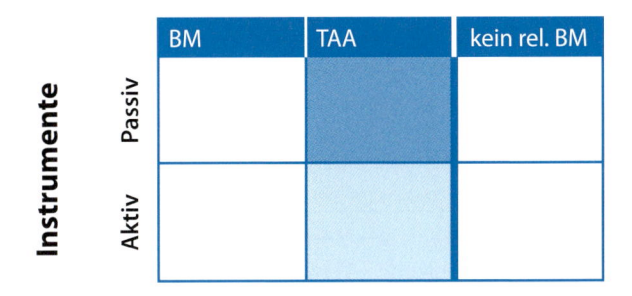

		BM	TAA	kein rel. BM
Instrumente	Passiv			
	Aktiv			

Die semi-passive Umsetzung zeichnet sich dadurch aus, dass man kurz- bis mittelfristig (oder „taktisch") von der definierten Strategie abweicht und hierzu passive Instrumente wie ETFs verwendet. Dabei spielt es keine Rolle, ob die langfristige Strategie quantitativ oder qualitativ hergeleitet wurde. Für die Umsetzung von taktischen Abweichungen muss eine klare Meinung bestehen, warum man von der Strategie abweichen will und in welchem Bereich dies erfolgen soll. Dies wird normalerweise als „View" bezeichnet. Sinngemäss können solche Views auch bei der Umsetzung der Anlagestrategien Core-Satellite, Absolute Return etc. berücksichtigt werden – sofern sie in das entsprechende Rahmenkonzept passen. Abbildung 5-11 fasst dies kurz zusammen. Views sind ebenfalls ein zentraler Bestandteil der aktiven Umsetzung, welche zusätzlich durch eine aktive (Einzel-) Titelselektion definiert ist.

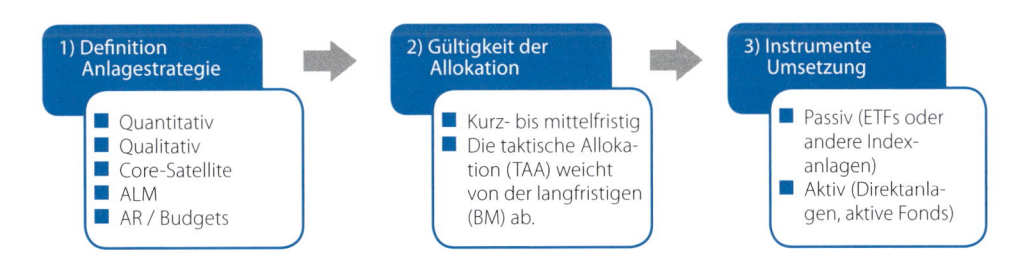

1) Definition Anlagestrategie	2) Gültigkeit der Allokation	3) Instrumente Umsetzung
■ Quantitativ ■ Qualitativ ■ Core-Satellite ■ ALM ■ AR / Budgets	■ Kurz- bis mittelfristig ■ Die taktische Allokation (TAA) weicht von der langfristigen (BM) ab.	■ Passiv (ETFs oder andere Indexanlagen) ■ Aktiv (Direktanlagen, aktive Fonds)

Abbildung 5-11: Einordung der Umsetzung von semi-passiven Strategien.

Taktische oder aktive Views können eine Vielzahl von Ausprägungen aufweisen, welche sich auch aufgrund der Anlageklasse (siehe Abbildung 5-12) unterscheiden. Bis jetzt haben wir die Definition der Strategie nach Ländern und Regionen vorgenommen. Bei der Anlageklasse Aktien kann man die Gewichte von einzelnen Ländern oder Regionen verändern, Sektoren, Stile oder Trends hinzufügen. Auf der Anleihenseite kann beispielsweise die Duration verändert oder eine Kurvenstrategie umgesetzt werden. Weiter können inflationsgeschützte Anleihen oder Unternehmensanleihen beigemischt werden. Innerhalb der alternativen Anlagen kann beispielsweise Öl im Rahmen der Sub-Anlageklasse Rohstoffe übergewichtet werden.

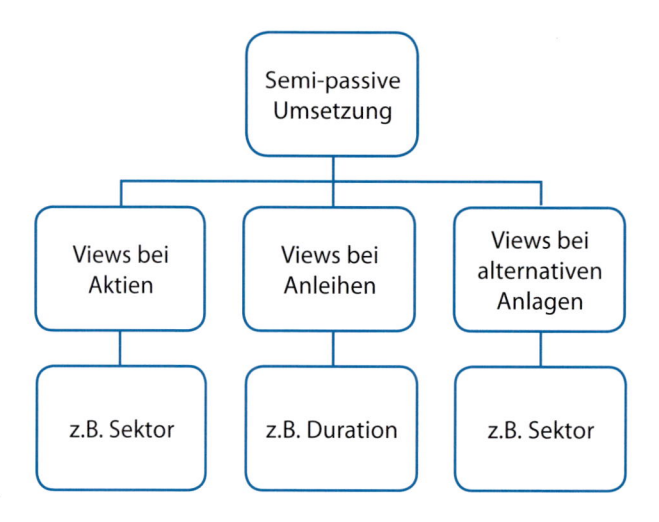

Abbildung 5-12: Bei der semi-passiven Umsetzung von Anlagestrategien können je nach Anlageklasse (und Sub-Klasse) verschiedene Views umgesetzt werden. Abgrenzung: Die Selektion der entsprechenden ETFs wird nicht als aktive View verstanden.

Grundsätzlich geht es bei der Formulierung von aktiven Views darum, ob im betrachteten Bereich (beispielsweise Sektor) das *subjektiv bewertete* Gleichgewicht von Preis und Wert verletzt wurde. Der Investor wird also eine **Bewertung** vornehmen. Abbildung 5-13 zeigt diesen Zusammenhang schematisch auf. Der aktuelle Preis ist – vereinfacht ausgedrückt – die Summe aller vorhandenen Informationen, der Erwartungen und schlussendlich die Bewertung durch den Markt. Der aktuelle Marktpreis stellt einen Durchschnitt vieler Meinungen und Erwartungen dar und befindet sich in einem Zustand des Gleichgewichtes. Das Angebot entspricht der Nachfrage. Dies steht im Gegensatz zur subjektiven Bewertung eines Titels (oder Bereiches), wo versucht wird, über ein eigenes Modell den Wert zu bestimmen. Oft liest man in Analystenkommentaren, dass Firma X oder der Markt Y „günstig" bewertet sei. Hier ist der Analyst der Meinung, dass gemäss seiner Einschätzung der Wert höher ist als der an der Börse bezahlte Preis. Solche Einschätzungen sind natürlich nur hilfreich, falls innert nützlicher Frist eine Anpassung des Preises erfolgt, sprich „der Markt" zur gleichen Ansicht wie der Analyst oder Investor kommt. Alternativ kann auch argumentiert werden, unternehmensspezifische Risiken seien gemäss eigener Einschätzung nicht richtig im Preis reflektiert, weil gewisse Aspekte durch den Markt nicht erkannt oder überbewertet werden.

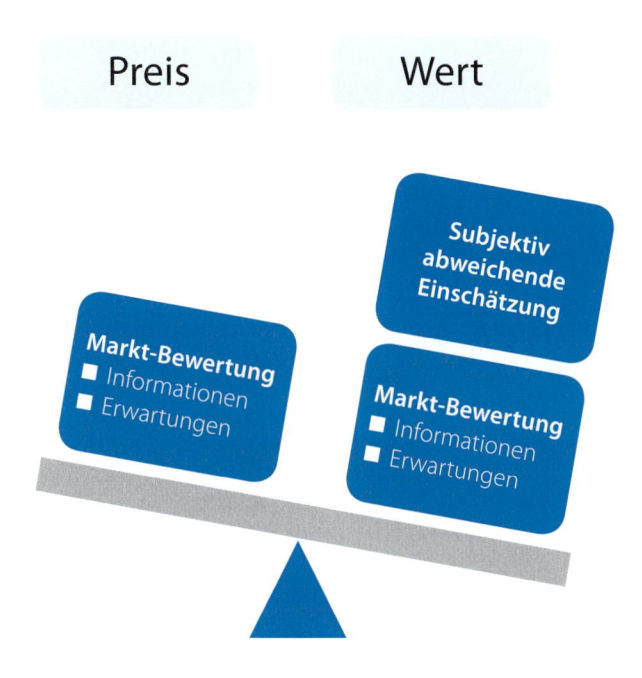

Abbildung 5-13: Illustrativer Zusammenhang zwischen Preis und hier subjektiv höher hergeleitetem Wert.

Typischerweise wird auch eine Meinung zum allgemeinen **Trend** gebildet. Hier geht es um die Frage, welche Art von Markt gerade vorherrscht, damit eigene Views in einen grösseren Kontext gestellt werden können und in einem späteren Schritt die Umsetzung erfolgen kann.
Die einfachste Unterteilung in steigende und fallende Märkte sind die omnipräsenten Begriffe Bullen- und Bärenmärkte. Bei einem Bullenmarkt (einer Hausse) befindet sich die Börse oder der betrachtete Bereich in einem *generellen* Aufwärtstrend. Genau das Gegenteil ist bei einem Bärenmarkt (einer Baisse) der Fall, hier dominieren sinkende Kurse. Möchte man die Dauer oder die Stärke einer Bewegung beschreiben, existieren eine Vielzahl von weiteren Begriffen, wie: Korrektur, Crash, Rally oder Boom.
Bei der Beurteilung eines Trends wird neben dem Stand in der Marktentwicklung (Tiefpunkt, früher/mittlerer/später Bullenmarkt; Hoch, früher/mittlerer/später Bärenmarkt) auch auf den Stand im Konjunkturzyklus (z.B. Konjunkturhoch, Rezession, Ausweitung oder Konjunkturtief) oder auf die Zinskurve (z.B. Verlauf und Zinsniveaus) geachtet. Man spricht dabei im Englischen von den drei Zyklen: Business Cycle,

Stock Market Cycle und Interest Rate Cycle. Dabei geht der Aktienmarkt normalerweise dem Konjunkturzyklus voraus. Oft liest man die Zahl von sechs Monaten. Die Geschichte hat aber gezeigt, dass dies stark schwanken kann oder durch exogene Schocks (z.B. 9/11) gänzlich gestört werden kann.

Je nach Stand in diesen Zyklen können verschiedene Anlageklassen, Sektoren oder auch Länder ausgewählt werden. Verschiedene Anbieter kombinieren diese Informationen zu sogenannten Cycle Clocks oder Konjunkturuhren, wo idealtypische Empfehlungen abgelesen werden können. Bei diesen Uhren liegt der Fokus oft auf der Anlageklasse der Aktien und darunter bei den Sektoren.

Nachfolgend zwei Beispiele von Konjunkturuhren, die mehrere Anlageklassen umfassen:

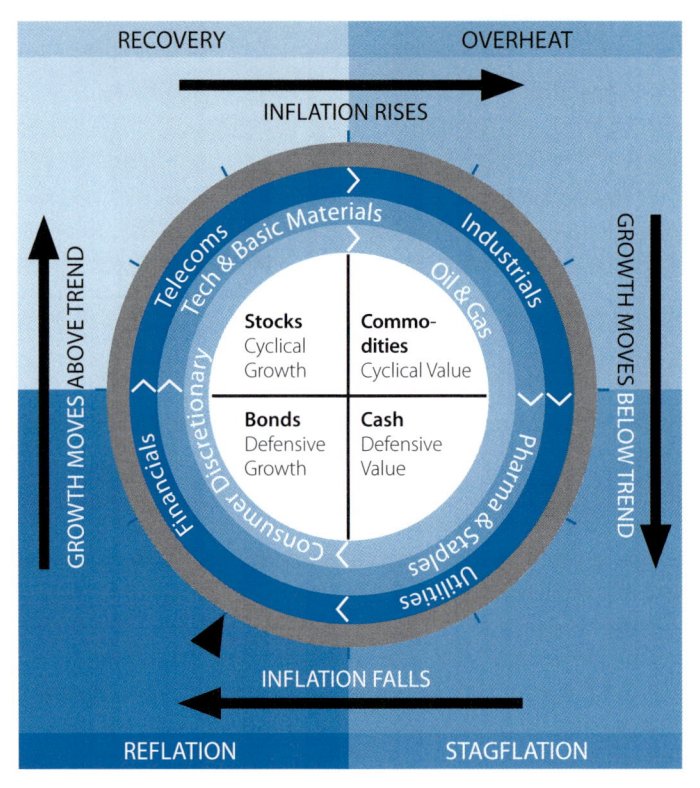

Quelle: Fidelity

Konjunkturuhr

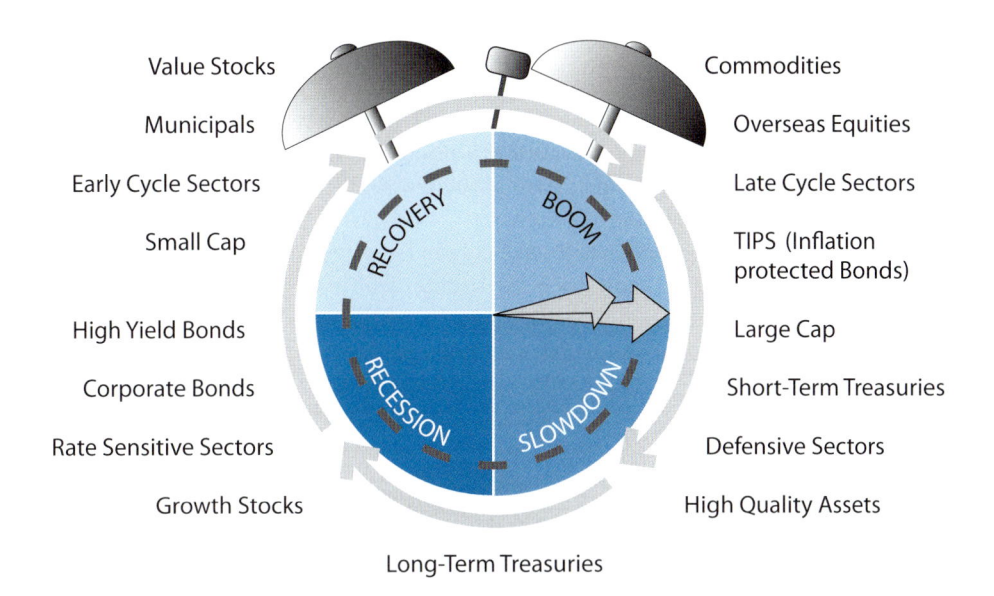

RECOVERY	BOOM
Value Stocks	Commodities
Municipals	Overseas Equities
Early Cycle Sectors	Late Cycle Sectors
Small Cap	TIPS (Inflation protected Bonds)

RECESSION	SLOWDOWN
High Yield Bonds	Large Cap
Corporate Bonds	Short-Term Treasuries
Rate Sensitive Sectors	Defensive Sectors
Growth Stocks	High Quality Assets
Long-Term Treasuries	

Abbildung 5-14: Beispiele zweier Konjunkturuhren. Quelle: Merrill Lynch / Monevator

Daneben wird oft auf das sogenannte Sentiment geachtet. Hier geht es darum, die generelle Stimmung an den Märkten zu erfassen. Bei den Aktienmärkten schauen sich viele Anleger beispielsweise das Put-Call-Ratio an, um zu erfahren, ob mehr Anleger auf fallende Kurse (Puts) oder auf steigende Kurse (Calls) setzen. Auf den Anleihenmärkten werden die Futures oder CDS-Spreads verfolgt.

> ### Wie stark ist ein Börsentrend?
>
> Die Stärke eines Trends bei Wertschriften hängt oft vom Handelsvolumen ab. Kann man beispielsweise bei einem Aufwärtstrend nur geringe Börsenumsätze beobachten, sollte die Nachhaltigkeit kritisch betrachtet werden. Wird hingegen ein Trend von einem hohen Volumen „gestützt", gilt er als stabil. Deshalb werten viele Investoren die Handelsvolumen sorgfältig aus.

Bei der **Umsetzung** (**Implementierung**) von aktiven Views können – vereinfacht formuliert – zwei Vorgehensweisen unterschieden werden:

- Momentum
- Contrarian

Bei einer Momentum-Strategie ist man der Ansicht, es werde sich ein identifizierter Trend fortsetzen. Durch eine Übergewichtung des Trends (falls der Trend positiv ist) kann davon profitiert werden. Ist man jedoch der Ansicht, dass ein aktuell sehr schlecht laufender Bereich sich in naher Zukunft erholen wird, kann man diesen Bereich als Contrarian-Investor – also entgegen dem aktuellen Markttrend – übergewichten und gleichzeitig von tiefen Kursen profitieren.

Abbildung 5-15 fasst ein mögliches Vorgehen zur Umsetzung von aktiven / taktischen Views zusammen. Teilweise kann auch beobachtet werden, dass die Bewertung übersprungen oder nicht detailliert beachtet wird. Dies kann bei der Umsetzung eines Sektormodells der Fall sein, wo primär der Börsenzyklus mit dem Konjunkturzyklus verglichen wird.

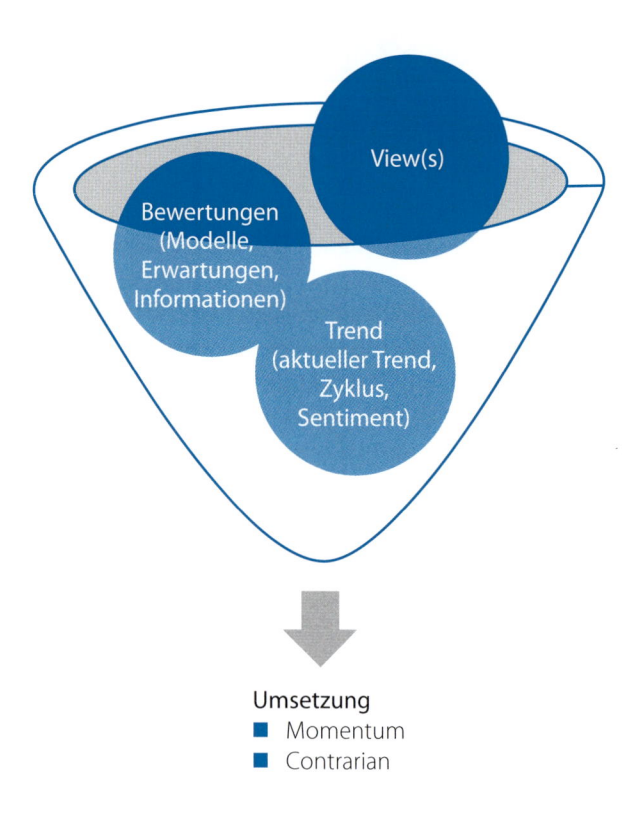

Abbildung 5-15: Schematisches Vorgehen bei der Umsetzung von aktiven Views.

Werden Views in einem Portfolio umgesetzt, ist ein besonderer Fokus auf die Überwachung der Risiken auf Stufe Gesamtportfolio zu setzen. Dadurch soll vermieden werden, dass sich einzelne moderate Views zu grösseren Klumpenrisiken aufsummieren. Mittels Backtesting und Szenarioanalysen können solche aggregierten Risiken bis zu einem gewissen Grad kontrolliert werden. Trifft beispielsweise ein Makro-Szenario nicht ein, auf welches mehrere Views setzen, müssen die Konsequenzen abgeschätzt werden können. Historische Szenarien helfen auch nur so lange, wie sich die Vergangenheit wiederholt. Aus diesem Grund müssen bei einer professionellen Umsetzung weitere Risiken wie Gegenpartei- und Positionsrisiken ebenfalls berücksichtigt werden. Die Risikoüberwachung wird in Kapitel 6 beschrieben.

Gerade bei vielen taktischen Anpassungen muss auf die Kosten geachtet werden und man sollte einen klaren Ausstiegsplan haben, falls sich die Erwartungen nicht manifestieren.

Im Folgenden stellen wir weit verbreitete Views kurz vor. Dies soll als Anregung und nicht als detaillierte Anleitung zu deren Umsetzung zu verstehen sein. Deshalb greifen wir jeweils nur gewisse Punkte aus Abbildung 5-15 auf. Der interessierte Leser sollte beurteilen, welcher Ansatz ihm zusagt aber auch umsetzbar erscheint. Danach sollte er gezielt weitere Literatur aus diesem Bereich suchen.

Views bei Aktien

Im Folgenden werden bei Aktien die folgenden Views unterschieden: Länder / Regionen, Sektoren, Size, Themen und Stile. In der Praxis wird die **Bewertung** von einzelnen Aktien, ganzen Märkten bzw. Sektoren oft anhand verschiedener Kennzahlen der Fundamentalanalyse durchgeführt, wie beispielsweise P/E, P/B, Dividendenrendite etc. Für grundlegende Überlegungen möchten wir auf Kapitel 3 (Indizes) sowie auf Rasmussen (2003), Owen und Griffiths (2006) und Rosenberg, Weintraub und Hyman (2008) verweisen.

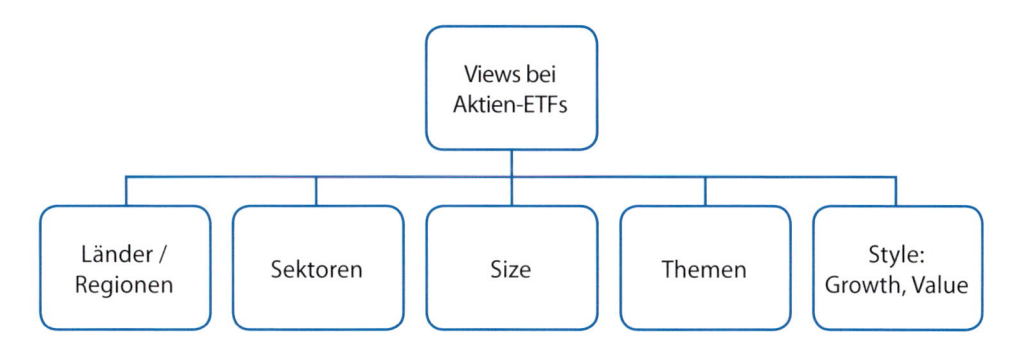

Abbildung 5-16: Mögliche Views bei Aktien bei semi-passiver Umsetzung (mittels ETFs).

An dieser Stelle soll nochmals das omnipräsente Price/Earnings-Ratio (P/E, Kurs/Gewinn-Verhältnis KGV) als mögliche Kennzahl zur Bewertung erwähnt werden. Das P/E drückt aus, wie oft der Gewinn im jeweiligen Aktienkurs enthalten ist. Dabei kann der aktuelle, der erwartete oder ein Durchschnittsgewinn genommen werden. Beim P/E handelt es sich um eine Art (einfache) Rentabilitätskennziffer, die einen schnellen Vergleich zwischen ähnlichen Aktien erlaubt. Aktien mit einem tiefen P/E im Vergleich zu ähnlichen Aktien werden normalerweise als günstig eingestuft. Die Anwendung des P/Es kann auch auf Länder-, Regionen- oder Sektoranalysen ausgedehnt werden, um die aggregierte Attraktivität zu beurteilen.

Die Analyse von **Trends und Zyklen** sind oft der zentrale Bestandteil bei Aktien-Views. Denn die Geschäfts- und Konjunkturzyklen stehen im Zusammenhang mit Zyklen am Aktienmarkt. Ein Verständnis, was den Trend und die Intensität dieser Zyklen betrifft, hilft mögliche Marktentwicklungen besser abzuschätzen. Die Fragen dabei sind, wie dies erkannt und umgesetzt werden kann.

Dazu wird in Modellen der Zusammenhang dieser Märkte analysiert, und daraus werden konkrete Handlungsempfehlungen abgeleitet. Bei der Analyse des Konjunkturzyklus werden beispielsweise die Schwankungen des BIP, die Verbraucherpreise, die Arbeitslosenquote, die Industrieproduktion, Importe und Exporte, die Investitionen und andere realökonomische Grössen herangezogen. Einfache Vergleiche können beispielsweise über die IMF-Seite (www.principalglobalindicators.org) durchgeführt werden.

Wichtige Faktoren zur Beurteilung des Aktienmarktes sind beispielsweise die Unternehmensgewinne und Gewinnerwartungen sowie die Wachstumsaussichten. Bei den Stimmungsindikatoren und dem Sentiment wird oft auf das Put-Call-Ratio und die Handelsvolumen geachtet. Beim Put-Call-Ratio werden die Umsätze bei Verkaufs- und Kaufoptionen verglichen. Bei überwiegend positiven Erwartungen hinsichtlich von Aktienkursen werden mehr Calls als Puts gekauft, weil man (weitere) Kurssteigerungen erwartet.

Tabelle 5-4 fasst grundlegende Views im Zusammenhang mit Aktien zusammen, wobei jeweils die mögliche Motivation und wichtige Risiken aufgeführt werden. Dies soll nicht als umfassende Darstellung, sondern als Orientierungshilfe verstanden werden.

View	Motivation	Risiken
Global	■ Kein Mehrwert aufgrund Abweichung von Weltindex möglich.	■ Einzelne Regionen, Länder etc. können besser performen.
Länder	■ Diversifikation über Volkswirtschaften und Währungen. ■ Normalerweise mittels Standardindizes.	■ Underperformance versus andere Länder. ■ Länderspezifische Probleme. ■ Politik, Inflation (Geldpolitik).
Gesamtmarkt (Land)	■ Engagement in möglichst allen Teilen des Marktes. ■ Large Caps und Mid Caps, teilweise inklusive Small Caps.	■ Tiefere Rendite als Teilbereiche (Mid, Small Caps etc.) oder Sektoren.
Regionen	■ Engagement in schneller wachsenden Wirtschaften.	■ Wie für Länder.

View	Motivation	Risiken
Aufstrebende Länder (Emerging Markets)	■ Höhere Wachstumsraten als die entwickelten Länder (auch aufgrund Basiseffekt). ■ Vorteil durch tiefere Produktionskosten.	■ Wie für Länder. ■ Höhere Volatilität. ■ Weniger liquide, höhere Kosten. ■ Oft stark von Rohstoffen und Exporten abhängig.
Size: Large Caps	■ Auswahl der marktbeherrschenden Firmen. ■ Oft sehr diversifiziert und breites Sortiment.	■ Schlechtere Rendite als andere Bereiche. ■ Höhere internationale Abhängigkeit der Firmen.
Size: Mid Caps	■ Bessere Rendite als Gesamtmarkt. ■ Profitieren von Size premium.	■ Engeres Sortiment
Size: Small Caps	■ Bessere Rendite als Gesamtmarkt. ■ Es kann regelmässig vom Size Premium profitiert werden. ■ Universum ist weniger durch Research abgedeckt.	■ Volatiler und weniger liquide. ■ Enges Sortiment oder gar nur ein Produkt im Angebot.
Sektoren	■ Unterschiedliche Wachstumsaussichten der Sektoren innerhalb des Wirtschaftszyklus ausnützen. ■ Unterscheidung zwischen zyklisch und defensiv.	■ Tendenziell volatiler als Länderansatz. ■ Sehr sensitiv zu sich verändernden Rahmenbedingungen.
Style	■ Unterschiedliche Performance der Styles (Value, Growth oder Blend) je Marktumfeld. ■ Geht i.d.R mit langfristiger Bekenntnis zu einem Stil einher.	■ Verschiedene Indexanbieter mit leicht unterschiedlichen Definitionen.
Themen	■ Ausnutzung von langfristigen Trends.	■ Zeithorizont wird häufig unterschätzt.

Tabelle 5-4: Zusammenfassung möglicher Aktien-Views (in Anlehnung an Rosenberg et al. (2008)).

Es ist wichtig zu verstehen, dass „Standardmarktindizes" automatisch und je nach Umfeld eine Size-, Sektor- und eine Stylestrategie aufweisen. Normalerweise enthalten sie Large und zu einem gewissen Anteil Mid Caps und einen Mix zwischen Value und Growth. Auch die Sektoraufteilung variiert von Land zu Land und ist Ausdruck der spezifischen Ressourcen und Stärken. Ein „Pure-Play" von Strategien ist natürlich nicht möglich – die Aktie eines Versorgungsunternehmens kann beispielsweise gleichzeitig eine Value-Aktie sowie eine Large-Cap-Aktie darstellen.

Aktien: Länder- und Regionenviews

Ist eine taktische Abweichung von den neutralen Länder- oder Regionenquoten vorgesehen (Übergewicht, Untergewicht oder weiteres Land temporär hinzunehmen), muss in irgendeiner Form eine Länderanalyse vorgenommen werden. Generell gilt es, den jeweiligen Wirtschaftstrend zu erfassen, d.h. die volkswirtschaftliche Lage und das Wachstumspotential einzuschätzen. Der Anleger traut sich somit zu, mit der Wahl des richtigen Marktes die anderen Märkte outzuperformen.

Gerade bei Investitionen in einzelne Länder darf die Rechnung nicht ohne die Politik gemacht werden. Aufgrund von Wahlen und sich ändernden regulatorischen Bestimmungen kann sich die Beurteilung der länderspezifischen Situation schnell ändern. In solchen Fällen reagieren die Aktienmärkte als erstes (positiv oder negativ), was gar den Charakter von „Schocks" annehmen kann. Dies bietet gleichzeitig Chancen und Risiken. In einem gewissen Umfang können die Länderratings der Ratingagenturen als Orientierungshilfe dienen, um das Risiko von Investitionen in ein Land zu beurteilen. Bei der Länderanalyse dürfte ein Anleger hauptsächlich die folgenden Faktoren verfolgen: Länderrating, Gewinnerwartungen an Unternehmen, Umfeld, Steuersituation, Wachstumsaussichten und Arbeitslosigkeit.

Beispiel: Beimischung Länder- oder Regionenviews

- Weltweit: ETF auf Eurozone, Asia ex Pacific
- Europa: ETF auf DAX, IBEX, SMI
- Asien: ETF auf MSCI Japan

Aktien: Sektorviews/Sektorrotation

Bei Sektorviews, also bei der unterschiedlichen Gewichtung von Sektoren, will der Anleger sich die unterschiedliche Dynamik der verschiedenen Sektoren bzw. Branchen zu Nutze machen. Dies kann beispielsweise der Fall sein, wenn man ein grosses neutrales Gewicht im SMI (ca. 30% Gesundheitswesen, 30% Konsumgüter und 20% Finanzen) oder dem DAX (ca. 20% Chemie, 15% Industriegüter und 12% Versorger) auf Stufe der Anlagestrategie definiert hat und aufgrund des wirtschaftlichen Umfeldes die Sektorgewichte anpassen möchte.

Es wird davon ausgegangen, dass erkannt werden kann, welcher Sektor aufgrund der aktuellen Wirtschaftslage den Gesamtmarkt outperformen wird. Dabei kann der Anleger wiederum darauf setzen, dass sich ein Trend fortsetzen wird (Momentum) oder dass ein „abgestrafter" Sektor aufholen wird (Contrarian). Auch bei der Sektoranalyse sollte man sich immer vor Augen halten, dass die aktuellen Erwartungen in den Kursen berücksichtigt sind. Es ist jedoch unbestritten, dass zu verschiedenen Zeitpunkten im Konjunkturzyklus einzelne Branchen besser als der Gesamtmarkt rentieren.

Es gibt nicht *die* Kennzahl. Vielmehr werden verschiedene Kennzahlen für eine umfassende Betrachtung herangezogen. Jeder Portfoliomanager, der einen Sektoransatz verfolgt, hat seine präferierten Indikatoren, die er für die Beurteilung der Attraktivität verwendet.

Gerade im Rahmen von sogenannten Sektorrotationen werden oft Sektorgrafiken oder Sektoruhren verwendet, die zeigen sollen, bei welchem Konjunkturstand in welchen Sektor investiert werden sollte. Abbildung 5-17 zeigt Beispiele dazu. In der Theorie und rückblickend erscheint dies oft plausibel und recht einfach. In der Praxis ist es jedoch schwierig, den genauen Stand im „Cycle" auszumachen und entsprechend richtig zu handeln.

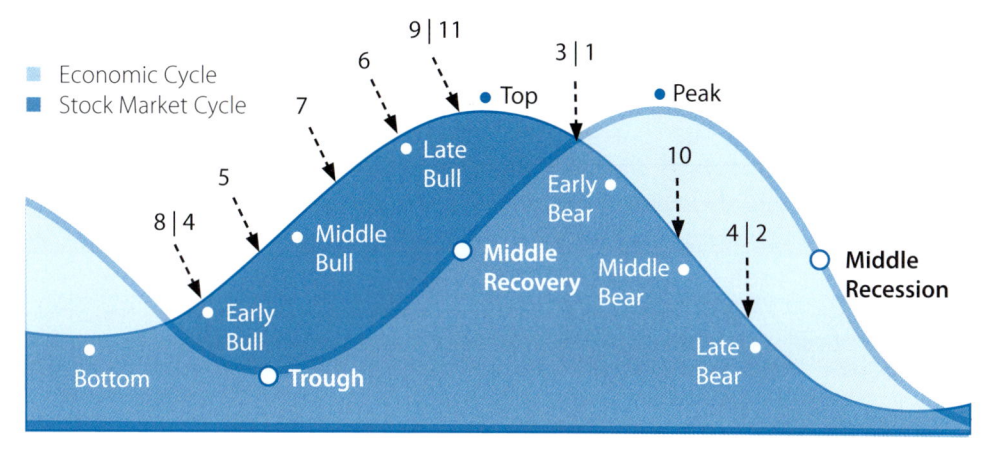

- Economic Cycle
- Stock Market Cycle

Phasen: Bottom, Early Bull, Middle Bull, Late Bull, Top, Early Bear, Middle Recovery, Middle Bear, Late Bear, Peak, Trough, Middle Recession

1. Consumer Non-Cyclicals
2. Consumer Cyclicals (durable and non)
3. Health Care
4. Financials
5. Technology
6. Basic Industry
7. Capital Goods
8. Transportation
9. Energy
10. Utilities
11. Precious Metals

Quelle: Monevator

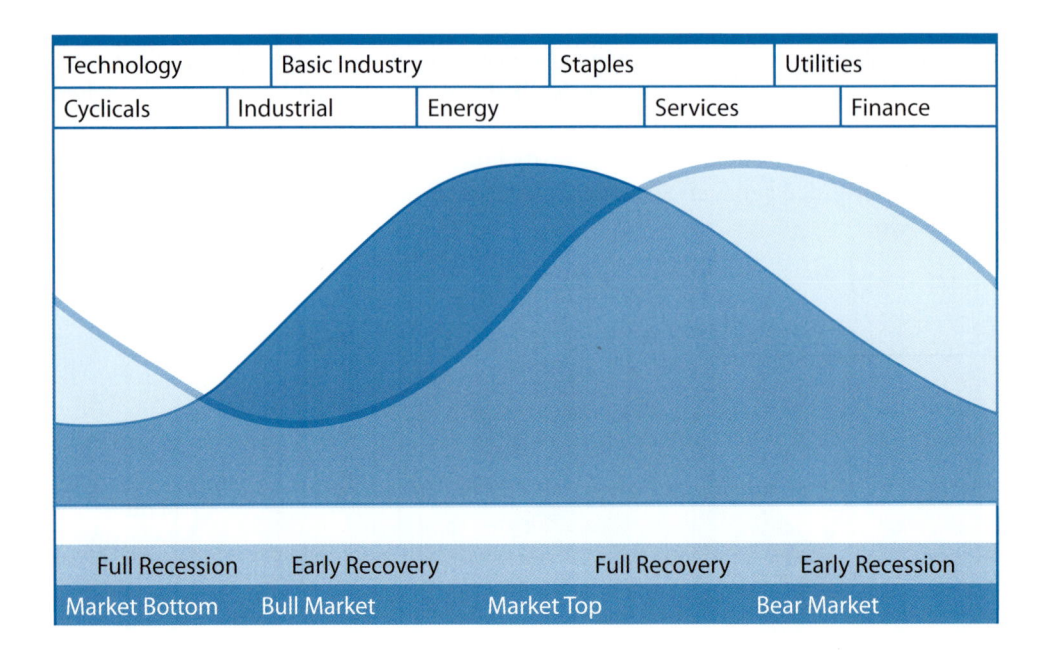

| Technology | Basic Industry | Staples | Utilities |
| Cyclicals | Industrial | Energy | Services | Finance |

| Full Recession | Early Recovery | Full Recovery | Early Recession |
| Market Bottom | Bull Market | Market Top | Bear Market |

Abbildung 5-17: Beispiele zweier Sektoruhren. Quelle: Tradingonlinemarkets

Gewisse Sektoren werden von den Investoren als offensiv (hohes Beta zum Gesamtmarkt) und andere als defensiv (tiefes Beta zum Gesamtmarkt) erachtet. Als eher offensive Faktoren gelten IT und Finanzwerte. Zu den defensiveren Werten zählt man gemeinhin Versorgungsbetriebe, Basiskonsumgüter, Energie und teilweise auch Titel des Gesundheitswesens. Daneben gibt es die Unterteilung in zyklische und nicht-zyklische Sektoren. Als Zykliker werden Aktien bezeichnet, die eine hohe Korrelation zum Konjunkturverlauf aufweisen. Dazu zählt man oft die folgenden Sektoren bzw. Branchen: Autos, Maschinenbau, IT, Medien. Klassisches Beispiel für nicht-zyklische Aktien sind Versorgungsbetriebe und Bereiche der Basiskonsumgüter oder des Gesundheitswesens.

Tabelle 5-5 fasst Views bei Sektoren gemäss der GICS-Klassifikation zusammen, wobei jeweils mögliche Motivationen und wichtige Risiken bei einer Investition aufgeführt werden. Dies soll wiederum nicht als umfassende Darstellung verstanden werden, sondern als Orientierungshilfe dienen.

Sektor-View	Motivation	Risiken
Consumer Discretionary (Nicht-Basiskonsumgüter)	■ Umfeld erlaubt Kauf von Luxusgütern ■ Profitieren von steigenden Einkommen (z.B. fallende Arbeitslosenquote)	■ Hohe Konkurrenz ■ Generelles Wirtschaftsumfeld ■ Wechselnde Ansprüche oder Rahmenbedingungen
Consumer Staples (Basiskonsumgüter)	■ Güter gehören zum Grundbedarf. ■ Kann stabilisierend wirken.	■ Oft stark reguliert ■ Sich verändernde Bedürfnisse ■ Inputkosten
Energy (Energie)	■ Höhere Energiepreise ■ In gewissen Bereichen: endliche Ressource	■ Sehr sensitiv zu Angebot und Nachfrage ■ Einfluss Terminmärkte ■ Höhere Zinsen ■ Steigende Kosten für die Gewinnung ■ Politische Lage ■ Umweltregulierung
Financials (Finanzwesen)	■ Profitieren von Wirtschaftswachstum und Konsum ■ Oft sehr liquide Titel	■ Oft stark regulierter Bereich ■ Anfällig auf Konjunkturzyklen ■ Steigende Zinsen ■ Risiken im Kreditgeschäft ■ Bilanzrisiken
Health Care (Gesundheitswesen)	■ Bereitschaft, für „seine" Gesundheit viel Geld auszugeben. ■ Ausnutzung Demographiewandel ■ Relativ stabile Cash Flows	■ Stark regulierter Bereich ■ Auslaufende Pipeline und Patente (z.B. Generika) ■ Publikation schlechter Studien oder Zwischenfälle ■ Zunehmende Haftungsansprüche
Industrials (Industrie)	■ Profitieren von Wirtschaftswachstum ■ Green Technology	■ Plötzliche Substituierbarkeit ■ Teilweise sehr sensitiv zu Energiekosten ■ Umweltschäden oder Schadenersatzforderungen
Information Technology (IT)	■ Profitieren vom Investitionsbedarf der Firmen in IT ■ Je nach Marktphase sehr schnell wachsend	■ Hohe Konkurrenz ■ Schnelllebigkeit ■ Oft sehr volatil
Materials (Roh-, Hilfs- & Betriebsstoffe)	■ Profitieren vom Wirtschaftswachstum, insbesondere bei Aufschwungstart. ■ Mangel oder erhöhter Bedarf an Grundgütern	■ Rohstoffpreise ■ Handels-Hemmnisse und Wechselkurse ■ Umweltregulierung

Sektor-View	Motivation	Risiken
Telecom (Telekommunikationsdienste)	■ Profitieren von steigender Nachfrage nach Multimediadienstleistungen. ■ Hohe Eintrittshürden für neue Konkurrenten.	■ Oft sehr hohe Konkurrenz ■ Preisregulierung durch Behörden. ■ Teure Netzanpassungen
Utilities (Versorgungsbetriebe)	■ Gehören zum Grundbedarf in jedem Wirtschaftszyklus. ■ Oft sehr gute Dividende ■ Konstante Einnahmen	■ Preisregulierung durch Behörden. ■ Deregulierung ■ Umweltschäden

Tabelle 5-5: Zusammenfassung möglicher Sektor-Views gemäss der GICS-Sektoreinteilung (in Anlehnung an Rosenberg et al. (2008)).

Bei einer möglichen Umsetzung gilt es zu beachten, dass historisch gesehen Sektorstrategien eine deutlich höhere Volatilität aufweisen als ein Engagement in Ländern oder Regionen. Zudem ist die Umsetzung teurer, da Sektor-ETFs normalerweise eine höhere Verwaltungsgebühr aufweisen als ETFs auf Regionen- oder Länderindizes. Bei einigen Sektoren besteht eine hohe Konzentration auf einige wenige Titel und somit eine tiefe Diversifikation.

Ein Anleger wird bei der Sektoranalyse hauptsächlich die folgenden Faktoren in der Wirtschaftspresse verfolgen: Stand im Wirtschaftszyklus je Sektor, Aussichten je Sektor, Geschäftsklima, Gewinnerwartungen an Unternehmungen, Umfeld, Auftragseingänge, Umsätze.

Beispiel 1: Sektorstrategie weltweit

- Mittels globalen Sektoren: ETF auf MSCI World Energy, MSCI World Financials, MSCI World Consumer Discretionary etc.
- Mittels Kombination von verschiedenen regionalen Sektoren: ETF auf STOXX Europe 600 Optimised Health Care, STOXX Europe 600 Optimised Utilities, S&P Select Sector Materials, S&P Select Sector Utilities, S&P Emerging Markets Infrastructure etc.

Beispiel 2: Sektorstrategie als Ergänzung

- Beimischung von europäischen Sektoren: ETF auf MSCI Europe Energy, MSCI Europe Financials, MSCI Europe Consumer Discretionary etc.
- Beimischung von US-Sektoren: ETF auf S&P Select Sector Materials, S&P Select Sector Utilities etc.

Aktien: Size-Views

In diversen Studien wurde festgestellt, dass kleinere Unternehmungen während vieler Phasen eine höhere Rendite (risikoadjustiert) aufweisen als grössere. Dieses sogenannte Size Premium (Grössenprämie) könnte damit zusammenhängen, dass kleine Titel weniger liquide sind (Illiquiditätsprämie), oder aber damit, dass sie weniger durch Analysten abgedeckt werden und über sie somit weniger Informationen zur Verfügung stehen. Diese Prämie ist aber keineswegs immer vorhanden, denn auch dieses Thema wird von vielen Investoren verfolgt. Im Gegensatz zu Large Caps weisen Small Caps oft ein konzentrierteres Produktangebot auf, sprich sind weniger diversifiziert. Zudem sind sie häufig von wenigen Schlüsselpersonen abhängig und werden als volatiler als Large Caps angesehen. Beim Handel müssen höhere Spreads in Kauf genommen werden und die Managementgebühren der Instrumente sind tendenziell auch höher.

Je nach Definition der langfristigen Anlagestrategie und der damit verbundenen Indexwahl deckt man mit grosser Wahrscheinlichkeit nur die Large Caps oder die Large und Mid Caps ab. Denn die gewöhnlichen Länderindizes sind oft Large Caps Indizes. Oft wird aufgrund der aktuellen Wirtschaftslage bzw. deren Aussichten der Mix zwischen Large und Small Caps verschoben. Viele Small Caps sind beispielsweise stärker mit der Heimwirtschaft verbunden und somit weniger der globalen Wirtschaft ausgesetzt. Small Caps gelten auch als viel sensitiver zu Wirtschaftszyklen, was sie früher an einem Aufschwung profitieren lässt.

Denkbare Umsetzungsvarianten:

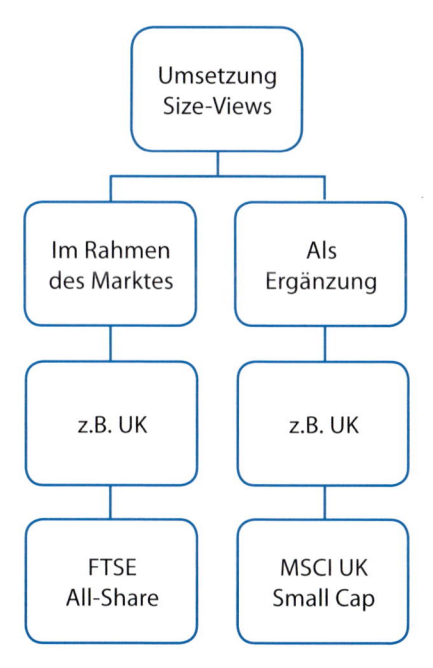

Abbildung 5-18: Umsetzung von Size-Views (mittels ETF).

Beispiel: Beimischung von Small/Mid Caps

- Schweiz: ETF auf SMIM
- Eurozone: ETF auf MSCI EMU Small, EuroSTOXX Small
- USA: ETF auf MSCI USA Small Cap, Russel 2000
- UK: ETF auf MSCI UK Small Cap
- apan: ETF auf MSCI Japan Small Cap
- Aufstrebende Länder: ETF auf MSCI Emerging Marktes Small Cap (gelistet im UK!)

Aktien: Themen-Views

Bei Themen-Views können verschiedene Themen oder langfristige zyklische „Treiber" beigemischt werden. Dies können Themen wie demographische Trends, Energie oder die Aufholung von ganzen Volkswirtschaften / Regionen (z.B. BRIC) sein. In diesem Zusammenhang wird oft der Ausdruck „säkularer Trend" verwendet. Dies sind normalerweise langfristige Trends, die einen ökonomischen und sozialen Wandel repräsentieren und länger als eine Generation andauern. Dabei kann wiederum von einem bereits laufenden Trend profitiert werden (Momentum) oder auf die Erholung eines „vergessenen" Trends (Contrarian) gesetzt werden.

Historisch war die Industrialisierung ein Treiber für langfristiges Wachstum. Als Anleger versucht man es auszunutzen, wenn sich Länder in einer solchen Übergangsphase befinden wie die aufstrebenden Länder (Emerging Markets). In der einfachsten Weise betrachtet man dazu die Entwicklung des BIP pro Kopf. Dazu muss aber immer die politische Situation und Stabilität berücksichtigt werden. Daneben kann auch versucht werden, von den demografischen Trends (weniger Kinder und immer ältere Bevölkerung) oder beispielsweise der wachsenden Nachfrage nach Energie (sinkende Ölreserven, alternative Energiequellen) zu profitieren.

Gewisse Länder, Themen oder Sektoren können auch auf einmal en vogue werden, weil beispielsweise eine besonders interessante Studie in diesem Bereich veröffentlicht wird oder weil sie aus anderen Gründen die Gunst der Anleger teilen.

Beispiel: Beimischung von Themen

- Demographie (indirekt über Gesundheitswesen): ETF auf Euro STOXX Health Care, MSCI Europe Health Care, MSCI World Health Care.
- Aufstrebende Länder: ETF auf MSCI Emerging Marktes, S&P Emerging Markets Infrastructure.
- Wasser: ETF auf S&P Global Water, World Water Index.
- Energie oder alternative Energie (Aktien): ETF auf MSCI World Energy, MSCI Europe Energy, STOXX Europe 600 Oil & Gas, S&P Global Clean Energy, New Energy.

Aktien: Style-Views

Im Gegensatz zu Size-Strategien (Marktkapitalisierung und Einteilung nach Large, Mid, Small) muss hier genau verstanden werden, wie der jeweilige Anbieter Value und Growth definiert. Denn es gibt keine allgemeingültige Definition von Value und Growth. Beim Style-Ansatz werden gewisse fundamentale Faktoren betrachtet und gewichtet, welche dann eine Zuordnung zu Value oder Growth ermöglichen. Morningstar verwendet beispielsweise die folgenden Faktoren zur Bestimmung von Growth und Value, welche in einem zweiten Schritt unterschiedlich gewichtet werden:
- Growth: Long-term Projected Earnings Growth, Earnings Growth, Sales Growth, Cash Flow Growth, Book Value Growth.
- Value: tiefe Price-to-Earnings, Price-to-Book Value, Price-to-Sales, Price-to-Cash Flow und hohe dividend yields.

Neben reinen ETFs auf Value-Indizes kann diese View auch mit der Länder- oder Sektorenstrategie verknüpft werden. Der Value-Ansatz gleicht einem Contrarian-Ansatz. Hier können jene Sektoren oder Länder herausgesucht werden, die im Konjunkturverlauf am schlechtesten dastehen jedoch solide Fundamentaldaten aufweisen.

Tabelle 5-6 fasst Value und Growth zusammen, wobei jeweils mögliche Motivationen und wichtige Risiken bei einer Investition aufgeführt werden.

Style	Motivation	Risiken
Value	■ Fokus auf solide Fundamentaldaten. ■ Günstige Bewertung verschiedener Kennzahlen.	■ Titel können lange unterbewertet bleiben. ■ Kennzahlen sind hauptsächlich buchhalterische Grössen.
Growth	■ Fokus liegt auf Kapitalgewinn und weniger auf Dividenden. ■ Fokus auf verschiedene Wachstumsfaktoren.	■ Normalerweise keine Dividenden ■ Wachstumskennzahlen können sich schnell verändern. ■ Kennzahlen sind hauptsächlich buchhalterische Grössen.

Tabelle 5-6: Zusammenfassung von Motivation und Risiken bei Value und Growth.

Beispiel: Beimischung von Style

- Value: ETF auf MSCI EMU Value, Euro STOXX TMI Value Large
- Growth: ETF auf MISC EMU Growth, Euro STOXX TMI Growth Large

Views bei Anleihen

Wie im Kapitel über die Indizes erwähnt, hängt der Preis – und damit die **Bewertung** – einer Anleihe grundsätzlich vom aktuellen risikolosen Zinssatz, dem Coupon, der Laufzeit, der Bonität (Risikoprämie), der Inflation und der Liquidität ab. Wird eine Anleihe in einer anderen Währung als der Referenzwährung betrachtet, muss der Wechselkurs berücksichtigt werden. Abgeleitet von den Einflussfaktoren auf den Preis können verschiedene Views (Abbildung 5-19) bei Anleihen-ETFs unterschieden werden:

```
                    Views bei
                   Anleihen-ETFs
         ┌──────────┬──────────┬──────────┐
    Zinsänderung  Rating/Bonität  Liquidität  Wechselkurs
         │        ┌────┴────┐
     Inflation   Land     Sektor
```

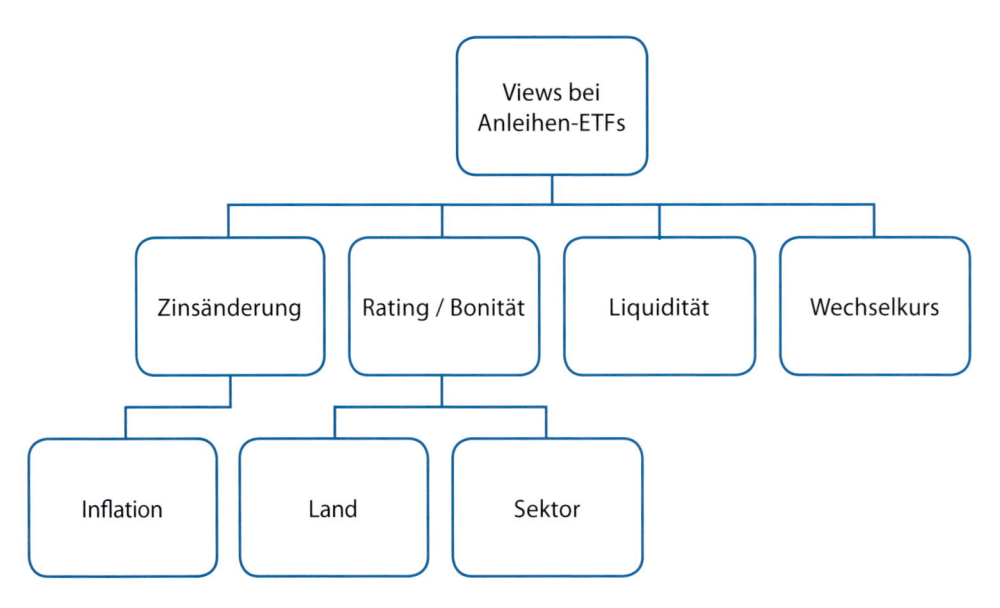

Abbildung 5-19: Mögliche Views bei Anleihen bei semi-passiver Umsetzung (mittels ETFs).

Wie bei den Aktien-Views können **Trends und Zyklen** analysiert werden. Aufgrund des direkten Einflusses auf den Preis, ist die Zinskurve (Yield Curve) und deren Veränderung von zentraler Bedeutung. Der Verlauf der Zinskurve und der Stand im sogenannten Zinszyklus geben Auskunft über den aktuellen Stand der Konjunktur und den Stand im Wirtschaftszyklus. Die Zinskurve, welche die aktuelle Höhe der kurz-, mittel und langfristigen Zinsen darstellt, hängt von verschiedenen Faktoren ab. Am ganz kurzen Ende wird sie von den Zentralbanken beeinflusst. Zu den Faktoren, die das lange Ende der Zinskurve bestimmen, gehören beispielsweise Inflationserwartungen und die Liquiditätsprämie. Bei der Zinskurve werden verschiedene Formen unterschieden: normal, steil, flach und invers. Je nach Form können unterschiedliche Schlüsse gezogen werden. So ist oft zu Beginn eines Aufschwungs (d.h. am Ende einer Rezession) die Zinskurve steil, da die Notenbank über tiefe Zinsen die Wirtschaft stimulieren will und das lange Ende von Wachstumsaussichten geprägt ist. Beim Zinszyklus kann zwischen Zinserhöhungen, konstanten Raten und Zinssenkungen unterschieden werden. Wie schon erwähnt, wird der Zinszyklus oft im Zusammenhang mit dem Börsen- und dem Wirtschaftszyklus betrachtet.

In der Praxis wird auf eine Vielzahl von Wirtschaftsstatistiken geschaut, wobei meist die sogenannten Frühindikatoren im Fokus stehen. Mit Bezug zu Anleihen interessiert, ob und wie sich die Zinsen und die Inflation verändern werden. Als Stimmungsindikatoren (Sentiment) können die Futures auf die jeweiligen Staatsanleihen (beispielsweise an der Eurex: Conf Future für die Schweiz, Bund Future für Deutschland), die Veränderungen der CDS-Preise und CDS-Spreads (eingeschränkt ersichtlich auf www.markit.com) aber auch die Handelsvolumen herangezogen werden.

Tabelle 5-7 umreisst die grundlegenden Views bei Anleihen. Dabei wird aufgezeigt, wie die jeweilige View umgesetzt werden kann. Dies soll nicht als umfassende Darstellung, sondern als Orientierungshilfe verstanden werden.

View	Einfluss auf Anleihen	Umsetzung
Veränderung der Zinssätze	■ Je nach Richtung höherer oder tiefer Preis der Anleihe ■ Sensitiver auf Zinsänderungen reagieren 　■ Lang laufende Anleihen 　■ Anleihen mit tiefem Coupon	■ Zinskurvenstrategien 　■ Bullet 　■ Barbell 　■ Ladder ■ Immunisierungs- oder Matchingstrategien
Steigende Marktzinsen	■ Sinkende Anleihenpreise	■ Kürzere Laufzeiten ■ Duration verkürzen
Sinkende Marktzinsen	■ Steigende Anleihenpreise	■ Längere Laufzeiten ■ Duration verlängern
Steigende Inflation	■ Sinkende Anleihenpreise ■ Höhere Coupons bei neuen Anleihen	■ Kürzere Laufzeiten wählen ■ Inflationsgeschütze Anleihen verwenden (siehe weiter unten).
Steigendes Kreditrisiko	■ Möglicher Ausfall ■ Tieferer Preis bei best. Anleihen	■ Wechsel in höhere Qualität ■ Kürzere Laufzeiten
Nachlassende Liquidität	■ Tieferer Preis bei bestehenden Anleihen	■ Wechsel in liquide Staatsanleihen
Veränderung des Wechselkurses	■ Tiefere / höhere Rendite in Referenzwährung	■ Absicherung der Fremdwährung ■ Stabile Währungspaare verwenden ■ View zum Wechselkurs haben ■ Verkauf der Anleihe in Fremdwährung

Tabelle 5-7: Views bei Anleihen und wie diese umgesetzt werden können (in Anlehnung an Faerber (2009)).

Anleihen: Views zu Zinsen und Inflation

Ein wichtiges Element beim Verwalten von Anleihen ist das Management der Zinskurve, d.h. das Antizipieren von Änderungen in den Zinssätzen und der Inflation. Hat ein Anleger eine Erwartung, wie sich die Zinsen verändern, können Anleihen ETF mit verschiedenen Laufzeiten ausgetauscht werden. Wird beispielsweise ein Anstieg der Zinsen erwartet, kann in kurzlaufende Anleihen (oder Geldmarkt) investiert werden, bis die Zinserhöhungen erfolgt sind. In der Praxis können drei grundlegende Zinskurvenstrategien unterschieden werden: Ladder, Barbell und Bullet.

- Bei einer Ladder-Strategie (engl. für Leiter) werden die Maturitäten gleichmässig verteilt. So könnte jeweils ein Viertel in die verbreiteten ETF-Laufzeiten bei Staatsanleihen investiert werden: 1–3, 3–7, 7–10 und 10–15 Jahre (siehe Abschnitt über Obligationen auf Seite 158). Dies ist eine vermeintlich passive Strategie, weil keine Prognosen betreffend einer Veränderung der Zinskurve gemacht und die Laufzeiten gleichmässig verteilt werden. Bei einer klaren Meinung zur Veränderung der Zinskurve ist diese Strategie weniger gut geeignet.
- Bei einer Barbell-Strategie (engl. für Hantel) wird in kurz- und langfriste Anleihen investiert, beispielsweise in die Laufzeiten 1–3 und 10–15. Man deckt bei dieser Strategie zwei Punkte auf der Zinskurve ab und spekuliert auf einen relativen Zinsanstieg bei den mittleren Laufzeiten. Die Barbell-Strategie bietet zusätzlich die Flexibilität, relativ einfach die Positionierung von kurz zu langfristig und umgekehrt durch Verschieben der Gewichte zu verändern.
- Die Bullet-Strategie (engl. für Gewehrkugel) zeichnet sich dadurch aus, dass die Maturitäten auf einem Punkt der Zinskurve konzentriert werden. Dies wird oft gemacht, wenn eine exakte Zinsview (oder Zielduration) besteht oder wenn der Anlagehorizont bei diesem Punkt endet.

Bei einer passiven Anleihenstrategie mit *einzelnen* Anleihen können Anleihen mit einer Laufzeit gekauft werden, die möglichst genau dem Anlagehorizont entspricht. Diese Anleihen werden dann bis zum Ende des Anlagehorizontes gehalten (Matching). Falls Geld vor Verfall benötigt wird, kann der aktuelle Wert höher oder tiefer als der Kaufpreis sein. Im Gegensatz zu einzelnen Anleihen kann über ETFs *kein genaues Matching* erzielt werden, da die Anleihen im Index fortlaufend ausgetauscht werden und dadurch die Duration ungefähr konstant bleibt. Eine naive Matching-Strategie mit ETFs besteht darin, ETFs mit einer Duration zu verwenden, die der Laufzeit bis zum Ende des Anlagehorizontes entspricht. Naiv deshalb, da die Duration fortlaufend der Restlaufzeit angepasst werden muss (mehr kurze Anleihen-ETFs und Geldmarkt, welcher per Definition eine sehr kurze Laufzeit hat) und dabei beim Verkauf des ETFs mit längerer Duration Verluste entstehen können.

ETFs können für das Zinskurvenmanagement und Steuerung der Portfolio-Duration verwendet werden. Gerade ETFs mit spezifischen Laufzeitenbändern haben eine recht konstante Duration und eignen sich für diesen Zweck. So hatten die Laufzeitenbänder in der Vergangenheit die folgende Duration: 1–3: knapp über 2 Jahre, 3–5: knapp 4 Jahre und 5–7: ca. 5 Jahre. Zudem kann mit Short-Anleihen-ETFs die Duration verkürzt werden, falls bestehende Anleihen nicht verkauft werden wollen oder die gewünschte Laufzeit nicht vorhanden ist.

Tabelle 5-8 zeigt vereinfachend auf, welche Laufzeiten (bzw. Duration) in welcher Zins- und Konjunkturphase idealtypisch gewählt werden können. Dabei wird von „normalen" Anleihen ausgegangen.

	Phase 1	Phase 2	Phase 3	Phase 4
Konjunktur	Tiefpunkt	Aufschwung	Hoch	Abschwung
Zinsen	Zinssenkungen	Konstant	Zinserhöhungen	Konstant
Inflation	Tief	Ansteigend	Inflationsdruck	Nachlassend
Laufzeiten	Lang laufende Anleihen	Mittel bis lang laufende Anleihen	Kurz laufende Anleihen	Lang laufende Anleihen
Duration	Erhöhen	Erhöhen	Reduzieren	Erhöhen

Tabelle 5-8: Beispiel eines 4-Phasen-Modells.

Ein weiterer Faktor beim Anleihenmanagement ist das Risiko der Inflation. „Normale" Anleihen reagieren auf die Veränderung des (Nominal-) Zinses, wobei dieser durch den Realzins und die Inflationserwartung beeinflusst wird. Es gilt: Nominaler Zins = Realzins + Inflationserwartung. Bei inflationsgeschützten Anleihen (inflation-linked Bonds) hat lediglich eine Veränderung im Realzins einen Einfluss auf die Rendite. Bei einer steigenden Inflationserwartung kann somit in kürzere Laufzeiten investiert werden oder in inflation-linked Bonds. Bei IL-ETF gilt es zu beachten, dass deren Laufzeiten in der Regel recht hoch (oft zwischen 7 und 9 Jahren) sind. Tabelle 5-9 fasst schematisch zusammen, wann sich IL-ETF lohnen.

Erwartete Inflation	Abnehmend	Konstant	Zunehmend
Instrumentenwahl	Normaler Anleihen-ETF	Keine Präferenz	IL-ETF

Tabelle 5-9: Wann sich inflationsgeschützte Anleihen lohnen.

Es folgt je ein Beispiel für ein Umfeld, welches von fallenden und von steigenden Zinsen geprägt ist. Dabei werden nur Staatsanleihen berücksichtigt, weil hier das grösste Angebot an verschiedenen Laufzeiten im ETF-Bereich existiert.

Beispiel 1: Anleihenportfolio bei **fallenden** Zinsen (ohne leveraged ETFs)

- Schweiz: ETF auf SBI Domestic Government 7–15
- Deutschland: ETF auf eb.rexx Gov. Germany 10.5+, Dt. Börse Eurogov Germany 10+, iBoxx EUR Germany 10+
- Eurozone: ETF auf iBoxx 10+ / 15+ oder EuroMTS 10–15 / 15+
- USA: ETF auf iBoxx Treasuries 7–10, BarCap US-Government 10

Beispiel 2: Anleihenportfolio bei **steigenden** Zinsen (ohne Geldmarkt und short ETFs)

- Schweiz: ETF auf SBI Domestic Government 1–3
- Deutschland: ETF auf eb.rexx Gov. Germany 1.5–2.5, Dt. Börse Eurogov Germany 1–3, iBoxx EUR Germany 1–3
- Eurozone: ETF auf iBoxx 1–3 oder EuroMTS 1–3
- USA: ETF auf 1–3 Treasury oder iBoxx Treasuries 1–3

Anleihen: Views zur Bonität/Rating

Das Management von Anleihen in einem Portfolio umfasst auch das Überwachen des Kreditrisikos. Ein höheres Ausfallrisiko sollte ökonomisch auch mit einer höheren Rendite abgegolten werden. Idealerweise werden Anleihen natürlich verkauft, bevor das Rating reduziert wurde. Dies ist insbesondere bei Unternehmensanleihen und hochverzinslichen Anleihen wichtig. Aber auch bei der Investition in Staatsanleihen verschiedener Länder spielt das Rating eine zentrale Rolle. Als Beispiel sei Griechenland anfangs 2010 genannt. Da die Ratingagenturen oft langsam reagieren, können die entsprechenden CDS als Indikator herangezogen werden.

Im Gegensatz zu Direktanlagen in Anleihen ist das Kreditrisiko bei ETFs geringer, weil diese eine breitere Diversifikation aufweisen. Zudem beinhalten die Indizes Regeln, welche Ratings in den Index aufgenommen werden und wann ggf. eine Anleihe aus dem Index fällt.

In diesem Kontext können auch sogenannte Yield Spread Analysen durchgeführt werden. Dabei werden die Yields von Anleihen mit Referenzanleihen (Staatsanleihen mit ähnlich hoher Duration) verglichen. Dadurch kann beurteilt werden, wie sehr das zusätzliche Kreditrisiko abgegolten wird und ob man dieses eingehen möchte. Wenn die Unterschiede grösser werden, erwartet der Markt normalerweise eine Verschlechterung der Wirtschaftslage und eine höhere Ausfallquote. In Zeiten der Hochkonjunktur werden die Unterschiede in den Renditen tendenziell deutlich geringer.

Beispiel 1: Europäisches Anleihenportfolio bei **steigendem** Kreditrisiko der Peripherieländer

- ETF auf deutsche Staatsanleihen
- ETF auf EuroMTS AAA Government
- Falls Unternehmenssektor ebenfalls betroffen: Vermeidung von Unternehmensanleihen

Beispiel 2: Europäisches Anleihenportfolio bei **konstantem/kalkulierbarem** Kreditrisiko

- ETF auf Staatsanleihen der Eurozone
- ETF auf Unternehmensanleihenindex
- ETF auf High Yield Index als Beimischung

Anleihen: View zu Liquidität

Gerade in konjunkturell schwierigen Zeiten oder während einer Krise möchte man gegebenenfalls seine Anleihen schnell und mit akzeptablen Spreads verkaufen können. Erfahrungsgemäss sind Staatsanleihen die liquidesten Anleihen, wobei insbesondere die kurzen Laufzeiten zu engen Spreads handeln. Deshalb haben diese Anleihen während unsicheren Zeiten auch enorme Zuflüsse. Erwartet ein Anleger „normale" Märkte, kann er eine tiefere Liquidität bewusst in Kauf nehmen, was aber ökonomisch mit einer höheren Rendite einhergehen sollte.

Beispiel: Europäisches Anleihenportfolio bei einer sich verknappenden Liquidität

- ETF auf europäische Staatsanleihen
- Vermeiden von ETF auf Unternehmensanleihen und High-Yield-Anleihen
- Falls höchste Liquidität erwünscht: Kurze Laufzeiten (1–3) oder kurzlaufende deutsche Staatsanleihen (sind normalerweise am liquidesten)

Anleihen: View zu Wechselkurs

Möchte ein Schweizer Investor beispielsweise in inflation-linked ETFs investieren, kann er dies aktuell nur in EUR oder USD, da Produkte in Schweizer Franken fehlen. Auch die Beimischung von US-Staatsanleihen (Treasuries) oder US-Unternehmensanleihen führt bei europäischen Investoren zu einem USD-Risiko. Das Wechselkursrisiko kann die erwartete Rendite von Anleihen in Fremdwährung schnell unterlaufen. Deshalb ist es wichtig, eine View zum Wechselkurs zu haben, wenn die Anleihen in einer anderen Währung als der Referenzwährung nominiert sind. So kann bei einem international diversifizierten Anleihenportfolio das Währungsrisiko den überwiegenden Anteil der Volatilität ausmachen, was im Gegensatz zu einem international diversifizierten Aktienportfolio steht.

Idealerweise werden Anleihen in einer Fremdwährung erworben, wenn von einem „stabilen" Wechselkurs ausgegangen wird oder sich die Fremdwährung historisch auf einem tiefen Niveau befindet (es wird eine Aufwertung der Fremdwährung erwartet). Es muss aber betont und gewarnt werden, dass Wechselkursprognosen sehr schwierig sind und dass es kein allgemeingültiges Wechselkursmodell gibt. Für ein richtiges Währungsmanagement muss der Unterschied von Handels- zu Anlagewährung verstanden werden. Für eine Risikobetrachtung ist die Anlagewährung relevant. Alternativ kann das Fremdwährungsrisiko mit Forwards, Futures oder strukturierten Produkten abgesichert werden. Ein Privatinvestor wird in der Praxis am ehesten zu strukturierten Produkten wie Mini-Futures, Warrants oder Knock-out Warrants greifen, da die operativen Anforderungen an Futures und Forwards viel zu hoch sind. Dazu muss der Anleger aber genau verstehen, wie die Bewertung zu Stande kommt und wie er das Währungsexposure im Portfolio nachrechnen und entsprechend steuern kann.

Views bei alternativen Anlagen

Im Rahmen eines diversifizierten Portfolios machen die alternativen Anlagen (Alternative Investments, AI) in der Praxis erfahrungsgemäss einen Anteil zwischen 5 und 15 Prozent aus. Somit entfallen auf die Sub-Anlageklassen Rohstoffe, Immobilien, Hedge Funds und Private Equity entsprechend geringere Quoten. Im Folgenden werden Views auf Stufe Sub-Anlageklasse umrissen, wobei aufgrund der Komplexität und des erhöhten Risikos (z.B. bei Allokation einzelner Rohstoffe) oder mangels Auswahl an verschiedenen Instrumenten (Immobilien, Hedge Funds und Listed Private Equity) lediglich einige Grundzüge aufgezeigt werden. Weitere Informationen zu den Teilbereichen können im Kapitel über Indizes nachgelesen werden. Bei Views in diesem Bereich raten wir unerfahrenen Investoren zur Vorsicht!

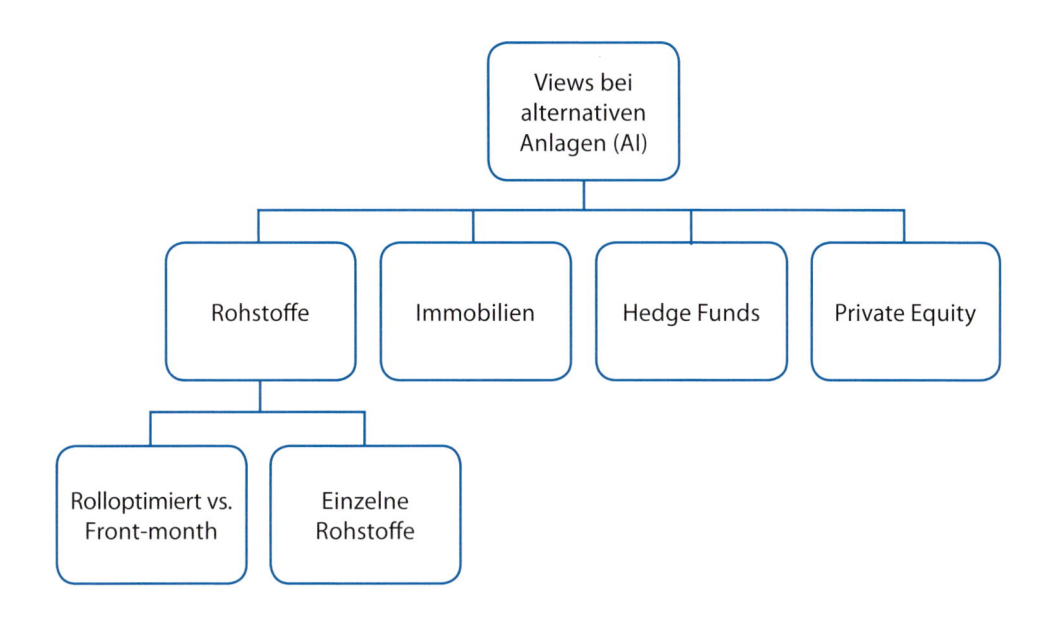

Abbildung 5-20: Views bei alternativen Anlagen sind bei der semi-passiven Umsetzung (mittels ETFs) nur sehr begrenzt möglich.

Im Unterschied zu Aktien- und Anleihen-Views existieren in der Praxis kaum Modelle für die aggregierte Sicht der alternativen Anlagen. Mit Bezug zur Bewertung und zum Trend, lassen sich am ehesten Views bei den Rohstoffen und den Immobilien formulieren. Views bei Hedge Funds und Private Equity sind sehr komplex und entsprechend aufwändig.

AI: Views bei Rohstoffen

Will man taktisch von der definierten Rohstoffquote abweichen, kann dies auf unterschiedliche Art erfolgen und auch unterschiedlich motiviert sein. Das bestehende Gewicht der Rohstoffquote kann verändert, der Index gewechselt oder es können einzelne Rohstoffe beigemischt werden. Auch die Positionierung auf der Terminkurve kann gesteuert werden.
Grundsätzlich sind Rohstoffe sehr stark abhängig von den Schwankungen in Angebot und Nachfrage. Im Unterschied zu Kapitalgütern sind sie eher von kurzfristigen Erwartungen beeinflusst, was diese Sub-Anlageklasse auch recht volatil macht. Wird beispielsweise eine generelle Nachfrage nach Rohstoffen erwartet, welche durch das Angebot nicht befriedigt werden kann, kann die Quote erhöht werden. Zudem kann die Inflation ein Beweggrund sein, die Gewichtung zu verändern. Denn Rohstoffe stellen einen wesentlichen Kostenfaktor bei der Produktion dar. Aus diesem Grund sind sie oft eine Quelle der Inflation.

Je nach **Index**-Wahl besteht eine andere Aufteilung nach Energie, Edelmetallen, Basis-/Industriemetallen, Agrargütern und Vieh. So lag beispielsweise Ende 2010 der Energieanteil beim DJUBS bei ca. 31%, beim S&P GSCI bei ca. 70%, beim CRB bei ca. 39% und beim RICI bei ca. 44%. Dies kann sich aber aufgrund der jeweiligen Indexregeln und der Märkte schnell ändern. Entspricht die aktuelle Aufteilung nicht mehr den persönlichen Ansichten bzw. Erwartungen an die Märkte, können der Index gewechselt oder einzelne Rohstoffe beigefügt werden. Neben der generellen Indexwahl bzw. dessen Wechsel kann eine View zwischen rolloptimiert und front-month bestehen. Ein rolloptimierter Index ist zu bevorzugen, wenn die Mehrheit der im Index enthaltenen Futures in Contango sind (ansteigende Kurve der Futureskontrakte, d.h. der Futurepreis ist höher als der erwartete Spotpreis). Dann entstehen Rollverluste bei traditionellen Indizes. Bei Backwardation, also wenn der Futurepreis tiefer als der erwartete Spot Preis ist, sind traditionelle Indizes interessant. Wenn Spekulanten den Markt dominieren, welche Futures mit der Erwartung auf höhere Spotpreise verkaufen, herrscht in der Regel Backwardation. In einer Contangositutation wird der Markt oft von Futures-Käufern (Hedgers) dominiert, die für die Absicherung des Risikos bereit sind, etwas mehr als den aktuellen Spotpreis zu bezahlen.

Als **Beimischung** von einzelnen Rohstoffen sollen an dieser Stelle Gold und Öl erwähnt werden. Gold wird regelmässig als eigene Währung und als sicherer Hafen während unsicheren Zeiten betrachtet. Oft wird gesagt, Gold sei negativ mit dem US-Dollar korreliert – stelle also ein USD-Hedge dar. Ein schwacher Dollar scheint also für den Goldpreis günstig zu sein. Vorsicht: Dies war in der Vergangenheit nur teilweise der Fall. Ein weiterer Grund zur Allokation kann Inflation sein. Auch diese Motivation muss, wie auf Seite 189 (Mythen rund um Gold und Silber) diskutiert, kritisch hinterfragt werden.

Öl ist sehr stark von Angebot und Nachfrage abhängig. Unter anderem haben die Politik und das Wetter einen wesentlichen Einfluss auf das schwarze Gold. Öl scheint zudem in Zeiten von Inflation zu steigen bzw. ein Grund für die Inflation zu sein. Bei einer Investition in Öl ist darauf zu achten, dass in den Medien normalerweise die Performance des Spotpreises berichtet wird. Investieren kann man aber nur über Futures, was zu Unterschieden in der Performance führt.

Beispiel 1: Rohstoffindizes

- Traditionell (Rohstoff-Aufteilung beachten!): ETF auf DJUBS, S&P GSCI, CRB, RICI etc.
- Rolloptimiert (Rohstoff-Aufteilung beachten!): ETF auf CMCI

Beispiel 2: Beimischung von Gold

- Schweizer Anleger: ETF auf Gold
- Deutsche Anleger: ETC auf Gold, da ETF nicht möglich

AI: Views bei Immobilien

Da die Bewertung von Immobilien ähnlich dem Problem der Bewertung von sehr lang laufenden Anleihen ist, sind ähnliche Faktoren zentral: Zinsen und (erwartete) Inflation. Beide haben eine negative Beziehung mit den Immobilienpreisen. Daneben ist natürlich das Verhältnis von Angebot und Nachfrage relevant.
Im Rahmen von ETFs kann oft nur in REITs investiert werden. Weil REITs auf liquiden Auktionsmärkten gehandelt werden, ist ihr Preisverhalten, insbesondere kurzfristig, deutlich volatiler als bei nicht kotierten Immobilienanlagen. Deshalb sind REITs kein vollwertiger Ersatz für „herkömmliche" Immobilienanlagen. Views ergeben sich durch die generelle Beurteilung der globalen und regionalen REITs-Märkte, der erwarteten Zins- und Inflationsentwicklung sowie des jeweiligen Index.

Beispiel: Beimischung von Immobilienanlagen

- Schweiz (Fonds): ETF auf SXI Real Estate Funds
- Europa (Aktien): ETF auf FTSE EPRA NAREIT Eurozone, STOXX Europe 600 Real Estate Cap, MSCI Europe Real Estate etc.
- Weltweit (Aktien): ETF auf FTSE EPRA NAREIT Global Dividend+, MSCI World Real Estate etc.

AI: Views bei Hedge Funds

Differenzierte Views können mit ETFs (noch) nicht gefahren werden. Aufgrund der geringen Anzahl an Instrumenten, stellt sich viel mehr die Frage nach dem generellen Gewicht und dem zu verwendenden Index. HF – im Rahmen diversifizierter HF Indizes – stellen grundsätzlich eine langfristige Beimischung in einem gemischten Portfolio dar. Opportunistische Views ergeben sich am ehesten aus den folgenden Punkten: Generelles Umfeld für Hede Funds und Beurteilung des Index. So kann das generelle Umfeld sehr schwierig für HF-Strategien sein – wie während der Finanzkrise.

Beispiel: Beimischung von Hedge Funds

- ETF auf HFRX Index, DB Hedge Fund, Merrill Lynch Factor Model etc.

AI: Views bei Private Equity

Bei der Definition der Anlagestrategie dürften (Listed) Private-Equity-Indizes kaum mit einer dezidierten Quote berücksichtigt werden. Solche ETFs werden eher opportunistisch und nur durch erfahrene Investoren beigemischt, da diese Instrumente in der Vergangenheit recht volatil waren. Wie bei den Hedge Funds ergeben sich die Views aus dem generellen Umfeld für Private Equity und der Beurteilung des Index.

Beispiel: Beimischung von Listed Private Equity

■ ETF auf Privex, LPX, S&P Listed Private Equity etc.

Ein paar Worte zur Psychologie

Anlegen hat sehr viel mit Psychologie zu tun. Unsere Erwartungen und Wahrnehmungen sowie unser Risikoverhalten kann durch verschiedene Konzepte erklärt werden. Insbesondere das Kauf- und Verkaufsverhalten sowie der Umgang mit Gewinnen und Verlusten sind recht komplexe Prozesse, und es existiert selten nur eine Erklärung. Nachfolgend sind aus dem Gebiet der Börsenpsychologie ein paar Begriffe ausgewählt und in alphabetischer Reihenfolge kurz vorgestellt. Dies soll als Anregung verstanden werden, das eigene Handeln besser zu verstehen. Für weitere Ausführungen sei beispielsweise auf Kiehling (2001) verwiesen.

Agency Friction. Bezeichnung für den Konflikt zwischen den Zielen des Vermögensverwalters (Agent) und des Geldgebers (Principal). Ein Konflikt tritt hier auf, da beide Parteien unterschiedliche Ziele verfolgen. Die Agents verwalten die Gelder normalerweise mit eher kurzfristigen Zielen im Hinterkopf (Ablegen von Rechenschaft in Monats-, Quartals- oder Jahresreports) und schauen, dass das Portfolio in dieser Frist entsprechend „gut" aussieht. Hingegen müsste das Portfolio im Sinne der Prinicipals oft mit einem längeren Anlagehorizont verwaltet und somit anders ausgestaltet werden. Dies führt schlussendlich zu „Friktionen", Reibungen zwischen den Parteien.

Asset Segregation. Darunter wird das Phänomen verstanden, dass Investoren dazu tendieren, ihre Vermögenswerte zu trennen und separat zu bewerten. Investitionen werden demnach nicht konsolidiert betrachtet. Dies steht im Gegensatz zur rationalen ökonomischen Theorie, welche annimmt, dass Investoren das Resultat aller Anlagen zusammenfassen und bewerten.

Biased Expectations. Analysten tendieren dazu, zu selbstsicher in ihren Vorhersagen von unsicheren Ereignissen zu sein. Dieses Verhalten resultiert in voreingenommenen und ungenauen Erwartungen an die Zukunft. Dies kommt beispielsweise vor, wenn unangenehme Verluste auf einem Titel erfolgen und aufgrund der neuen Faktenlage nicht gehandelt, sondern am Titel festgehalten wird.

Decision Framing. Damit wird beschrieben, dass die Entscheidung eines Investors stark beeinflusst werden kann durch die Art und Weise, wie die Entscheidung eingebettet wird. Das Framing kann dabei durch den Anleger selber oder durch eine Drittperson erfolgen. So kann ein stark im Wert gefallener Titel als „Value Buy" empfohlen und mit vielen Zahlen untermauert werden. Genauso gut könnte derselbe Titel als klare Sell-Position dargestellt werden. Das Framing wird den Entscheid des Investors beeinflussen.

Gelernte Sorglosigkeit. Das Prinzip kommt in sämtlichen Lebenslagen vor und besagt, dass offensichtliche Gefahren ignoriert und oft zu hohe Risiken eingegangen werden. Dabei werden grundlegende Vorsichtsmassnahmen und Signale missachtet. Die Finanzmärkte sind ein gutes Anwendungsbeispiel für diese Theorie. André Kostolany sagte einst: „Wer beim ersten Mal gewinnt, hat für immer verloren." Insbesondere professionelle Marktteilnehmer können sich gegenseitig in ihrer Meinung bestärken, da gruppendynamische Prozesse eine wichtige Rolle spielen.

Gambler's Fallacy. Personen scheinen auch bei statistisch unabhängigen Ereignissen an Zusammenhänge zu glauben. Dies konnte durch Lotterieexperimente getestet werden. Bei Anlegern macht sich dies mittel- bis langfristig in einem Glauben an das „Gesetz des Durchschnitts" bemerkbar. Bei Anlegern ist ein solches regressives Denken oft verbreitet und nach einem Anstieg des Marktes wird eine Gegenbewegung erwartet.

Illusion of Control. Unser Denken und Handeln wird oft durch das Bedürfnis nach Kontrolle dominiert. Kontrolle muss nicht eine direkte Beeinflussung sein – eine „sekundäre" Kontrolle reicht aus. So kann die sogenannte kognizierte (wahrgenommene) Kontrolle auch zur Illusion werden, wenn Kontrollmöglichkeiten erkannt werden, die es effektiv gar nicht gibt. Ein Beispiel ist das Hineininterpretieren von Chartbildern in Zufallszeitreihen.

Information Sources Effect. Wenn Informationen aus unterschiedlichen Quellen als übereinstimmend eingestuft werden, stärkt dies die Zuversicht des Investors und das Vertrauen in die mit diesen Informationen getroffenen Entscheidungen.

Loss Aversion. In vielen Theorien wird angenommen, Investoren seien generell risikoavers. Gemäss der Loss Aversion kann hingegen beobachtet werden, dass Investoren „verlustavers" handeln und nicht avers gegen Risiko per se. Menschen beachten Verluste stärker als Gewinne gleicher Grösse.

Mental Accounting. Der Begriff deckt sich grossteils mit der oben erwähnten *Asset Segregation*. Investoren tendieren dazu, ihre Anlagen in verschiedene mentale „Konten" zu separieren. Dies hat zur Folge, dass die Vermögenswerte nicht konsolidiert betrachtet und bewertet werden. So wird jedes Konto separat geführt und beurteilt. Als Resultat wird nicht die Gesamtrendite betrachtet, sondern je nach Umfeld ein Aspekt bevorzugt, beispielsweise Kapitalertrag.

Myopic Loss Aversion. Mit diesem Begriff wird das Verhalten von Investoren beschrieben, die ihr Portfolio und die Rendite (zu) oft anschauen und eine ungewöhnlich hohe Empfindlichkeit gegenüber Verlusten haben. Klassisches Beispiel sind langfriste Vorsorgegelder, welche durch den Kunden fast schon täglich über das Internet verfolgt werden. Gemäss diesem Konzept sind Kunden beispielsweise sehr aufgeregt, wenn das Portfolio leicht korrigiert hat und nicht im gleichen Umfang erfreut, wenn das Portfolio gut läuft.

Overconfidence. Der Begriff deckt sich grossteils mit *Biased Expectations*. Aus vielen Experimenten ist bekannt, dass Personen dazu neigen, ihr Wissen, ihre eigenen Fähigkeiten und die Genauigkeit ihrer Informationen zu überschätzen. So stuft sich fast jeder als überdurchschnittlicher Autofahrer ein. Ähnlich verhält es sich rund ums Investieren.

Reference Dependence. Es wird davon ausgegangen, dass Anlageentscheidungen zu einem sehr grossen Teil vom Referenzpunkt des Investors abhängen. Gewinne und Verluste von Anlagemöglichkeiten werden mit Bezug zu irgendeinem Referenzpunkt beurteilt. Solche Referenzpunkte sind empfänglich für Manipulationen, welche durch die Präferenzen des Investors beeinflusst werden. Beim Referenzpunkt zur Beurteilung von Gewinnen und Verlusten kann es sich beispielsweise um den heutigen oder den Einstiegskurs handeln.

Representativeness Heuristics. Dahinter verbirgt sich die Theorie, dass Investoren die Wahrscheinlichkeit überschätzen, ein „guter" Titel komme von einer „guten" Firma. Folglich werden für Wertschriften von „guten" Firmen zu viel bezahlt und Investoren sind gegenüber Titeln von „schlechten" Firmen eher abgeneigt.

Delegation

„Nosce te ipsum!" (lateinisches Sprichwort: „Erkenne dich selbst!")

Langfristiges Investieren benötigt sehr viel Disziplin und Konstanz. Es geht weniger um „heisse" Aktientipps als vielmehr um die Einhaltung und konstante Umsetzung der eigenen Anlagestrategie, welche es von Zeit zu Zeit zu überprüfen gilt. Dies ist mit wissenschaftlichen Studien untermauert: Ungefähr 80% der Renditevarianz werden von der langfristigen Anlagestrategie bestimmt. In der Praxis trauen sich dies die meisten Anleger anfangs zu, werden dann aber oft nach kurzer Zeit von der Realität eingeholt. Die Strategie aber auch der Anlagehorizont scheinen bei Privatanlegern häufig etwas Dynamisches zu sein, was durch das aktuelle Umfeld beeinflusst wird.
Gerade was die Definition und die Umsetzung einer Anlagestrategie betrifft, kann es sinnvoll sein, die Unterstützung einer Fachperson einzuholen. Dieses Vorgehen ist alles andere als trivial und wird regelmässig unterschätzt. Die Herleitung eines passenden Risikoprofils entscheidet normalerweise über Erfolg und Misserfolg einer langfristigen

Anlagestrategie. So sollte eine Fachperson die individuellen Bedürfnisse des Anlegers verstehen, um sie mit den Rendite- und Risikoszenarien einer Anlagestrategie abstimmen zu können. Die Schwierigkeit liegt einerseits bei der Quantifizierung subjektiver Kundenbedürfnisse und andererseits in der stochastischen Natur der Finanzmärkte. Renditeszenarien sind im besten Fall mit einer gewissen Wahrscheinlichkeit vorauszusagen – so ist nicht nur die Höhe der erwarteten Rendite, sondern auch das Risiko in Form der Wertschwankung des Portfolios zu berücksichtigen (Eine Unterstützung bieten die Tabellen mit Renditeszenarien in Kapitel 4). Eine auf Kundenbedürfnisse angepasste Anlagestrategie sollte deshalb nicht nur eine entsprechende erwartete Rendite aufweisen, sondern auch mit akzeptablem Risiko einhergehen. So muss auch die Wahrscheinlichkeit von Verlusten thematisiert werden.

Es darf nicht von einer falschen Erwartung ausgegangen werden. Der Profi wird nicht immer nachhaltig eine höhere Rendite erwirtschaften. Denn von einem durchschnittlichen Vermögensverwalter kann langfristig im Schnitt nur die Marktrendite erwartet werden. Werden mehrere Märkte, also Indizes, zu einem gemischten Portfolio kombiniert, kann die gewichtete Rendite dieser Indizes erwartet werden. Natürlich gibt es Verwalter mit robusteren Prozessen oder besseren Fähigkeiten, welche die unterschiedlichen Risikoprämien besser managen können. Diese im Vorfeld zu erkennen, ist alles andere als einfach.

Bei einer Delegation wird eine Dienstleistung erkauft und nicht das Versprechen eines Unmöglichen. So kümmert sich ein Vermögensverwalter nach der Herleitung um die Einhaltung der Anlagestrategie und die Auswahl der richtigen Instrumente. Zudem werden viele zeitintensive operative Aufgaben übernommen. Neben der regelmässigen Depotkontrolle (Abweichung zum Benchmark) müssen Ausschüttungen reinvestiert und die eingesetzten Instrumente überwacht werden. Gerade beim enorm wachsenden Angebot an ETFs wird die Auswahl und Überwachung immer wichtiger werden. Dazu gehören auch die permanente Kontrolle der Indexnachbildung und der möglichen Gegenparteirisiken.

Beim Anlegen geht es bei Privatpersonen, salopp ausgedrückt, hauptsächlich darum, seine eigenen Fehler zu minimieren. Deshalb kennt man in der angelsächsischen Welt den Begriff „Loser's Game" (Charles D. Ellis). Die Hypothese lautet, dass derjenige gewinnt, der weniger Fehler macht. Dies deshalb, weil global gegen die besten professionellen Anleger mit den entsprechenden Informationssystemen und Zugang zu Analysten angetreten wird. Als Privatanleger ist dies nicht gerade einfach.

Ein Vermögensverwalter muss alle Prozesse und Abläufe fest im Griff haben. Somit kann ein Kunde erwarten, dass der Profi in etwa gleich oder besser performt wie der Markt und gegebenenfalls (falls gewünscht) auf Marktveränderungen reagieren oder aufmerksam machen kann. Hier liegt ein grosser Mehrwert in der Delegation. In der Praxis haben die wenigsten Anleger einen wirklich langfristigen Horizont (20 Jahre und mehr) und erwarten sinnvolle, dynamische Anpassungen im Einklang mit der Strategie. Je nach Vereinbarung, können bei einer professionellen Vermögensverwaltung auch kurz- und mittelfristige Abweichungen von der langfristigen Anlagestrategie erfolgen und sogenannte Views umgesetzt werden. Dabei die Risiken zu verstehen, ist keine einfache Aufgabe. Unkontrolliert auf kurzfristige Modetrends zu setzen, sollte vermieden werden. Falls hingegen bewusst einzelne Themen verfolgt werden, gilt es, das damit verbundene Risiko zu quantifizieren und die Konsequenz einer möglichen Fehleinschätzung abzuschätzen. Neben statistischen Risiken können Positions- (beispielsweise Gegenparteirisiko) und regulatorische Risiken auftreten. Diese werden im Abschnitt über die Risikoüberwachung in Kapitel 6 diskutiert.

Renditemindernde Kosten werden aber immer anfallen: Verwaltungskosten auf Stufe Mandat und Instrument, Transaktionskosten, Steuern und Abgaben und die Handelsspannen. Unnötige Kosten zu eliminieren, muss eine zentrale Aufgabe jedes Vermögensverwalters sein. Dies kann durch die genaue Überwachung des Anlageuniversums und die Auswahl der günstigsten Instrumente, welche gleichzeitig den Ansprüchen des Anlegers genügen, erfolgen. Werden Aufträge (börslich wie ausserbörslich) durch professionelle Händler (Handelsdesk) ausgeführt, können ebenfalls die Handelskosten weiter gesenkt werden und der Kunde muss keine unvorteilhaften Handelsspannen zahlen.

In der Regel muss ein fixer Prozentsatz des verwalteten Vermögens für diese Art von Dienstleistung bezahlt werden und nicht der effektive Aufwand. Denn interessanterweise scheinen die Wenigsten bereit zu sein, direkt etwas zu bezahlen. So ist das Modell der Bezahlung nach Aufwand noch kaum vertreten. Dies steht im Gegensatz zu den Dienstleistungen eines Rechtsanwaltes oder Arztes. Dort sind sich alle bewusst, dass sie etwas zahlen müssen, auch wenn der „Erfolg" nicht garantiert ist. Neben der Gebühr für die Verwaltungsdienstleistung kommen Transaktionsgebühren (falls keine All-in-Gebühr vorliegt) und sonstige Abgaben dazu. Sie fallen an bei Privaten wie Profis.

Fazit: Mit der Delegation kauft man sich eine Dienstleistung, bei der das verwaltete Portfolio auf die individuellen Bedürfnisse abgestimmt und optimiert wird, Risiken und anfallende Kosten genau überwacht werden und die operative Bewirtschaftung abgegeben wird. Negative Abweichungen zum Benchmark können beispielsweise aus Kostengründen entstehen. Werden im Rahmen eines robusten Anlageprozesses kontrollierte Views umgesetzt, kann eine attraktive Mehrrendite zum Benchmark erwirtschaftet werden. Eine nicht zu unterschätzende Zeitersparnis aus Sicht des Kunden ist ebenfalls gegeben.

Anhang: Effiziente Strategien für deutsche und Schweizer Anleger

Im Haupttext wurde das Beispiel einer effizienten Strategie für einen Schweizer Anleger mit 11 eingesetzten ETFs gezeigt. Abbildung 5-2 auf Seite 271 bzw. die entsprechende Formel sind hilfreich, um die Anzahl der eingesetzten ETFs einzugrenzen. Sind die Kosten pro Transaktion hoch oder ist der investierte Betrag vergleichsweise niedrig, sollten weniger Instrumente eingesetzt werden. Im Folgenden werden verschiedene Beispiele von quantitativen Anlagestrategien mittels robuster Optimierung für Schweizer und Deutsche Anleger gegeben. Diese sind als Unterstützung bei der Portfoliokonstruktion gedacht. Anleger mit hoher Risikoaversion werden sich eher an der linken Seite der Abbildung 5-3 orientieren. Die rechte Seite der Abbildung entspricht einem höherem Risikolevel und bildet somit Portfolios für Anleger mit geringer Risikoaversion ab.

Zu jedem Beispiel werden zwei Grafiken angegeben. Auf den x-Achsen beider Abbildungen ist das Portfoliorisiko gemessen an der Standardabweichung abzulesen. In der jeweils oberen Abbildung wird das Risiko in Zusammenhang mit der erwarteten Rendite eines optimalen Portfolios gebracht und es werden, wie im Haupttext beschrieben, Konfidenzintervalle für eine Haltedauer von 5 Jahren angegeben. Diese sind so zu verstehen, dass mit 95-prozentiger Wahrscheinlichkeit die Rendite eines optimalen Portfolios bei gegebenem Risiko innerhalb dieser Bandbreite liegt. Fällt anhand der Informationen aus der oberen Grafik die Entscheidung auf ein Portfolio mit bestimmter erwarteter Rendite und Standardabweichung, kann die Zusammensetzung aus der unteren Grafik einfach abgelesen werden. Dazu muss ein vertikaler Querschnitt auf der Höhe des entsprechenden Risikos (Standardabweichung) gezogen werden. Entlang dieses Querschnitts sind die optimalen Gewichtungen der Instrumente bei dem jeweiligen Risiko ersichtlich.

Zusätzlich wird auf Anleger, die eine explizite Gewichtung des Heimmarktes bevorzugen (sogenannter Home Bias) eingegangen. Bei diesem Anlegertyp wird der Aktienindex des Heimmarktes – der SMI oder der DAX – in das Portfolio aufgenommen. Es sei darauf hingewiesen, dass der Home Bias in der Regel die Diversifikation des Portfolios nicht erhöht, sondern eher subjektiven Bedürfnissen Rechnung trägt.

Quantitative Anlagestrategien für Schweizer Anleger

Folgende Tabelle zeigt eine mögliche Auswahl von ETFs für einen Schweizer Anleger. Die beiden CS-ETFs auf den SMI und den SMIM werden in den Beispielen 2 und 4 in das Portfolio aufgenommen. In diesen Beispielen wird davon ausgegangen, dass ein expliziter Wunsch nach einem Home Bias – also der Übergewichtung des Heimmarktes – besteht. Die Markierungen in den letzten vier Spalten zeigen, in welchen Beispielen welche Instrumente eingesetzt werden.

Anlage-klasse	ETF-Name	ISIN	Home Bias	Beispiel 1	2	3	4
Anleihen	CS ETF (CH) on Swiss Bond Index Domestic Government 3–7	CH0016999846		x	x	x	x
	Lyxor ETF EuroMTS Global	FR0010028860					x
	AMUNDI ETF EURO CORPORATES	FR0010754119					x
	iShares $ Corporate Bond	IE0032895942					x
Aktien	CS ETF (CH) on SMI®	CH0008899764	x		x		x
	CS ETF (CH) on SMIM®	CH0019852802	x		x		x
	UBS ETF MSCI World	LU0340285161		x		x	x
	iShares MSCI Emerging Markets	IE00B0M63177		x		x	x
	Lyxor ETF MSCI EMU Small Cap	FR0010168773					x
	db x-trackers Russell 2000 ETF 1C	LU0322248658					x
Rohstoffe	AMUNDI ETF COMMODITIES S&P GSCI (LE)	FR0010821728				x	x

Tabelle 5-10: Auswahl von ETFs für Schweizer Anleger. Je nach Erwartungshaltung muss der Duration eine unterschiedliche Beachtung geschenkt werden. Bei den Fremdwährungs-Obligationen kann sich eine Währungsabsicherung lohnen.

Es sei darauf hingewiesen, dass die aufgezeigten Allokationen auf Simulationen und Berechnungen basieren, die auf bestimmten Annahmen über zukünftige Renditeverteilungen der Instrumente beruhen. Einer der schwierigsten Inputfaktoren ist dabei die Schätzung der erwarteten Renditen. Durch die Robuste Optimierung wird zwar dieses Problem gegenüber der klassischen Portfoliotheorie von Markowitz entschärft aber nicht gänzlich gelöst. Die Beispiele in diesem Kapitel basieren zum grössten Teil auf die Studie von Dimson, Marsh und Staunton (2010) und wurden dort, wo keine Angaben vorhanden sind, geschätzt. Bei anderen Inputfaktoren (andere erwartete Renditen, Korrelationen und Volatilitäten der Instrumente) unterscheiden sich selbstverständlich auch die optimalen Portfoliogewichtungen. Ist der Anleger beispielsweise der Überzeugung, dass Zinssätze bald ansteigen, sollte die Schweizer Obligationenquote eher durch einen ETF auf Staatsanleihen mit ein- bis dreijähriger Laufzeit abgedeckt werden. Dieses Instrument verliert weniger bei steigenden Zinsen, weist jedoch in „normalen" Zeiten eine tiefere Rendite auf.

Einen weiteren Vorbehalt stellt die Wahl des Modells dar. Es wird davon ausgegangen, dass Renditen unabhängig und normalverteilt sind. Ist die Annahme über solche Verteilungen verletzt, müssen die Konfidenzbreiten neu berechnet werden, und die Aussagen des Optimierers sind mit erhöhter Vorsicht zu interpretieren.

Im Folgenden werden die Beispiele 1 bis 3 abgebildet und beschrieben. Das vierte Beispiel ist im Haupttext auf Seite 275 erläutert.

Anhang: Effiziente Strategien für deutsche und Schweizer Anleger

CH-Beispiel 1: Schweizer Investor mit 3 Instrumenten

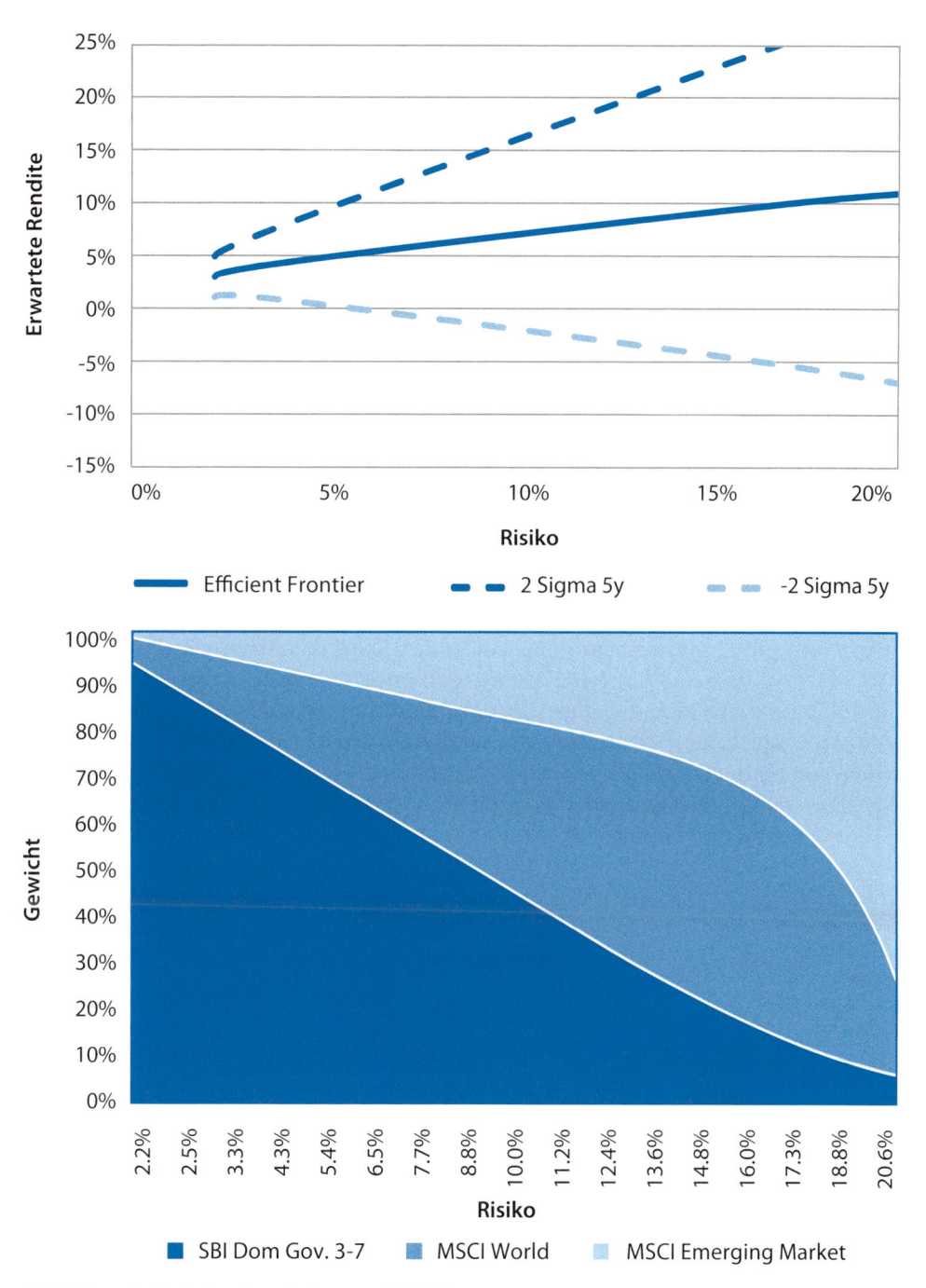

Abbildung 5-21: Schweizer Anleger mit 3 ETFs.

Im ersten Beispiel für einen Schweizer Investor wird die Optimierung mit drei breit diversifizierten ETFs durchgeführt. Die Instrumente wurden dabei so ausgewählt, dass sie möglichst unterschiedliche Märkte abbilden. Der Credit Suisse ETF auf Schweizer Bundesobligationen mit Laufzeiten von 3 bis 7 Jahren ist das risikoärmste Instrument in diesem Beispiel. Mit dem UBS ETF auf den MSCI World werden Aktien von Industrieländern, mit dem iShares MSCI Emerging Markets ETF Aktien von aufstrebenden Ländern abgedeckt.

Die obere Abbildung zeigt, dass durch eine geeignete Gewichtung dieser drei Anlagen erwartete Renditen von 2.3 bis 10.5% erreicht werden können (dies hängt natürlich von den Annahmen bezüglich erwarteter Renditen der Instrumente ab). Hinsichtlich Risiko weisen die optimierten Portfolios ein Risiko von 2 bis 22% auf. Nebst der Efficient Frontier zeigt die obere Abbildung Rendite-Toleranzgrenzen nach fünf Jahren. Diese zeigen beispielsweise, dass ein Portfolio mit einem 4-prozentigen Risiko nach fünf Jahren mit 95% Wahrscheinlichkeit eine Rendite von 0 bis 7.2% erwirtschaften wird. Bei einem Portfolio mit 11% Risiko liegt dieser Bereich zwischen –3 und 16.8%. Die untere Abbildung zeigt die Gewichte der optimierten Portfolios. Wird die x-Achse bei 4% betrachtet und von dort aus ein vertikaler Querschnitt gezogen, ist die Portfoliozusammensetzung ersichtlich. Dieses Portfolio besteht aus 78% Schweizer Staatsobligationen, 16% Aktien von Industrieländern (MSCI World) und 6% Aktien aus aufstrebenden Ländern (MSCI Emerging Markets). Werden optimale Portfolios mit höherem Risiko – also weiter rechts auf der Abbildung – betrachtet, so fällt auf, dass zuerst beide Aktieninstrumente ungefähr gleich stark erhöht werden. Erst bei über 15% steigt der Anteil an Emerging-Markets-Aktien überproportional an. Dies ist durch die höhere erwartete Rendite dieses Instruments (in diesem Beispiel) zu erklären.

In diesem und anderen Beispielen, wo wenige Instrumente eingesetzt werden, empfehlen wir, besonders auf das Positions- und Manager-Risiko zu achten. Eine zu hohe Konzentration – zum Beispiel viel mehr als 30% bis 40% auf Managerstufe – eines ETFs oder eines ETF-Providers im Portfolio sollte möglichst vermieden werden (siehe Kapitel 2 und Kapitel 6). Dies kann dadurch geschehen, dass beispielsweise die MSCI-Emerging-Markets-Quote in Portfolios mit vergleichsweise hohem Risiko in mehrere ETFs verschiedener Emittenten aufgeteilt wird. Hier empfiehlt es sich, auch den Anteil an Swap-basierten ETFs im Auge zu behalten.

Anhang: Effiziente Strategien für deutsche und Schweizer Anleger 325

CH-Beispiel 2: Schweizer Investor mit 3 Instrumenten und Home Bias

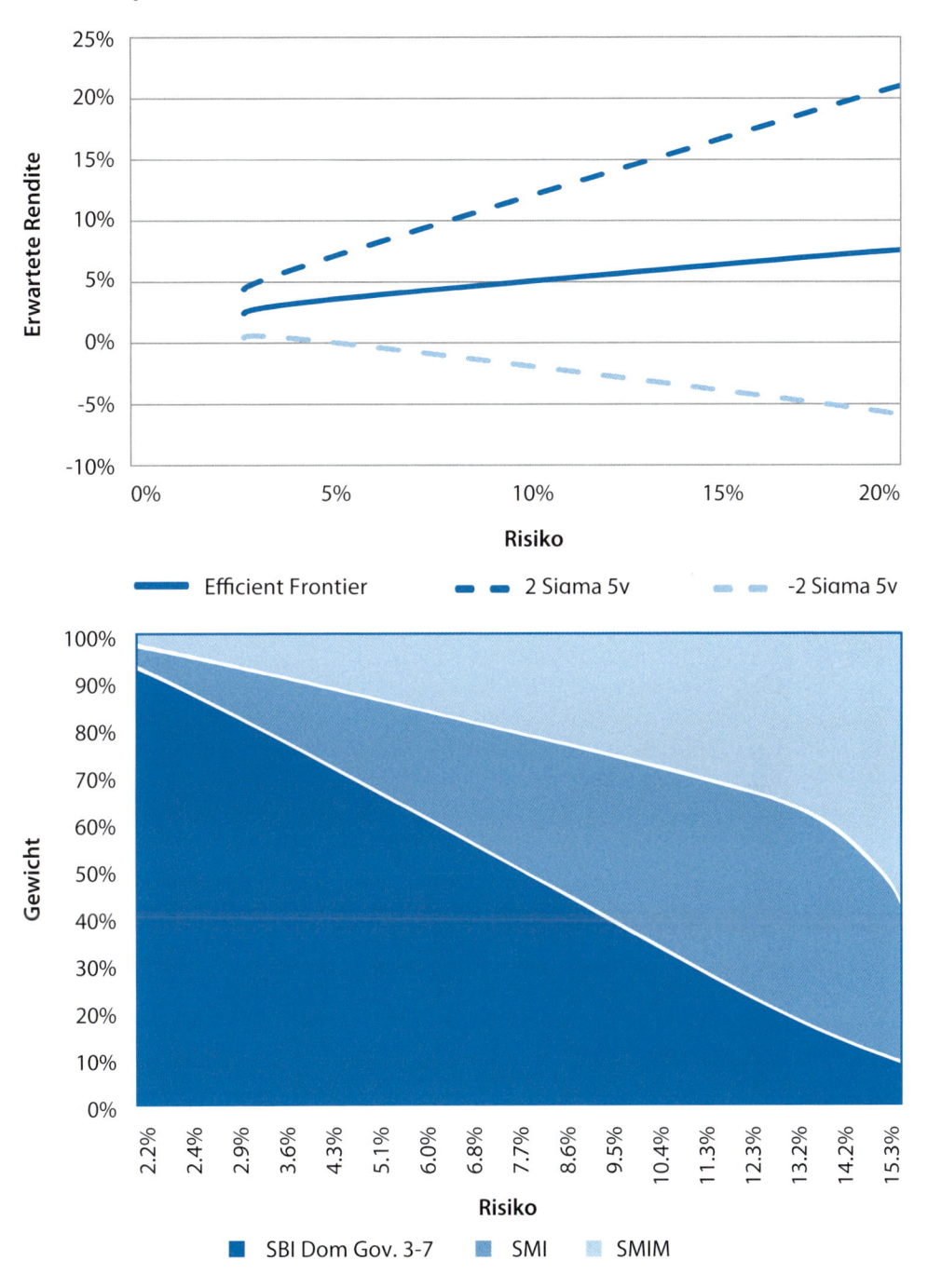

Abbildung 5-22: Schweizer Anleger mit 3 ETFs und Home Bias.

CH-Beispiel 3: Schweizer Investor mit 4 Instrumenten

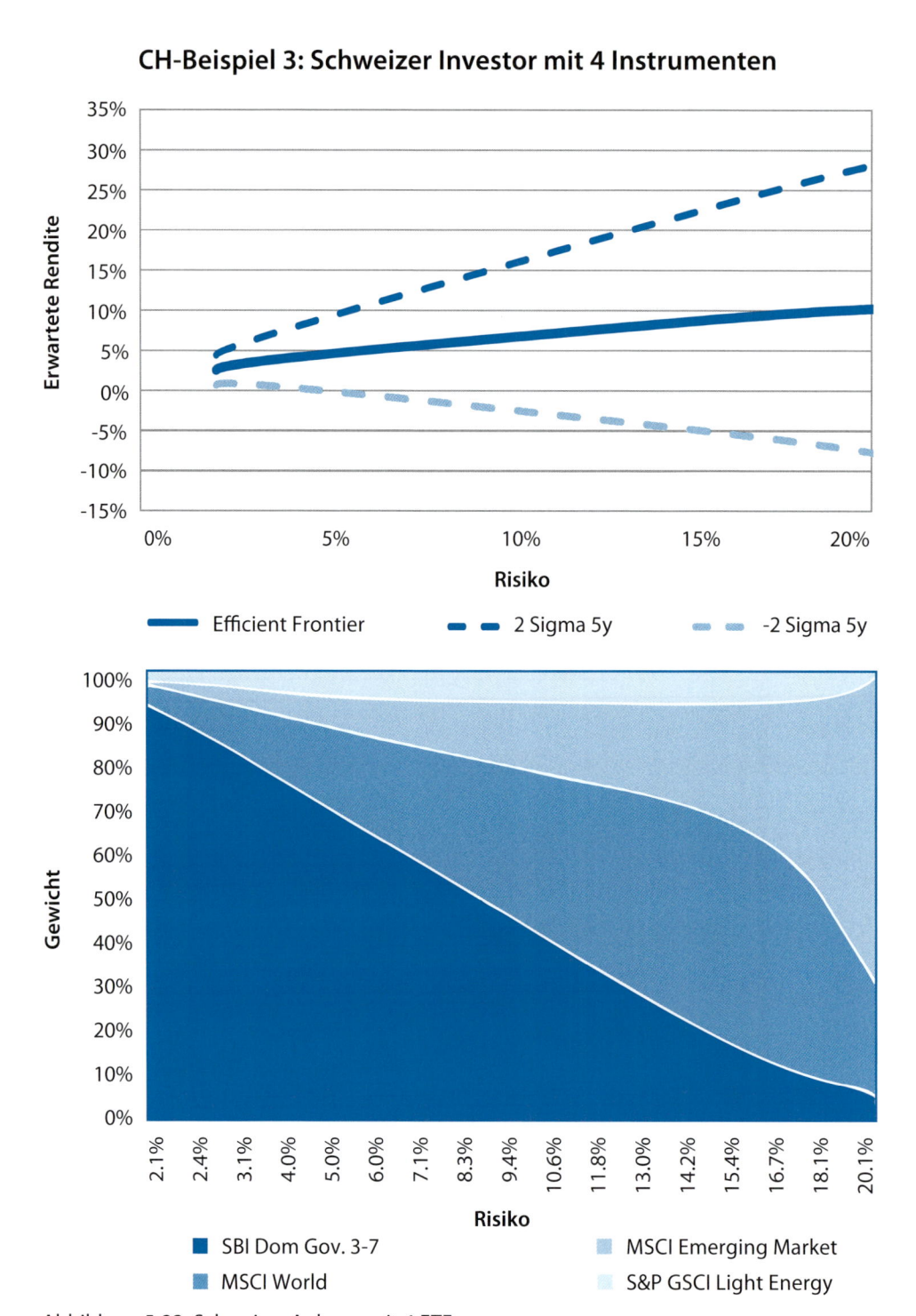

Abbildung 5-23: Schweizer Anleger mit 4 ETFs.

Im Portfolio mit Home Bias (Übergewichtung des Heimmarktes aus Beispiel 2) wird anstelle von aufstrebenden Ländern eine andere Ertragsquelle ausgenutzt. Mit einer Aufnahme des SMIM-ETFs von der Credit Suisse werden mittelgrosse Schweizer Unternehmen stärker gewichtet. Die Erhöhung der Diversifikation und des Ertragspotentials ist demnach auch im Heimmarkt möglich. Portfolios mit über 14% Risiko sollten gemäss diesen Simulationen den SMIM-Index überproportional gewichten.

In Beispiel 3 wird das internationale Portfolio aus Beispiel 1 mit der dritten Anlageklasse, den Rohstoffen, ergänzt. Der Amundi-ETF auf den GSCI Light Energy Index hat den Energieanteil auf unter 40% reduziert und verfügt mit der zusätzlichen Quote an Metallen, Lebendvieh und Landwirtschaft über eine breite Abdeckung. Es ist wichtig zu sehen, dass passive Rohstoffanlagen wie der Amundi-ETF auf den GSCI Light Energy Index nicht allzu hoch gewichtet werden sollten. Das Resultat der robusten Optimierung schlägt eine maximale Rohstoffallokation von ca. 5% vor. Dies ist etwas, das auch in der Praxis beobachtet werden kann. Rohstoffe haben ein nützliches Diversifikationspotential, eignen sich aber kaum als zentrale Ertragsquelle.

Quantitative Anlagestrategien für deutsche Anleger

Bei den Musterallokationen für deutsche Anleger fokussieren wir uns auf ETFs, die an der Frankfurter Börse gelistet sind. Die Beispiele sollen die Risiko/Rendite-Eigenschaften einiger aus unserer Sicht sinnvollen Allokationen aufzeigen. Wie bei den Beispielen für Schweizer Anleger sind auch hier durchaus andere Instrumente zu empfehlen. Tabelle 5-11 zeigt eine Auswahl an ETFs, die in den folgenden Beispielen verwendet werden. Es werden jeweils Beispiele für ein internationales Portfolio sowie für ein Portfolio mit Übergewichtung des Heimmarktes – der sogenannte Home Bias – gezeigt. Die Spalte „Home Bias" in der folgenden Tabelle gibt an, ob ein ETF in einem Home-Bias-Beispiel verwendet wird.

Anlage-klasse	ETF-Name	ISIN	Home Bias	Beispiel 1	Beispiel 2	Beispiel 3
Anleihen	ETFlab Dt. Börse EUROGOV Germany	DE000ETFL177	x		x	x
	iShares Citigroup Global Gov.	DE000A0RM439		x		x
	iShares JPMorgan $ Emerging Mkts.	DE000A0RFFT0				x
	db x-trackers iBoxx Gl. Infl. Linked Hdg.	LU0290357929				x
	ETFlab iBoxx € Liquid Corporates Diversified	DE000ETFL375				x
	iShares iBoxx $ Corporate Bond	DE000A0DPYY0				x
Aktien	ETFlab DAX	DE000ETFL011	x		x	x
	UBS ETF MSCI World	LU0446735416		x	x	x
	CS ETF on MSCI Emerging Markets	LU0254097446		x		x
	Lyxor ETF MSCI EMU Small Cap	FR0010168773				x
	db x-trackers Russell 2000 ETF 1C	LU0322248658				x
Rohstoffe	AMUNDI ETF Commodities S&P GSCI (LE)	FR0010821728				x

Tabelle 5-11: Auswahl von ETFs für deutsche Anleger. Je nach Erwartungshaltung muss der Duration eine unterschiedliche Beachtung geschenkt werden. Bei den Fremdwährungsobligationen kann sich eine Währungsabsicherung lohnen.

Wie im Beispiel für Schweizer Anleger weisen wir darauf hin, dass besonders bei Portfolios mit tiefem Risiko auf die Duration der Anleihen-ETFs geachtet werden soll. Zum Zeitpunkt des Schreibens sind Deutsche und Schweizer Zinssätze auf einem historischen Tief. Steigen die Zinssätze an, weisen Anleihen und damit auch Anleihen-ETFs eine negative Rendite auf. Der Vorteil von Anleihen ETFs mit höherer Duration ist hingegen die höhere Rendite, die in der Regel (d.h. bei fallenden und meistens bei konstanten Zinsen) erwirtschaftet wird. So lohnt es sich auch hier, zwischen Rendite und Risiko abzuwägen, anstatt ein unkontrolliertes Zinsänderungsrisiko einzugehen. Details zu Risiken von Anleihen sind im Kapitel 3 sowie im entsprechenden Abschnitt dieses Kapitels nachzulesen.

Anhang: Effiziente Strategien für deutsche und Schweizer Anleger 329

DE-Beispiel 1: Deutscher Investor mit 3 Instrumenten

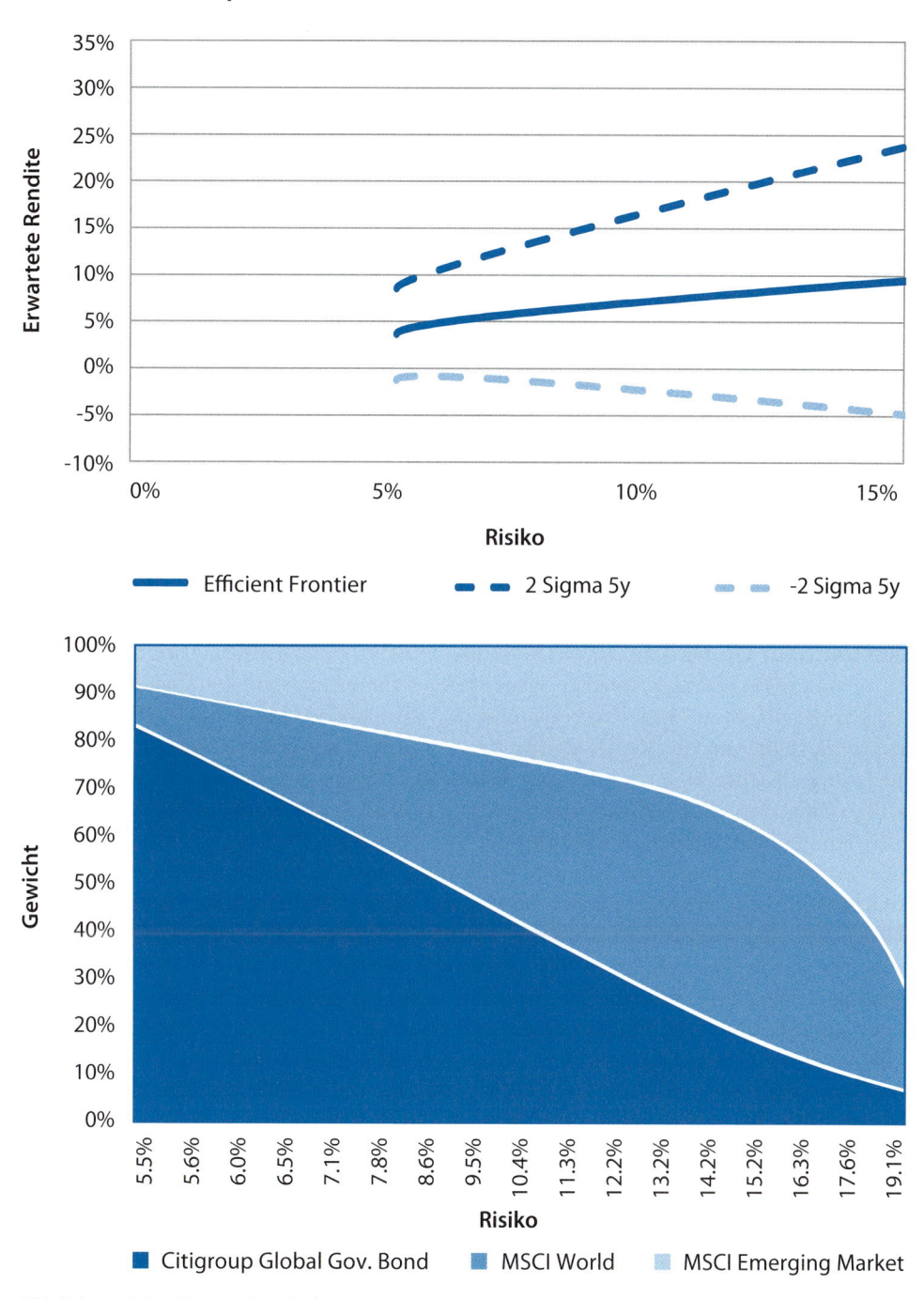

Abbildung 5-24: Deutscher Anleger mit 3 ETFs.

Ein Deutscher Investor mit einem vergleichsweise kleinen Betrag sollte aus Kostenüberlegungen nur wenige Instrumente einsetzen. Um trotzdem hoch diversifiziert zu sein, sollten dabei breite, marktabdeckende Instrumente mit unterschiedlichen Risiko/Rendite-Charakteristika gekauft werden. Dafür eignet sich der iShares Citigroup Global Government Bond ETF. Dieser deckt den Markt für internationale Staatsanleihen ab. Der UBS ETF MSCI World und der CS ETF MSCI Emerging Markets auf der anderen Seite sind Aktien-ETFs auf entwickelte bzw. aufstrebende Länder. Diese weisen ein höheres Ertragspotential bei höherem Risiko auf. Die Kombination der drei Anlagen ermöglicht die Flexibilität, mit wenigen Transaktionen das Risiko des Portfolios grundlegend zu verändern. Die obere Abbildung 5-24 zeigt, dass in einem risikoarmen Portfolio (auf der linken Seite der Efficient Frontier) bei einem Risiko von 5.5% eine Rendite von ungefähr 3.6% zu erwarten ist. Die dazugehörenden Gewichtungen sind in der unteren Abbildung abzulesen. Wird ein vertikaler Querschnitt auf der Höhe von 5.5% Risiko gezogen, ist ersichtlich, dass dieses Portfolio aus 80% Staatsanleihen und 20% Aktien (ca. 10% je Instrument) besteht. Es kann umgekehrt auch von der unteren Abbildung auf die obere geschlossen werden. Bei einem mit 80% Aktien (44% MSCI World und 36% MSCI Emerging Markets), geht dies mit einem Risiko von ca. 15% einher (untere Abbildung). Die obere Abbildung zeigt, dass dieses Portfolio eine erwartete Rendite von ungefähr 9% aufweist.

Der Vorteil dieser Allokationen ist die breite Abdeckung bei nur drei Instrumenten. Zu beachten ist aber, dass in diesem Beispiel das Risiko nicht unter 5.5% gesenkt werden kann. Der Grund dafür ist das Wechselkursrisiko innerhalb des Citigroup Global Government Bond Index. Werden vermeintlich sichere Staatsanleihen in ausländischer Währung gekauft, ist immer zu bedenken, dass die Hauptrisikoquelle das Wechselkursrisiko darstellt. Um die Risikobandbreite nach unten besser auszuschöpfen, müssten Währungsabsicherungen gemäss den Währungsanteilen des globalen Staatsanleihen-ETFs (Citigroup Global Government Bond) gekauft werden. In diesem Fall lohnt es sich, einen Finanzberater zu konsultieren.

Die gestrichelte Linie in der oberen Abbildung zeigt die Renditebandbreiten, in der sich die jährliche Rendite nach 5 Jahren mit grosser Wahrscheinlichkeit (95%) befindet. Gemäss Modell sind bei dem Portfolio mit dem tiefsten Risiko (5.5%) nach 5 Jahren jährliche Renditen in 95% aller Fälle zwischen minus 1 und plus 8.5% zu erwarten. Wird eine risikoreichere Allokation mit beispielsweise 8% jährlicher erwarteter Rendite und 12% Standardabweichung gewählt, sind in 2.5% der Fälle (untere Grenze) die Verluste grösser als 3.5%. Dies verdeutlicht die Bedeutung der Haltedauer bei riskanteren Anlagen. Bei einem hohen Aktienanteil müssen ungefähr 10 Jahre abgewartet werden, um mit hoher Wahrscheinlichkeit keine Verluste einzufahren.

Auch in diesem und im folgenden Beispiel sei auf das Positions- und Manager-Risiko verwiesen. Eine zu hohe Konzentration eines ETFs oder eines ETF-Emittenten innerhalb des Portfolios ist zu vermeiden. Dadurch können instrumenten- und providerspezifische Risiken in Grenzen gehalten werden. Wird ein riskanteres Portfolio mit einer hohen Quote am MSCI Emerging Markets Index gewählt, so kann diese auf mehrere Instrumente aufgespalten werden.

Anhang: Effiziente Strategien für deutsche und Schweizer Anleger

DE-Beispiel 2: Deutscher Investor mit 3 Instrumenten und Home Bias

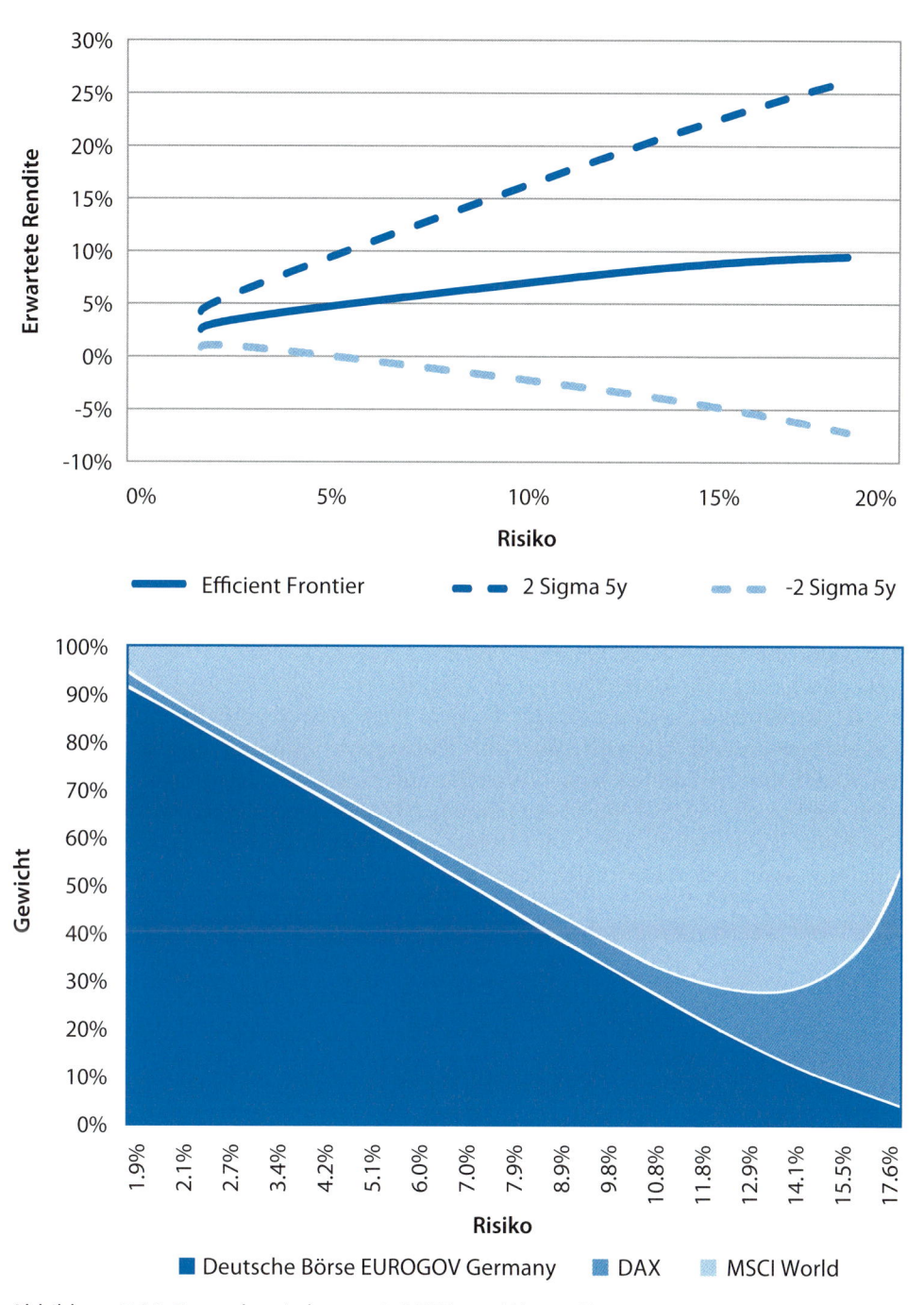

Abbildung 5-25: Deutscher Anleger mit 3 ETFs und Home Bias.

Wird der Fokus eines Portfolios auf den Heimmarkt gelegt, wird von einem Home Bias gesprochen. Mit dem ETFlab auf deutsche Staatsanleihen sowie dem DAX wird der deutsche Markt aus einem globalen Kontext gesehen stark übergewichtet. Es fällt auf, dass bei einer Beimischung des UBS ETF on MSCI World diese Quote vom Optimierer stark gewichtet wird – eine internationale Diversifikation lohnt sich demnach deutlich.

Ein Vorteil dieses Beispiels gegenüber dem vorangehenden ist die Beseitigung von Währungsrisiken aus Anleihen. Dadurch kann können Portfolios von unter 2% Risiko zusammengesetzt und das Risikospektrum ausgeweitet werden. Ein weiterer Vorteil ist die hohe Bonität deutscher Staatsanleihen verglichen mit Staatsanleihen aus dem übrigen Euro-Raum. Als Nachteil ist die fehlende Diversifikation über internationale Staatsanleihen, Emerging-Markets-Aktien und Rohstoffe aufzuführen. Durch die Beimischung solcher Instrumente könnte der Rendite/Risiko-Horizont weiter vergrössert werden. Des Weiteren sollte unbedingt die Duration des ETFlab Eurogov Germany ETFs beachtet werden. Diese beträgt rund 4.5 Jahre und liegt damit im mittleren Bereich. Ein Anstieg des Zinsniveaus kann zu Verlusten auf diesem Instrument führen. Besteht eine solche View über die Veränderung der Zinssätze, so kann in einen ETF mit kürzerer Duration gewechselt werden.

Durch die Beimischung des MSCI World ETFs entsteht eine kleine Überlappung mit dem DAX: deutsche Blue-Chip-Aktien sind im MSCI World zu etwa 3 bis 4% gewichtet. Diese Überlappung stellt prinzipiell kein Problem dar. Zu beachten ist lediglich, dass, wenn der DAX ETF zu Gunsten des MSCI World ETFs verkauft wird, durch den Kauf gleichzeitig eine kleine Quote deutscher Aktien aufgestockt wird. Die Steuerung der deutschen Aktienquote ist dadurch leicht erschwert: Wird beispielsweise in der Zukunft entschieden, die ganze deutsche Aktienquote temporär zu verkaufen, ohne den Aktienanteil auf null zu senken, wäre dies mit diesen Instrumenten nicht möglich. Ideal wäre es, einen MSCI World ex Germany ETF anstelle des MSCI World ETFs aufzunehmen. Dieser würde alle Aktien entwickelter Länder ausser Deutschland umfassen. Dann wäre eine unabhängige Steuerung der Heimmarktquote möglich.

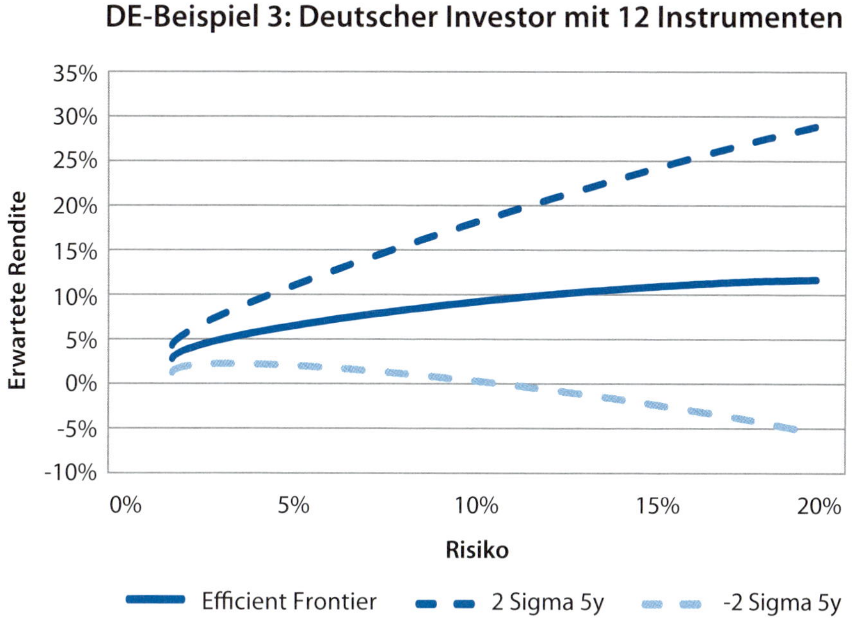

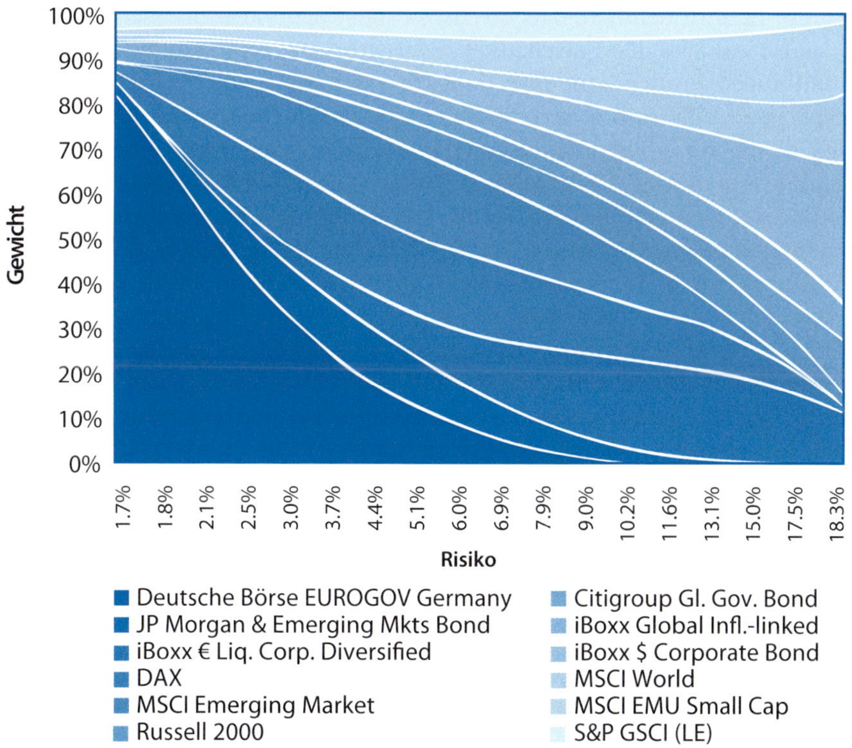

Anhang: Effiziente Strategien für deutsche und Schweizer Anleger 333

DE-Beispiel 3: Deutscher Investor mit 12 Instrumenten

- Deutsche Börse EUROGOV Germany
- JP Morgan & Emerging Mkts Bond
- iBoxx € Liq. Corp. Diversified
- DAX
- MSCI Emerging Market
- Russell 2000
- Citigroup Gl. Gov. Bond
- iBoxx Global Infl.-linked
- iBoxx $ Corporate Bond
- MSCI World
- MSCI EMU Small Cap
- S&P GSCI (LE)

Abbildung 5-26: Deutscher Anleger mit 12 ETFs.

Wird ein genügend hoher Betrag investiert, können über 10 Instrumente eingesetzt werden, ohne die prozentualen Transaktionskosten zu stark in die Höhe zu treiben (siehe dazu Abbildung 5-2). Zu den vorher eingesetzten 5 ETFs (globale sowie deutsche Staatsanleihen, DAX, MSCI World und MSCI Emerging Markets) betrachten wir nun 7 weitere. Auf der Anleihenseite den iShares JP Morgan $ Emerging Markets Bond ETF, den db x-trackers iBoxx Global Inflation Linked Bond ETF, den ETFlab iBoxx € Liquid Corporate Diversified Bond ETF sowie den iShares iBoxx $ Corporate Bond ETF. Dadurch sind neben aufstrebenden Länder Anleihen in „Hard Currency" auch Unternehmens- sowie inflationsgeschützte Anleihen berücksichtigt. Aktienseitig wird der Anteil an kleinen Unternehmen erhöht. In der Euro-Region geschieht dies mit dem Lyxor ETF MSCI EMU Small Cap und in den USA mit dem db x-trackers Russell 2000 ETF. Um die Diversifikation weiter zu erhöhen, werden ausserdem Rohstoffe durch den AMUNDI ETF Commodities S&P GSCI (LE) abgedeckt. Der Zusatz „LE" bedeutet „Light Energy". Das Schwergewicht des S&P GSCI an Energie wird auf unter 40% reduziert.

Die Abbildung 5-26 gibt eine gute Intuition für eine sinnvolle Gewichtung dieser Instrumente. Ist ein tiefes Risiko um die 2% Volatilität erwünscht, müssen gemäss Robuster Portfoliooptimierung alle Anleihen-ETFs zusammen zu ca. 90% gewichtet werden. Die restlichen 10% werden ungefähr zu gleichem Anteil in Aktien und Rohstoffe investiert. Es wird deutlich, dass die risikoarmen deutschen Staatsanleihen bei dieser Allokation mit 80% den Löwenanteil ausmachen. Diese geniessen eine Bonität von AAA und tragen aus der Sicht eines deutschen Investors kein Wechselkursrisiko. Die restlichen Bond-ETFs sind vergleichsweise riskant und teilweise mit Währungsrisiko behaftet, dennoch sind sie nützlich, um das Portfoliorisiko zu reduzieren. Auf der oberen Grafik in Abbildung 5-26 wird gezeigt, dass ein solches, risikoarmes Portfolio mit 2% Risiko eine erwartete jährliche Rendite von ca. 3% hat. Diese Rendite wird aber erst nach mehreren Jahren angenähert. Die gestrichelte Linie zeigt, dass die jährliche Portfoliorendite mit einer Wahrscheinlichkeit von 95% zwischen 1.2 und 4.3% liegt.

Um riskantere Allokationen zu analysieren, eignet sich wieder die untere Grafik in Abbildung 5-26. Bewegt man sich von links nach rechts, erhöhen sich zuerst die internationale Staatsanleihenquote sowie die der Inflation-linked Bonds, dann der Anteil von Emerging Markets Bonds und US-Unternehmensanleihen. Betrachtet man die Aktien, so ist klar, dass auch hier die Emerging Markets in riskanten Profilen stärker gewichtet werden. Zweitens ist interessant zu sehen, dass die Russell-2000-Quote stark erhöht wird. Die Intuition, dass in riskanteren Profilen auch ein Size-Effekt erwünscht ist, wird durch die Optimierung bestätigt. Rohstoffe – wie im Beispiel des Schweizer Investors – sind mehr oder weniger konstant über die verschiedenen Risikoprofile.

Dieses Beispiel zeigt ganz deutlich, dass die Zusammensetzung der Aktien und der Bonds je nach Risikoprofil variieren muss. Risikoreichere Profile sollten gemäss diesen Ergebnissen eine höhere Quote an Emerging-Markets-Aktien und -Bonds sowie eine grössere Quote an Small-Cap-Aktien haben. Eine (prozentual) identische Aufteilung innerhalb dieser Anlageklassen unabhängig vom Risikoprofil ist bei diesem Modell nicht optimal.

6. Tipps

Dieses Kapitel beschreibt einige ausgewählte Aspekte, die beim Anlegen mit ETFs sowie für das Portfoliomanagement im Allgemeinen von praktischem Nutzen sind. Beschrieben werden die Auswahl der Instrumente, ETF-Ratings, der Handel und die Performance- bzw. Risikokontrolle des Portfolios. Diese Themen sind unabhängig von der Wahl der Anlagestrategie relevant. Innerhalb des vereinfachten Anlageprozesses auf Seite 268 in Kapitel 5 stellen die Performance- bzw. Risikokontrolle den vierten Prozessschritt (Portfolio-Überwachung) dar. Dieser ist insofern wichtig, als er eine dynamische Anpassung des Portfolios auf sich ändernde Faktoren erleichtert. Verändert sich das Portfoliorisiko oder das ETF-Universum stark, so lohnt es sich, die Auswahl und die Gewichtung der Instrumente zu überprüfen und allenfalls anzupassen. Unter Umständen kann auch die gewählte Anlagestrategie oder die individuelle Risikotoleranz verändert werden. In diesem Sinne entsteht eine Rückkopplung zum zweiten Prozess in Abbildung 5-1. Dabei sollte die Kontrolle der Rendite, des Risikos und des Universums in periodischen Abständen, zum Beispiel quartalsweise oder halbjährlich, erfolgen.

Wird bei der Überwachung des Universums eine bessere Alternative zum bestehenden Instrument gefunden, kann sich ein Wechsel lohnen. Dies ist aus subjektiver Sicht besonders dann nicht einfach, wenn das alte Instrument mit Verlust verkauft werden muss. Die Hoffnung, der Titel könnte sich erholen, überwiegt manchmal rationale Gründe für einen Instrumentenswitch. Dies ist ein typisches Beispiel für „Sunk Costs" – Kosten bzw. Verluste, die bereits angefallen sind und dadurch zukünftige Entscheidungen nicht direkt beeinflussen sollten. Das Anlageziel, wie beispielsweise die Maximierung der erwarteten Rendite bei gegebenem Risiko, sollte weiterhin im Vordergrund stehen. Kommt man diesem Ziel durch einen Instrumentenwechsel näher, sollten vergangene Verluste nicht in die Entscheidung einfliessen.

Der letzte Abschnitt umfasst einige Hilfsmittel, welche die Übersicht über das Portfolio und dessen verschiedene Exposures vereinfachen. Es werden Beispiele gezeigt, wie auf einfache Weise das Portfolio mit einer Excel-Tabelle überwacht werden kann. Der Initialaufwand des Aufsetzens einer solchen Tabelle lohnt sich!

Auswahl von ETFs

In Kapitel 2 wurde die Selektion von ETFs bereits kurz beschrieben. An dieser Stelle werden die wichtigsten Punkte für die Umsetzung zusammengefasst. Bei der Auswahl von ETFs sollte besonders auf Folgendes geachtet werden:

- **Index**: Es kann nicht stark genug betont werden, wie wichtig der richtige Index und dessen Berechnungs- (Preis- oder Performance-Index, englisch Price oder Total Return) und Gewichtungsmethode sind. Bei einem Price Return Index werden die anfallenden Dividenden selbstverständlich dem ETF gutgeschrieben. Nur erfolgt dies nicht unbedingt zum selben Zeitpunkt oder im selben Ausmass (Quellensteuern) wie bei einem Performance (Total Return) Index, was zu Renditeunterschieden führen kann. Wenn immer möglich, sollte der ETF einen Performance Index abbilden.
- **Abbildung (Tracking)**: Die exakte Abbildung eines Index ist der Kerngedanke von ETFs. Dementsprechend sollten die ETFs die Rendite ihres Benchmarkindex möglichst genau replizieren. Beim Vergleich verschiedener ETFs muss beachtet werden, ob wirklich alle denselben Index verwenden, oder ob der jeweilige Provider eine leicht angepasste Version des Index einsetzt. Weil Indizes theoretische Portfolios darstellen, kann es in der realen Welt zu Abweichungen beim Tracking durch ETFs kommen. Eine 100% perfekte Abbildung ist nur durch das (kontrollierte) Eingehen von Risiken oder Steueroptimierungen möglich. Je nach Anlage-Subklasse und allenfalls Marktumfeld sind unterschiedlich hohe Abweichungen anzutreffen.
- **Kosten**: Tiefe Kosten sind grundsätzlich zu bevorzugen. Häufig besteht die Hoffnung, dass teure Instrumente auch höhere Renditen abwerfen müssten. Dies ist nicht zwingend der Fall. Zukünftige Renditen sind nicht mit Sicherheit zu bestimmen. Anfallende Kosten schon. Kosten fallen bei ETFs auf verschiedenen Ebenen an und sind somit schwer in einer Kennzahl zusammenzufassen. Die Verwaltungsgebühren oder das Total Expense Ratio greifen bei einer Gesamtbetrachtung der anfallenden Kosten zu kurz. Die Handelskosten eines ETFs müssen ebenfalls berücksichtigt werden (Siehe Kapitel 2).
- **Replikationsmethode**: In der Praxis kann oft beobachtet werden, dass Anleger eine Replikationsmethode bevorzugen. Bei ETFs kann zwischen der physischen (voll replizierend oder verschieden Stichprobenverfahren) und der synthetischen (Swap) Replikationsmethode unterschieden werden. Jede der Methoden weist gewisse Vor- und Nachteile auf, welche nicht immer rein objektiv bewertbar sind. So haben einzelne Anleger subjektive Präferenzen zu physisch replizierenden ETFs. Oft wird als Grund das Fehlen des möglichen Gegenparteirisikos von max. 10% unter UCITS aufgeführt. Fairerweise muss das Risiko etwaiger Wertschriftenleihe bei physischen ETFs ebenfalls berücksichtig und dagegen abgewogen werden. (Siehe Kapitel 2).
- **Steuerliche Aspekte**: siehe Handel (weiter unten) von ETFs.
- **Anzahl Market Maker**: Je mehr Market Maker für das Stellen verbindlicher Preise eines ETFs zuständig sind, desto höherer Wettbewerb und tiefere Handelskosten sind zu erwarten. Etwaige Liquiditätsprobleme sind bei mehreren Market Maker weniger wahrscheinlich.
- **AuMs / Volumen**: Die Grösse eines ETFs, d.h. das von allen Anlegern investierte Kapital zusammengerechnet, ist ein weiterer Faktor bei der ETF-Auswahl. Grosse ETFs werden kaum von heute auf morgen geschlossen. Bei einer Fonds-Schliessung bleibt das investierte Kapital zwar erhalten, dennoch können operative und steuerliche Folgeprobleme ausgelöst werden. Zudem haben alle anfallenden Fixkosten

bei grossen ETFs einen geringeren Einfluss auf die Rendite. Deshalb sind grössere ETFs ceteris paribus attraktiver als kleine.
- **Kontrolle**: Gerade bei der Umsetzung einer Anlagestrategie mit ETFs sollten in periodischen Abständen die eingesetzten ETFs hinsichtlich ihrer Abbildungsqualität beurteilt werden. Weil eine perfekte Abbildung des jeweiligen Index (fast) nicht möglich ist, muss das Tracking jeweils für unterschiedliche Zeitperioden betrachtet und mit anderen ETFs auf denselben Index verglichen werden. Neben der Betrachtung von reinen Kennzahlen sollte der Vergleich immer auch grafisch erfolgen. Ein einziger Ausreisser (z.B. Datenfehler) kann eine Kennzahl verzerren. Bei grösseren Abweichungen muss dann entschieden werden, ob sich ein Wechsel (nach Kosten) lohnen könnte oder ob die Abweichung nur temporärer Natur war. In der Praxis hat sich das Führen einer sogenannten „Watchlist" sowohl für bestehende wie für neue ETFs bewährt.
- **Neues Angebot an ETFs**: Auf der Aktienseite existiert bereits ein relativ breites Angebot. Dennoch kommen fortlaufend neue ETFs hinzu. Die Augen offen zu halten lohnt sich auch hier. So kann ein neuer ETF deutlich günstiger sein, einen neuen Index abdecken oder vom favorisierten Provider sein. Aus unserer Sicht lohnt es sich insbesondere, das neue Angebot an Anleihen-ETFs zu verfolgen, weil das Angebot in diesem Bereich noch einige blinde Flecken aufweist.

In Tabelle 6-1 werden die wichtigsten Bereiche bei der Auswahl von ETFs hinsichtlich Aufwand und Ertrag (Einfluss auf die Rendite) qualitativ bewertet.

Bereich	Aufwand	Einfluss auf die Rendite
Richtiger Index (z.B. Markttiefe, Gewichtung)	tief bis mittel	hoch
Index: Performance- versus Kursindex	tief bis mittel	tief bis hoch
Tracking: ■ Beurteilung über Provider-Website ■ Eigenständige Berechnung	tief bis hoch tief hoch	hoch
Managementkosten	tief	mittel
TER	tief bis hoch	mittel
Replikationsmethode (physisch, synthetisch)	tief	tief bis mittel
Steuerliche Aspekte	mittel bis hoch	tief bis hoch
Anzahl Market Maker	mittel bis hoch	gut für tiefe Handelsspannen
AuMs ETF	tief	gut als Indikator
Regelmässige Kontrolle der eingesetzten ETFs	mittel	tief bis hoch
Neue ETFs zwecks Alternative oder „Füllung einer Lücke" beurteilen	hoch	tief bis hoch

Tabelle 6-1: Die wichtigsten Punkte bei der Auswahl von ETFs.

ETF-Ratings bei der Auswahl von ETFs

Wie bezüglich Auswahl von ETFs beschrieben, muss der Investor auf verschiedene Aspekte achten, damit er den für ihn passenden ETF alloziert. Da wäre es natürlich sinnvoll, auf eine einfache Kennzahl – oder ein Rating – zurückzugreifen, um den Prozess zu vereinfachen. Im Folgenden betrachten wir die verschiedenen Faktoren, welche in ein Rating einfliessen könnten, die damit verbundenen Probleme und umreissen bereits vorhandene ETF-Ratings aus der Praxis. In der Realität kommen ETFs mit unterschiedlichen Konstruktionsweisen daher, sind in unterschiedliche Jurisdiktionen eingebettet und die Provider verwenden unterschiedliche Prozesse und Handelssysteme. Deshalb müssen ETFs sorgfältig verglichen und bewertet werden.

Für ein Rating müssen – wie bezüglich Auswahl von ETFs aufgezeigt – diverse Faktoren berücksichtigt und gewichtet werden. Zentral ist sicherlich die Wichtigkeit der Index-Nachbildung und der Kosten. Doch gerade was die Beurteilung und Gewichtung von möglichen Risiken (z.B. Gegenparteirisiko bei synthetischen ETFs, Wertschriftenleihe bei physischen ETFs oder Modellrisiko), des Index (Repräsentativität oder Diversifikation) oder des Service betrifft, gehen die Bedürfnisse der Investoren in der Praxis weit auseinander. Abbildung 6-1 zeigt mögliche Faktoren auf, welche in ein ETF-Rating einfliessen können. Wir betrachten fünf Hauptfaktoren. Die zentrale Frage ist jedoch, wie die Faktoren zu gewichten sind, damit ein sinnvolles Rating resultiert.

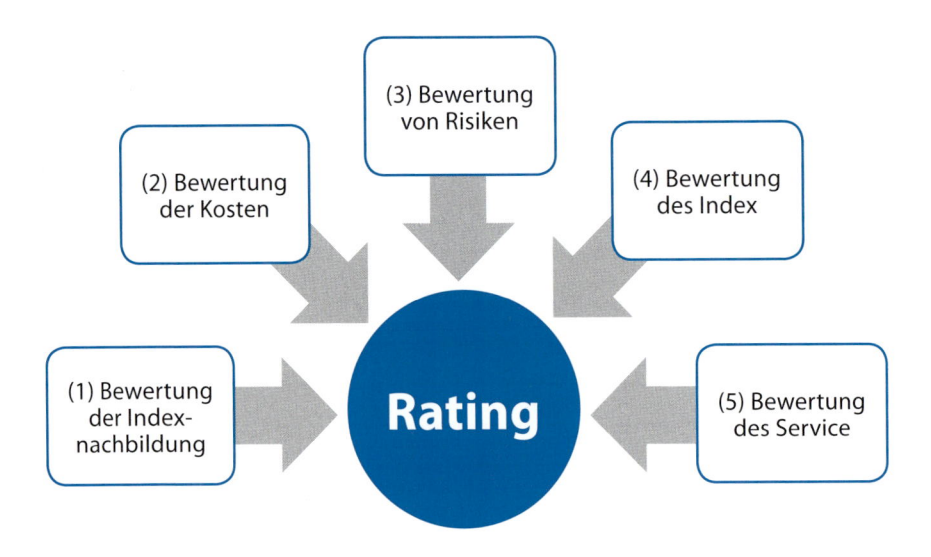

Abbildung 6-1: Beispielhafte Inputfaktoren, welche in ein ETF-Rating einfliessen können.

Ausgangspunkt der Beurteilung sind sicherlich die Qualität der Indexnachbildung (1) und die mit dem Aufbau und Halten einer entsprechenden Position verbundenen

Kosten (2). Die Qualität der (historischen) *Indexnachbildung* (1) kann vor Verwaltungskosten (NAV plus Verwaltungsgebühr versus Index) oder nach Verwaltungskosten (NAV versus Index) betrachtet werden. Die Qualität der Nachbildung muss mit Bezug auf den jeweiligen Markt und Index beurteilt werden, was bei der Bewertung zu berücksichtigen ist. So ist es viel schwieriger, ETFs auf Indizes von aufstrebenden Ländern oder Unternehmensanleihen umzusetzen als auf Blue-Chip-Aktien-Indizes. Die Nachbildungsqualität des ETFs mit Bezug zum Index wird normalerweise über den Tracking Error (TE) gemessen. Zur Erinnerung: Der TE ist eine Angabe zur Schwankung der Renditen des ETFs um den Index, welche recht sensitiv auf wenige historische Ausreisser reagiert. Dabei sollte der NAV TE und nicht der Closing Price TE verwendet werden. Wird der Closing Price für die TE-Berechnung verwendet, kann bei einer Zeitdifferenz zwischen dem Closing Price des ETFs und des Preises, der bei der Indexberechnung verwendet wird (z.B. ETF auf S&P 500 in Europa gehandelt) oder bei geringer Handelsaktivität eine nichtssagende Zahl resultieren (für Details zum Tracking Error siehe Kapitel 2).

Bei den *Kosten* (2) muss sicherlich auf das TER geachtet werden, da Kosten langfristig einen wesentlichen Einfluss auf die Rendite haben. Oft wird bei ETF-Vergleichen nur oder zu stark auf das TER geschaut. Denn Transaktionskosten im ETF werden bei der TER nicht berücksichtigt. Dazu zählen auch die Kosten für den Swap. Gerade bei transaktionsintensiven Indizes oder bei sehr grossen ETFs (Market Impact!) werden Transaktionen im ETF und somit die Handelsspannen der zugrunde liegenden Titel besonders relevant. Bei weniger liquiden Underlyings wird dieser Effekt zusätzlich verstärkt.

Bei den Kosten muss definiert werden, wie die Bewertung zu erfolgen hat, falls ein ETF ein sehr gutes Tracking aufweist, aber das TER eher hoch ist. Das eine sollte sicherlich das andere bei einem Rating kompensieren können. Bei den Kosten dürfen natürlich nur jene Kosten berücksichtigt werden, auf welche der ETF-Provider einen gewissen Einfluss hat. Unter dem Aspekt der Kosten können auch die durchschnittlichen historischen Handelsspannen im Kontext der Ordergrössen beurteilt werden. Dies hat mit On-Exchange-Zahlen zu erfolgen, weil private Investoren kaum OTC oder zu NAV handeln (können). Alternativ kann auch auf die Anzahl der Market Maker abgestützt werden. Eine höhere Anzahl ist eine Indikation für engere Spreads (Wettbewerb).

Manche ETF-Ratings messen dem TER ein grosses Gewicht bei der Beurteilung zu. Dagegen ist per se nichts einzuwenden, falls das TER der jeweiligen Anbieter zwecks Vergleichs bereinigt wurde. Dies sollte erfolgen, weil je nach Land und Anbieter leicht unterschiedliche Berechnungsweisen existieren. Ansonsten wird der Vergleich verzerrt. Eine hohe Berücksichtigung des TERs im Vergleich zur Indexnachbildung impliziert, dass der Rating-Anbieter nicht daran glaubt, dass diese Kostenkomponente in Zukunft kompensiert werden kann. So kann ein ETF ein schlechtes Rating erhalten, obwohl er den Index historisch sehr gut nachbildet. Es ist auch zu bedenken, dass synthetische ETFs und physische mit einem Sampling-Ansatz eine tendenziell tiefere TER ausweisen. Ansonsten können es sich nur grosse ETFs leisten, eine tiefe TER zu haben.

Im Rahmen einer *Risikobeurteilung* (3) können verschiedene Punkte beleuchtet werden. Bei synthetischen ETFs kann versucht werden, das Ausfallrisiko (Gegenparteirisiko) zu beurteilen. Dies kann beispielsweise über CDS auf den jeweiligen Anbieter erfolgen. Daneben muss aber auch berücksichtigt werden, ab welchem Level der Anbieter den Swap zurücksetzt. Ein weiteres Kriterium kann das Trägerportfolio oder jenes für das Collateral eines synthetischen ETFs sein, welches je nach Zusammensetzung anders bewertet werden kann. Genauso könnte bei physischen ETFs das Portfolio auf Einzeltitelstufe bewertet werden. Bei physischen ETFs, welche nicht vollreplizierend sind, könnte das Modellrisiko der Optimierung beurteilt werden. Swap-basierte ETFs werden im Rahmen einer Risikobetrachtung oft pauschal bestraft und physische besser bewertet. Dabei wird häufig unterschlagen, dass bei physischen ETFs das Risiko bedingt durch die Wertschriftenleihe oder den Einsatz von Derivaten ebenfalls nicht vernachlässigt werden sollte.

> *Abgrenzung bei der Risikobeurteilung*
>
> Bei einem ETF-Rating macht die Beurteilung der absoluten Rendite und des Risikos (Standardabweichung) wenig Sinn. Sollen Risiko/Ertrag-Eigenschaften untersucht werden, kann dies im Rahmen bewährter Fonds-Ratings erfolgen.

Beim Investieren mit ETFs ist die genaue Kenntnis und *Beurteilung des Index* (4) von zentraler Bedeutung. Im Besonderen sind dies: Repräsentativität, Diversifikation und Berechnungsmethode. Zudem können auch die Häufigkeit des Rebalancings und die Transaktionsintensität wichtige Faktoren sein, da Anpassungen immer mit Kosten verbunden sind. Gerade weil das Thema Indizes alleine schon recht komplex ist, könnte man auch ein separates Rating für Indizes einführen.

Ein weiterer Punkt ist die *Bewertung des Service* (5) des Providers. Die Verfügbarkeit von möglichst detaillierten Informationen rund um den ETF ist zentral. So sollte das Factsheet möglichst oft aktualisiert sein, der Inhalt (nicht nur die Top-10-Holdings) ersichtlich sein und bei synthetischen ETFs Angaben zum Swap-Level und Trägerportfolio oder dem Collateral auf dem Internet aufgeschaltet sein. Idealerweise liegen auch Angaben zur Wertschriftenleihe vor. Für Auswertungen sollten Zeitreihen (NAV, Closing-Preis und idealerweise Index) heruntergeladen oder online verglichen werden können.

Wie sollen nun die Faktoren gewichtet werden? Dazu zeigt Tabelle 6-2 illustrativ auf, wie je nach Investortyp auf andere Faktoren fokussiert werden dürfte. Dabei geht es weniger um eine exakte Unterteilung als vielmehr um die Tatsache, dass verschiedene Typen von Investoren andere Bedürfnisse haben respektive ein Rating nicht den gleichen Mehrwert bietet.

Investor Typ	Wichtigkeit Rating für	Index-Nach-bildung	Kosten	Risiko	Index	Service	Ge-samt-rating
Privatanleger	konservativ	●	●	●	●/◐	●/◐	●/◐
Privatanleger	Buy-and-Hold	●	●	●/◐	●/○	◐	●/◐
Privatanleger	taktische Views	●	●	◐	○	○	○
Privatanleger	sophistiziert	●	●	○	○	●/○	○

Tabelle 6-2: Unterteilung der grundlegenden Inputfaktoren nach Investortyp.
Legende: ● = sehr wichtig, ◐ = wichtig, ○ = weniger wichtig

In Tabelle 6-2 wird die Bedeutung von „Risiko" für einen sophistizierten Privatanleger als „weniger wichtig" eingestuft. Dies nicht deshalb, weil es keine Rolle spielt, sondern weil Risiko sich entsprechend seiner Komplexität und Vielschichtigkeit kaum in einer Zahl quantifizieren lässt. Es wird vielmehr davon ausgegangen, dass sophistizierte Anleger sich mit der Risikoanalyse vorgängig auseinandergesetzt haben.

Der kleinste gemeinsame Nenner dürfte die Beurteilung der Indexnachbildung und der Kosten sein. Gerade weil jeder Investor die Dimensionen Risiko, Index und Service anders beurteilt, macht es wenig Sinn, diese im Rahmen einer einzigen Ratingzahl (Gesamtrating) zu aggregieren. Werden diese Dimensionen hingegen einzeln bewertet und ausgewiesen, kann der Investor selber bestimmen, wie wichtig ihm die jeweilige Komponente ist. Bei einem ETF-Rating sollte klar ersichtlich sein, wie das Rating zu Stande kommt. So sollte wie bei einem Index das „Rulebook" für die Berechnung einsehbar sein. Professionelle Investoren werden ein eigenes Rating aufsetzen, wo die für sie relevanten Faktoren gemäss ihren eigenen Vorstellungen gewichtet und aggregiert sind. So können nach Belieben weitere (Unter-) Faktoren, wie Alter, Grösse, Domizil, Zulassungen, Ausschüttungen etc. berücksichtigt werden.

Folgende Beurteilungen auf Stufe ETF machen eher wenig Sinn, wenn als Resultat eine aggregierte Zahl herauskommt:
- Beurteilung des (Ausfall-)Risikos. Dies sollte vorgängig evaluiert werden und eher auf Stufe ETF-Anbieter erfolgen. Erfüllt ein Anbieter die Anforderungen nicht, wird er nicht berücksichtigt. Wird dies auf Stufe ETF durchgeführt, erhalten gut abbildende synthetische ETFs eher schlechte Rankings.
- Bewertung des Index: Die Beurteilung des Index sollte unabhängig von der Qualität der Nachbildung durch den ETF erfolgen.
- Service des Providers: Dieser ist zwar wichtig, aber kaum bewertbar.

Abschliessend einige Beispiele für ETF-Ratings aus der Praxis

Lipper bewertet im Rahmen der Fondsbewertung namens Lipper Leaders ebenfalls ETFs. Es erfolgt jeweils ein Rating von 1 bis 5 für die Bereiche Gesamtertrag, konsistenter Ertrag, Kapitalerhalt und Kosten. Dabei erfolgt der Vergleich zu ähnlichen Fonds bzw. derselben Anlagekategorie.

Morningstar berücksichtigt schon länger ETFs in seinen Fonds-Ratings. Bei der Bewertung (Morningstar Rating) geht es primär und die historische Performance. Fonds (und ETFs) werden innerhalb der jeweiligen Morningstar-Kategorie aufgrund der risikoangepassten Rendite und der Kosten bewertet.

Scope Analysis ist gemäss eigenen Angaben der erste Anbieter von ETF-Ratings in Deutschland. Die Methodik für das Rating von ETFs ist einsehbar. Für das Rating von ETFs beurteilt Scope drei sogenannte Panels: zu 40% die Produktqualität (Handelsqualität, Replikationsqualität und Kosten), zu 35% die Indexqualität (Repräsentations- und Reinheitsgrad, Indexsteuerung und Indexberechnung) und zu 25% die Informationsqualität und Transparenz (Infos zum Basiswert, Infos zum ETF und Infos zu Kursen/Kennzahlen).

ETFexplorer bietet ebenfalls ETF-Ratings an, welche auf der Homepage nur für Abonnenten einsehbar sind. Die Methodik ist nicht abrufbar. Gemäss eigenen Angaben wird ein „ETF Rating Buy&Hold" und ein „ETF Rating Market Timing" angeboten.

Auch *Standard & Poor's* führt Ratings von ETFs durch. So werden beispielsweise für Anleihen-ETF in den USA durch S&P Ratings vergeben – analog zu den normalen Anleihen-Ratings.

Bei *Feri Eurorating* werden ETFs im Rahmen der normalen Fonds-Ratings berücksichtigt.

Handel von ETFs

Gerade beim Anlegen mit Indexinstrumenten ist es wichtig, die Kosten möglichst tief zu halten und sich deren Einflussfaktoren bewusst zu sein. Neben den direkt ersichtlichen Kosten, wie Verwaltungsgebühr und Courtagen, fallen diverse indirekte Kosten an. Oft wird in der Praxis davon ausgegangen, dass die liquiditätsbedingten Kosten, allen voran die Handelsspanne, bis zu 2/3 (!) der Gesamtkosten ausmachen können. Beim Handeln von ETFs (Kauf und Verkauf) sollten folgende Punkte berücksichtigt werden.

Uhrzeit

Es sollte darauf geachtet werden, dass zum Zeitpunkt des Kaufs oder Verkaufs eines ETFs die zugrundeliegenden Wertschriften gehandelt werden. Wird beispielsweise ein ETF auf europäische Aktien ge- oder verkauft, kann dieser während den normalen Börsenzeiten in Europa gehandelt werden. Die Handelszeiten zwischen einem ETF und dessen Inhalt stimmen überein. Dennoch empfiehlt sich, nicht gleich bei der Eröffnung (normalerweise die ersten Minuten nach 9 Uhr morgens) und um den Zeitpunkt der Eröffnung des amerikanischen Marktes (15.30 Uhr) zu handeln. Die ersten Minuten sind für die Market Maker recht anspruchsvoll, weil die zugrundeliegenden Wertschriften je nach aktuellen Nachrichten anders reagieren und sich die Preisfindung zuerst einstellen muss. Kann der Market Maker den Einfluss auf die Preise nicht gut abschätzen, wird er als Konsequenz den Spread ausweiten. Ähnlich verhält es sich mit der Eröffnung der US-Börse und deren generellem Einfluss auf die europäischen Titel. Hat der zugrundeliegende Wertschriftenkorb andere Handelszeiten wie der ETF, sollten solche ETFs dann gekauft oder verkauft werden, wenn die Basiswerte gehandelt werden. Dies ermöglicht eine effiziente Preisfindung für den ETF. Ist der Markt zu, muss der Market Maker die Preisfindung und seine Absicherung beispielsweise über gehandelte Futures oder ähnlich korrelierte (aber gehandelte) Wertschriften durchführen. Diese Preisfindung ist normalerweise sehr gut, kann aber die Basiswerte nicht ersetzen.

Will ein Anleger beispielsweise an der XETRA ein ETF auf den S&P 500 kaufen, sollte er dies grundsätzlich erst nach der Eröffnung der US-Börsen, also nach 15.30 Uhr, tun. Bei europäischen ETFs auf asiatische Basiswerte sollte hingegen möglichst bei der europäischen Eröffnung gekauft werden, weil dies nahe am Schluss der asiatischen Börsenzeiten liegt. Wird hingegen ein europäischer ETF auf US-Wertschriften beispielsweise um 10 Uhr gekauft, wird dessen Preisfindung vor allem durch die bereits gehandelten US-Futures und den generellen Börsentrend bestimmt.

Einen Sonderfall stellen sicherlich ETFs auf globale Emerging Market (EM) Indizes dar. Es liegt in der Natur der Sache, dass nie alle Märkte offen sind. Hier sollte darauf geachtet werden, ob und wann der ETF selber ein gutes Handelsvolumen aufweist. In der Regel ist dies, wenn die USA geöffnet sind, weil dann die meisten Hedging-Möglichkeiten bestehen. Dies gibt eine Indikation für den optimalen Ausführungszeitpunkt. Die lokalen Börsenhandelszeiten können auf der jeweiligen Internetseite nachgelesen werden (z.B. www.six-swiss-exchange.com) oder auf www.marketclocks.com. Abbildung 6-2 fasst dies nochmals schematisch zusammen:

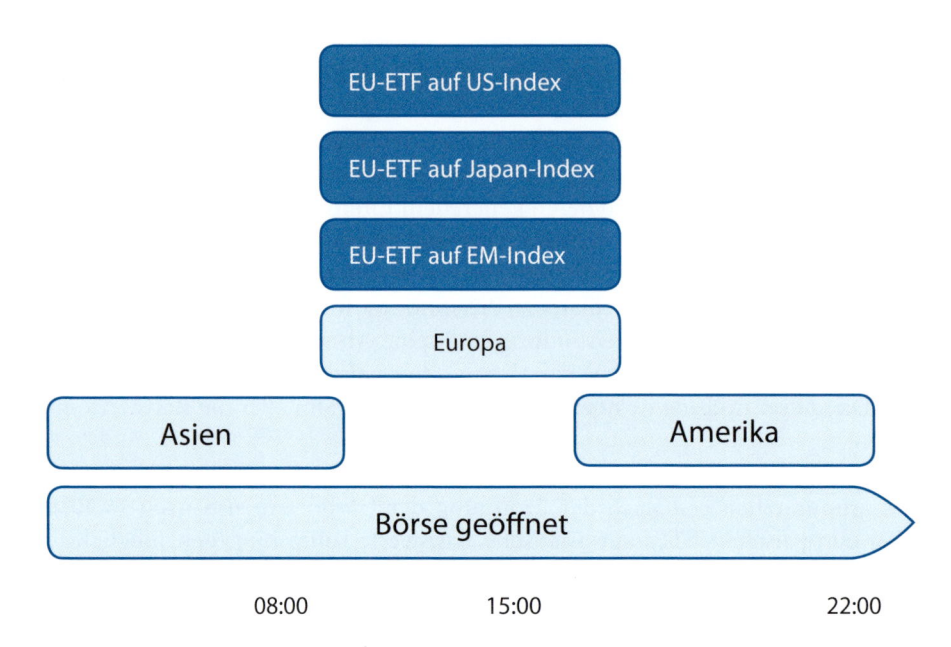

```
EU-ETF auf US-Index

EU-ETF auf Japan-Index

EU-ETF auf EM-Index

         Europa

Asien              Amerika

       Börse geöffnet

08:00       15:00         22:00
```

Abbildung 6-2: Schematische Darstellung von Börsenöffnungszeiten und Handelszeiten von europäischen ETFs. ETFs auf andere Zeitzonen sollten möglichst während Überschneidungen der Börsenöffnungszeiten gehandelt werden.

Spread (Handelsspanne)

Beim ETF-Handel fallen Spreads (Handelsspanne, Differenz zwischen Brief- und Geldkurs) an. Konkret bedeutet dies, dass der Kaufpreis über dem Verkaufspreis liegt. Der Spread ist der Preis, den man Market Makers für die zur Bereitstellung der Handelsliquidität bezahlt. Market Maker, welche sich zum Stellen verbindlicher Preise verpflichtet haben, müssen genügend ETF-Anteile halten und sich gleichzeitig gegen ungünstige Preisbewegungen absichern. Sind die Indexmitglieder eines ETFs nicht genügend liquide, ist die Absicherung unvollständig. In solchen Fällen werden Spreads ausgeweitet und es entstehen höhere Handelskosten für Anleger.

Bevor gehandelt wird, sollte der aktuelle Spread beurteilt werden. In der Praxis wird manchmal die absolute Zahl angegeben (Briefkurs minus Geldkurs), was aber wenig Aussagekraft hat. Für die Beurteilung ist der prozentuale Spread relevant.

$$\text{Prozentualer Spread} = (\text{Briefkurs} - \text{Geldkurs}) / \text{Briefkurs} \times 100$$

Ob ein Spread hoch ist oder nicht, kann am einfachsten ermittelt werden, indem Spreads ähnlicher ETFs an derselben oder an anderen Börsen verglichen werden. Dazu geben die jeweiligen Internetseiten der Börsen Hilfestellung. Falls zugänglich, können auch historische Spreads desselben ETFs verglichen werden.

In der Finanzwelt werden Prozentwerte kleiner als 1% oft als sogenannte Basispunkte (engl. Basis Points, „bp") angegeben. Dabei gilt 100 bp = 1%. Ein Spread von beispielsweise 0.15% entspricht 15 Basispunkten (15 bps). Wird ein ETF mit 49 zu 50 CHF gestellt, ist der absolute Spread 1 CHF und der prozentuale Spread 2.04% oder 204 Basispunkte.

In der folgenden Tabelle werden die durchschnittlich zu erwartenden Spreads dargestellt. Dabei wird zwischen Anleihen (Staats- und Unternehmensanleihen) und Aktien (Large Caps, Small Caps und Emerging Markets) ETFs unterschieden. Die Angaben sollen als Orientierungshilfe für einen durchschnittlichen Betrag, welcher das gestellte Mindestvolumen des Market Makers nicht überschreitet, betrachtet werden. Grundsätzlich sind Spreads auf der Anleihenseite höher als jene von Large-Cap-Aktien-ETFs. Dies hat u.a. mit dem OTC-Charakter und der geringeren Liquidität dieses Marktes zu tun, was insbesondere bei längeren Laufzeiten deutlich sichtbar wird.

ETF auf	Normal	Tief	Hoch
EUR Staatsanleihen 1–3	10 – 15	< 10	> 20
EUR Staatsanleihen 7–10	20 – 40	< 20	> 40
USD Staatsanleihen 1–3	10 – 15	< 10	> 20
USD Staatsanleihen 7–10	15 – 25	< 15	> 30
Unternehmensanleihen	30 – 40	< 30	> 50
Aktien Large Caps / Blue-Chips	10 – 20	< 10	> 30
Aktien Small Caps	30 – 60	< 30	> 60
Aktien Emerging Markets	40 – 70	< 30	> 70

Tabelle 6-3: Durchschnittlich zu erwartende Spreads in Basispunkten. In der Praxis können die Werte je nach Umfeld stark variieren. Diese Angaben basieren auf den Market Quality Metrics (zeitgewichtete Durchschnittsspreads) der Schweizer Börse zwischen Mai 2010 und Ende Dezember 2010. Eine ähnliche Analyse für die Deutsche Börse befindet sich im Abschnitt über die Kosten von ETFs in Kapitel 2.

Bei der Untersuchung von Spreads ist es wichtig zu wissen, dass er von vielen Faktoren abhängt und je nach Volumen sich stark verändern kann. Gerade beim Vergleich von historischen mit aktuellen Spreads müssen ähnliche Marktbedingungen vorherrschen, damit sich eine Aussagekraft ergibt. Einflussfaktoren für den Spread sind unter anderem: Liquidität der Basiswerte, Preisfindung über mehrere Zeitzonen, Absicherungsmöglichkeiten für den Market Maker, genügende Konkurrenz zwischen Market Makern oder eine generell „unsichere" Marktlage. Für weitere Details wird auf Kapitel 2 verwiesen.

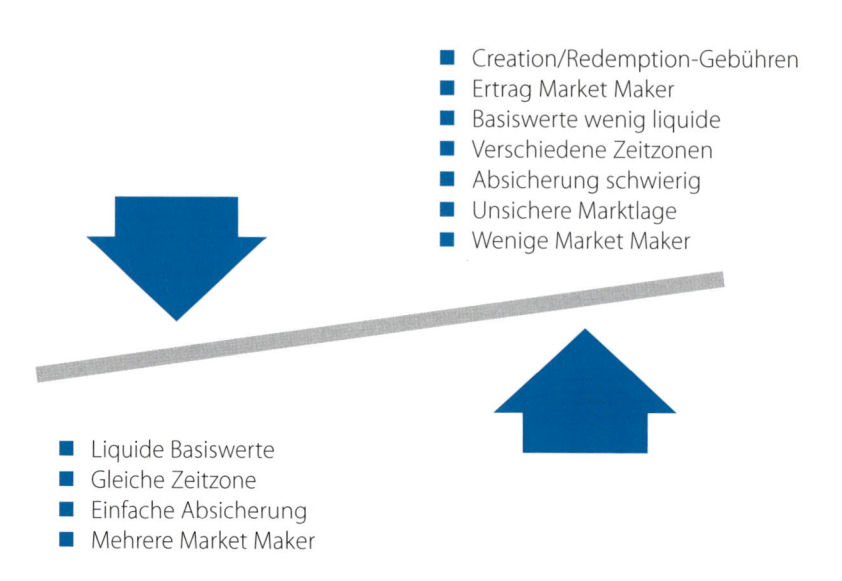

- Creation/Redemption-Gebühren
- Ertrag Market Maker
- Basiswerte wenig liquide
- Verschiedene Zeitzonen
- Absicherung schwierig
- Unsichere Marktlage
- Wenige Market Maker

- Liquide Basiswerte
- Gleiche Zeitzone
- Einfache Absicherung
- Mehrere Market Maker

Abbildung 6-3: Schematische Darstellung von Einflussfaktoren auf die Handelsspreads.

Tendenziell haben ETFs an ihrer Heimbörse sowie beim Vorhandensein mehrerer Market Maker, also bei mehr Wettbewerb, tiefere Spreads. Gerade bei Swap-basierten ETFs kann aber auch beobachtet werden, dass bereits bei einem Market Maker die Spreads sehr eng sein können.

Limiten

Beim Handeln von ETFs sollte möglichst mit Limiten gearbeitet oder es sollte bei Bestens-Aufträgen wenigstens geprüft werden, dass genügend Volumen im Orderbuch vorhanden ist. Ohne Limiten kann es vorkommen, dass der Preis oder die Spreads sich unmittelbar nach der Eingabe – aufgrund neuer Informationen – verändern und somit der Auftrag zu einem ungewollten Preis ausgeführt wird. Wird ein grosser Auftrag aufgegeben, sollte zudem abgeklärt werden, ob die aktuelle Preisangabe für genügend Anteile gilt.
Neben einfachen Limiten werden unter anderem die folgenden Auftragsarten unterschieden: Bestens (oder „Market"), On Stop, On Stop Limit, Stop Loss und Stop Loss Limit. Auf den jeweiligen Börsenseiten oder bei Banken können dazu detaillierte Erklärungen gefunden werden.

Preis und iNAV

Falls möglich, sollte vor einer Transaktion der iNAV (der indikative NAV) mit dem aktuellen Preis verglichen werden. Der aktuell gehandelte Preis kann vom iNAV ab-

weichen. Man spricht dann von einer Prämie (Preis > iNAV) oder einem Discount (Preis < iNAV).
Es ist normal, dass der Preis leicht um den NAV oder den iNAV schwankt. Wie in Kapitel 2 beschrieben, kommt der Preis eines ETFs während den Börsenzeiten durch einen grundlegenden Arbitrage-Mechanismus zu Stande. Bedingt durch Friktionen kommen immer wieder Abweichungen vor. Am Ende des Tages ist der effektive Wert eines ETFs der NAV und der zuletzt bezahlte Preis (Closing-Preis) sollte nicht allzu stark davon abweichen.

Courtagen, Stempel und weitere Gebühren

Bei den Transaktionskosten (Courtagen), die einem Anleger von seiner abwickelnden Bank in Rechnung gestellt werden, muss geklärt werden, ob es sich um einen fixen oder einen prozentualen Betrag handelt. Oft wird auch eine Kombination der beiden angeboten. Bei fixen Transaktionskosten sollte man sich zudem vergewissern, ob der Betrag unabhängig von der Transaktionshöhe ist oder ob die Kosten ab einem gewissen Betrag erhöht werden. Die tiefsten Sätze gelten in der Regel nur für eine gewisse Auswahl an Produkten. Bei ausländischen ETFs respektive bei einem Listing ausserhalb der Heimbörse der Bank muss geprüft werden, in welcher Währung die Kosten angegeben werden und wie die Tarifausgestaltung ist. Oft sind diese Kosten höher als jene der Heimbörse.
Neben den Courtagen fallen je nach Land, Börse und Anbieter weitere Gebühren an. An der Schweizer Börse fällt beim Handel von Wertschriften die sogenannte Umsatzabgabe an. Diese gilt auch für ETFs. Bei ETFs mit CH-ISIN sind dies 0.075% und bei Nicht-CH-ISIN 0.15% pro Transaktion. Je nach Börse und Land können weitere Gebühren anfallen, die normalerweise auf den Kunden überwälzt werden. So werden oft Börsengebühren oder Settlement Fees verrechnet. Die genauen und zurzeit geltenden Gebühren stellen die jeweiligen Banken zur Verfügung. Kunden von Online-Anbietern werden oft noch weitere Gebühren belastet, welche beispielsweise den Bezug von Marktdaten (wie Echtzeitkursen etc.) entschädigen sollen.
Werden ETFs in einer anderen Währung als der Heimwährung gekauft, muss der entsprechende Betrag in die Handelswährung des ETFs gewechselt werden. Dabei können die Kosten für das Wechselgeschäft separat verrechnet oder direkt im Wechselkurs eingerechnet (Normalfall) werden, indem ein leicht schlechterer Wechselkurs zur Anwendung kommt.
Anders verhält es sich, wenn ETFs in der Referenzwährung gekauft werden und der Inhalt auf eine andere Währung lautet. Wird beispielsweise ein ETF auf US-Titel in EUR gehandelt, so erfolgt das EUR/USD-Wechselgeschäft erst beim Market Maker respektive beim ETF-Provider. Die entsprechenden Kosten werden auch hier auf den Anleger abgewälzt. Die Kosten des Wechselgeschäfts sind also nicht zu vermeiden, obwohl die Kosten für den Währungswechsel beim Market Maker oder ETF-Provider tiefer sein dürften.

Fehlende Zulassung oder kein Steuerreporting

Wir empfehlen, dass ein Anleger primär in seinem Land zugelassene ETFs kauft. Dies ist automatisch der Fall, wenn die ETFs an der jeweiligen Heim-Börse gelistet sind. Grundsätzlich kann ein Anleger auch von sich aus einen ETF an einer anderen Börse kaufen, beispielsweise einen US-ETF an der NYSE. Bei solchen ETFs kann problematisch werden, dass ein Steuerreporting für das jeweilige Land fehlt. Denn je nach Land müssen die zugelassenen ETF-Provider diverse Kennzahlen (beispielsweise Kapitalertrag und Kapitalgewinn) im jeweilig gewünschten Format an die zuständigen Stellen liefern. Dies ist in der Schweiz die ESTV und in Deutschland der e-Bundesanzeiger. Beim Fehlen solcher Daten kann es zu einer unvorteilhaften Besteuerung kommen. Dennoch ist es möglich, dass der ETF die notwendigen Zahlen den Behörden veröffentlicht, aber weder gelistet noch zum Vertrieb zugelassen ist.

In Deutschland müssen Fondsgesellschaften – somit auch ETF-Anbieter – die relevanten Daten regelmässig im elektronischen Bundesanzeiger in einem speziellen Format melden, damit sie als „transparent" eingestuft werden. Ist dies nicht der Fall, gelten die Fonds als intransparent und werden nachteilig besteuert.

Kauft ein Schweizer Anleger einen ETF mit deutscher Rechtsform, muss unbedingt darauf geachtet werden, dass ausschüttende deutsche ETFs gekauft werden. Dort wird nämlich die deutsche Abgeltungssteuer nicht vom ETF direkt abgeführt, sondern von der sogenannten Zahlstelle. Bei reinvestierenden ETFs (thesaurierend) wird die Abgeltungssteuer hingegen direkt im ETF abgeführt. Diese Steuer kann zwar von Schweizer Anlegern grundsätzlich zurückgefordert werden, der Aufwand und Papierkrieg sollte aber nicht unterschätzt werden. Weitere steuerliche Aspekte sind im Abschnitt über regulatorische Risiken auf Seite 353 zu finden.

Performancekontrolle

Zu jeder Umsetzung gehört auch eine Kontrolle. Es sollten regelmässig das Risiko und die Rendite kontrolliert werden. Wie oft dies erfolgt, hängt von den persönlichen Vorlieben ab. Gerade bei passiven Strategien sollte dies aber nicht zu oft sein. Einmal pro Monat oder Quartal reicht sicherlich aus.

Eine Performancekontrolle wird automatisch von allen Anlegern gemacht. Die einfachste Art ist die Überprüfung, ob der Depotstand gewachsen oder geschrumpft ist. Eine etwas genauere Analyse der erwirtschafteten Renditen lohnt sich in vielen Fällen. Dadurch kann beantwortet werden, wie viel mit welcher Position erwirtschaftet oder verloren wurde.

Bei der Performancekontrolle wird die effektive Rendite ausgerechnet. Diese scheinbar triviale Berechnung ist in der Praxis oft gar nicht so einfach nachzuvollziehen. In der einfachsten Form berechnet sich die Performance wie folgt:

Performancekontrolle

$$\text{Performance in \%} = \frac{\text{Preis} - \text{Kaufpreis}}{\text{Kaufpreis}} \times 100$$

Ist die Position bereits verkauft worden, entspricht der Preis dem Verkaufspreis. Damit die effektive Performance ausgerechnet werden kann, müssen immer Preise unter Berücksichtigung aller Kosten verwendet werden. Allfällige Kosten wie Börsencourtagen müssen dabei zum Kaufpreis hinzugezählt oder vom Verkaufspreis abgezogen werden. Hat der ETF während der Haltedauer Erträge ausgeschüttet, müssen diese ebenfalls bei der Renditeberechnung berücksichtigt werden.

Wird die Position noch gehalten, wird für die aktuelle Performance seit Kauf oft der aktuelle Kurs für den Preis in der obigen Formel verwendet. Dies ist prinzipiell in Ordnung. Es darf aber nicht vergessen werden, dass die realisierte Rendite zu diesem Zeitpunkt tiefer wäre. Bei einem Verkauf müsste man die Transaktionskosten und weitere Gebühren abziehen.

Die Einflussfaktoren auf die Nettorendite werden in Abbildung 6-4 schematisch zusammengefasst.

- Kursgewinne
- Ausschüttungen

- Transaktionskosten
- Handelsspannen
- Steuern und Abgaben
- Gebühren für Verwaltung
- (Underperformance)

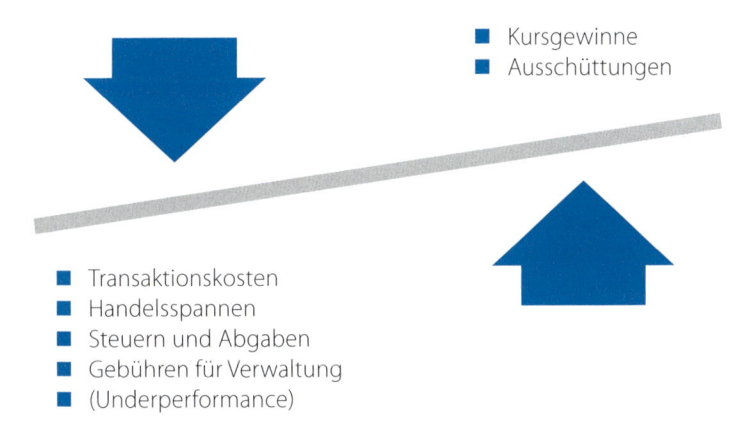

Abbildung 6-4: Einflussfaktoren bei der Berechnung der Nettorendite.

Auch die Handelsspannen (Spreads) wirken sich auf die Rendite aus, sind aber nach erfolgter Transaktion im Preis enthalten. Etwaige Gebühren für die Verwaltung fallen nur an, wenn die Strategie delegiert und nicht selber umgesetzt wird.
Im Endeffekt zählt die Nettorendite nach Steuern. Dieser Punkt ist insbesondere in der Schweiz relevant, wo Kapitalgewinne für Privatpersonen grundsätzlich steuerfrei sind (sofern die Person nicht als Wertschriftenhändler eingestuft wird) und Kapitalerträge zum persönlichen Einkommenssteuersatz besteuert werden. Folgendes Beispiel soll den Einfluss der Besteuerung für einen Schweizer Anleger aufzeigen:

	Kapitalertrag	Kapitalgewinn
Nettoperformance vor Steuern (ohne Verrechnungssteuer)	7%	5%
Besteuerung bei 30% Grenzsteuersatz	−2.1%	Steuerfrei
Nettoperformance nach Steuern	4.9%	5%

Tabelle 6-4: Besteuerungsbeispiel für Schweizer Anleger mit Grenzsteuersatz von 30%.

Weil diese Berechnung immer individuell und teilweise recht anspruchsvoll ist, wird sie fast nie durchgeführt oder angeboten. Gerade im Bereich der Nettorendite nach Steuern lassen sich in der Praxis viele Fehler vermeiden.

Werden die Steuern und die Nettorendite nach Steuern konsequent bei der Umsetzung berücksichtigt, kann gar vom Erzielen eines „Tax Alpha" gesprochen werden. Dabei betrachtet man die Steuerbelastung als weitere Kostenkomponente und richtet die Anlageentscheide konsequent danach aus. Dazu muss es im jeweiligen Steuersystem natürlich Raum für solche Optimierungen geben. Dies hat nichts mit illegalen Praktiken zu tun, es ist vielmehr eine Frage, ob die Bestimmungen des jeweiligen Steuerrechts auf sinnvolle Art und Weise integriert werden können.

Risikoüberwachung

Bereits vor dem Investieren muss ein Portfolio auf Risiken überprüft werden. Danach sind in periodischen Abständen Kontrollen zu empfehlen. Je aktiver eine Strategie, desto häufiger sollten Risikokontrollen durchgeführt werden. Bei passiven Strategien reicht eine quartalsweise oder halbjährliche Wiederholung. Es werden im Folgenden drei Typen von Risiken unterschieden:

| Risiko auf Stufe Position | ■ Gegenpartei
■ Manager
■ Positionsgrösse |

| Statistisches Risiko | ■ Volatilität (Standardabweichung)
■ Maximal Drawdown
■ Weitere statistische Kennzahlen (Skewness, Kurtosis, VaR etc.) |

| Regulatorisches Risiko | ■ Zulassung
■ Steuerliche Handhabung (Quellensteuerabzug, Doppelbesteuerungsabkommen etc.) |

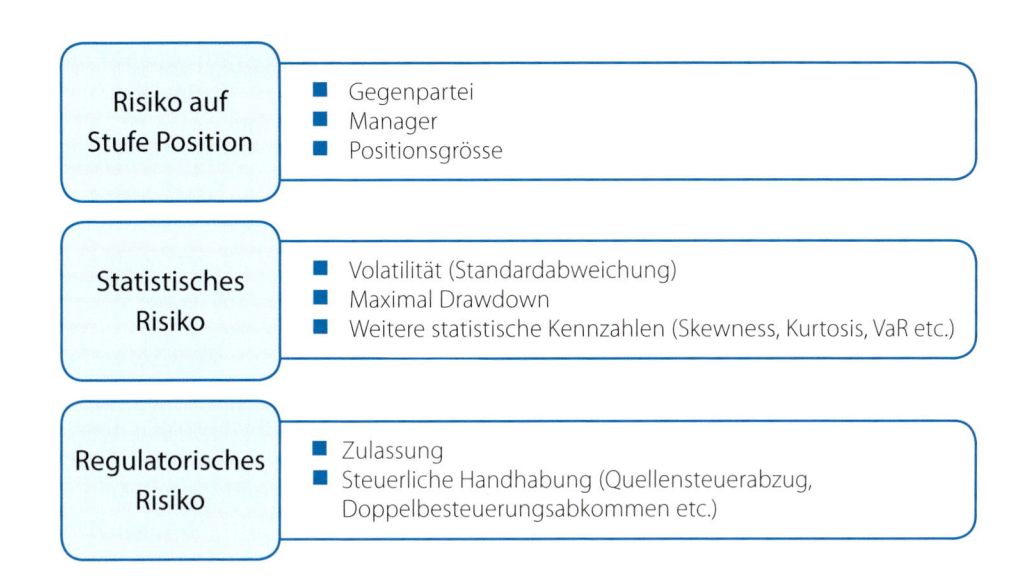

Abbildung 6-5: Die verschiedenen Typen von Risiken innerhalb eines Portfolios.

Am einfachsten zu überprüfen sind *Risiken auf Positionsstufe*. Ist eine Position zu gross, sind zu viele Instrumente eines Anbieters im Portfolio oder sind die Gegenparteirisiken übermässig, können plötzliche, unvorhergesehene Probleme auftreten. Gegenparteirisiko tritt dann auf, wenn bei einem Ausfall (Konkurs) eines Produktanbieters das investierte Kapital oder Teile davon verloren gehen können. Wie in vorhergehenden Kapiteln erläutert, ist dies bei ETFs nur ein begrenztes Problem, welches in Europa regulatorisch auf netto 10% beschränkt ist (innerhalb der UCITS-Richtlinien). Tatsächlich ist dieses in der Regel tiefer gehalten. Konservativeren Anlegern ist zu empfehlen, auch physisch replizierende ETFs wie jene von iShares, ETFlab, CS ETF, UBS, HSBC, SSgA etc. zu verwenden, um Gegenparteirisiken tief zu halten. Bei der Auswahl gilt es zu beachten, dass diese Anbieter auch Swap-basierte ETFs im Angebot haben sowie dass bei vielen physischen ETFs Wertschriftenleihe betrieben wird, was ebenfalls zu Gegenparteirisiken führen kann.

Unter Manager-Risiko versteht man das Risiko, dass viele Produkte eines ETF-Anbieters gleichzeitig von einem negativen Faktor betroffen sind. Operative Probleme bei einem Manager können unter Umständen alle von ihm verwalteten Produkte betreffen. Beispiele in diesem Kontext können ein Systemabsturz oder nicht zeitgerechte Ausführung von Transkationen sein. ETF-Anbieter haben häufig mit den gleichen Market Makern Verträge. Diese Market Maker stellen Preise für eine Vielzahl von Produkten des Anbieters. Hat ein Anbieter nur einen Market Maker und kann dieser plötzlich keine guten Handelsspannen (engl. Bid/Ask-Spreads) stellen, können mehrere Produkte des gleichen Anbieters betroffen sein. Auch weitere unvorhergesehene Risiken in Bezug auf einen ETF-Anbieter können vermieden werden, indem keine zu grosse Konzentration auf einen Anbieter erfolgt.

Die dritte Art von Positionsrisiko bezieht sich auf zu grosse Einzelpositionen. Eine grosse Position in einem Instrument ist nicht per se etwas Schlechtes, solange diese gut diversifiziert ist und kein Gegenparteirisiko aufweist. So kann mit nur einem ETF auf den MSCI World weltweit in Aktien investiert werden. Durch eine Position kann man an der Rendite eines Aktienkorbes von ca. 1'700 Titeln partizipieren. Trotzdem ist es ratsam, übermässig grosse Positionen im Portfolio zu vermeiden. Treten unvorhergesehene Probleme in Bezug auf ein stark gewichtetes Instrument auf, so hat dies einen signifikanten Einfluss auf das Portfolio.

Statistische Risiken beschreiben die Grundeigenschaften des Portfolios. Generell müssen Risiken in Kauf genommen werden, um die Möglichkeit auf höhere zukünftige Renditen zu haben. In diesem Gebiet ist sehr viel Forschung betrieben worden. Dementsprechend existiert eine grosse Anzahl von statistischen Verfahren, Kennzahlen und Modellen zur Beschreibung des statistischen Portfoliorisikos. Die wohl grundlegendste ist die Volatilität (= Standardabweichung der Renditen). Eine Volatilität von 10% bedeutet unter den Standard-Modellannahmen, dass sich die jährliche Rendite in ungefähr zwei von drei Fällen zwischen –10% und +10% befindet. Standard-Annahmen bedeutet hier, dass von einer Gauss'schen Normalverteilung der Renditen ausgegangen wird. Konvention für die Volatilität ist, dass sie auf jährlicher Basis angegeben wird. Das bedeutet, dass sie die Standardabweichung der jährlichen Rendite beschreibt.
Eine weitere nützliche Kennzahl ist der Maximal Drawdown. Dieser gibt die Höhe des grössten Verlustes an, der innerhalb eines historischen Zeitfensters geschah. Gleichzeitig ist es interessant zu sehen, wann der Maximal Drawdown erfolgte. Bei dieser Analyse können Aussagen wie die folgende gemacht werden: Der grösste Verlust einer Strategie hätte sich zwischen dem 1. September 2008 und dem 5. März 2009 ereignet und hätte –15% betragen. Dieser Satz deutet an, dass bei der Ermittlung des Maximal Drawdown ein Backtesting einer Anlagestrategie erfolgt. Dafür müssen die Preishistorien aller Portfoliomitglieder bekannt sein sowie periodische Rebalancings definiert werden. Maximal Drawdown ist eine Kennzahl, die das Gefühl für das Risiko einer Anlagestrategie stärkt. Ein Anleger, dessen Hauptanliegen ist, möglichst keine Verluste innerhalb von 12 Monaten zu machen, wird durch diese Kennzahl unterstützt. Beträgt der Maximal Drawdown –3% innerhalb von einem halben Jahr, ist die Anlagestrategie für diesen Anleger wahrscheinlich schlecht geeignet.
Value-at-Risk (VaR) ist eine Masszahl, die angibt, wie gross der Verlust bei einem bestimmten Konfidenzlevel ist. Bsp.: „Der Verlust an einem Tag beträgt mit 1% Wahrscheinlichkeit mindestens 1'000 CHF". Auch diese Masszahl vermittelt eine gewisse Intuition über das Risiko eines Portfolios. Tückisch ist auch hier, dass häufig die Annahme über die Normalverteilung der Renditen getroffen wird. Extreme Ereignisse werden demnach unterschätzt. Weitere Kennzahlen umfassen Skewness und Kurtosis. Diese erlauben eine Abweichung von der Annahme der Normalverteilung der Renditen. Die Wahrscheinlichkeit von Extremereignissen kann dadurch etwas besser quantifiziert werden.

Es ist an dieser Stelle wichtig zu sehen, dass beim Maximal Drawdown und bei anderen statistischen Verfahren aus vergangenen Daten Rückschlüsse auf zukünftige Risiken gemacht werden. Ändert sich hingegen die Zukunft (d.h. ist die Zeitreihe nicht stationär), so sind diese Risiken unter- oder überschätzt. Auch aus diesem Grund lohnt es sich, die Risiken auf Positionsstufe zu betrachten. Dadurch werden Modellrisiken reduziert.

Regulatorische Risiken sind normalerweise weniger konkret bewertbar wie die anderen Risikotypen. Der lokale Regulator entscheidet beispielsweise, ob der ETF zum öffentlichen Vertrieb, also für den Endkunden, zugelassen ist oder nicht. Dies erfolgt aufgrund der Initiative des ETF-Anbieters. Als Faustregel gilt, dass ETFs sobald sie an der jeweiligen Börse kotiert sind auch zum Vertrieb zugelassen sind. Es ist aber auch möglich, dass ETFs ohne Listing zugelassen sind. Wir beschränken uns auf den ersten Fall, auf die Kotierung an der Börse. Warum ist die Zulassung zum Vertrieb (engl. auch „Sales Registration" oder nur „Registration") so wichtig? Sobald ein ETF zugelassen ist, werden auch die Daten gemäss den lokalen Steuergesetzen aufbereitet und es kann abgeschätzt werden, wie die Besteuerung erfolgen wird. Ist dies nicht der Fall, besteht ein Risiko mit Bezug zur Besteuerung bzw. der steuerlichen Handhabung des ETFs. Dabei geht es um das Risiko, dass nicht ganz klar ist, wie viel oder was der Investor von der Performance des ETFs zu versteuern hat. Allenfalls kann gar je nach Land und Domizil des Anlegers eine Strafbesteuerung erfolgen, weil der ETF gewisse Daten nicht liefert oder weil er nicht zugelassen ist. So sollte zwingend vor dem Kauf abgeklärt werden, ob der ETF die vom jeweiligen Land geforderten Steuerdaten auch liefert. Dies ist gegeben, wenn der ETF im jeweiligen Land zum Vertrieb zugelassen ist.
Auch die Besteuerungsgrundlage kann ein Risiko darstellen, falls die ökonomisch erhaltene Rendite von der zu versteuernden Rendite abweicht. Denn ETFs werden aus steuerlicher Sicht normalerweise als transparent oder teiltransparent betrachtet. Dies bedeutet, dass die Erträge und Gewinne, welche im ETF anfallen, dem Anleger zugerechnet werden und er diese aufgrund seiner individuellen Steuersituation versteuern muss. Dies ist grundsätzlich unabhängig davon, ob der ETF etwas ausschüttet oder nicht (thesauriert). Entstehen im ETF Kapitalerträge (z.B. aufgrund von Coupons oder Dividenden), muss der Anleger diese entsprechend versteuern. Das gilt sowohl für Deutschland wie auch für die Schweiz, weil Kapitalerträge grundsätzlich zu versteuern sind. Anders verhält es sich bei Kapitalgewinnen (z.B. Preisanstieg von Aktien oder Anleihen). Diese sind in der Schweiz für Privatpersonen normalerweise steuerfrei, in Deutschland für Privatpersonen hingegen nicht. In Deutschland werden diese sogenannten Veräusserungsgewinne (realisierte Kursgewinne) besteuert, sofern sie dem Anleger, beispielsweise durch den Verkauf von ETF-Anteilen, zufallen. Erfolgen solche Gewinne innerhalb eines ETFs und werden nicht ausgeschüttet (Thesaurierung), findet ein Steueraufschub statt. Dies wird auch „Steuerstundungseffekt" genannt.
Die Replikationsart des ETFs kann die Rendite nach Steuern in gewissen Fällen positiv oder negativ beeinflussen. Für deutsche Anleger kann sicherlich der Steuerstundungseffekt als Vorteil genannt werden. Einen negativen Einfluss ergab sich beispielsweise

bei ETFs auf den EONIA-Index im Jahre 2009 für deutsche Anleger. ETFs auf den EONIA müssen synthetisch umgesetzt werden, da der EONIA nicht physisch erworben werden kann. In solchen ETFs befinden sich in der Regel kurzlaufende Anleihen, welche einen marktüblichen Coupon aufweisen. Diese Coupons werden gemäss dem Transparenzprinzip als Kapitalerträge besteuert. Bei einem tiefen EONIA-Satz, wie dies 2009 der Fall war, kann somit der Fall eintreten, dass der Anleger Coupons aufgrund des Inhaltes des ETFs versteuern muss, welche er aber nicht ausbezahlt bekommt und welche höher als der EONIA-Satz liegen. (Dies trifft auf ETFs zu, welche ein Trägerportfolio neben dem Swap-Anteil halten.)

Jedes Land hat seine eigenen Doppelbesteuerungsabkommen mit anderen Ländern. Dies ist auf Stufe ETF aber auch beim Investor relevant, wenn es um die Behandlung von Quellensteuern und deren Rückforderbarkeit geht. Innerhalb des ETFs geht es um die Ausschüttungen auf den eingesetzten Instrumenten. Gerade bei physisch replizierenden ETFs, welche Wertschriften kaufen müssen, die nicht aus dem Land des Fondsstandortes sind, ist dies zentral. So haben die Fondsstandorte Irland, Luxemburg, Frankreich, Schweiz oder Deutschland jeweils andere Doppelbesteuerungsabkommen mit anderen Ländern. Der Endinvestor kommt mit diesem Sachverhalt auf Stufe ETF in Berührung, falls der ETF auf seinen Ausschüttungen einen Quellensteuerabzug, wie beispielsweise die Verrechnungssteuer bei Schweizer ETF, vornimmt. Je nach Abkommen kann der Investor alles oder nur einen Teil zurückfordern.

Quellensteuern bedeuten auch, dass die volle Ausschüttung nicht oder nicht sofort reinvestiert werden kann. Wird auf der Ausschüttung des ETF ein Quellensteuerabzug vorgenommen, ist für den Endanleger wichtig, wie und wann er den Betrag zurückfordern kann. In der Schweiz wird beispielsweise bei ETFs mit Domizil Schweiz die Verrechnungssteuer auf der Ausschüttung sofort abgezogen. Der abgezogene Betrag kann durch einen in der Schweiz Steuerpflichtigen erst im Rahmen der Einreichung der Steuererklärung zurückgefordert werden. Je nach Auszahlungszeitpunkt beim ETF und Geschwindigkeit der Behörden beim Abarbeiten der Steuererklärungen kann es über ein Jahr dauern, bis der Abzug dem Endanleger rückerstattet wird.

Es ist auch denkbar, dass Staaten neue oder andere Quellensteuern einführen, wie dies vor ein paar Jahren mit der EU-Zinsbesteuerung der Fall war. Dann stellt sich die Frage, ob die bestehenden Abkommensnetze genügen oder ob man lieber warten sollte, bis sich die Prozesse und Abkommen für die Rückforderbarkeit angepasst haben.

Ein weiteres regulatorisches Risiko besteht darin, dass auf einmal gewisse Ausprägungen eines Produktes verboten werden. Dies könnte beispielsweise mit Short oder Leveraged ETFs der Fall sein. Hat doch die Erfahrung in den USA gezeigt, dass diese Produkte oft nicht richtig verstanden und unter falschen Annahmen eingesetzt werden.

Bei den regulatorischen Risiken kann es auch zu etwas paradox anmutenden Situationen kommen. So ist unter den UCITS-Regeln ein ETF auf Gold nicht umsetzbar, weil er zu wenig diversifiziert („nur" Gold) ist. Die Umsetzung über ein ETC (kein Sondervermögen) ist hingegen möglich und regulatorisch kein Problem, weil hier andere Richtlinien gelten.

Die oben aufgeführten Punkte werden anhand des Beispiels eines deutschen Anlegers mit 12 ETFs verdeutlicht. Tabelle 6-5 zeigt die Zusammenstellung eines risikobehafteten Portfolios.

Anlageklasse	ETF-Name	Gewicht (%)	Manager	Max. Swap
Anleihen	ETFlab Dt. Börse EUROGOV Germany	2.3	ETFlab	0
	iShares Citigroup Global Gov.	9.5	iShares	0
	iShares JPMorgan $ Emerging Mkts.	11.6	iShares	0
	db x-trackers iBoxx Gl. Infl. Linked Hdg.	4.6	DB	10%
	ETFlab iBoxx € Liquid Corporates Diversified	1	ETFlab	0
	iShares $ Corporate Bond	7.8	iShares	0
Aktien	ETFlab DAX	6.2	ETFlab	0
	UBS ETF MSCI World	6	UBS	0
	CS ETF on MSCI Emerging Markets	19.4	CS	0
	Lyxor ETF MSCI EMU Small Cap	5.7	Lyxor	10%
	db x-trackers Russell 2000 ETF 1C	16.2	DB	0 (netto)
Rohstoffe	AMUNDI ETF Commodities S&P GSCI (LE)	9.7	AMUNDI	10%

Tabelle 6-5: Beispiel eines Portfolios für einen deutschen Anleger.

Spalte vier gibt den Manager des jeweiligen ETFs wieder. Spalte „Max. Swap" beinhaltet den maximalen Netto-Swap-Anteil pro Instrument. Dieses ist bei physisch replizierenden ETFs null und bei Swap-basierten ETFs (mit Trägerportfolio und un-funded Swap) auf maximal 10% beschränkt. Im Beispiel verwendet jedoch der db x-tracker Russell 2000 (nicht aber der Inflation-linked von db) einen fully-funded Swap dessen Netto-Wert durch das Kollateral null oder negativ wird. Die verschiedenen Risikoarten wurden in Tabelle 6-6 ausgewertet. Das Gegenparteirisiko aus der Wertschriftenleihe wird in diesem Beispiel nicht ausgewertet, da hierzu lediglich qualitative Informationen verfügbar sind.

Riskio auf Positionsstufe	
Max. Swap-Anteil	2.0%
Max. Position	19.4%
Grösster Manager	iShares
Max. Managergrösse	28.9%
iShares	28.9%
ETFlab	9.5%
DB	20.8%
UBS	6.0%
CS	19.4%
Lyxor	5.7%
Amundi	9.7%
Statistisches Risiko	
Volatilität	11.30%
Maximal Drawdown	−28.40%
Max.-Drawdown-Periode	31.10.07 - 28.02.09
Value-at-Risk	−5.80%
Skewness	−0.32
Kurtosis	0.15

Tabelle 6-6: Risikoauswertung eines Portfolios.

Die erste Kategorie „Risiko auf Positionsstufe" ist einfach zu ermitteln. Wir gehen im Folgenden alle Risikokennzahlen nacheinander durch.

Swap-Anteil. In Excel kann die Funktion SUMPRODUCT (in der deutschen Excel-Version: SUMMENPRODUKT) mit den Werten der Spalte Max. Swap und der Spalte Gewicht als Parameter verwendet werden. Diese multipliziert alle Werte in der horizontalen und addiert sie. Das Resultat ist das totale maximale Swap-Exposure des Portfolios. Dieses beträgt in unserem Beispiel 2.0%. Ist dieser Wert zu hoch, so kann ein Swap-basierter ETF gegen einen physischen ausgetauscht werden. Für die qualitative Beurteilung der Höhe von Gegenparteirisiken eignen sich CDS – Credit Default Swaps. CDS sind gehandelte Versicherungsprämien gegen den Ausfall von Obligationen. CDS geben die Marktmeinung über die Ausfallwahrscheinlichkeit von Unternehmen wieder und liefern dadurch nützliche Informationen. Ist der Wert eines CDS hoch, muss viel für die Versicherung der zugrunde liegenden Obligation bezahlt werden. In diesem Fall ist die Ausfallwahrscheinlichkeit des Unternehmens hoch. Genau diese Fragestellung ist bei Swap-basierten ETFs relevant. Das Risiko eines Ausfalls der Swap-Gegenpartei sollte periodisch überwacht werden.

Maximale Positionsgrösse. Diese entspricht dem maximalen Wert der Gewichts-Spalte. Der Wert sollte nicht allzu hoch sein. Wenn möglich sollten maximale Positionen 20–30% nicht überschreiten. Wie im Abschnitt mit Beispielen zur Umsetzung von Anlagestrategien in Kapitel 5 erwähnt, sollte in Fällen, wo Positions- oder Managerlimiten verletzt werden, die entsprechende Quote auf mehrere Instrumente aufgeteilt werden. Dadurch können instrumenten- bzw. managerspezifische Risiken reduziert werden.
Grösster Manager / Maximale Managergrösse. Die maximale Managergrösse ist mit Excel mit der Formel SUMIF (SUMMEWENN) einfach zu berechnen. Auch hier gibt es keinen genau zu ermittelnden maximalen Wert. Ungefähr 30 bis 40% scheinen uns aber vernünftig. Dies muss immer vor dem Hintergrund der individuellen Kontrollmöglichkeiten abgewogen werden.
Die zweite Kategorie von Risiken, das *statistische Risiko*, ist je nach Kennzahl etwas schwieriger zu berechnen. Als erstes müssen historische Renditen aller Instrumente bekannt sein. Aus den heutigen Gewichten und historischen Renditen lässt sich die historische Performance beispielsweise auf täglicher oder monatlicher Basis berechnen. Hier ist wichtig zu beachten, dass Gewichtungen, bedingt durch unterschiedliche Renditen der Titel, sich über die Zeit verändern. Es kann definiert werden, dass sich ändernde Gewichtungen periodisch wieder auf ihren ursprünglichen Wert zurückgestellt werden (Rebalancing). Für alle oben aufgeführten statistischen Kennzahlen muss als erster Schritt die historische Zeitreihe der Portfoliorenditen berechnet werden.
Die *Volatilität* zu erhalten ist danach einfach. Werden monatliche Portfoliorenditen im Vorfeld ermittelt, so gilt es, die Standardabweichung dieser Zeitreihe zu ermitteln. In Excel kann dazu die Funktion STDEV (dt. STABW) verwendet werden. Wenn es sich um monatliche Renditen handelt, muss die errechnete Standardabweichung mit der Wurzel von 12 multipliziert werden. Mit dieser Multiplikation wird die Standardabweichung annualisiert. Sind Daten auf täglicher Basis verfügbar, wird in der Regel mit der Wurzel von 250, der ungefähren Anzahl Jahresarbeitstage, multipliziert. Bei dieser Annualisierung ist es wichtig zu wissen, dass die Multiplikation mit der Wurzel von 12 bzw. 250 keine exakte Methode darstellt. Sind Renditen über die Zeit nicht unabhängig (sogenannte positive oder negative Autokorrelation), ist die gewöhnliche Annualisierung nicht korrekt und kann teilweise zu auffallend falschen Ergebnissen führen. Um den verzerrenden Effekt der Autokorrelation zu reduzieren, können fortgeschrittene statistische Verfahren angewendet werden.
Der *Maximal Drawdown*, also der grösste bis zu einem Zeitpunkt entstandene Verlust, kann mit einigen Hilfsspalten in Excel einfach ermittelt werden. Hier ist nicht nur der Wert des grössten Verlustes interessant, sondern auch die Periode, in der der Verlust entstand. Dies hilft zu verstehen, wie sich das Portfolio in extremen Zeiten verhält.
Value-at-Risk (VaR), *Skewness (Schiefe)* und *Kurtosis (Steilheit)* sind weitere statistische Kennzahlen, die sich vergleichsweise einfach mit Excel berechnen lassen. Da dieses Beispiel sich auf monatliche Renditen abstützt, ist der Value-at-Risk wie folgt zu verstehen: In 2.5% aller Fälle ist eine monatliche Rendite von unter –5.8% möglich. Wie gross dieser Verlust tatsächlich sein kann, wird durch diese Kennzahl nicht erklärt.

Die Schiefe von −0.32 bedeutet, dass die historische Renditeverteilung linksschief ist. Die Wahrscheinlichkeit von extrem negativen Ereignissen ist demnach leicht grösser als bei einer Normalverteilung. Auch die Kurtosis von 0.15 ist typisch für historische Finanzdaten. Bei positiver Kurtosis wird auch von leptokurtischer Verteilung gesprochen. In solchen Fällen ist die Wahrscheinlichkeit von extrem positiven sowie negativen Ereignissen höher als bei der Normalverteilung.

Wichtig ist bei allen statistischen Kennzahlen ihre korrekte Interpretation. Diese ist nicht so trivial, wie man häufig meint. Sogar die Annualisierung der Volatilität kann – wie oben beschrieben – Probleme bereiten. Werden Kennzahlen falsch interpretiert, kann dies genauso zu Fehlbeurteilungen führen wie ihre Vernachlässigung.

Regulatorische Risiken. Wie weiter oben erwähnt, erklären wir die Punkte anhand eines Deutschen Anlegers mit 12 ETFs. Dennoch machen wir auch einige Kommentare für Anleger aus der Schweiz.

ETF-Name	ISIN	Listing		Steuerdaten für		Replikation	Ertrag	Domizil
		DE	CH	DE	CH			
ETFlab Dt. Börse EUROGOV Germ.	DE000ETFL177	ja	nein	ja	nein	phys.	aussch.	DE
iShares Citigroup Global Gov. Bond ETF	DE000A0RM439 IE00B3F81K65	ja	nein	ja	nein	phys.	aussch.	IE
iShares JPMorgan $ Emerging Markets Bond	DE000A0RFFT0 IE00B2NPKV68	ja	nein	ja	nein	phys.	aussch.	IE
db x-trackers II iBoxx Global Inflation-Linked Hdg. TR Index Hedged ETF	LU0290357929	ja	ja	ja	nein	synth.	thes.	LU
ETFlab iBoxx € Liquid Corporates Diversified	DE000ETFL375	ja	nein	ja	nein	phys.	aussch.	DE
iShares $ Corporate Bond	DE000A0DPYY0 IE0032895942	ja	ja	ja	nein	phys.	aussch.	IE
ETFlab DAX	DE000ETFL011	ja	nein	ja	nein	phys.	thes.	DE
UBS ETF MSCI World	LU0340285161	ja	ja	ja	ja	phys.	aussch.	LU
CS ETF on MSCI Emerging Markets	LU0254097446	ja	ja	ja	ja	phys.	aussch.	LU
Lyxor ETF MSCI EMU Small Cap	FR0010168773	ja	ja	ja	ja	synth.	aussch.	FR
db x-trackers Russell 2000 ETF 1C	LU0322248658	ja	ja	ja	ja	synth.	thes.	LU
AMUNDI ETF Commodities S&P GSCI (LE)	FR0010821728	ja	ja	ja	nein	synth.	thes.	FR

Tabelle 6-7: Mögliche Punkte zur Beurteilung von regulatorischen Risiken.

Zunächst wurde überprüft, ob der jeweilige ETF in Deutschland (DE) oder in der Schweiz (CH) gelistet ist. Dies kann entweder über die Homepage des jeweiligen ETF-

Anbieters (z.B. www.de.ishares.com) oder über die jeweiligen Börsenseiten (www.deutsche-boerse.com oder www.six-swiss-exchange.com) erfolgen. Teilweise muss beachtet werden, dass verschiedene ISINs existieren. Ob der jeweilige ETF die Steuerdaten in der Vergangenheit den staatlichen Stellen geliefert hat, kann für Deutschland über www.ebundesanzeiger.de und für die Schweiz über die Seite www.ictax.admin.ch herausgefunden werden. Neu lancierte ETFs sind auf diesen Seiten jedoch noch nicht aufgeführt. Bei einem Listing (oder einer Zulassung) kann davon ausgegangen werden, dass die relevanten Steuerdaten geliefert werden. Wichtig: Dies kann sich schnell verändern und das Beispiel soll nur das Prinzip per Stichtag aufzeigen (Stand Ende 2010).

Bei der steuerlichen Handhabung muss betrachtet werden, wie der ETF den Index nachbildet (physisch oder synthetisch), was mit den Erträgen geschieht (ausschüttend oder thesaurierend) und wo das Domizil des ETFs (Fondsstandort) ist.

Bei den synthetischen ETFs kann auf der jeweiligen Anbieterseite oder beim e-Bundesanzeiger abgeklärt werden, wie hoch in der Vergangenheit die Grundlage für die deutsche Kapitalertragssteuer war. Auf der Seite der ESTV können Schweizer Anleger prüfen, wie hoch der zu versteuernde Ertrag gewesen wäre. Dies kann mit dem effektiven Ertrag des Index und der gesamten Rendite des Index (Ertrag und Kursgewinn) verglichen werden. Danach muss entschieden werden, wie dies aufgrund der persönlichen Steuersituation zu beurteilen ist und was für eine zukünftige Entwicklung (beispielsweise Trägerportfolio versus Index) erwartet wird. Die Ertragsverwendung ist – wie weiter oben erwähnt – grundsätzlich irrelevant. Eine Ausnahme bestünde für deutsche Anleger darin, wenn der ETF Kapitalgewinne realisieren würde, welche sonst aufgeschoben wären. Für Schweizer Anleger wäre ein thesaurierender ETF mit Domizil Deutschland aufgrund der Abgeltungssteuer unvorteilhaft. Bei physischen ETFs bestimmt das ETF-Domizil (aufgrund der geltenden Doppelbesteuerungsabkommen, DBA), wie viel von den Erträgen in den ETF fliesst, falls der ETF ausländische Wertschriften hält. Dazu ist eine Analyse aller relevanten DBA notwendig, was in der Praxis wohl nur von ambitionierten Anlegern durchgeführt wird. Dies ist bei synthetischen ETFs weniger zentral, da die Zusammensetzung des Trägerportfolios durch den Anbieter gesteuert werden kann, was vor diesem Hintergrund auch geschieht.

In diesem Abschnitt wurden drei verschiedene Arten von Risiken beschrieben. Sie sind aus praktischer Sicht von grosser Bedeutung, da sie mögliche negative Auswirkungen von externen Einflüssen aus grundlegend anderen Perspektiven betrachten. So bedeutet beispielsweise eine tiefe Volatilität noch nicht zwingend tiefes Risiko. Sind Konzentrationen von Positionen im Portfolio hoch und besteht allenfalls auch noch ein Gegenparteirisiko auf den entsprechenden Instrumenten, können extreme Ereignisse grosse Folgen auf das investierte Kapital haben. Um diese Gefahr zu reduzieren, lohnt es sich, das Portfolio hinsichtlich aller drei Risikotypen zu analysieren und periodisch zu überwachen. Es empfiehlt sich, eine Standardvorlage, zum Beispiel in Excel, gemäss dem obigen Beispiel zu erstellen und die aktuellen Portfoliogewichtungen regelmässig zu aktualisieren.

Hilfsmittel

Damit ETFs gehandelt werden können, wird zunächst eine Bankverbindung mit einer entsprechenden Handelsmöglichkeit benötigt. Ob dazu ein Onlinebroker oder eine traditionelle Bank gewählt wird, hängt von den persönlichen Präferenzen und den Erwartungen an den Service ab.

Für die Umsetzung der Strategie können verschiedene Hilfsmittel und Übersichten (vgl. Abbildung 6-6) verwendet werden. Dazu werden einige Denkanstösse aus der Praxis gegeben. Ob die Umsetzung auf einem Blatt Papier oder elektronisch (beispielsweise Excel oder Word) erfolgt, ist dem Leser überlassen. Die folgenden Übersichten sind in der Praxis besonders hilfreich:

- *Strategie-Übersicht*: Die Strategie (Benchmark, Asset Allocation) sollte unbedingt schriftlich definiert werden und man sollte sich genügend Zeit für deren Herleitung lassen. Vor jeder Transaktion wird dieses Dokument idealerweise kurz zur Hand genommen und beurteilt, ob die Aktion in die Strategie passt. Falls dies nicht der Fall ist, kann höchstens eine kleine Position – neben dem Kernportfolio – als „Spielerei" oder „Wette" gekauft werden. Wichtig ist, dass solche Käufe bewusst und in einem vernünftigen Rahmen erfolgen. Eine Dokumentation der Entscheidungen ist zu empfehlen.
- *Transaktions-Übersicht*: Mit einem separaten Transaktionsjournal werden die getätigten Transaktionen dokumentiert. In der einfachsten Form werden Datum, Art der Transaktion (Kauf, Verkauf), Titel und Preis notiert. Idealerweise werden noch mehr Informationen aufgeschrieben: Warum wurde die Transaktion getätigt? Was waren die angefallenen Kosten und Gebühren? Was war das alte, was das neue Gewicht im Portfolio? Es empfiehlt sich auch das jeweilige ETF-Factsheet zu archivieren. Zudem kann auf dieser Übersicht vermerkt werden, warum der jeweilige ETF ausgewählt wurde. Alternativ kann auch ein separates ETF-Selektions-Blatt geführt werden.
- *Ideen-Übersicht*: Ein solches Dokument ist insbesondere bei semi-passiven Strategien hilfreich. Bei passiven Strategien können neue ETFs notiert und danach (fortlaufend) beobachtet werden. Zusätzlich kann eine Watch-List von bereits eingesetzten ETFs geführt werden, falls man beispielsweise mit der Qualität des Index-Trackings nicht zufrieden ist. Bei semi-passiven Strategien kann folgendes notiert werden: Welche View könnte implementiert werden? Was spricht dafür? Was dagegen? Was könnte ein definierter Einstiegs- bzw. Ausstiegszeitpunkt (z.B. Indexstand) sein? Welche Instrumente eignen sich?
- *Portfolio-Übersicht*: Da man für die Umsetzung eine Bankverbindung benötigt, hat man automatisch die jeweilige Depotübersicht der Bank. Besteht ein Online-Vertrag, kann nach Belieben der aktuelle Auszug abgefragt werden. Wieso also eine eigene Übersicht erstellen? Oft will man mehr Details angezeigt haben oder gewisse Vergleiche machen können, was mit Standardauszügen nicht möglich ist. Bei einer eigenen Portfolio-Übersicht bieten sich folgende Punkte an: eigene Unterteilung

in und Zuordnung zu Anlageklassen (z.B. Aktien Emerging Markets oder EUR-Unternehmensanleihen), Darstellung der Abweichung zur definierten Strategie, Angaben zu Währungen etc.

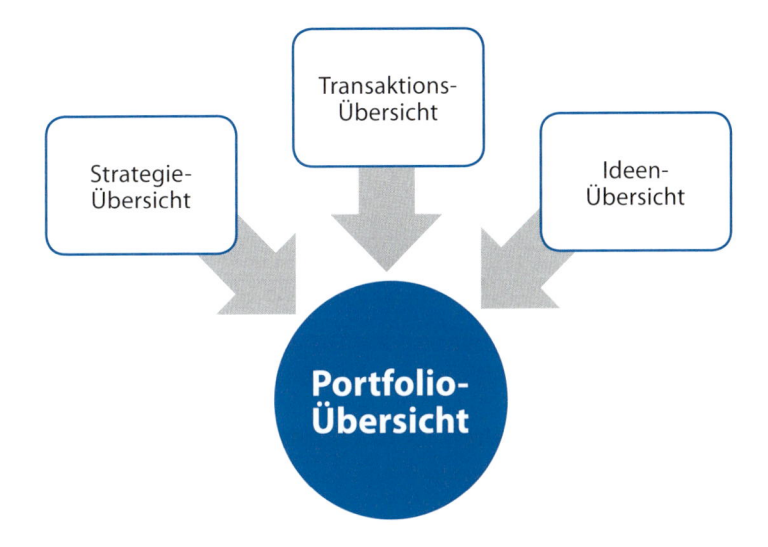

Abbildung 6-6: Für die optimale Umsetzung der Anlagestrategie bieten sich verschiedene Übersichten an.

Musterlayouts

Bsp. Strategie-Übersicht

Anlageklasse	Sub-Anlageklasse	Neutrale Quote	Maximale Abweichung
Liquidität	Konto / Geldmarkt	x%	+/– x%
Anleihen			
	Staatsanleihen		
	Unternehmensanleihen		
	…		
Aktien			
	Schweiz		
	Deutschland		
	Welt		
	Aufstrebende Länder (Emerging Markets)		

Anlageklasse	Sub-Anlageklasse	Neutrale Quote	Maximale Abweichung
	...		
Alternative Anlagen			
	Rohstoffe		
	Hedge Funds		
	...		
Weitere Zielgrössen	Ziel-Duration bei Anleihen	X Jahre	X Jahre
	...		

Tabelle 6-8: Strategie-Übersicht

Je nach Bedarf können weitere Informationen hinzugefügt werden, z.B.:
- Start: Wann die Strategie definiert wurde
- Review: Wann die Strategie das letzte Mal geprüft wurde

Bsp. Transaktions-Übersicht

Datum	Name	ISIN	Aktion: Kauf / Verkauf	Altes Gewicht / neues Gewicht / Delta	Anzahl	Preis	Gebühren	Kommentar / Grund
01.12.2010	ETF on DAX	CH123	Kauf	0 / 5 / 5	100	102.3	14	Aufbau Aktienquote
...								

Tabelle 6-9: Transaktions-Übersicht

Hilfsmittel

Bsp. Ideen-Übersicht

Datum	Anlage Klasse / Sub-Klasse	Idee	Instrument	...
01.11.2010	**Aktien Schweiz**	■ Erhöhung SMI, falls über x Punkten ■ Anstieg erwartet, weil … ■ Ausstieg bei 10% Verlust	ETF on SMI	
15.11.2010	**Aktien Emerging Markets**	■ Wechsel des bestehenden ETF on MSCI EM prüfen ■ Monatlich: Tracking mit anderen ETFs vergleichen ■ Wechsel, falls Delta YTD > x%	ETF on MSCI EM	
...				

Tabelle 6-10: Ideen-Übersicht

Bsp. Portfolio-Übersicht

Anlageklasse	Subklasse	Währung	Name	ISIN	Duration	Letzter Preis	Anzahl Titel	Wert	% IST	% SOLL
Liquidität										
	Konto	EUR								
	Geldmarkt									
Anleihen										
	Staats 1–3	EUR			1.9	102	55	5610		
	Staats 3–5	EUR								
	Untern.	EUR								
	...									
Aktien										

Anlage-klasse	Subklasse	Währung	Name	ISIN	Duration	Letzter Preis	Anzahl Titel	Wert	% IST	% SOLL
	Europa	EUR								
	EM	USD / EM								
	...									
Altern. Anl.										
	Rohstoffe	USD								
	...									
Total									100	100

Tabelle 6-11: Portfolio-Übersicht.

Je nach Bedarf können weitere Spalten / Informationen hinzugefügt werden, z.B.:

- Ausschüttung: ja / nein
- Replikation des ETFs: physisch oder synthetisch
- Anbieter des ETFs: z.B. DB, iShares
- Benchmarkindex des ETFs: z.B. MSCI EMU
- Bond-Ratings
- Grösste Position im Index / ETF
- Branchenaufteilung
- Performance-Spalten: z.B. seit Anfang Jahr, seit Kauf etc.

Tipps, falls in Excel umgesetzt:

- Duration
    - Die Gesamt-Duration wird normalerweise mit Bezug zur gesamten Anleihen-quote angegeben.
    - Formel: [=SUMMENPRODUKT(Durationsspalte;Gewichtsspalte)/Total Anleihen]
- Währung
    - Oft möchte man die Summe einer bestimmten Währung ausrechnen.
    - Bsp. Formel für EUR: [=SUMMEWENN (Währungsspalte; "EUR";Gewichtsspalte)
    - Achtung: Handels- und Risikowährung nicht verwechseln!

7. Interviews

Rochus Appert

State Street global Advisors, Head of Intermediary Business

Alle Antworten reflektieren die Meinung von Rochus Appert und nicht die von SSgA. Die Ansichten von SSgA können sich signifikant von jenen von Rochus Appert unterscheiden.

Was sind die wesentlichen Vorteile von ETFs?
ETFs sind effiziente und robuste Instrumente, mit denen sowohl institutionelle also auch informierte private Investoren effizient in Aktien, Obligationen und Rohstoffe investieren können.

Welche Risiken werden bei ETFs oft respektive noch nicht beachtet?
Professionelle Investoren führen eine vollumfängliche Due-Diligence durch und berücksichtigen dadurch alle Risiken.

Was sind oft anzutreffende Wissenslücken von Privatinvestoren mit Bezug zu ETFs?
Oft sind Privatinvestoren nicht genügend über die rechtlichen Strukturen von ETFs informiert.

Wo bestehen Lücken im aktuellen Angebot von ETFs?
Meines Erachtens fehlen ETFs für Tailhedges und solche, welche globale Märkte abbilden.

Wie würden Sie selber 40'000 CHF/EUR in ETFs investieren? (Dies stellt keine Beratung dar!)
Ich würde 80% davon in Aktien-ETFs und 20% in Tailhedge-ETFs investieren (wenn letztere vorhanden wären).

Wie sieht aus Ihrer Sicht der europäische ETF-Markt in 5 bis 10 Jahren aus?
Der europäische ETF-Markt wird in 5–10 Jahren mindestens dreimal so gross sein wie heute. Die Gründe sind einerseits, dass die 40 Billionen USD Privatvermögen der Welt immer stärker in ETFs investiert sein werden. Zweitens wird die Steuerpolitik der USA (FATCA) alle Europäischen Investoren dazu bewegen, dass sie keine US-ETFs mehr kaufen werden.

Was sind die wichtigsten Faktoren für den Erfolg eines ETF-Anbieters?
Der Brand eines ETF-Anbieter muss für Sicherheit, Präzision, und Liquidität stehen. Zusätzlich muss der ETF-Anbieter fähig sein, die ETFs global in den verschiedenen Märkten zu distribuieren. Der ETF-Anbieter muss ein effizientes Value Chain Management (VCM) seiner Produkte unterhalten. Das VCM beinhaltet genaue regulatorische Kenntnisse der verschiedenen Märkte, Transparenz bezüglich rechtlicher Strukturen, Versorgen der Distributionspartner mit den notwendigen Dokumentationen und State-of-the-Art Asset Management.

Beim Investieren in ETFs sind Kosten, die auf verschiedenen Stufen (auf der Seite des Anlegers, des ETF-Providers bzw. Depotbank, des Market Makers, Steuern) anfallen, zu berücksichtigen. Auf welche Art kann hier eine höhere Transparenz geschaffen werden?
Der Kunde und die Distributionspartner müssen ihre Marktmacht einsetzen und fordern, dass diese Angaben transparent dargelegt werden.

ETFs sind in der Finanzbranche äusserst populär geworden. Bei kleineren Privatanlegern sind diese Produkte im Vergleich zu traditionellen Anlagefonds jedoch (noch) weniger bekannt. Was sind die Gründe und was kann dagegen unternommen werden?
Das ist eine Frage der Zeit. Heute sind alle Provider dabei, mittels ihrer Marketingaktivitäten die ETFs auch bei Privatinvestoren bekannt zu machen.

Welche Gefahren sehen Sie durch die komplexer werdenden Strukturen, die besonders bei der synthetischen Replikation anzutreffen sind?
Die Art, die Struktur des Collateral definiert die Sicherheit des synthetischen ETFs.

Für welche Anlegertypen empfehlen Sie eine physische Replikation?
Grundsätzlich empfehle ich nur physische Replikation mit den folgenden beiden Ausnahmen: (a) Asset-Klassen, die keine physische Replikation zulassen, insbesondere Rohstoffe; oder (b) kurzfristiges taktisches Alloquieren, aber eigentlich auch nur dann, wenn der Swap billiger ist als die physische Replikation.

In welchen Anlageklassen bzw. Produkten sehen Sie für die Zukunft am meisten Potential?
Alle Asset-Klassen werden aufgrund der Argumente in Frage 6 wachsen.

Der Anteil von passiven Fonds ist in den letzten Jahren auf 20% gestiegen. Aktiv verwaltete Fonds machen also immer noch den Löwenanteil des Fondsuniversums aus. Wie weit kann aus Ihrer Sicht der passive Fondsmarkt wachsen und worauf basiert Ihre Schätzung?
Siehe Frage 6 oben. Ich glaube, dass für Europa 5% des privat gehaltenen europäischen Vermögens nicht unrealistisch ist.

Gegen indexiertes Anlegen wird manchmal das Argument der fehlenden Umsetzbarkeit bzw. Flexibilität von Views genannt. Was halten Sie davon?
Das ist eine Frage des Asset Management Styles. Soll ich Rendite generieren über die Asset Allocation oder über Stock Picking? Auf alle Fälle habe ich oben argumentiert, dass gerade die ETFs die Effizienz erhöhen und somit auch die Flexibilität, die Views entsprechend umzusetzen.

Was sind aus Ihrer Sicht die Erfolgsfaktoren, die Ihr Unternehmen in den USA zu einem führenden ETF-Provider gemacht haben?
SSgA hat den ersten ETF den SPDR SPY überhaupt lanciert. Produktinnovator. Zusätzlich zeichnet sich SSgA durch einen ausgeprägten Kundenfokus in Bezug auf Produktewahl und Distribution aus.

Welche Stärken Ihres Unternehmens wollen Sie im europäischen Markt ausnützen und wie können Sie sich differenzieren? Und welche Bereiche müssen Sie allenfalls für den europäischen Kontext anpassen?
Die Stärken, die State Street global Advisors in Europa umsetzen kann, sind die physische Replikation von Indizes als Kernkompetenz, globale Trading Desks, globale Distribution, Know-how und Flexibilität für die lokalen Märkte und ein systematisches Value Chain Management.

Wie ist die Wahrnehmung von Swap-basierten ETFs in den USA im Allgemeinen und innerhalb Ihres Unternehmens im Besonderen?
Swap-basierte ETFs haben ihre Berechtigung. SSgA's Kernkompetenz ist jedoch die physische Replikation.

Rochus Appert ist Vice President bei State Street global Advisors Schweiz und Head of Intermediary Business and SPDR ETFs. Er kam im Juli 2005 zu SSgA. Davor führte er ein M&A Team von 16 Leuten bei der Credit Suisse Privatebanking, spezialisiert auf mittelständische Unternehmen. Vor seiner Tätigkeit bei der Credit Suisse arbeitete Rochus Appert in Senior Positionen in Global Structured Finance bei der WestLB und UBS, wo er substantielle Erfahrungen sammelte im Akquirieren, Strukturieren und Abwickeln von Projektfinanzierungen und Akquisitionsfinanzierungen.
Rochus Appert hat einen Master in Ökonometrie und Finance von der Universität Zürich und ist diplomierter Finanzanalytiker und Portfoliomanager (AZEK). Er spricht fliessend Französisch, Englisch und Deutsch.

Jacques-Etienne Doerr

Vanguard, Managing Officer

Beim Investieren in ETFs sind Kosten, die auf verschiedenen Stufen (auf der Seite des Anlegers, des ETF Providers bzw. Depotbank, des Market Makers, Steuern) anfallen, zu berücksichtigen. Auf welche Art kann hier eine höhere Transparenz geschaffen werden?
Für den Anleger sind vor allem zwei Kostenfaktoren entscheidend: Die Spreads beim Kauf und Verkauf und die dabei anfallenden Gebühren. Diese Kosten sind in der Regel transparent, können aber stark variieren, je nach Market Maker und abgebildetem Index. Auf der Ebene der ETF sind für den Anleger die Gesamtkosten wichtig, welche TER und Handelskosten einschliessen, wobei aber die absolute Höhe der TER entscheidend ist und weniger deren Zusammensetzung. Wir sind der Überzeugung, dass nur ein kompromissloses Übereinstimmen der Interessen der Kunden mit denjenigen des Anbieters zu einer Minimierung der Kosten führen kann.

Gegen indexiertes Anlegen wird manchmal das Argument der fehlenden Umsetzbarkeit bzw. Flexibilität von Views genannt. Was halten Sie davon?
Indexierte Anlagen sind Bausteine in einer Anlagestrategie und kein „Credo". Sie bilden Märkte extrem effizient ab. Daneben ist es möglich – je nach Fähigkeiten des jeweiligen Anlegers, erfolgreiche Manager auszuwählen – von diesem effizienten Kernportfolio mittels aktiver Strategien abzuweichen.

Was sind aus Ihrer Sicht die Erfolgsfaktoren, die Ihr Unternehmen in den USA zu einem führenden ETF-Provider gemacht haben?
Bei Vanguard sind die Fondsanteilinhaber gleichzeitig die Besitzer des Unternehmens. Durch diese einzigartige Besitzstruktur können Effizienzgewinne direkt an die Fondsinhaber weiter gegeben werden. Dies hat zur Folge, dass Vanguard zum Kostenführer avanciert ist, da es keine Interessenkonflikte zwischen Eigentümern und Fondsanteilinhaber gibt. Gleichzeitig stellt Vanguard eine sehr hohe Genauigkeit bei der Indexabbildung sicher.

Welche Stärken Ihres Unternehmens wollen Sie im europäischen Markt ausnützen und wie können Sie sich differenzieren? Und welche Bereiche müssen Sie allenfalls für den europäischen Kontext anpassen?
Vanguard ist davon überzeugt, dass die Vorteile passiven Investierens optimal mit den Skaleneffekten grossvolumiger Fonds ausgenutzt werden können. Daher bilden unsere europäischen Fonds primär die US-Fonds ab. Daneben bieten wir aber auch Produkte an, die spezifisch auf die europäischen Märkte zugeschnitten sind. Wir werden aber sicher nicht jeder Modeströmung folgen.

Wie ist die Wahrnehmung von Swap-basierten ETFs in den USA im Allgemeinen und innerhalb Ihres Unternehmens im Besonderen?
Swap-basierte ETFs werden in den USA eher kritisch betrachtet. Swap-basierte ETFs haben durchaus ihre Berechtigung, wenn auch eine volle Replikation nicht möglich ist. Wichtig ist dabei, die Unterschiede zwischen Swap-basierten und voll replizierten ETFs zu erkennen und die damit verbundenen Risiken zu identifizieren.

> Jacques-Etienne Doerr ist Managing Officer bei der Vanguard Investments Switzerland GmbH. Jacques-Etienne ist seit 2008 bei Vanguard und dort für das Business Development und die Kundenbetreuung in der Schweiz verantwortlich. In den vergangenen 18 Jahren war er in ähnlichen Positionen bei mehreren Schweizer und US-amerikanischen Vermögensverwaltungsgesellschaften tätig. Jacques-Etienne Doerr ist CFA® Charterholder und verfügt über einen Master of Arts in Wirtschafswissenschaften der Universität Zürich.

Andreas Fehrenbach

ETFlab, Geschäftsführer

Wie sieht aus Ihrer Sicht der europäische ETF-Markt in 5 bis 10 Jahren aus?
Die jüngere Vergangenheit hat gezeigt, dass nichts älter ist als die Prognosen von gestern. Die rasante Entwicklung der globalen Finanzmärkte mit allen dazugehörigen Hochs und Tiefs – Rohstoffrally, Naturkatastrophen, Staatspleiten und kriegerische Auseinandersetzungen – machen valide Einschätzungen so gut wie unmöglich. Für zusätzliche Unsicherheiten sorgt die Regulierungswelle, die derzeit über die Anleger und Anbieter rollt. Förderlich oder hinderlich für den ETF-Markt? Diese Frage ist immer erst im Nachhinein fundiert zu beantworten.
Dennoch bin ich für die weitere Marktentwicklung nach wie vor positiv gestimmt. Denn ETFs bieten mittlerweile für nahezu alle Marktphasen passende Produkte und sind aufgrund ihrer transparenten und verständlichen Ausgestaltung meist auch Gewinner der Regulierungsrunden. In 5 bis 10 Jahren sehe ich deshalb den ETF-Markt gleichauf mit den herkömmlichen Publikumsfonds. Die Gesamtzahl der ETFs dürfte dabei nicht mehr wesentlich nach oben schnellen. Dafür erwarte ich deutlich mehr Lösungen auf ETF-Basis, wie beispielsweise Dachfonds, gemanagte Depots und Versicherungen. Meine Erwartung ist eine Billion AuM in Europa bis 2021.

Was sind die wichtigsten Faktoren für den Erfolg eines ETF-Anbieters?
Wichtig ist zuallererst die Produktqualität. Nur wenn ich als ETF-Anbieter den Anlegern einen tatsächlichen Mehrwert mit meinen Produkten bieten kann, habe ich eine langfristige Existenzberechtigung. Herkömmliche Investmentfonds werden oftmals verkauft, aber selten nachgefragt. Bei ETFs ist es genau umgekehrt. Anleger fragen dieses Anlagevehikel aktiv nach, doch nur wenige Vertriebe bieten ETFs an. Der Grund ist bekannt: Fehlende Vertriebsvergütungen und damit mangelnde Motivation. Ein ETF-Anbieter hat deshalb viel mehr noch als ein Anbieter herkömmlicher Fonds die Herausforderung zu stemmen, mit seinen Produkten die Bedürfnisse des Anlegers genau zu treffen.
Um ETFs mit hoher Qualität für Anleger anbieten zu können muss man als ETF-Anbieter den Markt genau kennen. Welches Ziel verfolgt der Anleger, welche rechtlichen Anforderungen muss er dabei beachten, wie ist seine Steuersituation, welche Ertragsaspekte sind von Belang und wie ist das Risikoprofil? Damit einher muss auch die Erkenntnis gehen, dass nicht jedes Produkt für jeden Anleger gleichermassen geeignet sein kann. Bei ETFlab verzichten wir deshalb bewusst auf die Bearbeitung einiger Märkte und konzentrieren uns auf die Anleger, denen wir eine konkurrenzlose Expertise bieten können.
Produktqualität ist für mich der wesentliche Erfolgsfaktor für einen ETF-Anbieter. Nachhaltiger Erfolg ergibt sich aber nur, wenn die ETFs auch effizient gehandelt werden können. Deswegen sind hohe Liquidität, enge Spreads und schnelle Handelbarkeit wichtige Bestandteile der Produktqualität.

Welchen Anlegertypen würden Sie eine physische Replikation empfehlen?
Grundsätzlich allen Anlegertypen. Physische oder derivative Replikation ist weniger eine Frage der Philosophie oder Wertentwicklung, sondern vielmehr eine Frage des Risikos und der Transparenz. Immer wenn Anleger die Wahl haben, sollten sie sich für die physische Replikation und damit für Klarheit und Transparenz entscheiden. Swap-ETFs haben durchaus ihre Existenzberechtigung – aber eben nur dann, wenn eine physische Replikation nicht möglich ist.
Institutionellen Anlegern sei die physische Replikation mit Nachdruck ans Herz gelegt. Denn sie profitieren besonders von ihren Vorzügen: vollständige Transparenz, keine versteckten Kosten, Ausschüttung ordentlicher Erträge, optimierte steuerliche Behandlung und die Möglichkeit, auch nach Kosten noch präzise dem Index zu folgen.

> Andreas Fehrenbach ist Geschäftsführer – CEO der ETFlab Investment GmbH. Der gelernte Bank- und Diplomkaufmann begann seine berufliche Karriere bei der Vereinsbank als Produktmanager. Anschliessend übernahm er verschiedene Führungsaufgaben, bis er 2000 die Indexchange Investment AG gründete und als Vorstand und CEO die Exchange Traded Funds erfolgreich auf den deutschen Finanzmarkt und in weite Teile Europas brachte. 2003 wechselte er als Geschäftsführer und später CEO zur Activest Gruppe und war Aufsichtsratsmitglied der Indexchange Investment AG. Ab Oktober 2006 verantwortete Andreas Fehrenbach als Head of Germany bei Barclays Global Investors (BGI) das gesamte Deutschland-Geschäft von iShares. Nach der Fusion von BGI und Indexchange wurde Andreas Fehrenbach im Februar 2007 zusätzlich zum Vorstand der Indexchange Investment AG berufen, bis er zu Beginn 2008 zur ETFlab Investment GmbH wechselte.

Benoît Garcia

Amundi, ETF Institutional Sales

Welche Risiken werden bei ETFs oft respektive noch nicht beachtet?
Zunächst einmal muss man zwischen ETFs und anderen börsengehandelten Produkten, wie ETNs oder ETCs, unterscheiden. ETFs sind UCITS-regulierte Fonds, während andere börsengehandelte Produkte nicht denselben strengen Anforderungen hinsichtlich Index-Methodologie, Diversifikation, Gegenparteirisiko sowie Information und Dokumentation unterliegen. Wie jedes andere Anlageprodukt sind ETFs jedoch gewissen Risiken ausgesetzt, über die die ETF-Anbieter ihre Kunden umfassend zu informieren haben. Kürzlich veröffentlichte Berichte haben sowohl die Anforderungen an eine grössere Transparenz sowie ein genaues Verständnis der mit ETFs verbundenen Risiken hervorgehoben, wobei der Fokus unabhängig von der Strukturierung der ETFs auf der Liquidität und dem Gegenparteirisiko lag:

- Wichtig ist dabei, dass die Liquidität eines ETFs weder von seinem Volumen noch der Anzahl täglich gehandelter Anteile oder der Replikationsmethode abhängt, sondern von der Liquidität des dem ETF zugrundeliegenden Indexes. Dies ist ein zentraler Punkt. Folglich schenken wir bei Amundi ETF der Liquidität und Diversifikation des zugrundeliegenden Indexes bei der Entwicklung neuer Produkte grosse Aufmerksamkeit.
- ETFs bergen ein gewisses Gegenparteirisiko – unabhängig von der Replikationsmethode. Bei physisch replizierenden ETFs kann dies durch den Einsatz der Aktienleihe begründet sein; bei synthetisch replizierenden ETFs durch den Einsatz von Swaps, wobei dieses Risiko gemäss UCITS-Regularien auf maximal 10% des Fondsvermögens limitiert ist.

Wo bestehen Lücken im aktuellen Angebot von ETFs?
Der europäische ETF-Markt wird von Aktien-ETFs dominiert, die mehr als 90% des Angebots auf sich vereinen. Gerade in letzter Zeit konnten wir jedoch auch eine verstärkte Aktivität im Bereich Obligationen-ETFs beobachten, wobei Staatsanleihen, Corporate Bonds und Emerging Debt als Basis herangezogen wurden. So hat Amundi ETF beispielsweise eine innovative Palette von Long- und Short-ETFs auf Euro- und US-Staatspapiere lanciert, mit denen sich Investoren flexibel auf den entsprechenden Zinskurven positionieren können. Nach der Markteinführung von ETFs in Europa vor zehn Jahren können Investoren heute auf eine umfassende ETF-Produktpalette in allen Anlageklassen zurückgreifen. Da das Plain-Vanilla Angebot bereits weitgehend abgedeckt ist, sahen sich einige Anbieter veranlasst, auch exotische oder komplexe Produkte zu lancieren. Dennoch glauben wir, dass Investoren einfache Produkte bevorzugen und legen daher den Fokus bei der Entwicklung neuer ETFs auf einfache Produkte, mit denen wir bestehende Lücken im ETF-Angebot schliessen. Unsere Short US-Treasury Produkte oder der ETF auf den MSCI Nordic sind Beispiele dafür.

Wie sieht aus Ihrer Sicht der europäische ETF-Markt in 5 bis 10 Jahren aus?
Seit Jahresbeginn ist das in ETFs verwalteten Vermögen um 13.1% erneut stetig gewachsen (Quelle: BlackRock, 1. Halbjahr 2011). Global beschreiten wir mit dem Eintritt neuer Anbieter und einer Ausweitung des Wettbewerbs auf zehn bis zwölf grosse Anbieter eine neue Phase im ETF-Geschäft. Dies wird einen Druck auf die ETF-Anbieter ausüben, ihr Angebot weiterhin mit Blick auf die Produktqualität und Kosteneffizienz zu optimieren, wovon letztlich die ETF-Investoren profitieren werden. Mit einer Produktentwicklungsstrategie, die Kosteneffizienz, Qualität der Replikation und Innovation im Fokus hat, ist Amundi ETF angesichts der Intensivierung des Wettbewerbs sehr gut positioniert.

Was sind die wichtigsten Faktoren für den Erfolg eines ETF-Anbieters?
Zunächst einmal liegen wichtige Erfolgsfaktoren, wie z. B. Transparenz, Einfachheit, Liquidität, kosteneffiziente Struktur etc., in den Produkteigenschaften des ETFs selbst begründet. Die ETF-Anbieter müssen sich auf diese Vorteile konzentrieren, um die Anlegerbedürfnisse noch besser zu erfüllen. Zentral ist dabei, ob es den Anbietern gelingt, eine umfassende und konsistente Produktpalette auf Basis eines klaren Set-up zu entwickeln. Die Fähigkeit, qualitativ hochwertige ETFs hinsichtlich der Kosten, der zugrundeliegenden Indizes und der Replikationsmethode zu entwickeln wird dabei genauso wichtig sein wie die Komplettierung der ETF-Palette durch innovative Exposures.

Vor seiner Tätigkeit bei Amundi ETF arbeitete Benoît Garcia bei der Société Générale Asset Management im Bereich Institutional Sales und betreute Kunden in der Schweiz und Monaco. Seine berufliche Laufbahn begann 2001 bei der Société Générale Corporate & Investment Banking als Equity Structured Product Sales. 2004 wechselte er in die Asset Management Division der Société Générale, wo er als Long Only und Hedge Funds Sales institutionelle Kunden aus Frankreich betreute.

Benoît Garcia hält ein Master in Finance von der Euromed Management School, ein Bachelor in Mathematik von der Aix-Marseille Universität und ist seit 2004 Certified European Financial Analyst.

Damian Gliott

VermögensPartner AG, Geschäftsführer und Mitbegründer

Was sind die wesentlichen Vorteile von ETFs?
Viele ETFs sind kostengünstig und transparent – zwei Eigenschaften, die bei Finanzprodukten für Privatanleger ausserhalb der ETF-Branche nur schwer zu finden sind. Transparenz gibt einerseits Sicherheit und Kontrollmöglichkeiten. Andererseits werden dadurch Anlageprodukte miteinander vergleichbar und fungibel. Das fördert den Konkurrenzdruck unter den Anbietern, was unter dem Strich dem Endanleger zu Gute kommt.

Wie würden Sie selber 40'000 CHF/EUR in ETFs investieren?
(Diese Antwort stellt keine Beratung dar!)
40'000 CHF Total: 10'000 CHF SLI, 6'000 CHF SMIM, 8'000 CHF EURO STOXX 50, 10'000 CHF S&P 500, 6'000 CHF Emerging Markets. (Für Deutschland: SMIM durch DAX ersetzen, SLI um 4'000 reduzieren und EURO STOXX um 4'000 erhöhen)

Welchen Anlegertypen würden Sie eine physische Replikation empfehlen?
Die physische Replikation ist immer zu bevorzugen, sofern sie technisch (Anzahl Titel im Index und anfallende Kosten) umsetzbar ist. Es ist die sicherste und transparenteste Möglichkeit, einen Index zu replizieren. Bei einer synthetischen Replikation muss detailliert überprüft werden, welche Sicherheiten vom ETF-Anbieter hinterlegt werden. Nicht alle Anbieter bieten hier für Privatanleger volle Transparenz. Zudem ist der Aufwand für eine laufende Überwachung gross.

Gegen indexiertes Anlegen wird manchmal das Argument der fehlenden Umsetzbarkeit bzw. Flexibilität von Views genannt. Was halten Sie davon?
Nicht alle Anlageklassen und Märkte lassen sich sinnvoll mit ETFs abdecken – trotzdem werden entsprechende Produkte lanciert. Die Anbieter von ETFs wollen, ähnlich wie bei den Zertifikaten, bei jedem Trend dabei sein. Kritische Argumente bei ETFs sind daher leider oftmals angebracht. Viele ETFs entsprechen nicht mehr dem Grundgedanken des passiven und kostengünstigen Anlegens. Sie sind kompliziert und für Privatanleger kaum geeignet. Diese Entwicklung könnte der ETF-Branche mittelfristig schaden, weil der Selektions- und Überwachungsaufwand in den letzten Jahren massiv angestiegen ist. Viele Anleger sind damit überfordert. Trotzdem sind ETFs bei sorgfältiger Selektion hervorragend geeignet, um einen grossen Teil der Anlagestrategie kosteneffizient und transparent umzusetzen.

Was halten Sie vom Securities Lending bei ETFs?
Unter gewissen Voraussetzungen ist Securities Lending bei ETFs sinnvoll. Wichtig ist, dass die hinterlegten Sicherheiten volle Garantie bei einem Ausfall der Gegenpartei bieten. Zudem sollte abgeklärt werden, welcher Anteil der Einnahmen in das Vermögen des ETF (also zu Gunsten des Anlegers) fliesst und wie viel beim ETF-Anbieter bleibt – hier gibt es Unterschiede. Mit den Einnahmen durch die Wertpapierleihe können die Kosten des ETFs indirekt reduziert werden. Wichtig zu wissen ist jedoch, dass bei der Berechnung der Gesamtkostenquote (TER) die Einnahmen durch das Securities Lending nicht berücksichtigt sind.

> Damian Gliott studierte Betriebswirtschaft mit Vertiefung Bankfach an der Universität St. Gallen (HSG). Nach einem Trainee bei einer Kantonalbank wechselte er zu einem externen Vermögensverwalter, wo er als Associate Senior Consultant ein Beraterteam im Bereich Finanz- und Pensionierungsplanung leitete. Anfang 2007 gründete er zusammen mit Florian Schubiger die VermögensPartner AG. Die Winterthurer Firma ist spezialisiert auf Vermögensverwaltung für Privatpersonen. Sie setzt einen grossen Teil der Anlagestrategie mit ETFs um. Kunden profitieren von äusserst konkurrenzfähigen Gesamtkosten, weil alle Provisionen (sogenannte Retrozessionen) an die Endanleger zurückerstattet werden. Zudem können dadurch Interessenskonflikte in der Beratung ausgeschlossen werden.

Simon Klein

Head of Lyxor ETFs Europe

Was sind die wesentlichen Vorteile von ETFs?
Die wesentlichen Vorteile von ETFs sind ihre Einfachheit, Transparenz und Flexibilität. ETFs bilden in der Regel passiv einen Index ab. Dieses einfache Grundprinzip ermöglicht einerseits eine minimale Kostenbelastung, andererseits maximale Transparenz. Mit einem ETF wissen Anleger jederzeit, welchen Markt sie abbilden - und aus welchen Bestandteilen sich der entsprechende Referenzindex zusammensetzt. Darüber hinaus ermöglicht der Börsenhandel von ETFs den jederzeitigen Ein- und Ausstieg zu fairen Bedingungen. Kaum ein anderes Anlageprodukt ist so flexibel. Schließlich genügen ETFs auch hohen regulatorischen Ansprüchen – denn als UCITs-Fonds unterliegen sie den gleichen Richtlinien wie jeder andere herkömmliche Investmentfonds. Wie diese sind auch ETFs als Sondervermögen geschützt.

Welche Risiken werden bei ETFs oft respektive noch nicht beachtet?
In der öffentlichen Diskussion stehen derzeit oft Risiken im Mittelpunkt, die sich durch den Einsatz von Swaps zur Replikation von Indizes beziehungsweise durch Wertpapierleihgeschäfte voll replizierender ETFs ergeben könnten. Zu wissen, dass solche Risiken theoretisch bestehen können, ist zwar wichtig. Aus unserer Sicht tun Anleger aber gut daran, sich auf die grundlegenden Anlagerisiken zu besinnen. Als erstes ist dabei das Risiko des abgebildeten Marktes selbst zu nennen. So schwanken etwa Aktien aus Schwellenländern stärker als Dividendentitel aus dem entwickelten Europa. Und Staatsanleihen bester Bonität bergen geringere Verlustrisiken als High-Yield-Unternehmensanleihen. Ein anderes, wenig beachtetes Risiko ist die Möglichkeit, dass ein ETF einen Referenzindex schlecht abbildet, also einen hohen Tracking Error aufweist. Anleger sollten daher darauf achten, ETFs von Anbietern zu kaufen, die über eine nachgewiesene Expertise verfügen und deren Produkte einen geringeren Tracking Errror und gleichzeitig eine hohe Liquidität aufweisen.

ETFs sind in der Finanzbranche äusserst populär geworden. Bei kleineren Privatanlegern sind diese Produkte im Vergleich zu traditionellen Anlagefonds jedoch (noch) weniger bekannt. Was sind die Gründe und was kann dagegen unternommen werden?
Die Bekanntheit von ETFs litt lange Zeit darunter, dass sie im Vertrieb der Filialbanken nicht aktiv angeboten wurden. Das wiederum ist eine indirekte Folge der niedrigen Kosten von ETFs. Diese sind nämlich unter anderem darauf zurückzuführen, dass keine Provisionen an die Vertriebspartner gezahlt werden. Daher fehlen oft Anreize, ETFs an Privatinvestoren zu verkaufen. Wir stellen aber fest, dass auch immer mehr Anleger die Vorteile von ETFs kennen und diese bei ihrer Vermögensanlage einsetzen – auch wenn es da sicher noch viel Potential gibt.

Was sind oft anzutreffende Wissenslücken von Privatinvestoren mit Bezug auf ETFs?
Da ist zum einen das mangelnde Wissen breiter Anlegerschichten über die grundsätzlichen Vorteile von ETFs, etwa die geringen Kosten und die hohe Flexibilität, zu nennen. Zum anderen ist auch das Wissen darüber, welche Faktoren den Erfolg eines ETF bestimmen, oft nicht sehr ausgeprägt. Zwar ist die Gesamtkostenquote (TER) dabei ein wichtiger Einflussfaktor – gerade im Unterschied zu aktiv gemanagten Investmentfonds. Entscheidender sind aufgrund der insgesamt niedrigen Kosten allerdings weitere Faktoren – etwa die Frage, welchen Einfluss die Handelbarkeit eines ETFs, dh. dessen Liquidität, auf die Gesamtkostenquote hat.

Was sind die wichtigsten Faktoren für den Erfolg eines ETF-Anbieters?
Eine Grundbedingung für Erfolg ist eine breite, an den Interessen der Anleger ausgerichtete Produktpalette, die regelmäßig durch sinnvolle Innovationen ergänzt werden muss. ETFs auf einige wenige Standard-Indizes genügen heute nicht mehr. Zunehmend wichtiger wird zudem auch die Qualität der Produkte und die Transparenz der Anbieter, etwa im Hinblick auf ein bestehendes Gegenparteirisko. So informieren wir auf unserer Website auf täglicher Basis über die gehaltenen Assets sowie den jeweiligen Vertragspartner. Wichtig ist auch, dass der ETF-Anbieter eine hohe Liquidität seiner Produkte sicherstellt, denn Liquidität ist einer der wesentlichen Erfolgsfaktoren beim Einsatz von ETFs. Gerade in turbulenten Börsenphasen kommt es darauf an, dass Investoren ETF-Anteile zu den üblichen Börsenhandelszeiten schnell kaufen und verkaufen können – und dies zu einem niedrigen Spread.

In welchen Anlageklassen und Produkten sehen Sie für die Zukunft am meisten Potential?
Grundsätzlich gibt es noch in allen Anlageklassen Potential. Zwar sind gerade die Aktienmärkte bereits gut durch ETFs erschlossen. Wir sehen aber zum Beispiel für ETFs auf einzelne Schwellenländer hervorragende Perspektiven. Auch die Anlageklasse Anleihen bleibt spannend – gerade angesichts der aktuellen Verwerfungen auf den Märkten. Diese haben dazu geführt, dass Investoren verstärkt auf die Qualität der Schuldner achten. Das eröffnet Möglichkeiten – zum Beispiel für ETFs, die nur Staatsanleihen bester Bonität enthalten. Ein anderes Feld, das große Wachstumschancen bietet, ist die Anlageklasse Rohstoffe.

Gegen indexiertes Anlegen wird manchmal das Argument der fehlenden Umsetzbarkeit bzw. Flexibilität von Views genannt. Was halten Sie davon?
Dieses Argument ist heute nicht mehr stichhaltig: ETFs ermöglichen es Anlegern inzwischen, eine Vielzahl von Strategien umzusetzen. So bieten Branchen-ETFs Investoren eine effiziente Möglichkeit, gezielt auf Wirtschaftssektoren zu setzen, die sich unter bestimmten konjunkturellen Rahmenbedingungen besser schlagen als andere. Zum anderen gibt es inzwischen auch ETFs, mit denen Anleger auch komplexe Anlagestrategien auf einfache Weise umsetzen können. Das Spektrum reicht dabei von Investitionen in die Anlageklasse Volatilität bis hin zu Optionsstrategien, etwa die Covered-Call- oder Protective-Put-Strategie.

> Simon Klein ist Head of ETF Europe. Er leitet von Frankfurt aus das europäische ETF-Geschäft der Société Générale.
> Vor seinem Einstieg bei Société Générale Corporate & Investment Banking war Simon Klein als Head of ETF & ETC Sales für Kontinentaleuropa bei der Deutschen Bank in Frankfurt tätig. Klein startete seine Karriere im Jahre 2000 bei der Bayern LB im Bereich Cash Equities Sales and Trading und wechselte 2005 zur Indexchange Investment AG, wo er als Senior Sales Manager zuständig für das Geschäft mit Exchange Traded Funds (ETF) war.
> Klein studierte an der Friedrich-Alexander Universität Erlangen/Nürnberg Finanzen und Rechnungslegung. Er legte die Prüfung zum Börsenhändler an der Frankfurter Börse ab und erlangte den Titel eines Certified International Investment Analyst (CIIA).

Thomas Merz

Credit Suisse ETF, Head ETF Switzerland/Liechtenstein

Wie sieht aus Ihrer Sicht der europäische ETF-Markt in 5 bis 10 Jahren aus?
Vorhersagen sind immer mit grossen Unsicherheiten behaftet, speziell wenn es um Zeiträume von mehreren Jahren geht. Aufgrund der derzeit grossen Dynamik in Europa aber auch in anderen Teilen der Welt wage ich derzeit keine Wachstumsprognosen abzugeben. Aufgrund vieler Rückmeldungen von Kunden gehe ich jedoch davon aus, dass auch in Zukunft Anlageinstrumente am Markt auf Nachfrage stossen werden, die einen flexiblen, einfachen und transparenten Marktzugang zu äusserst kostengünstigen Konditionen offerieren können. ETFs sind bei vielen Investoren genau deshalb so beliebt, weil sie dies in fast perfekter Form liefern können. Dies wird auch in Zukunft ein Argument sein, weshalb der ETF-Markt nach unserer Auffassung auch in den kommenden Jahren wachsen wird. Auf der Anbieterseite wird sich über kurz oder lang eine gewisse Konsolidierung einstellen. Ich gehe davon aus, dass nicht alle ETF-Anbieter überdauern werden, denn dieses Geschäft kann man nur mit dem nötigen Skaleneffekt profitabel betreiben.

Was sind die wichtigsten Faktoren für den Erfolg eines ETF-Anbieters?
Wie bei anderen Produkten, steht auch hier die Qualität des Produktangebots im Mittelpunkt. Minderwertige Produkte können sich in einem von starker Konkurrenz getriebenen Marktumfeld kaum länger behaupten. Nun kann die Qualität eines ETF-Anbieters nicht einfach an einer Zahl abgelesen werden, sondern muss von Seiten Anleger anhand verschiedener Indikatoren beurteilt werden. Hierzu zählen die Abbildungsgüte, die Liquidität und die eingegangenen Risiken bei der Indexnachbildung.

Die einzelnen Qualitätsmerkmale entsprechend sauber und stringent zu kommunizieren, ist somit eine der wichtigsten Herausforderung eines ETF-Anbieters. Dass dies keine einfache Aufgabe darstellt, zeigt sich bereits heute im europäischen ETF-Markt sehr deutlich: Der Kommunikationsaufwand der Anbieter ist riesig, während bei den Anlegern bereits Anzeichen von Abstumpfungserscheinungen erkennbar sind.

In welchen Anlageklassen bzw. Produkten sehen Sie für die Zukunft am meisten Potential?
ETFs haben sich in allen gängigen Anlageklassen bereits gut etabliert. Meist bilden sie herkömmliche (bspw. im Bereich der Aktien werden meist nach Marktkapitalisierung gewichtete Indizes repliziert) und gut bekannte Indizes nach. Dies hat mitunter dazu geführt, dass in Europa oft Produktduplikationen vorhanden sind, d.h. bspw. gibt es den ETF auf den Europäischen Leitindex EUROSTOXX50 gleich in über zwanzigfacher Ausführung. Gerade im Bereich der Anleihenindizes stossen die herkömmlichen Indexkonzepte aber immer häufiger auf Kritik. Basierend darauf gehe ich davon aus, dass gerade ETFs eine Ideale Möglichkeit darstellen, sich „neuartige" Indexkonzepte wie bspw. BIP-Gewichtung ins Portfolio zu kaufen. Demzufolge sehe ich vor allem bei ETFs auf neuartige Indexkonzepte grosses Wachstumspotential. An der absoluten Grösse gemessen (AuM) werden jedoch weiterhin ETFs auf Standardindizes wie solche von MSCI oder Lokalindizes wie dies der SMI, EUROSTOXX50 darstellen, weiterhin die Nase vorne haben.

Welche Gefahren sehen Sie durch die komplexer werdenden Strukturen, die besonders bei der synthetischen Replikation anzutreffen sind?
Wie bei anderen Anlageinstrumenten sollten Anleger auch bei ETFs genau verstehen, wie das Produkt aufgebaut ist. Hierzu gehört auch, dass sich Anleger bei synthetischen ETFs (swap-based ETFs) mit den darin enthaltenen Gegenparteirisiken vertraut machen. Die grösste Gefahr sehe ich darin, dass Anleger ihre ETF Auswahl vornehmen, ohne sich bzgl. Struktur und Risiko Gedanken gemacht zu haben. Eine fundierte ETF Auswahl überprüft im Groben drei Aspekte: Abbildungsgüte, Liquidität und Risikoaspekte der Indexnachbildung. Ohne eine genaue Risikoanalyse in Bezug auf mögliche Gegenparteirisiken, sollte keine ETF-Auswahl vorgenommen werden. Dabei wird vom Anleger jedoch Wissen im Bereich der Finanzderivate abverlangt. Falls dies nicht in genügend grossem Mass vorhanden ist, sollte allenfalls auf synthetische ETFs verzichtet werden. Für breite und sehr liquide Standardindizes können Anleger ohne Mühe auf physisch replizierte ETFs zugreifen, ohne sich über Swap-basierte ETFs den Kopf zerbrechen zu müssen.

Thomas Merz ist verantwortlich für das ETF-Geschäft der Credit Suisse für die Märkte Schweiz und Liechtenstein. Seine berufliche Karriere begann er in der Unternehmensberatung. Bevor er 2006 zur Asset Management Division der Credit Suisse stiess, hatte er verschiedene Positionen in anderen Divisionen der Credit Suisse inne. Herr Merz studierte Erdwissenschaften und Mathematik an der Universität Zürich. Nach seinem Abschluss in Zürich studierte er Volks- und Betriebswirtschaft an der Universität Basel und schloss auch sein zweites Studium mit einem Master-Titel ab. Er ist Autor diverser Artikel und Publikationen zum Thema Asset Allokation und Indexing/ETF und hat Lehraufträge an verschiedenen Hochschulen in der Schweiz.

Thomas Meyer zu Drewer

Commerzbank ETF (ComStage ETF), Geschäftsführer

Beim Investieren in ETFs sind Kosten, die auf verschiedenen Stufen (auf der Seite des Anlegers, des ETF-Providers bzw. der Depotbank, des Market Makers, der Steuern) anfallen, zu berücksichtigen. Auf welche Art kann hier eine höhere Transparenz geschaffen werden?
Aus meiner Sicht ist die Transparenz bereits relativ hoch, erfordert aber den interessierten Anleger, denn die entstehenden Kosten werden ausgewiesen bzw. sind in den Jahresberichten, auf den Homepages oder in steuerlichen Publikationen zu finden. Noch ein Hinweis: Wie bei aktiven Fonds gilt auch für ETFs, dass die Wahl der richtigen Assetklasse und des richtigen Themas für die Wertentwicklung entscheidend ist und nicht die pure Konzentration auf Kosten.

ETFs sind in der Finanzbranche äusserst populär geworden. Bei kleineren Privatanlegern sind diese Produkte im Vergleich zu traditionellen Anlagefonds jedoch (noch) weniger bekannt. Was sind die Gründe und was kann dagegen unternommen werden?
Leider werden ETFs nach wie vor verkauft und nicht gekauft. Ausserdem sind ETFs Bausteine, die den aktiven Investor erfordern bzw. die Bereitschaft, für Asset Allocation als Dienstleistung zu bezahlen, was bei vielen Anlegern nicht gegeben ist. Neben einer notwendigen Einstellungsänderung auf Seiten der Kunden unternehmen die ETF-Anbieter selber einiges, um ETFs auch bei Endanlegern populärer zu machen. Dazu gehören anbieterübergreifende Veranstaltungen, Seminare und sicherlich die steigende Anzahl von (langfristigen) Sparplänen. Die Bemühungen werden sich auch in den nächsten Jahren fortsetzen.

Welche Gefahren sehen Sie bezüglich die komplexer werdenden Strukturen, die besonders bei der synthetischen Replikation anzutreffen sind?
Prinzipiell halte ich die Probleme für weniger gravierend als sie allgemein dargestellt werden. Dass vermeintliche Schattenseiten von ETFs verstärkt in den Fokus rücken, ist wenig überraschend, denn die seit dem Jahre 2000 steil nach oben zeigende Erfolgskurve bei ETFs zieht verständlicherweise auch Kritik auf sich. Das Argument, ETFs würden ganze Märkte beherrschen, lässt sich mit einem Blick auf die Grösse oder das Handelsvolumen an einzelnen Märkten schnell entkräften: Der Anteil von ETFs liegt in der Regel deutlich unter 5%, wenn er überhaupt so hoch ist. Dass short und gehebelte ETFs schädlich sind für Privatanleger, wird immer wieder kolportiert. Natürlich erfordern sie den aufgeklärten, risikobewussten Anleger. Aber die nötige Informationspflicht auf Investorenseite gilt generell für Anlageentscheidungen.

Welchen Anlegertypen würden Sie eine physische Replikation empfehlen?
Warum wählen Anleger, gleich ob institutioneller Investor oder Privatanleger, überhaupt ETFs? ETFs sind vor allem dazu geeignet, die persönliche Anlageentscheidung umzusetzen. Anders als aktive Fonds bilden passive ETFs ein spezifisches Thema zu 100% ab. Im Fall des aktiven Fonds kann der Fondsmanager die persönliche Markteinschätzung unter Umständen konterkarrieren. Als Schlussfolgerung ergibt sich daher, dass die Abbildungsart zunächst einmal keinerlei Rolle spielt – ausser aus psychologischen Gründen. Denn gerade für Privatanleger ist es mitunter ein Gefühl der Sicherheit, im ETF die gleichen Aktien wie im Index zu sehen. Für institutionelle Anleger können mitunter steuerliche oder regulatorische Gegebenheiten einen Unterschied bedeuten. Allerdings kommt die Vollreplikation zum Beispiel bei bedeutenden Themen wie Rohstoffen oder Geldmarktinvestments an die Grenzen.
Übersteigt die Anzahl der Indexmitglieder eine gewisse Grösse, dann erhält der Anleger meist optimierte Portfolios statt vollnachbildende ETFs. Daraus resultiert ein höherer Tracking Error, der sich sowohl zum Positiven, aber eben auch zum Negativen wenden kann. Dass auf XETRA inzwischen deutlich mehr ETFs sowohl nach Zahl als auch Volumen Swap-basiert sind zeigt, dass das Thema der Nachbildung nicht mehr wirklich eine Rolle spielt.

In welchen Anlageklassen bzw. Produkten sehen Sie für die Zukunft am meisten Potential?
Die Nachfrage nach dem Zugang zu Emerging Markets wird auch in der Zukunft weiter eine grosse Rolle spielen. Zudem werden Rohstoffe in der Form von Sondervermögen für viele Anleger zur Depotbeimischung im Fokus stehen. Ergänzt wird dies durch eine Zunahme von Dachfonds auf ETF Basis. Denn eines muss sich der geneigte Anleger immer wieder vergegenwärtigen: ETFs sind ihrem Wesen nach Bausteine, die des Investors mit einer aktiven Meinung bedürfen.

Was sind oft anzutreffende Wissenslücken von Privatinvestoren mit Bezug zu ETFs?
Die Frage, ob Privatinvestoren ETFs überhaupt kennen, wird sehr kontrovers beantwortet. Unsere Erfahrung ist, dass „ETF" als Kürzel bei den meisten Investoren bekannt

ist, die sich überhaupt um Ihre finanzielle Situation kümmern. Wissenslücken ergeben sich zwangsläufig dadurch, dass ETFs noch relativ junge Produkte sind. Zudem sind gestellte Fragen sehr weit gefächert. Aus allen Fragen lassen sich aber 2 Themenkomplexe destillieren: Vielen Anlegern ist oft nicht klar, dass sie mit passiven ETFs ein aktives Marktrisiko eingehen. Eng damit verbunden ist das Thema Asset Allocation: ETFs sind Bausteine und erfordern den aktiv handelnden Anleger oder eben einen Anleger, der bereit ist, für Anlageberatung zu bezahlen.

> Thomas Meyer zu Drewer leitet als Geschäftsführer das weltweite ETF-Geschäft der Commerzbank-Tochtergesellschaft ComStage. Nach dem Studium der Volkswirtschaftslehre in Deutschland und den USA begann er seine berufliche Laufbahn mit einem Traineeprogramm bei der Commerzbank AG. Es folgten Stationen als Fondsmanager bzw. Senior Fondsmanager bei der ADIG Investment in Frankfurt. Im Jahre 1999 übernahm er die Leitung des Fondsmanagements der Activest Investment in München. Danach war er als Chief Investment Officer und Vorstandsmitglied bei dem ETF-Anbieter Indexchange Investment AG tätig. Bevor er zur ComStage wechselte, verantwortete er 5 Jahre lang das ETF-Geschäft der Société-Générale-Tochter Lyxor Asset Management in Deutschland und Österreich.

Alain Picard

SIX Swiss Exchange, Head Product Management Equity, Fixed Income, ETFs & ETPs

Welche Risiken werden bei ETFs oft respektive noch nicht beachtet?
In den letzten Jahren hat die Industrie meines Erachtens viel getan, um über Risiken, die in der Struktur des ETFs liegen (Securities Lending, Swap etc.) aufzuklären und diese auch zu minimieren. Risiken, die sich ein Investor bei einem Plain Vanilla ETF vielfach nicht bewusst ist, sind meistens ganz simple Markt- und Währungsrisiken. Das Wichtigste bei einem Investment ist für mich immer noch, den zu Grunde liegenden Index genau zu kennen und zu verstehen, um keine negativen Überraschungen zu erleben.

Wo bestehen Lücken im aktuellen Angebot von ETFs?
Vor ein bis zwei Jahren hätte man hier einige Lücken aufzählen können. Mittlerweile gibt es meines Erachtens sowohl bei den Core-Anlagen wie auch bei den Satelliten eine Vielzahl von Produkten zur Auswahl. Trotzdem: Der Markt ist dynamisch und wir werden wohl noch einige Innovationen zu sehen bekommen. Neben gewissen

Nischen und Themen im Aktienbereich wird es sicherlich noch zusätzliche Fixed-Income-Produkte im Corporate-Bereich geben. Auch Produkte auf weitere Metalle/Rohstoffe sind denkbar. Zudem sehe ich die Währungsbesicherung allgemein als grosses Thema.

Beim Investieren in ETFs sind Kosten, die auf verschiedenen Stufen (auf der Seite des Anlegers, des ETF-Providers bzw. der Depotbank, des Market Makers, der Steuern) anfallen, zu berücksichtigen. Auf welche Art kann hier eine höhere Transparenz geschaffen werden?
Wir sehen, dass die Kostentransparenz bei den Anbietern vermehrt Thema geworden ist. Auch SIX Swiss Exchange trägt zu dieser Transparenz bei. Seit Ende 2010 existiert ein webbasiertes Tool, das Transparenz in die Pre-Trade-Daten bringt. So können Investoren mit Market Quality Metrics (MQM) historische Geld/Brief-Kursspannen und andere handelsrelevante Daten einsehen und vergleichen. (www.six-swiss-exchange.com/mqm/)

Welche Gefahren sehen Sie durch die komplexer werdenden Strukturen, die besonders bei der synthetischen Replikation anzutreffen sind?
Auf der einen Seite ist es toll, dass man mit der synthetischen Replikation Bedürfnisse abdecken kann, welche mit einer physischen Replikation nur schwer oder gar nicht vorstellbar wären. Solange diese ETFs Sinn machen, verständlich sind und die Grundidee eines ETFs widerspiegeln, ist dies auch gut so. Weniger gut wäre, wenn der Markt mit zu komplexen und intransparenten Produkten geflutet wird, die den Ruf der Industrie in Mitleidenschaft ziehen könnten.

In welchen Anlageklassen bzw. Produkten sehen Sie für die Zukunft am meisten Potential?
Aus der Sicht der Börse sehen wir weiterhin die Blue-Chip-Index-ETFs als Umsatzrenner, gefolgt von den physisch besicherten Edelmetall-Produkten. In Zukunft erwarte ich aber eine breitere Diversifikation der Umsätze über mehrere Produkte und Anlageklassen hinweg. Mehr Umsatz ist zudem in den Hebelprodukten zu erwarten, da diese meist nur kurzfristig verwendet werden.

> Nach achtjähriger Tätigkeit im Bankwesen trat Alain Picard 2001 als Produktmanager für Aktien, einschliesslich Derivate und ETFs, bei der SIX Swiss Exchange ein. In den letzten Jahren trug er massgeblich dazu bei, das ETF-Segment weiterzuentwickeln und zu vermarkten sowie die Beziehungen zu Produktanbieter und Market Maker zu pflegen. Zudem zeichnet er für die Einführung neuer Finanzproduktsegmente (wie das im November 2010 lancierte ETP-Segment) verantwortlich. Seit 2011 leitet er das Produktmanagement aller Handelssegmente.
> Alain Picard besitzt einen Bachelor in Betriebswirtschaft sowie einen Master of Advanced Studies (MAS) in Private Banking & Wealth Management von Schweizer Fachhochschulen. Er ist Co-Autor des 2010 herausgegeben ETF-Guide von SIX Swiss Exchange und Finanz & Wirtschaft sowie Mitglied des ETF-Fachausschusses der Swiss Funds Association.

Clemens Reuter

UBS ETF, Head UBS Exchange Traded Funds

Was sind die wesentlichen Vorteile von ETFs?
ETFs kombinieren die Vorteile von Fonds und Aktien: Einerseits investieren ETFs diversifiziert und minimieren dadurch die Risiken im Vergleich zum Engagement in einen einzigen Titel. Andererseits sind ETFs an der Börse während der Öffnungszeit des entsprechenden Handelsplatzes handelbar. Der aktuelle Wert des ETFs wird permanent über die ihm zugrunde liegenden Vermögenswerte ermittelt, was den Market Makers ermöglicht, jederzeit einen fairen Preis zu garantieren. Die Gesamtkosten eines ETFs sind tief und der Anleger ist nicht mit einem Emittentenrisiko konfrontiert, weil die Wertanlagen in einem abgeschirmten, separaten Portfolio gehalten werden (Sondervermögen).

Welche Risiken werden bei ETFs oft nicht oder zuwenig beachtet?
ETFs haben kein Emittentenrisiko. Sie können aber Gegenparteienrisiken ausgesetzt sein. Viele physisch replizierte ETFs tätigen Wertpapierleihgeschäfte, um zusätzliche Erträge zu generieren. Nicht alle Institute besichern solche Transaktionen mit der Hinterlegung von Staatsanleihen in der Höhe der ausgeliehenen Titel zu Gunsten des ETFs (wie zum Beispiel die UBS mit Besicherungen zwischen 102 % und 105 %). Swap-basierte ETFs setzen, wie der Name sagt, Swaps ein, was ebenfalls zu einem Gegenparteienrisiko führt. Auch in diesem Fall kann ein Institut das Gegenparteienrisiko besichern (wie zum Beispiel die UBS).

Welche Wissenslücken haben Privatanleger oft bei ETFs?
Privatanleger haben die Qual der Wahl. Mittlerweile gibt es in Europa sehr viele ETFs und der Investor weiss oft nicht, welchen er kaufen soll. Daher braucht der Anleger Selektionskriterien wie Performance, Besicherung der Gegenparteirisiken, Qualität der Indexreplikation und Liquidität (Handelskosten).

Beim Investieren in ETFs sind Kosten zu berücksichtigen, die auf verschiedenen Stufen anfallen. Wie kann eine höhere Transparenz geschaffen werden?
Um die Kosten verschiedener ETFs zu vergleichen, ist deren Performance gegenüber zu stellen. Die Performance nettet die Kosten und Eträge eines ETFs und gibt somit ein voll umfassendes Bild im Gegensatz zu beispielsweise einer TER, welche die Transaktionskosten eines Fonds nicht berücksichtigt.
Neben den jährlichen Kosten des ETFs sind auch die Handelskosten zu beachten. Die Handelskosten bestehen aus den Bankgebühren, der Geld-Brief-Spanne an der Börse und allfälligen Steuern.

Was sind die wichtigsten Erfolgsfaktoren für einen ETF-Anbieter?
Entscheidend für den Erfolg im ETF-Geschäft sind einerseits natürlich die Breite und Tiefe der Produktpalette, anderseits aber auch der Zugang und der Service gegenüber dem Kunden. Gerade im Privatkundenservice ist die Betreuung und Information gegenüber dem Kunden entscheidend.

Vor dem Wechsel zur UBS AG arbeitete Clemens Reuter seit 2000 für die SIX Swiss Exchange. Als Head of Member Relations war er für Kundenbeziehungen und die Entwicklung und das Wachstum aller Produkte der SIX Swiss Exchange verantwortlich. Er war massgeblich an der Lancierung und dem Aufbau des Segments für Exchange Traded Funds verantwortlich.
Clemens Reuter begann seine Berufslaufbahn in der Finanzdienstleistungsbranche 1990 bei der Deutsche Bank AG in Düsseldorf. Er arbeitete in den USA als Vice President of Institutional US Equity Sales bei Wachovia Securities in Atlanta, Georgia, wo er für Deutschland, die Schweiz und Österreich zuständig war. Vor seinem Wechsel zur SWX Swiss Exchange war er im Devisenhandel der Credit Suisse First Boston in London, New York und Zürich tätig.

Sacha Widin

Credit Suisse, Head ETF-based Solutions

Die Antworten reflektieren die persönliche Einschätzung von Sacha Widin und können sich von derjenigen der Credit Suisse unterscheiden.

Was sind die wesentlichen Vorteile von ETFs?
ETFs sind in den letzten Jahren, vor allem aber auch seit der Finanzkrise 2008, ein unverzichtbares Werkzeug in der modernen Anlageberatung und Vermögensverwaltung geworden. Gründe dafür sind: Einfachheit, Transparenz und Kosteneffizienz. Einfachheit, weil die Grundidee eines ETFs simpel ist: das Anlagevehikel repliziert den zugrundeliegenden Index. Der Investor hat dadurch bereits beim Kaufzeitpunkt die Gewissheit über die Anlageperformance des gewählten Instruments – nämlich der Ertrag des zugrundeliegenden Index abzüglich der Kosten – und kann somit seine eigene Markteinschätzung sehr zeitnah und kosteneffizient umsetzen, ohne dass die Performance durch einen zusätzlichen Vermögensverwalter beeinflusst wird. Transparenz, weil zu jedem Zeitpunkt der Inhalt des Index, in den investiert wird, bekannt ist. Ein Portfolio bestehend aus ETFs kann dadurch zu jeder Zeit exakt analysiert und gesteuert werden, da die Positionierung der einzelnen ETFs konsistent auf dem Index bleibt. Kosteneffizienz: es fallen keine Kosten für aktives Management (Finanzanalyse, höhere Umschlagshäufigkeit im Fonds etc.) an. Die relativ tiefen Kauf- und Verkaufskosten für eine Transaktion mit einem ETF sowie die tiefen Verwaltungsgebühren des Vehikels an sich sprechen für Langfristanlagen in ETFs, da der negative Zinseszinseffekt auf den Anlagekosten nicht so stark zu Buche schlägt. Weitere Vorteile: für sehr zeitkritisch zu umsetzende Anlageentscheide sind ETFs ebenfalls prädestiniert – die zugrundeliegende Liquidität und die breite Abdeckung eines Marktes innerhalb des Anlageinstruments ermöglichen im Normalfall die schnelle Abwicklung von grossen Volumen an der Börse. Laufende Neulancierungen und die somit wachsende Anzahl von ETFs sowie der Markteintritt von neuen ETF-Anbietern erschliessen ausserdem neue Anlageuniversen, welche teilweise durch aktive Fonds nicht abgedeckt werden.

Beim Investieren in ETFs sind Kosten, die auf verschiedenen Stufen (auf der Seite des Anlegers, des ETF Providers bzw. Depotbank, des Market Makers, Steuern) anfallen, zu berücksichtigen. Auf welche Art kann hier eine höhere Transparenz geschaffen werden?
Es sollte z.B. eine Standardisierung der Begriffe und Berechnungsarten der Kosten stattfinden: für die TER (Total Expense Ratio) beispielsweise gibt es je nach Land, wo ein ETF zugelassen ist, andere Komponenten, welche in diese Zahl einfliessen. Wenn sich die ETF Anbieter auf einen gemeinsamen Standard (z.B. einheitliche Komponenten und Darstellung auf den Factsheets) einigen könnten, wäre dies ein sehr anlegerfreundlicher Vorteil. Die Kehrseite der Medaille ist jedoch, dass zuviel Transparenz für den Endanleger unter Umständen verwirrend sein kann und andere wichtige Kriterien wie z.B. Gegenparteirisiken oder die Qualität des Tracking in den Hintergrund geraten könnten.

Für welche Anlegertypen würden Sie eine physische Replikation empfehlen?
Dies kann nicht allgemeingültig beantwortet werden. Eine physische Replikation kann auch Nachteile gegenüber einer synthetischen Replikation aufweisen (z.B. negative Steuereffekte, suboptimales Tracking, hohe Transaktionskosten innerhalb des ETFs etc.). Für Empfehlungen „physisch versus synthetisch" wird oft das Gegenparteirisiko thematisiert (meistens mit einer negativen Beurteilung der synthetischen Produkte). Es wird jedoch oft ausgeblendet, dass physisch replizierende Instrumente teilweise höhere Gegenparteirisiken beinhalten können als synthetische Produkte (z.B. begründet durch Wertpapierleihe, Dividendenarbitrage etc). Ich würde die Frage von Fall zu Fall beurteilen und immer das Gesamtportfolio des Anlegers betrachten. Eine isolierte Empfehlung für ein einzelnes Anlageinstrument macht wenig Sinn, wenn man das Gesamtexposure des Anlegers nicht kennt. Die Gesamtportfolio-Betrachtung ist entscheidend.

Gegen indexiertes Anlegen wird manchmal das Argument der fehlenden Umsetzbarkeit bzw. Flexibilität von Views genannt. Was halten Sie davon?
Das investierbare Anlageuniversum wächst stetig und die Indexierung ist heute in sämtlichen Anlageklassen und den wichtigsten Währungen möglich. Zudem ist indexiertes Anlegen nicht nur durch ETFs, sondern auch durch Indexfonds und Derivate sinnvoll. Diese Kombination der Instrumente ermöglicht heute ein professionelles und diversifiziertes globales Investieren in allen Anlageklassen.

Sacha Widin, Director, trat im Oktober 1996 in die Credit Suisse ein und verfügt über mehr als 14 Jahre Erfahrung im Asset Management. Aufgrund seiner unterschiedlichen Aufgaben im Asset-Management-Bereich verfügt Herr Widin über eine umfassende Erfahrung in der Verwaltung von globalen Multi-Asset Class-Portfolios. Seit Oktober 2009 leitet er die Abteilung für ETF-basierte Anlagelösungen. Zuvor analysierte und verwaltete Widin Schweizer Aktien für mehr als sieben Jahre. Während dieser Zeit lancierte und verwaltete er zwei Schweizer Aktien-Fonds. Während mehr als fünf Jahren war er zudem für die Verwaltung von Multi-Asset-Class-Portfolios mit Verwaltungsmandat, welche sich aus Einzelanlagen, Anlagefonds und alternativen Anlagen zusammensetzen, verantwortlich. Im Jahre 1996 schloss Sacha Widin sein Studium an der Hochschule Luzern mit einem BSc in Business Administration and Economics ab. Zudem verfügt er über ein Diplom als Certified European Financial Analyst (CEFA). Er ist Mitglied der Swiss Financial Analyst Association (SFAA).

Prof. Dr. Heinz Zimmermann

Universität Basel

Eine bekannte Theorie, das Capital-Asset-Pricing-Modell, liefert die theoretische Grundlage für marktkapitalisierungsgewichtete Aktienindizes. Diese Theorie hat sich in Bezug auf ihre Annahmen sowie auf ihre empirische Validität als problematisch erwiesen. Haben solche Indizes Ihrer Meinung nach noch ihre Daseinsberechtigung als Benchmarkindizes?
Die Theorien wandeln sich – die Grundaussage des CAPM bleibt bestehen: Im Gleichgewicht müssen die Investoren die ausstehenden Aktien und anderen Vermögensanlagen in den Proportionen ihrer Marktkapitalisierung halten. Wenn es in Zeiten höherer Zinsunsicherheit eine höhere Nachfrage nach weniger zinssensitiven Titeln gibt – dann gibt es deswegen nicht plötzlich mehr zinsresistente Papiere: Die Nachfrage steigt, damit ihr Preis und die erwartete Rendite sinkt. Das Marktportfolio bildet den Fels in den Wogen ändernder Präferenzen und Erwartungen der Investoren, und das CAPM den Kern aller Bewertungsmodelle.

Welche alternativen Indexmethodologien sind bei Aktienindizes aus Ihrer Sicht zu bevorzugen und praktisch umsetzbar?
Anlagestile erweisen sich über alle Modeerscheinungen im Anlageverhalten hinweg als besonders populär: Stil- oder an Fundamentalfaktoren basierte Indizes werden wohl darum immer eine wichtige Anlageklasse bleiben. Sonst sehe ich die Innovation weniger bei neuen Indexmethoden als bei alternativen Anlageklassen, welche durch Indizes erschlossen werden: wie z.B. in der Vergangenheit Rohstoffe, Hedge Funds, Private Equity, Infrastrukturanlagen u.a. Indizes müssen in ihrer Konstruktion einfach sein, lieber sogar etwas zu einfach, denn komplizierte und innovative Berechnungsmethoden haben sich selten bewährt. Sonst würde niemand mehr auf den Dow Jones Index schauen…

Viele Anleihenindizes gewichten ihre Mitglieder in Abhängigkeit der ausstehenden Schulden. Emittenten mit höheren Schulden erhalten dadurch ein höheres Gewicht im Index. Finden Sie diese Indexkonstruktionsart sinnvoll?
Sicher nicht – das ist ja in einem gewissen Sinn die Umkehrung der Logik, welche der Konstruktion kapitalisierungsgewichteter Aktienindizes zu Grunde liegt. Nur ist die Alternative nicht sehr einfach: Gewichtet man die Schuldner aufgrund des Bruttosozialprodukts, erhält man unter Umständen noch eine viel unattraktivere Gewichtung.

Ein Urgedanke des Indexierens bestand in der Messung der wirtschaftlichen Entwicklung eines Marktes. Über mehrere Anlageklassen zu indexieren hat sich als Standard bis heute jedoch nicht durchgesetzt. Welche Möglichkeiten sehen Sie dazu? Gibt es theoretische Ansätze, die die Konstruktion solcher Indizes fundieren?
Die Investoren lieben keine Fertigmenus. Indizes sollen die einzelnen Bestandteile eines möglichen Anlagemenus abbilden, aber kein Fertigmenu präsentieren. Die theore-

tische Grundlage dieser Beobachtung ist wohl verhaltenswissenschaftlicher Natur und hängt mit der natürlichen Segmentierung eines komplexen Anlageuniversums zusammen. Weshalb gruppiert man Anlagen nicht aufgrund ihrer Korrelationseigenschaften und konstruiert nicht Indizes nach ihren Hauptkomponenten? Dies wäre die effizienteste Art, komplexe Instrumente abzubilden und zwischen Fonds zu diversifizieren. Es entspricht nicht der natürlichen Wahrnehmung und den institutionell vorgegebenen Clusters von Vermögensanlagen.

> Heinz Zimmermann ist seit 2001 Professor für Finanzmarkttheorie an der Universität Basel. In den Jahren 1989 bis 2001 war er als Professor für Volkswirtschaftslehre mit Schwerpunkt Finanzmarkttheorie am Schweizerischen Institut für Banken und Finanzen der Universität St. Gallen tätig. Seit 1999 unterrichtet er zudem an der Universität Bern. Seine Kerngebiete sind die Kapitalmarkttheorie sowie die derivativen Instrumente.

Dr. Andreas Zingg

iShares, Leiter Vertrieb Deutschschweiz

Welche Risiken werden bei ETFs oft respektive noch nicht beachtet?
Die meisten ETF-Investoren sind sich der Gegenparteirisiken aus Swap-Transaktionen und Wertpapierleihe bewusst und können diese Risiken realistisch einschätzen. Während die mit der Wertpapierleihe verbundenen Gegenparteirisiken seit je her mit Sicherheiten hinterlegt werden, sind solche Sicherheiten bei Swap-Transaktionen erst seit der letzten Finanzkrise Standard. Aus meiner Sicht achten viele Investoren zu wenig auf die Zusammensetzung, Diversifikation, Liquidität und Typ der hinterlegten Sicherheiten. Das Financial Stability Board hat in seinem letzten Report zu Recht die mangelnde Transparenz bei synthetisch replizierten ETFs kritisiert. Viele Sicherheitenportfolios scheinen nur unzureichend diversifiziert. Ausserdem werden häufig Aktien und Obligationen mit sehr geringen Handelsvolumen oder vereinzelt gar eigene Aktien der Swap-Gegenpartei als Sicherheiten hinterlegt. Von zentraler Bedeutung ist schliesslich der Typ der hinterlegten Sicherheiten. Ein rascher und direkter Zugriff auf die Sicherheiten ist nur dann möglich, wenn die Sicherheiten im Namen des Fonds hinterlegt werden (Transfer of Title/Ownership).

Was sind oft anzutreffende Wissenslücken von Privatinvestoren in Bezug auf ETFs?
Aktuelle Studien und Umfragen zeigen, dass 8 von 10 Privatinvestoren nicht wissen, was ETFs sind. Aus diesem Grund sollten Privatanleger vermehrt auf die generellen

Vorteile von ETFs als Alternative zu aktiven Fonds aufmerksam gemacht werden. Ich sehe diese Aufgabe in erster Linie bei den ETF-Anbietern.

Wo bestehen Lücken im aktuellen Angebot von ETFs?
Das aktuelle ETF-Angebot auf der Aktienseite bietet nur noch begrenzten Raum für sinnvolle Produktinnovationen. Aus diesem Grund dürfte das Hauptaugenmerk der ETF-Anbieter auf der Verbesserung des bestehenden Angebotes liegen. Lücken sehe ich vor allem im Bereich der Obligationen und Rohstoff-ETFs.

Wie sieht aus Ihrer Sicht der europäische ETF-Markt in 5 bis 10 Jahren aus?
Der ETF-Markt dürfte in den nächsten Jahren mit durchschnittlich 20 bis 30% pro Jahr wachsen und in 5 Jahren ein Volumen von über 800 Mrd. USD erreichen. Mit steigendem Marktvolumen wird sich die Liquidität des europäischen ETF-Markets dem US-Markt angleichen, d.h. die Transaktionskosten von ETFs werden deutlich sinken.
Das Wachstum in Europa dürfte insbesondere im Bereich privater Investoren stattfinden. Dieses Wachstum dürfte jedoch stark von der nationalen Regulierung im Bereich Vertriebsvergütungen abhängen. In Grossbritannien wurde ein erster Schritt unternommen. Weitere Länder dürften dem Bespiel folgen.
Der Kostendruck dürfte weiter zunehmen. Ich gehe davon aus, dass es in den nächsten Jahren zu einer Konsolidierung kommt. Die grossen Anbieter dürften aus dieser Konsolidierung gestärkt hervorgehen.

Was sind die wichtigsten Faktoren für den Erfolg eines ETF-Anbieters?
Erfahrung, Grösse und ein klares Bekenntnis des Mutterhauses sind von zentraler Bedeutung. Viele Investoren fokussieren sich auf Anbieter, die mit grosser Sicherheit dem ETF-Markt langfristig erhalten bleiben. Ausserdem ist die Breite und die Qualität inkl. Liquidität des Produktangebotes eine zwingende Voraussetzung für langfristigen Markterfolg. Schliesslich ist aus meiner Sicht das Servicemodell, ein hoher Bekanntheitsgrad sowie das Image der „Brand" ebenfalls von grosser Wichtigkeit für den nachhaltigen Erfolg. Ein Alleinstellungsmerkmal ist sicherlich auch die Unabhängigkeit als reiner Asset Manager wie im Beispiel von iShares.

Beim Investieren in ETFs sind Kosten, die auf verschiedenen Stufen (auf der Seite des Anlegers, des ETF-Providers bzw. der Depotbank, des Market Makers, der Steuern) anfallen, zu berücksichtigen. Auf welche Art kann hier eine höhere Transparenz geschaffen werden?
Die Investoren sind in erster Linie auf die totalen Kosten über die gesamte Haltedauer eines ETFs, die sogenannten Total Cost of Ownership, hinzuweisen. Die ETF-Industrie ist hier gefordert. Es muss das Ziel sein, dass die Investoren in der Lage sind, ihrem Kundenberater oder den ETF-Anbietern die „richtigen" Fragen zu stellen, um vollständige Transparenz über die Gesamtkosten eines ETFs zu erhalten. iShares als weltweit führender ETF-Anbieter hat zu diesem Zweck eine Informationskampagne gestartet. Es wird darauf hingewiesen, dass die Gesamtkosten eines ETFs nicht nur aus der TER bestehen, sondern weitere Kosten- bzw. Ertragstreiber wie die Handelskosten,

Transaktionskosten (z.B. Swap-Gebühren), Steuern und Zusatzerträge aus Wertpapierleihe enthalten. Die ETF-Anbieter sollten, wenn immer möglich, unaufgefordert Angaben zu diesen Kostenelementen sämtlichen Investoren zur Verfügung stellen.

Welche Gefahren sehen Sie durch die komplexer werdenden Strukturen, die besonders bei der synthetischen Replikation anzutreffen sind?
In seinem jüngsten Bericht kritisiert das Financial Stability Report (FSB) zu Recht die mangelnde Transparenz und die Gefahren/Risiken von synthetischen ETFs. Die synthetische Replikation ist ohne Zweifel eine bedeutende und wichtige Innovation des europäischen ETF-Markets. Leider ist die Transparenz synthetischer Produkte nach wie vor nicht mit physisch replizierten ETFs zu vergleichen. Die ETF-Anbieter sollten aus eigenem Antrieb die Zusammensetzung und den Typ der Sicherheiten synthetischer ETFs sowie die Swap-Gegenparteien offenlegen. Das gleiche gilt für die Swap-Gebühren. Sehr kritisch erscheint mir die jüngste Entwicklung von Bilanzoptimierungen über ETFs zu sein. Gemäss FSB werden – teilweise illiquide – Wertpapiere von der Bilanz der Swap-Gegenparteien in synthetisch replizierten ETFs (oder in die Sicherheitenportfolios) geparkt. Wie das FSB korrekt anmerkt, kann die Intra-Liquidität von solchen ETFs in Stresssituationen möglicherweise nicht sichergestellt werden.

> Andreas Zingg ist bei BlackRock Schweiz verantwortlich für den Vertrieb von Exchange Traded Funds (iShares) in der Deutschschweiz. Davor war Andreas Zingg bei UBS Global Asset Management tätig, zuletzt als Senior-Produkt-Spezialist bei UBS ETFs. Seine berufliche Laufbahn begann Andreas Zingg als Projektleiter bei McKinsey & Co. in Zürich. Er war verantwortlich für Projekte, deren besonderer Fokus in den Bereichen Unternehmensstrategie, Business Transformation und Vertriebsstrategien für Klienten aus der Finanzindustrie lag. Andreas Zingg studierte Volkswirtschaftslehre an der Universität St. Gallen und doktorierte dort zum Thema Performance und Governance von Schweizer Pensionskassen.

8. Glossar

Agio	Siehe Prämie
Aktie (Stock)	Anteilsrechte an einer Aktiengesellschaft. Im Gegensatz zu Obligationen stellen Aktien Eigenkapital (Equity) dar. Aktionäre sind am Vermögen und am Gewinn des Unternehmens beteiligt.
Aktiver (Anlage)Fonds	Anlagefonds, bei dem aktives Management angewendet wird. Dies steht im Gegensatz zu Indexfonds oder ETFs.
Aktiver ETF	Bei aktiven ETFs folgt die Zusammensetzung nicht einem nachzubildenden Standardindex, sondern den Meinungen des Portfoliomanagers. Alternativ kann ein aktiver ETF auch einen Index nachbilden, der aktiv gemanagt wird.
Aktives Management	Ein aktiver Manager oder ein darauf ausgerichteter Anlageprozess strebt eine Überrendite zum Markt respektive zu einer Benchmark an. Dabei werden Analysen, Erwartungen, Meinungen und Erfahrungen in konkrete Transaktionen übersetzt. Bedingt durch den damit verbundenen hohen Aufwand sind aktive Fonds teurer als passive. Aktives Management kann auf mehreren Stufen erfolgen (z.B. durch spezielle Gewichtung von Regionen, Ländern, Sektoren, Anlagestilen oder durch die Auswahl von einzelnen Titeln).
Alpha	Alpha ist die Mehrrendite zur Benchmark. Fairerweise muss die Mehrrendite risikoadjustiert beurteilt werden. Generell wird darunter der Mehrwert verstanden, den ein aktiver Manager leisten kann.
Alternative Anlagen	Diese Anlageklasse umfasst Hedge Funds, Private Equity und je nach Definition Rohstoffe. Alternative Anlagen weisen häufig eine vergleichsweise tiefe Korrelation zu den traditionellen Anlageklassen (Aktien, Obligationen) auf, wodurch sie zur Diversifikation des Portfolios beitragen können.
Anlage-Allokation (Asset Allocation)	Die Aufteilung respektive Diversifikation der Anlagen über verschiedene Anlageklassen und Sub-Anlageklassen.
Anlageklasse (Asset Class)	Ähnliche Typen oder Kategorien von Anlagen werden zu Anlageklassen mit spezifischen Risiko/Rendite-Eigenschaften zusammengefasst. Beispiele sind Anleihen, Aktien und alternative Anlagen. Normalerweise erfolgt je Anlageklasse eine Unterteilung in sogenannte Sub-Anlageklassen (beispielsweise Aktien Schweiz oder Unternehmensanleihen).
Anleihe (Bond)	Siehe Obligation
Annualisierung	Umrechnung auf die Länge eines Jahres, um die Vergleichbarkeit von Risiko oder Renditezahlen zu vereinfachen.

Arbitrage	Gleichzeitiger Kauf und Verkauf von gleichen oder ähnlichen Instrumenten zwecks (risikofreier) Ausnutzung von Preisunterschieden. Arbitragemechanismen dienen in vielen Bereichen der Finanzmärkte der fairen Preisfindung. Die Preisfindung von ETFs innerhalb eines Handelstages beruht teilweise auch auf Arbitragemechanismen.
Aufstrebende Märkte (Emerging Markets)	Märkte werden gemeinhin in entwickelte (developed), aufstrebende (emerging) und Schwellenländer (frontier) unterteilt. Oft wird Emerging Markets als Synonym für Schwellenländer verstanden, was eigentlich falsch ist. Die Einteilung in diese Kategorien erfolgt u. a. aufgrund der wirtschaftlichen Entwicklung, Liquiditätskriterien, des Marktzugangs und der Marktinfrastruktur.
Authorized Participant (AP)	Marktteilnehmer, der Creations und Redemptions bei der ETF-Fondsgesellschaft durchführen darf. Die Transaktionen erfolgen normalerweise in der Grösse von sogenannten Creation Units.
Basispunkt (basis point)	100 Basispunkte ergeben ein Prozent. Beispiel: 35 Basispunkte entsprechen 0.35%.
Benchmark (BM)	Im weitesten Sinne eine Bezugsmarke oder Referenzgrösse, gegen die etwas verglichen wird. Ein BM kann eine langfriste Anlage-Allokation, eine Anlageklasse oder eine einzelne Anlage sein. Typischerweise umfasst ein Benchmark einen Index oder eine Kombination von mehreren Indizes.
Benchmarkindex	Index, gegen den die Rendite gemessen und verglichen wird. Insbesondere bei passiven Produkten sollte der Index ohne weiteres investierbar sein. Bei aktiven Produkten sind auch nicht (vollständig) investierbare Indizes als Benchmark üblich. Ein Benchmarkindex kann zudem das Anlageuniversum definieren und Anlagen ausserhalb verbieten. Anlagen ausserhalb eines Benchmarks werden auch als off-benchmark bets (Wetten ausserhalb des Benchmarks) bezeichnet.
Bestens-Auftrag	Ein Börsenauftrag, der zu den aktuellen Marktkonditionen respektive den nächstmöglichen Preisen ausgeführt wird. (Dabei muss die entsprechende Gegenseite im Orderbuch vorhanden sein.)
Beta	Sensitivitätsmass, normalerweise zwischen einer Anlage und dem „Markt" bzw. einem repräsentativen Marktindex. Beispielsweise wird bei einem Beta von grösser als 1 erwartet, dass der Titel bei einem generellen Marktanstieg stärker ansteigt als der Markt.
Bid/Ask-Spread	Die sogenannte Geld/Brief-Spanne ist die Differenz zwischen dem Geld und Briefkurs. Bei einer Transaktion sollte dieser Kostenfaktor nicht vernachlässigt werden.

Black-Swan-Theorie	Gemäss dem Autor Nassim Taleb kommen, untermauert durch empirische Daten, unwahrscheinliche Ereignisse öfter vor als erwartet.
Bond	Siehe Obligation
Briefkurs (Ask)	Preis, für den der Besitzer bereit ist, eine Wertschrift zu verkaufen. Marktteilnehmer können die Wertschrift beispielsweise von einem Market Maker zu diesem Kurs kaufen.
Buy-and-Hold	Anlagestrategie, welche die Gewichte nach dem Erwerb der Wertschriften „laufen lässt" respektive kein Rebalancing vornimmt.
Cap – Large Cap	Firmen mit einer hohen Marktkapitalisierung. Je nach Land und Indexanbieter kann die darunter verstandene Marktkapitalisierung variieren. In den USA werden darunter Firmen verstanden, die eine Marktkapitalisierung von mehr als 10 Milliarden USD aufweisen. Der Schweizer Large Cap Index SMI enthält Titel mit einer Marktkapitalisierung von deutlich unter 10 Milliarden CHF.
Cap – Mid Cap	Firmen mit einer mittleren Marktkapitalisierung. Je nach Land und Indexanbieter kann die darunter verstandene Marktkapitalisierung variieren. In den USA werden darunter Firmen verstanden, die eine Marktkapitalisierung zwischen 2 und 10 Milliarden USD aufweisen, was ungefähr auch auf den Schweizer SMIM-Index zutrifft.
Cap – Small Cap	Firmen mit einer kleinen Marktkapitalisierung. Je nach Land und Indexanbieter kann die darunter verstandene Marktkapitalisierung variieren. In den USA werden darunter Firmen verstanden, die eine Marktkapitalisierung von unter 2 Milliarden USD aufweisen.
Cashdrag	Anlagefonds, wie auch ETFs, halten oft einen kleinen Bargeldbestand, damit etwaige Redemptions einfach bedient werden können. In Zeiten von steigenden Märkten hat dies jedoch einen renditemindernden Einfluss.
Close Performance	Die Rendite eines ETFs wird aufgrund der zuletzt an der Börse gehandelten Preise (des ETFs) ermittelt. Etwaige Ausschüttungen müssen ebenfalls berücksichtigt werden.
Closed-End Fund	Anlagefonds mit einer fixen Anzahl an Fonds-Anteilen.
Contrarian-Strategie	Bei dieser Strategie werden Titel, die in jüngster Vergangenheit positive (negative) Renditen erzielt haben, unter- (über-) gewichtet. Es wird darauf gesetzt, dass eine Trendwende eintritt.
Creation	Einlieferung von Cash oder – sofern möglich – den relevanten Wertschriften durch den AP an den ETF-Anbieter gegen Erhalt von ETF-Anteilen. Das Volumen muss der Grösse einer Creation Unit entsprechen.

Creation Unit	Einheit, in der beim ETF gezeichnet oder zurückgegeben werden kann. Manchmal werden bis zu 50'000 Anteile zu einer Creation Unit zusammengefasst. Im Unterschied zu herkömmlichen Anlagefonds können bei ETFs keine einzelnen Anteile gezeichnet werden.
Custodian	Gesellschaft, die als „Vermögensverwahrer" für die Sicherung und Abgrenzung der Vermögenswerte verantwortlich ist. Sie wird oft als Depotbank bezeichnet.
Designated Sponsor	Market Maker, die sich bei der Börse verpflichten, einerseits für einen ETF Liquidität bereitzustellen und anderseits die von der Börse vorgeschriebenen maximalen Handelsspannen sowie minimalen Volumen einzuhalten.
Discount	Betrag, der den effektiven Wert des ETFs (NAV oder iNAV) unterschreitet.
Diversifikation	Verteilung des Anlagebetrages auf verschiedene Instrumente und je nach Strategie auf mehrere Anlageklassen. Durch das Aufnehmen von mehreren, möglichst tief korrelierten, Titeln in das Portfolio kann ein Teil des Risikos, das unsystematische bzw. idiosynkratische Risiko, reduziert werden.
Duration	Durchschnittliche Dauer der Kapitalbindung einer Obligation und Sensitivitätsmass zu kleinen Zinsveränderungen. Verbreitete Berechnungsmethoden sind die Modifizierte und die Macaulay-Duration.
EAFE	EAFE steht für Europe, Australasia and Far East. Der MSCI EAFE Index bildet die Rendite von entwickelten Ländern ausserhalb der USA und Kanada ab.
Effizienter Markt (Efficient Market)	Gemäss dieser Theorie sind alle kursrelevanten Informationen in den Preisen von Wertschriften enthalten. Dies hat zur Folge, dass niemand über längere Zeit den Markt schlagen kann. Daneben existieren abgeschwächte Versionen dieser Theorie, die von weniger effizienten Märkten ausgehen.
Exchange Traded Fund (ETF)	Börsengehandelter (offener, open-end) Indexfonds, der wie eine Aktie über die Börse ge- und verkauft werden kann.
Factsheet	Datenblatt, Faktenblatt. Dokument, welches auf ein bis zwei Seiten die wesentlichen Merkmale eines ETFs übersichtlich darstellt und auf den Websites der jeweiligen ETF-Provider einsehbar ist.
Gegenparteirisiko (Counterparty Risk)	Risiko, dass die Gegenpartei ausfällt und ihren Verpflichtungen nicht nachkommen kann.
Geldkurs (Bid)	Preis, für den ein Marktteilnehmer bereit ist, eine Wertschrift zu kaufen. Beispielsweise kann eine Wertschrift an den Market Maker zu diesem Kurs verkauft werden.

Gleichgewichtet (Equal Weighted)	Indizes oder ein Portfolios, die diesen Ansatz verfolgen, gewichten jede Wertschrift zum Startzeitpunkt identisch. Da sich die Gewichte durch unterschiedliche Renditen verschieben werden, muss die Häufigkeit des Rebalancings definiert werden. Diese Strategie wird auch 1/n-Strategie genannt, weil bei n Titeln jeder Titel ein Gewicht von 1/n hat.
Handelsspanne	Siehe Spread
Handelswährung	Währung, in der ein ETF gehandelt wird. Beispiel: Ein S&P 500 ETF, der in EUR gehandelt wird. Als Risikowährung hingegen hat derselbe ETF USD.
Hedge Fund	Anlage, die den sogenannten alternativen Anlagen zugeordnet wird. Hedge Funds haben typischerweise mehr Freiheiten als traditionelle Anlagefonds und sind nicht für alle Investoren zugänglich.
High-Yield Bond	Hochverzinsliche Obligation. Diese Obligationen weisen normalerweise ein Kreditrating von unter BB oder BBB auf. Diese Obligationen werden oft auch als Junk Bonds (Schrottanleihen) bezeichnet.
Home Bias	Vorliebe von Investoren für ihren Heimmarkt. Beispiel: Ein deutscher Anleger gewichtet die Aktien Deutschland mit 50% innerhalb der Aktienquote, obwohl weltweit das Gewicht des Marktes unter 5% liegt.
Index	Zusammenfassung von mehreren Wertschriften in einer Masszahl, welche repräsentativ für einen Markt oder einen festgelegten Teil davon ist. Die Auswahl und Gewichtung der zu berücksichtigenden Wertschriften kann mit verschiedenen Methoden erfolgen.
Index Fund	Anlagefonds, welcher einen bestimmten Index möglichst genau abbilden soll.
Indikativer Nettoinventarwert (iNAV)	Innerhalb eines Börsentages wird der NAV auf Basis der im ETF oder Index enthaltenen Wertschriften approximiert und dient der fairen Preisfindung beim Handel von ETF-Anteilen. Dazu wird der iNAV in der Regel alle 15 Sekunden aktualisiert. Erst nach Börsenschluss der im ETF enthaltenen Wertschriften kann der exakte NAV berechnet werden.
Kommissionen, Courtagen	Siehe Transaktionskosten
Korrelation	Statistische Angabe von −1 bis 1, welche die Beziehung von zwei Variablen beschreibt. Bei Finanzinstrumenten deutet ein positiver (negativer) Wert auf eine häufige Preisbewegung in die gleiche (entgegengesetzte) Richtung hin.
Leverage	Darunter wird normalerweise der Einsatz von geliehenem Geld verstanden. Leverage hat normalerweise das Ziel, eine höhere Investitionsquote durch den Einsatz von geliehenem Geld zu erhalten, als mit dem vorhandenen Geld möglich wäre.

Limit-Auftrag	Ein Börsenauftrag, der nur zu einem bestimmten Preis oder besser ausgeführt wird.
Liquidität	Bei einer hohen Liquidität kann eine Wertschrift selbst bei grossen Beträgen schnell und zu einem fairen Preis gehandelt werden.
Management Fee	Verwaltungsgebühr. Gebühr für die Verwaltung einer Anlage, die die Fondsgesellschaft respektive das Portfoliomanagement entschädigt.
Market Maker	Oberbegriff für Marktteilnehmer (beispielsweise Bank oder spezialisierter Broker), welche Liquidität auf dem Sekundärmarkt bereitstellen und somit im wörtlichen Sinne einen Markt bereitstellen. Sie stellen Geld- und Briefkurse an der Börse oder ermöglichen ausserbörsliche (over-the-counter) Transkationen. Im Rahmen von ETFs sind Market Maker manchmal auch Designated Sponsors und agieren häufig in der Funktion des Authorized Participants.
Marktkapitalisierung	Darunter wird normalerweise der Wert einer kotierten Firma verstanden. Die Marktkapitalisierung wird berechnet, indem die ausstehenden Titel (Aktien) mit dem aktuellen Preis multipliziert werden. Das Konzept der Marktkapitalisierung kann auf gesamte Märkte, Regionen oder gar Anlageklassen ausgeweitet werden. Im Englischen wird der Begriff oft mit Market Cap abgekürzt.
MiFID	„Markets in Financial Instruments Directive" Richtlinie der EU zur Harmonisierung der Märkte für Finanzinstrumente. Wesentliche Ziele sind Anlegerschutz, mehr Wettbewerb und verbesserter Marktzugang für alle Anleger. Dazu gehören auch die „Best Execution" und gewisse Dokumentationspflichten
Moderne Portfolio-Theorie (MPT)	Harry Markowitz war 1952 der Begründer der MPT. Mittels mathematischer Verfahren werden damit Wertschriften aufgrund ihrer Risiko/Rendite-Eigenschaften so kombiniert, dass die Rendite für ein bestimmtes Mass an Risiko maximiert wird und effiziente Portfolios entstehen. Konkret werden zur Berechnung die erwarteten Renditen, Volatilitäten und Korrelationen benötigt.
Momentum-Strategie	Bei dieser Strategie werden Titel, die in jüngster Vergangenheit positive (negative) Renditen erzielt haben, über- (unter-) gewichtet. Es wird darauf gesetzt, dass sich ein Trend fortsetzt.

NAV Performance	Bei dieser Renditebetrachtung werden die NAVs plus etwaige Ausschüttungen berücksichtigt. Dies steht im Unterschied zur Verwendung von Schlusskursen (close). Bei weniger stark gehandelten ETFs oder ETFs mit Anlagen in anderen Zeitzonen stellt die NAV Performance eine genauere Rendite-Betrachtung dar, weil die effektiven Schlusskurse der im ETF enthaltenen Titel in die Berechnung einfliessen.
Net Asset Value (NAV)	Nettowert eines Fondsanteils. Beim NAV werden von der Summe aller Anlagen (zu Marktpreisen) die Verbindlichkeiten abgezogen und durch die Anzahl ausstehender Anteile dividiert. Der NAV ist um sämtliche Kosten bereinigt, die im Fonds anfallen.
Nichtsystematisches / unsystematisches Risiko	Risiko, das spezifisch für die einzelne Aktie oder Obligation ist. Diese Art Risiko kann durch Diversifikation reduziert werden.
Obligation (Bond)	Auch Anleihe oder Bond genannt. Obligationen werden von Staaten und Unternehmen als eine Quelle der Fremdfinanzierung emittiert und weisen in ihrer Grundform eine fixe Laufzeit und Verzinsung auf.
OGAW	„Organismen für gemeinsame Anlagen in Wertpapieren". Siehe UCITS
Open-End Fund	Ein Fonds, bei dem neue Anteile gezeichnet oder zurückgegeben werden können. Die Anzahl der ausstehenden Anteile kann sich folglich täglich verändern.
Over-the-counter (OTC)	Begriff für „ausserbörsliche" Transaktionen zwischen zwei Gegenparteien. Je nach Land und involvierten Wertschriften müssen diese Transaktionen gemeldet werden oder bleiben anonym.
Passiver (Anlage-)Fonds	Siehe Index Fund
Passives Management	Ansatz, bei dem typischerweise ein Index oder eine Kombination von Indizes möglichst genau abgebildet wird. Darunter wird auch die Umsetzung von taktischen Meinungen mit passiven Instrumenten verstanden. Einzeltitelselektion findet grundsätzlich nicht statt. Entgegen dem Begriff hat jede Form des passiven Managements bis zu einem gewissen Grad aktive Komponenten: Auswahl der relevanten Indizes oder Indexinstrumente, Wahl der Indexnachbildungsmethode oder Verbuchung von Mittelflüssen. In der Praxis existieren mehrere Ausprägungen mit unterschiedlich hoher Aktivität.
PEA	„Plan d'Epargne en Actions". Dies ist ein spezieller Status in Frankreich und ist mit steuerlichen Vorteilen verbunden, um langfristiges Sparen für anfangs französische und später europäische Aktien zu fördern.

Performance	Wertentwicklung einer Wertschrift, eines Index, einer Anlagestrategie oder eines Portfolios. Als Synonym wird oft Rendite verwendet. Im Gegensatz zur Brutto-Performance werden bei der Netto-Performance Gebühren oder Quellensteuern abgezogen.
Performance-Index	Bei der Berechnung der Index-Performance werden neben den Kurssteigerungen auch die Ausschüttungen (beispielsweise Dividenden) der im Index enthaltenen Wertschriften berücksichtigt und reinvestiert. Synonym: Total Return Index; Beispiel: SMIC
Physische Replikation	Die Performance des nachzubildenden Index wird dadurch erreicht, dass alle oder eine Auswahl der im Index enthaltenen Titel gehalten werden.
Portfolio Composition File (PCF)	Datei, welche über die genaue Zusammensetzung des ETFs Auskunft gibt und täglich an die Market Maker versendet wird. Das PCF gibt vor, welche Wertschriften bei der physischen Kreierung (Creation) durch den AP eingeliefert werden müssen.
Prämie (premium)	Betrag, der den effektiven Wert des ETFs (NAV oder iNAV) übersteigt.
Preisindex	Bei der Berechnung der Index-Performance werden nur die Kurssteigerungen der im Index enthaltenen Wertschriften berücksichtigt. Beispiel: SMI
Price Return	Berechnungsart der Performance, wo nur die Kursentwicklungen berücksichtigt, hingegen Ausschüttungen (beispielsweise Dividenden) vernachlässigt werden.
Primärmarkt	Neue Wertschriften, so auch neue ETF-Anteile, werden auf dem Primärmarkt emittiert.
Prospekt (Prospectus)	Rechtliches Dokument, das detailliert über den ETF Auskunft gibt und vom Regulator genehmigt wurde. Ein Prospekt enthält beispielsweise die folgenden Punkte: Involvierte Parteien, Beschrieb der Struktur, Anlageziel, Anlagestrategie, Kosten, Gebühren, Risiken. Grundsätzlich sind Prospekte interessierten Investoren frei zugänglich, sofern keine Einschränkungen vorliegen (z.B. Zulassung). Weitere Angaben sind oft in Anhängen oder dem SAI (Statement of Additional Information) zu finden.
Provider	Anbieter. Gesellschaft, die beispielsweise ETFs (ETF-Provider) oder Indizes (Indexprovider) anbietet.
Real Estate Investment Trust (REIT)	Kotierte Gesellschaft, die in Immobilien investiert und je nach Land einen gewissen Prozentsatz der Einnahmen ausschütten muss. REITs werden oft auch Immobilienaktien genannt. REITs werden in der Praxis der Immobilienquote oder aufgrund ihres Aktiencharakters der Aktienquote zugeordnet.

Rebalancing	Zurückstellung des Portfolios auf die ursprünglich definierten Gewichte. Beispielsweise müsste bei einem jährlichen Rebalancing eine Strategie mit 50% Aktien auf dieses Gewicht zurückgestellt werden, falls aufgrund guter Performance die Aktien-Quote bei 58% stünde.
Redemption	Einlieferung von ETF-Anteilen (eine Creation Unit oder ein Mehrfaches davon) an den ETF durch den AP und Erhalt des Gegenwertes in Cash oder – sofern möglich – der zugrunde liegenden Wertschriften.
Risiko	In der Finanzwelt wird unter Risiko häufig die Schwankung von Renditen verstanden und als annualisierte Standardabweichung angegeben. Bei der Betrachtung von Risiken muss zwischen relativen und absoluten Risiken unterschieden werden. Neben dem statistischen Risiko gilt es auch weitere Arten zu beachten, beispielsweise: Credit Risk, Currency Risk, Counterparty Risk, Liquidity Risk, Inflation Risk, Interest Rate Risk etc.
Risikowährung	Währung, in der die im ETF enthaltenen Wertschriften gehandelt werden. Beispiel: Ein S&P 500 ETF, der in EUR gehandelt wird, hat die Risikowährung USD. Im Unterschied dazu hat der ETF die Handelswährung EUR.
Rohstoffe (Commodities)	Güter, welche nicht verarbeitet sind und normalerweise für die Produktion anderer Erzeugnisse verwendet werden. Bei den Rohstoffen unterscheidet man oft die folgenden Kategorien: Energie, Industriemetalle, Edelmetalle, Agrargüter und Vieh. Als Anleger wird normalerweise über die Terminmärkte in Rohstoffe investiert.
Sampling	Beim Sampling besteht das Ziel darin, mit einer Teilmenge der im Index enthaltenen Wertschriften die Performance möglichst exakt nachzubilden. Dazu kommen verschiedene mathematische Modelle zur Anwendung.
Sekundärmarkt	Handel von bereits emittierten Wertschriften. Die auf dem Primärmarkt emittierten Wertschriften werden im Rahmen des Sekundärmarktes, beispielsweise über eine Börse, gehandelt.
Selektion	Darunter wird die Auswahl einer Wertschrift oder eines ETFs verstanden. Der damit verbundene Prozess sollte klaren Regeln folgen, damit Objektivität, Transparenz und eine Risikokontrolle möglich ist.
Spread	Die Differenz zwischen dem Geld- und Briefkurs wird auf Deutsch Handelsspanne genannt. Es empfiehlt sich, nicht auf die absolute, sondern die relative Handelsspanne zu achten.
Standardabweichung (Standard Deviation)	Risikomass, das die durchschnittliche Renditeschwankung um einen Mittelwert angibt. Quadratwurzel der Varianz.

Strategische Anlage-Allokation (Strategic Asset Allocation)	Langfristige Allokation der Anlageklassen, welche der persönlichen Ausgangslage entspricht. Oft wird sie auch als Benchmark-Allokation bezeichnet.
Streubesitz (Free Float)	Anteil bei kotierten Firmen, welcher der Öffentlichkeit für Investitionen zugänglich ist. Beispielsweise sind bei ehemaligen Staatsunternehmen oft grosse Aktienquoten noch im Besitz des Staates.
Swap	Eine Abmachung zwischen zwei Parteien, Zahlungsströme gemäss den vereinbarten Konditionen auszutauschen. So kann beispielsweise die Rendite eines Portfolios gegen die Rendite eines Index ausgetauscht werden. Es existieren verschiedene Arten und Ausprägungen von Swaps. Bei synthetischen ETFs kommen oft sogenannte Total Return Swaps (un-funded) oder fully-funded (funded) Swaps zum Einsatz.
Synthetische Replikation	Bei dieser Replikationsmethode müssen die Wertschriften im Anlagefonds (ETF) nicht den Mitgliedern des Index entsprechen. Die Indexperformance wird über die Beimischung von derivativen Instrumenten (Swaps) erreicht. Mit dieser Replikationsmethode können auch Indizes nachgebildet werden, welche physisch nicht abbildbar sind.
Systematisches Risiko	Risiko, das durch Diversifikation nicht reduziert werden kann. Bei Aktien stellt dies beispielsweise das generelle Markt- oder Sektorrisiko dar.
Taktische Anlage-Allokation (Tactical Asset Allocation)	Gewollte, kurz- bis mittelfristige Abweichung von der Benchmark oder der Strategischen Allokation mit dem Ziel Opportunitäten auszunützen.
Thesaurierend	Nicht ausschüttend, reinvestierend
Total Expense Ratio (TER)	Angabe zur Gesamtkostenquote; neben der Verwaltungsgebühr (Management Fee) umfasst die TER die folgenden Kosten: Marketinggebühren, Revisionskosten Indexgebühren etc. In der TER sind jedoch nicht alle Kosten enthalten, wie beispielsweise Transaktionskosten oder Kosten für den Swap. Je nach Land können unterschiedliche Komponenten in die TER einfliessen.
Total Return	Berechnungsart der Performance, wo neben den Kursentwicklungen auch die Ausschüttungen (beispielsweise Dividenden) berücksichtigt werden. (Siehe Performance-Index.)
Tracking Error	Dieses Mass gibt Auskunft über die Schwankung der Renditeunterschiede zweier Anlagen. Mit diesem Mass kann nicht beurteilt werden, ob nach einer gewissen Periode die kumulierten Renditen zweier Instrumente gleich oder unterschiedlich sind. Eine konstante Unterrendite führt beispielsweise zu einem Tracking Error von Null.

Transaktionskosten	Kosten oder Gebühren, die beim Kauf oder Verkauf von Wertschriften anfallen. Neben den Gebühren, die einer Bank für die Transaktion bezahlt werden müssen, können auch die Handelsspanne und Steuern zu den Transaktionskosten gezählt werden.
UCITS	„Undertakings for Collective Investments in Transferable Securities" Direktive der Europäischen Kommission, die ein gemeinsames Rahmenkonzept für Anlagefonds vorgibt. Hauptziel ist der Anlegerschutz und die Definition von erlaubten Instrumenten. Seit UCITS III können auch Derivate für Anlagezwecke verwendet werden.
Varianz	Streuungsmass. Quadrat der Standardabweichung.
Verwaltungsgebühr	Siehe Management Fee
Volatilität	Schwankung von Renditen. In der Finanzwissenschaft wird dazu die Standardabweichung verwendet.
Volle Replikation	Eine Art der physischen ETF-Replikation, bei der alle Titel des nachzubildenden Index durch den ETF gekauft werden.
Yield-to-Maturity (YTM)	Rendite einer Obligation, wenn sie bis zum Verfall gehalten werden würde.
Zinskurve (Yield Curve)	Grafik, welche die Effektivverzinsung von Obligationen mit verschiedenen Laufzeiten aufzeigt. Je nach Verlauf wird von normaler, flacher oder inverser Zinskurve gesprochen.

9. Literatur / Ressourcen

Bücher

Anson, Mark (2002): Handbook of Alternative Assets
Arnott, Robert D. (2008): The Fundamental Index
Bodie, Zvi & Kane, Alex & Marcus, Alan (2004): Investments
Braun, Gregor & Picard, Alain (2010): Exchange Traded Funds (ETF)
Chan, S.H. & Erickson, J. & Wang, K. (2003): Real Estate Investment Trusts
Deutsche Börse AG / Etterer, Alexander & Wambach, Martin (2007): ETF-Handbuch
Ellis, Charles D. (2002): Winning the Loser's Game: Timeless Strategies for Successful Investing
Faerber, Esmé (2009): All About Bonds, Bond Mutual Funds, and Bond ETFs
Ferri, Richard A. (2002): All About Index Funds
Ferri, Richard A. (2006): All About Asset Allocation. The Easy Way to Get Started
Ferri, Richard A. (2009): The ETF Book. All you need to know about exchange-traded funds
Gantenbein, Pascal & Spremann, Klaus (2007): Zinsen, Anleihen, Kredite
Gehrig, Bruno & Zimmermann, Heinz (1999): Fit for Finance
Gerber, Melinda (2008): How to Create and Manage a Mutual Fund or Exchange-Traded Fund. A Professional's Guide
Götte, Rüdiger (2010): Exchange Traded Funds (ETFs). Grundlagen, Funktionsweise und praktischer Einsatz. Das 1x1 der Exchange Traded Funds
Hasenböhler, Franz (2007): Recht der Kollektiven Kapitalanlagen
Kestner, Lars (2003): Quantitative Trading Strategies
Kiehling, Hartmut (2001): Börsenpsychologie und Behavioral Finance
Linneman, Peter (2004): Real Estate Finance & Investments
Lydon, Tom (2010): The ETF Trend Following Playbook
Michaud, Richard (1998): Efficient Asset Management
Niedermayer, Daniel (2008): Essays on Portfolio Theory and Computational Finance
Owen, Deborah & Griffiths, Robin (2006): Mapping the Markets: A Guide to Stock Market Analysis
Ramesh, Ram (2000): Financial Analyst's Indispensable Pocket Guide
Rasmussen, Mikkel (2003): Quantitative Portfolio Optimisation, Asset Allocation and Risk Management
Rosenberg, Laurence M. & Weintraub, Neal T. & Hyman, Andrew S. (2008): ETF Strategies and Tactics
Schoenfeld, Steven A. (2004): Active Index Investing
Tzvetkova, Rossitza (2005): The Implementation of Exchange Traded Funds in the European Market
Wild, Russell (2007): Exchange-Traded Funds FOR DUMMIES
Wild, Russell (2009): Index Investing FOR DUMMIES
Zimmermann, Heinz (2003): Finance Compact

Artikel und Präsentationen

Allianz Global Investors / Wolfert, Frank & Braun-Cangl, Olga (2010): Advanced Return-Strategien
Amery, Paul auf IndexUniverse.com (2008): A Swap-Based ETF Checklist
Amery, Paul auf IndexUniverse.com (2008): European ETFs And Securities Lending
Amery, Paul auf IndexUniverse.com (2008): More On Counterparty Risk (Swap-based ETFs)
Amery, Paul auf IndexUniverse.com (2009): The Structural Risks Of ETFs
Amery, Paul auf IndexUniverse.com (2010): Do Trackers Track?
Amery, Paul auf IndexUniverse.com (2010): Victory For Swaps?
Amery, Paul auf IndexUniverse.com (2010): What Does Your Swap Cost?
Amundi / Goltz, Felix & Grigoriu, Adina & Tang, Lin (2010): The EDHEC European ETF Survey 2010
Bank for International Settlements BIS / Ramaswamy, Srichander (2011): BIS Working Papers No 343. Market structures and systemic risks of exchange-traded funds
Bell, Heather & Nadig, Dave & Hougan, Matt in Exchange-Traded Funds Report (2009): In-Kind: Premiums & Discounts in Fixed-Income ETFs
Bennyhoff, Donald & Zilbering, Yan auf IndexUniverse.com (2019): Not All ETFs Are Traded Equally
BlackRock (2009): ETF Landscape. China ETFs Industry Review. Year End 2009
BlackRock (2009): Spotlight on ETF Construction: physical versus swap-based ETFs
BlackRock (2010): Accessing Worldwide Property Markets Through REIT ETFs
BlackRock (2010): ETF Landscape Celebrating 10 Years of ETFs in Europe
BlackRock (2010): Overview of ETF Structures. How ETFs track their benchmark
BlackRock / Fuhr, Deborah & Kelly, Shane (2010): ETF Landscape. Global Handbook. Q3 2010
BlackRock / Fuhr, Deborah & Kelly, Shane (2010): ETF Landscape. Industry Review. Year End 2010
BlackRock / Fuhr, Deborah (2010): ETF Landscape. Industry Highlights. Year End 2010
BlackRock / Hamid, Nizam et. al. (2009): Accessing Worldwide Property Markets Through REIT ETFs
BlackRock / Loeb-Darcagne, Armelle (2010): US versus European ETFs. Myths and Reality
Blanchett, David in Journal of Indexes (2010): Can Index Generate Alpha?
Cheng, Minder & Madhavan, Ananth in: Journal of Investment Management (2009): The Dynamics of Leveraged and Inverse-Exchange Traded Funds
Clariden Leu / Martin, Philippe et. al. (2008): Chancen und Risiken auf den Finanzmärkten
Credit Suisse / Dimson, Elroy & Marsh, Paul & Staunton, Mike & Wilmot, Jonathan (2010): Global Investment Returns Yearbook 2010
Daley, Paul & Dorencz, Phil & Bargerstock, Dan in Journal of Indexes (2010): ETF Liquidity Explained
Dallmer, Lisa in Journal of Indexes (2010): The Impact Of Market Models On Liquidity
DeMiguel, Victor & Garlappi, Lorenzo & Uppal, Raman (2009) in: The Review of Financial Studies: Optimal versus Naive Diversification: How Inefficient is the 1/N Portfolio Strategy?
Deutsche Bank / Costandinides, Christos (2010): Do ETF trackers track? European equity ETF tracking error under the microscope
Deutsche Bank / Costandinides, Christos (2010): The race for assets in the European commodity Exchange-Traded Product space

Deutsche Bank / Sandford, Yvonne (2008): Global Markets Research. Exchange Traded Funds -
    Europe and US Fixed Income ETF Liquidity Trends
Drobetz, Wolfgang & Köhler, Friederike (2002): The Contribution of Asset Allocation Policy to
    Portfolio Performance
EDHEC / Goltz, Felix & Amenc, Noël & Martellini, Lionel (2010): Improved Beta? A Comparison of
    Index-Weighting Schemes
EFAMA (2006): TAXATION of UCITS. The Principles. 2006 Update
Eidgenössische Steuerverwaltung ESTV, Kreisschreiben Nr. 25 (2009): Besteuerung kollektiver
    Kapitalanlagen und ihrer Anleger
Ernst&Young (2010): Investment funds in Ireland
ETFlab / Pohlmann, Thomas (2009): Replikationstechniken bei Exchange Traded Funds
Everling, Oliver in: ETF-Magazin (2009): ETF-Rating. Schwieriger Vergleich
Financial Stability Board FSB (2011): Potential financial stability issues arising from recent trends
    in Exchange-Traded Funds (ETFs)
Flagel, Stephan & Wardley, Neil auf IndexUniverse.com (2009): Single- vs. Multidealer Fixed-
    Income Indexes
Gastineau, Gary in Journal of Indexes (2009): How to Minimize Your Cost Of Trading ETFs
Gastineau, Gary in Journal of Indexes (2009): The Future of Fund Ratings. Part One & Two
Gomber, Peter & Schweickert, Uwe (2002): Der Market Impact: Liquiditätsmass im elektronischen
    Wertpapierhandel
Hougan, Matt auf: IndexUniverse.com (2008): ETF Spreads Widen Substantially
Hougan, Matt auf: IndexUniverse.com (2009): How To Tell If Your ETF Is About To Close
Hougan, Matt in: Journal of Indexes (2008): ETFs, Spreads And Liquidity
International Monetray Fund IMF (2011): Global Financial Stability Report
Invesco Insight (2006): Active Manager Performance
Irish Funds Industry Association ifia (2009): Ireland Factsheet
Irish Funds Industry Association ifia (2010): Investment Structures
Jordan, Thomas (2009): SARON – Innovation für die Finanzmärkte
Koopmann, Jens (2002): Offene und geschlossene Fonds
KPMG (2010): Luxembourg Investment Funds. Withholding Tax Study 2010
KPMG / Hermann, Charles & Winckler, Grégoire (2007): Steuerliche Aspekte von ETFs
Luo, Frank & Guarino, Dave (2010): S&P Research. International Corporate Bonds: A Primer
Morningstar (2011): Morningstar ETF Research. Synthetic ETFs Under the Microscope
Morningstar / Bioy, Hortense (2010): Wie sicher sind synthetische ETFs?
MSCI Barra & Standard & Poor's (2010): Frequently Asked Questions about GICS
MSCI Barra (2010): Global Industry Classification Standard (GICS)
MSCI Barra (2010): MSCI Market Classification Framework
PWC / Hammer, Markus & Westenberger, Martina (2009): Dividendenoptimierung in der Nach-
    steuerbetrachtung: ein Vergleich zwischen Swap- und Replikationsansätzen
Roseen, Tom (2010): LIPPER research study. Taxes in the mutual fund industry
Rosenbaum, Eric auf IndexUniverse.com (2008): Study: Do Bond ETF Creations & Redemptions
    Work?
Sharpe, William F. (1991): The Arithmetic of Active Management

SIX Swiss Exchange (2010): Statistical Monthly Report 12/10
Skaanes, Stephan (2009): „Passives" Anlegen auf verschiedenen Anlageebenen
Standard & Poor's (2007): S&P Emerging Markets Index. Index Methodology
Standard & Poor's (2008): Global Industry Classification Standard (GICS®), Methodology
Svaljek, Sandra (2008): European Policy Forum EPF. Taxation of Income from Capital in the EU
Swiss Funds Association (2008): Richtlinien zur Berechnung und Offenlegung der TER und PTR von kollektiven Kapitalanlagen
Swiss Funds Association SFA (2007): KAG-Atlas
Swiss Funds Association SFA (2009): Fachinformation. Kollektive Kapitalanlagen und Steuern
The Economist (2011): Exchange-traded funds. Too much of a good thing. The risks created by complicating a simple idea

Internet – Index-Provider
(Jahr des Zugriffs in Klammern)

bbalibor.com (2010): LIBOR
bolsamadrid.es (2010): Ibex
csindex.com.cn (2010): CSI Indizes
cyd-research.com (2010): Indizes
dax-indices.com (2010): DAX Indizes, eb.rexx, EUROGOV, REX, REXP, RDAX, RX REIT
djindexes.com (2010): Dow Jones Indexes, Dow Jones-UBS Commodity Index
dynamic.nasdaq.com (2010): NASDAQ Indices
ecommerce.barcap.com/indices (2010): BARCLAYS CAPITAL INDICES, Guides & Factsheets
etf.db.com (2010): db Hedge Fund Index ETF, DBLCI – OY
euribor-ebf.eu (2010): EONIA, EURIBOR
euromtsindex.com / mtsindex.com / euromtsindices.com (2010): EuroMTS Bond Indizes
euronext.com (2010): AEX-INDEX, CAC 40
ftse.com (2010): FTSE ETF Brochure, FTSE Next Generation Indexing Brochure, Factsheets, Ground Rules for the Management of the FTSE EPRA/NAREIT Global Real Estate Index Series
hedgefundresearch.com (2010): HFRI Indizes, HFRX Indizes
hedgeindex.com (2011): Dow Jones Credit Suisse Hedge Fund Indizes
hsi.com.hk (2010): HSI Indizes
iboxx.com / markit.com (2010): iBoxx Bond Indizes
jefferies.com (2010): THE THOMSON REUTERS/JEFFERIES CRB INDEX
jpmorgan.com (2010): JPMorgan Emerging Markets Bond Indizes
lpx-group.com (2010): LPX Index-Familie
lyxorhedgeindices.com (2010): Lyxor Hedge Fund Indizes (LYXR), Methodology
ml.com (2010): BofA Merrill Lynch Global Bond Index Rules , Merrill Lynch Global Index System, THE MERRILL LYNCH FACTOR MODEL

mscibarra.com (2010): MSCI Indizes, Overviews, Frequently Asked Questions about GICS, Global Industry Classification Standard (GICS)®, MSCI International Equity Indizes, MSCI Global Investable Market Indizes Methodology, MSCI US Equity Indizes Methodology, MSCI Global Investable Market Value and Growth Indizes, MSCI Equal Weighted Indizes Methodology, 10/40 Equity Indizes Methodology, MSCI Barra - Fundamental Data Methodology, Calculation Methodologies, MSCI Short and Leveraged Daily Indizes Methodology, Select Summary of MSCI Global Investable Market Indizes Methodology

rogersrawmaterials.com (2010): RICI Indizes

russell.com (2010): Index definitions, U.S. Indexes comparison

six-swiss-exchange.com (2010): Aktienindizes, Anleihenindizes, Swiss Reference Rates, Immobilienindizes

sourceetf.com (2010): BofAML Hedge Fund Factor Dollar Source ETF Product Overview, Commodity Handbook

sse.com.cn (2010): SSE Indizes

standardandpoors.com (2010): S&P Indizes (A Directory), S&P 500, S&P Sector Indizes, S&P Select Industry Indizes, S&P Select Sector Capped 20%, S&P U.S. Equity Indizes, S&P GSCI, S&P Listed Private Equity

STOXX.com (2010): STOXX Index Methodology Guide, STOXX Calculation Guide, Factsheets and Methodologies, Index Types, STOXX Global Universe

sustainability-indexes.com (2010): Overview, Factsheets

tse.or.jp/English (2010): TOPIX, Nikkei

ubs.com/cmci (2010): UBS Bloomberg Constant Maturity Commodity Index (CMCI)

yieldbook.com (2010): Citigroup Bond Indizes

Internet – Grösste ETF-Provider

amundietf.com
comstage.de
csetf.com
direxionshares.com
easyetf.com
etf.db.com
etf.hsbc.com
etf.ubs.com
etflab.de
etfsecurities.com
ftportfolios.com
invescopowershares.com, invescopowershares.net
ishares.com
lyxoretf.com

nomura-am.co.jp/english/
ossiam.com
proshares.com
rydex-sgi.com
sourceetf.com
spdrs.com
vaneck.com
vanguard.com
wisdomtree.com
zkb.ch

Internet – Informationen rund um ETFs

10x10.ch
boerse-frankfurt.de
etfdb.com
etfexplorer.com
etfinfo.ch
etf-radar.com
etftrends.com
extra-funds.de
indexuniverse.com
indexuniverse.eu
morningstar.ch
seekingalpha.com
sfa.ch
six-swiss-exchange.com
youquant.com

Stichwortverzeichnis

A

Abgeltungssteuer	14, 91, 348, 359
Absolute-Return-Strategien	201, 240, 262, 289
Absolutes Risiko	61, 69, 224, 227, 234, 352, 357
ADR	70
AEX	145
AIG	84, 193
Aktienindizes	118
Aktienmarkt	118, 224, 280, 292
Aktive ETFs	76, 101
Aktive Instrumente	241
Alpha	201, 248, 391
Alternative Anlagen	199, 288, 312, 391
Amundi	76, 81, 86, 371
Anlagehorizont	97, 316
Anlagestrategie	239, 318
Anleihen. Siehe Obligationen	
Arbitrage	20, 24, 199, 202, 246, 347, 392
A-Shares	147
Asset and Liability Management	240, 258
Asset Segregation	316
Assets under Management	336
ATX	144
Aufstrebende Länder	42, 55, 114, 125, 131, 168, 237, 280, 304, 339, 345, 392
Ausfallrisiko	167, 168, 169, 250, 261, 340
Auswahl des Universums	272, 335
Authorized Participant	7, 23, 392
Autokorrelation	59, 357

B

Backwardation	187, 196, 314
Bank of New York Mellon	86
Barbell-Strategie	308
Barclays	76, 78, 169, 371
Bärenmarkt	291

Behavioral Finance	121, 123
Benchmark	55, 239, 392
Beta	122, 300, 392
Biased Expectations	316
Black-Swan-Theorie	281, 393
Blue Chips	73, 133, 332, 339
Bonität	165, 167
Börsenzyklus	124, 291, 296
Bottom-Up-Ansatz	246
B-Shares	147
Buffet, Warren	122
Bullenmarkt	291
Bullet-Strategie	308
Bund Future	307
Buy-and-Hold-Strategie	243, 251, 393

C

CAC	79, 144
Capital Asset Pricing Modell	112, 122
Cashdrag	26, 32, 56, 92, 393
Cash-Management	34
CDS-Spreads	293, 307, 310, 356
China	137, 147, 244
Citigroup	166, 170, 330
Closing-Preis	7, 59, 339
Collateral	2, 8, 20, 28, 32, 33, 47, 340
Commodity Trading Advisor	199, 203
Conf Future	307
Constant Proportion Portfolio Insurance	263
Contango	187, 196, 314
Contrarian	293, 298, 393
Core-Satellite-Strategie	8, 255, 289
Corner Solutions	252
Coupon	45, 259, 353
Courtagen	10, 165, 243, 347, 395
Creation/Redemption-Prozess	7, 17, 24, 39, 393
Creation Unit	18, 394
Credit Suisse	13, 76, 80, 85, 205, 377, 385
CS ETF	273, 322, 328, 330, 351
Custodian	394
CYD Research	196

D

DAX	6, 68, 73, 140, 332
Day-Trading	243
db Hedge Fund Index	205
db x-trackers	28, 76, 79, 94, 115, 183, 273
Decision Framing	316
Delegation	318
Depotbank	6, 22, 38, 86, 90
Designated Sponsor	50, 394
Deutsche Anleger	44, 282, 321, 327
Deutsche Bank	28
Deutsche Bank Liq. Comm. Index	197
Deutsche Börse Group	173
Direxion	87
Discounted Cashflow	121
Diversifikation	7, 46, 73, 186, 201, 394
Dividende	10, 45, 51, 119, 353
Dividendenrendite	121, 122, 295
Dow Jones	6, 116, 133, 135, 138
Dow Jones Credit Suisse Hedge Fund Index	205
Dow Jones UBS Commodity Index	193, 197, 314
Duration	308, 328, 364, 394

E

EasyETF	76, 83, 86
eb.rexx	173, 183
Economic Value Added	121
Efficient Frontier	330
Emerging Market Bonds	168, 172, 334
Emerging Markets. *Siehe* Aufstrebende Länder	
Entsparen	260
Entwickelte Länder	55, 114, 125
EONIA	28, 32, 33, 95, 182, 236, 354
ETFlab	83, 86, 369
ETF-Rating	338
Euribor	181
Eurogov	174, 332
EuroMTS	177
Europäische Zentralbank	179
Event Driven	203, 206, 265
Ex-ante Risiko	61

Excess Return Indizes	191
Exchange Traded Commodities	49, 74, 186, 354
Exchange Traded Notes	49, 74
Ex-post Risiko	61

F

Factsheet	62, 75, 288, 340, 394
Fairer Preis	24
Federal Funds Rate	183
Finanzkrise	200, 238, 280, 281
Fitch	168, 170
Fonds Communs de Placement	90
Free Float	129, 140, 400
F-Shares	148
FTSE	115, 116, 136
FTSE EPRA/NAREIT	136, 315
FTSE MIB	145
Full Replication	26, 34, 56, 401
Fully-funded Swap	2, 20, 27, 31, 32, 34, 47, 77, 355, 400
Fundamentalanalyse	121
Futures	19, 31, 32, 34, 186, 199, 312, 314

G

Gambler's Fallacy	317
Gegenparteirisiko	8, 28, 46, 72, 91, 261
Gehebelte ETFs	42, 91, 93, 354
Geld/Brief-Spanne	6, 8, 24, 39, 73, 94, 243, 270, 344, 349, 392, 393
Geldmarkt	172, 179, 308
Gelernte Sorglosigkeit	317
Geschlossene Investmentfonds	6, 210
Gewinn pro Aktie	121
Gleichgewichtet	111, 190, 204, 217, 395
Global Industry Classification System	116, 129, 300
Global Macro	203, 206, 265
Gold	92, 314, 354
Gold und Inflation	189, 314
Grantor Trusts	92
Growth-Strategie	122, 139, 246, 250, 297, 305

H

Handel	10, 105, 113
Handelsaktivität	39, 73, 270
Handelskosten	38, 39, 43, 44, 98, 344, 368, 384, 389
Handelsrisiko	9, 50
Handelsvolumen	91, 293, 296
Handelszeiten	40, 130
Hard-Currency	168, 172
Hedge Funds	61, 199, 312, 315, 395
Hedging	20, 24, 55
HFR	204
Hidden Beta	263
High Yield Bonds	50, 74, 168, 171, 173, 202, 288, 395
Hilfsmittel	360
HOLDRs	92
Home Bias	124, 321, 327, 332, 395
Hong Kong	147
HSBC	13, 85
H-Shares	148

I

IBEX	145
iBoxx	77, 79, 80, 82, 83, 84, 175
Ideen-Übersicht	360
Idiosynkratisches Risiko	394, 397
Illusion of Control	317
Immobilien	6, 117, 136, 210, 288, 312, 315, 398
Immobilienindizes der Schweizer Börse	215, 315
iNAV	21, 346, 395
Indexanpassung	22, 33
Indexfremde Titel	246
Industry Classification Benchmark	116, 133
Inflationsgeschützte Anleihen	164, 167, 170, 309, 334
Inflationsrisiko	185, 189, 296, 306, 314, 399
Information Sources Effect	317
Inverse ETFs	33, 42, 91, 93, 354
Investment Company Act von 1940	92
Investment Grade	171, 287
iShares	13, 28, 76, 103, 170, 388

J

JP Morgan	82, 166, 172
Jumbopfandbriefe	168

K

Klumpenrisiko	88, 164, 272, 294
Korrelation	27, 52, 115, 185, 395
Kosten	9, 11, 37, 48, 55, 67, 102, 336, 338
Kovarianzmatrix	61, 238
Kritik an MPT	237
Kurs/Buch-Verhältnis	121
Kurs/Gewinn-Verhältnis	69, 121, 295
Kurtosis	352, 357

L

Ladder-Strategie	308
Large Caps	127, 296, 303, 345, 393
Laufzeit einer Obligation	167
Lehman Brothers	166, 169
Libor	181
Limiten	346
Liquidität	9, 19, 55, 311, 345, 396
Liquiditätsrisiko	202
Listed Private Equity	208, 312, 315
Local-Currency	168
Loss Aversion	317
LPX	209, 316
LTCM	208
Lyxor	28, 206, 273, 322, 328, 334
Lyxor Hedge Fund Index	206

M

Macaulay Duration	71
Market Maker	7, 10, 17, 23, 40, 66, 92, 102
Markowitz, Harry	237, 396
Marktineffizienz	246
Marktkapitalisierung	122, 129, 170, 396
Marktkapitalisierungsgewichtet	110, 115
Marktrisiko	46

Markttiefe	127, 138
Maximal Drawdown	281, 352
Maximale Managergrösse	357
Maximale Positionsgrösse	357
Mental Accounting	317
Merrill Lynch	166, 173
Michaud, Richard	252
Mid Caps	73, 127, 129, 142, 280, 296, 303, 393
MiFID	88, 396
Mini-Futures	312
ML Hedge Fund Factor Model	206
Moderne Portfoliotheorie	396
Momentum	193, 194, 244, 293, 298, 396
Monte-Carlo-Simulation	252
Moody's	168, 170, 172
Morningstar	77
MSCI	114, 116, 124
Myopic Loss Aversion	317

N

NASDAQ	6, 78, 139
NAV. Siehe Nettoinventarwert	
Nettoinventarwert	6, 39, 59, 68, 339, 397
Net Total Return Index	128
Nikkei	87, 110, 111, 146
Nomura	87
Normalverteilung	54, 57, 236, 281, 352

O

Obligationen	37, 40, 44, 70, 158, 286, 308, 397
Obligationenindizes	166
Offene Investmentfonds	6, 88, 210
Operationelles Risiko	51
Optimierte Stichprobe	27, 339
Overconfidence	123, 318
Over-the-Counter	16, 23, 91, 118, 166, 175, 203, 339, 397

P

Passive Instrumente	241, 251
Payout Ratio	122

P Chip Shares	148
Performance Index	128, 176, 178, 183, 398
Performancekontrolle	348
Pfandbriefe	168
Plan d'Epargne en Actions	397
Portfolio Composition File	18, 21, 398
Portfolio Insurance Strategie	263
Portfolio-Optimierung	238, 251
Portfolio-Rebalancing	96, 244
Portfolio-Übersicht	360
Preisgewichtung	111, 138, 146
Preisindex	128, 176
Primärmarkt	17, 24, 118
ProShares	87
Prospekt	62, 398
Psychologie	316
Put-Call-Ratio	293, 296

Q

QQQ	78, 93
Qualität der Indexnachbildung	339
Qualitative Anlagestrategie	253, 282
Quantitative Analyse	121, 122
Quantitative Anlagestrategie	251, 321, 327

R

RAFI-Indizes	136
Ratingagentur	167, 298, 310
RDAX	174
Real Estate Investment Trusts	210, 288, 398
Rechtsschiefe Verteilung	263, 265
Red Chip Shares	148
Reference Dependence	318
Referenzanleihen	310
Regulatorische Risiken	348, 353, 358
Relatives Risiko	51
Renditeszenarien	284, 319
Renminbi	147
Replikationsmethoden	25, 34, 51, 336
Repo-Geschäft	179
Repräsentative Stichprobe	26, 339

Representativeness Heuristics	318
Restlaufzeit	167, 170
REX	174
Rezession	291, 306
RICI	194, 314
Risikobereitschaft	222, 283
Risikobudgetierung	264
Risiko der Produktverwechslung	49
Risiko einer Fondsauflösung	50
Risikofähigkeit	222, 283
Risikotoleranz	222, 239, 268
Risikoüberwachung	295, 320, 350
Robuste Portfolio-Optimierung	252
Rogers, Jim	194, 208
Rohstoffe	40, 44, 46, 184, 312, 399
Rohstoffindizes	190, 197
Rolloptimiert (Rohstoffe)	196, 314
Roundtrip	44
Russell	139, 334, 355
Rydex	87

S

SARON	95, 182
Schweizer Anleger	80, 282, 321
Schweizer Nationalbank	179, 182
Sektorrotation	298
Sekundärmarkt	6, 16, 24, 118, 399
Semi-passives Management	249
Shanghai	147
Shenzhen	147
Short-selling Constraint	238
Short Squeeze	140
SICAV	65, 71, 90
Sicherheiten. *Siehe* Collateral	
Singapur	148
SIX Swiss Exchange	50, 118, 132, 272
Skewness	352, 357
Small Caps	280, 296, 303, 334, 345, 393
SMI	6, 73, 94, 142
SMIM	73, 142
Société Générale	28, 79, 81, 85, 371, 375
SONIA	183

Soros, George	208
Source	28, 47, 76, 82, 86, 103
Später Bullenmarkt	291
S&P GSCI	192, 197, 314, 334
SPI	142
Spider	58, 73, 137
Spot Indizes	191
Spotpreis	186
Staatsanleihen	9, 165, 167, 169, 286, 310, 345
Standard & Poor's	115, 116, 136, 160, 168, 170, 172
State Street Global Advisors	12, 76, 77, 85, 137, 365
Statistisches Risiko	357
Steile Zinskurve	306
Stop Loss	7, 346
Stoxx	132, 135
Strategieraster	241
Strategie-Übersicht	360
Subprime-Krise	56, 132, 208, 238, 281, 287
Sunk Costs	335
Sustainable Asset Management	135
Swap-basierte ETFs	28, 47, 90, 339, 351
Swiss Bond Index	177, 240
Swiss Reference Rate	182
Synthetische Replikation	27, 56, 400

T

Tactical Asset Allocation	240, 400
Tägliches Rebalancing	96
Tail Risk	262
Taleb, Nassem Nicolas	281
Tax-Alpha	249, 350
Technische Analyse	121, 123
Terminkurve	190, 196, 250, 313
Terminpreis	186
Thomson Reuters/Jefferies CRB Index	193, 314
Time to Market	10
Top-Down-Ansatz	246, 283
TOPIX	87, 146
Total Expense Ratio	38, 339, 400
Tracking Error	22, 28, 32, 50, 256, 400
Transaktionskosten	10, 26, 243, 270, 339, 347, 349, 401
Transaktions-Übersicht	360

Transparenz	26, 32
Treasury Inflation Protected Securities	77, 164, 168, 170

U

UBS	13, 76, 81, 86, 193, 383
UBS Const. Maturity Comm. Index	195, 314
UBS ETF	81, 86, 273, 322, 328, 330, 332
UCITS	28, 33, 47, 62, 65, 80, 88, 106, 192, 401
Un-funded Swap	2, 27, 34, 47, 355, 400
Unit Investment Trust	92
Unternehmensanleihe	77, 168, 169, 286, 310, 339, 345

V

Value-at-Risk	61, 352, 357
Value-Strategie	122, 139, 246, 250, 297, 305
Van Eck	76, 86
Vanguard	11, 76, 78, 85, 368
Verbriefte Hypotheken	239
Verwaltungsgebühren	10, 38, 56, 94, 202, 396, 401
Views bei Aktien	295
Views bei Anleihen	306
Views zur Bonität	310
Volatilität	52, 61, 194, 352, 357, 399

W

Währungsabsicherung	68, 163, 226, 272
Wandelanleihen	203, 210
WEBS	76
Wechselkursrisiko	311
Weltindex	130, 285, 296
Wertpapierleihe	2, 8, 28, 33, 45, 338, 351, 355
WisdomTree	87

X

XETRA	40, 43, 44, 50, 140, 272, 380
Xetra Liquidity Measure	43

Z

Zertifikate	9, 70, 104, 105, 106
Zinsänderungsrisiko	165, 250, 261, 328
Zinskurve	291, 306, 401
Zinsstruktur	167
Zukünftige Verpflichtungen	258
Zulassung	10, 88, 200, 348, 353, 359

Autoren

Daniel Niedermayer

Dr. Daniel Niedermayer ist als Portfolio Manager im Bereich ‚globale Wandelanleihen' bei der Credit Suisse AG in Zürich tätig. Zuvor arbeitete er als Portfolio Manager von ETF-basierten Mandaten und Fonds bei der Schweizer Grossbank. Zu seinen Hauptaufgaben zählten die Portfoliokonstruktion mittels ETFs sowie die Selektion und der Handel dieser Finanzinstrumente. Durch seine Arbeit mit ETFs und den intensiven Austausch mit den bedeutendsten ETF-Anbietern konnte er sich detaillierte Kenntnisse über den ETF-Markt, die produktspezifischen Einzelheiten und den Einsatz dieser Produkte aneignen.

Daniel Niedermayer studierte Volkswirtschaft an der Universität Bern sowie an der University of Strathclyde in Glasgow. Anschliessend doktorierte er in Finance an der Universität Basel. Für seine mit summa cum laude ausgezeichnete Dissertation erhielt er den Fakultätspreis der Universität Basel. Er hat verschiedene Publikationen zum Thema Anlageallokationen sowie mehrere wissenschaftliche Arbeiten über Portfoliooptimierung veröffentlicht.

Marcel Wagner

Marcel Wagner arbeitet als Portfolio Manager für ETF-basierte Vermögensverwaltungsmandate und Fonds bei der Credit Suisse AG in Zürich. Er selektioniert ETFs und andere passive Instrumente für diverse Produkte. Bei der Portfoliokonstruktion setzt er ebenfalls aktive Views um. In seiner Rolle hat er Einblick in die aktuellen Entwicklungen innerhalb der ETF-Branche und trifft in regelmässigen Abständen die wichtigsten Produktanbieter. Zuvor war er Portfolio Manager für Mandate, welche in Direkt- und Kollektivanlagen investieren. Zu dieser Zeit setzte er Tools und Modellportfolios für die Verwaltung der ETF-basierten Lösungen auf. Davor war er im Product Management and Development der Credit Suisse in Zürich und New York tätig, wo er neue Mandatstypen einführte. Vor seiner Zeit bei der CS arbeitete er als Consultant bei einem externen Vermögensverwalter.

Marcel Wagner studierte Wirtschaftswissenschaften an der Universität St. Gallen (lic. oec.HSG), ist ein Certified International Investment Analyst (CIIA) und ein Chartered Alternative Investment Analyst (CAIA).